T0179516

Ensayo

Ciencia

Andrea Wulf nació en India, se mudó a Alemania de niña y hoy vive en Londres, donde da clases de historia del diseño en el Royal College of Art. Es autora de libros como *The Brother Gardeners* y *Founding Gardeners. The Revolutionary Generation, Nature, and the Shaping of the American Nation*, aclamado por la crítica. Ha colaborado con *The New York Times*, *Los Angeles Times*, *The Wall Street Journal*, *The Sunday Times* y *The Guardian*, entre otros medios. Ha dado conferencias en lugares como la Royal Geographical Society, la Royal Society de Londres, la American Philosophical Society de Filadelfia y la Biblioteca Pública de Nueva York, entre muchos otros.

Andrea Wulf

La invención de la naturaleza

El nuevo mundo de Alexander von Humboldt

Traducción de
María Luisa Rodríguez Tapia

DEBOLS!LLO

Papel certificado por el Forest Stewardship Council®

Título original: *The Invention of Nature*

Primera edición en Debolsillo: octubre de 2019

© 2015, Andrea Wulf
© 2016, 2019, Penguin Random House Grupo Editorial, S. A. U.
Travessera de Gràcia, 47-49. 08021 Barcelona
© 2016, María Luisa Rodríguez Tapia, por la traducción

Penguin Random House Grupo Editorial apoya la protección del *copyright*.
El *copyright* estimula la creatividad, defiende la diversidad en el ámbito de las ideas
y el conocimiento, promueve la libre expresión y favorece una cultura viva.
Gracias por comprar una edición autorizada de este libro y por respetar las leyes del *copyright*
al no reproducir, escanear ni distribuir ninguna parte de esta obra por ningún medio sin permiso.
Al hacerlo está respaldando a los autores y permitiendo que PRHGE continúe publicando libros
para todos los lectores. Diríjase a CEDRO (Centro Español de Derechos Reprográficos,
http://www.cedro.org) si necesita fotocopiar o escanear algún fragmento de esta obra.

Printed in Spain – Impreso en España

ISBN: 978-84-663-4610-8
Depósito legal: B-17.446-2019

Impreso en Limpergraf
Barberà del Vallès (Barcelona)

P 3 4 6 1 0 8

Penguin
Random House
Grupo Editorial

A Linnéa (P.o.P.)

Cierra los ojos, aguza los oídos y, desde el sonido más leve hasta el más violento ruido, desde el tono más sencillo hasta la más elevada armonía, desde el grito más violento y apasionado hasta la más dulce palabra de la razón, es la Naturaleza la que habla, la que revela su existencia, su fuerza, su vida y sus relaciones, hasta el punto de que un ciego al que se niega el mundo infinitamente visible puede capturar la infinita vitalidad a través de lo que oye.

JOHANN WOLFGANG VON GOETHE

ÍNDICE

MAPAS

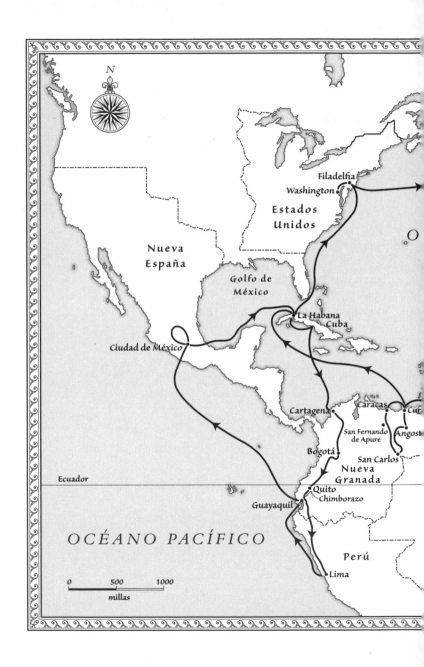

Bordeaux

La Coruña

NO ATLÁNTICO

Tenerife

El viaje de Humboldt
a través de América
1799–1804

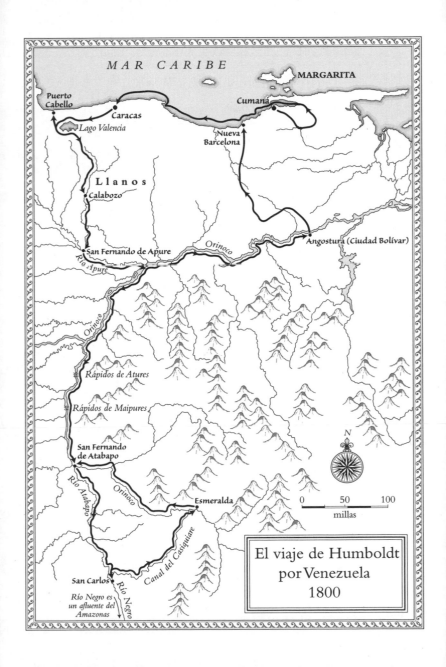

MAR CARIBE

MARGARITA

Puerto
Cabello

Caracas

Cumaná

Lago Valencia

Nueva
Barcelona

L l a n o s

Calabozo

Orinoco

Angostura (Ciudad Bolívar)

San Fernando de Apure

Río Apure

Orinoco

Rápidos de Atures

Rápidos de Maipures

San Fernando
de Atabapo

Río Atabapo

Orinoco

Esmeralda

N

0   50   100
millas

Canal del Casiquiare

San Carlos

Río Negro

*Río Negro es
un afluente del
Amazonas*

El viaje de Humboldt
por Venezuela
1800

El viaje de Humboldt por Rusia
1829

R U

San Petersburgo

Mar
Báltico

Riga

Nizhny
Nóvgorod

Moscú

Königsberg (Kaliningrado)

Berlín

Dniester

Dniéper

Don

Volga

Astracán

Mar Negro

Mar
Casp

N

MONTES URALES

I A

Tobolsk

Ekaterimburgo

Miass

Omsk

S I B E R I A

Irtysh

Barnaul

MACIZO DE ALTAI

Orenburg

Ust-Kamenogorsk

Baty

Beluja

Lago
Baljash

Ural

Mar
Aral

0 100 200 300 400 500
millas

NOTA DE LA AUTORA

Los libros de Alexander von Humboldt están publicados en muchos idiomas. Al utilizar citas directas de ellos, he comparado el original alemán (cuando correspondía) con las ediciones contemporáneas en inglés. Cuando existen ediciones inglesas más recientes, las he contrastado con las traducciones antiguas y, cuando me ha parecido que la edición más nueva daba una traducción mejor, he escogido esa versión (los detalles están en las notas). A veces, ninguna de las traducciones capturaba la prosa de Humboldt, o faltaban frases enteras, y en ese caso me he tomado la libertad de ofrecer una traducción nueva. Cuando otros protagonistas se referían a las obras de Humboldt, he utilizado las ediciones que ellos leyeron. Charles Darwin, por ejemplo, leyó la edición de *Personal Narrative** de Humboldt que se publicó en Gran Bretaña entre 1814 y 1829 (traducida por Helen Maria Williams), mientras que John Muir leyó la edición de 1896 (traducida por E. C. Otte y H. G. Bohn).

---

* Las obras de Humboldt solo están publicadas enteras en alemán y francés, que eran las lenguas en que él escribía; las traducciones a otras lenguas no siempre están completas. En el caso de *Personal Narrative*, a la que la autora hace referencias constantes, se cita siempre con su título en inglés porque es la traducción de una parte de los *Viajes equinocciales* que no se corresponde exactamente con las partes que están publicadas en ningún otro idioma. *[N. de la T.]*

Prólogo

Se arrastraban a cuatro patas por un estrecho y alto risco que, en algunos puntos, no tenía más que cinco centímetros de ancho. El camino, si se podía llamar así, estaba lleno de arena y piedras que se movían cuando las tocaban. A la izquierda, hacia abajo, había un abrupto despeñadero, cubierto de hielo que brillaba cuando el sol lograba atravesar las espesas nubes. Lo que se veía a la derecha, un precipicio de 300 metros, no era mucho mejor. Aquí, las paredes oscuras y casi perpendiculares estaban cubiertas de rocas que sobresalían como hojas de cuchillos[1].

Alexander von Humboldt y sus tres acompañantes avanzaban en fila india y muy despacio. Sin vestimenta ni material apropiados, era una escalada peligrosa. El viento helador les había adormecido manos y pies, la nieve derretida les había empapado el fino calzado y el hielo cristalizado les cubría el cabello y la barba. A más de 5.000 metros sobre el nivel del mar, tenían dificultades para respirar en el aire enrarecido. A medida que avanzaban, las rocas irregulares destrozaban las suelas de los zapatos, y los pies les habían empezado a sangrar.

Era el 23 de junio de 1802 y estaban escalando el Chimborazo, un bello volcán inactivo con forma de cúpula en los Andes, de casi 6.400 metros, a 160 kilómetros al sur de Quito en lo que hoy es Ecuador. Entonces se pensaba que el Chimborazo era la montaña más alta del mundo. No era extraño que sus aterrados porteadores los hubieran abandonado en la línea de nieve. La cima del volcán estaba envuelta en una espesa niebla, pero Humboldt, pese a todo, había seguido adelante.

Durante tres años, Alexander von Humboldt había recorrido toda Latinoamérica y penetrado en tierras a las que pocos europeos habían ido antes. Obsesionado por la observación científica, el explorador, de treinta y dos años, había llevado consigo desde Europa una amplia variedad de los mejores instrumentos. Para el ascenso al Chimborazo había dejado atrás la mayor parte de su equipaje, pero sí disponía de un barómetro, un termómetro, un sextante, un horizonte artificial y un aparato llamado *cianómetro,* con el que podía medir el *azul* del cielo. Mientras subían, Humboldt manejaba sus instrumentos con los dedos entumecidos y en cornisas peligrosamente estrechas, para medir la altitud, la gravedad y la humedad. Anotaba meticulosamente todas las especies que veían: una mariposa aquí, una flor diminuta allá. Todo quedaba registrado en su cuaderno.

A los 5.400 metros vieron una última brizna de liquen aferrada a un peñasco. Después desaparecieron todos los rastros de vida orgánica[2], porque a esa altura no había plantas ni insectos. Hasta los cóndores que habían acompañado sus escaladas anteriores estaban ausentes. A medida que la niebla blanqueaba el aire y lo transformaba en un espacio misterioso y vacío, Humboldt se sintió totalmente alejado del mundo habitado. «Era —dijo— como si estuviéramos atrapados en un globo de aire»[3]. Entonces, de pronto, la niebla se levantó y dejó al descubierto la cumbre nevada del Chimborazo sobre el cielo azul. Una «vista grandiosa»[4], fue la primera reflexión de Humboldt, hasta que vio la inmensa grieta abierta ante ellos: 20 metros de anchura y aproximadamente 180 metros de profundidad[5]. Pero no había otra vía para llegar a la cima. Cuando Humboldt midió la altitud y vio que indicaba 5.917 metros, descubrió que estaban a apenas 300 metros del pico[6].

Nadie había subido nunca tanto, nadie había respirado un aire tan enrarecido. De pie en la cima del mundo, mirando hacia abajo por encima de las cadenas montañosas, Humboldt empezó a ver el mundo de otra manera. Concibió la tierra como un gran organismo vivo en el que todo estaba relacionado y engendró una nueva visión de la naturaleza que todavía hoy influye en nuestra forma de comprender el mundo natural.

Descrito por sus contemporáneos como el hombre más famoso del mundo después de Napoleón[7], Humboldt fue uno de los personajes más cautivadores e inspiradores de su época. Nacido en 1769 en el seno de una familia acomodada de Prusia, desechó una vida de privilegios para

Humboldt y su equipo ascendiendo un volcán

irse a descubrir cómo funcionaba el mundo. De joven emprendió un viaje de cinco años para explorar Latinoamérica, en el que arriesgó muchas veces la vida y del que regresó con una nueva concepción del mundo. Fue un viaje que moldeó su vida y su pensamiento y que le convirtió en un personaje legendario en todo el planeta. Vivió en ciudades como París y Berlín, pero también se sentía cómodo en los brazos más remotos del río Orinoco o en la estepa kazaja de la frontera entre Rusia y Mongolia. Durante gran parte de su larga vida fue el centro del mundo científico: escribió alrededor de 50.000 cartas y recibió al menos el doble. Los conocimientos, creía Humboldt, había que compartirlos, intercambiarlos y ponerlos a disposición de todos.

También era un hombre de contradicciones. Fue feroz crítico del colonialismo y apoyó las revoluciones en Latinoamérica, pero fue chambelán de dos reyes de Prusia. Admiraba a Estados Unidos por su concepto de libertad e igualdad, pero nunca dejó de criticarlo por no abolir la esclavitud. Se consideraba «medio americano»[8] pero, al mismo tiempo, comparaba América con «un vértice cartesiano, que arrastra todo e iguala todo en una triste monotonía»[9]. Era un hombre seguro de sí mismo, pero tenía un afán constante de aprobación. Le admiraban por su gran amplitud de conocimientos, pero le temían por su lengua mordaz. Los libros de Humboldt se publicaron en una docena de idiomas y eran tan populares que los lectores sobornaban a los libreros para ser los primeros en recibir ejemplares, y, sin embargo, murió pobre. Podía ser vanidoso, pero también daba el único dinero que le quedaba a algún joven científico en dificultades. Llenó su vida de viajes y trabajo constante. Siempre quería experimentar algo nuevo y, en sus propias palabras, a ser posible, «tres cosas al mismo tiempo»[10].

Humboldt era célebre por sus conocimientos y su pensamiento científico, pero no era ningún cerebro erudito. No contento con quedarse en su estudio y entre libros, se entregaba al esfuerzo físico y llevaba su cuerpo al límite. Se aventuró en las profundidades misteriosas de la selva de Venezuela y se arrastró por estrechos salientes, a una altura peligrosa, para ver las llamas del interior de un volcán en activo. Incluso cuando tenía sesenta años viajó más de 16.000 kilómetros hasta los rincones más alejados de Rusia y dejó atrás a sus acompañantes, más jóvenes.

Fascinado por los instrumentos científicos, las mediciones y las observaciones, además se dejaba llevar por el asombro. Era necesario medir y analizar la naturaleza, por supuesto, pero también pensaba que nuestra reacción ante el mundo tenía que depender en gran parte de las sensaciones y las emociones. Quería despertar el «amor a la naturaleza»[11]. En una época en la que otros científicos buscaban leyes universales, Humboldt escribía que la naturaleza había que experimentarla a través de los sentimientos[12].

Humboldt era diferente a cualquier otra persona porque era capaz de recordar hasta los más mínimos detalles durante años: la forma de una hoja, el color de un suelo, una temperatura, los estratos de una roca. Su extraordinaria memoria le permitía comparar las observaciones que había hecho por todo el mundo con décadas y miles de kilómetros de distancia por en medio. Podía «recorrer toda la cadena de fenómenos en el mundo al mismo tiempo»[13], dijo años después un colega. Mientras que otros tenían que rebuscar en su memoria, Humboldt —«cuyos ojos son telescopios y microscopios naturales»[14], dijo el escritor y poeta estadounidense Ralph Waldo Emerson con admiración— tenía cada dato de conocimiento y observación a mano en cuestión de un instante.

De pie en el Chimborazo, exhausto tras la ascensión, Humboldt absorbió la vista. Las zonas de vegetación se apilaban una sobre otra. En los valles había pasado junto a palmeras y húmedos bosques de bambú en los que las orquídeas llenas de color se aferraban a los árboles. Más arriba había visto coníferas, robles, alisos y arbustos de agracejos como los que conocía de los bosques europeos. Después estaban las plantas alpinas, similares a las que había recogido en las montañas de Suiza, y los líquenes que le recordaban a especímenes del círculo polar y Laponia. Nadie había estudiado las plantas así hasta entonces. Humboldt no las veía dentro de estrictas categorías de una clasificación, sino como tipos en función de la situación y el clima. Era un hombre para el que la naturaleza era una fuerza global con zonas climáticas correspondientes en todos los continentes: un concepto radical para su época y que todavía inspira nuestra interpretación de los ecosistemas.

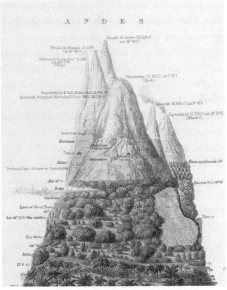

La distribución de las plantas en los Andes

Los libros, diarios y cartas de Humboldt revelan a un visionario, un pensador muy por delante de su tiempo. Inventó las isotermas —las líneas de temperatura y presión que vemos en los mapas del tiempo actuales— y descubrió el ecuador magnético. Se le ocurrió la idea de que las zonas de vegetación y climáticas recorren en mundo. Pero lo más importante es que revolucionó nuestra manera de ver el mundo natural. Encontraba conexiones en todas partes. No abordaba nada, ni el organismo más diminuto, por sí solo. «En esta gran cadena de causas y efectos —dijo—, no puede estudiarse ningún hecho aisladamente»[15]. Con esta perspectiva, inventó la red de la vida, el concepto de naturaleza que conocemos hoy.

Cuando se percibe la naturaleza como una red, su vulnerabilidad salta a la vista. Todo se sostiene junto. Si se tira de un hilo, puede deshacerse el tapiz entero. Después de ver las devastadoras consecuencias medioambientales de las plantaciones coloniales en el lago Valencia de Venezuela en 1800, Humboldt fue el primer científico que habló del nocivo cambio climático provocado por el ser humano[16]. La deforestación había dejado la tierra estéril, el nivel de agua del lago estaba disminuyendo y, con la desaparición de la maleza, las aguas torrenciales habían arrasado el suelo de las laderas en las montañas de alrededor. Humboldt fue el primero en explicar la capacidad del bosque para enriquecer la atmósfera con su humedad y su efecto refrescante, además de su importancia para retener las aguas y proteger el suelo contra la erosión[17]. Advirtió de que los seres humanos estaban interfiriendo en el clima y eso podía tener unas consecuencias imprevisibles para las «futuras generaciones»[18].

La invención de la naturaleza sigue la pista de los hilos que nos conectan a este hombre tan extraordinario. Humboldt influyó en muchos de los mayores pensadores, artistas y científicos de su tiempo. Thomas Jefferson le llamó «una de las mayores joyas de la época»[19]. Charles Darwin escribió que «nada estimuló jamás tanto mi entusiasmo como leer la *Personal Narrative* de Humboldt»[20], y dijo que no se habría embarcado en el *Beagle,* ni concebido *El origen de las especies,* sin Humboldt. William Wordsworth y Samuel Taylor Coleridge incorporaron el concepto de naturaleza de Humboldt a sus poemas. Y el más venerado autor de Estados Unidos de textos sobre la naturaleza, Henry David Thoreau, halló en los libros de Humboldt una respuesta a su dilema de cómo ser poeta y naturalista; *Walden* habría sido un libro muy distinto sin él. Simón Bolívar, el revolucionario que liberó Sudamérica del poder colonial español, llamó a Humboldt «el descubridor del Nuevo Mundo»[21], y Johann Wolfgang von Goethe, el poeta más grande de Alemania, declaró que pasar unos días en compañía de Humboldt era como «haber vivido varios años»[22].

El 14 de septiembre de 1869 se cumplían cien años del nacimiento de
Alexander von Humboldt, y el centenario se celebró en todo el mundo.
Hubo fiestas en Europa, África y Australia, además de toda América. En
Melbourne y Adelaida[23], la gente se reunió para escuchar discursos en
honor del naturalista, igual que en Buenos Aires y Ciudad de México. Hubo
festividades en Moscú, donde llamaron a Humboldt «el Shakespeare de
las ciencias»[24], y en Alejandría, Egipto, donde los invitados disfrutaron
bajo un cielo iluminado por los fuegos artificiales[25]. Las mayores celebraciones tuvieron lugar en Estados Unidos, donde, de San Francisco a Filadelfia y de Chicago a Charleston, el país fue testigo de desfiles callejeros,
cenas suntuosas y conciertos[26]. En Cleveland salieron a la calle alrededor
de 8.000 personas, y en Syracuse, otras 15.000 integraron una marcha de
más de kilómetro y medio[27]. El presidente Ulysses Grant asistió a las celebraciones en Pittsburgh junto con otras 10.000 personas a una fiesta que
paralizó la ciudad[28].

En Nueva York, las calles adoquinadas estaban llenas de banderas. El
Ayuntamiento se cubrió de pancartas, y desaparecieron casas enteras tras
los enormes carteles con el rostro de Humboldt. Incluso los barcos que
pasaban por el río Hudson iban adornados con banderines de colores.
Por la mañana, miles de personas marcharon detrás de diez bandas de
música desde el Bowery, por todo Broadway, hasta Central Park, para
honrar a un hombre «cuya fama no pertenece a ninguna nación», según
decía la primera página de *The New York Times*[29]. A primera hora de la
tarde, 25.000 espectadores se reunieron en Central Park para escuchar
los discursos mientras se desvelaba un gran busto en bronce de Humboldt.
Al caer la noche, partió una procesión de 15.000 personas con antorchas
que desfilaron bajo los coloridos faroles chinos.

Imaginémoslo, dijo un orador, «de pie sobre los Andes»[30], con su mente volando por encima de todo. Los discursos a lo largo y ancho del
mundo subrayaron que Humboldt había visto la «íntima correlación»[31]
entre todos los aspectos de la naturaleza. En Boston, Emerson declaró
ante los notables de la ciudad que Humboldt era «una de esas maravillas
del mundo»[32]. Su fama, publicó el *Daily News* de Londres, estaba «en
cierto modo ligada al propio universo»[33]. En Alemania hubo festividades
en Colonia, Hamburgo, Dresde, Frankfurt y muchas otras ciudades[34]. Las
mayores celebraciones se hicieron en Berlín, la ciudad natal de Humboldt;

a pesar de la lluvia torrencial, se reunieron 80.000 personas. Las autoridades habían ordenado que todas las oficinas y los organismos del Gobierno cerraran ese día. A pesar de la lluvia que caía y las rachas de viento que enfriaban la atmósfera, los discursos y los cantos continuaron durante horas[35].

Aunque hoy están casi olvidadas fuera del mundo académico —al menos en el mundo de habla inglesa—, las ideas de Alexander von Humboldt siguen dando forma a nuestro pensamiento. Y aunque sus libros acumulan polvo en las bibliotecas, su nombre persiste en todas partes, desde la corriente de Humboldt que transcurre frente a la costa de Chile y Perú hasta docenas de monumentos, parques y montañas en Latinoamérica, como Sierra Humboldt en México y Pico Humboldt en Venezuela. Una ciudad en Argentina, un río en Brasil, un géiser en Ecuador y una bahía en Colombia llevan su nombre[36]*.

Existen un cabo Humboldt y un glaciar Humboldt en Groenlandia, y cadenas montañosas en China, Sudáfrica, Nueva Zelanda y la Antártida. Hay ríos y cataratas en Tasmania y Nueva Zelanda, así como parques en Alemania y la rue Alexandre de Humboldt en París. Solo en Estados Unidos, llevan su nombre cuatro condados, trece ciudades, montañas, bahías, lagos y un río, además del Parque Estatal Humboldt Redwoods en California y los Parques Humboldt en Chicago y Buffalo. El estado de Nevada estuvo a punto de llamarse Humboldt cuando la Convención Constitucional debatió su designación en la década de 1860[37]. Casi 300 plantas y más de 100 animales llevan también su nombre; entre ellos, el lirio de Humboldt en California *(Lilium humboldtii),* el pingüino de Humboldt en Sudamérica *(Spheniscus humboldti)* y el feroz depredador llamado calamar de Humboldt, de 1,80 metros, que vive en la corriente de Humboldt. Varios minerales le rinden tributo —desde la humboldtita hasta la humboldtina— y en la Luna existe una zona denominada Mar de Humboldt. Tiene más lugares designados en su honor que ninguna otra persona[38].

Los ecologistas y los escritores sobre temas de naturaleza se basan en la visión de Humboldt, aunque en su mayoría lo hacen sin saberlo. *Primavera silenciosa,* de Rachel Carson, parte del concepto de interconexión de Humboldt, y la famosa teoría de Gaia del científico James Lovelock,

---

* Todavía hoy, muchos colegios alemanes de toda Latinoamérica participan en unas competiciones deportivas bianuales llamadas Juegos Humboldt.

según la cual la Tierra es un organismo vivo, contiene similitudes extraordinarias. Cuando Humboldt describió el planeta como «un conjunto natural animado y movido por fuerzas internas»[39], se adelantó más de ciento cincuenta años a las ideas de Lovelock. Humboldt llamó el libro en el que presentaba ese nuevo concepto *Cosmos*, pero antes había pensado (aunque luego lo descartó) llamarlo *Gäa*[40].

El pasado nos determina. Nicolás Copérnico nos mostró nuestro sitio en el universo, Isaac Newton explicó las leyes de la naturaleza, Thomas Jefferson nos dio algunas de nuestras ideas de libertad y democracia, y Charles Darwin demostró que todas las especies descienden de antepasados comunes. Estas ideas definen nuestra relación con el mundo.

Humboldt nos brindó nuestra concepción de la naturaleza. Lo irónico es que sus ideas son ya tan obvias que nos hemos olvidado en buena parte del hombre que las forjó. Pero existe una conexión directa a través de su pensamiento y todas las personas a las que inspiró. El concepto de naturaleza de Humboldt, como una cuerda, nos une a él.

La invención de la naturaleza es mi intento de encontrar a Humboldt. Ha sido un viaje por todo el mundo que me ha llevado a archivos en California, Berlín y Cambridge, entre otros muchos. He leído miles de cartas pero también he seguido sus pasos. Vi las ruinas de la torre de la anatomía en Jena, Alemania, donde Humboldt pasó muchas semanas diseccionando animales, y en Ecuador, en el Antisana a 3.600 metros de altura, con cuatro cóndores volando en círculo sobre mí y rodeada de una manada de caballos salvajes, encontré la choza desvencijada en la que durmió una noche en marzo de 1802.

En Quito tuve en mis manos el pasaporte español original de Humboldt, el documento que le permitió recorrer Latinoamérica. En Berlín, por fin, comprendí cómo funcionaba su mente cuando abrí las cajas que contenían sus notas, maravillosos *collages* con miles de trozos de papel, dibujos y números. No tan lejos, en la British Library de Londres, pasé muchas semanas leyendo los libros publicados de Humboldt, algunos tan grandes y pesados que casi no podía levantarlos de la mesa. En Cambridge examiné los ejemplares de esos libros que pertenecieron a Darwin, los que guardaba en un estante junto a su hamaca en el *Beagle*. Están llenos de anotaciones a lápiz. Al leerlos sentí que estaba oyendo a escondidas una conversación entre Darwin y Humboldt.

Estuve en la selva venezolana, de noche, escuchando el extraño rugido de los monos aulladores, pero también en Manhattan, atrapada sin electricidad durante el huracán Sandy, cuando fui allí para leer varios documentos en la Public Library de Nueva York. Admiré la vieja casona con la torre del siglo x en la aldea de Piobesi, a las afueras de Turín, en la que George Perkins Marsh escribió partes de *Man and Nature* a principios de la década de 1860; un libro inspirado por las ideas de Humboldt y que supuso el principio del movimiento conservacionista en Estados Unidos. Paseé alrededor del estanque de Walden de Thoreau sobre la nieve recién caída y caminé por Yosemite mientras recordaba la idea de John Muir de que «el camino más claro hacia el Universo pasa por un bosque virgen»[41].

El momento más emocionante fue cuando, por fin, ascendí el Chimborazo, la montaña que tan fundamental fue para la visión de Humboldt. Mientras subía por la inhóspita ladera, el aire estaba tan enrarecido que cada paso parecía eterno, una lenta marcha hacia arriba con las piernas de plomo y vagamente separadas del resto de mi cuerpo. Mi admiración por Humboldt creció con cada paso. Él subió al Chimborazo con un pie herido (y, desde luego, no con unas botas tan cómodas y sólidas como las mías), cargado de instrumentos y parándose constantemente para hacer mediciones.

El resultado de esta exploración por paisajes y cartas, por pensamientos y diarios, es este libro. *La invención de la naturaleza* es mi intento de redescubrir a Humboldt y devolverle al lugar que le corresponde en el panteón de la naturaleza y la ciencia. Es también un intento de comprender por qué pensamos como lo hacemos hoy sobre el mundo natural.

PARTE I

PUNTO DE PARTIDA: EL NACIMIENTO DE LAS IDEAS

1. Comienzos

Alexander von Humboldt nació el 14 de septiembre de 1769, en una familia acomodada de la aristocracia prusiana[1], que pasaba los inviernos en Berlín y los veranos en la finca familiar de Tegel, un pequeño castillo a unos 16 kilómetros al noroeste de la ciudad. Su padre, Alexander Georg von Humboldt, era oficial del ejército, chambelán en la corte prusiana y confidente del futuro rey Federico Guillermo II. La madre de Alexander, Marie Elisabeth, era hija de un rico fabricante que había aportado dinero y tierras a la familia. El nombre de Humboldt gozaba de gran prestigio en Berlín, e incluso el futuro rey era padrino de Alexander[2]. Sin embargo, a pesar de criarse entre privilegios, Alexander y su hermano mayor, Wilhelm, tuvieron una infancia desgraciada[3]. Su amado padre falleció de pronto cuando Alexander tenía nueve años, y su madre nunca dio muchas muestras de afecto a sus hijos. El padre era encantador y cariñoso, pero la madre era seria, fría y distante[4]. En lugar de amor maternal, les dio la mejor educación que existía en Prusia y dispuso que los dos niños recibieran clases privadas de una serie de pensadores de la Ilustración que les transmitieron el amor a la verdad, la libertad y el conocimiento.

Resultaron ser unas relaciones extrañas en las que los chicos, en ocasiones, buscaron una figura paterna. Un profesor concreto, Gottlob Johann Christian Kunth, que supervisó su educación durante muchos años, lo hizo con una peculiar mezcla en la que expresaba su desagrado y su decepción al mismo tiempo que fomentaba un sentimiento de dependencia[5]. Sin perderlos de vista y vigilándolos mientras hacían sus cálculos, traducían textos del latín o aprendían vocabulario francés, Kunth corregía sin cesar a los hermanos. Nunca estaba del todo satisfecho con sus progresos. Cada vez que cometían un error, Kunth reaccionaba como si lo hubieran hecho para lastimarle u ofenderle. A los chicos, ese modo de actuar les dolía más que si les hubiera pegado con un bastón. Siempre deseosos de complacerle, contaba más tarde Wilhelm, habían vivido en estado de «perpetua ansiedad»[6] por hacerle feliz.

La situación era especialmente difícil para Alexander, que recibía las mismas lecciones que su precoz hermano, a pesar de ser dos años menor. Cuando Wilhelm triunfaba con el latín y el griego, Alexander se sentía lento e incompetente. Tenía tantas dificultades, relató después Alexander a un amigo, que sus profesores «dudaban de que fuera a desarrollar ni siquiera unas facultades de inteligencia normales»[7].

Schloss Tegel y la finca circundante

Wilhelm se sumergía en la mitología griega[8] y las historias de la antigua Roma, pero Alexander se sentía inquieto cuando estaba rodeado de libros. Prefería escaparse del aula cada vez que podía para pasear por el campo y recoger y dibujar plantas, animales y rocas. Cuando regresaba con los bolsillos llenos de insectos y plantas, su familia le llamaba «el pequeño boticario»[9], pero no se tomaba en serio su interés. Según la leyenda, un día, el rey de Prusia, Federico el Grande, preguntó al niño si tenía pensado conquistar el mundo como su homónimo, Alejandro Magno. La respuesta del joven Humboldt fue: «Sí, señor, pero con la cabeza»[10]. Según contó años después a un buen amigo, Humboldt pasó gran parte de sus primeros años entre personas que le querían pero no le comprendían. Sus profesores eran exigentes y su madre vivía apartada de la sociedad y de sus hijos. La mayor preocupación de Marie Elisabeth von Humboldt era, en palabras de Kunth, fomentar la «perfección intelectual y moral»[11] de Wilhelm y Alexander; por lo visto, su bienestar emocional no le interesaba en absoluto. «Me obligaban a vivir con mil limitaciones»[12], contaba Humboldt, y en soledad, escondido tras un muro de disimulos porque nunca pensó que podía ser él mismo con su severa madre observando cada paso. En el hogar de los Humboldt, las expresiones de entusiasmo o alegría eran inaceptables.

Alexander y Wilhelm eran muy distintos[13]. Si Alexander era un aventurero que disfrutaba al aire libre, Wilhelm era serio y estudioso. Alexander se encontraba a menudo desgarrado por emociones contradictorias, mientras que la principal característica de Wilhelm era el dominio de sí mismo[14]. Los dos hermanos se refugiaban en sus mundos personales: Wilhelm con sus libros y Alexander con sus paseos solitarios por los inmensos bosques de Tegel, en los que se habían plantado árboles importados de Norteamérica[15]. Mientras vagaba entre arces llenos de color y majestuosos robles blancos, Alexander sentía que la naturaleza le calmaba y le tranquilizaba[16]. Pero también fue entre esos árboles de otro mundo donde empezó a soñar con países lejanos.

Humboldt creció y se convirtió en un joven atractivo. Medía 1,72, pero tenía una postura erguida y orgullosa que le hacía parecer más alto[17]. Era delgado y ágil, rápido y ligero de pies[18]. Tenía las manos menudas y delicadas, casi como las de una mujer, según el comentario de un amigo. Tenía ojos inquisitivos y siempre alerta. Su aspecto correspondía a los ideales de la época: cabello revuelto, labios gruesos y expresivos y hoyuelo en la barbilla. Pero estaba enfermo a menudo, con fiebres y neurastenia que Wilhelm consideraba un «tipo de hipocondría»[19], porque «el pobre es desgraciado».

Para ocultar su vulnerabilidad, Alexander se construyó un escudo protector de ingenio y ambición. De niño le temían por sus comentarios mordaces, y un amigo de la familia dijo de él que era «un petit esprit malin»[20], una reputación que mantendría el resto de su vida. Hasta sus amigos más íntimos reconocían que tenía una vena malévola[21]. Pero Wilhelm decía que su hermano nunca era verdaderamente malintencionado[22], quizá un poco vanidoso y empujado por un ansia profunda de brillar y triunfar. Desde su juventud, Alexander pareció dividido entre esa vanidad y la soledad, entre el deseo de elogios y el anhelo de independencia[23]. Inseguro, pero convencido de su valía intelectual, oscilaba entre la necesidad de aprobación y el sentimiento de superioridad.

Nacido el mismo año que Napoleón Bonaparte, Humboldt creció en un mundo cada vez más globalizado y accesible. Resulta oportuno que en los meses anteriores a su nacimiento se hubiera producido la primera colaboración científica internacional, cuando astrónomos de docenas de países coordinaron y compartieron sus observaciones del tránsito de Venus. Habían logrado resolver el problema de calcular la longitud, y las zonas vacías de los mapas del siglo XVIII estaban llenándose con rapidez. El mundo estaba cambiando. Justo antes de que Humboldt cumpliera siete años, los revolucionarios estadounidenses declararon su independencia, y poco antes de que cumpliera veinte, siguieron sus pasos los franceses con su propia revolución, en 1789.

Alemania seguía bajo el paraguas del Sacro Imperio Romano, que, como dijo en una ocasión el pensador francés Voltaire, no era ni sacro, ni imperio, ni romano. No existía aún una nación alemana, sino un conjunto de estados: algunos, pequeños principados; otros, gobernados por grandes y poderosas dinastías como los Hohenzollern de Prusia y los Habsburgo de Austria, que seguían disputándose la hegemonía y los territorios. A mediados del XVIII, durante el reinado de Federico el Grande, Prusia se había convertido en el mayor rival de Austria.

En la época del nacimiento de Humboldt, Prusia era conocida por su enorme ejército profesional y su eficacia administrativa. Federico el Grande había sido un monarca absoluto pero, aun así, introdujo ciertas reformas, como un sistema de enseñanza primaria y una modesta reforma agraria. También se habían dado los primeros pasos hacia la tolerancia religiosa. Famoso por sus hazañas militares, Federico el Grande también había sido conocido por su amor a la música, la filosofía y el estudio. Y, aunque sus contemporáneos franceses e ingleses despreciaban a los alemanes y los consideraban toscos y atrasados, en los estados alemanes había más universidades y bibliotecas que en ningún otro lugar de Europa[24]. El desarrollo de las ediciones y las publicaciones periódicas fue paralelo al de los índices de alfabetización.

Mientras tanto, Gran Bretaña experimentaba un gran crecimiento económico. Innovaciones agrícolas como la rotación de cultivos y los nuevos sistemas de irrigación mejoraron la productividad. Los británicos eran presa de la «fiebre de los canales», y estaban tejiendo una moderna red de transporte por toda la isla. La Revolución Industrial había traído los telares y otras máquinas, y las ciudades se llenaban de fábricas. Los campesinos estaban pasando de dedicarse a la agricultura y ganadería de subsistencia a alimentar a los que vivían y trabajaban en los nuevos centros urbanos.

Los hombres empezaban a controlar la naturaleza con nuevas tecnologías como las máquinas de vapor de James Watt y también con nuevos avances médicos, como cuando se vacunó contra la viruela a las primeras personas en Europa y América. Benjamin Franklin inventó el pararrayos a mediados del siglo XVIII, y a partir de ahí la humanidad empezó a controlar unos fenómenos que hasta entonces se habían considerado expresiones de la furia de Dios. Con ese poder, el hombre perdió el miedo a la naturaleza. Durante los dos siglos anteriores, la sociedad occidental había estado dominada por la idea de que la naturaleza funcionaba como un complejo mecanismo, una «gran y complicada Máquina del Universo», en palabras de un científico[25]. Al fin y al cabo, si el hombre era capaz de fabricar intrincados relojes y autómatas, ¿qué cosas tan grandiosas podría crear Dios? Según el filósofo francés René Descartes y sus seguidores, Dios había dado el empuje inicial a ese mundo mecánico, mientras que, para Isaac Newton, el universo era más bien un mecanismo divino en el que Dios, como hacedor, seguía interviniendo.

Inventos como los telescopios y los microscopios revelaron nuevos mundos y, con ellos, la convicción de que era posible descubrir las leyes de la naturaleza. En Alemania, el filósofo Gottfried Wilhelm von Leibniz, a finales del siglo XVII, había propugnado las ideas de una ciencia universal basada en las matemáticas. En Cambridge, Newton había descubierto la mecánica del universo aplicando las matemáticas a la naturaleza. Como consecuencia, el mundo empezaba a parecer previsible, cosa que resultaba tranquilizadora, siempre que la humanidad pudiera desentrañar esas leyes naturales.

Las matemáticas, la observación objetiva y los experimentos controlados allanaron este camino de la razón en el mundo occidental. Los científicos se convirtieron en ciudadanos de su autoproclamada «república de las letras»[26], una comunidad intelectual que trascendía las fronteras nacionales, la religión y la lengua. Con su intercambio continuo de correspondencia a través de Europa y el Atlántico, se difundían los descubrimientos científicos y las nuevas ideas. La «república de las letras» era un país sin límites, gobernado por la razón, y no por monarcas. En esa nueva Era de la Ilustración fue en la que creció Alexander von Humboldt, con unas sociedades occidentales que parecían avanzar siguiendo una trayectoria de confianza y perfeccionamiento. El progreso era la consigna del siglo, y cada generación envidiaba a la siguiente. A nadie le preocupaba que pudiera destruirse la propia naturaleza.

Los jóvenes Alexander y Wilhelm von Humboldt se unieron a los círculos intelectuales de Berlín, en los que hablaban de la importancia de la educación, la tolerancia y el razonamiento independiente[27]. Mientras los hermanos corrían de los grupos de lectura a los salones filosóficos berlineses, el estudio, hasta entonces una ocupación solitaria en Tegel, se convirtió en una actividad social. Durante los veranos, su madre solía permanecer en el campo y dejaba a los dos chicos con sus profesores en la casa familiar de Berlín. Pero esa libertad no duraría mucho: su madre les dejó muy claro que esperaba que se hicieran funcionarios[28]. Dado que dependían económicamente de ella, no tuvieron más remedio que acceder a sus deseos.

Marie Elisabeth von Humboldt envió a Alexander, cuando tenía dieciocho años, a la universidad de Frankfurt an der Oder[29]. A unos 110 kilómetros al este de Berlín, era una institución provincial que no tenía más que doscientos alumnos, y seguramente Marie Elisabeth la escogió por su proximidad a Tegel, más que por sus méritos académicos. Después de que Alexander hiciera un semestre de estudios de Administración y Economía Política, se decidió que estaba listo para unirse a Wilhelm en Gotinga[30], una de las mejores universidades de los estados alemanes. Wilhelm estudió Derecho y Alexander se dedicó a Ciencias, Matemáticas e Idiomas. Aunque los hermanos vivían en la misma ciudad, pasaban poco tiempo juntos. «Nuestros caracteres son demasiado diferentes», decía Wilhelm[31]. Mientras él estudiaba mucho, Alexander soñaba con trópicos y aventuras[32]. Deseaba irse de Alemania. De niño, había leído los diarios del capitán James Cook y Louis Antoine de Bougainville, que habían dado la vuelta al mundo, y se imaginaba a sí mismo en lugares remotos. Cuando veía las palmeras tropicales en el jardín botánico de Berlín[33], lo único que quería era contemplarlas en su entorno natural. Esta pasión juvenil por viajar adquirió un tono más serio cuando fue con un amigo algo mayor, Georg Forster, a recorrer Europa durante cuatro meses. Forster era un naturalista alemán que había acompañado a Cook en su segunda vuelta al mundo. Humboldt y él se habían conocido en Gotinga. Hablaban con frecuencia sobre la expedición, y las vívidas descripciones que hacía Forster de las islas del Pacífico Sur acentuaron el anhelo de viajar de Alexander[34].

En la primavera de 1790, Forster y Humboldt fueron a Inglaterra, Holanda y Francia, pero lo mejor de su viaje fue Londres, donde todo hizo pensar a Humboldt en países lejanos. Vio el Támesis abarrotado de barcos que llegaban con mercancías de todos los rincones del planeta. Alrededor de 15.000 naves entraban en el puerto cada año[35], cargadas de especias de las Indias Orientales, azúcar de las Indias Occidentales, té de China, vino de Francia y madera de Rusia. El río entero era una «selva negra» de mástiles[36]. Entre los grandes buques mercantes había cientos de gabarras, balandros y barcos pequeños. Atestado y congestionado, sin duda, era al mismo tiempo un magnífico retrato del poder imperial británico.

Vista de Londres y el Támesis

En Londres, Humboldt conoció a botánicos, exploradores, artistas y pensadores[37]. Le presentaron al capitán William Bligh (el del tristemente famoso motín del *Bounty*) y a Joseph Banks, el botánico que había acompañado a Cook en su primer viaje alrededor del mundo y en aquel entonces presidente de la Royal Society, el foro científico más importante de Gran Bretaña. Humboldt admiró los encantadores cuadros y dibujos que había llevado de vuelta consigo William Hodges, el artista que había ido en el segundo viaje. En cualquier dirección que mirase Humboldt, todo le evocaba nuevos mundos. Incluso a primera hora de la mañana, cuando abría los ojos, lo primero que veía eran las láminas enmarcadas de los barcos de la East India Company que adornaban las paredes de la habitación en la que se alojaba. Humboldt lloraba a menudo al ver esos dolorosos recordatorios de sus sueños insatisfechos[38]. «Tengo dentro de mí un impulso —escribió— que a menudo me hace sentir como si estuviera perdiendo la cabeza»[39].

Cuando la tristeza se volvía insoportable, se iba a dar largos paseos en solitario. En una de esas excursiones por la campiña de Hampstead, justo al norte de Londres, vio un anuncio clavado en un árbol en el que se ofrecía trabajo a jóvenes marineros[40]. Por un breve instante pensó que había encontrado la respuesta a sus deseos, pero entonces se acordó de su estricta madre. Humboldt sentía una atracción inexplicable hacia lo desconocido, lo que los alemanes llaman *Fernweh* —una añoranza de lugares lejanos—, pero era «demasiado buen hijo»[41], reconocía, para volverse en contra de ella.

Creía que estaba volviéndose loco poco a poco, y empezó a escribir «cartas enloquecidas» a los amigos en su país[42]. «Mis desgraciadas circunstancias —escribió a un amigo la víspera de dejar Inglaterra— me obligan a querer lo que no puedo tener y hacer lo que no me gusta»[43]. Pero no se atrevía a desafiar las expectativas de su madre sobre lo que implicaba haber sido educado en la élite prusiana.

De vuelta en casa, Humboldt convirtió su tristeza en una energía frenética. Actuaba movido por un «impulso perpetuo»[44], escribió, como si le persiguieran «10.000 cerdos». Pasaba sin cesar de un tema a otro. Había dejado de sentirse inseguro sobre sus aptitudes intelectuales y de pensar que estaba por detrás de su hermano mayor. Estaba demostrándose a sí mismo, a sus amigos y familiares, lo inteligente que era. Forster estaba convencido de que tenía «el cerebro desgraciadamente exhausto»[45], y no era el único. Hasta la prometida de Wilhelm von Humboldt, Caroline von Dachröden, que había conocido a Alexander hacía poco tiempo, estaba preocupada. Le tenía simpatía, pero temía que fuera a «quebrarse»[46]. Muchos de los que conocían a Alexander señalaban con frecuencia esa actividad incesante y lo deprisa que hablaba, «a toda velocidad»[47].

Al terminar el verano de 1790, Humboldt empezó a estudiar Finanzas
y Economía en la academia de comercio de Hamburgo. Lo detestaba,
porque era todo números y libros de contabilidad[48]. En su tiempo libre
se dedicaba a leer tratados científicos y libros de viajes[49] y a estudiar danés
y sueco; cualquier cosa mejor que sus estudios económicos. Siempre que
podía, se acercaba andando al río Elba, donde veía los grandes buques
mercantes que llegaban con tabaco, arroz y tintura de añil de Estados
Unidos. La «vista de los barcos en el puerto»[50], le dijo a un amigo, era lo
que le sostenía, un símbolo de sus sueños y esperanzas. Estaba deseoso
de poder ser, por fin, «dueño de su propio destino»[51].

Al acabar sus estudios en Hamburgo, Humboldt tenía veintiún años.
Para cumplir los deseos de su madre, una vez más, en junio de 1791 se
matriculó en la prestigiosa academia de minería de Freiberg[52], un pueblo
próximo a Dresde. Fue una concesión cuyo propósito era prepararse para
hacer carrera en el Ministerio de Minas prusiano —y así tranquilizar a su
madre— pero que, por lo menos, le permitía cultivar su interés por la
ciencia y la geología. La academia era la primera de su categoría, con un
programa que enseñaba las teorías geológicas más modernas en el contexto de su aplicación práctica a la minería. Además albergaba una próspera comunidad científica gracias a que atraía a algunos de los mejores
profesores y estudiantes de toda Europa.

Al cabo de ocho meses, Humboldt había completado un programa de
estudios que a otros les costaba tres años[53]. Todas las mañanas se levantaba antes del amanecer y se dirigía a una de las minas alrededor de Freiberg[54]. Allí pasaba cinco horas en la profundidad de los pozos, investigando la construcción de las minas, los métodos de trabajo y las rocas. Ser
menudo y ágil le era útil, porque le permitía moverse con facilidad por
túneles estrechos y cuevas de techo bajo mientras perforaba y tallaba la
roca para llevarse muestras a casa. Trabajaba con tanta ferocidad que a
menudo no se daba cuenta del frío ni la humedad. A mediodía salía
a rastras de la oscuridad, se sacudía el polvo y corría a la academia para
asistir a los seminarios y clases sobre minerales y geología. Por la tarde, y
muchas a veces hasta altas horas de la noche, Humboldt permanecía
sentado en su mesa, encorvado sobre sus libros, leyendo y estudiando a
la luz de las velas. Durante su tiempo libre investigaba la influencia de la
luz (o la falta de luz) en las plantas y recogía miles de especímenes botánicos. Medía, anotaba y clasificaba. Era un hijo de la Ilustración.

Pocas semanas después de llegar a Freiberg, tuvo que ir a Erfurt, a unos 160 kilómetros al oeste, para asistir a la boda de su hermano con Caroline[55]. No obstante, como tantas otras veces, Humboldt consiguió mezclar los acontecimientos sociales o familiares con el trabajo. En lugar de limitarse a las festividades en Erfurt, convirtió el viaje en una expedición geológica de casi mil kilómetros por la región de Turingia. A Caroline medio le divertía y medio le preocupaba su enloquecido cuñado[56]. Le gustaba su energía, pero a veces se reía de él, como una hermana podía hacerlo de un hermano pequeño. Alexander tenía sus rarezas y había que respetárselas, le decía a Wilhelm, pero también le preocupaba su estado de ánimo y su soledad.

En Freiberg, el único amigo verdadero de Humboldt era otro estudiante, hijo de la familia que le alquilaba una habitación. Los dos jóvenes pasaban día y noche juntos, hablando y estudiando[57]. «Nunca he querido a nadie tan profundamente»[58], reconocía Humboldt, pero también se reprochaba haber formado una relación tan intensa[59], porque sabía que, cuando terminara sus estudios, tendría que dejar Freiberg y entonces se sentiría todavía más solo.

A pesar de todo, los esfuerzos en la academia compensaron cuando Humboldt terminó y le nombraron inspector de minas a la asombrosa edad de veintidós años, por encima de muchos hombres más veteranos. Aunque se sentía en parte abochornado de su meteórica carrera[60], también era lo bastante vanidoso como para presumir ante amigos y familiares en largas cartas. Lo más importante fue que su cargo le permitía viajar miles de kilómetros para evaluar suelos, pozos y minerales, desde carbón en Brandeburgo y hierro en Silesia hasta oro en los montes Fichtel y minas de sal en Polonia.

Durante esos viajes, Humboldt conoció a mucha gente pero rara vez abrió su corazón[61]. Estaba satisfecho, escribía a sus amigos, pero no era feliz. Por la noche, después de todo un día en las minas o traqueteando por malas carreteras en su coche de caballos, pensaba en los pocos amigos que había hecho en años anteriores[62]. Se sentía «maldito, siempre solo»[63]. Cuando se sentaba a comer otra vez a solas, en una miserable taberna o posada en algún punto de su ruta[64], era frecuente que se sintiera demasiado cansado para escribir o hablar. Algunas noches, sin embargo, se sentía tan solo que la necesidad de comunicarse vencía al cansancio. Entonces cogía la pluma y redactaba largas cartas llenas de vueltas y saltos, que pasaban de los detallados tratados sobre su trabajo y las observaciones científicas a las declaraciones de amor y amistad.

Daría dos años de su vida a cambio de los recuerdos del tiempo que habían pasado juntos[65], escribió a su amigo de Freiberg, y confesó que con él había pasado «las horas más dulces de su vida»[66]. Algunas de estas cartas, escritas a altas horas de la noche, son puro sentimiento y están inspiradas por una desesperada soledad. Página tras página, Humboldt volcaba en ellas su corazón, y luego disculpaba sus «tontas cartas»[67]. Al día siguiente, cuando el trabajo requería su atención, se olvidaba de todo ello, y a veces pasaban semanas o incluso meses hasta que volvía a escribir. Incluso para quienes mejor le conocían, Humboldt seguía siendo muchas veces esquivo.

Mientras tanto, su carrera subía como la espuma y sus intereses se ampliaban. Humboldt empezó a preocuparse por las condiciones de trabajo de los mineros a los que veía arrastrarse para introducirse en las entrañas de la tierra cada mañana. Para mejorar su seguridad, inventó una mascarilla respiratoria y una lámpara que funcionaba incluso en las profundidades casi sin oxígeno[68]. Escandalizado por la ignorancia de los mineros, Humboldt escribió libros de texto para ellos[69] y fundó una escuela de minería. Cuando comprendió que los documentos históricos podían facilitar la explotación de minas en desuso o mal aprovechadas, porque a veces mencionaban vetas o yacimientos o documentaban viejos hallazgos, dedicó semanas a descifrar manuscritos del siglo XVI[70]. Trabajaba y viajaba a un ritmo tan frenético que algunos de sus colegas pensaban que debía de tener «ocho piernas y cuatro brazos»[71].

Toda esa intensidad le enfermaba, y padecía repetidamente fiebres y trastornos nerviosos[72]. Las causas, pensaba, eran seguramente una mezcla de exceso de trabajo y demasiado tiempo en el frío helador de las minas. Pero, a pesar de la enfermedad y su apretada agenda, Humboldt se las arregló para publicar sus primeros libros, un tratado especializado sobre los basaltos[73] que se encontraban junto al río Rin y otro sobre la flora subterránea de Freiberg[74], extrañas plantas del tipo de mohos y esponjas que crecían con formas intrincadas en las vigas húmedas de las minas. En ese tiempo, siempre centró su atención en lo que podía medir y observar.

Durante el siglo XVIII, la «filosofía natural» —lo que hoy llamaríamos «ciencias naturales»— evolucionó de ser una materia dentro de la filosofía, junto a la metafísica, la lógica y la moral, hasta convertirse en una disciplina independiente, con sus propios enfoques y su propia metodología. Al mismo tiempo se desarrollaron dentro de la filosofía natural temas nuevos que pasaron a ser disciplinas aparte: botánica, zoología, geología, química. Y aunque Humboldt trabajaba en varias disciplinas de forma simultánea, las mantenía separadas. Esta especialización creciente le permitía un estudio concentrado con análisis cada vez más detallados, pero dejaba a un lado la visión de conjunto que más tarde sería tan característica de su trabajo. Durante esa época fue cuando Humboldt se obsesionó con la llamada «electricidad animal», o galvanismo, así llamado por Luigi Galvani, un científico italiano. Galvani había logrado hacer que los músculos y los nervios de un animal tuvieran convulsiones cuando les adhería distintos metales. Su suposición era que los nervios animales contenían electricidad. Fascinado por la idea, Humboldt comenzó una larga serie de 4.000 experimentos en los que cortó, pinchó, pellizcó y electrocutó a ranas, lagartos y ratones. No contento con experimentar en animales, empezó a usar también su propio cuerpo[75] y a llevar siempre sus instrumentos en sus viajes por Prusia. Por la tarde, al terminar su trabajo, colocaba su material eléctrico en las pequeñas habitaciones que solía alquilar. Varas de metal, fórceps, bandejas de cristal y frascos llenos de todo tipo de sustancias químicas puestos en fila sobre la mesa, además de pluma y papel. Se hacía incisiones con un escalpelo en los brazos y el torso. Luego se frotaba cuidadosamente con sustancias químicas y ácidos en las heridas abiertas o se colocaba metales, cables y electrodos en la piel o bajo la lengua. Cada contracción, cada convulsión, cada sensación de quemadura y de dolor quedaba meticulosamente anotada. Muchas heridas se le infectaban y a veces tenía la piel cubierta de ronchas llenas de sangre. Su cuerpo tenía un aspecto tan maltrecho como el de un «niño de la calle»[76], reconocía, pero también decía con orgullo que, a pesar del tremendo dolor, todo había salido «espléndidamente»[77].

A través de sus experimentos, Humboldt estaba abordando una de las ideas más debatidas en el mundo científico de finales del XVIII: el concepto de «materia» orgánica e inorgánica y si alguna de las dos contenía algún tipo de «fuerza» o «principio activo». Newton había sugerido la idea de que la materia era esencialmente inerte pero Dios añadía otras propiedades. Sin embargo, los científicos dedicados a clasificar la flora y la fauna estaban más preocupados por ordenar el caos que por las ideas de que las plantas o los animales podían regirse por una serie de leyes distintas que los objetos inanimados.

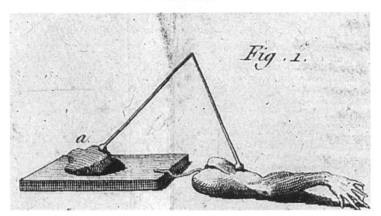

*Uno de los experimentos de electricidad animal que
hacía Humboldt con ancas de rana*

A finales del siglo XVIII, algunos científicos empezaron a poner en tela
de juicio este modelo mecánico de la naturaleza y a señalar que no explicaba la existencia de la materia viva. Y cuando Humboldt empezó a experimentar con la «electricidad animal», cada vez más científicos pensaban
que la materia no era inerte, sino que tenía que existir una fuerza que
desencadenara toda esa actividad. En toda Europa, los científicos empezaron a desechar las ideas de Descartes de que los animales eran fundamentalmente máquinas. Varios médicos en Francia, el cirujano escocés
John Hunter y, en particular, el antiguo profesor de Humboldt en Gotinga,
el científico Johann Friedrich Blumenbach, empezaron a formular nuevas
teorías de la vida. Cuando Humboldt estudiaba en Gotinga, Blumenbach
había publicado una edición revisada de su libro *Über den Bildungstrieb*[78].
En ella presentaba un concepto que explicaba que existían varias fuerzas
dentro de organismos vivos como las plantas y los animales. La más importante era la que denominaba *Bildungstrieb* —el «impulso formativo»—, una
fuerza que fomentaba la formación de cuerpos. Todos los organismos vivos,
desde los seres humanos hasta los mohos, tenían ese impulso formativo,
escribía Blumenbach, que era esencial para la creación de vida.

Para Humboldt, lo que estaba en juego en sus experimentos era nada
menos que deshacer lo que denominaba el «nudo gordiano de los procesos vitales»[79].

2. Imaginación y Naturaleza

Johann Wolfgang von Goethe y Humboldt

En 1794, Alexander von Humboldt interrumpió durante un breve período sus experimentos y sus inspecciones de las minas para visitar a su hermano, Wilhelm, que vivía con su mujer, Caroline, y sus dos hijos en Jena, a unos 240 kilómetros al suroeste de Berlín[1]. Jena era un pueblo de solo 4.000 habitantes que estaba en el ducado de Sajonia-Weimar, un pequeño estado dirigido por un gobernante ilustrado, Carlos Augusto. Era un centro de estudio y literatura que pocos años después se convertiría en la cuna del Idealismo y el Romanticismo alemanes. La Universidad de Jena era una de las mayores y más famosas de las regiones de habla alemana y, por su actitud liberal, atraía a pensadores progresistas de otros estados alemanes más represivos[2]. No había otro lugar, decía el poeta y dramaturgo residente Friedrich Schiller, en el que la libertad y la verdad imperasen tanto[3].

A 24 kilómetros de Jena estaba Weimar, la capital del estado, en la que residía Johann Wolfgang von Goethe, el poeta más grande de Alemania. Weimar tenía menos de mil casas y se decía que era tan pequeña que todo el mundo se conocía[4]. El ganado atravesaba las calles empedradas y el reparto de correo era tan irregular que, cuando Goethe quería mandar una carta a su amigo Schiller, que trabajaba en la universidad de Jena, le era más fácil entregársela a la verdulera para que la llevase en sus repartos que esperar al coche del correo.

En Jena y Weimar, decía una visitante, se agrupaban las mentes más brillantes como los rayos del sol en una lente de aumento[5]. Wilhelm y Caroline se habían mudado a Jena en la primavera de 1794 y formaban parte del círculo creado en torno a Goethe y Schiller. Vivían en la plaza del mercado, enfrente de este último[6]; tan cerca que podían hacer señas desde la ventana para citarse todos los días. Cuando llegó Alexander, Wilhelm envió enseguida una nota a Weimar para invitar a Goethe a ir al pueblo[7]. El poeta aceptó encantado y se alojó, como siempre, en las habitaciones de invitados en el castillo del duque, a solo unas manzanas de la plaza.

Durante la visita de Humboldt, se vieron todos los días. Formaban un grupo muy animado. Había ruidosas discusiones[8] y risas clamorosas, con frecuencia hasta altas horas de la noche. A pesar de su juventud, Humboldt tomaba a menudo la iniciativa. «Nos imponía»[9] las ciencias naturales, decía Goethe entusiasmado, y hablaban de zoología y volcanes, de botánica, química y galvanismo. «En ocho días leyendo libros, uno no podría aprender todo lo que él te enseña en una hora»[10], afirmaba Goethe.

El mes de diciembre de 1794 fue increíblemente frío[11]. El Rin helado sirvió de vía a las tropas de Napoleón en su marcha guerrera a través de Europa[12]. El ducado de Sajonia-Weimar estaba cubierto de espesa nieve. Pese a ello, todas las mañanas, justo antes del amanecer, Humboldt, Goethe y unos cuantos amigos científicos atravesaban la plaza del mercado de Jena en la oscuridad y sobre la nieve. Envueltos en gruesos abrigos de lana, pasaban junto al recio ayuntamiento del siglo XIV camino de la universidad, en la que asistían a clases de Anatomía[13]. Hacía un frío helador en el auditorio casi vacío, dentro de la torre circular de piedra de la Edad Media que formaba parte de la antigua muralla de la ciudad, pero lo bueno de las temperaturas tan bajas era que los cadáveres que diseccionaban permanecían frescos mucho más tiempo. Goethe, que odiaba el frío y normalmente habría preferido el calor chisporroteante de su estufa[14], estaba completamente encantado. No podía dejar de hablar. La presencia de Humboldt le estimulaba[15].

En mitad de la cuarentena por aquel entonces, Goethe era la figura literaria más célebre de Alemania. Exactamente veinte años antes había saltado a la fama internacional con *Las penas del joven Werther,* una novela sobre un amante despechado que se suicida, y que capturaba el sentimentalismo de la época. Se convirtió en el libro de cabecera de toda una generación y muchos se identificaron con el protagonista que daba nombre a la novela. El libro se publicó en la mayoría de las lenguas europeas y se hizo tan popular que muchísimos hombres, entre ellos el joven Carlos Augusto, duque de Sajonia-Weimar, se vestían con el uniforme de Werther[16], consistente en un chaleco amarillo, calzón corto, levita azul, botas marrones y sombrero redondo de fieltro. Se hablaba de la *fiebre Werther*[17] y los chinos llegaron a fabricar una porcelana Werther destinada al mercado europeo.

Johann Wolfgang von Goethe en 1787

Cuando Goethe conoció a Humboldt, ya no era el deslumbrante joven poeta del *Sturm und Drang,* la era de «la tormenta y el esfuerzo». El periodo prerromántico alemán había celebrado la individualidad y una gran variedad de sentimientos desmesurados —desde el amor radical hasta la melancolía más profunda—, todos llenos de pasión, emociones, poemas románticos y novelas. En 1775, cuando Goethe llegó por primera vez a Weimar invitado por un Carlos Augusto de dieciocho años, emprendió una larga serie de aventuras amorosas, borracheras y travesuras[18]. Los dos juntos organizaron grandes juergas por las calles de Weimar, a veces envueltos en sábanas blancas para atemorizar a los que creían en fantasmas. Habían robado unos barriles a un tendero local para lanzarlos cuesta abajo por las colinas, y se dedicaban a coquetear con las jóvenes campesinas; todo en nombre del genio y la libertad. Y nadie podía protestar, claro, porque uno de los juerguistas era Carlos Augusto, el joven gobernante. Pero ahora esos años locos habían quedado muy atrás, y, con ellos, las declamaciones teatrales de amor, las lágrimas, las copas rotas y los baños desnudos en el lago que habían escandalizado a los habitantes locales. En 1788, seis años antes de la primera visita de Humboldt, Goethe había vuelto a escandalizar a la sociedad de Weimar cuando la analfabeta Christiane Vulpius se convirtió en su amante[19]. Dos años escasos después, Christiane, que trabajaba como costurera en el pueblo, dio a luz a su hijo. Sin prestar atención a los convencionalismos ni a los chismorreos maliciosos, Christiane y su hijo August siguieron viviendo con Goethe.

En la época en que el poeta conoció a Humboldt, era un hombre más tranquilo, corpulento, con papada y un estómago que un conocido describió con crueldad como «el de una mujer en las últimas etapas del embarazo»[20]. Había perdido su atractivo: los bellos ojos estaban desaparecidos en «la grasa de sus mejillas»[21], y muchos decían que ya no era un apuesto «Apolo»[22]. Seguía siendo confidente y consejero del duque de Sajonia-Weimar, que le había otorgado la nobleza (de ahí el «von» en el nombre de Johann Wolfgang von Goethe). Dirigía el teatro de la corte y ocupaba varios cargos administrativos bien remunerados entre los que estaban el control de las minas y las fábricas del ducado. Goethe, como Humboldt, adoraba la geología (y la minería), tanto que en las ocasiones especiales disfrazaba a su pequeño hijo con un uniforme de minero[23].

Goethe se había convertido en el Zeus de los círculos intelectuales alemanes, muy por encima de todos los demás poetas y escritores, pero también podía ser un «Dios frío y monosilábico»[24]. Algunos le consideraban melancólico; otros, arrogante, orgulloso y amargado. Goethe nunca había sido aficionado a escuchar si el tema no le gustaba, y era capaz de zanjar una discusión haciendo una descarada exhibición de su falta de interés o cambiando bruscamente de tema. En ocasiones era tan maleducado, sobre todo con los jóvenes poetas y pensadores, que estos salían corriendo de la habitación[25]. A sus admiradores no les importaba todo eso. El «sagrado fuego poético»[26], en palabras de un visitante británico a Weimar, solo había ardido hasta la perfección en Homero, Cervantes, Shakespeare y ahora Goethe.

Pero Goethe no era feliz. «No había nadie tan aislado como yo entonces»[27]. Le fascinaba más la naturaleza —«la gran Madre»[28]— que la gente. Su enorme casa en el centro de Weimar reflejaba sus gustos y su estatus. Estaba elegantemente amueblada, llena de obras de arte y estatuas italia-

La casa de Goethe en Weimar

nas, pero también vastas colecciones de rocas, fósiles y plantas secas. En la parte posterior se hallaban unas habitaciones más sencillas que Goethe utilizaba como estudio y biblioteca y que daban a un jardín diseñado por él para sus estudios científicos. En un rincón del jardín estaba la casita que albergaba su inmensa colección geológica[29].

Pero su lugar preferido era su casa de recreo sobre el río Ilm, en los terrenos del duque y junto a la viejas muralla de la ciudad. A diez minutos a pie de su residencia principal, la pequeña y acogedora casa había sido su primer hogar en Weimar, pero ahora era el refugio en el que se sentía a salvo del flujo continuo de visitantes. Allí escribía, cuidaba del jardín o recibía a sus amigos más íntimos. Enredaderas y madreselvas de dulce aroma trepaban por las paredes y ventanas. Había huertos, una pradera con árboles frutales y un largo sendero flanqueado por las malvarrosas que tanto amaba Goethe. A su llegada, en 1776, no solo había plantado su propio jardín sino que había convencido al duque para que transformara el jardín barroco del castillo en un parque a la inglesa, con arboledas repartidas de forma irregular que le daban sensación de naturaleza. Ahora, Goethe «estaba cansándose del mundo»[30]. El Reinado del Terror en Francia había convertido el idealismo inicial de la revolución de 1789 en una sanguinaria realidad en la que se ejecutaba en masa a decenas de miles de supuestos enemigos de la revolución. Esta brutalidad, unida a la violencia posterior que las guerras napoleónicas extendieron por toda Europa, había desilusionado al poeta y le había sumergido en «el ánimo más melancólico»[31]. Con el avance de los ejércitos por el continente, le preocupaban los peligros que afrontaba Alemania. Vivía como un ermitaño[32], decía, y lo único que le empujaba a seguir adelante eran sus estudios científicos. Para él, la ciencia era como «un tablón en un naufragio»[33].

En la actualidad Goethe es famoso por sus obras literarias, pero también era un científico apasionado, fascinado por la formación de la Tierra y la botánica. Tenía una colección de rocas que llegó a incluir 18.000 especímenes[34]. Mientras Europa se sumía en la guerra, él se dedicaba con discreción a la anatomía comparada y la óptica. El año de la primera visita de Humboldt creó un jardín botánico en la Universidad de Jena. Escribió un ensayo, *La metamorfosis de las plantas*[35], en el que defendía que había una forma arquetípica o primordial que servía de base al mundo vegetal. La idea era que cada planta era una variante de esa *Urform*. Detrás de la variedad existía unidad. Según Goethe, la hoja era esa *Urform*, la forma esencial a partir de la cual se habían desarrollado todas las demás: los pétalos, el cáliz, y así sucesivamente. «Por delante y por detrás, la planta no es nunca nada más que una hoja»[36], decía.

Eran ideas apasionantes, pero Goethe no tenía ningún adversario científico con el que desarrollar sus teorías. Todo eso cambió cuando conoció a Humboldt. Fue como si este último hubiera encendido la chispa que le faltaba desde hacía tanto tiempo[37]. Cuando estaban los dos juntos, Goethe sentía que su cerebro trabajaba en todas direcciones. Sacaba viejos cuadernos, libros y dibujos. Los papeles se amontonaban en la mesa mientras discutían teorías de botánica y zoología. Escribían, dibujaban y leían. Goethe no tenía interés en la clasificación sino en las fuerzas que creaban a los animales y las plantas, explicaba. Distinguía entre la fuerza interna —la *Urform*—, que proporcionaba la forma general de un organismo vivo, y el entorno —la fuerza externa—, que moldeaba el organismo. Por ejemplo, una foca tenía un cuerpo adaptado a su hábitat marino (la fuer za externa), decía Goethe, pero su esqueleto seguía el mismo modelo general (la fuerza interna) que los mamíferos terrestres. Del mismo modo que el naturalista francés Jean-Baptiste Lamarck (y posteriormente Charles Darwin), Goethe era consciente de que los animales y las plantas se adaptaban a su entorno. La *Urform*, escribió, podía encontrarse en todos los organismos vivos en distintas fases de metamorfosis, incluso entre los animales y los seres humanos[38].

Al oír hablar a Goethe con tanto entusiasmo sobre sus ideas científicas, Humboldt le aconsejó que publicase sus teorías de anatomía comparada[39]. De modo que Goethe empezó a trabajar a un ritmo frenético y a pasar las primeras horas de la mañana dictando a un secretario en su dormitorio[40]. Aún en cama, apoyado en varias almohadas y envuelto en mantas para protegerse del frío, trabajó en esa época más intensamente que en muchos años. No tenía mucho tiempo, porque a las diez de la mañana llegaba Humboldt y entonces continuaban sus discusiones.

Fue durante ese periodo cuando Goethe empezó a abrir exageradamente los brazos cuando iba de paseo, un gesto que provocaba la alarma entre sus vecinos. Había descubierto, explicó por fin a un amigo, que columpiar los brazos de forma tan pronunciada era un vestigio del animal de cuatro patas y, por tanto, una de las pruebas de que los animales y los seres humanos tenían un antepasado común. «Así ando de forma más natural», decía[41], y no le importaba nada que la sociedad de Weimar considerase poco refinado ese comportamiento más bien extraño.

Durante los años sucesivos, Humboldt viajó periódicamente a Jena y Weimar, cada vez que tenía tiempo[42]. Goethe y él daban largos paseos y comían juntos. Llevaban a cabo experimentos e inspeccionaban el nuevo jardín botánico de Jena. Goethe, revitalizado, pasaba tranquilamente de un tema a otro: «por la mañana corregí poema, luego anatomía de las ranas»[43] era una anotación típica en su diario durante las visitas de Humboldt. El joven le deslumbraba con sus ideas, le explicó Goethe a un amigo. Nunca había conocido a nadie tan versátil. La energía de Humboldt, decía, «batía las cosas científicas» a tal velocidad que a veces era difícil seguirle[44].

Tres años después de su primera visita, Humboldt llegó a Jena para pasar tres meses de vacaciones[45]. Una vez más, Goethe se encontró con él. En lugar de ir y venir de Weimar, se instaló en sus habitaciones del viejo castillo de Jena durante varias semanas. Humboldt quería hacer una larga serie de experimentos sobre «electricidad animal» porque estaba intentando terminar su libro sobre el tema[46]. Casi cada día —a menudo, acompañado de Goethe—, Humboldt recorría la corta distancia de casa de su hermano a la universidad[47]. Pasaba seis o siete horas en el anfiteatro de anatomía y dando clases sobre electricidad[48]. Un cálido día de primavera, cuando estalló una tormenta, Humboldt salió corriendo a colocar sus instrumentos para medir la electricidad en la atmósfera. Mientras caía la lluvia y los truenos retumbaban por los campos, los rayos iluminaban el pueblo en un baile desenfrenado. Humboldt estaba en su elemento. Al día siguiente, cuando se enteró de que un rayo había matado a un granjero y su esposa, se abalanzó a obtener sus cuerpos. Los situó sobre la mesa en la torre circular de anatomía y analizó todo: los huesos de las piernas del hombre tenían un aspecto como si estuvieran «¡perforados por balas de fusil!»[49], señaló emocionado, pero el peor daño lo habían sufrido los genitales. Al principio pensó que el vello púbico quizá se había prendido y causado las quemaduras, pero desechó la idea cuando vio que las axilas de la pareja estaban indemnes. A pesar del olor cada vez más pútrido a muerte y carne quemada, Humboldt disfrutó con cada minuto de su truculenta investigación. «No puedo vivir sin experimentos», decía[50].

Su experimento favorito fue uno que Goethe y él descubrieron juntos por casualidad[51]. Una mañana, Humboldt colocó un anca de rana en una bandeja de cristal y conectó los nervios y los músculos a diferentes metales de forma consecutiva —plata, oro, hierro, zinc, etcétera—, pero no generó más que un ligero tic nada prometedor. Entonces se inclinó sobre la pata para comprobar los metales conectados, y se produjo una convulsión tan violenta que el anca dio un salto. Los dos científicos se quedaron asombrados, hasta que Humboldt se dio cuenta de que había sido su aliento húmedo lo que había desencadenado la reacción. Cuando las partículas de agua de su aliento habían tocado los metales, habían creado una corriente eléctrica que había movido la pata. Fue el experimento más mágico que había hecho jamás, decidió, porque, al exhalar sobre el anca de rana era como si le hubiera «insuflado vida»[52]. Era la metáfora perfecta de la aparición de las nuevas ciencias de la vida.

En este contexto también hablaban de las teorías del antiguo profesor de Humboldt, Johann Friedrich Blumenbach, sobre las fuerzas que construían los organismos, el llamado «impulso formativo» y las «fuerzas vitales». Fascinado, Goethe aplicó esas ideas a las suyas propias sobre la *Urform*. El impulso formativo, escribió Goethe, desencadenaba el desarrollo de determinadas partes en la *Urform*. La serpiente, por ejemplo, tenía un cuello infinito porque no se había despilfarrado «nada de materia ni fuerza» en construir brazos y patas[53]. Por el contrario, el lagarto tiene un cuello más corto porque también tiene patas, y la rana tenía un cuello todavía más corto porque sus patas eran más largas. Después, Goethe explicaba su opinión de que —en contra de la teoría de Descartes de que los animales eran máquinas—, un organismo vivo estaba formado por partes que solo funcionaban en conjunto[54]. Dicho con pocas palabras, mientras una máquina se podía desmantelar y luego volver a montar, las partes de un organismo vivo solo funcionaban cuando estaban conectadas unas con otras. En un sistema mecánico, las piezas daban forma al conjunto, y en un sistema orgánico, el conjunto daba forma a las piezas.

Humboldt amplió este concepto. Y, aunque se acabó demostrando que sus teorías sobre la «electricidad animal» estaban equivocadas, le dieron los fundamentos de lo que sería su nueva interpretación de la naturaleza*. Si Blumenbach y otros científicos habían utilizado la idea de las fuerzas para hablar de organismos, Humboldt las aplicó a la naturaleza en general e interpretó el mundo natural como un conjunto unido y animado por fuerzas interactivas. Esta nueva forma de pensar transformó su enfoque. Si todo estaba relacionado, era importante examinar las diferencias y similitudes sin perder de vista el conjunto. El principal método de Humboldt para comprender la naturaleza pasó a ser la comparación, en lugar de los números o la matemática abstracta.

Goethe se sintió cautivado y contó a sus amigos cuánto admiraba el virtuosismo intelectual del joven[55]. Fue significativo que la presencia de Humboldt en Jena coincidiera con uno de los periodos más productivos de Goethe en años. No solo iba con él a la torre de anatomía, sino que en esa época compuso también su poema épico *Hermann y Dorotea* y recuperó sus teorías sobre óptica y color. Examinó insectos, diseccionó gusanos y caracoles y continuó sus estudios de geología. Tenía los días y las noches ocupados con el trabajo[56]. «Nuestra pequeña academia»[57], como la llamaba Goethe, estaba muy ajetreada. Wilhelm von Humboldt andaba traba-

---

* Fue el físico italiano Alessandro Volta quien demostró que Humboldt y Galvani estaban equivocados, al probar que los nervios animales no estaban cargados de electricidad. Las convulsiones que había provocado Humboldt en varios animales se debían al contacto con los metales, una idea que permitió a Volta inventar la primera pila en 1800.

jando en una traducción en verso de una de las tragedias griegas de Esquilo, y discutía sobre ella con Goethe[58]. Este montó con Alexander un aparato óptico para analizar la luz[59] e investigó la luminiscencia del fósforo[60]. Por la tarde o la noche, a veces, se reunían en casa de Wilhelm y Caroline, pero más a menudo lo hacían en casa de Friedrich Schiller, en la plaza del mercado; Goethe recitaba sus poemas y otros presentaban sus trabajos hasta altas horas[61]. Goethe estaba tan cansado que reconoció que casi estaba deseando tener unos días de paz en Weimar «para recuperarme»[62].

La búsqueda de conocimientos de Alexander von Humboldt era tan contagiosa, le dijo Goethe a Schiller, que había despertado sus propios intereses científicos de la hibernación en la que se encontraban[63]. A Schiller, sin embargo, le preocupaba que Goethe se estuviera alejando demasiado de la poesía y la estética[64]. Y todo era culpa de Humboldt, pensaba él. Schiller creía también que Humboldt nunca lograría hacer nada verdaderamente importante porque coqueteaba con demasiados asuntos. A Humboldt solo le interesaban las mediciones, y, a pesar de su abundancia de conocimientos, su trabajo exhibía una «pobreza de contenido»[65]. Schiller era la única voz negativa. Incluso el amigo al que confió todo esto discrepaba de él: sí, Humboldt se entusiasmaba con las mediciones, pero eran los elementos que le permitían tener una comprensión más amplia de la naturaleza.

Después de un mes en Jena, Goethe regresó a Weimar, pero enseguida empezó a echar de menos sus nuevos estímulos e invitó a Humboldt a visitarle[66]. Este llegó cinco días después y permaneció en Weimar una semana. La primera noche, Goethe se reservó a su huésped, pero al día siguiente lo llevó a comer al castillo con Carlos Augusto y después dio una gran cena en su casa. Goethe hizo gala de todo lo que podía ofrecer Weimar: llevó a Humboldt a ver los cuadros paisajísticos en las colecciones del duque, así como unos ejemplares geológicos que acababan de llegar de Rusia. Iban casi a diario a comer al castillo, donde Carlos Augusto invitaba a Humboldt a realizar varios experimentos para entretener a sus invitados. Humboldt se veía obligado a hacerlo pero pensaba que las horas pasadas en la corte eran un desperdicio.

Durante el mes posterior, hasta que Humboldt se fue definitivamente de Jena, Goethe estuvo yendo y viniendo entre su casa de Weimar y sus habitaciones en el castillo de Jena[67]. Leían juntos libros de historia natural y salían a dar largos paseos. Por las noches compartían la cena y revisaban los últimos textos de filosofía. Con frecuencia se reunían en la casa de recreo que acababa de comprar Schiller, justo fuera de las murallas de la ciudad[68]. El jardín de Schiller limitaba con un riachuelo al fondo, donde los hombres se sentaban en un pequeño cenador. En medio había una mesa redonda de piedra[69] llena de vasos y platos de comida pero también de libros y papeles. Hacía un tiempo espléndido y disfrutaban de las suaves tardes de principios de verano. Por la noche no oían más que el borboteo del arroyo y el canto del ruiseñor[70]. Hablaban de «arte, naturaleza y la mente»[71], según escribía Goethe en su diario.

Schiller con Wilhelm y Alexander von Humboldt y Goethe
en el jardín del primero en Jena

Las ideas que debatían eran las que tenían cautivados a científicos y pensadores de toda Europa: cómo entender la naturaleza. En términos generales, había dos corrientes de pensamiento que se disputaban la primacía: el racionalismo y el empirismo. Los racionalistas tendían a creer que todo el conocimiento procedía de la razón y el pensamiento racional, mientras los empiristas sostenían que solo se podía «conocer» el mundo a través de la experiencia. Los empiristas aseguraban que no había en la mente nada que no llegara a través de los sentidos. Algunos llegaban a decir que, en el momento de nacer, la mente humana era como un papel en blanco, sin ninguna idea preconcebida, y que a lo largo de una vida se llenaba de conocimientos procedentes de la experiencia sensorial. Para las ciencias, eso significaba que los empiristas siempre tenían que contrastar sus teorías con observaciones y experimentos, mientras que los racionalistas podían basar una tesis en la lógica y la razón.

Unos años antes de que Humboldt conociera a Goethe, el filósofo alemán Immanuel Kant había proclamado una revolución filosófica que se había atrevido a declarar tan radical como la de Copérnico de unos 250 años antes[72]. La posición de Kant estaba *entre* el racionalismo y el empirismo. Las leyes de la naturaleza, tal como las percibimos —escribió Kant en su famosa *Crítica de la razón pura*—, solo existen porque nuestra mente las interpreta. Igual que Copérnico había llegado a la conclusión de que el Sol no podía moverse alrededor de nosotros, decía Kant, teníamos que cambiar por completo nuestra interpretación de cómo comprender la naturaleza.

El dualismo entre el mundo externo y el interno preocupaba a los filósofos desde hacía milenios. Consistía en hacerse la siguiente pregunta: ¿el árbol que veo en mi jardín es la *idea* de ese árbol o el árbol *real?* Para un científico como Humboldt, que estaba tratando de entender la naturaleza, esta era la pregunta más importante[73]. Los seres humanos eran ciudadanos de dos mundos, del mundo del *Ding an sich* (la cosa en sí), que era el mundo externo, y el mundo interno de la propia percepción (cómo «percibía» las cosas cada persona). Según Kant, la «cosa en sí» no podía conocerse nunca del todo, y el mundo interno era siempre subjetivo.

Lo que Kant había introducido en el debate era el llamado nivel trascendental: el concepto de que, cuando experimentamos un objeto, se convierte en una «cosa tal como la percibimos». Nuestros sentidos y nuestra razón son como gafas de color a través de las cuales percibimos el mundo. Aunque quizá creamos que nuestra forma de ordenar y entender la naturaleza está basada en la razón pura —en la clasificación, las leyes del movimiento, etcétera—, Kant creía que ese orden lo creaba nuestra mente a través de estas gafas de color. Somos *nosotros* quienes imponemos ese orden a la naturaleza, y no la naturaleza a nosotros. Y así el «yo» se convertía en el ego creativo, casi como un legislador de la naturaleza, aunque eso significara que nunca podríamos tener un «verdadero» co-

nocimiento de la «cosa en sí». Como consecuencia, el énfasis se fue tras-
ladando hacia el yo.

Había más cosas que interesaban a Humboldt. Una de las series de
lecciones más populares de Kant en la Universidad de Königsberg (hoy
Kaliningrado, en Rusia, pero entonces parte de Prusia) era sobre geografía. Durante cuarenta años, Kant impartió ese curso 48 veces[74]. En su
Physische Geographie, que era el nombre del curso, Kant afirmaba que el
conocimiento era una construcción sistemática en la que unos hechos
individuales debían encajar en un marco más amplio para tener sentido.
Para explicarlo utilizaba la imagen de una casa: antes de construirla ladrillo a ladrillo y pieza a pieza, era necesario tener cierta idea de cómo iba
a quedar todo el edificio. Este concepto de sistema se convirtió en el eje
del pensamiento posterior de Humboldt.

En Jena no había forma de eludir estas ideas —todo el mundo hablaba de ellas—, y un visitante británico comentó que la pequeña ciudad era
«la sede más refinada de la nueva filosofía»[75]. Goethe admiraba a Kant y
había leído todas sus obras, y Wilhelm estaba tan fascinado que Alexander
tenía miedo de que su hermano «muriera de tanto estudiar»[76] la *Crítica
de la razón pura.* Un antiguo alumno de Kant, que daba clase en la Universidad de Jena, le dijo a Schiller que en el plazo de un siglo Kant sería
tan famoso como Jesucristo[77].

Lo que más interesaba a los miembros del círculo de Jena era esta
relación entre el mundo interno y el externo, que, en definitiva, desembocaba en esta pregunta: ¿cómo es posible el conocimiento? Durante la
Ilustración se había pensado que el mundo interno y el externo eran dos
entidades completamente separadas, pero después, los románticos ingleses como Samuel Taylor Coleridge y los trascendentalistas estadounidenses
como Ralph Waldo Emerson proclamarían que el hombre había estado
unido a la naturaleza en otro tiempo, durante una Edad de Oro desapa-
recida. Esa unidad perdida era la que pretendían restablecer, y subrayaban
que solo era posible lograrlo a través del arte, la poesía y las emociones.
Según los románticos, la naturaleza solo se podía comprender mediante
la introspección.

Humboldt estaba inmerso en las teorías de Kant y años después tendría
un busto de él en su estudio y diría que era un gran filósofo[78]. Medio siglo
más tarde, todavía afirmaba que el mundo externo no existía más que en
la medida en que lo percibíamos «dentro de nosotros»[79]. Tal como se

configuraba en nuestra mente, así configuraba nuestra interpretación de la naturaleza. El mundo externo, las ideas y los sentimientos «se funden entre sí»[80], escribiría Humboldt.

Goethe también estaba abordando estas ideas del yo y la naturaleza, de lo subjetivo y lo objetivo, la ciencia y la imaginación. Por ejemplo, había desarrollado una teoría del color en la que trataba cómo se percibía el color, en la que el papel del ojo era fundamental porque llevaba el mundo exterior al interior. Goethe insistía en que la verdad objetiva solo se podía alcanzar combinando experiencias subjetivas (mediante la percepción del ojo, por ejemplo) con la capacidad de razonamiento del observador. «Los sentidos no engañan —declaraba Goethe—, el que engaña es el juicio»[81].

Este énfasis creciente en la subjetividad empezó a transformar de forma radical el pensamiento de Humboldt. Su estancia en Jena fue lo que le llevó de la investigación puramente empírica hacia su propia interpretación de la naturaleza, un concepto que aunaba los datos científicos exactos con una respuesta emocional a lo que veía. Humboldt había creído durante mucho tiempo en la importancia de la observación detallada y las mediciones rigurosas —en un firme seguimiento de los métodos de la Ilustración—, pero ahora empezó a valorar también la percepción individual y la subjetividad. Solo unos años antes había reconocido: «la intensa fantasía me confunde»[82], pero ahora empezó a pensar que la imaginación era tan necesaria como el pensamiento racional para comprender el mundo natural. «La naturaleza debe experimentarse a través del sentimiento»[83], escribió a Goethe, y subrayó que los que querían describir el mundo con la mera clasificación de plantas, animales y rocas «nunca lograrán acercarse».

También en esta época fue cuando ambos leyeron el popular poema de Erasmus Darwin «Loves of the Plants». Erasmus, abuelo de Charles Darwin, era un médico, inventor y científico que en su poema había transformado el sistema de clasificación sexual de las plantas elaborado por Linneo en versos llenos de violetas enamoradas, primaveras celosas y rosas ruborizadas. Habitado por caracoles cornudos, hojas aleteantes, lunas de plata y encuentros sexuales sobre «lechos bordados de musgo»[84], «Loves of the Plants» era el poema más comentado de Inglaterra[85].

Cuatro décadas después, Humboldt escribiría a Charles Darwin para contarle cuánto había admirado a su abuelo por demostrar que una admiración simultánea hacia la naturaleza y la imaginación era «poderosa y productiva»[86]. Goethe no estaba tan impresionado. Le gustaba la idea del poema pero su ejecución le parecía demasiado pedante y farragosa, y le dijo a Schiller que los versos carecían de cualquier atisbo de «sentimiento poético»[87].

Goethe creía en el matrimonio de arte y ciencia, y su revivida fascinación por la ciencia no le apartó —como había temido Schiller— de su arte. Durante demasiado tiempo se había considerado que la poesía y la ciencia eran los «mayores antagonistas»[88], decía Goethe, pero él empezó a llenar de ciencia su obra literaria. En *Fausto,* su obra más famosa, el protagonista, el inquieto erudito Heinrich Faust, hace un pacto con el diablo, Mefistófeles, a cambio de obtener un conocimiento infinito. Publicada en dos partes separadas, *Fausto I* y *Fausto II,* en 1808 y 1832, Goethe escribió la obra en varios arrebatos de actividad que solían coincidir con las visitas de Humboldt[89]. Fausto, como Humboldt, actuaba impulsado por una sed implacable de conocimientos, el «hervor de mi pecho»[90], como declara en la primera escena de la obra. En la misma época en la que estaba trabajando en *Fausto,* Goethe dijo de Humboldt: «No he conocido jamás a nadie que reuniera una actividad con un foco tan deliberado con semejante pluralidad de pensamiento»[91]. Unas palabras que habrían podido describir a Fausto. Tanto el personaje como Humboldt pensaban que el trabajo y el estudio constantes producían el conocimiento, y tanto uno como otro encontraban su fuerza en el mundo natural y creían en la unidad de la naturaleza. Como Humboldt, Fausto estaba intentando descubrir «las fuerzas de la Naturaleza»[92]. Cuando Fausto declara su ambición en la primera escena —«conocer lo que en lo más íntimo mantiene unido al universo, contemplar toda fuerza activa y todo germen»[93]—, habría podido ser Humboldt quien hablara. Que en el *Fausto* de Goethe había algo de Humboldt era evidente para muchos, hasta el punto de que la gente comentó las similitudes cuando la obra se publicó en 1808[94]*.

Hubo otros ejemplos de la fusión de arte y ciencia por parte de Goethe. Para su poema «La metamorfosis de las plantas», trasladó su ensayo sobre la *Urform* de las plantas a la poesía[95]. Y para *Las afinidades electivas,* una

---

* Otros también relacionaron a Humboldt con Mefistófeles. La sobrina de Goethe dijo que «Humboldt le parecía lo mismo que Mefistófeles le parecía a Gretchen», no el mejor cumplido, precisamente, puesto que Gretchen (la amante de Fausto) se da cuenta al final de la obra de que Mefistófeles es el diablo y decide volverse hacia Dios y alejarse de su enamorado.

novela sobre el matrimonio y el amor, escogió como título un término científico contemporáneo que describía la tendencia de determinados elementos químicos a combinarse. Como se trataba de la «afinidad» intrínseca de las sustancias que les hacía enlazarse, esta teoría era también importante para los científicos dedicados a estudiar la fuerza vital de la materia. Por ejemplo, el científico francés Pierre-Simon Laplace, al que Humboldt admiraba enormemente, explicaba que «todas las combinaciones químicas son el resultado de fuerzas que se atraen»[96]. En su opinión, esta era nada menos que la clave del universo. Goethe utilizó las propiedades de esos enlaces químicos para hablar de las relaciones y las pasiones cambiantes entre los cuatro protagonistas de la novela. Era química trasladada a la literatura. La naturaleza, la ciencia y la imaginación estaban cada vez más próximas.

O, como dice Fausto, no era posible arrebatar el conocimiento a la naturaleza solo con observación, instrumento y experimento:

> Misteriosa en pleno día,
> la naturaleza no se deja despojar de su velo,
> y lo que ella se niega a revelar a tu espíritu,
> no se lo arrancarás a fuerza de palancas y tornillos[97].

Las descripciones de la naturaleza que hacía Goethe en sus obras, novelas y poemas eran, a juicio de Humboldt, tan verídicas como los descubrimientos de los mejores científicos. Nunca olvidó que Goethe le había animado a aunar naturaleza y arte, hechos e imaginación[98]. Y ese nuevo énfasis en la subjetividad fue lo que le permitió vincular la anterior visión mecanicista de la naturaleza que habían promulgado científicos como Leibniz, Descartes y Newton con la poesía de los románticos. Humboldt se convirtió en el nexo entre la *Óptica* de Newton, que explicaba que el arcoíris se generaba cuando las gotas de lluvia refractaban la luz, y poetas como John Keats, que declaraba que Newton «había destruido toda la poesía del arcoíris al reducirlo a un prisma»[99].

Su periodo en Jena, recordó posteriormente Humboldt, «ejerció una poderosa influencia»[100]. Estar con Goethe, dijo, le proporcionó «nuevos órganos»[101] con los que ver y comprender el mundo natural. Y esos órganos serían los que le iban a permitir ver Sudamérica.

3. EN BUSCA DE UN DESTINO

Mientras Humboldt recorría el vasto territorio de Prusia, inspeccionando minas y reuniéndose con amigos científicos, seguía soñando con países lejanos. El anhelo no desapareció jamás, pero sabía que su madre, Marie Elisabeth von Humboldt, nunca había tenido ninguna paciencia con sus fantasías aventureras. Contaba con que ascendiera en las filas de la Administración prusiana, y él se sentía «encadenado» a sus deseos[1]. Pero todo cambió cuando Marie Elisabeth murió de cáncer en noviembre de 1796, después de combatir la enfermedad durante más de un año.

Quizá no es extraño que ni Wilhelm ni Alexander llorasen mucho a su madre. Ella siempre había criticado todo lo que hacían sus hijos, le confesó Wilhelm a su mujer, Caroline[2]. A pesar de sus triunfos académicos o profesionales, nunca había estado satisfecha. Durante su enfermedad, Wilhelm, como buen hijo, se había mudado de Jena a Tegel[3] y Berlín para cuidarla, pero había echado de menos la vida intelectual de la ciudad universitaria. Oprimido por la sombría presencia de su madre, no podía leer, trabajar ni pensar. Se sentía paralizado, le había escrito a Schiller[4]. Alexander hizo una breve visita, pero se fue lo antes posible y dejó a su hermano al cargo[5]. Al cabo de quince meses, Wilhelm no soportaba más la vigilia y regresó a Jena. Dos semanas después falleció su madre, sin que la acompañara ninguno de sus hijos.

Los hermanos no asistieron a su funeral. Había otros acontecimientos que parecían más importantes; Alexander estaba más emocionado por la atención que estaban recibiendo sus nuevas lámparas para los mineros y por sus experimentos en galvanismo[6]. Y cuatro semanas después de morir su madre, anunció los preparativos para su «gran viaje»[7]. Después de esperar años a tener la oportunidad de ser dueño de su propio destino[8], por fin se sentía liberado, a los veintisiete años. La muerte de Marie Elisabeth no le apenó demasiado, explicó a su viejo amigo de Freiberg, porque habían sido «unos desconocidos entre sí»[9]. En los años previos, Humboldt había pasado el menor tiempo posible en el hogar familiar, y se había sentido aliviado cada vez que se iba de Tegel[10]. Como le escribió un amigo: «Su muerte [...] debe de ser especialmente bienvenida para ti»[11].

Un mes después, Alexander dimitió como inspector de minas. Wilhelm esperó un poco más pero unos meses más tarde se trasladó a Dresde y luego a París, donde Caroline y él convirtieron su casa en un salón de escritores, artistas y poetas[12]. La muerte de la madre había hecho ricos a los hermanos. Alexander había heredado casi 100.000 táleros[13]. «Tengo tanto dinero —presumía— que puedo cubrirme de oro la nariz, la boca y las orejas»[14]. Era lo bastante rico como para permitirse ir adonde quisiera. Siempre había vivido con relativa austeridad, porque los lujos no le interesaban; libros suntuosamente editados o caros instrumentos científicos, sí, pero no tenía ninguna afición a la ropa elegante ni los muebles refinados. Por el contrario, una expedición era otra cosa, y estaba dispuesto a invertir gran parte de su herencia en ella. Estaba tan ilusionado que no lograba decidir dónde ir, y mencionaba tantos destinos posibles que nadie sabía cuáles eran sus planes: hablaba de Laponia y Grecia, luego de Hungría o Siberia, tal vez las Indias Occidentales o Filipinas. El destino exacto no importaba todavía porque antes quería prepararse, y empezó a hacerlo con puntillosa energía[15]. Tenía que probar (y comprar) todos los instrumentos necesarios, y viajar por Europa para aprender todo lo posible sobre geología, botánica, zoología y astronomía. Sus primeras publicaciones y su red de contactos, cada vez más amplia, le abrían las puertas, e incluso dieron su nombre a una nueva especie vegetal: *Humboldtia laurifolia,* un «espléndido» árbol de la India, escribió a un amigo[16], «¿No es fabuloso?».

Durante varios meses se entrevistó con geólogos en Freiberg[17] y aprendió a usar el sextante en Dresde[18]. Escaló los Alpes para investigar las montañas —con el fin de poder comparar después, explicó a Goethe[19]—, y en Jena llevó a cabo más experimentos eléctricos. En Viena examinó las plantas tropicales en los invernaderos del jardín imperial[20], a cuyo joven director, Joseph van der Schot, también trató de convencer para que le acompañara en su viaje, tras asegurar que les aguardaba un futuro «maravilloso»[21]. Pasó un frío invierno en Salzburgo, la ciudad natal de Mozart, midiendo la altura de los cercanos Alpes austriacos y probando sus instrumentos meteorológicos, soportando lluvias heladas mientras los sostenía en el aire durante las tormentas para comprobar la electricidad de la atmósfera[22]. Leyó y releyó todos los relatos de viajeros que llegaron a sus manos y estudió libros de botánica.

Mientras corría de un centro de sabiduría a otro, sus cartas desprendían una energía contagiosa. «Esta es mi forma de ser, hago lo que hago de manera veloz e impetuosa»[23], decía. No había un solo sitio en el que pudiera aprender todo. El motivo de tanto viaje, explicaba, era que no había una sola persona que pudiera enseñarle todo.

Humboldtia laurifolia

Al cabo de un año de frenéticos preparativos, Humboldt se dio cuenta de que, aunque tenía los baúles repletos de material y la cabeza llena de los últimos conocimientos científicos, la situación política en Europa hacía imposibles sus sueños. Gran parte de Europa estaba involucrada en las guerras revolucionarias francesas. La ejecución del rey de Francia, Luis XVI, en enero de 1793, había unido a las naciones europeas contra los revolucionarios. En los años posteriores a la revuelta, Francia había declarado la guerra a varios países sucesivamente, una lista en la que figuraban, entre otros, Austria, Prusia, España, Portugal y Gran Bretaña. Los dos bandos habían tenido triunfos y pérdidas, se habían firmado y revocado tratados, pero en 1798 Napoleón ya había conquistado Bélgica, le había quitado Renania a Prusia y se había apoderado de los Países Bajos austriacos y grandes franjas de Italia. Cada vez que Humboldt pretendía ir a algún sitio, veía sus movimientos entorpecidos por la guerra y los ejércitos. Incluso Italia —con las tentadoras perspectivas geológicas de los volcanes Etna y Vesubio— estaba, gracias a Napoleón, fuera de su alcance[24].

Humboldt necesitaba encontrar un país que le dejara unirse a un viaje o al menos concederle el acceso a sus posesiones coloniales. Pidió ayuda a británicos y franceses, y después a los daneses. Pensó en viajar a las Indias Occidentales, pero sus esperanzas se vieron frustradas por las constantes batallas navales. Entonces aceptó una invitación para acompañar a Egipto[25] al conde de Bristol, pese a que el aristócrata británico era conocido por sus extravagancias. Sin embargo, los planes volvieron a desbaratarse cuando los franceses arrestaron a Bristol y le acusaron de espionaje[26].

A finales de abril de 1798, año y medio después de morir su madre, Humboldt decidió ir a París a visitar a Wilhelm y Caroline. Llevaba más de un año sin ver a su hermano y, además, dirigir su atención a los franceses victoriosos parecía la solución más práctica a su dilema[27]. En París pasó tiempo con su hermano y su cuñada, pero también escribió cartas, entró en contacto con gente y trató de granjearse amistades; llenó sus cuadernos con las direcciones de numerosos científicos y compró más libros e instrumentos[28]. «Vivo rodeado de ciencia», escribió, entusiasmado[29]. Durante sus visitas conoció a su héroe de infancia, Louis Antoine de Bougainville, el explorador que había sido el primer europeo en llegar a Tahití en 1768. A sus setenta años, nada menos, Bougainville estaba planeando un viaje a través del mundo hasta el Polo Sur. E, impresionado por el joven científico prusiano, invitó Humboldt a que fuera con él[30].

Fue también en París donde Humboldt conoció a un joven científico francés, Aimé Bonpland, en el pasillo de la casa en la que ambos alquilaban habitaciones. Al ver la baqueteada caja de botánico —*vasculum*— que llevaba colgada del hombro, comprendió que a Bonpland también le interesaban las plantas. Había estudiado con los mejores naturalistas franceses en París y, según averiguó Humboldt, era un botánico de gran talento, experimentado en anatomía comparada y que había sido cirujano

Aimé Bonpland

en la armada francesa. Nacido en La Rochelle, una ciudad portuaria en la costa del Atlántico, tenía veinticinco años, pertenecía a una familia de marinos y llevaba el amor a las aventuras y los viajes en la sangre. Como se encontraban con frecuencia en los pasillos de su casa, Bonpland y Humboldt empezaron a conversar y enseguida descubrieron que compartían la adoración por las plantas y los viajes a otros países[31].

Bonpland, como Humboldt, estaba deseando ver el mundo. Humboldt pensó que sería el compañero ideal. No solo sentía su misma pasión por la botánica y los trópicos, sino que era amable y encantador. De constitución robusta, Bonpland desprendía una solidez que hacía pensar que sería resistente, saludable y fiable. En muchos sentidos, era todo lo contrario que Humboldt. Mientras que este desplegaba una actividad frenética, Bonpland exhibía un aire de calma y docilidad. Iban a formar un gran equipo.

En medio de todos los preparativos, dio la impresión de que Humboldt sufría brotes de mala conciencia a propósito de su difunta madre. Había rumores, le dijo Friedrich Schiller a Goethe, de que «Alexander no puede deshacerse del espíritu de su madre»[32]. Por lo visto, se le aparecía todo el tiempo. Un mutuo conocido le había dicho a Schiller que Humboldt, en París, estaba participando en unas turbias sesiones de espiritismo que incluían a su madre. Humboldt siempre había sufrido un «gran miedo a los fantasmas»[33], según había reconocido a un amigo unos años antes, pero ahora era mucho peor. Por mucho que quisiera dar la imagen de científico racional, sentía que el espíritu de su madre observaba todos sus pasos. Tenía que huir.

Sin embargo, el problema inmediato era que el mando de la expedición de Bougainville recayó en manos de un hombre más joven, el capitán Nicolas Baudin[34]. Y, aunque aseguraron a Humboldt que podía ir con él, la expedición se frustró debido a la falta de una subvención oficial. Pero Humboldt se negó a darse por vencido. Se preguntó si podría unirse a los doscientos eruditos que acompañaban al ejército de Napoleón, que había partido de Toulon en mayo de 1798 para invadir Egipto[35]. ¿Cómo podía llegar hasta allí? Reconoció que había pocos hombres que hubieran «tenido tantas dificultades»[36].

En su búsqueda de un barco, Humboldt habló con el cónsul sueco en París[37], que prometió obtenerle un pasaje de Marsella a Argel, en la costa norteafricana, desde donde podría seguir viaje por tierra hasta Egipto. Humboldt pidió también a un conocido suyo de Londres, Joseph Banks, un pasaporte para Bonpland por si acaso se topaban con un barco de guerra inglés[38]. Estaba preparado para todas las contingencias. Él viajaba con un pasaporte que le había emitido el embajador de Prusia en París[39]. Además del nombre y la edad, el documento ofrecía una descripción bastante detallada aunque no exactamente objetiva, puesto que decía que tenía ojos grises, boca grande, nariz grande y una «barbilla bien formada». Humboldt anotó al margen, en tono de broma: «boca grande, nariz gruesa, pero la barbilla *bien fait*».

A finales de octubre, Humboldt y Bonpland se precipitaron a Marsella, listos para zarpar de inmediato[40]. Pero no ocurrió nada. Durante dos meses, cada día, subían la colina hasta la vieja iglesia de Notre-Dame de la Garde para examinar el puerto. Cada vez que veían el blanco brillo de una vela en el horizonte, se llenaban de esperanza. Cuando les llegó la noticia de que la fragata prometida había quedado muy dañada en una tormenta, Humboldt decidió fletar su propio barco, pero pronto descubrió que, a pesar del dinero que tenía, las recientes batallas navales le impedían encontrar una embarcación. A cada lugar al que acudía, le escribió a un viejo amigo en Berlín, «todas las esperanzas se hacían añicos»[41]. Estaba desesperado, con los bolsillos llenos de dinero y el cerebro rebosante de los últimos conocimientos científicos, pero sin poder viajar. La guerra y la política, decía, habían detenido todo: «el mundo está cerrado»[42].

A finales de 1798, casi exactamente dos años después de morir su madre, Humboldt renunció a los franceses y fue a Madrid a probar suerte. Los españoles eran famosos por su resistencia a dejar que entraran extranjeros en sus territorios, pero, con simpatía y una serie de contactos útiles en la corte, Humboldt consiguió la difícil autorización[43]. A principios de mayo de 1799, el rey Carlos IV le dio un pasaporte para viajar a las colonias de Sudamérica y Filipinas, con la condición de que él mismo se financiara el viaje. A cambio, Humboldt prometió enviar muestras de flora y fauna para el gabinete y el jardín real. Nunca antes se había concedido tanta libertad a un extranjero para explorar sus tierras. Los propios españoles se sorprendieron ante la decisión del rey.

Humboldt no tenía intención de perder más tiempo. Cinco días después de obtener los pasaportes, Bonpland y él salieron de Madrid camino de La Coruña, donde la fragata *Pizarro* les aguardaba. A principios de junio de 1799 estaban listos para zarpar a pesar de las advertencias de que se habían visto buques de guerra británicos en las proximidades. Nada —ni cañones ni el miedo al enemigo— podía estropear aquel momento. «Tengo la cabeza aturdida de alegría», escribió[44].

Había comprado una gran colección con los instrumentos más modernos, desde telescopios y microscopios hasta un gran reloj de péndulo y brújulas —cuarenta y dos instrumentos en total, envueltos de forma individual en cajas forradas de terciopelo—, así como frascos para guardar semillas y muestras de tierra, resmas de papel, básculas e innumerables herramientas[45]. «Mi ánimo era bueno —anotó Humboldt en su diario—, como correspondía al empezar un gran trabajo»[46]. En las cartas escritas la víspera de su partida explicaba sus intenciones. Como otros exploradores anteriores, pensaba recoger plantas, semillas, rocas y animales. Quería medir la altura de las montañas, determinar la longitud y la latitud y tomar la temperatura del agua y el aire. Pero el verdadero propósito del viaje, dijo, era descubrir cómo «todas las fuerzas de la naturaleza están entrelazadas y entretejidas»[47], cómo interactuaban la naturaleza orgánica y la inorgánica. El hombre debía tratar de alcanzar «la grandeza —escribió en su última carta desde España—, el resto depende del destino»[48].

Mientras navegaban hacia el trópico, Humboldt estaba cada vez más ilusionado. Cogían y examinaban peces, medusas, algas y aves. Probaba sus instrumentos, medía temperaturas y la altura del sol. Una noche, el agua parecía en llamas por la fosforescencia. Todo el mar, anotó Humboldt en su diario, era como «un líquido comestible lleno de partículas orgánicas»[49]. Tras dos semanas en el barco, atracaron brevemente en Tenerife, la mayor de las islas Canarias. Fue una llegada muy poco espectacular, porque toda la isla estaba envuelta en niebla, pero, cuando se levantó, Humboldt vio que el sol iluminaba la cumbre blanca y reluciente del volcán Teide[50]. Corrió a la proa y tuvo, emocionado, una visión de la primera montaña que iba a ascender fuera del continente. Dado que estaba previsto que el barco se detuviera solo un par de días, no tenían mucho tiempo.

A la mañana siguiente, Humboldt, Bonpland y unos guías locales emprendieron camino hacia el volcán, sin tiendas ni abrigos y armados solo con unas débiles «antorchas de abeto»[51]. En el valle hacía calor, pero la temperatura descendió rápidamente en cuanto empezaron a subir el

Tenerife y el pico del Teide

volcán. Al llegar a la cima, a más de 3.600 metros, el viento era tan fuerte que casi no podían estar de pie. Tenían el rostro helado pero los pies ardiendo por el calor que desprendía el suelo[52]. Era doloroso, pero a Humboldt no le importó. Había en el aire algo que creaba una transparencia «mágica»[53], dijo, una seductora promesa de lo que iba a depararle el futuro. Le costó irse, pero era hora de volver al barco.

De vuelta en el *Pizarro*, levaron anclas y continuaron el viaje. Humboldt estaba feliz. Su única queja era que no les permitían encender las lámparas ni las velas de noche por temor a llamar la atención del enemigo[54]. Para un hombre como él, que no necesitaba más que unas pocas horas de sueño, era una tortura tener que yacer en la oscuridad sin nada que leer, diseccionar o investigar. Cuanto más al sur estaban, más cortos eran los días, y pronto se quedó sin poder trabajar a partir de las seis de la tarde. De modo que se dedicó a observar el cielo nocturno y, como muchos otros exploradores y marinos que habían cruzado el Ecuador, se maravilló ante las nuevas estrellas que veía, constelaciones que no aparecían más que en el cielo austral y que le recordaban todas las noches lo lejos que había viajado. La primera vez que vio la Cruz del Sur, Humboldt comprendió que había hecho realidad los sueños de su «más tierna infancia»[55].

El 16 de julio de 1799, cuarenta y un días después de salir de La Coruña, apareció en el horizonte la costa de Nueva Andalucía, hoy parte de Venezuela. Su primera vista del Nuevo Mundo fue una voluptuosa franja verde de palmeras y plataneros que bordeaba la orilla, detrás de la cual Humboldt vislumbraba altas montañas cuyas cumbres lejanas asomaban a través de las nubes. A kilómetro y medio hacia el interior estaba Cumaná, una ciudad fundada por los españoles en 1523 y casi destruida por un terremoto en 1797, dos años antes de la expedición. Cumaná sería su hogar durante los meses siguientes[56]. El cielo era de un azul perfecto y no había una brizna de bruma. El calor era intenso y la luz, deslumbrante. En cuanto Humboldt bajó del barco, introdujo su termómetro en la blanca arena: 37,7 °C, anotó en el cuaderno[57].

Cumaná era la capital de Nueva Andalucía, una provincia en la capitanía general de Venezuela, a su vez parte del imperio colonial español que se extendía desde California hasta la punta meridional de Chile. Todas las colonias españolas estaban controladas por la Corona y el Consejo de Indias en Madrid[58]. Era un sistema de poder absoluto en el que los virreyes y los capitanes generales respondían directamente ante la metrópolis. Las colonias tenían prohibido comerciar entre ellas sin autorización expresa. Las comunicaciones también estaban muy vigiladas. Era necesario obtener permisos para publicar libros y periódicos, las imprentas y fábricas locales estaban prohibidas y los nacidos en España eran los únicos autorizados a ser propietarios de tiendas o minas en las colonias.

Cuando las revoluciones habían empezado a extenderse por las colonias británicas de Norteamérica y por Francia en el último cuarto del siglo XVIII, los colonos del imperio español habían permanecido muy controlados. Tenían que pagar unos impuestos exorbitantes a España y estaban excluidos de todos los puestos en la Administración. Todos los barcos que no eran españoles se consideraban enemigos, y nadie, ni siquiera un español, podía entrar en las colonias sin permiso del rey. Como consecuencia, cada vez había más resentimiento. Con las relaciones entre las colonias y la madre patria tan tensas, Humboldt comprendió que tenía que andarse con cuidado. Pese a su pasaporte real, los funcionarios locales podían hacerle la vida muy difícil. Si no conseguía «inspirar algún interés personal en quienes gobiernan» las colonias[59], estaba seguro de que iba a tener que hacer frente a «infinitas incomodidades» durante su estancia en el Nuevo Mundo.

Dos páginas del pasaporte español de Humboldt, con firmas de varios administradores de diversas colonias

Sin embargo, antes de presentar sus papeles al gobernador de Cumaná, Humboldt se empapó del paisaje tropical. Todo era nuevo y espectacular. Cada ave, cada palmera, cada ola «anunciaba la grandiosidad de la naturaleza»[60]. Era el comienzo de una nueva vida, un periodo de cinco años en el que Humboldt pasaría de ser un joven curioso y con talento a convertirse en el científico más extraordinario de su tiempo. Era allí donde Humboldt vería la naturaleza con la cabeza y con el corazón.

PARTE II

LLEGADA: LA RECOPILACIÓN DE LAS IDEAS

4. Sudamérica

Durante las primeras semanas en Cumaná, Humboldt y Bonpland descubrieron que, mirasen donde mirasen, siempre había algo nuevo que captaba su atención. El paisaje le fascinaba, decía Humboldt[1]. Las palmeras estaban adornadas de magníficas flores rojas, las aves y los peces parecían rivalizar en colores caleidoscópicos, y hasta los cangrejos eran azules y amarillos[2]. Flamencos de color rosa se alzaban sobre una pata en la orilla, y las hojas en abanico de las palmeras moteaban la arena blanca con retazos de sol y sombra. Había mariposas, monos y tantas plantas que catalogar que, como escribió Humboldt a Wilhelm, «corremos de un lado a otro como locos»[3]. Hasta el habitualmente impasible Bonpland dijo que iba a «enloquecer si no acaban pronto las maravillas»[4].

Aunque siempre se había enorgullecido de su enfoque sistemático, a Humboldt le costó dar con un método racional para estudiar su entorno[5]. Los baúles se llenaban tan deprisa que tuvieron que encargar más resmas de papel para prensar las plantas, y a veces encontraban tantos especímenes que apenas podían transportarlos hasta su casa[6]. A diferencia de otros naturalistas, Humboldt no estaba interesado en llenar vacíos taxonómicos; estaba recopilando ideas, decía, más que objetos de historia natural. Era la «impresión global»[7], escribió, lo que más le cautivaba la mente.

Humboldt comparaba todo lo que veía con lo que había observado y aprendido anteriormente en Europa. Cada vez que cogía una planta, una roca o un insecto, su mente volvía corriendo a lo que había visto en su país. Los árboles que crecían en las llanuras alrededor de Cumaná, cuyas ramas formaban cubiertas en forma de sombrillas, le recordaban a los pinos

Humboldt en Sudamérica

italianos[8]. Visto desde lejos, el mar de cactus creaba el mismo efecto que la hierba en los humedales de los climas septentrionales[9]. Había un valle que le recordó a Derbyshire, en Inglaterra[10], y cuevas similares a las de Franconia, en Alemania, y las de los montes Cárpatos, en el este de Europa[11]. Todo parecía conectado en cierto sentido, una idea que iba a inspirar sus reflexiones sobre el mundo natural durante el resto de su vida.

Humboldt se sentía más sano y feliz que nunca[12]. El calor le sentaba bien, y las fiebres y los trastornos nerviosos que había padecido en Europa desaparecieron. Incluso engordó un poco. Durante el día, Bonpland y él recogían muestras, por la tarde, se sentaban juntos a escribir sus notas, y por la noche hacían observaciones astronómicas. Una de esas noches estuvieron durante horas de pie, sobrecogidos, mientras una lluvia de meteoritos llenaba el cielo de colas blancas[13]. Las cartas de Humboldt estallaban de entusiasmo y llevaban aquel mundo maravilloso a los elegantes salones de París, Berlín y Roma. En ellas hablaba de arañas gigantes que comían colibríes y de serpientes de nueve metros[14]. Mientras tanto, asombraba a los habitantes de Cumaná con sus instrumentos: sus telescopios les acercaban la Luna y sus microscopios convertían los piojos de sus cabellos en bestias monstruosas[15].

Había algo que amargaba la alegría de Humboldt: el mercado de esclavos que estaba enfrente de su casa alquilada, en la plaza principal de Cumaná. España había empezado a importar esclavos para sus colonias de Sudamérica a principios del siglo XVI, y continuaba haciéndolo. Todas las mañanas ponían a la venta a jóvenes africanos, hombres y mujeres. Les obligaban a frotarse con aceite de coco para que su piel negra reluciese. Luego los paseaban delante de los posibles compradores, que les abrían la boca con brusquedad para examinarles los dientes «como caballos en una subasta»[16]. Aquellas escenas convirtieron a Humboldt en abolicionista para toda su vida.

El 4 de noviembre de 1799, cuando no hacía ni cuatro meses que habían llegado a Sudamérica, Humboldt sintió por primera vez que su vida y sus planes podían estar en peligro. Era un día caluroso y húmedo. A mediodía el cielo se cubrió de nubes oscuras y hacia las cuatro empezaron a retumbar truenos por toda la ciudad. De pronto, la tierra empezó a temblar, estuvo a punto de arrojar al suelo a Bonpland, que estaba inclinado sobre una mesa examinando unas plantas, y sacudió con violencia a Humboldt en su hamaca[17]. La gente gritaba y corría por las calles mientras las casas se derrumbaban, pero Humboldt conservó la calma y se levantó de la hamaca para preparar sus instrumentos. Ni siquiera un movimiento de tierra iba a impedirle llevar a cabo sus observaciones. Midió las sacudidas, observó que la onda expansiva iba de norte a sur e hizo varias mediciones eléctricas. Sin embargo, a pesar de su tranquilidad exterior, Humboldt estaba en plena zozobra. Al moverse bajo sus pies, la tierra destruyó la ilusión de toda una vida, escribió. El elemento móvil era el agua, no la tierra. Fue como despertar, de pronto y de manera desagradable, de un sueño. Hasta ese instante había tenido una fe inquebrantable en la estabilidad de la naturaleza, pero ahora se sentía engañado. «Por primera vez debemos desconfiar de un suelo en el que durante tanto tiempo hemos plantado nuestros pies con confianza»[18], dijo, pero eso no afectó a su decisión de continuar sus viajes.

Había esperado años a ver el mundo y sabía que estaba arriesgando su vida, pero quería ver más. Dos semanas después, y tras una angustiosa espera para obtener dinero con su documento de crédito español (cuando no lo consiguió, el gobernador le dio dinero de sus fondos privados)[19], salieron de Cumaná camino de Caracas. A mediados de noviembre, Humboldt y Bonpland —junto con un criado mestizo llamado José de la Cruz[20]— alquilaron una pequeña embarcación mercante local de nueve metros para dirigirse hacia el oeste[21]. Empacaron sus numerosos instrumentos y sus baúles, que ya contenían más de 4.000 especímenes vegetales además de insectos, cuadernos y cuadros de medidas[22].

Situada a más de 900 metros sobre el nivel del mar, Caracas tenía 40.000 habitantes. La habían fundado los españoles en 1567 y era la capital de la capitanía general de Venezuela. El 95 por ciento de los residentes blancos eran criollos, o, como los llamaba Humboldt, «hispanoamericanos»[23], colonos blancos de ascendencia española pero nacidos en Sudamérica. Aunque formaban la mayoría, los criollos sudamericanos llevaban décadas sin poder acceder a los altos cargos administrativos y militares. La Corona enviaba a dirigir las colonias a españoles, en muchos casos menos preparados que los criollos. A los ricos dueños de plantaciones les parecía indignante tener que obedecer a unos comerciantes enviados desde una madre patria tan lejana. Las autoridades españolas los trataban, se quejaban algunos criollos, «como si fueran viles esclavos»[24].

Caracas estaba asentada en un alto valle rodeado de montañas y cerca de la costa. Humboldt volvió a alquilar una casa para tener una base desde la que emprender excursiones más cortas. Desde allí, Humboldt y Bonpland se dispusieron a escalar la Silla[25], una montaña de doble cima tan próxima que podían verla desde su casa y que, para sorpresa de Humboldt, nadie de los que conoció en Caracas había intentado subir jamás. Otro día fueron hasta las colinas, en las que encontraron un manantial de agua cristalina que caía por una pared de roca reluciente. Al ver a un grupo de chicas que había allí, cogiendo agua, a Humboldt le asaltó de pronto un recuerdo de su país. Esa noche escribió en su diario: «Recuerdos de Werther, Goethe y las hijas del rey»[26], una referencia a *Las penas del joven Werther,* en la que Goethe describía una escena similar. En otras ocasiones, la forma concreta de un árbol o una montaña le resultaba muy familiar. Un atisbo de las estrellas del cielo austral o la silueta de los cactus sobre el horizonte era prueba de lo lejos que estaba de su patria. Pero bastaba con el tintineo de un cencerro[27] o el bramido de un toro para regresar a las praderas de Tegel.

«La naturaleza, en todas partes —decía Humboldt—, se dirige al hombre con una voz que es familiar para su espíritu»[28]. Estos sonidos eran como

Humboldt —en el extremo derecho, entre los árboles—, dibujando la Silla

voces del otro lado del océano que le transportaban en un instante de un hemisferio a otro. Como las líneas tentativas hechas a lápiz en un esbozo, empezaba a asomar su nueva comprensión de la naturaleza basada en observaciones científicas *e* implicación emocional. Los recuerdos y las reacciones instintivas, advirtió Humboldt, siempre formarían parte de la experiencia y la interpretación humana de la naturaleza. La imaginación era como «un bálsamo de milagrosas propiedades curativas»[29], aseguró.

Pronto llegó el momento de seguir, inspirados en las historias que había oído contar Humboldt sobre el misterioso río Casiquiare. Más de medio siglo antes, un jesuita había informado de que el Casiquiare conectaba las dos grandes cuencas fluviales de Sudamérica: la del Orinoco y la del Amazonas. El Orinoco forma un gran arco desde sus fuentes en el sur, junto a lo que hoy es la frontera entre Venezuela y Brasil, hasta su delta en la costa nororiental venezolana, donde desemboca en el océano Atlántico. En esa misma costa, 1.600 kilómetros más al sur, está la boca del caudaloso Amazonas, el río que atraviesa casi por completo el continente desde su fuente en los Andes peruanos, a 150 kilómetros de la costa del Pacífico, hasta la costa atlántica de Brasil.

En las profundidades de la selva, a 1.600 kilómetros al sur de Caracas, se decía que el Casiquiare enlazaba la red de afluentes de estos dos grandes ríos. Nadie había sido capaz de probar su existencia y pocos creían que unos ríos tan importantes como el Orinoco y el Amazonas pudieran verdaderamente estar conectados. Todos los conocimientos científicos de la época hacían pensar que las dos cuencas debían estar separadas por algún tipo de línea divisoria, porque la idea de que una vía fluvial natural uniese dos ríos tan grandes iba en contra de todos los datos empíricos. Los geógrafos no habían encontrado un solo caso en el que fuera así en todo el resto del mundo. De hecho, el mapa más reciente de la región mostraba una cadena montañosa —el supuesto parteaguas— exactamente en el lugar en el que, según los rumores que había oído Humboldt, debía de estar el Casiquiare[30].

Había mucho que preparar. Tenían que escoger unos instrumentos que fueran lo bastante pequeños como para caber en las estrechas canoas que iban a utilizar para viajar. Necesitaban organizar el dinero y los artículos para pagar a cambio de guías y alimentos, incluso en el corazón de la jungla[31]. Antes de partir, Humboldt envió cartas a Europa y Norteamérica, con la petición de que se publicaran en los periódicos[32]. Era consciente de la importancia de la publicidad. Por ejemplo, desde La Coruña, antes de zarpar, había escrito cuarenta y tres cartas[33]. Si moría durante el viaje, al menos no caería en el olvido.

El 7 de febrero de 1800, Humboldt, Bonpland y José, su criado de Cumaná, salieron de Caracas sobre cuatro mulas, después de dejar atrás la mayor parte de su equipaje y sus colecciones[34]. Para llegar al Orinoco tenían que ir hacia el sur casi en línea recta, a través del inmenso vacío de los Llanos, unas planicies tan grandes como Francia. El plan era ir al río Apure, un afluente del Orinoco a unos 320 kilómetros al sur de Caracas. Una vez allí, conseguirían un barco y provisiones para su expedición en San Fernando de Apure, una misión de capuchinos. Pero antes iban a ir hacia el oeste, un desvío de 160 kilómetros para ver los exuberantes valles de Aragua, una de las zonas agrícolas más ricas de las colonias.

La estación de las lluvias ya había pasado, hacía calor y gran parte de las tierras por las que pasaron eran áridas. Cruzaron montañas y valles y, tras siete días agotadores, vieron por fin los «valles sonrientes de Aragua»[35]. Hacia el oeste se extendían filas infinitas de maíz, caña de azúcar e índigo. Entre ellas había pequeñas arboledas, aldeas, granjas y huertos. Las granjas estaban unidas por senderos bordeados de arbustos en flor, y la casas recibían la sombra de grandes árboles, altas ceibas cubiertas de su densa floración amarilla, con las ramas entrelazadas con las llamativas flores anaranjadas de los árboles del coral[36].

En medio del valle, y rodeado de montañas, estaba el lago Valencia. En él había alrededor de una docena de islotes rocosos, algunos lo bastante grandes como para que pastaran las cabras y hubiera algún cultivo. Al atardecer, miles de garzas, flamencos y patos salvajes hacían que el cielo cobrara vida cuando volaban a través del lago para posarse en las islas. Parecía idílico, pero los habitantes locales le dijeron a Humboldt que el nivel de las aguas estaba bajando a toda velocidad[37]. Vastas franjas de tierra que solo veinte años antes estaban sumergidas podían ya cultivarse. Lo que antes fueron islas eran ahora lomas en tierra firme, a medida que la orilla seguía retrocediendo. El lago Valencia tenía un ecosistema propio: sin salida al mar y alimentado por solo unos cuantos riachuelos, su nivel de agua se regulaba por la evaporación. Los lugareños pensaban que el lago se vaciaba a través de un río subterráneo, pero Humboldt tenía otras ideas[38].

El lago Valencia, en el valle de Aragua

Midió, examinó y preguntó. Cuando encontró arena fina en los puntos más altos de las islas, se dio cuenta de que también ellas habían estado sumergidas[39]. También comparó la evaporación media anual de los ríos y los lagos en todo el mundo, desde el sur de Francia hasta las Indias Occidentales[40]. Con sus investigaciones llegó a la conclusión de que la tala de los bosques circundantes[41] y el desvío de las aguas para regar[42] habían hecho descender los niveles. A medida que la agricultura florecía

en el valle, los cultivadores habían vaciado y desviado varios de los riachuelos que alimentaban el lago para regar sus campos. Habían talado
árboles para despejar sus tierras, y eso había hecho que el sotobosque
—musgo, arbustos y raíces— desapareciera, de forma que los suelos
que estaban tapados habían quedado a merced de los elementos y sin
poder retener el agua[43]. Justo a las afueras de Cumaná, varias personas ya
le habían dicho a Humboldt que la sequedad de la tierra había aumentado en paralelo a la limpieza de las viejas arboledas[44]. Y en el camino de
Caracas al valle de Aragua, él había notado los terrenos secos y había lamentado que los primeros colonos hubieran «destruido imprudentemen-
te el bosque»[45]. A medida que la tierra se agotaba y producía menos, los
cultivadores se habían trasladado más al oeste, dejando un camino de
destrucción. «Bosque muy diezmado»[46], escribió Humboldt en su diario.

Solo unas décadas antes, las montañas y colinas que rodeaban el valle
de Aragua y el lago Valencia estaban cubiertas de selva. Ahora, con los
árboles cortados, las fuertes lluvias habían barrido el suelo. Todo estaba
«estrechamente relacionado»[47], dedujo Humboldt, porque en el pasado
los árboles protegían el suelo del sol y, por tanto, disminuían la evaporación de la humedad[48].

Fue allí, en el lago Valencia, donde Humboldt desarrolló su idea del
cambio climático provocado por el ser humano[49]. Cuando publicó sus
notas, no dejó duda alguna sobre lo que pensaba:

> Cuando los bosques se destruyen, como han hecho los cultivadores euro-
> peos en toda América, con una precipitación imprudente, los manantiales se
> secan por completo o se vuelven menos abundantes. Los lechos de los ríos,
> que permanecen secos durante parte del año, se convierten en torrentes cada
> vez que caen fuertes lluvias en las cumbres. La hierba y el musgo desaparecen
> de las laderas de las montañas con la maleza, y entonces el agua de lluvia ya
> no encuentra ningún obstáculo en su camino: y en vez de aumentar poco a
> poco el nivel de los ríos mediante filtraciones graduales, durante las lluvias
> abundantes forma surcos en las laderas, arrastra la tierra suelta y forma esas
> inundaciones repentinas que destruyen el país[50].

Unos años antes, cuando trabajaba de inspector de minas, Humboldt ya
había señalado la limpieza excesiva de los bosques para obtener madera y
combustible en los Montes Fichtel, cerca de Bayreuth. Sus cartas e informes

de aquella época estaban llenos de sugerencias sobre cómo reducir la necesidad de madera en las minas y las plantas siderúrgicas[51]. No había sido el primero en observarlo, pero hasta entonces los motivos de preocupación habían sido más económicos que medioambientales. Los bosques suministraban el combustible para las fábricas, y la madera era un material importante para construir no solo casas sino también barcos, que a su vez eran esenciales para los imperios y las potencias navales. En los siglos XVII y XVIII la madera era como hoy el petróleo, y su escasez despertaba las mismas inquietudes relacionadas con el combustible, la industria y el transporte que despiertan hoy las amenazas a la producción de crudo. Ya en 1664, el paisajista y escritor inglés John Evelyn había escrito un libro de gran éxito sobre silvicultura —*Sylva, a Discourse of Forest Trees*— en el que trataba la escasez de madera como una crisis nacional. «Estaríamos mejor sin oro que sin madera»[52], decía, porque sin árboles no habría fabricación de hierro ni cristal, ni fuegos que calentaran los hogares durante las frías noches de invierno, ni una armada que protegiera las costas de Inglaterra.

Cinco años después, en 1669, el ministro francés de Finanzas, Jean-Baptiste Colbert, había prohibido en gran parte el derecho comunitario a usar los bosques en los pueblos y había plantado árboles para futura utilización de la armada. «Francia morirá por falta de madera»[53], había dicho al presentar sus drásticas medidas. Incluso en las vastas tierras de las colonias norteamericanas se habían oído algunas voces solitarias. En 1749, el agricultor y recolector de plantas John Bartram se había lamentado de que «la madera estará pronto casi totalmente destruida»[54], una preocupación compartida por su amigo Benjamin Franklin, que también temía «la pérdida de la madera»[55]. Como solución, Franklin había propuesto una chimenea que ahorraba combustible.

Ahora, en el lago Valencia, Humboldt empezó a entender la deforestación en un contexto más amplio y extrapoló sus análisis locales para advertir de que las técnicas agrícolas de su tiempo podían tener consecuencias devastadoras. La acción de la humanidad en todo el planeta, advirtió, podía repercutir en las generaciones futuras[56]. Lo que vio en el lago Valencia iba a volver a verlo una y otra vez, en Lombardía, Italia, en el sur de Perú[57], y, muchas décadas después, en Rusia. Con su descripción de cómo la humanidad estaba cambiando el clima, Humboldt se convirtió sin saberlo en el padre del movimiento ecologista.

Humboldt fue el primero en explicar las funciones fundamentales del bosque en el ecosistema y el clima[58]: la capacidad de los árboles de almacenar agua y enriquecer la atmósfera con su humedad, la protección que daban al suelo y su efecto de enfriamiento[59]*. También habló de la influencia de los árboles en el clima mediante su emisión de oxígeno[60]. Las consecuencias de la intervención de la especie humana eran ya «incalculables», insistía, y podían ser catastróficas si seguía perturbando el mundo de forma tan «brutal»[61].

Humboldt vería más veces los desequilibrios provocados por los seres humanos en la naturaleza. Solo unas semanas después, en el corazón de la selva del Orinoco, vería a los monjes de una remota misión iluminar sus iglesias desvencijadas con aceite extraído de huevos de tortuga. Como consecuencia, la población local de tortugas ya se había reducido mucho[62]. Cada año las tortugas ponían sus huevos en la playa del río, pero los misioneros, en vez de dejar unos cuantos para que naciera la siguiente generación, cogían tantos que los animales estaban disminuyendo de año en año, según contaron los nativos a Humboldt. Antes, en la costa de Venezuela, él ya había advertido que la pesca de perlas descontrolada había agotado los bancos de ostras[63]. Todo era una reacción ecológica en cadena. «Todo —diría más tarde— es interacción y reciprocidad»[64].

Humboldt estaba alejándose de la perspectiva antropocéntrica que había regido la relación del ser humano con la naturaleza durante milenios: desde Aristóteles, que había escrito que «la naturaleza ha hecho todas las cosas específicamente al servicio del hombre»[65], hasta el botánico Carl Linneo, que repetía el mismo sentimiento más de dos mil años después, en 1749, cuando insistió en que «todas las cosas están hechas al servicio del hombre»[66]. Durante mucho tiempo se había creído que Dios había dado a los seres humanos el dominio de la naturaleza. Al fin y al cabo, ¿no decía la Biblia que el hombre debía ser fecundo y «repoblar la tierra y sojuzgarla, ejercer dominio sobre los peces del mar, sobre las aves del cielo y sobre todo ser viviente que se mueve sobre la tierra»[67]?En el siglo XVII, el filósofo británico Francis Bacon había proclamado: «El mundo está hecho al servicio del hombre»[68], y René Descartes había alegado

---

* Humboldt lo explicó de forma sucinta: «La región boscosa contribuye de tres formas a bajar la temperatura: con su sombra refrescante, con la evaporación y con la radiación».

que los animales eran autómatas, complejos, quizá, pero incapaces de raciocinio y por tanto inferiores a los humanos. Los humanos, había escrito Descartes, eran «los dueños y señores de la naturaleza»[69].

En el siglo XVIII, las ideas de que la naturaleza podía perfeccionarse dominaban el pensamiento occidental. Se creía que la humanidad mejoraría la naturaleza con el cultivo de tierras, y el lema era «mejorar». Campos ordenados, bosques clareados y limpios pueblos convertían una naturaleza salvaje en un paisaje agradable y productivo. Por el contrario, la selva primitiva del Nuevo Mundo era una «horrible tierra salvaje»[70] que había que conquistar. Había que poner orden en el caos y transformar el mal en bien. En 1748, el pensador francés Montesquieu había escrito que la humanidad había «hecho la tierra más apta para vivir en ella»[71], la había vuelto habitable con manos y herramientas. Vergeles llenos de fruta, pulcros huertos y praderas en las que pastaba el ganado eran la naturaleza ideal[72], un modelo que predominaría durante mucho tiempo en Occidente. Casi un siglo después de la afirmación de Montesquieu, en 1833, el historiador francés Alexis de Tocqueville, durante una visita a Estados Unidos, pensó que era «la idea de la destrucción»[73] —del hacha del hombre en las zonas salvajes de América— la que confería al paisaje su «conmovedora belleza».

Algunos pensadores norteamericanos llegaron a decir que el clima había mejorado desde la llegada de los primeros colonos. Con cada árbol que se cortaba en los bosques vírgenes, aseguraban, el aire se había vuelto más suave y más sano. La falta de pruebas no les impedía predicar sus teorías. Uno de ellos fue Hugh Williamson, un médico y político de Carolina del Norte, que publicó en 1770 un artículo en el que elogiaba la limpieza de grandes franjas de bosques porque, en su opinión, era beneficiosa para el clima[74]. Otros creían que despejar los bosques intensificaría los vientos, lo cual, a su vez, llevaría un aire más sano a todos los rincones. Solo seis años antes de la visita de Humboldt al lago Valencia, un norteamericano había sugerido que talar árboles en el interior del continente podía ser una forma útil de «secar los pantanos»[75] de la costa. Las escasas voces que expresaban preocupación lo hacían solo en cartas y conversaciones privadas. En general, la mayoría estaba de acuerdo en que el «dominio de la naturaleza»[76] era la «base para obtener beneficios futuros».

El hombre que más había contribuido seguramente a difundir esta opinión era el naturalista francés Georges-Louis Leclerc, conde de Buffon.

A mediados del siglo XVIII, Buffon había presentado una imagen del bosque primitivo como un horrible lugar lleno de árboles putrefactos, hojas en descomposición, plantas parásitas, aguas estancadas e insectos venenosos. La naturaleza, decía, era deforme[77]. Aunque Buffon había muerto el año anterior a la Revolución francesa, sus ideas sobre el Nuevo Mundo seguían influyendo en la opinión pública. La belleza era lo mismo que la utilidad, y cada hectárea arrancada al monte era una victoria del hombre civilizado sobre la naturaleza sin civilizar. ¡Lo «hermoso» —había escrito Buffon[78]— era la «naturaleza cultivada»!Humboldt, en cambio, advirtió de que la humanidad tenía que comprender cómo funcionaban las fuerzas de la naturaleza, cómo se conectaban todos esos diferentes hilos. Los seres humanos no podían alterar el mundo natural a voluntad y en su propio beneficio. «El hombre puede actuar sobre la naturaleza y apoderarse de sus fuerzas para utilizarlas —escribiría Humboldt más tarde— solo si comprende sus leyes»[79]. La humanidad, avisó, tenía el poder de destruir el entorno, y las consecuencias serían catastróficas[80].

5. Los Llanos y el Orinoco

Después de tres semanas de intensas investigaciones en el lago Valencia y el valle de alrededor, Humboldt terminó sus observaciones. Había llegado el momento de dirigirse al sur, hacia el Orinoco, pero antes tenían que atravesar los Llanos. El 10 de marzo de 1800, casi exactamente un mes después de salir de Caracas, Humboldt y su pequeño equipo entraron en las desoladoras planicies de matorrales que constituían esa región[1].

La tierra estaba cubierta de polvo incrustado. La llanura parecía extenderse sin fin y el horizonte danzaba con el calor. Veían matas de hierba seca y palmeras, pero poco más. El sol implacable cocía el suelo hasta convertirlo en una superficie dura y agrietada. Humboldt introdujo el termómetro en la tierra y vio que marcaba 50 °C. Después de haber estado en el populoso valle de Aragua, se sintió de pronto «sumergido en una vasta soledad»[2]. Algunos días, escribió en su diario, el aire estaba tan quieto que «todo parece inmóvil»[3]. Sin nubes que les dieran sombra mientras caminaban por la tierra endurecida, se llenaban los sombreros de hojas para aislarse del calor del sol. Humboldt llevaba unos pantalones sueltos, chaleco y sencillas camisas de lino. Tenía un abrigo para zonas más frías y siempre llevaba corbata blanca[4]. Había escogido la ropa europea más cómoda que existía entonces, ligera y fácil de lavar, pero, aun así, tenía un calor insoportable. En los Llanos toparon con remolinos de polvo, y los frecuentes espejismos les evocaban crueles promesas de agua fría y refrescante. A veces viajaban de noche para evitar el sol abrasador. Con frecuencia pasaban hambre y sed. Un día se encontraron con una pequeña granja, nada más que una casa solitaria con unas cuantas cabañas alrededor[5]. Cubiertos de polvo y quemados por el sol, los hombres estaban desesperados por bañarse. Con el propietario ausente, el capataz les indicó una charca cercana. El agua estaba turbia, pero por lo menos un poco más fresca que el aire. Encantados, Humboldt y Bonpland se quitaron las sucias prendas, pero, justo cuando entraban en el agua, un caimán que estaba sin moverse en la orilla opuesta decidió hacerles compañía. En pocos segundos los dos habían salido de un salto y, tras agarrar su ropa, corrieron como locos para salvar su vida.

Humboldt y su equipo en los Llanos

Aunque los Llanos fuera un entorno inhóspito, a Humboldt le fascinó la inmensidad del lugar. Había algo en el paisaje tan plano e inmenso que «llena la mente con el sentimiento de infinitud», escribió[6]. Cuando estaban a mitad de camino llegaron al pueblo mercantil de Calabozo. Allí los lugareños le dijeron a Humboldt que muchas de las charcas de la zona estaban infestadas de anguilas eléctricas, lo cual le pareció una suerte increíble. Desde sus experimentos de electricidad animal en Alemania, Humboldt siempre había querido examinar uno de esos peces tan extraordinarios. Había oído extrañas historias sobre estas criaturas de un metro y medio, capaces de emitir descargas eléctricas de más de 600 voltios[7].

El problema era cómo atrapar a las anguilas, dado que vivían enterradas en el barro del fondo de las charcas y, por tanto, no era nada fácil cogerlas con una red. Además, las anguilas estaban tan cargadas de electricidad que tocarlas significaba la muerte instantánea. Los habitantes locales tuvieron una idea. Agruparon treinta caballos salvajes en los Llanos y los llevaron al estanque. Cuando los cascos de los animales revolvieron el barro, las anguilas se escurrieron para salir a la superficie, sin dejar de emitir enormes descargas eléctricas. Embelesado, Humboldt observó el horripilante espectáculo: los caballos aullaban de dolor, las anguilas se retorcían debajo de ellos, y la superficie del agua bullía de movimiento. Algunos caballos se cayeron y, pisoteados por los demás, se ahogaron.

La batalla entre los caballos y las anguilas eléctricas

Con el tiempo, la potencia de las descargas eléctricas disminuyó y las anguilas, debilitadas, volvieron al barro, de donde Humboldt las sacó con unos palos de madera secos; pero no había esperado lo suficiente. Cuando Bonpland y él estaban diseccionando varias, sufrieron violentas descargas ellos mismos. Pasaron cuatro horas haciendo una serie de pruebas peligrosas como agarrar una anguila con las dos manos, tocar una anguila con una mano y un trozo de metal con la otra, o que Humboldt tocara una anguila mientras le daba la mano a Bonpland (este último sintió la sacudida). A veces pisaban tierra seca, a veces, húmeda; conectaron electrodos, dieron toques a las anguilas con bastones de cera mojados y las cogieron con arcilla húmeda y cuerdas de fibra hechas con hojas de palma. No dejaron ni un material sin probar. No es de extrañar que, al acabar el día, Humboldt y Bonpland se sintieran débiles y enfermos.

Las anguilas animaron a Humboldt a pensar sobre la electricidad y el magnetismo en general. Contemplar el macabro enfrentamiento entre las anguilas y los caballos le hizo reflexionar sobre las fuerzas que, de distintas formas, creaban los rayos, adherían un metal a otro y hacían que se movieran las agujas de las brújulas. Como en tantas ocasiones, Humboldt comenzó con un detalle o una observación y lo desarrolló para abarcar el contexto general. Todo «manaba de una fuerza»[8], escribió, y «todo se fundía en un poder eterno e integral».

A finales de marzo de 1800, casi dos meses después de salir de Caracas, Humboldt y Bonpland llegaron por fin a la misión de los capuchinos de San Fernando de Apure, en el río del mismo nombre. Desde allí pensaban ir en canoa hacia el este y atravesar la selva hasta el bajo Orinoco, una distancia de unos 160 kilómetros en línea recta, pero de más del doble debido a las revueltas del río. Cuando llegaran a la confluencia del río Apure y el Orinoco, su intención era viajar hacia el sur siguiendo el río y los grandes rápidos de Atures y Maipures, para adentrarse en una región a la que habían llegado pocos hombres blancos. Allí confiaban en encontrar el Casiquiare, el legendario nexo entre el gran Amazonas y el Orinoco[9].

El 30 de marzo soltaron en el río Apure la embarcación que habían comprado en San Fernando, cargada con provisiones para cuatro semanas; no era suficiente para toda la expedición, pero era lo que podían meter. A los monjes capuchinos les compraron plátanos, tubérculos de mandioca, pollos y cacao, además de los frutos del tamarindo, unas especies de vainas que, según les dijeron, convertían el agua del río en una refrescante limonada. Los demás alimentos tendrían que atraparlos —peces, huevos de tortuga, aves y otros animales— o conseguirlos de las tribus indígenas a cambio del alcohol que llevaban consigo[10].

A diferencia de la mayoría de los exploradores europeos, Humboldt y Bonpland no viajaban con un gran séquito: solo cuatro habitantes locales para remar y un piloto para guiar su barco, su criado José de Cumaná y el cuñado del gobernador de la provincia, que se había unido a la expedición[11]. A Humboldt no le importaba la soledad, ni mucho menos. Había menos cosas que interrumpieran el estudio[12]. La naturaleza ofrecía estímulos más que suficientes. Y tenía a Bonpland como colega científico y amigo. En los meses anteriores se habían convertido en compañeros de viaje de probada confianza. La intuición de Humboldt al conocerle en París había acertado. El francés era un excelente botánico de campo al que no parecían preocupar las incomodidades de sus aventuras y que permanecía tranquilo incluso en las situaciones más adversas. Y sobre todo, decía Humboldt, pasara lo que pasara, Bonpland siempre estaba alegre[13].

Mientras navegaban por el río Apure y más tarde el Orinoco, vieron desplegarse un nuevo mundo. Desde la embarcación tenían una vista perfecta. Cientos de cocodrilos de gran tamaño descansaban en la orilla con la boca abierta; muchos medían 4,5 metros o más[14]. Completamente inmóviles, los reptiles parecían troncos de árbol, hasta que de pronto se deslizaban en el agua. Había tantos que casi en ningún momento dejaban de ver alguno. Las grandes escamas dentadas de la cola hacían pensar a Humboldt en los dragones de sus libros de infancia. Había inmensas boas constrictor que pasaban nadando junto al barco, pero, a pesar de los peligros, los hombres se bañaban cada día con cuidado y por turnos, uno en el agua mientras los demás vigilaban la presencia de animales[15]. En el viaje por el río también se encontraron con grandes manadas de capibaras, los mayores roedores del mundo, que vivían en amplios grupos familiares y nadaban como los perros. Las capibaras parecían cobayas gigantes de nariz chata, y pesaban alrededor de 50 kilos o más. Todavía más grandes eran los tapires, del tamaño de un cerdo, unos animales tímidos y solitarios que buscaban hojas con su hocico carnoso en los matorrales de las orillas, y los preciosos jaguares de piel moteada a los que servían de presa. Algunas noches, Humboldt oía los ronquidos de los delfines de río sobre el constante zumbido de fondo de los insectos. Pasaron junto a islas que albergaban miles de flamencos, garzas blancas y espátulas rosadas con sus grandes picos en forma de palas.

Viajaban de día, y de noche acampaban en la arena de las orillas, siempre con los instrumentos y las muestras recogidas en el centro y las hamacas y varias hogueras formando un círculo protector alrededor. Si era posible,

Una embarcación del Orinoco

ataban las hamacas a los árboles o los remos clavados en el suelo. Encontrar madera seca para hacer fuego en la húmeda selva solía ser difícil, pero era una medida de defensa fundamental contra los jaguares y otros animales[16].

La selva era un entorno peligroso para viajar. Una noche, uno de los remeros indios se despertó y encontró una serpiente enroscada bajo la piel de animal sobre la que estaba durmiendo[17]. Otra, todo el campamento se despertó de pronto a los gritos de Bonpland. Algo peludo y con garras había aterrizado de golpe encima de él mientras dormía en su hamaca. Un jaguar, pensó el francés, rígido de miedo. Pero cuando Humboldt se acercó, vio que no era más que un gato doméstico de una tribu cercana[18]. Un par de días después, el propio Humboldt casi pisó a un jaguar que se ocultaba entre el follaje. Aterrorizado, recordó lo que le habían dicho los guías. Despacio, sin correr ni mover los brazos, retrocedió y se alejó del peligro[19].

Los animales no eran el único riesgo: en una ocasión, Humboldt estuvo a punto de morir al tocar sin querer una muestra de curare. El curare era un veneno paralizante y letal (si entra en contacto con la sangre) que había obtenido de una tribu indígena y que se había derramado del recipiente que lo contenía a sus medias. Las tribus lo utilizaban para envenenar las flechas de sus cerbatanas, y a Humboldt le maravilló su potencia. Fue el primer europeo que describió su preparación, pero eso casi le costó la vida. Si se hubiese ajustado las medias en sus piernas, llenas de cortes y de picaduras de insectos, habría sufrido una muerte angustiosa, por asfixia, a medida que se le paralizaban el diafragma y los demás músculos[20].

A pesar de los peligros, Humboldt estaba fascinado por la jungla. De noche le encantaba oír el coro de monos y discernir las distintas aportaciones de las diversas especies, desde los rugidos ensordecedores de los monos aulladores que reverberaban por toda la selva, a grandes distancias, hasta los suaves «tonos como de flauta»[21] y «rugidos» de otros. La selva estaba llena de vida. Había «muchas voces que nos proclaman que toda la naturaleza respira»[22], escribió. A diferencia de la región agrícola del lago Valencia, este era un mundo primitivo en el que «el hombre no ha perturbado el curso de la naturaleza»[23].

Aquí podía verdaderamente estudiar animales que solo había visto disecados en las colecciones de historia natural de Europa[24]. Cogían aves y monos que guardaban en grandes cestos de caña o atados con cuerdas, con la esperanza de poder enviarlos a Europa. Los titíes eran los preferidos de Humboldt[25]. Pequeños, con una larga cola y un pelo suave y grisáceo, tenían un rostro blanco que parecía una máscara en forma de corazón, anotó. Se movían con belleza y elegancia, saltaban de una rama a otra; de ahí su nombre en alemán, *Springaffe,* mono saltarín. Los titíes eran muy difíciles de capturar con vida[26]. La única forma, descubrieron, era matar una madre con cerbatana y un dardo envenenado. La cría no se soltaba de su madre ni cuando esta caía del árbol. Entonces el equipo tenía que apresurarse a agarrar al joven mono y separarlo de la hembra muerta. Uno de los que atraparon era tan listo que siempre intentaba agarrar los grabados de los libros científicos de Humboldt en los que aparecían saltamontes y avispas. Para asombro del naturalista, el mono parecía capaz de distinguir las láminas que mostraban su comida favorita —como los insectos—, mientras que las imágenes de esqueletos humanos y de mamíferos no le interesaban en absoluto.

No había un lugar mejor para observar animales y plantas. Humboldt había entrado en el más maravilloso entramado de vida en la tierra, una red de «poderes activos y orgánicos»[27], escribió posteriormente. Una red de la que seguía todos los hilos con asombro. Todo daba fe del poder y la ternura de la naturaleza, presumía Humboldt en sus cartas a Europa, desde la boa constrictor capaz de «devorar un caballo»[28] hasta el diminuto colibrí que se posaba sobre un capullo delicado. Era un mundo en el que latía la vida, decía Humboldt, un mundo en el que «el hombre no es nada»[29].

Una noche, al despertarse una vez más por la ruidosa orquesta de chillidos de los animales[30], desmenuzó la cadena de reacciones. Los guías indios le habían dicho que esos estallidos de sonido eran los animales que adoraban a la luna. Pero Humboldt se dio cuenta de que la cacofonía era «una larga batalla, cada vez más intensa, de animales»[31]. Los jaguares cazaban de noche, persiguiendo a los tapires, que se escapaban entre ruidos por el denso sotobosque, y eso, a su vez, sobresaltaba a los monos que dormían en las copas de los árboles. Cuando los monos empezaban a chillar, su clamor despertaba a las aves, y así sucesivamente con todo el mundo animal. La vida se agitaba en cada matorral, en las cortezas agrietadas de los árboles, en el suelo. Todo ese caos, decía Humboldt, era resultado de «algún tipo de lucha»[32] en el corazón de la selva.

Humboldt presenció estas batallas en muchas ocasiones durante sus viajes. Las capibaras salían corriendo del agua para huir de las mandíbulas letales de los cocodrilos y se topaban con los jaguares que esperaban al borde de la selva. Lo mismo había ocurrido con los peces voladores que había observado durante su travesía del océano: cuando salían saltando del agua para escapar de los afilados dientes de los delfines, caían presa de los albatros[33]. Era la ausencia del hombre, anotó Humboldt, lo que permitía a los animales prosperar sin problemas, solo «limitados por ellos mismos»[34], por las presiones de unos sobre otros.

Este era un entramado de vida en una batalla sangrienta e implacable, una idea muy diferente a la visión habitual de la naturaleza como una máquina bien engrasada en la que cada animal y cada planta tenía un lugar asignado por Dios. Carl Linneo, por ejemplo, había reconocido la idea de la cadena alimenticia al hablar de los que halcones comían pájaros pequeños; los pájaros pequeños, arañas; las arañas, libélulas; las libélulas, avispas; y las avispas, pulgones; pero había atribuido un equilibrio armonioso a esa cadena. Cada animal y cada planta tenía su propósito divino y se reproducía en el número justo para mantener ese equilibrio perpetuamente estable[35].

Sin embargo, lo que estaba viendo Humboldt no tenía nada de Paraíso. «La edad de oro ha terminado», escribió[36]. Estos animales se temían unos a otros y luchaban para sobrevivir. Y no eran solo los animales; también notó con qué vigor abrazaban las plantas los enormes árboles de la selva. Aquí, lo que limitaba la vida y el crecimiento de las plantas no era la «mano destructiva del hombre»[37], decía, sino el hecho de que rivalizaban entre ellas para obtener luz y alimento.

A medida que Humboldt y Bonpland seguían remontando el Orinoco, la tripulación india remaba muchas veces más de doce horas bajo un calor abrasador. La corriente era fuerte y el río tenía casi cuatro kilómetros de ancho[38]. Tres semanas después de botar su barca en el río Apure y diez días después de entrar en el Orinoco, el río se estrechó. Estaban aproximándose a los rápidos de Atures y Maipures[39]. Allí, a más de 800 kilómetros al sur de Caracas, el Orinoco se abría camino por una cadena montañosa en una serie de brazos de unos 140 metros de ancho, rodeados de inmensos peñascos de granito cubiertos por una densa vegetación. Los rápidos descendían durante varios kilómetros por cientos de escalones rocosos en los que el agua rugía y se arremolinaba y desprendía una bruma constante que sobrevolaba el río. Las rocas y las islas estaban tapizadas de exuberantes plantas tropicales. Eran «majestuosas escenas de la naturaleza»[40], escribió Humboldt. Era mágico, sin duda, pero también peligroso.

Un día, una tempestad repentina casi volcó la embarcación[41]. Mientras un extremo de la nave empezaba a hundirse, Humboldt logró coger su diario, pero varios libros y plantas prensadas salieron catapultados al agua. Estaba seguro de que iban a morir. Conscientes de que el río estaba lleno de cocodrilos y serpientes, todos sufrieron un ataque de pánico, menos Bonpland, que conservó la calma y empezó a achicar el agua con varias calabazas vacías. «No te preocupes, amigo mío —le dijo a Humboldt—, no nos va a suceder nada»[42]. Bonpland, anotó más tarde el alemán, hizo gala de «esa frialdad»[43] que tenía siempre en las situaciones difíciles. Al final, solo perdieron un libro, y consiguieron secar las plantas y los diarios. El piloto se quedó muy sorprendido de que los hombres *blancos* —así los llamaba— parecieran más preocupados por sus libros y sus colecciones que por sus vidas.

La mayor molestia eran los mosquitos[44]. Por mucho que a Humboldt le fascinara aquel extraño mundo, era imposible no ponerse nervioso con los implacables ataques de los insectos. Los exploradores intentaron todo, pero ni la ropa protectora ni fumar servían de nada, como tampoco agitar todo el tiempo los brazos y unas hojas de palma. Humboldt y Bonpland sufrían picaduras constantes. Tenían la piel inflamada e irritada, y, cada vez que hablaban, empezaban a toser y estornudar porque los mosquitos se les metían en la boca y la nariz. Era una tortura diseccionar una planta u observar el cielo con sus instrumentos. Humboldt lamentaba no tener una «tercera mano»[45] para sacudirse los bichos; tenía todo el tiempo la sensación de que debía soltar el sextante o alguna hoja.

Bajo el asalto permanente de los insectos, a Bonpland le resultaba imposible secar las plantas al aire libre, y empezó a usar los *hornitos* de las tribus nativas, unas pequeñas cámaras sin ventanas que utilizaban como hornos[46]. Entraba a gatas en el horno por una puerta de poca altura o hacía un pequeño fuego de ramas y hojas húmedas que producía mucho humo, estupendo contra los mosquitos pero fatal para Bonpland. Una vez dentro, cerraba el agujero y esparcía las plantas. El calor era asfixiante y el humo casi insoportable, pero cualquier cosa era mejor que dejarse devorar por los insectos. La expedición no estaba siendo precisamente un «crucero de placer»[47], decía Humboldt.

Durante esta parte del viaje —en las profundidades de la selva y en la parte del Orinoco que recorre lo que hoy es la frontera entre Venezuela y Colombia— vieron a poca gente. Cuando pasaron cerca de una misión, el monje que allí estaba, el padre Bernardo Zea, se alegró tanto de verlos que se ofreció a viajar con ellos como guía, y ellos aceptaron de buen grado[48]. Humboldt adquirió unos cuantos «miembros del equipo» más, entre ellos un mastín vagabundo, ocho monos, siete papagayos, un tucán, un guacamayo de plumas moradas y varias aves más. Humboldt los llamaba su «zoo ambulante»[49]. La embarcación era inestable y pequeña, y, para hacer sitio a los animales, además de los instrumentos y los baúles, construyeron una plataforma de ramas entretejidas que sobresalía por la borda. Cubierta con un techo de paja, ofrecía un espacio adicional pero era claustrofóbica. Humboldt y Bonpland pasaron muchos días recluidos y tendidos en la plataforma con las piernas a merced de los insectos, la lluvia y el sol. Era como estar enterrados vivos, escribió en su diario. Para un hombre tan inquieto como él, era un suplicio.

A medida que avanzaban, la selva se aproximaba tanto al río que era difícil encontrar lugares en los que acampar por la noche[50]. Se les estaba acabando la comida y para beber filtraban la fétida agua del río por una tela de lino. Comían pescado, huevos de tortuga y a veces fruta, así como hormigas ahumadas y aplastadas en harina de mandioca, de las que el padre Zea dijo que eran un excelente paté de hormiga. Cuando no podían encontrar qué comer aplacaban el hambre con pequeñas porciones de polvo de cacao seco[51]. Durante tres semanas remaron por el Orinoco hacia el sur, y luego otras dos semanas más por una red de afluentes del río Atabapo y el río Negro. Entonces, al llegar al punto más meridional de su expedición fluvial, y cuando sus provisiones estaban casi agotadas, encontraron unos frutos secos de gran tamaño, los abrieron y se comieron las nutritivas semillas: era la magnífica nuez de Brasil[52], que Humboldt llevó consigo de vuelta a Europa.

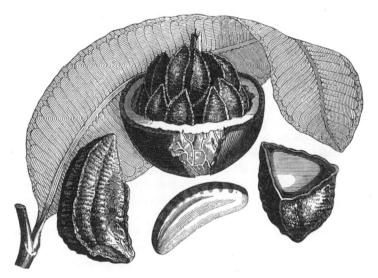

Nuez de Brasil (Bertholletia excelsa)

Aunque escaseaban las plantas comestibles, la riqueza floral era impresionante. Mirasen donde mirasen, siempre había algo nuevo, pero recolectar plantas solía ser bastante frustrante. Lo que cogían del suelo no era nada comparado con las flores esculturales que veían colgando en las copas de los árboles[53], suficientemente cerca para ser una tentación pero demasiado lejos para poder alcanzarlas. Y las muestras que recogían, muchas veces, se desintegraban por la humedad. Bonpland perdió la mayoría de los ejemplares que con tanto sufrimiento había secado en los *hornitos*.

Oían pájaros que nunca veían y animales que no podían capturar. A menudo no eran capaces de describirlos como correspondía. Los científicos en Europa, pensaba Humboldt, iban a sentirse decepcionados. Era una lástima, escribió en su diario, que los monos no abrieran la boca cuando la barca pasaba a su lado, para que pudieran «contarles los dientes»[54].

Humboldt se interesaba por todo: las plantas, los animales, las rocas, el agua. Probaba el agua de los distintos ríos como un entendido en vinos. El Orinoco tenía un sabor singular y especialmente desagradable, anotó, mientras que el río Apure sabía distinto en diferentes lugares y el río Atabapo estaba «delicioso»[55]. Observaba las estrellas, describía el paisaje y sentía curiosidad por los indígenas con los que se encontraban, y siempre quería aprender más de ellos. Estaba fascinado por su culto a la naturaleza y los consideraba «excelentes geógrafos»[56], porque sabían orientarse incluso en la jungla más espesa. Eran los mejores observadores de la naturaleza que había visto[57]. Conocían cada planta y cada animal de la selva, y podían distinguir los árboles solo por el sabor de la corteza, un experimento que Humboldt intentó y en el que fracasó miserablemente. Los quince árboles que probó le sabían exactamente igual.

A diferencia de casi todos los europeos, Humboldt no pensaba que los indígenas fueran bárbaros, sino que admiraba su cultura, sus creencias y sus lenguas. Hablaba más bien de «la barbarie del hombre civilizado»[58] al ver cómo trataban los colonos y misioneros a la población local. Cuando regresó a Europa, llevó consigo una imagen totalmente nueva de los llamados «salvajes».

Su única frustración era que los indios dejaban sin responder sus numerosas preguntas, unas preguntas que normalmente había que hacer a través de una cadena de intérpretes, porque había que traducir una lengua local a otra, y de esa a otra, hasta llegar a alguien que supiera además español. Era frecuente que el significado se perdiera con tanta traducción, y entonces los indios se limitaban a sonreír y asentir. No era lo que quería Humboldt, que les acusaba de «indiferencia indolente»[59], si bien reconocía que debían de estar «cansados de nuestras preguntas». Esas sociedades tribales, decía, debían de pensar que los europeos estaban siempre con prisa y como «perseguidos por demonios»[60].

Una noche, mientras caía un diluvio torrencial, Humboldt estaba echado en su hamaca, sujeta a unas palmeras en medio de la jungla[61]. Las lianas y las trepadoras formaban un escudo protector sobre él. Miró hacia arriba, a través de una especie de celosía natural, adornada con las largas flores anaranjadas de las heliconias y otras de extrañas formas. La hoguera iluminaba aquella bóveda silvestre y la luz de las llamas acariciaba los troncos de las palmeras hasta casi veinte metros de altura. Las flores daban vueltas dentro y fuera de la luz parpadeante, y el humo blanco de la hoguera subía hasta el cielo, que permanecía invisible tras el follaje. Era de una belleza cautivadora, proclamó Humboldt.

Había descrito los rápidos del Orinoco, que estaban «iluminados por los rayos del sol poniente»[62], como si hubiera un río hecho de bruma «suspendido sobre su lecho». Aunque siempre medía y documentaba, también escribía cómo se formaban «arcos de colores que brillan, desparecen y reaparecen» en los grandes rápidos y que veían una luna «rodeada de anillos de colores». Más adelante, le encantó la oscura superficie del río que, durante el día reflejaba como un espejo perfecto las plantas llenas de flores de la orilla y de noche las constelaciones de estrellas australes. Ningún científico había hablado así antes de la naturaleza. «Lo que se dirige al alma —decía Humboldt— se escapa a nuestras mediciones»[63]. No era la naturaleza como sistema mecánico sino un mundo nuevo y apasionante, lleno de maravillas. Al ver Sudamérica con la mirada que le había dado Goethe, Humboldt quedó embelesado.

Menos agradables fueron las informaciones que le dieron los misioneros con los que se encontraron por el camino: al parecer, el hecho de que el Casiquiare unía el Amazonas con el Orinoco era algo bien sabido en la región desde hacía décadas. Lo único que le quedaba por hacer a Humboldt era trazar un mapa exacto del curso del río[64]. El 11 de mayo de 1800, por fin, encontraron la entrada al río. El aire estaba tan saturado de humedad que Humboldt no podía ver el sol ni las estrellas y, sin ellos, no iba a poder determinar la posición geográfica del Casiquiare ni, por tanto, elaborar un mapa exacto. Sin embargo, cuando los guías indios predijeron cielos despejados, decidieron seguir hacia el nordeste. De noche intentaban dormir en las hamacas, junto a la orilla, pero les resultaba casi imposible descansar. Una noche tuvieron que marcharse perseguidos por colonias de hormigas que subían por las cuerdas de las hamacas, y otras veces sufrieron la tortura de los mosquitos.

Cuanto más recorrían, más densa se hacía la vegetación. Las orillas eran «empalizadas vivientes»[65], en palabras de Humboldt, unas paredes

verdes cubiertas de hojas y lianas. Pronto ya no pudieron encontrar un
sitio para dormir, ni siquiera para bajar de la barca. Por lo menos el tiempo estaba mejorando y Humboldt podía hacer las observaciones necesarias para su mapa. Y diez días después de entrar en el Casiquiare, llegaron
de nuevo al Orinoco[66]; los misioneros tenían razón. No había hecho falta
hacer todo el recorrido hasta el Amazonas, porque Humboldt había de-
mostrado que el Casiquiare era un canal natural entre el Orinoco y el río
Negro. Como el río Negro era afluente del Amazonas, quedaba claro que
las dos grandes cuencas fluviales estaban conectadas. Y, si bien Humboldt
no había «descubierto» el Casiquiare, sí había elaborado un mapa detallado del complejo sistema de tributarios de los dos ríos. El mapa supuso
una mejora enorme respecto a los anteriores, que, dijo Humboldt, eran
tan imaginarios como si «los hubieran inventado en Madrid»[67].

El 13 de junio de 1800, después de haber navegado río abajo por el
Orinoco, hacia el norte y después el este, durante otras tres semanas,
llegaron a Angostura (hoy Ciudad Bolívar), una pequeña y próspera ciudad a orillas del río, a unos 400 kilómetros al sur de Cumaná[68]. Tras más
de 2.200 kilómetros y 75 días de extenuante viaje en barco, Angostura,
con sus 6.000 habitantes, les pareció a Humboldt y Bonpland una metrópolis. Hasta la vivienda más humilde resultaba magnífica y la menor como-
didad, un lujo. Se lavaron la ropa, ordenaron sus colecciones y se prepa-
raron para atravesar de nuevo los Llanos.

Habían sobrevivido a mosquitos, jaguares, el hambre y otros peligros,
pero, justo cuando pensaban que lo peor había pasado, se vieron aque-
jados de pronto por una violenta fiebre[69]. Humboldt se recobró enseguida, pero Bonpland estuvo entre la vida y la muerte. Cuando la fiebre re-
mitió poco a poco, después de dos semanas interminables, llegó en su
lugar la disentería. Emprender el largo viaje a través de los Llanos, en
plena estación de lluvias, era demasiado peligroso para él.

Esperaron un mes en Angostura hasta que Bonpland recuperó fuerzas
suficientes para el viaje hasta la costa, donde tenían intención de embarcarse hacia Cuba y, desde allí, ir a Acapulco, en México. Una vez más cargaron las mulas con sus baúles, además de jaulas de monos y papagayos
que colgaban de los costados[70]. Las nuevas colecciones sumaban tanto
peso al equipaje que avanzaban con una lentitud insoportable[71]. A finales
de julio de 1800 salieron de la selva a los espacios abiertos de los Llanos.
Después de semanas en la jungla, donde veían las estrellas como si estu-

vieran en el fondo de un pozo, el cielo fue toda una revelación. Humboldt
tenía tal sentimiento de libertad que le daba deseos de galopar a través
de la llanura. La sensación de «ver» todo lo que le rodeaba era completamente nueva. «La infinitud del espacio, como han dicho los poetas en
todas las lenguas —reflexionó ahora—, se refleja en nosotros»[72].

En los cuatro meses transcurridos desde que habían visto los Llanos,
la estación de lluvias había transformado las estepas desoladoras en un
paisaje casi marino, en el que había grandes lagos y ríos llenos de agua
rodeados de alfombras de hierba recién crecida[73]. Ahora bien, como «el
aire se convertía en agua»[74], hacía todavía más calor que durante su primera travesía. Las flores extendían su dulce fragancia por toda la llanura,
los jaguares se escondían entre la hierba y miles de aves cantaban al
amanecer. La planicie solo se veía interrumpida de vez en cuando por
una palmera de moriche. Altos y esbeltos, estos árboles abrían sus hojas
como grandes abanicos. Estaban cargados de unos frutos rojos y brillantes, comestibles, que a Humboldt le recordaron a las piñas europeas, y
que parecían llamar especialmente la atención a los monos enjaulados,

Palmeras de moriche (Mauritia flexuosa)

que se estiraban para agarrarlos a través de los barrotes. Humboldt ya había visto las mismas palmeras en la selva, pero descubrió que en los Llanos tenían una función peculiar.

«Observamos con asombro —escribió— cuántas cosas están relacionadas con la existencia de una sola planta»[75]. Los frutos de la palmera de moriche atraían a los pájaros, las hojas protegían del viento, y la tierra que había volado y se había acumulado detrás de los troncos retenía más humedad en esos puntos que en cualquier otro lugar de la llanura, y daba refugio a insectos y lombrices. El mero hecho de ver las palmeras, pensó Humboldt, daba sensación de «frescor»[76]. Era un árbol, dijo, que «en el desierto, extiende la vida a su alrededor»[77]. Humboldt había descubierto la idea de la especie clave —una especie que es tan esencial para un ecosistema como la clave para un arco—, casi doscientos años antes de que se diera nombre al concepto. Para Humboldt, la palma de moriche era «el árbol de la vida»[78], el símbolo perfecto de la naturaleza como organismo viviente.

6. A TRAVÉS DE LOS ANDES

Después de seis meses de viajes extenuantes por la selva y los Llanos, Humboldt y Bonpland regresaron a Cumaná a finales de agosto de 1800. Estaban exhaustos pero, en cuanto se repusieron y ordenaron sus colecciones, volvieron a irse. A finales de noviembre zarparon hacia Cuba, adonde llegaron a mediados de diciembre. En La Habana, una mañana de principios de 1801, Humboldt abrió el periódico mientras se preparaban para irse a México y leyó un artículo que le hizo cambiar sus planes. El periódico decía que el capitán Nicolas Baudin, a cuya expedición había intentado incorporarse tres años antes en Francia, estaba dando la vuelta al mundo, después de todo[1]. En 1798, cuando Humboldt estaba buscando un pasaje para irse de Europa, el Gobierno francés no había podido financiar el viaje, pero ahora, según leyó, Baudin había conseguido dos barcos —el *Géographe* y el *Naturaliste*— y se dirigía a Sudamérica, desde donde pretendía cruzar el Pacífico sur hasta Australia.

La ruta más lógica obligaba a Baudin a parar en Lima, calculó Humboldt, y pensó que, si todo iba según lo previsto, el *Géographe* y el *Naturaliste* llegarían allí probablemente a finales de año. Los plazos eran justos, pero decidió tratar de unirse a Baudin en Perú y continuar con él hacia Australia en lugar de ir a México. Por supuesto, no tenía forma de comunicar al capitán francés cómo y cuándo podían coincidir, ni tampoco sabía si iba a pasar por Lima o si en los barcos había sitio para dos científicos más. Sin embargo, cuantos más obstáculos encontraba, «más prisa me daba en solucionarlos»[2].

Para garantizar la seguridad de sus colecciones y no tener que llevarlas por todo el mundo, Humboldt y Bonpland empezaron a hacer a toda velocidad copias de sus notas y manuscritos. Ordenaron y empaquetaron todo lo que habían acumulado en el último año y medio para enviarlo a Europa. Era «muy inseguro, casi improbable»[3], escribió a un amigo en Berlín, que Bonpland y él sobrevivieran a un viaje alrededor del mundo. Tenía sentido enviar al menos parte de sus tesoros a Europa. Solo se quedaron con un pequeño herbario —un libro lleno de ejemplares de plantas prensados— para poder compararlos con cualquier especie nueva que encontraran. Otro herbario más grande se quedaría en La Habana hasta su regreso.

Dado que las naciones europeas seguían en guerra, los viajes por mar eran todavía peligrosos, y Humboldt tenía miedo de que alguno de los numerosos barcos enemigos capturase sus valiosos especímenes. Con el fin de repartir los riesgos, Bonpland sugirió dividir la colección[4]. Hicieron un gran envío a Francia y otro a Alemania a través de Inglaterra, con instrucciones de que, si el enemigo capturaba el barco, remitieran los paquetes a Joseph Banks, en Londres. Desde su vuelta del viaje de Cook en el *Endeavour,* treinta años antes, Banks había establecido una red tan diversa y extendida de recolección de plantas por todo el mundo que los capitanes marinos de todos los países conocían su nombre. Además, siempre había tratado de ayudar a los científicos franceses proporcionándoles pasaportes, a pesar de las guerras napoleónicas, convencido de que la comunidad científica internacional trascendía la guerra y los intereses nacionales. «La ciencia de dos naciones puede estar en paz —decía— aunque su política esté en guerra»[5]. Los especímenes del alemán estarían a salvo con Banks[6*].

Humboldt escribió a sus amigos y familiares para asegurarles que estaba feliz y más sano que nunca[7]. Describió con detalle sus aventuras, desde los peligros de los jaguares y las serpientes hasta los gloriosos paisajes tropicales y las flores extrañas. No pudo resistirse a terminar una carta a la esposa de uno de sus mejores amigos con esta frase: «¿Y tú, querida, qué tal va tu monótona vida?»[8].

---

* Desde Cumaná, en noviembre de 1800, Humboldt ya había enviado a Banks dos paquetes de semillas para Kew Gardens, además de varias de sus observaciones astronómicas. Y Banks siguió ayudándole. Tiempo después, recuperó una de las cajas de Humboldt llena de ejemplares de rocas andinas de un capitán inglés que había capturado el barco francés.

Con las cartas y las colecciones enviadas, Humboldt y Bonpland zarparon a mediados de marzo de 1801 de Cuba a Cartagena, en la costa norte de Nueva Granada (la actual Colombia)*. Llegaron dos semanas más tarde, el 30 de marzo. Pero Humboldt volvió a añadir un rodeo; no solo iba a intentar llegar a Lima a finales de diciembre para encontrarse con la expedición de Baudin, sino que iba a hacerlo por tierra, en vez de tomar la ruta marina, más fácil. En el camino, Humboldt y Bonpland tenían intención de cruzar, ascender e investigar los Andes, la cadena montañosa que recorre Sudamérica de norte a sur en varios ejes, unos 7.200 kilómetros desde Venezuela y Colombia hasta la Tierra del Fuego. Era la cordillera más larga del mundo y Humboldt quería subir al Chimborazo, un bello volcán coronado de nieve al sur de Quito, en el actual Ecuador. Con casi 6.400 metros, se pensaba que el Chimborazo era la montaña más alta del mundo.

Este viaje de 4.000 kilómetros de Cartagena a Lima iba a llevar a los dos por los paisajes más inhóspitos imaginables y les iba a obligar a poner a prueba sus límites físicos. Lo que les atraía era que iban a viajar por regiones en las que nunca había estado ningún científico. «Cuando uno es joven y activo»[9], decía Humboldt, era fácil no pensar demasiado en las incertidumbres y los peligros. Si querían coincidir con Baudin en Lima, tenían menos de nueve meses. Primero iban a viajar desde Cartagena, por el río Magdalena, hasta Bogotá —la capital actual de Colombia—, desde donde atravesarían los Andes a pie hasta Quito, y luego continuarían hacia el sur, hasta llegar a Lima. Pero «todas las dificultades —se decía Humboldt— pueden conquistarse con energía»[10].

De camino hacia el sur, Humboldt quería también conocer al famoso botánico español José Celestino Mutis, que vivía en Bogotá[11]. Mutis, de sesenta y nueve años, había llegado desde España cuarenta años antes, y había encabezado muchas expediciones por la región. Ningún otro botánico sabía tanto sobre la flora sudamericana, y en Bogotá Humboldt esperaba poder comparar sus colecciones con las que el español había acumulado durante su larga vida. Aunque le habían dicho que Mutis podía ser complejo y reservado, confiaba en ganarse su confianza. «¡Mutis, tan cerca!»[12], pensó al

---

* El Imperio español en Latinoamérica estaba dividido en cuatro virreinatos y varios distritos autónomos como la capitanía general de Venezuela. El virreinato de Nueva Granada comprendía gran parte del norte de Sudamérica, más o menos lo que es hoy Panamá, Ecuador y Colombia, además de partes del noroeste de Brasil, el norte de Perú y Costa Rica.

llegar a Cartagena, desde donde envió al botánico «una carta muy artificial», plagada de elogios y adulaciones. El único motivo por el que no iba por barco de Cartagena a Lima, le decía, sino que había escogido la ruta mucho más difícil de los Andes, era para poder conocerle al pasar por Bogotá.

El 6 de abril salieron de Cartagena para llegar al río Magdalena, a 96 kilómetros al este. Caminaron por densas selvas iluminadas por luciérnagas —sus «señales» en la oscuridad, dijo Humboldt[13]— y pasaron unas cuantas noches incómodas durmiendo sobre sus abrigos en el duro suelo. Dos semanas después metían su canoa en el río y emprendían el camino de Bogotá[14]. Durante casi dos meses remaron río arriba, contra una poderosa corriente y en medio de los espesos bosques que bordeaban el río. Era la estación de las lluvias, y volvieron a encontrarse con cocodrilos, mosquitos y una humedad insoportable. El 15 de junio llegaron a Honda[15], una pequeña ciudad portuaria de unos 4.000 habitantes, a menos de 160 kilómetros al noroeste de Bogotá. Tenían que ascender desde el valle del río, por senderos escarpados, hasta la meseta a 2.700 metros de altura en la que estaba situada la ciudad[16]. Bonpland tenía dificultades con el aire enrarecido, tenía náuseas y fiebre. El viaje fue agotador, pero su llegada a Bogotá, el 8 de julio de 1801, fue triunfal[17].

Recibidos por Mutis y los principales personajes de la ciudad, los dos se vieron arrastrados a una fiesta detrás de otra. Nadie había visto tales celebraciones allí desde hacía décadas. A Humboldt nunca le habían agradado las ceremonias formales, pero Mutis le explicó que había que tolerarlo para contentar al virrey y los ciudadanos más destacados. Después de las fiestas, el viejo botánico abrió sus vitrinas. Mutis tenía también un estudio de dibujo botánico en el que, con el tiempo, treinta y dos artistas, entre ellos varios indios, iban a elaborar 6.000 acuarelas diferentes de plantas indígenas[18]. Aún mejor, Mutis poseía tantos libros de botánica, según le contó más tarde Humboldt a su hermano[19], que su colección solo estaba por debajo de la biblioteca de Joseph Banks en Londres. Los libros fueron un recurso de valor incalculable, porque hacía dos años que Humboldt había salido de Europa, y era la primera vez que podía hojear una vasta selección de volúmenes, comprobando, comparando y verificando sus propias observaciones. La visita fue beneficiosa para ambos. Mutis se sintió halagado por poder presumir de que un científico europeo había dado aquel rodeo tan arriesgado solo para poder verle, y Humboldt obtuvo la información científica que necesitaba.

Entonces, cuando se preparaban para salir de Bogotá, Bonpland sufrió una recaída de fiebre[20]. Tardó varias semanas en recuperarse, lo cual les acortó todavía más el tiempo para cruzar los Andes camino de Lima. El 8 de septiembre, exactamente dos meses después de su llegada, se despidieron por fin de Mutis, el cual les dio tanta comida que tres mulas casi no fueron suficientes para transportarla[21]. El resto de su equipaje lo dividieron entre otras ocho mulas y algún buey, pero los instrumentos más delicados los llevaban cinco porteadores, los llamados cargueros[22], y José, el criado que les había acompañado durante los dos años anteriores, desde su llegada a Cumaná[23]. Estaban listos para los Andes, pese a que el tiempo no habría podido ser peor.

Desde Bogotá atravesaron la primera cadena montañosa por el Paso de Quindío, un camino a 3.600 metros de altura que era famoso por ser el más difícil y peligroso de toda la cordillera[24]. En medio de tormentas, lluvia y ventiscas, anduvieron por un sendero lleno de barro que a menudo no tenía más que veinte centímetros de ancho. «Estos son los caminos de los Andes —escribió Humboldt en su diario— a los que uno tiene que conflar sus manuscritos, instrumentos [y] colecciones»[25]. Le asombraba que las mulas se las arreglaran para no perder el equilibrio, si bien lo que hacían era «un derrumbe por etapas»[26], dijo, más que andar. Perdieron los peces y los reptiles que habían cogido en el río Magdalena cuando los frascos de cristal que los contenían se hicieron añicos. Al cabo de unos días, sus zapatos estaban despedazados por los brotes de bambú que crecían en el barro, y tuvieron que seguir adelante descalzos.

Su viaje hacia Quito avanzaba con lentitud a través de valles y montañas[27]. Marchaban arriba y abajo, a través de feroces tormentas de nieve para luego descender al calor de los bosques tropicales. A veces iban por oscuras gargantas, tan profundas y estrechas que tenían que avanzar a ciegas, tentando las rocas, y en otras ocasiones, en los valles, cruzaban praderas soleadas. Algunas mañanas, las cumbres nevadas destacaban contra la bóveda celeste de un azul perfecto, y otras, estaban envueltas en nubes tan espesas que no se veía nada. Sobre ellos, a gran altura, los enormes cóndores andinos extendían sus alas de tres metros mientras volaban solos, unas figuras solemnes, totalmente negras salvo por el blanco del collar y el borde de las alas que relucían «como espejos»[28] bajo el sol de mediodía. Una noche, cuando estaban a mitad de camino entre Bogotá y Quito, vieron llamas que salían del volcán Pasto en medio de la oscuridad[29].

Cruzando los Andes a lomos de unas mulas muy cargadas

Humboldt se sentía más lejos de su casa que nunca. Si moría allí, pasarían meses o incluso años hasta que sus amigos y familiares se enterasen. Y no tenía ni idea de qué estaban haciendo. ¿Seguiría Wilhelm en París, por ejemplo? ¿O quizá habían vuelto Caroline y él a Prusia? ¿Cuántos hijos tenían a esas alturas? Desde su salida de España, dos años y medio antes, Humboldt no había recibido más que una carta de su hermano y dos de un viejo amigo, y de eso hacía más de un año. En algún momento entre Bogotá y Quito, sus sentimientos de soledad se hicieron tan intensos que escribió una larga carta a Wilhelm en la que describía con detalle sus aventuras desde la llegada a Sudamérica. «No me canso de escribir cartas a Europa»[30], decía su primera frase. Sabía que lo más probable era que la carta no llegara jamás a su destino, pero no le importaba. En la remota aldea andina en la que estaban los exploradores esa noche, ponerse a escribir fue, para Humboldt, lo más parecido a un diálogo con su hermano.

Al día siguiente se levantaron pronto para continuar viaje. A veces había precipicios de cientos de metros que caían desde unos caminos tan estrechos que los valiosos instrumentos y ejemplares recogidos que iban a lomos de las mulas colgaban precariamente sobre el abismo[31]. Eran momentos especialmente tensos para José, que era el responsable del barómetro, el instrumento más importante de la expedición porque Humboldt lo necesitaba para medir la altura de las montañas. El barómetro era una larga vara de madera en la que se había insertado un tubo de cristal que contenía el mercurio. Y, aunque había diseñado una caja protectora para este barómetro de viaje, el cristal podía romperse. Le había costado doce táleros, pero Humboldt calculó después que, al cabo de su expedición de cinco años, el coste había subido a ochocientos táleros, si sumaba todo el dinero que había dedicado a pagar a las personas encargadas de transportarlo a salvo por Latinoamérica[32].

Era el único barómetro que permanecía intacto de los varios que había tenido. Unas semanas antes, al romperse el penúltimo en el trayecto de Cartagena al río Magdalena, Humboldt se deprimió tanto que se dejó caer en el suelo, en medio de la plaza de un pueblo. Mientras yacía boca arriba y miraba el cielo, tan lejos de casa y de los fabricantes europeos de instrumentos, declaró: «Qué suerte tienen quienes viajan sin instrumentos que se rompen»[33]. ¿Cómo demonios iba a medir y comparar las montañas del mundo sin sus herramientas?, se preguntó.

Cuando, por fin, llegaron a Quito, a principios de enero de 1802, 2.000 kilómetros y nueve meses después de salir de Cartagena, recibieron la noticia de que las informaciones sobre el capitán Baudin estaban equivocadas[34]. No estaba yendo a Australia por Sudamérica, sino navegando hacia el cabo de Buena Esperanza, en Sudáfrica, y desde allí pensaba atravesar el océano Índico. Cualquier otra persona se habría desesperado, pero no Humboldt. Por lo menos, razonó, ya no había prisa para llegar a Lima, así que tenían tiempo de subir a todos los volcanes que quería investigar.

A Humboldt le interesaban los volcanes por dos motivos concretos. El primero era comprobar si eran accidentes «locales» o si estaban unidos entre sí por conductos subterráneos. Si no eran fenómenos locales sino que formaban grupos que abarcaban grandes distancias, tal vez era posible que estuvieran conectados a través del núcleo de la Tierra. Y el segundo motivo era que estudiar los volcanes podría ayudar a descubrir cómo se había creado la Tierra.

A finales del siglo XVIII, los científicos habían empezado a sugerir que la Tierra debía de ser más antigua que la Biblia, pero no lograban ponerse de acuerdo en cómo se había formado. Los llamados «neptunistas» creían que el agua había sido la fuerza fundamental que había creado las

Vista de Quito, que fue base de Humboldt durante varios meses

rocas mediante sedimentación y había creado poco a poco las montañas, los minerales y las formaciones geológicas a partir de un océano primordial. Otros, los «vulcanistas», afirmaban que todo se había formado mediante catástrofes como las erupciones volcánicas. El péndulo oscilaba aún entre estas dos concepciones. Un problema que tenían los científicos europeos era que sus conocimientos se limitaban casi en exclusiva a los dos únicos volcanes activos en su continente, el Etna y el Vesubio, en Italia. En este viaje, Humboldt tenía la oportunidad de investigar más volcanes de los que había visto nunca nadie. Estaba tan fascinado con la idea de que fueran la clave para comprender la creación de la Tierra que Goethe bromeaba años después, en una carta para presentarle a una amiga: «Como eres uno de los naturalistas que creen que todo fue creado por los volcanes, te envío a una mujer volcánica que incendia y arrasa todo lo que deja»[35].

Eliminado su plan de unirse a Baudin, Humboldt utilizó su nueva base en Quito para ascender de forma sistemática a todos los volcanes a su alcance, por peligrosos que fueran. Estaba tan ocupado que causaba consternación en los salones de la alta sociedad quiteña. Su aspecto atractivo había llamado la atención de varias jóvenes solteras, pero «nunca se quedaba más tiempo del necesario» en las cenas y otros acontecimientos sociales, según Rosa Montúfar[36], la hija del gobernador provincial, muy elogiada por su belleza. Humboldt parecía preferir el aire libre, se lamentaba, a la compañía de mujeres bellas.

Lo irónico fue que el guapo hermano de Rosa, Carlos Montúfar, sí empezó a acompañar a Humboldt, un modelo de amistad que se repitió sin cesar en la vida del naturalista. Humboldt no se casó jamás —de hecho, en una ocasión dijo que un hombre casado era siempre «un hombre perdido»[37]—, y tampoco se supo nunca de ninguna relación íntima con mujeres. Por el contrario, sí se obsesionaba a menudo con sus amigos masculinos, a los que escribía cartas en las que confesaba su amor «eterno» y «ferviente»[38]. Y, aunque vivió en una época en la que no era raro que los hombres hicieran declaraciones apasionadas en sus amistades platónicas, las suyas eran bastante intensas. «Estaba atado a ti como con cadenas de hierro»[39], escribió a un amigo, y lloró muchas horas al dejar a otro[40].

Humboldt había vivido un par de amistades especialmente íntimas en los años anteriores a Sudamérica. Durante toda su vida, tuvo relaciones de ese tipo, en las que no solo proclamaba su amor sino que exhibía una sumisión poco habitual en él. «Mis planes dependen de los tuyos»[41], escribió a un amigo. «Puedes darme órdenes, como a un niño, y siempre me encontrarás obediente y sin protestas.» Su relación con Bonpland, en cambio, era muy diferente. Bonpland era «una buena persona»[42], le escribió Humboldt a un amigo la víspera de salir de España, pero «me ha dejado muy frío en estos seis meses, es decir, no tengo con él más que una relación científica». La afirmación expresa de que el francés era *solo* un colega científico podía ser un indicio de los sentimientos tan distintos que tenía respecto a otros hombres.

Los contemporáneos de Humboldt señalaban su «falta de amor genuino a las mujeres»[43], y un periódico insinuó que quizá era homosexual en un artículo en el que hablaba de «la persona con la que duerme»[44]. Caroline von Humboldt decía que «nunca habrá nada que influya de verdad en Alexander si no le llega a través de algún hombre»[45]. Todavía veinticinco años después de su fallecimiento, el poeta alemán Theodor Fontane lamentó que una biografía del naturalista que acababa de leer no mencionaba sus «irregularidades sexuales»[46].

Carlos Montúfar, de veintidós años, tenía diez menos que Humboldt y, con su cabello negro y rizado y sus ojos casi negros, tenía un porte alto y distinguido. Permanecería junto a Humboldt varios años. Montúfar no era científico, pero aprendía rápido, y no parece que a Bonpland le molestara la nueva adición al equipo. Otros sí sintieron celos de su amistad. El botánico y astrónomo sudamericano José de Caldas había conocido a Humboldt unos meses antes, de camino a Quito, y se había visto cortésmente rechazado cuando pidió que le admitieran en la expedición. Molesto, Caldas escribió a Mutis, en Bogotá, que Montúfar había pasado a ser el «Adonis» de Humboldt[47].

Humboldt nunca explicó la naturaleza de esas amistades masculinas, pero es probable que fueran platónicas, porque reconocía: «No tengo necesidades sensuales»[48]. Lo que hacía en su lugar era escapar a la naturaleza o sumergirse en una actividad agotadora. El cansancio físico le alegraba y la naturaleza calmaba «los instintos salvajes de las pasiones»[49], declaraba. Y en esa época estaba agotándose, una vez más. Escaló docenas de volcanes, a veces con Bonpland y Montúfar y a veces sin ellos, pero siempre con José de la Cruz, que llevaba con sumo cuidado el valioso barómetro[50]. Durante los cinco meses sucesivos, Humboldt ascendió a todos los volcanes al alcance desde su base en Quito.

Uno de ellos era Pichincha, un volcán al oeste de Quito, en el que el pobre José de pronto se hundió y casi desapareció en un puente nevado que ocultaba una profunda grieta. Por fortuna consiguió izarse y salir (con el barómetro). Entonces Humboldt continuó hasta la cima, donde se tumbó en un estrecho repecho de piedra que formaba un balcón natural sobre el cráter[51]. Cada dos o tres minutos, unos violentos temblores sacudían la plataforma, pero él permaneció impasible y se arrastró hasta el borde para observar las profundidades del Pichincha. En su interior parpadeaban llamas azuladas, y sintió que casi se ahogaba por los vapores sulfúricos. «Ninguna imaginación podría conjurar algo tan siniestro, lúgubre y mortal como lo que vimos allí», dijo después[52].

También intentó ascender al Cotopaxi, un volcán en forma de cono perfecto que, con casi 5.800 metros, es la segunda montaña más alta de Ecuador[53]. Pero la nieve y lo escarpado de sus laderas le impidieron subir más allá de 4.400 metros. Aunque no llegó a la cima, la imagen solitaria del Cotopaxi cubierto de nieve sobre el azul de la «bóveda celeste» fue una de las vistas más majestuosas que había contemplado jamás[54]. La forma del Cotopaxi era tan perfecta y su superficie parecía tan lisa, escribió Humboldt en su diario, que era como si un ebanista lo hubiera tallado en su torno[55].

En otra ocasión, el pequeño equipo siguió una antigua colada de lava solidificada que caía hasta un valle por las faldas del Antisana, un volcán de 5.700 metros[56]. A medida que subían, los árboles y matorrales se hacían más pequeños, hasta que llegaron a la línea arbolada y entraron en el páramo. El esparto parduzco que crecía allí daba al paisaje un aspecto casi estéril, pero de cerca vieron que la tierra estaba cubierta de flores diminutas de colores, en el interior de pequeños rosetones de hojas verdes. Encontraron altramuces pequeños y gencianas diminutas, que formaban unos colchones blandos, como de musgo. Por todas partes había delicadas flores moradas y azules que salpicaban la hierba.

Hacía muchísimo frío, y tanto viento que Bonpland cayó derribado varias veces cuando se agachaba a recoger flores. Los vendavales les arrojaban «agujas de hielo» contra el rostro[57]. Antes del tramo final hasta la cima del Antisana, tuvieron que pasar la noche en lo que Humboldt llamó «la vivienda más elevada del mundo»[58], una cabaña de techo bajo, situada a 3.900 metros, que pertenecía a un terrateniente local. Resguardado en los pliegues de una meseta de suaves ondulaciones, con el pico detrás de ellos, el sitio era maravilloso. Pero los hombres, enfermos del mal de altura, con frío y sin comida ni velas, sufrieron una de las noches más miserables de sus vidas.

Carlos Montúfar se puso tan mal que Humboldt, que compartía la cama con él[59], se preocupó seriamente. Pasó toda la noche levantándose a coger agua y ponerle compresas. Por la mañana, Montúfar estaba suficientemente recuperado como para acompañar a Humboldt y Bonpland en su ascenso hasta la cumbre. Llegaron hasta más allá de los 5.400 metros, más arriba, señaló Humboldt con júbilo, que dos científicos franceses, Charles-Marie de la Condamine y Pierre Bouguer, que habían llegado a esa parte de los Andes en la década de 1730 para medir la forma de la Tierra, y que solo habían alcanzado 4.500 metros[60].

Las montañas hechizaban a Humboldt. No solo las exigencias físicas y la perspectiva de nuevos conocimientos. Había también algo más trascendental. Cada vez que estaba en una cumbre o un cerro, se sentía tan conmovido por el paisaje que dejaba volar aún más su imaginación. Una imaginación, decía, que aliviaba las «profundas heridas» que a veces causaba la pura «razón»[61].

7. CHIMBORAZO

Cinco meses después de su llegada a Quito, Humboldt partió de la ciudad, el 9 de junio de 1802. Todavía tenía intención de ir a Lima, aunque el capitán Baudin no estuviera allí. Desde Lima confiaba en encontrar pasaje en un barco hasta México, que también deseaba explorar[1]. Pero antes quería escalar el Chimborazo, su máxima obsesión. Este majestuoso volcán inactivo —un «impresionante coloso»[2], lo calificó Humboldt— estaba a unos 160 kilómetros al sur de Quito y tenía una altura de casi 6.400 metros[*].

En el camino hacia el volcán, Humboldt, Bonpland, Montúfar y José de la Cruz observaron la densa vegetación tropical[3]. En los valles admiraron las daturas, con sus grandes flores naranjas en forma de trompeta, y las fucsias rojas y brillantes, con sus pétalos esculturales y casi irreales. Luego, a medida que ascendían, en lugar de las flores voluptuosas aparecieron las grandes praderas en las que pastaban pequeños rebaños de vicuñas. Y después surgió en el horizonte el Chimborazo, solitario sobre una meseta, como una cúpula majestuosa. Durante varios días, el monte destacó sobre el vibrante azul del cielo, sin nubes que difuminasen su imponente perfil. Cada vez que se detenían, el entusiasmado Humboldt sacaba el telescopio. Vio un manto de nieve en las laderas y un paisaje yermo y desolado alrededor del volcán. Miles de peñascos y rocas cubrían la tierra hasta la lejanía.

---

[*] Aunque el Chimborazo no es la montaña más alta del mundo —ni siquiera de los Andes—, en cierto modo lo es, porque su proximidad al ecuador hace que su pico sea el más alejado del centro de la Tierra.

Era un escenario sobrenatural. A esas alturas, Humboldt había escalado tantos volcanes que era el montañero más experto del mundo, pero el Chimborazo le impresionaba incluso a él. Sin embargo, explicó más tarde, lo que parece inalcanzable «ejerce un atractivo misterioso»[4].

El Chimborazo cubierto de nieve

El 22 de junio llegaron al pie del volcán, y allí pasaron una noche agitada en una pequeña aldea. A primera hora de la mañana siguiente, el equipo empezó el ascenso acompañado de un grupo de porteadores locales[5]. Cruzaron las praderas y las laderas a lomos de mula hasta llegar a una altitud de 4.100 metros. Cuando las rocas se hicieron más escarpadas, dejaron atrás los animales y continuaron a pie. El tiempo estaba poniéndose en su contra. Había nevado durante la noche y el aire era frío. A diferencia de los días anteriores, la cima del Chimborazo estaba envuelta en niebla. De vez en cuando, la niebla se levantaba y les permitía un breve pero tentador atisbo del pico. Iba a ser un día muy largo.

Al llegar a los 4.700 metros, los porteadores se negaron a seguir. Humboldt, Bonpland, Montúfar y José se repartieron los instrumentos y siguieron solos. La niebla cubría la cumbre. Pronto estaban avanzando a gatas por un reborde que se estrechaba hasta unos peligrosos cinco centímetros, con escarpados precipicios a un lado y otro; los españoles lo llamaban acertadamente la *cuchilla*[6]. Humboldt miraba con decisión hacia delante. No ayudaba el hecho de que el frío les había dormido los pies y las manos, ni que el pie que se había herido durante una ascensión anterior se le había infectado. Cada paso, a esa altura, era de plomo. Mareados por el mal de altura, con los ojos inyectados en sangre y las encías sangrando, padecían un vértigo constante que, como reconoció después Humboldt, «era muy peligroso, dada la situación en la que nos encontrábamos»[7]. En el Pichincha, el mal de altura de Humboldt había sido tan fuerte que se había desmayado. Aquí, en la *cuchilla*, podía ser fatal.

A pesar de las dificultades, Humboldt seguía teniendo fuerzas para colocar sus instrumentos cada pocos centenares de metros. El viento había congelado los metales, y manipular los delicados tornillos y palancas con las manos medio heladas era casi imposible. Clavaba el termómetro en la arena, leía el barómetro y recogía muestras de aire para analizar sus componentes químicos. Medía la humedad y comprobaba el punto de ebullición del agua a diferentes altitudes[8]. También arrojaban rocas de una patada por las laderas para ver hasta dónde rodaban.

Después de una hora de peligroso camino, la *cuchilla* se volvió un poco menos empinada, pero había rocas afiladas que les agujerearon los zapatos, y les empezaron a sangrar los pies. Entonces, de pronto, la niebla se levantó y dejó al descubierto la blanca cumbre del Chimborazo brillando al sol, a algo más de 300 metros por encima de ellos; pero vieron también que su reborde se terminaba. En su lugar, se encontraron con la boca de una inmensa grieta delante de ellos. Para rodearla habrían tenido que atravesar un campo cubierto de espesa nieve, pero era la una de la tarde y el sol había derretido la costra helada que había por encima. Cuando Montúfar, con mucha precaución, intentó pisarla, se hundió tanto que desapareció por completo. No había forma de atravesar el campo. Mientras hacían una pausa, Humboldt volvió a sacar el barómetro y vio que estaban a 5.917 metros[9]. Aunque no iban a llegar a la cumbre, se sentían en la cima del mundo. Nadie había subido nunca tanto, ni siquiera los primeros aeronautas con sus globos en Europa.

Al mirar hacia abajo por las laderas del Chimborazo y hacia las cordilleras a lo lejos, todo lo que Humboldt había visto en los años anteriores encajó. Su hermano Wilhelm había pensado siempre que la mente de Alexander estaba hecha «para conectar ideas, para descubrir cadenas de cosas»[10]. Aquel día, de pie en el Chimborazo, Humboldt absorbió lo que estaba delante de él mientras su cerebro recordaba todas las plantas, formaciones rocosas y mediciones que había visto y hecho en los Alpes, los Pirineos y Tenerife. Todo lo que había observado en su vida encontró su lugar en el rompecabezas. La naturaleza, comprendió, era un entramado de vida y una fuerza global. Fue, como dijo después un colega, el primero que entendió que todo estaba entrelazado con «mil hilos»[11]. Esta nueva noción de naturaleza iba a transformar la forma de entender el mundo.

A Humboldt le impresionó esa «semejanza que encontramos en climas totalmente alejados uno de otro»[12]. En los Andes, por ejemplo, crecía un musgo que le recordaba a una especie de los bosques del norte de Alemania, a miles de kilómetros de distancia. En las montañas próximas a Caracas había examinado unas plantas parecidas a rododendros —las llamó rosales alpinos[13]— que eran similares a las de los Alpes suizos. Posteriormente, en México, encontraría pinos, cipreses y robles que eran similares a los que crecían en Canadá[14]. Las plantas alpinas existían en las montañas de Suiza, en Laponia y en los Andes. Todo estaba relacionado[15].

Para Humboldt, los días que había estado viajando desde Quito y luego subiendo el Chimborazo habían sido una especie de viaje botánico del ecuador a los polos, con todo el mundo vegetal extendiéndose en una aparente sucesión de capas a medida que subían la montaña. Los grupos de plantas iban desde las especies tropicales en los valles hasta los líquenes que había visto cerca de la línea de nieve[16]. En sus últimos años de vida, Humboldt hablaba a menudo de que había que interpretar la naturaleza desde «un punto de vista más alejado»[17] desde el que se podían ver esas conexiones, y el momento en el que lo había comprendido fue allí, en el Chimborazo. De «un solo vistazo»[18], contempló toda la naturaleza desplegada delante de él.

Al volver del volcán, Humboldt estaba listo para formular su nueva visión de la naturaleza. En las estribaciones de los Andes empezó a esbozar su *Naturgemälde*[19], una palabra alemana intraducible que puede significar una «pintura de la naturaleza» pero que al mismo tiempo entraña una sensación de unidad o integridad. Era, según sus explicaciones posteriores, «un microcosmos en una página»[20]. A diferencia de los científicos que habían clasificado el mundo natural en unidades taxonómicas rigu-

rosas con arreglo a una estricta jerarquía, a base de llenar tablas interminables de categorías, Humboldt hizo un dibujo.

«La naturaleza es una totalidad viva»[21], explicó después, no un «con-
glomerado muerto». Había una sola vida derramada sobre las piedras, las
plantas, los animales y los seres humanos. Y esa «profusión universal con
la que se distribuye la vida en toda partes»[22] era lo que más le impresionaba. La propia atmósfera contenía los gérmenes de la vida futura: polen,
huevos de insectos, semillas. La vida estaba presente en todas partes y «los
poderes orgánicos trabajan sin cesar»[23], escribió. Humboldt no estaba
demasiado interesado en descubrir nuevos hechos aislados, sino más bien
en conectarlos. Los fenómenos individuales solo eran importantes «por
su relación con la totalidad»[24], explicaba.

El *Naturgemälde*, con una sección transversal del Chimborazo, era una
asombrosa imagen de la naturaleza como un entramado en el que todo
estaba relacionado[25]. Humboldt colocó en él las plantas repartidas de
acuerdo con la altitud, desde los hongos subterráneos hasta los líquenes
que crecían justo debajo de la línea de nieve. Al pie de la montaña estaba
la zona tropical de palmeras y, más arriba, los robles y helechos que preferían un clima más templado. Cada planta estaba situada en la montaña
exactamente donde Humboldt la había encontrado.

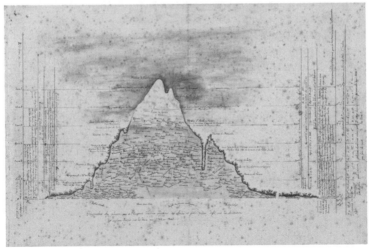

El primer bosquejo que hizo Humboldt del Naturgemälde

Humboldt hizo su primer bosquejo del *Naturgemälde* en Sudamérica, y después lo publicó como un bello dibujo de 90 por 60 centímetros. A izquierda y derecha del volcán puso varias columnas que ofrecían información y detalles relacionados. Al escoger una altura determinada de la montaña (según los datos que figuraban en la columna de la izquierda), se podía trazar una línea a través de la tabla y la sección de la montaña para ver la temperatura, por ejemplo, o la humedad, o la presión atmosférica, así como las especies animales y vegetales que podían encontrarse a esa altitud. Humboldt mostraba diferentes zonas vegetales, junto con detalles de su relación con los cambios de altitud, temperatura, etcétera. Después, toda esa información se podía relacionar con las demás grandes montañas del mundo, que estaban enumeradas según su altura al lado de la silueta del Chimborazo.

Esta combinación de variedad, riqueza y sencillez de la información que se mostraba no tenía precedentes. Nadie antes que él había hecho una presentación visual de esos datos. El *Naturgemälde* mostró por primera vez que la naturaleza era una fuerza global con zonas climáticas correspondientes en todos los continentes. Para Humboldt había «unidad en la variedad»[26]. En vez de situar las plantas en sus categorías taxonómicas, veía la vegetación en función del clima y la situación, una idea radicalmente nueva que todavía hoy es nuestra base para comprender los ecosistemas.

Desde el Chimborazo fueron al sur, 1.600 kilómetros hasta Lima. A Humboldt le interesaba todo, desde las plantas y los animales hasta la arquitectura inca. Durante sus viajes por Latinoamérica, tendría muchas ocasiones de admirar los logros de las civilizaciones antiguas. Transcribió manuscritos, dibujó monumentos incas y recopiló vocabularios. Las lenguas indígenas, decía, eran tan sofisticadas que no había un solo libro europeo que no pudiera traducirse a cualquiera de ellas[27]. Tenían palabras incluso para conceptos tan abstractos como «futuro, eternidad, existencia»[28]. Justo al sur del Chimborazo, visitó una tribu indígena que poseía unos antiguos manuscritos en los que se describían erupciones del volcán[29]. Por suerte, existía también una traducción al español, que copió en sus cuadernos.

Durante el trayecto, Humboldt investigó también los bosques de cinchona en Loja (en el Ecuador actual) y volvió a tomar conciencia de la destrucción que provocaba la humanidad en el medio ambiente. La corteza de la cinchona contiene quinina, que se utilizaba para tratar la malaria, pero, cuando se quitaba la corteza, los árboles morían. Los españoles habían vaciado enormes franjas de selva. Los árboles viejos y más gruesos, anotó Humboldt, eran ya escasos[30].

La mente inquisitiva del naturalista parecía inagotable. Estudiaba estratos rocosos, pautas climáticas y las ruinas de los templos incas, y también estaba fascinado por el geomagnetismo, el estudio de los campos magnéticos de la Tierra. En su recorrido por valles y cordilleras, él iba mirando sus instrumentos. Su curiosidad procedía de su deseo de comprender la naturaleza de forma integral, como una red de fuerzas y relaciones, igual que le habían interesado las zonas de vegetación en cada continente y la incidencia de los terremotos. Desde el siglo XVII, los científicos sabían que la Tierra era un imán gigante. También sabían que la aguja de una brújula no mostraba el verdadero norte, porque el polo norte magnético no era el mismo que el polo norte geográfico. Para mayor confusión, el norte y el sur magnéticos se movían, y eso creaba enormes problemas de navegación. Lo que los científicos no sabían era si la intensidad de los campos magnéticos en todo el mundo variaba entre unos lugares y otros de forma aleatoria o sistemática.

En su viaje por los Andes hacia el sur, desde Bogotá hasta Quito, aproximándose al ecuador, Humboldt había comprobado que el campo magnético de la Tierra disminuía. Para su sorpresa, incluso después de cruzar el ecuador, cerca de Quito, la intensidad había seguido bajando, hasta llegar al yermo de la meseta de Cajamarca, en Perú, a más de 7 grados y a unos 800 kilómetros del ecuador geográfico. Solo entonces la aguja giró del norte al sur: Humboldt había descubierto el ecuador magnético[31].

Llegaron a Lima a finales de octubre de 1802, cuatro meses y medio después de salir de Quito y más de tres años después de salir de Europa. Allí encontraron pasaje en un barco para ir hacia el norte hasta Guayaquil, en la costa del Ecuador actual, desde donde tenían intención de viajar hasta Acapulco, en México. Mientras navegaban de Lima a Guayaquil, Humboldt examinó la corriente fría que recorre la costa occidental de Sudamérica desde el sur de Chile hasta el norte de Perú. El agua fría y llena de nutrientes sostiene tal abundancia de vida marina que es el ecosistema marino más productivo del mundo. Años después, le pondrían el nombre de corriente de Humboldt. Y, aunque él se sintió halagado de que la hubieran designado en su honor, también protestó. Los jóvenes pescadores de la costa conocían la corriente desde hacía siglos, dijo, lo único que había hecho él era ser el primero en medirla y descubrir que era una corriente fría[32].

Humboldt estaba reuniendo los datos que necesitaba para comprender la naturaleza como una totalidad unida. Si la naturaleza era una red de vida, no podía estudiarla solo como botánico, como geólogo o como zoólogo. Necesitaba información sobre todo y de todas partes, porque «hay que comparar las observaciones de las regiones más diversas del planeta»[33]. Acumulaba tantos datos y hacía tantas preguntas que algunas personas pensaban que era estúpido, porque preguntaba «cosas aparentemente obvias»[34]. Sus bolsillos, advirtió uno de sus guías, eran como los de un niño pequeño, llenos de plantas, rocas y papeles[35]. Nada era demasiado pequeño o insignificante para investigarlo, porque todo tenía su sitio en el gran tapiz de la naturaleza.

El Cotopaxi con una columna de humo

Llegaron al puerto de Guayaquil el 4 de enero de 1803, el mismo día que el Cotopaxi, a unos 320 kilómetros al nordeste, tuvo una erupción repentina[36]. Después de haber ascendido a todos los volcanes posibles en los Andes, aquel era el momento que Humboldt había estado esperando. Justo cuando se preparaba para zarpar hacia Acapulco, le surgía un nuevo reto. Se sintió dividido. Deseoso de explorar México antes de regresar a Europa, necesitaba encontrar un barco pronto si quería viajar antes de la temporada veraniega de huracanes. Si no, tendrían que quedarse en Guayaquil hasta finales de año. Pero por otra parte tenía el reclamo de un volcán en erupción. Si se apresuraban, quizá les diera tiempo a ir al Cotopaxi y volver a tiempo de embarcarse hacia Acapulco. El viaje desde Guayaquil hasta el Cotopaxi sería peligroso. Humboldt tenía que volver a atravesar las cumbres de los Andes, salvo que esta vez dirigiéndose hacia un volcán en activo.

Peligroso, pero demasiado apasionante como para no hacerlo. A finales de enero, Humboldt y Montúfar partieron hacia el interior, mientras que Bonpland se quedó en Guayaquil con instrucciones de buscar un barco que se dirigiera a México. Viajaron hacia el nordeste acompanados de los rugidos del Cotopaxi. Humboldt se sentía increíblemente afortunado. Unos días después iba a volver a ver el volcán que había escalado ocho meses antes, pero esta vez en activo e iluminado por su propio fuego. Entonces, cuando solo llevaban cinco días de camino, llegó un mensajero de Guayaquil con una nota de Bonpland[37]. Había encontrado un barco a Acapulco pero zarpaba dos semanas después. Era imposible que a Humboldt y Montúfar les diera tiempo a llegar al Cotopaxi. Tenían que volver a Guayaquil de inmediato. Humboldt se quedó destrozado.

Mientras el barco salía del puerto de Guayaquil, el 17 de febrero de 1803, Humboldt pudo oír los rugidos del coloso[38]. El coro volcánico acompañó su partida, pero al mismo tiempo fue un triste recordatorio de lo que no había podido hacer. No ayudó el hecho de que durante el viaje, cada noche, las estrellas cambiantes le indicaran que estaban dejando atrás el hemisferio sur. Cuando miraba por el telescopio, veía que las constelaciones del cielo austral iban desapareciendo poco a poco. «Me siento cada vez peor»[39], escribió en su diario, mientras se acercaba al hemisferio norte y se alejaba de un mundo que seguiría cautivándole el resto de su vida.

Durante la noche del 26 de febrero de 1803, Humboldt cruzó el ecuador por última vez.

Tenía treinta y tres años y había pasado más de tres en Latinoamérica, atravesando junglas tropicales y subiendo a cumbres heladas. Había recogido miles de plantas y había hecho incontables mediciones. A pesar de poner en peligro su vida muchas veces, había disfrutado de la libertad y la aventura. Y, sobre todo, se iba de Guayaquil con una nueva visión de la naturaleza. En sus baúles iba el dibujo del Chimborazo, el *Naturgemälde*. Este dibujo y las ideas que lo habían inspirado cambiarían la percepción del mundo natural que iban a tener las generaciones futuras.

8. POLÍTICA Y NATURALEZA

Thomas Jefferson y Humboldt

Era como si el mar fuera a devorarlos. Inmensas olas arrasaban la cubierta y entraban por la escalera hasta el vientre del barco. Los cuarenta baúles de Humboldt estaban en riesgo constante de inundación. Se habían topado directamente con un huracán, y durante seis largos días los vientos no dejaron de golpear el navío con tal fuerza que no podían ni dormir ni pensar[1]. El cocinero perdió sus cazos y cacharros cuando entró el agua, y nadaba, más que estar de pie, en su cocina. No se podía cocinar y los tiburones rodeaban el barco. La cabina del capitán, en la popa, estaba tan llena de agua que tenían que nadar, y hasta los marineros más veteranos daban tumbos como bolos por la cubierta. Temerosos por sus vidas, insistieron en que se repartieran más raciones de coñac, decididos a ahogarse borrachos. Cada ola que llegaba parecía una pared gigantesca. Humboldt pensó que nunca había estado tan cerca de morir[2].

Era mayo de 1804, y Humboldt, Bonpland, Montúfar y su criado, José, iban en barco desde Cuba hasta la costa este de Estados Unidos. Sería irónico morir allí, pensó Humboldt, habiendo sobrevivido a cinco años de viajes peligrosos por Latinoamérica. Después de salir de Guayaquil en febrero de 1803, habían pasado un año en México; Humboldt había estado la mayor parte del tiempo en Ciudad de México, la capital administrativa del virreinato de Nueva España, la vasta colonia que incluía México, partes de California y de Centroamérica y Florida. Había visitado los extensos archivos y bibliotecas coloniales, y solo había interrumpido sus investigaciones para hacer unas cuantas expediciones a minas, manantiales de aguas termales y más volcanes[3].

Había llegado la hora de volver a Europa[4]. Cinco años de viajes por climas extremos y espacios naturales habían dañado sus delicados instrumentos, y muchos ya no funcionaban bien. Además, dado el escaso contacto con la comunidad académica europea, Humboldt estaba preocupado por la posibilidad de haberse perdido avances científicos importantes. Se sentía tan aislado del resto del mundo, le escribió a un amigo, como si viviera en la Luna[5]. En marzo de 1804 habían ido de México a Cuba con la intención de hacer una breve escala y recoger las colecciones que habían almacenado en La Habana tres años antes.

Humboldt regresó de México con observaciones detalladas de la naturaleza pero también con notas sacadas de los archivos y sobre monumentos como este calendario mexicano, que para él era prueba de la sofisticación de las civilizaciones antiguas

Como en tantas ocasiones, Humboldt hizo cambios en el último momento y decidió aplazar su regreso varias semanas más. Quería pasar por

Norteamérica para conocer a Thomas Jefferson, el tercer presidente de Estados Unidos. Durante cinco largos años, Humboldt había visto lo mejor de la naturaleza —exuberante, magnífica y sobrecogedora—, y ahora quería ver la civilización en toda su gloria, una sociedad construida como una república y sobre principios de libertad.

Desde muy joven, Humboldt había vivido rodeado de pensadores de la Ilustración que plantaron las semillas de una fe que le acompañaría toda la vida en la libertad, la igualdad, la tolerancia y la importancia de la educación. Pero fue la Revolución francesa de 1789, justo antes de su vigésimo aniversario, la que determinó sus opiniones políticas. A diferencia de los prusianos, sobre los que aún gobernaba un monarca absoluto, los franceses habían declarado que todos los hombres eran iguales. Desde entonces, Humboldt había llevado siempre «las ideas de 1789 en su corazón»[6]. En 1790 visitó París y vio los preparativos para la celebración del primer aniversario de la revolución. Aquel verano sintió tal entusiasmo que ayudó a transportar arena para la construcción de un «templo de la libertad»[7] en París. Ahora, catorce años después, quería conocer a la gente que había creado una república en América y «que comprendía el precioso don de la libertad»[8].

Después de una semana en el mar, el huracán amainó y los vientos se calmaron. A finales de mayo de 1804, cuatro semanas después de salir de La Habana, Humboldt y su pequeño equipo desembarcaron en Filadelfia, la mayor ciudad de Estados Unidos con sus 75.000 habitantes. La víspera de su llegada, Humboldt escribió una larga carta a Jefferson en la que manifestaba su deseo de conocerle en Washington D. C., la nueva capital del país. «Sus escritos, sus actos y el liberalismo de sus ideas —escribió Humboldt— me han inspirado desde que era joven»[9]. Llevaba consigo miles de datos recogidos en Latinoamérica, continuaba, todas las plantas que había recogido, las observaciones astronómicas que había hecho, los jeroglíficos de antiguas civilizaciones que había encontrado en el corazón de la selva y los importantes datos obtenidos de los archivos coloniales en México.

Humboldt también escribió a James Madison, el secretario de Estado y principal aliado político de Jefferson, y le dijo que «después de haber contemplado el gran espectáculo de los majestuosos Andes y la grandiosidad del mundo físico, pretendo disfrutar con el espectáculo de un pueblo libre»[10]. La política y la naturaleza debían ir de la mano: una idea que Humboldt iba a discutir con los estadounidenses.

A sus sesenta y un años, Jefferson tenía todavía una postura «tan erguida como un cañón de escopeta»[11], y era un hombre alto y delgado, casi desgarbado, con una tez rubicunda de campesino y una «constitución de hierro». Era presidente de la joven nación, pero también dueño de Monticello, una gran plantación en la falda de la cordillera de Blue Ridge en Virginia, a poco más de 160 kilómetros al suroeste de Washington. Aunque su mujer había fallecido más de dos décadas antes, Jefferson tenía una familia muy unida y le encantaba la compañía de sus siete nietos[12]. Los amigos comentaban cómo se subían constantemente los niños a su regazo mientras hablaba[13]. Cuando llegó Humboldt a Estados Unidos, Jefferson estaba aún de luto por su hija menor, Maria, que había fallecido unas semanas antes, en abril de ese año, después de dar a luz a una niña. Su otra hija, Martha, pasaba largos periodos en la Casa Blanca y después se mudó de forma permanente a Monticello con sus hijos.

Jefferson detestaba estar ocioso[14]. Se levantaba antes del amanecer, leía varios libros al mismo tiempo y escribía tantas cartas que había comprado una máquina de copiar para tener documentada toda su correspondencia. Era un hombre inquieto que advertía a su hija que el tedio era «el veneno más peligroso en la vida»[15]. En la década de 1780, después de la guerra de independencia, Jefferson había sido embajador de Estados Unidos en Francia y había vivido cinco años en París, y había aprovechado la oportunidad para viajar por toda Europa; regresó a su país con baúles llenos de libros, muebles e ideas. Padecía lo que él llamaba «la enfermedad de la bibliomanía»[16], que le empujaba a comprar y estudiar libros sin cesar. En Europa había encontrado también hueco entre sus obligaciones para ver los mejores jardines de Inglaterra, así como para observar y comparar las prácticas agrícolas en Alemania, Holanda, Italia y Francia[17].

En 1804, Thomas Jefferson estaba en la cumbre de su carrera. Había redactado la Declaración de la Independencia, era presidente de Estados Unidos y a finales de año iba a obtener una victoria abrumadora en la elección que le permitiría seguir un segundo mandato. Con su reciente adquisición del territorio de la Luisiana a los franceses, había sentado las bases para la expansión del país hacia el oeste*. Por solo quince millones

---

* El año anterior, Napoleón había renunciado a la idea de tener una colonia francesa en Norteamérica cuando la mayoría de los 25.000 soldados que había enviado a Haití

de dólares, Jefferson había duplicado el tamaño de la nación al sumar más de dos millones de kilómetros cuadrados que se extendían desde el Mississippi hasta las Montañas Rocosas, y desde Canadá hasta el golfo de México. Asimismo, el presidente acababa de enviar a Meriwether Lewis y William Clark a un viaje por tierra a través de todo el continente norteamericano[18]. La expedición reunía todos los temas que interesaban a Jefferson, que había ordenado personalmente a los exploradores que recogieran plantas, semillas y animales, que informaran sobre los suelos y las prácticas agrícolas de los nativos y que estudiaran las tierras y los ríos.

La llegada de Humboldt no podía producirse en un momento más oportuno. El cónsul estadounidense en Cuba, Vincent Gray, había escrito ya a Madison para instarle a que hablara con el naturalista porque tenía informaciones útiles sobre México, su nuevo vecino al sur desde la adquisición de la Luisiana.

Después de desembarcar en Filadelfia, Humboldt se intercambió cartas con el presidente, y Jefferson le invitó a Washington. Estaba ilusionado, escribió Jefferson, porque veía «este nuevo mundo con algo más de esperanza de que exhiba una mejora de la condición humana»[19]. De modo que, el 29 de mayo, Humboldt, Bonpland y Montúfar subieron a la diligencia en Filadelfia para dirigirse a Washington D. C., a unos 240 kilómetros al suroeste.

El paisaje que vieron durante el viaje estaba formado por campos bien trabajados, con filas de cultivos y granjas dispersas, rodeadas de vergeles y cuidadas huertas[20]. Era el epítome de las ideas de Jefferson sobre el futuro económico y político de Estados Unidos: una nación de hombres libres e independientes, con granjas pequeñas y capaces de autoabastecerse.

Con Europa desgarrada por las guerras napoleónicas, la economía de Estados Unidos estaba en plena expansión, porque, al ser una nación neutral —al menos por aquel entonces—, suministraba gran parte de los bienes que consumía el mundo[21]. Barcos llenos de especias, cacao, algodón, café y azúcar recorrían los mares, desde Norteamérica hasta el Caribe y de allí a Europa y las Indias Orientales. Los mercados para la exportación de sus productos agrarios también estaban creciendo. Daba la

---

a aplastar la rebelión de los esclavos murieron de malaria. El plan inicial de Napoleón era trasladar su ejército de Haití a Nueva Orleáns pero, después de la desastrosa campaña, y con tan pocos hombres supervivientes, abandonó esa estrategia y vendió el territorio de Luisiana a Estados Unidos.

impresión de que Jefferson estaba llevando el país hacia la prosperidad y la felicidad.

Pero Estados Unidos había cambiado en las tres décadas transcurridas desde la independencia. Los viejos amigos revolucionarios estaban reñidos por sus distintas ideas sobre la república, y habían estallado feroces disputas partidistas. Habían surgido divisiones a propósito de lo que las diferentes facciones consideraban que tenía que ser el tejido social del nuevo país. ¿Debían ser una nación de agricultores, o de comerciantes?[22] Estaban quienes, como Jefferson, concebían Estados Unidos como una república agraria, con especial hincapié en la libertad individual y los derechos de los estados, y otros que preferían el comercio y un Gobierno central fuerte.

La máxima expresión de sus diferencias se veía quizá en los distintos diseños propuestos para la nueva capital, Washington D. C., la ciudad arrancada a los pantanos y los bosques junto al río Potomac[23]. Todas las partes pensaban que la capital debía ser un reflejo del Gobierno y su poder (o su falta de poder). El primer presidente de Estados Unidos, George Washington, defensor de un Gobierno federal fuerte, había querido una capital grandiosa, con grandes avenidas que cruzaran la ciudad, una residencia presidencial palaciega y grandes jardines. En cambio, Jefferson y sus colegas republicanos insistían en que el Gobierno tuviera el menor poder posible y preferían una capital pequeña que fuera una ciudad republicana rural[24].

Aunque habían vencido las ideas de George Washington —y, sobre el papel, la capital tenía un aspecto impresionante—, la verdad es que se había hecho poca cosa cuando llegó Humboldt en el verano de 1804. Con solo 4.500 habitantes, Washington tenía aproximadamente el mismo tamaño que Jena en la época en que Humboldt había conocido allí a Goethe, no lo que unos extranjeros podían pensar de la capital de un país tan inmenso como Estados Unidos. Las calles estaban en un estado terrible, y tan llenas de piedras y tocones de árboles que los coches de caballos volcaban constantemente[25]. El barro rojizo se pegaba a las ruedas y los ejes, y cualquier caminante corría el peligro de hundirse hasta la rodilla en los ubicuos charcos.

Cuando Jefferson se instaló en la Casa Blanca, después de que se inaugurase en marzo de 1801, estaba todavía en obras[26]. Tres años después, cuando la visitó Humboldt, la situación había cambiado poco. Había

Washington D. C., en la época de la visita de Humboldt

casetas de obreros y tierra en lo que debería haber sido un jardín presidencial. Los terrenos estaban separados de los campos vecinos solo por una verja oxidada en la que la lavandera de Jefferson tendía la ropa del presidente a la vista de todos[27]. Dentro del edificio, la situación no era mucho mejor, porque había bastantes habitaciones que estaban todavía amuebladas a medias. Como señaló un visitante, Jefferson no ocupaba más que una esquina de la mansión, y el resto se encontraba aún en «un estado de sucia desolación»[28].

A Jefferson no le importaba. Desde su primer día en el cargo, había empezado a desmitificar el papel del presidente[29], eliminando de la joven Administración los estrictos protocolos sociales y la pompa ceremonial, y presentándose como un simple granjero. En lugar de recepciones formales, convocaba a sus invitados a pequeñas cenas íntimas que se celebraban en torno a una mesa redonda, para evitar problemas de orden y jerarquía. Vestía deliberadamente de forma sencilla, y muchos comentaban su aspecto desaliñado. Sus zapatillas estaban tan desgastadas que le asomaban los dedos, su abrigo estaba «raído»[30] y la ropa de casa «llena de manchas». Parecía «un granjero grandullón»[31], señaló un diplomático británico, exactamente la imagen que Jefferson quería transmitir.

Se consideraba ante todo agricultor y jardinero, no político. «Ninguna ocupación me resulta tan deliciosa como el cultivo de la tierra», decía[32]. En Washington, Jefferson salía a caballo todos los días a la campiña circundante para huir del tedio de la correspondencia y las reuniones de gobierno. Lo que más deseaba era volver a Monticello. Al terminar su segundo mandato, diría que «nunca un prisionero, al librarse de sus cadenas, sintió tanto alivio como el que tendré yo al sacudirme las esposas del poder»[33]. El presidente de Estados Unidos prefería pasear por pantanos y escalar rocas, coger una hoja o una semilla, que asistir a reuniones del gabinete. Ninguna planta, decía un amigo —«desde la hierba más mísera hasta el árbol más grandioso»[34]—, escapaba a su escrutinio. El amor de Jefferson por la botánica y la jardinería era tan conocido que los diplomáticos estadounidenses mandaban semillas a la Casa Blanca desde todos los rincones del mundo[35].

A Jefferson le interesaban todas las ciencias, incluidas la horticultura, las matemáticas, la meteorología y la geografía. Le fascinaban los huesos fosilizados, en particular los del mastodonte, un gigante extinto y pariente de los elefantes, que había habitado el interior de América solo 10.000 años antes[36]. En su biblioteca había miles de libros, y él mismo había escrito uno, *Notes on the State of Virginia, a detailed description about economy and society, about natural resources and plants, but also a celebration of the Virginian landscape* [Notas sobre el estado de Virginia, una descripción detallada de la economía y la sociedad, los recursos naturales y las plantas, pero también un elogio del paisaje virginiano].

Como Humboldt, Jefferson pasaba de una ciencia a otra con facilidad[37]. Estaba obsesionado por las mediciones, y tenía recopilada una enorme cantidad de listas, desde los cientos de especies vegetales que cultivaba en Monticello hasta tablas de temperaturas diarias. Contaba los peldaños de las escaleras, llevaba la «cuenta» de las cartas que recibía de sus nietas y siempre tenía una regla en el bolsillo. Su cerebro parecía no descansar nunca. Con un polímata como él, la Casa Blanca se había convertido en un núcleo científico en el que la botánica, la geografía y las exploraciones eran los temas favoritos de conversación en las cenas. También era presidente de la American Philosophical Society, cofundada por Benjamin

Franklin antes de la revolución y que se había convertido en el foro científico más importante de Estados Unidos[38]. Jefferson era, según un contemporáneo, «el filósofo ilustrado, el naturalista distinguido, el primer
estadista en la Tierra, el amigo, el ornamento de la ciencia [...] el padre
de nuestra nación, el fiel guardián de nuestras libertades»[39]. Estaba impaciente por conocer a Humboldt.

Los viajeros tardaron tres días y medio en viajar desde Filadelfia y, por fin,
llegaron a Washington el 1 de junio. A la mañana siguiente, Humboldt
se reunió con Jefferson en la Casa Blanca[40]. El presidente recibió al científico de treinta y cuatro años en su estudio privado. Allí Jefferson guardaba un juego de herramientas de carpintero, porque se le daba bien la
mecánica y le gustaba construir cosas; desde inventar una estantería gira-
toria hasta perfeccionar cerrojos, relojes e instrumentos científicos. En
los alféizares de las ventanas había macetas con rosas y geranios, que a
Jefferson le encantaba cuidar. Mapas y gráficos decoraban las paredes, y
los estantes estaban llenos de libros[41]. Los dos hombres se cayeron bien
de inmediato.

Durante los días siguientes se reunieron varias veces. Una tarde, mientras anochecía sobre la ciudad y se encendían las primeras velas, Humboldt entró en el salón de la Casa Blanca y se encontró al presidente rodeado de media docena de nietos, riéndose y persiguiéndose por la
habitación. Jefferson tardó un instante en ver a Humboldt, que estaba
callado, contemplando la ruidosa escena familiar. Jefferson sonrió. «Me
encuentra haciendo el tonto —dijo—, pero estoy seguro de que con *usted*
no necesito disculparme»[42]. A Humboldt le entusiasmó ver a su héroe
«viviendo con la sencillez de un filósofo»[43].

Durante una semana, Humboldt y Bonpland asistieron a reuniones y
cenas, y después a más reuniones[44]. Todos estaban emocionados de conocer a los intrépidos exploradores y oír sus historias. Humboldt era
«objeto de atención universal»[45], dijo un estadounidense, hasta el punto
de que Charles Willson Peale, un pintor de Filadelfia que era quien había
organizado el viaje a Washington, repartió gran número de siluetas que
había hecho de él (y de Bonpland), incluida una para Jefferson. Humboldt conoció al secretario del Tesoro, Albert Gallatin, que pensó que
escuchar sus relatos era «un exquisito placer intelectual»[46]. Al día siguiente fue a Mount Vernon, la plantación de George Washington, a unos

24 kilómetros al sur de la capital. Aunque Washington había fallecido cuatro años y medio antes, Mount Vernon era un popular destino turístico y Humboldt quería ver el hogar del héroe revolucionario. El secretario de Estado, James Madison, organizó una cena en honor de Humboldt, y su mujer, Dolley, aseguró estar encantada y dijo que «todas las señoras afirman que están enamoradas de él»[47].

Durante los días que pasaron juntos, Jefferson, Madison y Gallatin bombardearon a Humboldt a preguntas sobre México[48]. Ninguno de los tres políticos había estado en los territorios controlados por España, pero allí, rodeados de mapas, estadísticas y cuadernos, Humboldt les informó brevemente sobre los pueblos de Latinoamérica, sus cultivos y su clima. El alemán se había esforzado en mejorar los mapas existentes a base de calcular una y otra vez las posiciones geográficas exactas. El resultado eran los mejores mapas que existían; algunos lugares, presumió ante sus nuevos amigos, figuraban en los mapas anteriores con errores de hasta 2 grados de latitud, unos 225 kilómetros[49]. De hecho, Humboldt tenía más información sobre México de la que existía en algunos países europeos, le dijo Gallatin a su mujer, apenas capaz de contener su entusiasmo. Aún mejor, Humboldt les permitió transcribir sus notas y copiar los mapas. Sus conocimientos eran «asombrosos»[50], coincidieron los estadounidenses, y Gallatin, a cambio, le proporcionó todas las informaciones que quiso sobre Estados Unidos.

Jefferson llevaba meses intentando obtener cualquier detalle sobre su nuevo territorio de Luisiana y sobre México[51], y de pronto se encontró con mucho más de lo que jamás había podido imaginar. Con la estrecha vigilancia que mantenían los españoles sobre sus territorios, y los escasos permisos que daban a extranjeros ni siquiera para viajar a sus colonias, Jefferson no había podido aprender mucho hasta la visita de Humboldt. Los archivos coloniales españoles en México y La Habana estaban firmemente cerrados a los estadounidenses, y el embajador de España en Washington se había negado a dar a Jefferson ningún dato; pero Humboldt los tenía en abundancia.

Humboldt hablaba sin parar, observó Gallatin, «el doble de rápido que toda la gente que conozco»[52]. Hablaba en inglés con acento alemán, pero también en alemán, francés y español, «mezclándolos a toda velocidad»[53]. Era «una fuente de conocimientos que fluye en copiosos torrentes»[54]. Aprendieron más de él en dos horas que si hubiera estado leyendo libros durante dos años. Humboldt era «un hombre muy extraordinario»[55], le dijo Gallatin a su esposa. Jefferson estaba de acuerdo: era «el hombre más científico de su época»[56].

La cuestión más acuciante para el presidente era la frontera en disputa entre México y Estados Unidos[57]. Los españoles afirmaban que el límite era el río Sabina, en lo que hoy es el límite oriental de Texas, pero los estadounidenses decían que era el río Grande, que hoy forma parte de la frontera oeste del estado. Estaba en cuestión la posesión de una gran franja de territorio, porque entre los dos ríos se encuentra todo el estado actual de Texas. Cuando Jefferson preguntó sobre la población nativa, los suelos y las minas «entre esas dos líneas»[58], Humboldt no tuvo reparos en transmitir las observaciones que había hecho bajo la protección y la autorización exclusiva de la corona de España. Era partidario de la generosidad científica y el libre intercambio de información. Formaban parte de una república de las letras, dijo Jefferson, parafraseando las palabras de Joseph Banks de que las ciencias siempre estaban en paz aunque «sus naciones estén en guerra»[59]; sin duda, era un sentimiento muy conveniente para el presidente en este caso.

Si los españoles entregaban el territorio que reclamaba Jefferson para Estados Unidos, dijo Humboldt, estarían renunciando al equivalente a dos terceras partes de Francia. No era el lugar más rico del mundo, explicó, porque no había más que unas cuantas granjas dispersas, mucha sabana y ningún puerto conocido en la costa. Había algunas minas y unos cuantos indígenas. Ese era el tipo de datos que necesitaba Jefferson[60]. Al día siguiente, escribió a un amigo para decirle que acababa de recibir «un tesoro de información»[61].

Humboldt dio a Jefferson diecinueve páginas abarrotadas con extractos de sus notas, ordenados en apartados como «tabla de estadísticas», «población», «agricultura, fabricantes, comercio», «ejército», etcétera[62]. A eso añadió dos páginas sobre la región fronteriza con México y en particular sobre la zona en disputa que tanto interesaba al presidente, entre el río Sabina y el río Grande. Fue la visita más emocionante y fructífera que había recibido Jefferson en años. Menos de un mes después, celebró una reunión del Gobierno sobre la estrategia respecto a España en la que se debatió cómo podían influir los datos recibidos de Humboldt en las negociaciones[63].

Humboldt se alegró de ayudar porque admiraba a Estados Unidos. El país estaba tratando de «perfeccionar» la sociedad, decía, mientras que

Europa seguía atenazada por la monarquía y el despotismo. Ni siquiera le importó la insoportable humedad del verano en Washington, porque «el mejor aire de todos es el que se respira en libertad»[64]. Le encantaba «esta bella tierra»[65], dijo repetidamente, y prometió volver para poder explorarla.

Durante su semana en Washington, los hombres hablaron de la naturaleza y de política, de cultivos y suelos y de la construcción de naciones. Humboldt, como Jefferson, creía que una república agraria era la única que podía aportar la felicidad y la independencia. El colonialismo, por el contrario, representaba la destrucción. Los españoles habían llegado a Sudamérica para conseguir oro y madera, «mediante la violencia o el trueque»[66], decía Humboldt, y movidos exclusivamente por «una avaricia insaciable». Habían aniquilado antiguas civilizaciones, tribus nativas y bosques venerables. El retrato que pintaba Humboldt de Latinoamérica tenía los vivos colores de una realidad brutal, apoyados en hechos, datos y estadísticas.

En sus visitas a las minas en México, Humboldt no solo las había estudiado desde el punto de vista de la geología y la productividad, sino también sus efectos perjudiciales sobre grandes segmentos de la población. En una mina le había escandalizado ver que, en un turno, a los trabajadores indígenas les obligaban a subir unos 23.000 escalones cargados con rocas enormes. Los usaban como «máquinas humanas»[67], esclavos en todo menos en el nombre, debido a un sistema laboral —el llamado *repartimiento*— que les hacía trabajar para los españoles a cambio de poco o nada[68]. Obligados a comprar artículos sobrevaluados a los administradores coloniales, los trabajadores se veían arrastrados a una espiral de deuda y dependencia. El rey de España tenía incluso el monopolio de la nieve en Quito, Lima y otras ciudades coloniales para utilizarla en la fabricación de sorbetes para los ricos. Era absurdo, decía Humboldt, que una cosa «caída del cielo» tuviera que pertenecer a la corona española[69]. En su opinión, la política y la economía de un gobierno colonial estaban basadas en la «inmoralidad»[70].

Durante sus viajes, se había asombrado al ver que los administradores coloniales (igual que los guías, los anfitriones que les habían acogido y los misioneros) le habían animado constantemente —a él, antiguo inspector de minas— a buscar metales y piedras preciosas. Humboldt había tenido que explicar muchas veces que aquello era un error. ¿Para qué

—preguntaba— iban a necesitar oro y gemas, si vivían en una tierra en la que no había más que «rascar un poco para producir cosechas abundantes»[71]? ¿No era esa su vía hacia la libertad y la prosperidad?

Con demasiada frecuencia, Humboldt había visto poblaciones que morían de hambre y tierras antes fértiles que, sobreexplotadas sin piedad, se habían vuelto estériles. En el valle de Aragua, en el lago Valencia, por ejemplo, había visto cómo el deseo de tener vestimentas de colores había provocado la pobreza y la dependencia entre la población local, porque el índigo, una planta fácil de cultivar que producía un tinte azul, había sustituido al maíz y otros cultivos comestibles. El índigo, más que ninguna otra planta, «empobrecía el suelo»[72], había anotado Humboldt. La tierra parecía agotada y, al cabo de unos años, predijo, no volvería a crecer nunca nada más. Estaban explotando el suelo «como una mina»[73].

Más tarde, en Cuba, Humboldt había visto que habían eliminado los bosques de grandes partes de la isla para plantar caña de azúcar[74]. En todas partes había visto que los cultivos comercializables habían reemplazado a «esos vegetales que proporcionan alimento»[75]. Cuba no producía mucho aparte del azúcar, lo cual significaba que, sin las importaciones de otras colonias, «la isla moriría de hambre», decía[76]. Eran todos los ingredientes para la dependencia y la injusticia. Del mismo modo, los habitantes de la región de Cumaná cultivaban tanta caña de azúcar y tanto índigo que estaban obligados a comprar a otros países alimentos que podían haber cultivado ellos perfectamente. Los monocultivos y los cultivos comercializables no creaban una sociedad feliz, afirmaba. Lo que hacía falta era una agricultura de subsistencia, con cultivos comestibles y variados, con cosas como plátanos, quinoa, maíz y patatas[77].

Humboldt fue el primero que relacionó el colonialismo con la destrucción del medio ambiente. Sus reflexiones le llevaban una y otra vez a la naturaleza como un complejo entramado de vida pero también al lugar del hombre dentro de él. En el río Apure había visto la devastación causada por los españoles al intentar controlar las riadas construyendo una presa. Para empeorar más las cosas, habían talado los árboles que sujetaban las orillas como «una pared muy firme»[78], con el resultado de que las aguas furiosas arrastraban más tierras cada año. En la meseta de Ciudad de México, Humboldt había visto cómo un lago que alimentaba el sistema de riego local había quedado reducido a una charca superficial, de forma que los valles que dependían de él se habían vuelto estériles[79].

En todo el mundo, decía Humboldt, los ingenieros hidráulicos eran responsables de locuras semejantes[80].

Hablaba de naturaleza, ecología, poder imperial y política, y los relacionaba entre sí. Criticaba el reparto injusto de tierras, los monocultivos, la violencia contra los grupos tribales y las condiciones de trabajo de los indígenas; todos, temas que siguen siendo hoy muy relevantes. Con su experiencia como antiguo inspector de minas, Humboldt tenía una perspectiva única sobre las consecuencias medioambientales y económicas de la explotación de los recursos que encerraba la tierra. Por ejemplo, ponía en tela de juicio la dependencia de México de los cultivos comercializables y la minería, porque supeditaban el país a las fluctuaciones de los precios en los mercados internacionales. «El único capital que crece con el tiempo —decía— es el producto de la agricultura»[81]. Estaba convencido de que todos los problemas en las colonias eran consecuencia de «las imprudentes actividades de los europeos»[82].

Jefferson había empleado argumentos similares. «Creo que nuestros gobiernos seguirán siendo virtuosos durante muchos siglos —decía—, siempre que sean sobre todo agrarios»[83]. Preveía que la apertura del oeste estadounidense iba a ser el desarrollo de una república en la que los pequeños campesinos independientes se convertirían en soldados de a pie de la joven nación y guardianes de su libertad. El oeste, pensaba Jefferson, garantizaría la autosuficiencia agrícola de Estados Unidos y, por consiguiente, el futuro de «millones de personas que aún no han nacido»[84]. Él mismo era uno de los agricultores más progresistas del país, dispuesto a experimentar con la rotación de cultivos, los abonos y las nuevas variedades de semillas[85]. Su biblioteca estaba llena de todos los libros sobre agricultura que podía comprar, e incluso había inventado una nueva reja para un arado (la parte de madera que se levanta y revuelve la tierra). Demostraba más entusiasmo por las herramientas agrícolas que por los acontecimientos políticos. Una vez encargó un nuevo modelo de trilla a Londres, y estuvo informando a Madison sobre el envío como un niño ilusionado: «Espero recibirla cualquier día de estos»[86], «todavía no he recibido mi trilla», y por fin, «ha llegado a Nueva York». Probaba hortalizas, cultivos y frutos nuevos en Monticello, con sus campos y su jardín como laboratorio en el que experimentar. Opinaba que «el mayor servicio que puede prestarse a cualquier país es añadir una planta útil a su colección de cultivos»[87]. Había vuelto de Italia con arroz de montaña que llevaba de contrabando en los bolsillos —un delito penado con la muerte—, y había intentado convencer a los agricultores estadounidenses de que plantaran arces azucareros para dejar de depender de la melaza que llegaba de las Indias Occidentales británicas. En Monticello cultivaba 330 variedades de 99 especies de vegetales y hierbas[88].

Jefferson creía que, mientras un hombre tuviera una parcela de tierra propia, era independiente. Incluso alegaba que los campesinos eran los únicos a los que debería elegirse para el Congreso, porque los consideraba «los verdaderos representantes del bien de América»[89], a diferencia de los avariciosos mercaderes que «no tienen patria»[90]. Los trabajadores industriales, comerciantes y financieros nunca se sentirían atados a su país como los agricultores que trabajaban la tierra. «Los pequeños terratenientes son la parte más valiosa de un Estado»[91], insistía, y en su borrador de la constitución de Virginia había incluido la cláusula de que cada persona libre tenía derecho a poseer 50 acres de tierra [algo más de 20 hectáreas][92], aunque no consiguió que se aprobara esta disposición. Su aliado político, James Madison, decía que cuanto mayor fuera la proporción de agricultores, «más libre, más independiente y más feliz será la sociedad»[93]. Para ambos, la agricultura era un empeño republicano y un acto de construcción nacional. Arar campos, plantar vegetales y planear la rotación de cultivos eran tareas que otorgaban la autosuficiencia y, por tanto, la libertad política. Humboldt estaba de acuerdo, porque los pequeños agricultores que había conocido en Sudamérica habían desarrollado «el sentimiento de libertad e independencia»[94].

Pese a sus coincidencias, había un tema en el que discrepaban: la esclavitud. Para Humboldt, colonialismo y esclavitud eran esencialmente lo mismo[95], entrelazados con la relación del hombre con la naturaleza y la explotación de los recursos naturales. Cuando los colonos españoles, pero también los norteamericanos, habían introducido el azúcar, el algodón, el índigo y el café en sus territorios, también habían introducido la esclavitud. En Cuba, por ejemplo, Humboldt había visto que «cada gota de jugo de caña de azúcar cuesta sangre y gemidos»[96]. La esclavitud llegó en la estela de lo que los europeos «llaman su civilización»[97], decía Humboldt, y su «ansia de riqueza»[98].

El primer recuerdo de infancia de Jefferson, según se decía, era de un esclavo que le llevaba sobre un cojín[99], y, ya de adulto, su sustento dependía del trabajo de los esclavos. Aunque aseguraba que odiaba el sistema, solo dejó en libertad a un puñado de los 200 que tenía en sus plantaciones de Virginia. En una época anterior, Jefferson había pensado que la agricultura a pequeña escala podría ser la solución para acabar con la esclavitud en Monticello. Cuando todavía estaba en Europa como enviado de Estados Unidos, había conocido a esforzados campesinos alemanes que le habían parecido «absolutamente incorruptibles por el dinero»[100]. Había pensado en establecerlos en su hacienda «mezclados» con los esclavos, en granjas de 20 hectáreas cada uno. En su opinión, esos alemanes industriosos y honrados eran el símbolo del agricultor virtuoso. Los esclavos seguirían siendo propiedad de él, pero sus hijos serían libres y «buenos ciudadanos» gracias a haberse criado en la cercanía de los campesinos alemanes. El plan nunca se hizo realidad y, para cuando le conoció Humboldt, Jefferson había abandonado toda idea de liberar a sus esclavos.

Esclavos trabajando en una plantación

Humboldt, por el contrario, nunca se cansaba de condenar lo que llamaba «el mayor mal»[101]. Durante su visita a Washington no se atrevió a criticar al presidente en persona, pero sí le dijo al arquitecto y amigo de Jefferson, William Thornton, que la esclavitud era una «vergüenza».

Por supuesto, la abolición de la esclavitud reduciría la producción de algodón en el país, dijo, pero el bienestar general no podía medirse «de acuerdo con el valor de sus exportaciones»[102]. La justicia y la libertad eran más importantes que los números y la riqueza de unos pocos.

Que los británicos, franceses y españoles pudieran discutir, como lo hacían, por quién de ellos trataba de forma más humana a sus esclavos era, decía Humboldt, tan absurdo como discutir «si sería más agradable que a uno le rajaran el estómago o que lo azotaran»[103]. La esclavitud era tiranía, y durante sus viajes por Latinoamérica había llenado su diario con descripciones de las desdichadas vidas de los esclavos: el dueño de una plantación les obligaba a comer sus propios excrementos, escribió, y otro torturaba a los suyos con agujas[104]. En todas partes, Humboldt había visto las cicatrices de los latigazos en las espaldas. Y los indígenas no recibían un trato mejor. En las misiones del Orinoco, por ejemplo, había oído contar que secuestraban a niños y los vendían como esclavos. Una historia especialmente horrible era la de un misionero que le había arrancado los testículos de un mordisco al criado que trabajaba en su cocina por besar a una joven[105].

Había excepciones. Mientras atravesaba Venezuela camino del Orinoco, a Humboldt le había impresionado su anfitrión en el lago Valencia, que fomentaba el progreso agrario y el reparto de la riqueza dividiendo su finca en pequeñas granjas[106]. En lugar de dirigir una plantación inmensa, había dado gran parte de su tierra a familias pobres, algunas de esclavos liberados, y otras de campesinos que eran demasiado pobres para ser dueños de nada. Esas familias trabajaban como agricultores independientes; no eran ricos, pero podían vivir del campo. Asimismo, entre Honda y Bogotá, Humboldt había visto pequeñas haciendas en las que padres e hijos trabajaban juntos sin ningún esclavo, plantando caña de azúcar pero también plantas comestibles para su propio consumo. «Me encanta detenerme en estos detalles»[107], decía, porque probaban su argumento.

La institución de la esclavitud era antinatural, porque «lo que va en contra de la naturaleza es injusto, malo y sin validez»[108]. Al contrario que Jefferson, que creía que los negros eran una raza «inferior a los blancos tanto de cuerpo como de mente»[109], Humboldt insistía en que no había razas superiores ni inferiores. Al margen de la nacionalidad, el color o la religión, todos los seres humanos procedían de una misma raíz. Igual que las familias de plantas, explicaba, que se adaptaban de distintas formas a las condiciones geográficas y climáticas pero exhibían las características de «un tipo común»[110], todos los miembros de la raza humana pertenecían a una misma familia. Todos los hombres eran iguales, subrayaba, y ninguna raza estaba por encima de otra, porque «todas están igualmente diseñadas para la libertad»[111].

La naturaleza era la maestra de Humboldt. Y la mayor lección que le había enseñado era la de la libertad. «La naturaleza es el terreno de la libertad»[112], decía, porque su equilibrio estaba basado en la diversidad, que también podía servir de modelo para la verdad política y moral. Todo, desde el musgo o el insecto más humilde hasta los elefantes o los robles gigantescos, tenía su función, y juntos formaban la totalidad. La humanidad no era más que una pequeña parte. La propia naturaleza era una república de la libertad.

Parte III

Regreso: la ordenación de las ideas

9. EUROPA

A finales de junio de 1804, Humboldt partió de Estados Unidos en la fragata francesa *Favorite*[1], y en agosto, pocas semanas antes de su trigésimo quinto aniversario, llegó a París, donde le recibieron como a un héroe. Había estado de viaje más de cinco años y volvía con los baúles llenos de docenas de cuadernos, cientos de dibujos y decenas de miles de anotaciones astronómicas, geológicas y meteorológicas. Llevaba alrededor de 60.000 ejemplares de plantas y 6.000 especies, de las que casi 2.000 eran nuevas para los botánicos europeos: una cifra asombrosa, teniendo en cuenta que a finales del siglo XVIII no se conocían más que aproximadamente 6.000 especies. Humboldt había recogido más, presumía, que ninguna otra persona[2].

«¡Cuánto deseo estar de nuevo en París!»[3], había escrito Humboldt a un científico francés desde Lima casi dos años antes. Pero aquella París era diferente de la ciudad que había visto por última vez en 1798. Humboldt se había ido de una república y ahora volvía a una nación gobernada por un dictador. Después de un golpe de Estado en noviembre de 1799, Napoleón se había proclamado primer cónsul y se había convertido en el hombre más poderoso de Francia. Luego, solo unas semanas antes de la llegada de Humboldt, había anunciado que iba a coronarse como emperador de Francia. El ruido de las herramientas resonaba en las calles a medida que empezaban las obras para plasmar la visión grandiosa de París que tenía Napoleón. «Soy tan nuevo que antes de nada tengo que orientarme»[4], le dijo Humboldt a un viejo amigo. Estaban restaurando la catedral de Notre-Dame para la coronación en diciembre y habían de-

molido las diminutas casas medievales de madera para hacer sitio a espacios
públicos, fuentes y bulevares. Se estaba excavando un canal de 100 kilómetros de longitud para llevar agua potable a París y estaba en construcción el
Quai d'Orsay, para impedir que el Sena se desbordara.

Casi todos los periódicos que había conocido Humboldt habían cerrado o estaban en manos de directores leales al régimen, y las caricaturas
de Napoleón y su reinado estaban prohibidas. El dictador había creado
una nueva Policía Nacional y el Banco de Francia para regular el dinero
en el país. Dirigía un Gobierno centralizado desde París y mantenía un
estricto control sobre todos los aspectos de la vida nacional. Lo único que
parecía no haber cambiado era que la guerra seguía arrasando Europa.

Humboldt a su regreso a Europa

El motivo por el que Humboldt había decidido instalarse en París era
sencillo: ninguna otra ciudad estaba tan empapada de ciencia[5]. No había
otro lugar en Europa en el que se permitiera un pensamiento tan libre.
Con la Revolución francesa, el papel de la Iglesia católica había disminui-

do, y los científicos en Francia ya no estaban sujetos al canon religioso y las creencias ortodoxas. Podían experimentar y especular libres de prejuicios, poner en duda todas las cosas. La razón era la nueva religión, y había dinero para las ciencias. En el Jardin des Plantes, como se denominaba ahora el antiguo Jardin du Roi, se habían construido nuevos invernaderos, y el Muséum national d'Histoire naturelle estaba ampliándose con colecciones de objetos que el ejército de Napoleón había saqueado en toda Europa: herbarios, fósiles, animales disecados y hasta dos elefantes vivos de Holanda[6]. En París, Humboldt podía encontrar a pensadores afines y grabadores, además de sociedades, instituciones y salones científicos. Además, París era el centro editorial de Europa. En resumen, era el lugar perfecto para que Humboldt difundiese sus nuevas ideas al mundo.

La ciudad bullía de actividad. Era una verdadera metrópolis con una población de aproximadamente medio millón de personas, la segunda ciudad más grande de Europa después de Londres[7]. En la década transcurrida desde la revolución, se había sumido en la destrucción y la austeridad, pero ahora volvían a prevalecer la frivolidad y la alegría. A las mujeres se las llamaba *madame* o *mademoiselle* en lugar de *citoyenne*, y se permitió que volvieran a casa decenas de miles de franceses exiliados. Había cafés en todas partes y, desde la revolución, el número de restaurantes había pasado de cien a quinientos. Los extranjeros solían asombrarse al ver cuánto se vivía en las calles. Toda la población parecía vivir en público, «como si las casas se construyeran solo para dormir en ellas»[8], dijo el poeta romántico inglés Robert Southey.

En las orillas del Sena, junto al pequeño apartamento que había alquilado Humboldt en Saint-Germain, cientos de lavanderas con las mangas recogidas frotaban su ropa, observadas por los que cruzaban los numerosos puentes de la ciudad. Las calles estaban llenas de puestos en los que se vendía de todo, desde ostras y uvas hasta muebles. Los zapateros, afiladores y vendedores ambulantes ofrecían sus servicios a gritos. Había actuaciones de animales y de malabaristas, y «filósofos» que daban charlas o realizaban experimentos. En una esquina un anciano tocaba el arpa, y en otra un niño golpeaba la pandereta y un perro caminaba sobre un órgano. Los *grimaciers* retorcían sus rostros en los gestos más espantosos, mientras el olor a castañas asadas se mezclaba con otros aromas menos placenteros[9]. Era, dijo un visitante, como si toda la ciudad estuviera «dedicada exclusivamente al disfrute»[10]. Incluso a medianoche, las calles seguían llenas de músicos, actores y prestidigitadores que entretenían a las masas. La ciudad entera, anotó otro viajero, parecía en «agitación constante»[11].

La vida callejera de París

Lo que extrañaba a los extranjeros era que todas las clases vivían juntas en grandes edificios, desde la vivienda de un duque en la noble primera planta hasta las habitaciones de los criados o los sombrereros en el ático del quinto piso. La educación también parecía traspasar las barreras de clase, porque incluso las chicas que vendían flores o adornos tenían la cabeza enterrada en un libro cuando no había clientes que reclamaran su atención[12]. Las calles estaban adornadas de puestos de libros, y las conversaciones en las mesas que abarrotaban las aceras ante los restaurantes y cafés versaban a menudo sobre belleza y arte o sobre «algún enigmático tema de alta matemática»[13].

Humboldt adoraba París y la erudición que vibraba en sus calles, salones y laboratorios. La Académie des Sciences* era el núcleo de la investi-

_____

* Tras la revolución, la Académie des Sciences se incorporó al Institut National des Sciences et des Arts (Instituto Nacional de Ciencias y Artes). Unos años después, en 1816, volvió a su antiguo nombre y se integró en el Institut de France. Por coherencia, la llamo Académie des Sciences en todo el libro.

gación científica, pero había muchos otros sitios. El anfiteatro de anatomía en la École de Médecine tenía capacidad para mil estudiantes, el observatorio estaba dotado de los mejores instrumentos y el Jardin des Plantes tenía, además del jardín botánico, un zoo, una inmensa colección de objetos de historia natural y una biblioteca. Había miles de cosas que hacer y personas a las que conocer.

El químico de veinticinco años Joseph Louis Gay-Lussac fascinaba al mundo científico con sus audaces ascensiones en globo, que utilizaba para estudiar el magnetismo terrestre a grandes alturas. El 16 de septiembre de 1804, tres semanas después de la llegada de Humboldt, Gay-Lussac llevó a cabo unas observaciones magnéticas y midió las temperaturas y la presión del aire a 7.000 metros, casi 1.000 metros más de la altura que había escalado Humboldt en el Chimborazo[14]. Por supuesto, el naturalista estaba deseando comparar los resultados de Gay-Lussac con los suyos en los Andes. Unos meses después, los dos científicos estaban dando conferencias juntos en la Académie. Se hicieron tan amigos que viajaban juntos e incluso compartieron una pequeña vivienda de dormitorio y estudio en el ático de la École Polytechnique unos años más tarde[15].

Humboldt no encontraba más que teorías nuevas y apasionantes. En el Muséum national d'Histoire naturelle del Jardin des Plantes conoció a los naturalistas Georges Cuvier y Jean-Baptiste Lamarck. Cuvier había convertido el controvertido concepto de las extinciones en un hecho científico mediante el examen de una serie de huesos fósiles, que le había llevado a la conclusión de que no pertenecían a ningún animal existente. Y Lamarck había desarrollado una teoría de la transmutación gradual de las especies que abría la puerta a las ideas de la evolución. El famoso astrónomo y matemático Pierre-Simon Laplace estaba trabajando sobre la formación de la Tierra y el Universo, una labor que influyó en las propias ideas de Humboldt. En París, los sabios estaban rompiendo las barreras del pensamiento científico.

Todos estaban entusiasmados con que Humboldt hubiera regresado sano y salvo. Había pasado tanto tiempo, escribió Goethe a Wilhelm von Humboldt, que parecía como si Alexander se hubiera «levantado de entre los muertos»[16]. Algunos propusieron que le nombraran presidente de la Academia de Ciencias de Berlín, pero él no tenía intención de volver allí. Ni siquiera su familia estaba ya en la ciudad. Con sus padres fallecidos y Wilhelm en Roma, en su puesto de embajador de Prusia ante el Vaticano, no había nada que le empujara a volver a su país.

Un globo de aire caliente sobre París

Para su gran asombro, Humboldt descubrió que la mujer de Wilhelm, Caroline, vivía en París[17]. Estaba embarazada de su sexto hijo y había dejado Roma con dos de los niños para instalarse en París en 1804, después de que su hijo de nueve años hubiera muerto el verano anterior. El matrimonio pensaba que el clima de París, más suave, sentaría mejor a las criaturas, que también padecían fiebres peligrosas, que el calor sofocante de Roma durante el verano. Wilhelm, que no podía abandonar su puesto, acuciaba a su mujer para que le contara todos los detalles de la vuelta de su hermano. ¿Cómo estaba? ¿Qué planes tenía? ¿Había cambiado? Después de su aventura, ¿le miraba la gente como si fuera una «criatura fantástica»[18]?

Tenía muy buen aspecto, contestó Caroline. Las penalidades de sus años de expedición no le habían debilitado; al contrario, Alexander nunca había estado tan sano. Todas sus ascensiones a montañas habían puesto en forma a su cuñado, pensaba Caroline, parecía que en los últimos años no había envejecido nada. Era casi «como si se hubiera ido anteayer»[19]. Sus modales, sus gestos y su actitud eran los mismos de antes, escribió a Wilhelm. La única diferencia era que había engordado un poco y que hablaba todavía más y más deprisa, si es que era posible.

Sin embargo, ni Caroline ni Wilhelm aprobaban el deseo de Alexander de quedarse en Francia. Su deber patriótico era volver a Berlín y vivir allí un tiempo, decían, y le recordaban su *Deutschheit,* su «germanidad»[20]. Cuando Wilhelm escribió que «uno debe honrar a la patria»[21], Alexander prefirió ignorar a su hermano. Justo antes de partir hacia Estados Unidos, había escrito desde Cuba a Wilhelm para decirle que no tenía ningún deseo de volver jamás a Berlín[22]. Cuando Alexander se enteró de que Wilhelm quería que se mudara allí, se limitó a «hacer muecas»[23], contó Caroline. Se lo pasaba muy bien en París. «La fama es mayor que nunca»[24], presumió Humboldt ante su hermano.

Después de su llegada, lo primero que había hecho Bonpland era ir a visitar a su familia en la ciudad portuaria de La Rochelle, en la costa atlántica[25], pero Humboldt y Montúfar, que les había acompañado a Francia, fueron inmediatamente a París. Humboldt se sumergió en su nueva vida en la capital. Quería dar a conocer los resultados de su expedición. Tres semanas después, estaba dando una serie de conferencias sobre sus exploraciones ante un auditorio abarrotado en la Académie des Sciences[26]. Saltaba con tal rapidez de un tema a otro que nadie podía seguirle el paso. Humboldt «reúne una Académie entera dentro de él»[27], declaró un químico francés. Los científicos que escuchaban sus charlas, leían sus manuscritos y examinaban sus colecciones se asombraban al ver cómo un solo hombre podía estar tan familiarizado con tantas disciplinas diferentes. Incluso aquellos que en el pasado habían criticado su talento se mostraban entusiastas, escribió Humboldt con orgullo a Wilhelm[28].

Llevaba a cabo experimentos, escribía sobre su expedición y discutía sus teorías con sus nuevos amigos científicos. Trabajaba tanto que parecía como si «la noche y el día formaran una masa temporal»[29] durante la que trabajaba, dormía y comía, recalcó un visitante estadounidense, «sin ninguna división arbitraria en ella». La única forma de poder abarcar todo era dormir muy poco, y solo si no le quedaba más remedio. Si se despertaba a mitad de noche, se levantaba a trabajar. Si no tenía hambre, no tenía en cuenta las horas de las comidas. Si estaba cansado, bebía más café.

Cuando Humboldt llegaba a un sitio, desataba una actividad frenética. La Agencia de Longitudes francesa usaba sus mediciones geográficas exactas, otros copiaban sus mapas, los grabadores reproducían sus ilustraciones

y el Jardin des Plantes inauguró una exposición con sus ejemplares botánicos[30]. Las muestras de rocas del Chimborazo despertaron una emoción
similar a las que despertarían las rocas traídas de la Luna en el siglo xx.
Humboldt no tenía previsto quedarse con sus especímenes, sino enviarlos
a científicos de toda Europa, porque creía que compartir era el camino para
hacer descubrimientos nuevos y más importantes[31]. Como gesto de gratitud
con su fiel amigo Aimé Bonpland, utilizó sus contactos para asegurarle una
pensión anual del Gobierno francés de tres mil francos[32]. Bonpland, dijo
Humboldt, había contribuido enormemente al éxito de la expedición y
había hecho las descripciones de la mayoría de los ejemplares botánicos.

Aunque Humboldt disfrutaba con los agasajos en París, al mismo tiempo
se sentía extranjero, y temía el primer invierno europeo, de modo que
quizá no resulte extraño que se acercara a un grupo de jóvenes sudamericanos que vivían en la ciudad en aquella época, y a los que seguramente conoció a través de Montúfar[33]. Entre ellos estaba el joven de veintiún
años Simón Bolívar[34], el venezolano que después iba a encabezar las revoluciones en Sudamérica*[35].

Nacido en 1873, Bolívar era hijo de una de las familias criollas más
ricas de Caracas. Su linaje se remontaba a otro Simón de Bolívar que
había llegado a Venezuela a finales del siglo XVI. La familia había pros-
perado desde entonces y poseía varias plantaciones, minas y residencias
elegantes. Bolívar había dejado Caracas después de que su joven esposa
falleciera de fiebre amarilla, a los pocos meses de la boda. Estaba apasio-
nadamente enamorado de ella y, para ahogar su pena, había emprendido
un *grand tour* por Europa. Había llegado a París más o menos a la vez que
Humboldt, y se arrojó a una vida de alcohol, juego, sexo y discusiones
sobre la filosofía de la Ilustración a altas horas de la noche[36]. Moreno, de
largo cabello rizado y bellos dientes blancos (que cuidaba con especial
atención)[37], iba vestido a la última moda. Le encantaba bailar, y las mujeres lo consideraban inmensamente atractivo.

---

* Probablemente fue Carlos Montúfar quien puso a Humboldt en contacto con los
sudamericanos en París, pero Humboldt y Bolívar tenían otros conocidos comunes,
como un amigo de la infancia de Bolívar, Fernando del Toro, hijo del marqués del
Toro, con quien Humboldt había pasado algún tiempo en Venezuela. En Caracas,
Humboldt había conocido también a las hermanas de Bolívar y a su antiguo maestro,
el poeta Andrés Bello.

Cuando Bolívar visitó a Humboldt en su alojamiento[38], que estaba lleno de libros, diarios y dibujos de Sudamérica, descubrió a un hombre que estaba encantado con su país, que no paraba de hablar sobre las riquezas de un continente desconocido para la mayoría de los europeos. Mientras Humboldt hablaba de los grandes rápidos del Orinoco y las majestuosas cumbres de los Andes, de las palmeras gigantescas y las anguilas eléctricas, Bolívar comprendió que ningún europeo había descrito nunca Sudamérica con tanto colorido[39].

También hablaban de política y de revoluciones[40]. Los dos estaban en París ese invierno, cuando Napoleón se coronó emperador. A Bolívar le escandalizó que su héroe se hubiera transformado en un déspota y un «tirano hipócrita»[41]. Pero al mismo tiempo, vio cómo luchaba España para resistir a las ambiciones militares de Napoleón y empezó a pensar lo que ese cambio de poder en Europa podía significar para las colonias españolas. En sus discusiones sobre el futuro de Sudamérica, Humboldt decía que, aunque las colonias estuvieran quizá maduras para una revolución, no había nadie que las dirigiera[42]. Bolívar, en cambio, respondía que el pueblo tendría «tanta fuerza como Dios»[43] cuando decidiera luchar. Estaba empezando a pensar en la posibilidad de una revolución en las colonias.

Ambos tenían un profundo deseo de que España se fuera de Sudamérica. A Humboldt le habían causado gran impresión los ideales de las revoluciones estadounidense y francesa, y era partidario de la emancipación latinoamericana[44]. El concepto de colonia, decía, era inmoral, y un Gobierno colonial era «un Gobierno de desconfianza»[45]. En sus viajes por Sudamérica le había sorprendido ver el entusiasmo de la gente al hablar de George Washington y Benjamin Franklin[46]. Los colonos le habían dicho que la Revolución estadounidense les permitía tener esperanza en su propio futuro, pero, por otra parte, había visto las divisiones raciales que atormentaban a la sociedad en Sudamérica[47].

Durante tres siglos, los españoles habían alimentado en las colonias los recelos entre las distintas razas y clases. Humboldt estaba convencido de que los criollos acomodados preferían estar gobernados por España que compartir el poder con los mestizos, esclavos e indígenas. Lo único que quizá iban a querer, temía, era crear una «república blanca»[48] apoyada en la esclavitud. En su opinión, esas diferencias raciales estaban tan arraigadas en la composición social de las colonias que sus habitantes no estaban preparados para una revolución. Bonpland, por el contrario, lo veía con más claridad y animaba a Bolívar a perseguir sus incipientes ideas[49]; hasta el punto de que Humboldt decía que era un iluso tan grande como el impetuoso joven criollo. Años después, Humboldt recordaría con simpatía los días en los que conoció a Bolívar «como un periodo en el que hacíamos votos por la independencia y la libertad del Nuevo Continente»[50].

Aunque estaba rodeado de gente todo el día, Humboldt mantenía su distancia emocional. Juzgaba a las personas con gran rapidez, demasiada, y con indiscreción, como reconocía él mismo[51]. Sin duda tenía una cierta vena de *Schadenfreude*, y le gustaba denunciar los errores de los demás[52]. Siempre ingenioso, a veces se dejaba llevar e inventaba apodos despectivos o cotilleaba a espaldas de la gente. Al rey de Sicilia, por ejemplo, lo llamaba el «rey de la pasta»[53], y de un ministro prusiano conservador dijo en broma que era «un glaciar» tan helado que le había provocado reuma en el hombro izquierdo[54]. No obstante, detrás de la ambición, la actividad febril y los comentarios afilados de Humboldt, su hermano Wilhelm estaba convencido de que había una gran bondad y una vulnerabilidad que nadie comprendía verdaderamente[55]. Aunque Alexander anhelara la fama y el reconocimiento, le explicaba a Caroline, nunca le harían feliz. Durante sus exploraciones, la naturaleza y el esfuerzo físico le habían dado satisfacción, pero, ahora que estaba de nuevo en Europa, Humboldt volvía a sentirse solo.

Por mucho que estuviera siempre relacionando y asociando todo en el mundo natural, era extrañamente unidimensional en sus relaciones personales. Por ejemplo, cuando Humboldt se enteró de que un buen amigo suyo había fallecido mientras él estaba de viaje, escribió a la viuda una carta llena de filosofía, más que de pésame. En ella, Humboldt hablaba más de las opiniones judías y griegas sobre el concepto de muerte que sobre el difunto marido; además, escribió la carta en francés, pese a saber que ella no lo hablaba[56]. Cuando, pocas semanas después de su llegada a París, la hija de Wilhelm y Caroline, de tres meses de edad, murió después de haberla vacunado contra la viruela —la segunda hija que perdían en poco más de un año—, Caroline cayó en una profunda melancolía. Sola en su pena y con su marido lejos, en Roma, deseaba que su ocupado cuñado le diera algún apoyo emocional, pero sintió que sus expresiones de condolencia eran solo «exhibiciones de sentimientos, y no sentimientos profundos»[57].

Sin embargo, Caroline, a pesar de su propia desgracia, se preocupaba por Humboldt. Este había sobrevivido a su expedición, pero estaba mucho menos capacitado para lidiar con los aspectos más prácticos de la vida diaria. No tenía ni idea, por ejemplo, de hasta qué punto los cinco años de viaje habían menguado su fortuna. Caroline le veía tan ingenuo sobre su situación económica que pidió a Wilhelm que le escribiera una carta en tono serio desde Roma, para explicarle cuánto estaban disminuyendo sus fondos[58]. Luego, en el otoño de 1804, cuando ella se disponía a irse de París y volver a Roma, se encontró con que se resistía a que Alexander se quedara allí. «Dejarle a solas y sin control», escribió a Wilhelm, sería desastroso[59]. «Temblaba al pensar en su paz interior». Al ver su preocupación, Wilhelm le sugirió que se quedara un poco más en París.

Alexander estaba tan inquieto como siempre, dijo Caroline a su marido, constantemente ideando nuevos planes de viaje. Grecia, Italia, España, «todos los países europeos le dan vueltas por la cabeza»[60]. Espoleado por su visita a Filadelfia y Washington ese mismo año, aspiraba también a explorar el continente norteamericano. Quería ir al oeste, escribió a uno de sus nuevos conocidos en Estados Unidos, un plan para el que Thomas Jefferson «sería el hombre perfecto para ayudarme»[61]. Había muchas cosas que ver. «Estoy decidido a conocer Missouri, el círculo polar ártico y Asia —escribió—, y uno tiene que sacar el máximo provecho a su juventud». Ahora bien, antes de partir a una nueva aventura, era el momento de empezar a poner por escrito los resultados de la expedición; pero ¿por dónde empezar?

Humboldt no pensaba en un solo libro. Preveía una serie de extensos volúmenes bellamente ilustrados que, por ejemplo, mostraran las grandes cimas de los Andes, flores exóticas, manuscritos antiguos y ruinas incas. También quería escribir varios libros más especializados, obras de botánica y zoología que describieran las plantas y los animales de Latinoamérica de forma precisa y científica, además de otras sobre astronomía y geografía. Pensaba elaborar un atlas que incluyera sus nuevos mapas con la distribución de las plantas por todo el planeta, la situación de los volcanes y las cordilleras, los ríos, y así sucesivamente. Pero además, Humboldt quería escribir libros más generales y baratos que explicaran su nueva visión de la naturaleza a un público más amplio. Encargó a Bonpland que se ocupara de los libros de botánica, pero todos los demás iba a tener que escribirlos él mismo[62].

Con una mente que trabajaba en todas direcciones, al propio Humboldt le costaba a veces seguir sus reflexiones. Mientras escribía se le ocurrían nuevas ideas que metía en la página como podía, con un pequeño dibujo o unos cálculos anotados al margen. Cuando se le acababa el papel, usaba su enorme mesa, sobre la que grababa y escribía sus ideas. Pronto la mesa entera estaba cubierta de números, frases y palabras, y hubo que llamar a un carpintero para que volviera a lijarla y pulirla[63].

La escritura no le impedía viajar, siempre que fuera por Europa y cerca de los centros de conocimiento científico. Si era necesario, Humboldt podía trabajar en cualquier parte, incluso en el asiento de un coche de caballos, sosteniendo los cuadernos sobre las rodillas y llenando las páginas con su letra casi indescifrable. Quería visitar a Wilhelm en Roma, y ver los Alpes y el Vesubio. En marzo de 1805, siete meses después de llegar a Francia y solo unas semanas después de que Caroline volviera de París, Humboldt y su nuevo amigo, el químico Gay-Lussac, partieron también hacia Italia[64]. El alemán pasaba mucho tiempo en esa época con Gay-Lussac, soltero y de veintiséis años, que pareció sustituir a Carlos Montúfar como amigo preferido de Humboldt cuando Montúfar se fue a vivir a Madrid a principios de ese año*.

Humboldt y Gay-Lussac fueron primero a Lyon y de ahí a Chambéry, una pequeña ciudad en el sureste de Francia desde la que pudieron ver los Alpes que se alzaban en el horizonte. El aire cálido infundía vida a la campiña francesa y las hojas se desplegaban y revestían los árboles con el verde refrescante de una nueva estación. Los pájaros construían sus nidos y los caminos estaban llenos de las flores relucientes de primavera. Los viajeros iban equipados con los mejores instrumentos y paraban de vez en cuando a hacer mediciones meteorológicas, que Humboldt quería comparar con las de Latinoamérica. Desde Chambéry continuaron hacia el sureste y cruzaron los Alpes para entrar en Italia. A Humboldt le encantó volver a estar en las montañas[65].

El último día de abril llegaron a Roma y se alojaron con Wilhelm y Caroline[66]. Desde la llegada de la pareja a Roma, dos años y medio antes,

---

* Montúfar regresó a Sudamérica en 1810 y se unió a los revolucionarios. Le encarcelaron y le ejecutaron en 1816.

su casa se había convertido en lugar de reunión para artistas y pensadores[67]. Cada miércoles y cada domingo, Caroline y Wilhelm celebraban una comida, y por las noches recibían a gran número de invitados. Acudían escultores, arqueólogos y científicos de toda Europa, sin importar que fueran famosos pensadores, aristócratas viajeros o artistas que empezaban. Allí, Humboldt encontró un público ávido de oír sus relatos de la selva y los Andes, pero también artistas que convertían sus bosquejos más sencillos en gloriosas ilustraciones para sus libros. Había organizado una cita con Leopold von Buch, un viejo amigo de su época en la academia de minas de Freiberg, que era uno de los geólogos más respetados de Europa[68]. Tenían previsto investigar juntos el Vesubio y los Alpes.

Humboldt coincidió con más conocidos en Roma. En julio llegó Simón Bolívar, procedente de Francia. Durante el invierno anterior, mientras el frío envolvía París en un manto gris, Bolívar había caído en un profundo desánimo. Simón Rodríguez, su viejo profesor de Caracas, que también estaba en París, le había sugerido una excursión. En abril habían ido en diligencia a Lyon y se habían puesto a andar. Caminaron por campos y bosques, disfrutando del entorno rural. Hablaron, cantaron y leyeron. Poco a poco, Bolívar limpió su cuerpo y su mente de distracciones de los meses anteriores. Bolívar había disfrutado toda su vida del aire libre, y ahora volvió a sentirse revigorizado por el aire fresco, el ejercicio y la naturaleza. Cuando vio los Alpes en el horizonte, Bolívar recordó los salvajes paisajes de su juventud, las montañas entre las que se extendía Caracas. Los recuerdos de su país llenaron su mente. En mayo cruzó los Alpes de Saboya y caminó hasta Roma[69].

En esta ciudad, Bolívar y Humboldt volvieron a hablar sobre Sudamérica y las revoluciones. Aunque Humboldt confiaba en que las colonias españolas obtuvieran su libertad, en ningún momento de su estancia en París, ni luego en Roma, pensó que Bolívar podía ser su líder. Cuando este se deshacía en argumentos entusiastas sobre la liberación de su pueblo, su amigo no veía más que a un joven de brillante imaginación, «un soñador»[70], decía, y un hombre que era aún demasiado inmaduro. Humboldt no estaba convencido, pero, como contó después un amigo de los dos, fueron su «gran sabiduría y su enorme prudencia»[71] las que ayudaron a Bolívar en una época en la que todavía era joven y apasionado. A Leopold von Buch, el amigo de Humboldt —un hombre famoso por sus conocimientos geológicos, pero también por su comportamiento brusco y antisocial— le irritó el hecho de que la política monopolizara lo que él había pensado que iba a ser un encuentro de mentes científicas. Se apresuró a descartar a Bolívar y a considerarle un «fabulista»[72] lleno de ideas incendiarias. Por eso se sintió aliviado el 16 de julio al dejar Roma para dirigirse a Nápoles y el Vesubio, con Humboldt y Gay-Lussac, pero sin Bolívar.

Una erupción del Vesubio

El momento no podía ser más oportuno. Un mes después, la noche del 12 de agosto, mientras Humboldt deleitaba a un grupo de alemanes de visita en Nápoles con historias del Orinoco y los Andes, el Vesubio hizo erupción delante de sus ojos[73]. Le pareció una suerte increíble. Como dijo un científico, era un «cumplido que decidió hacerle el Vesubio a Humboldt»[74]. Desde el balcón de la casa de su anfitrión, el naturalista vio la lava reluciente que bajaba serpenteando por la montaña, destruyendo viñedos, pueblos y bosques. Nápoles quedó sumergida en una luz sobrenatural. Al cabo de unos minutos, Humboldt estaba listo para ir a caballo hasta el volcán, a observar la erupción lo más de cerca posible. En los días siguientes, subió al Vesubio seis veces. Era muy impresionante, escribió a Bonpland, pero nada en comparación con Sudamérica. El Vesubio era, en comparación con el Cotopaxi, como «un asteroide al lado de Saturno»[75].

Mientras tanto, en Roma, en un día especialmente caluroso de mediados de agosto, Bolívar, Rodríguez y otro amigo sudamericano subieron andando a la cima de la colina del Monte Sacro[76]. Allí, con la ciudad a sus pies, Rodríguez contó la historia de los plebeyos en la antigua Roma que, en esa misma colina, habían amenazado con escindirse de la República en protesta contra el poder de los patricios. Al oírlo, Bolívar cayó de rodillas, agarró la mano de Rodríguez y prometió liberar Venezuela. No pararía, declaró, hasta «romper los grilletes»[77]. Fue un momento trascendental para Bolívar; a partir de él, la libertad de su país fue el referente de su vida. Dos años después, al llegar a Caracas, había dejado de ser el dandi juerguista para convertirse en un hombre impulsado por las ideas de revolución y libertad. Estaban germinando las semillas de la liberación de Sudamérica.

Cuando Humboldt volvió a Roma, a finales de agosto, Bolívar ya se había marchado. Incapaz de estar quieto, Humboldt también quería irse y decidió atravesar Europa hasta Berlín. Viajó con rapidez hacia el norte, con breves paradas en Florencia, Bolonia y Milán. No pudo ir a Viena, como pensaba, porque seguía acompañándole Gay-Lussac y, con Austria y Francia en guerra, habría sido demasiado peligroso para el francés. Las ciencias, se lamentó Humboldt, ya no proporcionaban suficiente protección en un clima tan inestable.

Al final, la decisión de Humboldt de no ir a Viena fue prudente, porque el ejército francés había cruzado el Rin y avanzaba por Suabia para tomar la ciudad, cosa que ocurrió a mediados de noviembre. Tres semanas más tarde, Napoleón derrotó a los austriacos y los rusos en la batalla de Austerlitz (hoy Slavkov u Brna, en la República Checa). La victoria decisiva de Napoleón fue el final del Sacro Imperio Romano y de la Europa que había existido hasta entonces.

10. BERLÍN

En un intento desesperado de evitar los campos de batalla, Humboldt alteró su ruta a Berlín[1]. Fue por el lago Como, en el norte de Italia, donde conoció a Alessandro Volta, un científico italiano que acababa de inventar la batería eléctrica. Después atravesó los Alpes en medio de feroces tormentas invernales. La lluvia, la nieve y el granizo caían con fuerza; Humboldt estaba en su elemento. Mientras recorría los estados alemanes hacia el norte, aprovechó para visitar a viejos amigos y a su antiguo profesor, Johann Friedrich Blumenbach, en Gotinga. El 16 de noviembre de 1805, cuando llevaba más de un año en Europa, Alexander von Humboldt llegó a Berlín con Gay-Lussac. Después de París y Roma, Berlín le pareció provinciana, y la campiña de alrededor, plana y aburrida[2]. Para ser un hombre que disfrutaba con el calor y la humedad de la selva, había escogido el peor momento del año para llegar. En Berlín hacía un frío helador durante los primeros meses de invierno. Al cabo de unas semanas, Humboldt estaba enfermo, cubierto por una erupción similar al sarampión y debilitado por una fuerte fiebre. El tiempo, escribió a Goethe a principios de febrero de 1806, era insoportable. Él era más bien de una «naturaleza tropical»[3], dijo, y ya no aguantaba el clima frío y húmedo del norte de Alemania.

Nada más llegar, ya estaba dispuesto a marcharse. ¿Cómo iba a trabajar y a encontrar a científicos similares allí? Ni siquiera había una universidad, y sentía que el suelo, dijo, estaba «ardiendo bajo mis pies»[4]. El rey Federico Guillermo III estaba encantado de tener de vuelta al prusiano más famoso. Célebre en toda Europa por sus audaces exploraciones, Humboldt sería un gran adorno para la corte, y el rey le concedió una generosa pensión anual de 2.500 táleros sin absolutamente ninguna obligación a cambio[5]. Era una suma importante en una época en la que los artesanos cualificados como los carpinteros y los ebanistas ganaban menos de 200 táleros anuales, pero quizá no en comparación con los 13.400 táleros que ganaba su hermano Wilhelm como embajador[6]. Además, el rey nombró a Humboldt chambelán, asimismo sin aparentes condiciones. El naturalista, que había gastado gran parte de su herencia, necesitaba el dinero, pero, al mismo tiempo, las atenciones del rey le parecían «casi opresivas»[7].

Federico Guillermo III, un hombre adusto y frugal, no era un gobernante que inspirase demasiado. No era un hedonista ni un amante del arte como su padre, Federico Guillermo II, y también carecía de la brillantez militar y científica de su tío abuelo, Federico el Grande. Lo que a él le fascinaba eran los relojes y los uniformes, hasta el punto de que se atribuía a Napoleón el comentario de que Federico Guillermo debería haber sido sastre porque «siempre sabe cuántas varas de tela se necesitan para el uniforme de un soldado»[8].

Abochornado por los vínculos que le iban a unir a partir de entonces a la corte, Humboldt pidió a sus amigos que mantuvieran el nombramiento real en secreto[9]. Y quizá hizo bien, porque algunos se escandalizaron al ver a Humboldt, que parecía tan independiente y partidario de la revolución, humillarse ante el rey. Su amigo Leopold von Buch se quejó de que ahora pasaba más tiempo en la corte que los propios cortesanos. En lugar de dedicarse a sus estudios científicos, decía, Humboldt estaba inmerso en los chismes de palacio[10]. La acusación era algo injusta, porque Humboldt estaba mucho más concentrado en los asuntos científicos que en los cortesanos. Aunque tenía que acudir periódicamente a la corte, también tenía tiempo de dar conferencias en la Academia de Ciencias de Berlín, escribir y seguir con las observaciones de magnetismo comparado que había iniciado en Sudamérica.

Un viejo conocido de la familia, rico dueño de una destilería, le ofreció su casa de campo para que viviera en ella[11]. La finca bordeaba el río Spree, y estaba a unos centenares de metros al norte del famoso bulevar Unter den Linden. La casita era sencilla pero perfecta, le permitía a Humboldt ahorrar dinero y concentrarse en sus observaciones magnéticas. Construyó en el jardín un pequeño cobertizo con ese fin y, para no alterar las mediciones, ordenó que lo hicieran sin un solo clavo ni pieza de hierro[12]. En una ocasión, un colega y él pasaron varios días haciendo mediciones con los instrumentos cada media hora —día y noche—, sin dormir más que a ratos entre una y otra. El experimento produjo 6.000 datos pero les dejó agotados.

El 12 de abril de 1806, después de todo un año en compañía de Humboldt, Joseph Gay-Lussac regresó a París[13]. Humboldt se sentía triste y solo en Berlín, y unos días después escribió a un amigo diciéndole que vivía «aislado y como un extraño»[14]. Prusia le parecía un país extranjero. Además, le preocupaban sus publicaciones de botánica, de las que se había hecho responsable Bonpland. Eran libros especializados para científicos, sobre las colecciones de plantas que habían obtenido en Latinoamérica. La tarea era más apropiada para Bonpland, que era botánico de formación, pero este hacía todo lo posible para no llevarla a cabo. Nunca le había gustado el laborioso trabajo de describir los especímenes ni escribir, y prefería infinitamente la riqueza de la selva al tedio de su escritorio[15]. Frustrado con la lentitud, Humboldt le presionaba una y otra vez para que trabajase más deprisa. Cuando Bonpland, por fin, envió varias pruebas de páginas a Berlín, el meticuloso Humboldt se irritó con todos los errores. Bonpland se tomaba la precisión de forma demasiado relajada, pensó Humboldt, «en particular las descripciones en latín y los números»[16].

Bonpland se negaba a que le metieran prisa y, cuando anunció su intención de dejar París para irse a otra exploración, Humboldt se desesperó. Había dado sus ejemplares a coleccionistas de toda Europa, y además estaba ocupado con los demás proyectos de libros, por lo que necesitaba que Bonpland se concentrara en la botánica. Estaba perdiendo poco a poco la paciencia. Pero no podía hacer gran cosa, aparte de seguir bombardeando a su viejo amigo con cartas, una mezcla de adulación, gruñidos y ruegos.

Él había sido más diligente y había terminado ya el primero de los treinta y cuatro volúmenes que acabaría por tener el *Viaje a las regiones equinocciales del Nuevo Continente.* El libro se titulaba *Ensayo sobre la geografía de las plantas,* y se publicó en francés y alemán. Incluía el magnífico dibujo de su *Naturgemälde* —la visualización de la idea que había concebido en Sudamérica de una naturaleza compuesta de conexiones y unidad—. El texto principal del libro era fundamentalmente una explicación del dibujo, como un comentario o un gigantesco pie de foto. «Escribí la mayor parte de esta obra en presencia de los objetos que iba a describir, al pie del Chimborazo, en las costas del mar del Sur»[17], escribió Humboldt en el prefacio al libro.

El grabado, de 90 por 60 centímetros y coloreado a mano, era un gran desplegable que mostraba la correlación entre las zonas climáticas y las plantas en función de la latitud y la altitud. Estaba basado en el dibujo que había hecho Humboldt después de subir al Chimborazo. Humboldt se disponía a presentar al mundo una forma totalmente nueva de observar las plantas y había decidido hacerlo con un dibujo. El *Naturgemälde* mostraba el Chimborazo en una sección transversal y la distribución de las plantas desde el valle hasta la línea de nieve. En el cielo, junto a la montaña, estaban escritas las alturas de otras montañas para comparar: Mont Blanc, Vesubio, Cotopaxi, así como la altura a la que había llegado Gay-Lussac durante sus ascensos en globo en París. Humboldt incluía también la altura hasta la que Bonpland, Montúfar y él habían llegado en el Chimborazo, y no se había resistido a enumerar, debajo de su marca, la que habían conseguido La Condamine y Bouguer en la década de 1730. A izquierda y derecha de la montaña había varias columnas con datos comparados sobre gravedad, temperatura, composición química del aire y punto de ebullición del agua, entre otros, todos ordenados en función de la altura. Todo estaba puesto en perspectiva y comparado.

Humboldt empleaba este nuevo método visual para capturar la imaginación de sus lectores, explicó a un amigo, porque «a todos les gusta ver»[18]. El *Ensayo sobre la geografía de las plantas* examinaba el mundo vegetal en un contexto más amplio y veía la naturaleza como una relación holística entre fenómenos, representados, decía, con «brocha gorda»[19]. Fue el primer libro ecologista del mundo.

En siglos anteriores, la botánica había estado dominada por el concepto de clasificación. Las plantas solían ordenarse según su relación con el ser humano, a veces según sus diferentes usos —medicinales, ornamentales— o en función del olor, el gusto y si eran comestibles o no. En el siglo xvii, durante la revolución científica, los botánicos habían tratado de agrupar las plantas de forma más racional, basándose en sus diferencias y similitudes estructurales: semillas, hojas, flores, etcétera. Estaban poniendo orden en la naturaleza. En la primera mitad del siglo xviii, el botánico sueco Carl Linneo había revolucionado ese concepto con su idea de un sistema supuestamente sexual, y clasificó el mundo de las plantas con floración de acuerdo con el número de órganos reproductivos:

los pistilos y los estambres. A finales del XVIII, otros sistemas de clasificación se habían popularizado más, pero los botánicos habían seguido aferrados a la idea de que la taxonomía era la regla suprema de su disciplina.

El *Ensayo sobre la geografía de las plantas* de Humboldt promovía una interpretación completamente distinta de la naturaleza. Sus viajes le habían dado una perspectiva peculiar; en ningún sitio como en Sudamérica, decía, indicaba la naturaleza de forma más convincente su «vínculo natural»[20]. Partiendo de ideas que había desarrollado en los años anteriores, las trasladó a un concepto más amplio. Por ejemplo, tomó la teoría de las fuerzas vitales de su antiguo profesor Johann Friedrich Blumenbach —que declaraba que toda la materia viva era un organismo de fuerzas interconectadas— y lo aplicó a la naturaleza en su conjunto. En lugar de observar solo un organismo, como hacía Blumenbach, Humboldt presentaba ahora relaciones entre plantas, cima y geografía. Las plantas estaban agrupadas en zonas y regiones, y no en unidades taxonómicas. En el *Ensayo*, Humboldt explicaba la idea de las zonas de vegetación —«largas franjas»[21], las llamaba él— que estaban repartidas por el planeta[22*]. Proporcionó a la ciencia occidental una lente nueva a través de la cual ver el mundo natural.

En el *Ensayo*, Humboldt acompañaba su *Naturgemälde* de más detalles y explicaciones y había añadido página tras página de tablas, estadísticas y fuentes. Humboldt trenzaba el mundo físico, biológico y cultural, y mostraba una imagen de modelos globales.

Durante miles de años, los cultivos, cereales, hortalizas y frutas habían seguido los pasos de la humanidad. Cuando los seres humanos cruzaban continentes y océanos, llevaban plantas consigo y así habían cambiado la faz de la tierra. La agricultura vinculaba las plantas a la política y la economía[23]. Se habían emprendido guerras por plantas, y muchos imperios dependían del té, el azúcar y el tabaco[24]. Algunas plantas decían tantas cosas sobre la humanidad como sobre la naturaleza, mientras que otras le permitían comprender la geología, porque revelaban cómo se habían movido los continentes. Las semejanzas de las plantas costeras, escribió Humboldt, mostraban una conexión «antigua» entre África y Sudamérica[25] y eran

---

* En el *Ensayo*, Humboldt explicaba la distribución de las plantas con gran detalle. Comparaba las coníferas de grandes alturas en México con las de Canadá; comparaba los robles, los pinos y los arbustos de flor en los Andes con los de las «tierras septentrionales». También escribió sobre un musgo que crecía en las orillas del río Magdalena y era similar a otro de Noruega.

pruebas de que islas que antes estaban unidas ahora estaban separadas, una conclusión increíble cuando faltaba más de un siglo para que los científicos empezaran siquiera a discutir los movimientos continentales y la teoría de las placas tectónicas[26]. Humboldt «leía» las plantas como otros leían libros, y opinaba que lo que revelaban era una fuerza global por debajo de la naturaleza, los movimientos de las civilizaciones además de las masas continentales. Nadie había abordado jamás la botánica de esta forma.

Con las inesperadas analogías que presentaba su grabado del *Naturgemälde*[27], el *Ensayo* reveló una red de vida antes invisible. La base del pensamiento de Humboldt era la conexión. La naturaleza era «una reflexión de la totalidad»[28], y los científicos tenían que considerar la flora, la fauna y los estratos rocosos desde una perspectiva global. En caso contrario, continuaba, serían como esos geólogos que concebían el mundo entero «con arreglo a la forma de las colinas más próximas»[29]. Los científicos tenían que salir de sus buhardillas y viajar por el mundo.

Igual de revolucionario era el deseo de Humboldt de dirigirse a «nuestra imaginación y nuestro espíritu»[30], un aspecto subrayado en la introducción a la edición alemana[31], en la que se refería a la filosofía de la naturaleza de Friedrich Schelling, la *Naturphilosophie*[32]. En 1798, a los veintitrés años, Schelling había empezado a trabajar como profesor de filosofía en la Universidad de Jena y se había incorporado enseguida al círculo de amistades de Goethe. Su llamada «filosofía de la naturaleza» se convirtió en la base teórica del Idealismo y el Romanticismo alemanes. Schelling proclamaba «la necesidad de captar la naturaleza en su unidad»[33]. Rechazaba la idea de un abismo insalvable entre lo interno y lo externo, entre el mundo subjetivo del yo y el mundo objetivo de la naturaleza. Por el contrario, Schelling destacaba la fuerza vital que conectaba la naturaleza con el hombre y aseguraba que existía un vínculo orgánico entre el yo y la naturaleza. «Yo soy uno con la naturaleza»[34], decía, una afirmación que preparó el terreno para la convicción de los románticos de que podían encontrarse a sí mismos en la naturaleza silvestre. Para Humboldt, que pensaba que no había sido verdaderamente persona hasta que fue a Sudamérica, este era un concepto muy atractivo.

La referencia de Humboldt a Schelling mostraba también cuánto había cambiado él en la última década. Subrayar la importancia de las ideas del filósofo era introducir un nuevo aspecto en la ciencia. Sin apartarse por completo del método racional que había constituido la bandera de los pensadores de la Ilustración, Humboldt acababa de abrir discretamente la puerta a la subjetividad. Humboldt, el antiguo «príncipe del empirismo»[35], como escribió un amigo a Schelling, había sufrido una transformación. Cuando muchos decían que la *Naturphilosophie* era incompatible con la investigación empírica y el método científico, Humboldt insistía en que el pensamiento de la Ilustración y Schelling no eran «polos en disputa»[36]. Muy al contrario: el énfasis de Schelling en la unidad era similar a la interpretación que hacía Humboldt de la naturaleza.

Schelling sugería que el concepto de «organismo» debía ser el fundamento para entender la naturaleza. En lugar de considerarla un sistema mecánico, había que entenderla como un organismo vivo. La diferencia era como la existente entre un reloj y un animal. Mientras que un reloj estaba formado por piezas que podían desmontarse y volverse a montar, con un animal no se podía; la naturaleza era un conjunto unido, un organismo en el que las partes solo funcionaban relacionadas entre sí[37]. En una carta a Schelling, Humboldt escribió que, en su opinión, esta era toda una «revolución» en las ciencias[38], un abandono de «la árida recopilación de datos»[39] y el «crudo empirismo».

El primero que le había inspirado esas ideas era Goethe. Humboldt no olvidaba cuánto había influido en él su estancia en Jena y cómo habían inspirado su pensamiento las ideas de la naturaleza de Goethe. El hecho de que la naturaleza y la imaginación estuvieran estrechamente relacionadas en sus libros era resultado de «la influencia de tu trabajo sobre mí»[40], le dijo más tarde a Goethe. En agradecimiento, Humboldt dedicó el *Ensayo sobre la geografía de las plantas* a su viejo amigo. El frontispicio del *Ensayo* mostraba a Apolo, el dios de la poesía, mientras levantaba un velo que cubría a la diosa de la naturaleza. La poesía era necesaria para comprender los misterios del mundo natural. Para devolverle el favor, Goethe hizo que Ottilie, una de las protagonistas de su novela *Las afinidades electivas,* dijera: «Cuánto me agradaría oír hablar una vez a Humboldt»[41].

Goethe «devoró» el *Ensayo* cuando lo recibió en marzo de 1807[42], y lo releyó varias veces en días sucesivos[43]. El nuevo concepto de Humboldt era tan revelador que Goethe estaba impaciente por hablar de él[44*]. Se sintió

---

* El único inconveniente que alegaba Goethe era que no le habían entregado el importantísimo dibujo —el *Naturgemälde*— con su ejemplar del libro. Decidió pintar uno por su cuenta y se lo envió a Humboldt, «medio en broma, medio en serio». Estaba tan emocionado cuando llegó por fin el *Naturgemälde* desaparecido, siete

tan inspirado que, dos semanas después, pronunció en Jena una conferencia sobre botánica basada en el *Ensayo*[45]. «Con una brisa estética»[46], escribió, Humboldt había convertido la ciencia en «una brillante llama».

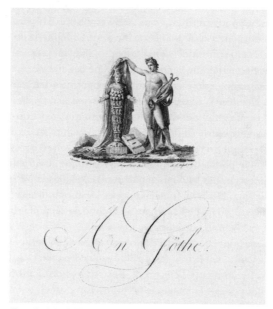

Frontispicio del Ensayo sobre la geografía de las plantas *de Humboldt, con su dedicatoria a Goethe*

Cuando se publicó el ensayo en Alemania[47], a principios de 1807, los planes de Humboldt de volver a París se habían desbaratado. La política y la guerra habían vuelto a entrometerse. Durante más de diez años, desde la Paz de Basilea en abril de 1795, Prusia se había mantenido apartada de las guerras napoleónicas, y el rey Federico Guillermo III había sido obstinadamente neutral en el tira y afloja que estaba dividiendo Europa. Esta decisión les había parecido a muchos una muestra de debilidad, y no le había granjeado al rey ninguna popularidad entre las naciones europeas que luchaban contra Francia. Tras la batalla de Austerlitz,

semanas después, que se lo llevó de vacaciones para colgarlo en la pared y poder mirarlo todo el tiempo.

en diciembre de 1805, que había provocado la caída del Sacro Imperio Romano, Napoleón había creado la llamada Confederación del Rin, en el verano de 1806. Era una alianza de 16 estados alemanes, con Napoleón de «protector», que servía casi de muro de contención entre Francia y Europa central, pero a Prusia —que no formaba parte de la Confederación— le preocupaba cada vez más la intromisión francesa en su territorio. Entonces, en octubre de 1806, después de varias escaramuzas y provocaciones francesas en la frontera, los prusianos se encontraron inmersos en una guerra contra Francia y sin aliados que los apoyaran. Fue un paso desastroso.

El 14 de octubre, las tropas de Napoleón aniquilaron al ejército prusiano en dos batallas, en Jena y Auerstädt. En un solo día, el país quedó reducido a la mitad. Derrotada Prusia, Napoleón llegó a Berlín dos semanas después. En julio de 1807, los prusianos firmaron el Tratado de Tilsit, que concedía a Francia el territorio al oeste del río Elba y partes de los territorios orientales. Algunas de esas tierras se incorporaron a Francia, pero Napoleón creó también varios estados nuevos, independientes solo en teoría, como el reino de Westfalia, gobernado por su hermano y sometido a Francia.

La Puerta de Brandeburgo, por la que Napoleón hizo su entrada triunfal en Berlín en 1806, después de la batalla de Jena-Auerstädt

Prusia había dejado de ser una gran potencia europea. Las enormes indemnizaciones impuestas por Francia en el Tratado de Tilsit congelaron la economía prusiana. Y, con la reducción del territorio, perdió también la mayoría de sus centros educativos, incluida su universidad más grande y más famosa, en Halle, que ahora formaba parte del nuevo reino de Westfalia. En Prusia no quedaban más que dos universidades[48]: la de Königsberg, que, con la muerte de Immanuel Kant en 1804, se había quedado sin su único profesor famoso, y la provinciana institución Viadrina, en Frankfurt an der Oder, Brandeburgo, en la que Humboldt había estudiado un semestre cuando tenía dieciocho años.

Humboldt se sentía «enterrado en las ruinas de una patria infeliz»[49], escribió a un amigo. «¿Por qué no me quedé en la selva del Orinoco o en las cumbres de los Andes?»[50]. Para paliar su tristeza, se dedicó a escribir. En su casita de campo de Berlín, rodeado por montones de notas, sus diarios de Latinoamérica y libros, Humboldt trabajaba en varios manuscritos a la vez. Pero el que más le ayudó a superar este periodo tan difícil fue *Cuadros de la naturaleza*.

Este sería uno de sus libros más leídos, una obra famosísima que acabaría por publicarse en once idiomas[51]. Con *Cuadros de la naturaleza*, Humboldt creó un género totalmente nuevo, un libro que combinaba una prosa llena de vida y ricas descripciones de paisajes con observaciones científicas, y estableció un modelo para gran parte de los escritos actuales sobre la naturaleza. De todos los libros que escribió, este fue siempre su favorito[52].

En *Cuadros de la naturaleza*, Humboldt evocaba la callada soledad de las cumbres andinas y la fertilidad de la selva, así como la magia de una lluvia de meteoritos y el truculento espectáculo de la captura de las anguilas eléctricas en los Llanos. Escribía sobre el «vientre iluminado de la tierra»[53] y sobre orillas «engalanadas» de ríos. Un desierto se convertía en «un mar de arena», las hojas se desplegaban «para saludar al sol naciente», y los monos llenaban la jungla de «aullidos melancólicos». En las brumas sobre los rápidos del Orinoco, los arcoíris bailaban en un juego del escondite; lo llamaba «magia óptica». Humboldt creaba viñetas poéticas en las que escribía sobre extraños insectos que «derramaban su luz roja de fósforo sobre el suelo cubierto de hierba, que se iluminaba con una llamarada como si el firmamento se hubiera precipitado a la tierra»[54].

Era un libro científico que no se avergonzaba del lirismo. Para Humboldt, la prosa era tan importante como el contenido, e insistió en que su editor no le cambiara ni una sílaba porque se destruiría la «melodía» de sus frases[55]. El lector normal podía prescindir de las explicaciones científicas más detalladas —que ocupaban una gran parte del libro—, porque Humboldt las había metido en las notas al final de cada capítulo[56*].

En *Cuadros de la naturaleza*, Humboldt demostró la influencia que podía tener la naturaleza en la imaginación humana. La naturaleza, escribió, establecía una comunicación misteriosa con nuestros «sentimientos más íntimos»[57]. Un cielo azul, por ejemplo, desata emociones distintas que un pesado manto de nubes oscuras. El escenario tropical, lleno de bananos y palmeras, ejerce un efecto distinto que un bosque abierto, con esbeltos abedules blancos. Lo que hoy podemos dar por descontado —que existe una relación entre el mundo externo y nuestro estado de ánimo—, para los lectores de Humboldt fue una revelación. Los poetas habían planteado ideas así, pero nunca un científico.

Cuadros de la naturaleza volvía a describirla como un entramado de vida[58] en el que las plantas y los animales dependían unos de otros, un mundo rebosante de vitalidad. Humboldt subrayaba «las conexiones internas de las fuerzas naturales»[59]. Comparaba los desiertos de África con los Llanos de Venezuela y los páramos del norte de Europa: paisajes muy distantes unos de otros pero unidos en «una sola imagen de la naturaleza»[60]. Con este libro hizo más amplias las lecciones que había comenzado con su esbozo después de ascender al Chimborazo, el *Naturgemälde*. El concepto de *Naturgemälde* se convirtió en el método de Humboldt para explicar su nueva teoría. Dejó de ser un mero dibujo para ser también un texto en prosa, como *Cuadros de la naturaleza*, una charla científica o un concepto filosófico.

Cuadros de la naturaleza fue un libro escrito con el telón de fondo de la desesperada situación política de Prusia y en un periodo en el que Humboldt se sentía desgraciado y atrapado en Berlín[61]. En él, invitaba a sus lectores a «seguirme de buen grado al corazón de la selva, las estepas inconmensurables y las cimas de la cordillera de los Andes... ¡En las mon-

---

* Estas notas, no obstante, eran auténticas joyas: algunas eran pequeños ensayos, otras, fragmentos de ideas o pistas sobre futuros descubrimientos. Por ejemplo, en este libro, Humboldt habló de las ideas sobre la evolución mucho antes de que Darwin publicara *El origen de las especies*.

tañas está la libertad!»[62], y los transportaba a un mundo mágico, lejos de la guerra y «las tempestades de la vida»[63].

Esta nueva forma de escribir sobre ciencia era tan seductora, le dijo Goethe a Humboldt, «que me he sumergido contigo en las regiones más salvajes»[64]. Otro conocido suyo, el escritor francés François-René de Chateaubriand, pensó que su estilo era tan extraordinario que «uno cree que está surcando las olas con él, perdiéndose con él en las profundidades de los bosques»[65]. *Cuadros de la naturaleza* iba a inspirar a varias generaciones de científicos y poetas. Henry David Thoreau lo leyó[66], igual que Ralph Waldo Emerson, que declaró que Humboldt había limpiado «este cielo lleno de telarañas»[67]. Y Charles Darwin pidió a su hermano que enviara un ejemplar a Uruguay, para que él pudiera recogerlo cuando el *Beagle* hiciera escala allí[68]. Más adelante, en la segunda mitad del XIX, el escritor de ciencia ficción Julio Verne utilizó las descripciones de Humboldt sobre Sudamérica para su serie de *Viajes extraordinarios,* incluso a menudo con citas textuales en sus diálogos[69]. *El soberbio Orinoco* es un homenaje a Humboldt, y, en *Los hijos del capitán Grant,* un explorador francés asegura que no tiene sentido subir al Teide cuando Humboldt ya ha estado allí: «¿Qué podría hacer yo —dice monsieur Paganel— después de aquel gran hombre?»[70]. No es extraño que en su famoso *Veinte mil leguas de viaje submarino* se diga que el capitán Nemo posee las obras completas de Humboldt[71].

Inmovilizado en Berlín, Humboldt seguía soñando con aventuras. Quería huir de una ciudad que, según él, estaba adornada no de conocimientos sino solo de «prósperos campos de patatas»[72]. En el invierno de 1807, la política, por una vez, le facilitó las cosas. Federico Guillermo III le pidió que acompañara a París a una misión de paz prusiana. El rey iba a enviar a su hermano menor, el príncipe Guillermo, para renegociar las cargas financieras impuestas por los franceses en el Tratado de Tilsit. El príncipe necesitaría a alguien que conociera a personas en puestos de poder y pudiera abrirle las puertas para las negociaciones diplomáticas, y Humboldt, con sus conexiones en la ciudad, era el candidato perfecto.

Él aceptó encantado y salió de Berlín a mediados de noviembre de 1807. En París hizo todo lo que pudo, pero Napoleón no estaba dispuesto a hacer concesiones. Cuando el príncipe Guillermo regresó a Prusia tras varios meses de negociaciones fallidas, lo hizo sin Humboldt, que había decidido quedarse en París. Se había preparado ya de antemano y se había llevado todas sus notas y sus manuscritos. En medio de una guerra en la que Prusia y Francia eran enemigos encarnizados, Humboldt despreció la política y el patriotismo e hizo de París su hogar. Sus amigos prusianos estaban horrorizados, igual que su hermano Wilhelm, que no podía entender su decisión. «No me parece bien que Alexander se quede a vivir en París»[73], le dijo a Caroline, porque le pareció antipatriótico y egoísta.

No pareció que a Humboldt le importara. Escribió a Federico Guillermo III para decirle que la ausencia de científicos, artistas y editores en Berlín le impedía trabajar y publicar las conclusiones de sus viajes[74]. Curiosamente, le autorizaron a permanecer en París y seguir cobrando su sueldo como chambelán del rey prusiano. No regresaría a Berlín hasta quince años después.

11. PARÍS

En París, Humboldt retomó enseguida sus viejas costumbres de dormir poco y trabajar a un ritmo salvaje. Vivía atormentado por la sensación de no ser suficientemente rápido[1], según escribió a Goethe. Escribía tantos libros al mismo tiempo que muchas veces no cumplía los plazos estipulados. Humboldt empezó a dar a sus editores excusas desesperadas, desde que estaba quedándose sin dinero para pagar a los grabadores que debían ilustrar sus libros hasta que sufría de «melancolía» e incluso «dolorosos incidentes hemorroidales»[2]. Los ensayos de botánica también se retrasaron, porque Bonpland se había convertido en jardinero jefe de la esposa de Napoleón, Josefina, en Malmaison, su casa de campo a las afueras de París. Tardaba tanto en escribir que, cuando le costó ocho meses redactar la mera descripción de diez plantas, Humboldt se quejó de que «cualquier botánico en Europa podría hacerlo en dos semanas»[3].

En enero de 1810, poco más de dos años después de su vuelta a Francia, Humboldt terminó por fin la primera entrega de *Vistas de las cordilleras y monumentos de los pueblos indígenas de América*[4]. Era su publicación más opulenta, una gran edición en folio de sesenta y nueve maravillosas láminas del Chimborazo, otros volcanes, manuscritos aztecas y calendarios mexicanos, entre otras cosas. Cada lámina iba acompañada de varias páginas de texto que explicaban el trasfondo, pero los asombrosos grabados eran el elemento principal. Era una celebración de Latinoamérica a través de su mundo natural, sus antiguas civilizaciones y su gente. «La naturaleza y el arte están estrechamente unidos en mi trabajo»[5], explicó Humboldt en una nota cuando envió el libro con un mensajero prusiano a Goethe, a Weimar, el 3 de enero de 1810[6]. Cuando este los recibió, una semana después, lo leyó sin poder soltarlo. Durante varias noches, por tarde que llegara a su casa, Goethe se dedicó a leer *Vistas de las cordilleras* para entrar en el nuevo mundo de su amigo[7].

Cuando Humboldt no estaba escribiendo, estaba llevando a cabo experimentos y comparando observaciones con las de otros científicos. Su correspondencia era prodigiosa. Bombardeaba a colegas, amigos y desconocidos con preguntas sobre temas tan diversos como la introducción de la patata en Europa, estadísticas detalladas sobre el tráfico de esclavos y la latitud del pueblo más septentrional en Siberia[8]. Se escribía con colegas de toda Europa, pero también recibía cartas de Sudamérica sobre el resentimiento creciente contra el poder colonial español. Jefferson enviaba informes sobre los avances en el transporte en Estados Unidos y añadía que a Humboldt se le consideraba uno de los «grandes notables del mundo»[9], y a cambio Humboldt le enviaba a él sus últimas publicaciones[10]. Joseph Banks, el presidente de la Royal Society de Londres, al que Humboldt había conocido veinte años antes, también era fiel corresponsal[11]. Humboldt le enviaba ejemplares de plantas secas de Sudamérica y todas sus publicaciones, y Banks utilizaba su propia red internacional cada vez que el alemán necesitaba alguna información. En París, Humboldt corría de un lado a otro. Vivía, según un científico alemán de visita, en «tres casas diferentes»[12], para poder trabajar y descansar donde fuera y cuando lo necesitara. Una noche dormía en el Observatorio de París, unas cuantas horas entre mirar las estrellas y tomar notas, y la siguiente se quedaba con su amigo Joseph Louis Gay-Lussac en la École Polytechnique o con Bonpland[13]*. Por las mañanas, Humboldt hacía sus rondas entre las ocho y las once de la mañana, y visitaba a jóvenes eruditos por todo París. Eran sus «horas de las buhardillas»[14], bromeaba un colega, porque los jóvenes científicos solían ser pobres y vivían en áticos baratos.

Uno de esos nuevos amigos era François Arago, un joven matemático y astrónomo de gran talento que trabajaba en el Observatorio y la École Polytechnique. Como Humboldt, Arago tenía un espíritu aventurero. En 1806, a los veinte años, el Gobierno francés había enviado al joven auto-

---

* En 1810, Humboldt se mudó a un apartamento que compartió con el botánico alemán Karl Sigismund Kunth, sobrino de su antiguo profesor, al que había encargado que trabajara en las publicaciones sobre botánica, en sustitución —después de unas cuantas discusiones— de Bonpland.

didacta en misión científica[15] a las Baleares, en el mar Mediterráneo, pero los españoles le habían arrestado bajo sospecha de espionaje. Arago había estado un año preso en España y Argel, pero había logrado escapar en el verano de 1809, con sus preciadas notas científicas ocultas dentro de la camisa. Cuando Humboldt oyó hablar de su audaz huida, le escribió de inmediato para conocerlo. Arago se convirtió rápidamente en su mejor amigo, quizá no por casualidad, justo cuando Gay-Lussac acababa de casarse. Arago y Humboldt se veían casi a diario. Trabajaban juntos, compartían conclusiones y tenían acaloradas discusiones que a veces desembocaban en peleas. Humboldt tenía un gran corazón, decía el joven, pero a veces también una «lengua maliciosa»[16]. Su amistad podía ser tormentosa. Uno de ellos se iba furioso, «enfurruñado como un niño»[17], observó un colega, pero el enfado nunca duraba mucho. Arago era una de las pocas personas en las que Humboldt depositaba una confianza incondicional; podía manifestarle sus miedos y sus inseguridades. Eran como «siameses»[18], escribió Humboldt posteriormente, y su amistad era «la alegría de mi vida»[19]. Estaban tan unidos que a Wilhelm von Humboldt empezó a preocuparle su relación. «Sabes que solo se apasiona por una persona»[20], le escribió a su mujer, Caroline, y ahora Alexander tenía a Arago, «de quien no quería separarse».

Este no era el único conflicto que tenía Wilhelm con su hermano. Seguía estando en contra de la decisión de Alexander de permanecer en París, en el corazón del territorio enemigo. Wilhelm había vuelto de Roma a Berlín a principios de 1809, cuando le nombraron ministro de Educación. Para entonces, Alexander ya vivía en París, y Wilhelm se enfureció al ver que los soldados franceses habían saqueado la casa familiar en Tegel, después de la batalla de Jena, y que su hermano ni se había molestado en recoger sus posesiones para protegerlas. «Alexander podía haber salvado todo»[21], se quejó a Caroline.

Estaba molesto con su hermano. A diferencia de él, Wilhelm estaba sirviendo a su país[22]. Primero había dejado su adorada Roma para transformar el sistema educativo prusiano y crear la primera universidad en Berlín, y luego, en septiembre de 1810, se trasladó a Austria como embajador de Prusia en Viena. Wilhelm estaba cumpliendo con *sus* obligaciones patrióticas. Estaba ayudando a estrechar lazos con Austria para que se aliara con Prusia y Rusia y así poder reanudar la lucha contra Francia.

En opinión de Wilhelm, Alexander «había dejado de ser alemán»[23]. Incluso escribía y publicaba la mayoría de sus libros antes en francés. Wilhelm trató de que su hermano volviera a casa muchas veces. Cuando le enviaron en su misión diplomática a Viena, sugirió que Alexander fuera su sucesor en el Ministerio de Educación en Berlín. Pero la respuesta de Alexander fue rotunda: no tenía intención de enterrarse en Berlín mientras Wilhelm disfrutaba en Viena[24]. Al fin y al cabo, bromeó, también Wilhelm parecía preferir el extranjero.

Wilhelm y sus colegas prusianos no eran los únicos que tenían dudas sobre el lugar que había escogido Humboldt para vivir; también Napoleón estaba preocupado. Ya había expresado su descontento al menospreciar a Humboldt durante su primer encuentro, justo después de su vuelta de Sudamérica. «¿Le interesa la botánica? —se había burlado—. Ya, mi mujer también se dedica a ella»[25]. A Napoleón le desagradaba Humboldt, explicó un amigo más tarde, porque «no se le puede hacer cambiar de opinión»[26]. Humboldt intentó aplacar a Napoleón con ejemplares de sus libros[27], pero el emperador le ignoraba. Napoleón, dijo Humboldt, «me odia»[28].

Para la mayoría de los eruditos, era una buena época para vivir en Francia, porque Napoleón era un gran defensor de las ciencias. La razón era la fuerza intelectual que dominaba la época, y la ciencia se había instalado en el corazón de la política. El conocimiento era poder, y nunca antes habían estado las ciencias tan cerca del centro de Gobierno. Muchos científicos habían ocupado cargos ministeriales y políticos desde la Revolución francesa[29], entre ellos varios colegas de Humboldt en la Académie des Sciences como el naturalista Georges Cuvier y los matemáticos Gaspard Monge y Pierre-Simon Laplace.

Para ser un hombre que amaba las ciencias casi tanto como sus hazañas militares, Napoleón ayudó verdaderamente poco a Humboldt. Un motivo era quizá la envidia, porque los varios volúmenes que constituían *Viaje a las regiones equinocciales del Nuevo Continente* competía directamente con el libro del que Napoleón se sentía tan orgulloso: *Description de l'Égypte* [Descripción de Egipto][30]. Casi doscientos científicos habían acompañado a sus tropas en la invasión de Egipto, en 1798, para recoger todos los datos posibles sobre el país. *Description de l'Égypte* era el resultado científico de la invasión y, como las obras de Humboldt, era un proyecto ambicioso, que acabó teniendo veintitrés volúmenes y unos mil grabados. Sin embargo, Humboldt, sin el poderío de un ejército ni las arcas aparentemente inagotables de un imperio, estaba consiguiendo más; su *Viaje* iba a tener más volúmenes y más grabados. No obstante, Napoleón leyó el libro de Humboldt, al parecer incluso justo antes de la batalla de Waterloo[31].

En público, Humboldt nunca recibió ningún respaldo de Napoleón, que siguió desconfiando de él. Le acusaba de ser un espía, encargó a su policía secreta que abriera sus cartas, sobornó a su criado para obtener información y en más de una ocasión ordenó que registraran sus habitaciones[32]. Cuando Humboldt mencionó una posible expedición a Asia, poco después de llegar de Berlín, Napoleón ordenó a un colega de la Académie que escribiera un informe secreto sobre el ambicioso científico prusiano[33]. Y en 1810, por fin, le ordenó que abandonara el país en un plazo de veinticuatro horas. Sin motivo aparente, simplemente porque sí, informó a Humboldt de que ya no estaba autorizado a seguir en el país. Tuvo que intervenir el químico Jean Antoine Chaptal (entonces tesorero del Senado) para que le permitieran quedarse. Era un honor que el famoso Humboldt viviera en París, dijo Chaptal a Napoleón. Si lo deportaba, el país perdería a su mayor científico[34].

A pesar de la actitud del emperador, París adoraba a Humboldt. Los científicos y pensadores se mostraban impresionados por sus publicaciones y sus charlas, a los escritores les encantaban sus relatos de aventuras, y la sociedad elegante disfrutaba con su encanto y su ingenio. Humboldt iba de un acto a otro y de una cena a la siguiente. Su fama se había extendido tan deprisa que, cuando desayunaba en el Café Procope, cerca del Odéon, se juntaba una masa de curiosos alrededor[35]. Los cocheros no necesitaban que les dijeran la dirección, bastaba «a casa de monsieur de Humboldt»[36] para que supieran dónde llevar a los visitantes. Humboldt era, según un estadounidense, «el ídolo de la sociedad parisina»[37], que acudía a cinco salones distintos cada noche, daba una representación de media hora en cada uno, hablaba a toda velocidad y luego desaparecía. Estaba en todas partes, comentó un diplomático prusiano[37], y, como dijo el rector de la Universidad de Harvard durante una visita a París, «dominaba todos los temas»[39]. Estaba «borracho de amor a las ciencias», señalaba un conocido[40].

En los salones y las fiestas hablaba con científicos, pero también con los artistas y pensadores de la época[41]. Era frecuente que, atractivo y soltero, llamara la atención de las mujeres. Una, desesperadamente enamorada de él, decía que había «una capa de hielo» detrás de su sonrisa[42]. Cuando le preguntó si nunca había querido a nadie, él respondió que sí, «con fuego», pero un fuego que solo ardía por las ciencias, «mi primer y único amor».

Mientras pasaba de una persona a otra, Humboldt hablaba más deprisa que nadie, pero con suavidad[43]. Nunca se quedaba mucho tiempo, sino que era un «fuego fatuo»[44], en palabras de una anfitriona, un minuto en un sitio e ido el siguiente. Era «delgado, elegante y ágil como un francés»[45], con el cabello desordenado y ojos llenos de vida. A sus cuarenta y pocos años, parecía por lo menos diez años más joven. Cuando Humboldt llegaba a una fiesta era, recordaba otro amigo, como si hubiera abierto una «compuerta» de palabras[46]. Wilhelm, que a veces tenía que soportar demasiadas historias de su hermano, le dijo a Caroline después de una sesión especialmente larga que «cansaba los oídos, porque su torrente de palabras pasaba sin descanso»[47]. Otro conocido le comparaba con un «instrumento saturado»[48] que tocaba sin cesar. La forma de hablar de Humboldt era, «en realidad, pensar en voz alta»[49].

Otros temían tanto su lengua viperina que no se atrevían a marcharse de una fiesta antes que él, por miedo a convertirse en blanco de sus comentarios sarcásticos[50]. Algunos pensaban que Humboldt era como un meteorito que pasaba disparado por la habitación[51]. En las cenas era el centro de atención y saltaba de un tema a otro. Estaba hablando sobre cabezas reducidas, dijo un conocido, y, cuando otro invitado, que se había vuelto para pedirle discretamente a su vecino la sal, recuperaba la conversación, Humboldt estaba explicando la escritura cuneiforme de los asirios[52]. Era electrizante, decían algunos, con una mente brillante y unas ideas libres de prejuicios[53].

Durante esos años, los parisinos ricos sentían poco las repercusiones de las guerras en Europa[54]. Mientras el ejército de Napoleón atravesaba el continente hasta Rusia, las vidas de Humboldt y sus amigos y colegas seguían siendo las mismas. París florecía y crecía en paralelo a las victorias del emperador. La ciudad era un gran solar en construcción. Se encargaban nuevos palacios y se habían colocado los cimientos del Arco del Triunfo, aunque no se terminó hasta veinte años después. La población de la ciudad pasó de poco más de 500.000 personas cuando volvió Humboldt de Latinoamérica, en 1804, a alrededor de 700.000 una década más tarde[55].

A medida que Napoleón dominaba Europa, su ejército regresaba con carros llenos de obras de arte de los países conquistados para llenar los museos de París. El botín no dejaba de llegar: estatuas griegas, tesoros romanos, cuadros del Renacimiento, fantásticas esculturas egipcias. Se construyó una columna de 42 metros, la columna de Vendôme, que imitaba la columna de Trajano en Roma, para conmemorar las victorias de Napoleón. Se fundieron 12.000 piezas de artillería capturadas al enemigo para crear el bajorrelieve que subía en espiral hasta la punta, en la que una estatua de Napoleón vestido de emperador romano observaba su ciudad.

Sin embargo, en 1812, los franceses perdieron casi medio millón de hombres en Rusia. El ejército quedó diezmado por la táctica de tierra quemada de los rusos, que consistía en incendiar pueblos y cosechas para que los soldados franceses no tuvieran qué comer. Con la llegada del invierno, lo que quedaba de la *Grande Armée* se vio reducido a menos de 30.000 soldados. Fue el punto de inflexión en las guerras napoleónicas. Cuando las calles de París empezaron a llenarse de inválidos —heridos y maltrechos en los campos de batalla—, los parisinos comprendieron que Francia quizá estaba perdiendo. Fue, como dijo Talleyrand, antiguo ministro de Asuntos Exteriores del emperador, «el principio del fin»[56].

Al terminar 1813, el ejército británico, bajo el mando del duque de Wellington, había expulsado a los franceses de España, y una coalición formada por Austria, Rusia, Suecia y Prusia les había infligido una derrota decisiva en territorio alemán. Aproximadamente 600.000 soldados se juntaron en octubre de 1813 en la batalla de Leipzig, la llamada «Batalla de las Naciones», el choque más sangriento en Europa hasta la Primera Guerra Mundial. Cosacos rusos, jinetes mongoles, soldados suecos en la reserva, tropas fronterizas austriacas y milicianos de Silesia contribuyeron, entre otros muchos, a destruir el ejército francés.

Cinco meses y medio después, a finales de marzo de 1814, cuando los aliados desfilaron por los Campos Elíseos, ni los parisinos más frívolos pudieron seguir ignorando la nueva realidad[57]. Unos 170.000 austriacos, rusos y prusianos entraron en París y derribaron la estatua de Napoleón sobre la columna de Vendôme, para sustituirla por una bandera blanca. El pintor británico Benjamin Robert Haydon, que estaba visitando la ciudad, describió la locura que se desató: jinetes cosacos semidesnudos con los cinturones abarrotados de pistolas, junto a altos soldados de la Guardia Imperial rusa, «con la cintura apretada como una avispa»[58]. Las calles se llenaron de oficiales ingleses de rostro inocente, austriacos gruesos y soldados prusianos impecablemente vestidos, además de tártaros con cota de malla, arco y flechas. Desprendían tal aura de victoria que todos los parisinos «los maldecían entre dientes»[59].

El 6 de abril de 1814, Napoleón partió al exilio en Elba, una pequeña isla del Mediterráneo. Sin embargo, antes de un año había huido para volver a París, y había reunido un ejército de 200.000 hombres. Era un último y desesperado intento de recuperar el control de Europa, pero unas semanas más tarde, en junio de 1815, Napoleón cayó derrotado por los británicos y los prusianos en la batalla de Waterloo. Desterrado a la remota isla de Santa Elena, un diminuto pedazo de tierra en el Atlántico sur, a 1.900 kilómetros de África y 2.900 de Sudamérica, Napoleón nunca regresó a Europa.

Humboldt había visto cómo Napoleón había destruido Prusia en 1806 y ahora, ocho años después, observó la entrada triunfal de los aliados en Francia, el país que consideraba su segunda patria[60]. Le dolía ver que los ideales de la Revolución francesa —de libertad, incluida la política— parecían desaparecer, escribió en una carta a Washington a James Madison, que había sucedido a Jefferson como presidente de Estados Unidos[61]. La posición de Humboldt era incómoda. Wilhelm, que seguía siendo embajador de Prusia en Viena y que llegó con los aliados a París, pensó que su hermano parecía más francés que alemán[62]. Alexander estaba molesto, sin duda, y se quejaba de «ataques de melancolía»[63] y dolores recurrentes de estómago. Pero se quedó en París. Hubo críticas públicas. Un artículo en el periódico alemán *Rheinischer Merkur,* por ejemplo, le acusó de preferir la amistad de los franceses al «honor» de su pueblo[64]. Profundamente dolido, Humboldt escribió una carta indignada al autor del artículo, pero permaneció en Francia. Mantuvo un delicado equilibrio que, por desesperante que fuera para él, favoreció a las ciencias. Cuando los aliados llegaron a París, abundaron los saqueos. Algunos estaban justificados, porque se trataba de recuperar los tesoros que Napoleón había robado para sus museos y devolverlos a sus legítimos propietarios, pero en general eran los actos de una fuerza de ocupación indisciplinada.

Fue a Humboldt a quien recurrió el naturalista francés Georges Cuvier cuando el ejército de Prusia decidió convertir el Jardin des Plantes en un campamento militar. Humboldt utilizó sus contactos y convenció al general prusiano al mando de que se llevara a sus tropas a otro lugar[65]. Un año más tarde, cuando volvieron a París después de derrotar a Napoleón en Waterloo, fue de nuevo él quien rescató las valiosas colecciones del jardín botánico. Dos mil soldados acamparon junto al jardín, y Cuvier empezó a inquietarse por sus tesoros. Molestaban a los animales del zoo, le dijo a Humboldt, y tocaban todo tipo de ejemplares excepcionales. Humboldt visitó al comandante prusiano y recibió garantías de que las plantas y los animales no corrían peligro.

El Jardin des Plantes de París, que comprendía un gran jardín botánico, un zoo y un museo de historia natural

No solo llegaron soldados a París. Detrás de ellos llegaron los curiosos, sobre todo de Gran Bretaña, que no habían podido ir durante los largos años de las guerras napoleónicas. Muchos iban a ver los tesoros del Louvre, porque ninguna otra institución europea contenía tantas obras de arte. Los estudiantes dibujaban los cuadros y esculturas más famosos antes de que llegaran los trabajadores con carretas, escaleras y cuerdas a quitarlos y envolverlos, para devolverlos a sus dueños[66].

También llegaron a París científicos británicos, y siempre llamaban a la puerta de Humboldt. Le visitó un antiguo secretario de la Royal Society,

Charles Bladgen[67], y también un futuro presidente, Humphry Davy[68]. Davy, quizá más que ninguna otra persona, era la encarnación de lo que predicaba Humboldt, porque era poeta y químico. En sus cuadernos, llenaba una página con las descripciones objetivas de sus experimentos, y en la siguiente ponía por escrito sus reacciones personales y sus emociones. Sus charlas científicas en la Royal Institution de Londres eran tan famosas que, los días que las pronunciaba, las calles de alrededor del edificio estaban atascadas[69]. El poeta Samuel Taylor Coleridge —otro gran admirador de la obra de Humboldt— asistía a las conferencias de Davy, escribió, para «aumentar mi reserva de metáforas»[70]. Como Humboldt, Davy pensaba que para tener una mente filosófica perfecta eran necesarias la imaginación y la razón, que eran «la fuente creativa de descubrimiento»[71].

A Humboldt le gustaba reunirse con otros científicos para intercambiar ideas e información, pero la vida en Europa le resultaba cada vez más frustrante. Durante todos los años de agitación política se había sentido impaciente y, con una Europa tan desgarrada, sentía que no había casi nada que le retuviese. «Mi opinión del mundo es desoladora»[72], le dijo a Goethe. Echaba de menos los trópicos, y solo se iba a sentir mejor «cuando viva en la zona cálida».

12. REVOLUCIONES Y NATURALEZA

Simón Bolívar y Humboldt

*Yo venía envuelto con el manto de Iris, desde donde paga su tributo el cau-
daloso Orinoco al Dios de las aguas. Había visitado las encantadas fuentes
amazónicas y quise subir al atalaya del Universo. Busqué las huellas de La
Condamine y de Humboldt: seguilas audaz, nada me detuvo; llegué a la
región glacial, el éter sofocaba mi aliento. Ninguna planta humana había
hollado la corona diamantina que pusieron las manos de la Eternidad sobre
las sienes excelsas del dominador de los Andes. Yo me dije: Este manto de Iris
que me ha servido de estandarte, ha recorrido en mis manos sobre regiones
infernales, ha surcado los ríos y los mares, ha subido sobre los hombros gigantescos de los Andes; la tierra se ha allanado a los pies de Colombia, y el
tiempo no ha podido detener su marcha de la libertad. Belona ha sido humi-
llada por el resplandor de Iris, ¿Y no podré yo trepar sobre los cabellos cano-
sos del gigante de la tierra? ¡Sí podré! Y arrebatado por la violencia de un
espíritu desconocido para mí, que me parecía divino, deje atrás las huellas
de Humboldt, empañando los cristales eternos que circuyen el Chimborazo.*

SIMÓN BOLÍVAR, «Mi delirio sobre el Chimborazo», 1822[1]

No fue Humboldt sino su amigo Simón Bolívar quien regresó a Sudamérica. Tres años después de que se conocieran en París en 1804, Bolívar
salió de Europa, con el ardor de las ideas ilustradas sobre la libertad, la
separación de poderes y el concepto de un contrato social entre el pueblo y sus gobernantes. Al poner el pie en el suelo sudamericano, Bolívar
iba espoleado por la promesa hecha en el Monte Sacro de Roma de liberar su país. Pero la lucha contra los españoles iba a ser una larga batalla,
alimentada por la sangre de los patriotas. Iba a ser una rebelión llena de
traiciones entre íntimos amigos. Brutal, caótica y a menudo destructiva,
tardaría casi dos décadas en expulsar a los españoles del continente y, al
final, acabaría con Bolívar gobernando como un dictador.

Fue también una lucha estimulada por los escritos de Humboldt, casi como si sus descripciones de la naturaleza y la gente hubieran hecho que los colonos apreciaran lo especial y magnífico que era su continente. Los libros y las ideas de Humboldt iban a contribuir a la liberación de Latinoamérica[2]: desde sus críticas del colonialismo y la esclavitud hasta su retrato de los paisajes majestuosos. En 1809, dos años después de su publicación en Alemania, el *Ensayo sobre la geografía de las plantas* se tradujo al español y apareció publicado en una revista científica[3] fundada en Bogotá por Francisco José de Caldas, uno de los científicos que había conocido el alemán durante su expedición a los Andes. «Con su pluma», Humboldt había despertado a Sudamérica, diría más tarde Simón Bolívar[4], y había mostrado por qué los sudamericanos tenían muchos motivos para estar orgullosos de su continente. Todavía hoy, el nombre de Humboldt es mucho más conocido en Latinoamérica que en la mayor parte de Europa y Estados Unidos.

El Chimborazo y el Carquairazo, en lo que hoy es Ecuador, una de las muchas y preciosas ilustraciones en Vistas de las cordilleras, *de Humboldt*

Durante toda la revolución, Bolívar utilizó imágenes extraídas del mundo natural —casi como escritas con la pluma de Humboldt— para explicar sus convicciones. Hablaba de «un mar tormentoso»[5] y describía a los que libraban una revolución como personas que «araban un mar»[6]. Durante los largos años de rebeliones y batallas, cada vez que Bolívar convocaba a sus compatriotas, lo hacía evocando los paisajes sudamericanos.

Hablaba de vistas grandiosas e insistía en que su continente era «el auténtico corazón del universo»[7], en un intento de recordar a sus compañeros revolucionarios por qué estaban luchando. A veces, cuando parecía imperar el caos, Bolívar acudía a la naturaleza para buscar un sentido. En los espacios salvajes encontraba paralelismos con la brutalidad humana y, aunque eso no cambiaba las condiciones de la guerra, le resultaba extrañamente consolador. En su lucha para liberar las colonias de los grilletes españoles, esas imágenes, metáforas y alegorías de la naturaleza se convirtieron en su lenguaje de la libertad.

Los bosques, las montañas y los ríos encendían la imaginación de Bolívar. Era «un auténtico amante de la naturaleza»[8], como dijo más tarde uno de sus generales. «Mi alma está embelesada con la presencia de la primitiva naturaleza»[9], declaró el libertador. Siempre le gustó el aire libre, y de joven había disfrutado de los placeres de la vida campestre y el trabajo agrícola. El paisaje que rodeaba la vieja hacienda familiar de San Mateo, cerca de Caracas, donde pasaba los días montando a caballo por campos y bosques, había sido la cuna de su estrecho vínculo con la naturaleza. Las montañas, en particular, le tenían embrujado, porque le recordaban a su casa. Cuando fue andando de Francia a Italia, en la primavera de 1805, fue la vista de los Alpes la que le hizo encauzar sus pensamientos hacia su país y alejarse del juego y las borracheras de París[10]. Cuando Bolívar se encontró con Humboldt en Roma ese verano, empezó a pensar en serio en una rebelión. Al volver a Venezuela, en 1807, tenía «un fuego que me devoraba por dar la libertad a mi patria»[11].

Las colonias españolas en Latinoamérica estaban divididas en cuatro virreinatos y albergaban a 17 millones de personas. Estaba Nueva España, que comprendía México, partes de California y de Centroamérica, mientras que el virreinato de Nueva Granada se extendía por la franja norte de Sudamérica, más o menos lo que hoy es Panamá, Ecuador y Colombia, además de partes del noroeste de Brasil y Costa Rica. Más al sur estaban el virreinato de Perú y el virreinato del Río de La Plata, con capital en Buenos Aires, que abarcaba partes actuales de Argentina, Paraguay y Uruguay. Además, estaban las capitanías generales, que eran Venezuela, Chile y Cuba. Estas eran unos distritos administrativos con autonomía, de forma que esas regiones eran virreinatos de hecho. Era un vasto imperio que alimentó la economía española durante tres siglos, pero las primeras grietas aparecieron con la venta del inmenso territorio de Luisiana, que era parte del virreinato de Nueva España. Los españoles lo habían perdido a manos de los franceses, que luego lo vendieron a Estados Unidos en 1803.

Las guerras napoleónicas habían tenido consecuencias perjudiciales para las colonias españolas. Los bloqueos navales de británicos y franceses disminuyeron el comercio y provocaron grandes pérdidas de ingresos. Al mismo tiempo, los criollos ricos como Bolívar se dieron cuenta de que podían aprovecharse de la posición debilitada de España en Europa[12]. Los británicos habían destruido muchos barcos de guerra españoles en 1805 en la batalla de Trafalgar, la victoria naval más decisiva de la guerra, y dos años después Napoleón había invadido la Península. Obligó al rey español, Fernando VII, a abdicar en favor de su hermano José Bonaparte. España había dejado de ser una todopoderosa potencia imperial para convertirse en una herramienta en manos de Francia. Con el rey español depuesto y la madre patria ocupada por una fuerza extranjera, algunos sudamericanos se permitieron creer en otro futuro.

En 1809, un año después de la abdicación de Fernando VII, surgió el primer grito de independencia en Quito, cuando los criollos arrebataron el poder a los administradores españoles. Un año más tarde, en mayo de 1810, siguieron sus pasos los colonos de Buenos Aires. Varios meses después, en septiembre, un sacerdote llamado Miguel Hidalgo y Costilla unió a criollos, mestizos, indios y esclavos liberados en la pequeña ciudad de Dolores, a 320 kilómetros al noroeste de Ciudad de México, en un grito de batalla contra el poder español; al cabo de un mes contaba con un ejército de 60.000 hombres. Mientras la revuelta y la agitación se extendían por los virreinatos[13], la élite criolla de Venezuela declaró la independencia el 5 de julio de 1811.

Nueve meses después, pareció que la naturaleza se ponía del lado de España. La tarde del 26 de marzo de 1812, cuando los habitantes de la ciudad natal de Bolívar, Caracas, se apiñaban en las iglesias para asistir a los servicios de Pascua, un gigantesco terremoto destruyó la ciudad y mató a miles de personas. La catedral y las iglesias se derrumbaron, el aire se llenó de polvo y muchos fieles murieron aplastados. Mientras los temblores sacudían la tierra, Bolívar contempló la destrucción con desaliento. Muchos pensaron que el terremoto era una señal de la furia de Dios contra su rebelión. Los sacerdotes gritaron a los «pecadores» y les dijeron que la «justicia divina» había castigado su revolución[14]. De pie entre las ruinas, en mangas de camisa, Bolívar se mantuvo desafiante. «Aunque la naturaleza se oponga —dijo—, lucharemos y haremos que nos obedezca»[15].

Ocho días después, golpeó otro terremoto, con lo que la cifra definitiva de muertos fue de nada menos que 20.000 personas, aproximadamente la mitad de la población de Caracas[16]. Cuando los esclavos de las plantaciones al oeste del lago Valencia se rebelaron y empezaron a saquear haciendas y matar a sus propietarios, la anarquía se apoderó de Venezuela. Bolívar, que estaba al mando de la estratégica ciudad de Puerto Cabello, situada en la costa, a 160 kilómetros al oeste de Caracas, disponía solo de cinco oficiales y tres soldados, y no pudo hacer nada cuando llegaron las tropas realistas. En cuestión de semanas, los combatientes republicanos se habían rendido a las fuerzas españolas, y, poco más de un año después de que los criollos declarasen la independencia, la Primera República llegaba a su fin. Volvió a izarse la bandera española y, a finales de agosto de 1812, Bolívar huyó del país para dirigirse a la isla caribeña de Curaçao[17].

A medida que se desarrollaban las revoluciones, el expresidente de Estados Unidos, Thomas Jefferson, bombardeaba a Humboldt a preguntas: si los revolucionarios triunfaban, ¿qué tipo de gobierno establecerían?, ¿cómo de igualitaria sería su sociedad?, ¿prevalecería el despotismo? «Tú puedes contestar a todas estas preguntas mejor que nadie»[18], insistía en una carta. Jefferson, uno de los padres fundadores de la revolución en Estados Unidos, estaba profundamente interesado por las colonias españolas y tenía auténtico temor a que Sudamérica no instituyera Gobiernos republicanos[19]. Al mismo tiempo, le preocupaban las repercusiones económicas que tendría un continente sur independiente para Estados Unidos. Mientras las colonias estuvieran bajo el control de España, su país podía seguir exportando grandes cantidades de cereal a Sudamérica. Pero, una vez que abandonaran los cultivos comercializables del sistema colonial, «sus productos y su comercio rivalizarían con los nuestros»[20], afirmó Jefferson al embajador de España en Washington D. C.

Mientras tanto, Bolívar estaba planeando sus siguientes pasos, y a finales de octubre, dos meses después de huir de Venezuela, llegó a Cartagena, una ciudad portuaria en la costa norte del virreinato de Nueva Granada, hoy Colombia[21]. Bolívar rebosaba de ideas de una Sudamérica fuerte, en la que todas las colonias lucharían juntas, y no por separado como antes. Al frente de un ejército pequeño pero, según se decía, equipado con los excelentes mapas de Humboldt[22], Bolívar inició una audaz ofensiva de guerrillas a cientos de kilómetros de su ciudad. Tenía escasa preparación militar; sin embargo, a medida que avanzaba desde Cartagena hacia Venezuela, consiguió sorprender a las fuerzas realistas en entornos inhóspitos: en altas montañas, selvas profundas y en ríos infestados de serpientes y cocodrilos. Poco a poco, Bolívar se hizo con el control del río Magdalena, el mismo que Humboldt había recorrido en barca desde Cartagena hasta Bogotá más de una década antes.

A lo largo de la campaña, Bolívar pronunció discursos emocionantes al pueblo de Nueva Granada. «Donde reina el imperio español —dijo—, reina con él la desolación y la muerte»[23]. Y a medida que avanzaba, se le unían nuevos reclutas. Bolívar pensaba que las colonias de Sudamérica debían unirse. Si una estaba esclavizada, también lo estaba la otra, escribió. El poder español era una «gangrena»[24] que se contagiaría a todas de no «cortarla como un miembro infectado». Lo que iba a derrotar a las colonias, decía, era su propia desunión, no las armas españolas[25]. Los españoles eran «langostas»[26] que destruían «las semillas y las raíces del árbol de la libertad», una plaga con la que solo se podía acabar si se unían contra ella. Utilizó la seducción, la intimidación y las amenazas para convencer a los habitantes de Nueva Granada de que se unieran a él en su marcha hacia Venezuela para liberar Caracas.

Cuando Bolívar no se salía con la suya, podía ser brusco e insultante. «¡Marcha! O me disparas, o por Dios que te dispararé yo»[27], le gritó a un oficial que se negaba a cruzar al territorio venezolano. «Debo contar con diez mil armas —exigió en otra ocasión—, o me volveré loco»[28]. Su determinación era contagiosa.

Era un hombre lleno de contradicciones, tan feliz en una hamaca colgada de las ramas en un espeso bosque como en un salón de baile abarrotado. Redactó con impaciencia la primera constitución del país en una canoa en el Orinoco pero retrasó una acción militar para esperar a una amante[29]. Decía que el baile era «la poesía del movimiento»[30], pero era capaz de ordenar fríamente la ejecución de cientos de prisioneros. Podía ser encantador cuando estaba de buen humor pero «feroz» cuando estaba irritado[31], y mudaba de ánimo a tal velocidad que «el cambio era increíble», decía uno de sus generales.

Simón Bolívar

Bolívar era un hombre de acción, pero también creía que la palabra escrita tenía el poder de cambiar el mundo. En campañas posteriores siempre viajaría con una imprenta, que llevó por todos los Andes y a través de las vastas planicies de los Llanos[32]. Tenía una mente rápida y aguda, a menudo dictaba numerosas cartas al mismo tiempo a varios secretarios y era famoso por tomar decisiones al instante[33]. Había hombres, decía, que necesitaban la soledad para pensar, pero «yo deliberaba, reflexionaba y meditaba mejor cuando estaba en el centro de las fiestas, entre los placeres y el clamor de un baile»[34].

Desde el río Magdalena, Bolívar y sus hombres marcharon a través de las montañas hacia Venezuela, combatiendo y derrotando a las tropas realistas. En la primavera de 1813, seis meses después de llegar a Cartagena, Bolívar había liberado Nueva Granada, pero Venezuela seguía en poder de los españoles. En mayo de 1813, su ejército descendió de las montañas al alto valle en el que se encontraba la ciudad venezolana de Mérida. Cuando los españoles se enteraron de que se aproximaba Bolívar, huyeron de Mérida presas del pánico. Bolívar y sus tropas llegaron con la ropa deshe-

cha, hambrientos y enfermos de fiebre, pero se encontraron con una bienvenida de héroes[35]. Los ciudadanos de Mérida dieron a Bolívar el sobre-
nombre de «el libertador» y se alistaron en su ejército 600 nuevos reclutas.

Tres semanas más tarde, el 15 de junio de 1813, Bolívar hizo público
un brutal decreto que proclamaba una «guerra a muerte»[36]. Condenaba
a todos los españoles de las colonias a morir si no aceptaban luchar junto a
su ejército. Fue despiadado pero eficaz. Cuando empezaron las ejecucio-
nes, muchos realistas desertaron y se unieron a los republicanos, y, a
medida que el ejército de Bolívar se aproximaba a Caracas, sus filas au-
mentaron. Cuando llegaron a la capital, el 6 de agosto, los españoles la
habían abandonado. Bolívar tomó Caracas sin lucha. «Aparecen vuestros
libertadores —proclamó a sus habitantes—, desde las márgenes del caudaloso Magdalena hasta los floridos valles de Aragua»[37]. Habló de las
extensas mesetas que habían atravesado y las inmensas montañas que
habían subido, es decir, unió sus victorias al agreste paisaje de la naturaleza sudamericana.

Mientras los soldados de Bolívar cruzaban Venezuela en el sangriento
sendero de la guerra a muerte, matando casi a cada español que encontraban, se formó otro ejército: las llamadas «Legiones del Infierno»[38].
Formadas por toscos campesinos de los Llanos, junto con mestizos y esclavos, las Legiones del Infierno estaban bajo el mando del feroz y sádico
José Tomás Boves, un español que había sido tratante de ganado en las
llanuras y cuyo ejército llegaría a matar a 80.000 republicanos[39]. Los hombres de Boves luchaban contra los criollos privilegiados de Bolívar, de los
que decían que eran más temibles que los gobernantes españoles. La
revolución se convirtió en una guerra civil despiadada. Un funcionario
español dijo que Venezuela era una región de muerte: «Ciudades que
tenían miles de habitantes se han quedado reducidas a unos centenares
o incluso unas docenas»[40], con pueblos que ardían en llamas y cadáveres
sin enterrar que se pudrían en las calles y los campos.

Humboldt había predicho que la lucha por la independencia sudamericana sería sangrienta porque la sociedad colonial estaba profundamente dividida. Durante tres siglos, los europeos habían hecho todo para ci-
mentar «el odio de una casta hacia otra»[41], le dijo Humboldt a Jefferson.
Criollos, mestizos, esclavos e indígenas no formaban un pueblo unido,
sino dividido y lleno de desconfianza mutua. Era una advertencia que
Bolívar nunca olvidó.

Mientras tanto, en Europa, España se había librado por fin del dominio militar de Napoleón y podía concentrarse en sus colonias rebeldes. Después de recuperar su trono, el rey Fernando VII construyó una gigantesca armada de unos 60 barcos y envió más de 14.000 soldados a Sudamérica, en la mayor flota que había enviado jamás España al Nuevo Mundo[42]. Cuando los españoles llegaron a Venezuela en abril de 1815, el ejército de Bolívar, debilitado por la lucha contra Boves, no pudo hacer nada. En mayo, los realistas tomaron Caracas y pareció que la revolución había terminado para siempre.

Bolívar volvió a huir de su país, esta vez a Jamaica, desde donde intentó recabar apoyo internacional para su revolución. Escribió a lord Wellesley, el antiguo ministro de Exteriores británico, para explicarle que los colonos necesitaban su ayuda. «La más bella mitad de la tierra»[43], advirtió, iba a quedar «desolada». Estaba dispuesto a ir hasta el polo norte, si era necesario; pero ni Inglaterra ni Estados Unidos tenían aún deseos de involucrarse en los volátiles asuntos coloniales de España.

James Madison, el cuarto presidente de Estados Unidos, declaró que ningún ciudadano de su país estaba autorizado a alistarse en ningún tipo de expedición militar contra los «dominios de España»[44]. El expresidente John Adams pensaba que la perspectiva de la democracia en Sudamérica era absurda, tanto como instaurarla «entre las aves, las bestias y los peces»[45]. Thomas Jefferson reiteró su temor al despotismo. ¿Cómo —preguntó a Humboldt— iba una sociedad «plagada de sacerdotes»[46] a establecer un Gobierno republicano y libre? Tres siglos de dominio católico, insistió, habían hecho de los colonos unos niños ignorantes y habían «encadenado sus mentes»[47].

Desde París, Humboldt observaba angustiado, enviaba a los miembros del Gobierno estadounidense cartas en las que les pedía que ayudaran a sus hermanos del sur y luego protestaba con impaciencia cuando no le respondían con la rapidez deseada. Sus gestiones merecían ser tratadas con gran urgencia, escribió un general estadounidense en París a Jefferson, porque la influencia de Humboldt era «mayor que la de ningún otro hombre en Europa»[48].

Nadie, ni en Europa ni en Estados Unidos, sabía tanto como él sobre Sudamérica; se había convertido en la máxima autoridad sobre el tema. Sus libros eran un tesoro de información sobre un continente que hasta entonces había permanecido «tan vergonzosamente desconocido»[49], dijo

Jefferson. Había una publicación en concreto que despertaba gran atención: su *Ensayo político sobre el Reino de la Nueva España*[50]. Publicado en cuatro volúmenes entre 1808 y 1811, había salido de la imprenta justo en el momento en que el mundo dirigía su atención a los movimientos de independencia en Sudamérica.

Humboldt envió los volúmenes a Jefferson a medida que fueron saliendo, y el antiguo presidente los estudió cuidadosamente para aprender todo lo posible sobre las colonias rebeldes[51]. «Sabemos poco de ellas —le dijo a Humboldt—, salvo lo que sabemos gracias a ti»[52]. Él y muchos de sus amigos políticos tenían sentimientos contradictorios, entre su deseo de ver más repúblicas libres, el riesgo de apoyar oficialmente a un régimen tal vez inestable en Sudamérica y el espectro de un gran rival económico en el hemisferio sur. No era tanto lo que Estados Unidos quisiera para ellos, sino «lo que es factible»[53], creía Jefferson. Esperaba que las colonias no se unieran en una sola nación sino que permanecieran como países separados, porque «como una única masa, serían un vecino temible»[54].

Jefferson no era el único que obtenía información de los libros de Humboldt: Bolívar también los estudió[55], porque no conocía la mayoría de las zonas del continente que quería liberar. En el *Ensayo político sobre el Reino de la Nueva España*, Humboldt había entretejido minuciosamente sus observaciones sobre geografía, plantas, conflictos raciales y proezas españolas con las consecuencias medioambientales del poder colonial y las condiciones de trabajo en las fábricas, las minas y la agricultura. Ofrecía datos sobre ingresos y defensa militar, carreteras y puertos, e incluía cuadros y más cuadros de cifras que abarcaban desde la producción de plata en las minas hasta el rendimiento de las cosechas, además del volumen de las importaciones y exportaciones en las diferentes colonias.

Los tomos mostraban con claridad varios argumentos: el colonialismo era desastroso para la gente y el medio ambiente; la sociedad colonial estaba basada en las desigualdades; los indígenas no eran ni bárbaros ni salvajes; los colonos estaban tan dotados para los descubrimientos científicos, el arte y la artesanía como los europeos; y el futuro de Sudamérica dependía de la agricultura de subsistencia, y no de los monocultivos ni la minería. Aunque se centraba en el virreinato de Nueva España, Humboldt siempre comparaba sus datos con los de Europa, Estados Unidos y otras colonias españolas en Sudamérica. Igual que había examinado las plantas en el contexto de un mundo más amplio y empeñado en revelar las pau-

tas globales, ahora conectó el colonialismo, la esclavitud y la economía.
El *Ensayo político sobre el Reino de la Nueva España* no era ni un relato de
viajes ni una evocación de maravillosos paisajes, sino un libro de hechos,
datos y cifras. Era tan detallado y meticuloso que el traductor, en el prefacio a la edición inglesa, escribió que el libro tendía a «fatigar la atención
del lector»[56]. Quizá no es extraño que Humboldt escogiera a otro traductor para sus publicaciones posteriores.

El hombre al que Carlos IV había concedido un permiso excepcional
para explorar los territorios latinoamericanos de España había publicado
una dura crítica del poder colonial. Su libro estaba lleno, le dijo a Jefferson,
de las manifestaciones de sus «sentimientos independientes»[57]. Acusaba a
los españoles de haber incitado al odio entre los diferentes grupos raciales[58]. Los misioneros, por ejemplo, trataban a los indios de forma brutal,
impulsados por un «fanatismo culpable»[59]. El poder imperial explotaba
las colonias en busca de materias primas[60] y de paso destruía el medio
ambiente. Las políticas coloniales europeas eran despiadadas y desconfia-
das[61], decía, y Sudamérica estaba destruida a manos de sus conquistadores.
Su ansia de riqueza había llevado el «abuso de poder» a Latinoamérica[62].

Las críticas de Humboldt se basaban en sus propias observaciones,
completadas con informaciones que había recibido de los científicos coloniales a los que había conocido durante su expedición. Todo ello estaba reforzado por los datos estadísticos y demográficos que había obtenido
en los archivos oficiales, sobre todo en Ciudad de México y La Habana.
En los años posteriores a su regreso, Humboldt evaluó y publicó sus datos
y conclusiones, primero en el *Ensayo político sobre el Reino de la Nueva España* y
luego en el *Ensayo político sobre la Isla de Cuba*. Las feroces acusaciones
contra el colonialismo y la esclavitud mostraban que todo estaba relacionado: el clima, los campos y la agricultura, con la esclavitud, la demografía y la economía. Humboldt aseguraba que las colonias solo podrían ser
libres y autosuficientes cuando «se libraran de las cadenas del odioso
monopolio»[63]. Era la «barbarie europea»[64], insistía, la que había creado
ese mundo injusto.

Los conocimientos de Humboldt sobre el continente eran enciclopé-
dicos, escribió Bolívar en septiembre de 1815 en su llamada «carta de
Jamaica», en la que se refería a su viejo amigo como la mayor autoridad
sobre Sudamérica[65]. Escrita en la isla caribeña, adonde había huido cuatro meses antes con la llegada de la armada española, la carta era la sín-

tesis del pensamiento político de Bolívar y su visión para el futuro. En ella repetía las críticas de Humboldt sobre los efectos destructivos del colonialismo. Su pueblo estaba esclavizado y reducido a los cultivos comercializables y la minería para alimentar el apetito insaciable de España, escribía, pero ni los campos más fértiles ni las mayores vetas podrían jamás «saciar a esa nación avarienta»[66]. Los españoles destruían vastas regiones, advertía Bolívar, y «provincias enteras se transforman en desiertos»[67].

Humboldt había escrito sobre tierras que eran tan fértiles que no hacía falta más que arar para producir ricas cosechas[68]. En el mismo tono, Bolívar se preguntaba ahora cómo una tierra tan «abundantemente dotada» por la naturaleza podía permanecer tan oprimida y pasiva[69]. Y así como Humboldt había afirmado en el *Ensayo político sobre el Reino de la Nueva España* que los vicios del Gobierno feudal habían viajado del hemisferio norte al sur[70], ahora Bolívar comparaba el dominio español de sus colonias con «una especie de propiedad feudal»[71]. Pero los revolucionarios seguirían luchando, aseguraba, porque «las cadenas se han roto»[72].

Bolívar era consciente también de que la esclavitud tenía un papel fundamental en el conflicto. La dolorosa experiencia de la brutal guerra civil contra José Tomás Boves y sus Legiones del Infierno le había enseñado que, si la población esclava no estaba de su parte, estaba contra él y contra los criollos dueños de plantaciones, que dependían del trabajo de los esclavos. Sin la ayuda de estos, no habría revolución. Era un tema que trató con Alexandre Pétion, el primer presidente de la República de Haití, la isla a la que había escapado después de que intentaran asesinarle en Jamaica[73].

Haití había sido una colonia francesa, pero, después del triunfo de una rebelión de los esclavos en los primeros años de la década de 1790, los revolucionarios habían proclamado la independencia en 1804. Pétion, que era mulato —hijo de un francés rico y una madre de antepasados africanos—, era uno de los padres fundadores de la república. Y era también el único gobernante y político que prometió ayudar a Bolívar. Cuando le ofreció armas y barcos a cambio de la promesa de dejar en libertad a los esclavos, Bolívar aceptó. «La esclavitud —dijo— es hija de las tinieblas»[74].

Después de tres meses en Haití, Bolívar zarpó hacia Venezuela con una pequeña flota de barcos de Pétion, llenos de pólvora, armas y hombres. A su llegada, en el verano de 1816, proclamó la liberación de todos los esclavos[75]. Fue un primer paso importante, pero le costó convencer a la élite criolla. Tres años después dijo que la esclavitud seguía envolviendo el país en «negro manto»[76] y advirtió —de nuevo con una metáfora de la naturaleza— de que «tempestuosas nubes amenazaban un diluvio de fuego». Bolívar dejó en libertad a sus propios esclavos y prometió libertad a cambio del servicio militar, pero hubo que esperar a diez años después, en 1826, cuando redactó la constitución boliviana, para que la plena abolición de la esclavitud adquiriese rango de ley[77]. Fue una medida audaz en una época en la que hombres de Estado aparentemente progresistas como Thomas Jefferson y James Madison, en Estados Unidos, seguían teniendo cientos de esclavos en sus plantaciones. Humboldt, que era acérrimo abolicionista desde que había visto el mercado de esclavos en Cumaná, poco después de llegar a Sudamérica, se quedó impresionado con la decisión de Bolívar[78]. Unos años después, le elogió en uno de sus libros por dar ejemplo al mundo, sobre todo en contraste con Estados Unidos.

Durante los años posteriores, Humboldt siguió los acontecimientos de Sudamérica desde París. Hubo muchas idas y venidas, a medida que Bolívar unía poco a poco a los caudillos regionales que estaban luchando contra los españoles en sus territorios. Los revolucionarios controlaban algunas regiones, pero muchas veces estaban lejos unas de otras, y los hombres, desde luego, no actuaban de manera unida. En los Llanos, por ejemplo, tras la muerte de Boves a finales de 1814, José Antonio Páez había obtenido el apoyo de los llaneros para la causa republicana[79]. Sus 1.100 llaneros a caballo e indios a pie, armados solo con arcos y flechas, derrotaron a casi 4.000 soldados españoles experimentados en las estepas de la región a principios de 1818. Eran unos hombres duros y toscos, y excelentes jinetes. Bolívar, criollo y de ciudad, no era alguien a quien habrían escogido como líder, pero se ganó su respeto. Aunque estaba extremadamente delgado —medía 1,67 metros y no pesaba más que 59 kilos—, tenía una resistencia y una fuerza en la silla que le granjearon el apodo de «Culo de hierro»[80]. Nadando con la manos atadas a la espalda por una apuesta o bajando del caballo por encima de la cabeza (técnica que había practicado después de ver hacerlo a los llaneros), Bolívar consiguió impresionar a los hombres de Páez con sus proezas físicas.

Humboldt seguramente no habría reconocido a Bolívar. El joven elegante que se había paseado por París ataviado a la última moda iba ahora vestido con simples sandalias de esparto y una levita sencilla[81]. Aunque no tenía más que treinta y tantos años, su rostro estaba lleno de arrugas y la piel amarillenta, pero sus ojos irradiaban una aguda intensidad y su voz tenía el poder de convocar a sus soldados. En los años anteriores, Bolívar había perdido sus plantaciones y había tenido que exiliarse en varias ocasiones. Era implacable con sus hombres pero también consigo mismo. A menudo dormía envuelto en una capa sobre el suelo desnudo, o pasaba todo el día a caballo por territorio escarpado, pero le quedaban fuerzas para leer a filósofos franceses por la noche.

Los españoles seguían controlando la franja norte de Venezuela, incluida Caracas, y gran parte del virreinato de Nueva Granada, pero Bolívar había conquistado territorios en las provincias orientales de Venezuela y a lo largo del Orinoco. La revolución no avanzaba tan deprisa como había pensado, pero creía que había llegado la hora de celebrar elecciones en las regiones liberadas y tener una constitución. Se convocó un congreso en Angostura[82] (hoy Ciudad Bolívar, en Venezuela), a orillas del Orinoco, la ciudad en la que Humboldt y Bonpland habían sufrido la fiebre casi veinte años antes, después de sus agotadoras semanas en busca del río Casiquiare. Con Caracas en manos de los españoles, Angostura era la capital provisional de la nueva república. El 15 de febrero de 1819, 26 delegados ocuparon sus asientos en un sencillo edificio de ladrillo, que era la sede del Gobierno, para escuchar la visión que tenía Bolívar del futuro. Les presentó la constitución que había redactado en su descenso por el Orinoco y volvió a hablar de la importancia de la unidad entre razas y clases, además de entre las colonias[83].

En su discurso en Angostura, Bolívar describió «el esplendor y la vitalidad»[84] de Sudamérica para recordar a sus compatriotas por qué luchaban. Ningún otro lugar del mundo tenía tantas «riquezas prodigadas por la naturaleza»[85], dijo. Habló de su espíritu que ascendía a gran altura para poder ver el futuro de su país desde la perspectiva que exigía, un futuro que unía al vasto continente de costa a costa. Él, dijo, no era más que un «juguete del huracán revolucionario»[86], pero estaba listo para seguir el sueño de una Sudamérica libre.

A finales de mayo de 1819, tres meses después de este discurso, Bolívar condujo a todo su ejército con determinación desde Angostura, a través de los Andes, para liberar Nueva Granada[87]. Sus tropas eran los jinetes de Páez, indios, esclavos liberados, mestizos, criollos, mujeres y niños. También había muchos veteranos británicos que se habían unido a Bolívar al acabar las guerras napoleónicas[88], cuando cientos de soldados, al regresar de los campos de batalla, se habían encontrado sin trabajo ni ingresos. El embajador extraoficial de Bolívar en Londres, además de buscar apoyo internacional para la revolución, trató también de reclutar a los veteranos desocupados. En cinco años llegaron a Sudamérica procedentes de Gran Bretaña e Irlanda más de 5.000 soldados —las llamadas Legiones Británicas—, además de unos 50.000 fusiles y mosquetones y cientos de toneladas de munición. Algunos iban por motivos políticos, otros por dinero, pero, fuera por lo que fuera, la suerte de Bolívar empezaba a cambiar.

La extraña mezcla consiguió lo imposible en unas semanas, cuando atravesaron los Llanos inundados, en medio de lluvias torrenciales, camino de los Andes. Cuando llegaron a la magnífica cordillera en el pueblo de Pisba, a unos 160 kilómetros al nordeste de Bogotá, sus zapatos estaban hechos jirones desde hacía tiempo y muchos llevaban mantas en lugar de pantalones. Descalzos, hambrientos y congelados, continuaron pese al hielo y el aire enrarecido, y subieron a una altura de 3.900 metros para luego bajar al corazón del territorio enemigo. Unos días más tarde, a finales de julio, sorprendieron al ejército realista con la valentía de los llaneros y sus lanzas, la tranquila confianza de los soldados británicos y la capacidad casi divina de Bolívar para estar aparentemente en todas partes[89].

Si habían sobrevivido a la travesía de los Andes, estaban convencidos de poder aplastar a los realistas. Y así fue. El 7 de agosto de 1819, espoleados por su victoria de unos días antes, las tropas de Bolívar derrotaron a los españoles en la batalla de Boyacá[90]. Cuando los hombres de Bolívar cargaron ladera abajo, los realistas aterrados salieron corriendo. El camino hasta Bogotá estaba libre y Bolívar se dirigió a la capital «como un rayo»[91], dijo uno de sus oficiales, con el abrigo abierto, el pecho desnudo y el largo cabello flotando al viento. Bolívar tomó Bogotá y, con ello, arrebató Nueva Granada a los españoles. En diciembre, Quito, Venezuela y Nueva Granada se unieron para formar la nueva República de la Gran Colombia, con Bolívar de presidente.

Durante los siguientes años, Bolívar prosiguió su lucha. Conquistó Caracas en el verano de 1821, y un año más tarde, en junio de 1822, hizo una entrada triunfal en Quito[92]. Atravesó el mismo paisaje agreste que tanto había inspirado la imaginación de Humboldt dos décadas antes. Bolívar nunca había visto esa parte de Sudamérica. En los valles, el fértil suelo daba árboles exuberantes cubiertos de flores exquisitas y bananos llenos de fruta. En las llanuras más altas pastaban manadas de pequeñas vicuñas, y, sobre ellas, los cóndores se deslizaban sin esfuerzo empujados por los vientos. Al sur de Quito, un volcán detrás de otro flanqueaban los valles casi como si fueran avenidas. En ningún otro lugar de Sudamérica, pensó Bolívar, había sido la naturaleza tan «generosa con sus dones»[93]. Sin embargo, ver un escenario tan bello le hizo pensar también en las cosas a las que había renunciado. Al fin y al cabo, podía haber vivido en paz, trabajando sus campos, rodeado de una naturaleza gloriosa. El paisaje monumental le conmovió profundamente, una emoción que expresó en palabras en un arrebatado poema en prosa llamado «Mi delirio sobre el Chimborazo»[94]. Fue su alegoría de la liberación de Latinoamérica.

En su poema, Bolívar sigue los pasos de Humboldt. Mientras asciende al majestuoso Chimborazo, utiliza el volcán como imagen de su lucha para liberar las colonias españolas. Cuando sube todavía más alto, deja atrás las huellas de Humboldt e imprime las suyas propias en la nieve. Entonces, mientras lucha para dar cada paso en una atmósfera en la que escasea el oxígeno, Bolívar tiene una visión del Tiempo. Embargado por un delirio febril, ve cómo aparecen ante él el pasado y el futuro. Encima de él, bajo la bóveda celeste, está el infinito: «Llego al Eterno con mis manos —grita—, siento las prisiones infernales bullir bajo mis pasos»[95]. Con la tierra desplegada a sus pies, Bolívar usó el Chimborazo para situar su vida en el contexto de Sudamérica. Él era la Gran Colombia, la nueva nación que había forjado, y la Gran Colombia estaba en él. Era el Libertador, el salvador de las colonias y el hombre que tenía su destino en las manos. Allí, en las heladas laderas del Chimborazo, «la tremenda voz de Colombia me grita», concluye su poema[96].

No es extraño que el Chimborazo le sirviera a Bolívar de metáfora de su revolución y su destino; todavía hoy, la montaña figura en la bandera de Ecuador. Como tantas veces, Bolívar recurrió al mundo natural para ilustrar sus ideas y sus creencias. Tres años antes, había dicho al Congreso de Angostura que la naturaleza había prodigado grandes riquezas en Sudamérica. Iban a mostrar al Viejo Mundo «la majestad» del Nuevo[97]. El Chimborazo —que se había hecho famoso en todo el planeta gracias a los libros de Humboldt—, más que ninguna otra cosa, era la expresión perfecta de la revolución. «Venga al Chimborazo»[98], escribió a su antiguo profesor Simón Rodríguez, a ver esta corona de la tierra, esta escalera a los dioses, esta fortaleza inexpugnable del Nuevo Mundo. Desde allí, insistía Bolívar, había visiones sin obstáculos del pasado y el futuro. Era «el trono de la naturaleza»[99], invencible, eterno y duradero.

Bolívar estaba en el apogeo de su fama cuando escribió «Mi delirio sobre el Chimborazo» en 1822[100]. Gobernaba más de dos millones y medio de kilómetros cuadrados de tierra sudamericana, una superficie mucho mayor que el imperio de Napoleón. Las colonias del norte de Sudamérica —gran parte de lo que hoy son Colombia, Panamá, Venezuela y Ecuador— eran libres, y solo quedaba Perú bajo el control de España. Pero Bolívar quería más. Soñaba con una federación panamericana que se extendiera desde el istmo de Panamá hasta la punta meridional del virreinato del Perú, y desde Guayaquil, en la costa del Pacífico, en el oeste, hasta la costa venezolana del Caribe en el este. Una unión así sería «un coloso»[101], decía, y haría «temblar la tierra de una ojeada»; sería el poderoso vecino que tanto preocupaba a Jefferson.

El año anterior había escrito una carta a Humboldt en la que destacaba lo importantes que habían sido sus descripciones de la naturaleza sudamericana. Era la evocadora escritura de Humboldt la que los había «arrancado» a él y a sus compañeros revolucionarios de la ignorancia, le dijo[102]; les había hecho enorgullecerse de su continente. Humboldt era «el descubridor del Nuevo Mundo»[103], repetía Bolívar. Y es muy posible que fuera su obsesión con los volcanes sudamericanos la inspiración del grito de guerra de Bolívar: «Un inmenso volcán está a nuestros pies [...]. La esclavitud romperá el yugo»[104].

Bolívar siguió usando metáforas del mundo natural. La libertad era una «valiosa planta»[105], por ejemplo, o más adelante, cuando el caos y la desunión se apoderó de las nuevas naciones, advirtió de que los revolucionarios estaban «al borde del abismo»[106] y a punto de «ahogarse en el océano de la anarquía»[107]. El volcán siempre fue una de sus metáforas más utilizadas. El peligro de una revolución, decía Bolívar, era como el de estar sobre un volcán «listo para explotar»[108]. Decía que los sudamericanos estaban marchando por un «terreno volcánico»[109] y con esas palabras evocaba al mismo tiempo el esplendor y los peligros de los Andes.

Humboldt se había equivocado sobre él. Cuando se conocieron en París en el verano de 1804, y cuando se vieron un año después en Roma, había pensado que el excitable criollo no era más que un soñador[110]; pero cuando vio cómo triunfaba su viejo amigo, cambió de opinión. En julio

de 1822 le escribió una carta en la que le ensalzaba por ser «el fundador de
la libertad y la independencia de tu hermosa patria»[111]. Asimismo le recordó que Sudamérica, para él, era su segundo hogar. «Reitero mis votos
por la gloria del pueblo de América»[112], le dijo a Bolívar.

La naturaleza, la política y la sociedad formaban un triángulo de conexiones. Una cosa influía en la otra. Las sociedades dependían de su entorno: los recursos naturales podían aportar riquezas a una nación o,
como había experimentado Bolívar, una naturaleza sin domesticar como
la de los Andes podía inspirar fuerza y convicción. Sin embargo, esta idea
se podía aplicar de forma muy distinta, como habían hecho varios científicos europeos. Desde mediados del siglo XVIII, varios pensadores habían
hablado de «la degeneración de América»[113]. Uno de ellos era el naturalista francés Georges-Louis Leclerc, conde de Buffon, que en las décadas
de 1760 y 1770 había escrito que, en América, todas las cosas «se reducen
y disminuyen bajo un cielo tacaño y una tierra nada prolífica»[114]. El Nuevo Mundo era inferior al Viejo, afirmaba Buffon en la obra de historia
natural más leída de la segunda mitad del siglo. Según él, las plantas, los
animales e incluso las personas en el Nuevo Mundo eran más pequeños y
débiles. No había grandes mamíferos ni gente civilizada, e incluso los
salvajes eran «endebles»[115].

Como las teorías y los argumentos de Buffon se habían difundido
durante varias décadas, el mundo natural de América se había convertido en una metáfora de su importancia o insignificancia política y cultural, dependiendo del punto de vista. Además de la fortaleza económica, las hazañas militares y los logros científicos, la naturaleza también
era un indicador de la importancia de un país. Durante la Revolución
estadounidense, Jefferson se había mostrado furioso con las afirmaciones de Buffon, y había pasado años tratando de refutarlas. Si Buffon
empleaba el tamaño como criterio de fuerza y superioridad, Jefferson no
necesitaba más que demostrar que, en realidad, todo era más grande
en el Nuevo Mundo, y que eso elevaba a su país por encima de los de Europa. En 1782, en medio de la guerra de independencia de Estados
Unidos, Jefferson publicó *Notes on the State of Virginia,* obra en la que la
flora y la fauna de su país se convertían en soldados de infantería de
una batalla patriótica. Bajo el lema de cuanto mayor, mejor, Jefferson
enumeraba el peso de los osos, búfalos y panteras para probar su argu-

mento. Hasta la comadreja, escribió, era «más grande en América que en Europa»[116].

Cuando fue a Francia como embajador estadounidense, cuatro años después, presumió ante Buffon de que el reno escandinavo era tan pequeño que «podría pasar por debajo del vientre de nuestro alce»[117]. Con gran coste que sufragó él mismo, hizo que le enviaran un alce disecado de Vermont a París, aunque al final no sirvió para impresionar al francés porque llegó en un terrible estado de deterioro, sin pelo y con un olor pestilente[118]. Pero Jefferson no se dio por vencido, y pidió a amigos y conocidos que le hiciesen llegar detalles de «los pesos más pesados de nuestros animales [...] desde el ratón hasta el mamut»[119]. Más tarde, durante su mandato como presidente, envió gigantescos huesos y colmillos fósiles de mastodonte norteamericano a la Académie des Sciences de París para demostrar a los franceses lo enormes que eran los animales en Norteamérica[120]. Al mismo tiempo, tenía la esperanza de que un día se encontraran mastodontes vivos en algún lugar aún sin explorar del continente. Las montañas, los ríos, las plantas y los animales habían pasado a ser armas en la pelea política[121]*.

Humboldt hizo lo mismo por Sudamérica. No solo presentó el continente como un lugar de belleza, fertilidad y magnificencia sin par, sino que atacó directamente a Buffon. «Buffon estaba totalmente equivocado»[122], escribió, y después se preguntó cómo podía el naturalista francés haberse atrevido a describir el continente americano sin haberlo visto jamás. Los indígenas eran todo menos endebles, dijo Humboldt; bastaba una mirada a los caribes, en Venezuela, para refutar las absurdas elucubraciones de los científicos europeos. Había conocido a esta tribu en el camino del Orinoco a Cumaná, y en su opinión eran el pueblo más alto, más fuerte y más hermoso que había visto nunca, como estatuas en bronce de Júpiter[123]. Humboldt también desmontó la idea de Buffon de que

---

* Jefferson no fue el primer estadounidense que se enzarzó en esta disputa. En la década de 1780, Benjamin Franklin, durante su misión como embajador en París, había asistido a una cena con Abbé Raynal, uno de los científicos ofensivos. Franklin notó que todos los invitados estadounidenses estaban sentados a un lado de la mesa, y los franceses, en el otro. Decidió aprovechar la oportunidad y les retó: «Que se levanten los dos lados, y veremos en cuál de los dos ha degenerado la naturaleza». Dio la casualidad de que todos los estadounidenses eran de «la mejor estatura», le contó más tarde Franklin a Jefferson, mientras que los franceses eran todos diminutos, en particular Raynal, que era «un canijo».

Sudamérica era un «mundo nuevo», un continente que acababa de emerger del océano, sin historia ni civilización. Los monumentos antiguos que había visto y reproducido en sus libros daban fe de unas sociedades cultivadas y refinadas: palacios, acueductos, estatuas y templos. En Bogotá, Humboldt había encontrado antiguos manuscritos anteriores a los incas y había leído sus traducciones, y revelaban un complejo conocimiento de la astronomía y las matemáticas. Asimismo, el lenguaje de los caribes era tan sofisticado que incluía conceptos abstractos como el futuro y la eternidad. No había pruebas de la pobreza de lenguaje que habían destacado exploradores anteriores, porque eran unas lenguas que aunaban riqueza, elegancia, fuerza y ternura[124].

No eran los salvajes que habían descrito los europeos durante tres siglos. Bolívar, que tenía varios libros de Humboldt, debió de sentirse encantado al leer, en *Ensayo político sobre el Reino de la Nueva España,* que las teorías de Buffon sobre la degeneración solo se habían popularizado porque «halagaban la vanidad de los europeos»[125].

Humboldt siguió educando al mundo sobre Latinoamérica. Sus opiniones se repetían en todas partes, en artículos y revistas que abundaban en comentarios como «el señor Humboldt observa»[126] o «nos ha informado». El alemán había «beneficiado a América más que todos los conquistadores»[127], decía Bolívar. Había presentado el mundo natural como reflejo de la identidad de Sudamérica, el retrato de un continente que era fuerte, vigoroso y bello. Y eso fue exactamente lo que hizo también Bolívar cuando utilizó la naturaleza para galvanizar a sus compatriotas o explicar sus opiniones políticas.

En lugar de inspirarse en la teoría abstracta o la filosofía, Bolívar recordaba a sus compañeros que debían aprender de los bosques, los ríos y las montañas. «Hallaréis también consejos importantes que seguir en la naturaleza misma de nuestro país, que comprende las regiones elevadas de los Andes y las abrasadas riberas del Orinoco —dijo ante el congreso reunido en Bogotá—: examinadlo en toda su extensión, y aprenderéis en él [...] lo que ha de dictar el Congreso para felicidad de los colombianos»[128]. La naturaleza, decía Bolívar, era «la infalible maestra de los hombres».

13. LONDRES

Mientras Bolívar libraba sangrientas batallas para romper las cadenas coloniales, Humboldt intentaba convencer a los británicos de que le dejaran viajar a la India. Para completar su *Naturgemälde* del mundo, quería investigar el Himalaya y reunir los datos necesarios para comparar las dos majestuosas cordilleras. Ningún científico había subido jamás al Himalaya. Desde la llegada de los británicos al subcontinente, ni se les había ocurrido medir las magníficas montañas, decía Humboldt. Se habían limitado a «contemplarlas sin más, sin ni siquiera preguntarse qué altura tenía el descomunal macizo del Himalaya»[1]. Humboldt pretendía medir altitudes, comprender características geológicas y examinar la distribución de las plantas, igual que había hecho en los Andes.

Desde que había puesto el pie en Francia tras su expedición, en 1804, Humboldt soñaba con volver a salir de Europa[2]. Su deseo de viajar era su compañero más fiel. Estaba convencido de que el conocimiento no podía adquirirse solo en los libros. Para comprender el mundo, un científico debía estar en la naturaleza, sentirla, experimentarla, una noción que Goethe había explorado en *Fausto,* al presentar a Wagner, ayudante de Fausto, como un personaje obstinado y unidimensional que no veía ningún motivo para aprender nada de la naturaleza, sino solo de los libros.

> Pronto se hastía uno de la vista del bosque y de los campos, y nunca envidiaré las plumas de las aves. ¡Cuán otramente los goces del espíritu nos llevan de libro en libro, de hoja en hoja![3]

El Wagner de Goethe es el epítome del erudito de mente estrecha, encerrado en su laboratorio y enterrado en una prisión de libros. Humboldt era
todo lo contrario. Era un científico que no solo quería comprender el
mundo natural intelectualmente sino experimentarlo de manera visceral.

El único problema era que Humboldt iba a necesitar el permiso de la
Compañía de las Indias Orientales británica, que controlaba gran parte
de la India. Fundada en 1600 como una asociación de comerciantes que
pusieron en común sus recursos para crear un monopolio mercantil, la
compañía había extendido su poder por todo el subcontinente gracias a
sus ejércitos privados. En el siglo anterior, había pasado de ser una empresa comercial que importaba y exportaba mercancías a convertirse en
una formidable potencia militar. En la primera década del siglo xix,
cuando Humboldt empezó a pensar en una expedición al Himalaya, la
Compañía de las Indias Orientales era tan poderosa que funcionaba como
un Estado dentro del Estado. Igual que Humboldt había necesitado el
permiso del rey de España para ir a Sudamérica, ahora necesitaba el de
los directivos de la compañía.

El Himalaya

El primer volumen del *Ensayo político sobre el Reino de la Nueva España*
había aparecido en inglés en 1811, y en Londres no habían pasado inadvertidas las feroces críticas de Humboldt contra el colonialismo español.
¿Qué podían pensar de un hombre que hablaba de «la crueldad de los
europeos»[4]? Tampoco debió de ser positivo que, en su empeño constante de encontrar correlaciones, hubiera comparado a menudo el poder
español en Latinoamérica con el británico en la India. La historia de la
conquista, *tanto* en Sudamérica *como* en la India, escribía Humboldt en el
Ensayo, era una «lucha desigual»[5], o también denunciaba —de nuevo

señalando a Gran Bretaña— que los sudamericanos y los *hindoo* «llevan mucho tiempo gimiendo bajo un despotismo civil y militar». No parece probable que esas palabras congraciaran a los directivos de la Compañía de las Indias Orientales con Humboldt y sus planes de viaje.

Él ya había intentado obtener su autorización en el verano de 1814, cuando acompañó al rey de Prusia, Federico Guillermo III, a Londres para celebrar con los aliados la victoria sobre Napoleón[6]. Durante dos breves semanas, Humboldt se reunió con políticos, duques, *lords* y *ladies,* científicos y pensadores —es decir, con cualquiera que pudiera serle útil—, pero no había conseguido nada. Vio esperanzas y entusiasmo, algunas promesas y ofertas de ayuda, pero, al final, nada parecido al fundamental pasaporte.

Tres años más tarde, el 31 de octubre de 1817, volvió a Londres, de nuevo con una solicitud para la Compañía de las Indias Orientales[7]. Su hermano Wilhelm, que acababa de trasladarse a Inglaterra en su nuevo cargo de embajador de Prusia en Gran Bretaña, le esperaba en su casa de Portland Place. A Wilhelm no le gustaba su nuevo hogar: Londres era demasiado grande y el tiempo era deprimente[8]. Las calles estaban abarrotadas de coches de caballos, carros y gente. Los visitantes se quejaban de los peligros de caminar por la ciudad, sobre todo los lunes y los viernes, cuando conducían los rebaños de ganado por los estrechos callejones. El humo del carbón y la niebla creaban con frecuencia una atmósfera claustrofóbica. ¿Cómo habían logrado los ingleses ser «tan grandes con tan escasa luz natural»[9]?, se preguntaba Richard Rush, embajador de Estados Unidos.

La zona de Portland Place en la que vivía Wilhelm era una de las más elegantes de Londres. Sin embargo, ese invierno era un gran solar en construcción, porque el arquitecto John Nash estaba llevando a la práctica su gran plan urbanístico que debía conectar la casa del príncipe en Londres, Carlton House, en St. James's Park, con el nuevo Regent Park. Uno de los elementos del plan era Regent Street, que atravesaba los laberínticos callejones del Soho y llegaba hasta Portland Place. Las obras habían comenzado en 1814 y había ruidos por todas partes, a medida que derribaban los viejos edificios para dejar sitio a las nuevas avenidas.

Wilhelm había preparado una habitación para Alexander y estaba deseando recibir a su hermano. Pero, como tantas veces, este viajaba con un acompañante masculino, en esta ocasión, François Arago. A Wilhelm le desagradaban profundamente las intensas amistades de su hermano[10];

seguramente por una mezcla de celos y preocupación por lo que podían parecer unas relaciones inapropiadas. Cuando Wilhelm se negó a acoger a Arago, Alexander se mudó con su amigo a una fonda cercana. La visita no empezaba bien.

Wilhelm se lamentaba de que nunca veía a su hermano sin que hubiera otras personas[11]. Nunca cenaban en casa los dos solos, se quejaba, pero también reconocía que siempre desplegaba un refrescante torbellino de actividad. Seguía pensando que era demasiado francés y a menudo le irritaba su interminable «caudal de palabras»[12]. La mayor parte del tiempo dejaba que hablase sin interrumpirle[13]. Sin embargo, con todas sus diferencias, se alegraba de verlo.

A pesar del caos que rodeaba Portland Place, la zona le gustó a Alexander. En unos minutos podía estar paseando por el campo y por senderos hacia el norte, pero estaba a un breve trayecto en coche de la sede de la Royal Society y a veinte minutos andando del Museo Británico, que era una de las atracciones más populares ese año. Miles de personas acudían a ver los famosos mármoles de Elgin, que el conde del mismo nombre había sacado de la Acrópolis, en Grecia, y que solo unos meses antes habían encontrado un nuevo hogar en el museo[14]. Los mármoles eran maravillosos, le dijo Wilhelm a su esposa, Caroline, pero añadió: «¡Nadie ha robado así! Fue como ver todo Atenas»[15].

En Londres había también un bullicio comercial que no tenía nada que ver con el de París[16]. Londres era la mayor ciudad del mundo, y el poder económico de Gran Bretaña se exhibía en las tiendas que adornaban el West End, una muestra reluciente del dominio imperial del país. Con Napoleón exiliado en Santa Elena y el fin de la amenaza francesa, Gran Bretaña estaba iniciando un largo periodo de hegemonía indiscutible en el mundo. La «acumulación de objetos»[17], decían los visitantes, era «asombrosa». Era una ciudad ruidosa, caótica y llena de gente.

Si las tiendas proclamaban el poderío imperial de Gran Bretaña, también lo hacía la magnífica sede de la Compañía de las Indias Orientales en Leadenhall Street, en la City. A la entrada, seis inmensas columnas estriadas sostenían un impresionante pórtico que mostraba a Britannia tendiendo la mano a una India de rodillas, que ofrecía a la primera sus tesoros. Dentro, las opulentas salas desprendían riqueza y poder. El relieve de mármol sobre la chimenea de la sala de juntas no podía ser más claro: se llamaba «Britannia recibiendo las riquezas de Oriente». Mostraba los productos que ofrecía Oriente —perlas, té, porcelana y algodón—, la figura femenina de Britannia y, como símbolo de Londres, al padre Támesis. Había también grandes lienzos con imágenes de los establecimientos de la compañía en la India, como Calcuta, Madrás y Bombay. Ahí, en la East India House, era donde los ejecutivos hablaban de acciones militares, barcos, cargamentos, empleados, ingresos y, por supuesto, permisos para viajar a su territorio.

Además de pedir permiso para explorar la India, Alexander tenía un programa muy apretado en Londres. Fue con Arago al Royal Observatory en Greenwich, pasó por casa de Joseph Banks en Soho Square y ayudó durante dos días al famoso astrónomo nacido en Alemania, William Herschel, en su casa de Slough, a las afueras de Londres[18]. A sus ochenta años, Herschel era una leyenda: había descubierto Urano en 1781 y había acercado el universo a la Tierra con sus inmensos telescopios. Como todo el mundo, Humboldt quería ver el enorme telescopio de doce metros que había construido, una de las «maravillas del mundo»[19], según se decía.

Lo que más interesaba a Humboldt era la idea de Herschel de un universo en evolución, no basado exclusivamente en las matemáticas, sino una cosa viviente que cambiaba, crecía y fluctuaba. El astrónomo había empleado una analogía al escribir sobre «la germinación, la floración, el follaje, la fecundidad, el deterioro, el marchitamiento y la corrupción» de las estrellas y los planetas para explicar su formación[20]. Humboldt utilizaría exactamente la misma imagen años después al hablar del «gran jardín del universo»[21], en el que las estrellas aparecían en distintas fases, igual que «un árbol en todas las etapas de crecimiento».

Arago y Humboldt asistieron también a las reuniones de la Royal Society[22]. Desde su fundación, en la década de 1660, «para la mejora de todo el conocimiento natural mediante la experimentación»[23], la Royal Society se había convertido en el centro de las investigaciones científicas en Gran Bretaña. Todos los jueves, los miembros se reunían para discutir los últimos avances científicos. Llevaban a cabo experimentos, «electrificaban» a personas, estudiaban nuevos telescopios, cometas, botánica y fósiles. Debatían, intercambiaban resultados y leían cartas que habían recibido de amigos y desconocidos también apasionados por la ciencia.

No había un lugar mejor para conocer a científicos. «Todos los estudiosos son hermanos»[24], dijo Humboldt después de una reunión. Los socios habían honrado a Humboldt al escogerlo como miembro extranjero dos

Sala de reuniones en la Royal Society

años antes, y no pudo disimular su orgullo cuando su viejo amigo y presidente de la Sociedad, Joseph Banks, elogió su última obra sobre botánica delante de los ilustres reunidos y dijo que era «una de las más bellas y magníficas» jamás publicadas[25]. Banks le invitó a cenar en el Royal Society Dining Club[26], todavía más selecto, en el que recuperó el contacto con Humphry Davy, entre otros. Acostumbrado como estaba a la cocina parisina, Humboldt no se sintió tan partidario de la comida, y se quejó después: «He cenado en la Royal Society, donde le envenenan a uno»[27]. Sin embargo, por desagradable que fuera la comida, el número de científicos que asistían a esas cenas aumentaba enormemente cuando estaba él en la ciudad[28].

Humboldt iba de una reunión a otra; Arago le acompañaba, pero prescindía de los actos a última hora de la noche. Mientras Arago dormía, Humboldt hacía otra ronda de visitas[29]. A sus cuarenta y ocho años, no había perdido nada de su entusiasmo juvenil. Lo único que no le gustaba de Londres era lo rígidos y formales que eran para vestir. Era «detestable»[30], se quejó a un amigo, de que «a las nueve tienes que llevar la corbata de *esta* forma, y a las diez, de *esa otra,* y a las once de otra distinta». Pero incluso los rigores de la moda le parecían soportables, porque todo el mundo quería conocerle. Dondequiera que iba, le acogían con el máximo respeto. Todos los «poderosos»[31], decía, veían con buenos ojos sus proyectos y sus planes sobre la India. No obstante, sus éxitos no sirvieron para convencer a los directivos de la Compañía de las Indias Orientales.

Después de un mes en Londres, Humboldt regresó a París con la cabeza llena pero sin permiso para viajar. Dado que no existen documentos oficiales sobre la solicitud de Humboldt, es difícil saber qué argumentos empleó la compañía para negárselo, pero años después, en un artículo publicado en la *Edinburgh Review,* se decía que fue por «indignos celos políticos»[32]. Seguramente la Compañía de las Indias Orientales no quería que un prusiano agitador y liberal investigara las injusticias coloniales. De momento, Humboldt no iba a ir a la India.

Mientras tanto, sus libros estaban vendiéndose bien en Inglaterra. La primera obra traducida al inglés había sido el *Ensayo político sobre el Reino de la Nueva España,* en 1811, pero tuvo más éxito *Personal Narrative* (el primero de los siete volúmenes se tradujo en 1814), que era un libro de viajes —aunque con numerosas notas científicas— y apelaba al gusto del lector general. *Personal Narrative* seguía el viaje de Humboldt y Bonpland cronológicamente, desde su salida de España en 1799[*]. Este fue el libro que más tarde inspiraría a Charles Darwin a embarcarse en el *Beagle,* y del que diría que «lo conozco casi de memoria»[33].

Personal Narrative, explicaba Humboldt, era distinto a cualquier otro libro de viajes. Muchos viajeros se limitaban a medir, decía —unos recogían plantas y a otros solo les interesaban los datos económicos de los centros mercantiles—, pero nadie aunaba la observación exacta con «una descripción pictórica del paisaje»[34]. En cambio, Humboldt llevaba a sus lectores a las calles abarrotadas de Caracas, a través de las planicies polvorientas de los Llanos y al corazón de la selva a orillas del Orinoco. Al describir un continente que pocos británicos habían visto, Humboldt se apoderaba de su imaginación. Sus palabras eran tan evocadoras, escribió

---

[*] El primer volumen de *Personal Narrative* se publicó en 1814, el mismo año que la traducción inglesa de las *Vistas de las cordilleras.* En Gran Bretaña, sus libros los publicaba un consorcio en el que estaba John Murray, por aquel entonces el editor más de moda de Londres, cuyo autor de más éxito comercial era lord Byron.

Edinburgh Review, que «uno participa en sus peligros; comparte sus miedos, sus triunfos y sus decepciones»[35].

Hubo algunas malas críticas, pero solo en revistas que no estaban de acuerdo con las opiniones políticas liberales de Humboldt. La conservadora *Quarterly Review* no aprobó la perspectiva global de Humboldt al estudiar la naturaleza, y criticó que no siguiera ninguna teoría en concreto. «Juega con todas —decía el artículo—, navega con todos los vientos y nada en todas las corrientes»[36]. Unos años después, no obstante, incluso la *Quarterly Review* elogiaba el extraordinario talento de Humboldt para combinar la investigación científica con «calidez de sentimiento y fuerza imaginativa»[37]. Escribía como un «poeta», reconocía el encargado de la reseña. Durante años, las descripciones de Humboldt sobre Latinoamérica y su nueva visión de la naturaleza penetraron en la literatura y la poesía británicas. En la novela de Mary Shelley *Frankenstein,* que se publicó en 1818 —solo cuatro años después del primer volumen de *Personal Narrative*—, el monstruo de Frankenstein declara su deseo de escapar «a las vastas selvas de América»[38]. Poco después, lord Byron inmortalizó a Humboldt en *Don Juan* con una mención que ridiculizaba su cianómetro, el instrumento con el que Humboldt había medido la intensidad del azul del cielo.

> Humboldt, «el primer viajero», aunque no el último
> si no son falsos los últimos acontecimientos,
> inventó, con un nombre que ya he olvidado,
> —igual que la fecha de tan ilustre descubrimiento—
> un instrumento aéreo con el que indagar
> y determinar el estado de la atmósfera
> midiendo la intensidad del azul.
> ¡Oh lady Daphne, dejadme que os mida yo a vos![39]

Al mismo tiempo, los poetas románticos británicos Samuel Taylor Coleridge, William Wordsworth y Robert Southey empezaron a leer los libros de Humboldt. Southey se quedó tan impresionado que fue a visitarle a París en 1817[40] y declaró que Humboldt aunaba sus vastos conocimientos con «una mirada de pintor y un sentimiento de poeta»[41]. Era «entre los viajeros lo que Wordsworth es entre los poetas»[42]. Al oír tales elogios, Wordsworth le pidió a Southey que le prestara su ejemplar de *Personal Narrative,* poco después de su publicación[43]. En aquella época, Wordsworth estaba escribiendo una serie de sonetos sobre el río Duddon, en Cumbria, y algunos de los versos que creó después de leer a Humboldt pueden interpretarse en ese contexto.

Wordsworth, por ejemplo, utilizó los relatos de los viajes de Humboldt como material para los sonetos. En *Personal Narrative,* el alemán contaba cómo había preguntado a una tribu indígena del alto Orinoco sobre unas figuras de animales y estrellas talladas en lo alto de las rocas a orillas del río. «Responden con una sonrisa —escribió Humboldt—, como explicando un hecho del que solo un extranjero, un hombre blanco, podría ignorar que "en la época de las *grandes aguas,* sus padres llegaban hasta esa altura en sus barcas"»[44].

En el poema de Wordsworth, el original de Humboldt se convertía en esto:

> Allí respondía el indio con una sonrisa
> dirigida a la ignorancia del hombre blanco
> sobre las GRANDES AGUAS y contaban cómo subían
> ...
> Sobre las que sus padres llevaban, hasta la cresta,
> del todo inalcanzable, su energía;
> y tallaban, en el lado no temido del muro
> Sol, luna y estrellas, y bestias de caza y presa[45].

Coleridge, amigo de Wordsworth y asimismo poeta, también encontraba estimulante la obra de Humboldt[46]. Probablemente había conocido sus ideas por primera vez en la casa de Wilhelm y Caroline von Humboldt en Roma, donde vivió un tiempo a finales de 1805. Había conocido a Wilhelm —el «hermano del gran viajero»[47], le llamaba Coleridge— poco después de su llegada. En el salón de los Humboldt se hablaba sin cesar de las historias de Alexander sobre Sudamérica, pero también de su nuevo concepto de naturaleza. De vuelta en Inglaterra, Coleridge empezó a leer sus libros y copió fragmentos en sus cuadernos, y volvía a leerlos cuando reflexionaba sobre ciencia y filosofía, porque estaba debatiéndose con ideas similares.

Wordsworth y Coleridge eran «poetas caminantes»[48], que no solo necesitaban estar al aire libre sino que escribían al aire libre. Como Humboldt, que insistía en que había que salir de los laboratorios para comprender verdaderamente la naturaleza, Wordsworth y Coleridge creían que los poetas tenían que abrir las puertas de sus estudios y caminar por praderas, colinas y ríos. Un sendero irregular o unos bosques espesos eran los lugares preferidos de Coleridge para componer poemas, decía. Un amigo calculaba que Wordsworth, al llegar a los sesenta años, llevaba recorridos alrededor de 290.000 kilómetros. Formaban parte de la naturaleza y buscaban la unidad dentro del hombre pero también entre el hombre y su entorno.

Coleridge, igual que Humboldt, admiraba la filosofía de Immanuel Kant —«realmente un gran hombre»[49], lo llamaba—, y al principio se entusiasmó con la *Naturphilosophie* de Schelling por su búsqueda de unidad entre el yo y la naturaleza, el mundo interno y el externo. Lo que más de cerca le tocaba era la creencia de Schelling en el papel del yo creativo para comprender la naturaleza. La ciencia necesitaba una dosis de imaginación, o, como decía Schelling, tenían que «volver a dar alas a la física»[50].

Coleridge hablaba alemán y llevaba mucho tiempo inmerso en la literatura y la ciencia alemanas*. Incluso había sugerido una traducción de la obra maestra de Goethe, *Fausto,* al editor de Humboldt, John Murray[51]. Esta obra, más que ninguna otra contemporánea, trataba temas que interesaban profundamente a Coleridge. Fausto veía que todo se sostenía unido: «¡Cómo se entretejen las cosas para formar el Todo obrando y viviendo lo uno en otro!»[52], declara Fausto en la primera escena, una frase que podrían haber escrito tanto Humboldt como Coleridge.

El inglés lamentaba la pérdida de lo que llamaba «los poderes conectivos de la comprensión»[53]. Vivían en una «época de división y separación»[54], de fragmentación y pérdida de unidad. El problema, insistía, eran filósofos y científicos como René Descartes o Carl Linneo, que habían convertido la interpretación de la naturaleza en un estricto trabajo de recoger, clasificar o hacer abstracciones matemáticas. Esta «filosofía del mecanicismo —escribió Coleridge a Wordsworth— golpea con la *Muerte*»[55]. Wordsworth estaba de acuerdo en que era el naturalista, con su ansia de clasificar, quien era «¿un esclavo del dedo, / Uno que miraba y cogía hierbas / Sobre la tumba de su madre?»[56]. Coleridge y Wordsworth

---

* Es posible que leyera algún libro de Humboldt antes de que se tradujera, porque había viajado por Alemania y había estudiado allí. Exactamente diez años después de que Humboldt estudiara en la Universidad de Gotinga, Coleridge se inscribió en ella, en 1799, bajo la tutela de Johann Friedrich Blumenbach, el mismo que le había hablado a Humboldt de las fuerzas vitales.

estaban empezando a volverse en contra de la idea de arrancar el conocimiento de la naturaleza con «palancas y tornillos»[57] —en palabras de
Fausto— y de un universo newtoniano hecho de átomos inertes que seguían las leyes naturales como autómatas. Veían la naturaleza como Humboldt, dinámica, orgánica y resonante de vida.

Coleridge reclamaba una nueva aproximación a las ciencias como
respuesta a la pérdida del «espíritu de la Naturaleza»[58]. Ni Coleridge ni
Wordsworth se oponían a la ciencia en sí, sino a la «visión microscópica»[59]
predominante. Como Humboldt, les molestaba la división de la ciencia
en enfoques cada vez más especializados. Coleridge decía que esos filósofos eran «pequeñistas»[60], mientras que Wordsworth escribió en su poema *The Excursion* (1814):

> Porque se decidió
> que debíamos mirar, y menguar mientras miramos,
> para seguir mirando siempre las cosas pequeñas,
> los objetos solitarios, aún observados
> desconectados, muertos y sin alma,
> y aún dividiéndose y dividiéndose más
> rompen toda grandeza...[61]

La idea de Humboldt de la naturaleza como un organismo vivo, animado
por fuerzas dinámicas, encontró terreno fértil en Inglaterra. Era el principio rector y la principal metáfora de los románticos. Las obras de Humboldt, escribió la *Edinburgh Review*, eran la mejor prueba de la «cinta secreta»[62] que unía todo el conocimiento, el sentimiento y la moral. Todo
estaba relacionado y «se encontraba reflejado en el otro»[63].

No obstante, por más éxito que tuvieran sus libros y por muy admirado
que fuera su trabajo entre los poetas, pensadores y científicos británicos,
Humboldt seguía sin recibir la autorización de los administradores coloniales para viajar a la India. La Compañía de las Indias Orientales continuaba mostrándose poco dispuesta a cooperar. Pero Humboldt no cesó
de trazar planes detallados. Proponía estar cuatro o cinco años en la India,
le dijo a Wilhelm, y al volver a Europa, por fin, dejaría París. Quería escribir los libros sobre sus viajes indios en inglés, y para ello se instalaría
en Londres[64].

14. SIN PARAR DE DAR VUELTAS

Maladie centrifuge

El 14 de septiembre de 1818, el día que cumplía cuarenta y nueve años, Humboldt subió a la diligencia en París para ir otra vez a Londres, su tercera visita en solo cuatro años[1]. Cinco días después, llegaba en mitad de la noche a casa de Wilhelm en Portland Place. A esas alturas era ya tan famoso que los periódicos londinenses anunciaron su visita en la sección de «Visitantes de moda». Todavía estaba tratando de organizar su expedición a la India, y el estatus diplomático de su hermano en Londres le ayudaba a abrir varias puertas importantes. Por ejemplo, Wilhelm le facilitó una audiencia privada con el príncipe regente, que le aseguró que tenía todo su apoyo para la aventura[2]. Humboldt se entrevistó también con el funcionario del Gobierno británico que supervisaba las actividades de la Compañía de las Indias Orientales, George Canning, presidente de la junta de control, que le prometió su ayuda. Después de esas reuniones, Humboldt estaba seguro de que cualquier obstáculo que la compañía pudiera «situarme en el camino»[3] desaparecería. Tras más de diez años de persuadir y suplicar, la India parecía por fin a su alcance. Convencido de que los directivos iban a darle el permiso, volvió su atención hacia el rey Federico Guillermo III, que había dicho en el pasado que quizá estaría dispuesto a financiar el viaje.

En el momento de la visita de Humboldt a Londres, el rey de Prusia estaba casualmente en el Congreso de Aquisgrán, hoy parte de Alemania. El 1 de octubre de 1818, las cuatro potencias aliadas —Prusia, Austria, Gran Bretaña y Rusia— se habían reunido allí para debatir la retirada de sus tropas de Francia y una futura alianza europea. Dado que Aquisgrán estaba a solo 320 kilómetros de Calais, si Humboldt iba directamente allí se ahorraría una temida visita a Berlín —una ciudad a la que no había ido en once años— y unos 1.600 kilómetros de viaje innecesario[4].

El 8 de octubre, cuando no hacía ni tres semanas que había llegado a Londres, Humboldt volvió a marcharse, seguido de rumores. En la prensa británica había informaciones de que el naturalista debía ir corriendo al congreso de Aquisgrán para que «le consultaran sobre los asuntos de Sudamérica»[5]. La policía secreta francesa tenía sospechas similares y creía que Humboldt llevaba consigo un informe detallado sobre las colonias rebeldes[6]. También España había enviado a un representante a Aquisgrán con la esperanza de obtener el apoyo europeo en su batalla contra el ejército de Simón Bolívar[7]. Sin embargo, cuando llegó Humboldt, era ya evidente que los aliados no tenían ningún interés en inmiscuirse en las ambiciones coloniales españolas[8]; el equilibrio de poder en la Europa posnapoleónica era una preocupación mucho más acuciante. Por el contrario, Humboldt pudo centrarse en lo que *The Times* llamó «su propio asunto»[9]: sacar dinero a los prusianos para su expedición a la India.

En Aquisgrán, Humboldt informó al canciller prusiano, Karl August von Hardenberg, de que las dificultades para su expedición prácticamente habían desaparecido. La única traba para «la completa garantía de mi empresa»[10], aseguró, era la financiación. Veinticuatro horas después, Federico Guillermo III le había prestado el dinero[11]. Humboldt estaba eufórico. Después de catorce años en Europa, por fin iba a poder irse. Iba a poder ascender al gran Himalaya y extender su *Naturgemälde* por todo el mundo.

A su regreso a París, Humboldt empezó sus preparativos en serio[12]. Compró libros e instrumentos, se escribió con personas que habían viajado a Asia y organizó su ruta exacta. Primero iría a Constantinopla y luego al monte Ararat, el volcán nevado y durmiente próximo a la frontera actual entre Irán y Turquía. De allí viajaría hacia el sur, atravesando por tierra toda Persia hasta Bandar Abbas, en el golfo Pérsico, desde donde cruzaría en barco a la India. Estaba aprendiendo persa y árabe, y una pared del dormitorio de su pequeño apartamento parisino estaba cubierta con un enorme mapa de Asia. Pero, como siempre, todo tardaba más de lo que Humboldt había pensado en un principio.

Todavía no había publicado las conclusiones definitivas de su exploración de Latinoamérica. Al final, todos los libros juntos formarían los treinta y cuatro volúmenes de *Viaje a las regiones equinocciales del Nuevo*

Continente, que comprendía los tomos del relato de viajes *Personal Narrative* pero también libros más especializados sobre botánica, zoología y astronomía. Algunos, como la *Personal Narrative* y el *Ensayo político sobre el Reino de la Nueva España*, tenían pocas o ninguna ilustración y estaban al alcance de un público más amplio, mientras que otros, como *Vistas de las cordilleras*, con sus impresionantes imágenes de paisajes y monumentos latinoamericanos, eran volúmenes pesados que costaban una fortuna. En su totalidad, *Viaje a las regiones equinocciales del Nuevo Continente* sería la obra más cara jamás publicada en privado por un científico. Humboldt llevaba años empleando a cartógrafos, artistas, grabadores y botánicos, y los gastos eran tan elevados que supusieron su ruina económica. Todavía tenía sus ingresos del rey de Prusia y de las ventas de sus libros, pero tenía que llevar una vida frugal. Su herencia se había agotado. Había gastado 50.000 táleros en su expedición y alrededor del doble en sus publicaciones y en vivir en París.

Nada de eso le detenía. Recibía préstamos de amigos y bancos y, en general, prefería ignorar su situación financiera, con una deuda que no dejaba de crecer[13].

Mientras trabajaba en sus libros, Humboldt seguía preparando el viaje a la India. Envió a Suiza a Karl Sigismund Kunth, el sobrino de su viejo profesor de infancia, Gottlob Johann Christian Kunth, que era el botánico que se había hecho cargo de las publicaciones sobre el tema cuando Bonpland empezó a retrasarse demasiado. El plan era que Kunth acompañara a Humboldt a la India pero que antes examinara las plantas en los Alpes para poder compararlas con las del monte Ararat y el Himalaya[14]. El viejo compañero de viaje de Humboldt, Aimé Bonpland, ya no estaba a su disposición. Cuando murió Josefina Bonaparte, en mayo de 1814, Bonpland dejó de trabajar en su jardín de Malmaison. Aburrido de su vida en París —«toda mi existencia es demasiado previsible»[15], le escribió a su hermana—, estaba deseoso de emprender nuevas aventuras, pero se impacientó cuando los planes de viaje de Humboldt se retrasaron.

Bonpland siempre había querido volver a Sudamérica. Fue a Londres a reunirse con los hombres de Simón Bolívar y otros revolucionarios que habían ido a Gran Bretaña a obtener apoyos para su lucha contra España[16]. Incluso les proporcionó libros y una imprenta, además de armas de contrabando. Pronto los sudamericanos empezaron a rivalizar por los servicios de Bonpland. Francisco Antonio Zea, el botánico que iba a convertirse en vicepresidente de Colombia bajo el mandato de Bolívar, le pidió que continuara la labor del difunto José Celestino Mutis en Bogotá[17]. Al mismo tiempo, los representantes de Buenos Aires esperaban que Bonpland creara un jardín botánico allí. Sus conocimientos sobre la posible utilidad de las plantas ofrecía posibilidades económicas a los nuevos países. El plan de los argentinos era hacer como los británicos, que habían construido un jardín botánico en Calcuta para que sirviera de almacén del imperio y albergara cultivos útiles. Querían que Bonpland les ayudase a introducir «nuevos métodos de agricultura práctica»[18] de Europa.

Los revolucionarios pretendían atraer a científicos europeos a Latinoamérica. La ciencia era como una nación sin fronteras, unía a la gente y —confiaban— situaría a una Latinoamérica independiente en igualdad de condiciones con Europa. Cuando Zea fue designado ministro plenipotenciario de Colombia en Gran Bretaña, recibió instrucciones no solo de obtener apoyos a su lucha política sino también de promocionar la emigración de científicos, artesanos y agricultores. «El ilustre Franklin obtuvo más beneficios para su país en Francia a través de las ciencias naturales que de todos sus esfuerzos diplomáticos»[19], recordaron a Zea sus superiores.

La perspectiva de que Bonpland emigrara ilusionaba especialmente a los revolucionarios, por sus amplios conocimientos sobre Latinoamérica. Todos estaban «esperándole impacientes»[20], le dijo uno de ellos. En la primavera de 1815, mientras las tropas realistas recuperaban gran parte del territorio junto al río Magdalena, en Nueva Granada, y el ejército revolucionario se veía diezmado por las deserciones y las enfermedades, el propio Bolívar escribió a Bonpland para ofrecerle el puesto de Mutis en Bogotá. Pero, a la hora de la verdad, el francés estaba demasiado preocupado por la brutal guerra civil que había arrasado Nueva Granada y Venezuela, de modo que, a finales de 1816, partió de Francia con rumbo a Buenos Aires[21].

Doce años después de salir de Sudamérica con Humboldt, Bonpland regresaba cargado de esquejes de árboles frutales, semillas, uvas y plantas medicinales para empezar una nueva vida. Sin embargo, después de un par de años en Buenos Aires, se hartó de vivir en una ciudad. Nunca le había gustado el trabajo ordenado de erudito. Era botánico de campo y disfrutaba encontrando plantas raras, pero era un inútil a la hora de clasificarlas. Con los años reunió veinte mil plantas desecadas, pero su herbario era caótico, con los ejemplares amontonados en cajas, atados juntos de cualquier manera y ni siquiera prensados sobre papel[22]. En 1820, Bonpland se estableció en la ciudad argentina de Santa Ana, junto al río

Paraná, cerca de la frontera con Paraguay, y allí se dedicó a reunir plantas y cultivar hierba mate, unas hojas con las que se hacía una infusión muy popular en Sudamérica.

El 25 de noviembre de 1821, exactamente cinco años después de que Bonpland saliera de Francia hacia Argentina, Humboldt le escribió para enviarle algo de dinero pero también para lamentarse de que no sabía nada de su «viejo compañero de fortunas»[23]. El francés nunca llegó a recibir la carta. El 8 de diciembre de 1821, dos semanas después, cuatrocientos soldados paraguayos cruzaron la frontera e irrumpieron en su granja en Santa Ana. Siguiendo órdenes de José Gaspar Rodríguez de Francia, el dictador de Paraguay, los hombres asesinaron a los empleados de Bonpland y a él le encadenaron. Rodríguez de Francia le acusaba de espionaje agrícola y temía que su próspera plantación compitiera con la producción paraguaya de mate. Sus hombres se lo llevaron a Paraguay y le encarcelaron[24].

Sus viejos amigos trataron de ayudarle. Bolívar, que estaba en Lima intentando expulsar a los españoles de Perú, escribió al dictador para pedir la libertad de Bonpland y le amenazó con ir a Paraguay a rescatarlo. Rodríguez podía considerarle un aliado, decía Bolívar, pero solo si «los inocentes a los que quiero no se convierten en víctimas de la injusticia»[25]. Humboldt también hizo todo lo que pudo a través de sus contactos europeos[26]. Envió a Paraguay cartas firmadas por famosos científicos y pidió a su viejo conocido de Londres George Canning (que a esas alturas era ministro de Exteriores) que el cónsul británico en Buenos Aires hiciera una gestión; pero Rodríguez de Francia se negó a dejar a Bonpland en libertad.

Mientras tanto, los planes de viaje de Humboldt se habían paralizado. A pesar del apoyo del príncipe regente y George Canning, la Compañía de las Indias Orientales seguía negándole la entrada en la India. A Humboldt le parecía como si en los últimos años hubiera estado dando vueltas sobre sí mismo. Si sus años en Latinoamérica y los inmediatamente posteriores se habían caracterizado por una actividad frenética y una trayectoria constante hacia adelante, ahora se sentía asfixiado y estancado. Ya no era el joven explorador apuesto y heroico al que elogiaban por sus aventuras, sino un distinguido y respetado científico de cincuenta y tantos años. A la mayoría de sus contemporáneos de mediana edad les habría encantado que los admirasen y solicitasen sus conocimientos, pero Humboldt no estaba aún dispuesto a quedarse quieto. Todavía tenía mucho que hacer. Estaba tan inquieto que un amigo dijo que sufría de una «maladie centrifuge», la enfermedad centrífuga de Humboldt[27].

Frustrado, irritado y molesto, Humboldt se sentía engañado y menospreciado. Anunció que pensaba dar la espalda a Europa. Iba a irse a vivir a México, donde planeaba crear un instituto de ciencias. Allí se rodearía de hombres eruditos, le dijo a su hermano en octubre de 1822, y disfrutaría de la «libertad de pensamiento»[28]. En México, por lo menos, era «muy respetado»[29]. Estaba completamente seguro de que iba a pasar el resto de su vida fuera de Europa. Unos años después, le dijo a Bolívar que seguía pensando en irse a vivir a Latinoamérica[30]. En realidad, nadie sabía qué quería ni dónde tenía previsto ir. Wilhelm lo resumió así: «Alexander siempre prevé cosas enormes, y luego no sucede ni la mitad»[31].

La Compañía de las Indias Orientales no cedía, pero daba la impresión de que, en Gran Bretaña, todos los demás adoraban a Humboldt. Muchos científicos a los que había conocido en Londres iban a París a visitarle[32]. Fue otra vez el famoso químico Humphry Davy, igual que John Herschel, hijo del astrónomo William Herschel, y Charles Babbage, el matemático al que hoy se considera el padre de la computadora. Humboldt «disfrutaba ayudando»[33], decía Babbage, independientemente de que el visitante fuera famoso o desconocido. El geólogo de Oxford William Buckland también se entusiasmó cuando conoció a Humboldt en París. Nunca había visto a un hombre que hablara más deprisa o con más brillantez, le escribió a un amigo[34]. Como siempre, Humboldt fue generoso con sus conocimientos y con sus colecciones, y puso su gabinete y sus cuadernos a disposición de Buckland.

Uno de los encuentros científicos más significativos fue el que tuvo con Charles Lyell, el geólogo británico cuyo trabajo ayudaría a Charles Darwin a dar forma a sus ideas sobre la evolución[35]. Fascinado por la formación de la Tierra, Lyell había viajado por Europa en los primeros años de la década de 1820 para investigar montañas, volcanes y otras formaciones geológicas de cara a su revolucionaria obra *Elementos de geología*. Luego, en el verano de 1823, aproximadamente al mismo tiempo que le llegaba a Bolívar la noticia del encarcelamiento de Bonpland, Lyell, a sus veinticinco años y lleno de entusiasmo, fue a París con las maletas repletas de cartas de presentación para Humboldt.

Desde su vuelta de Latinoamérica, uno de los proyectos de Humboldt había sido recolectar y comparar datos sobre estratos rocosos en todo el planeta. Después de casi veinte años, había publicado las conclusiones en su *Ensayo geognóstico sobre el yacimiento de las rocas,* justo unos meses antes de que Lyell llegara a París. Era precisamente el tipo de información que este último necesitaba para sus investigaciones. El *Ensayo geognóstico,* escribió Lyell, fue «una lección soberbia para mí»[36]. Habría situado a Humboldt en los puestos más altos del mundo científico, pensaba, aunque no hubiera publicado nada más. Durante dos meses, los dos hombres pasaron muchas tardes juntos, hablando sobre geología, las observaciones de Humboldt en el Vesubio y amigos comunes en Gran Bretaña. El inglés de Humboldt era excelente, señaló Lyell[37]. «Hoombowl», escribió Lyell a su padre[38] —era como pronunciaba el nombre su criado francés—, le dio gran cantidad de material y datos útiles.

También hablaron de las isotermas inventadas por Humboldt, las líneas que vemos hoy en los mapas del tiempo y que conectan diferentes puntos geográficos en todo el mundo que tienen las mismas temperaturas*. Era un diseño que había concebido para su ensayo *On the Isothermal Lines and the Distribution of Heat on the Earth* (1817), para visualizar pautas climáticas globales. El ensayo ayudó a Lyell a formular sus propias teorías y constituyó el principio de una nueva forma de interpretar el clima[39], en la que se basaron todos los estudios posteriores sobre la distribución del calor.

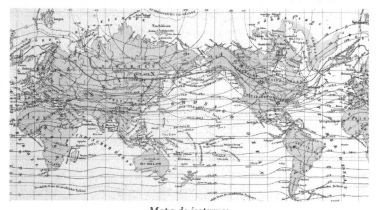

Mapa de isotermas

* En el caso de las isobaras, las líneas representan la presión del aire.

Hasta las isotermas de Humboldt, los datos meteorológicos se reunían en largos cuadros de temperaturas, listas interminables de lugares geográficos con sus condiciones climáticas, que ofrecían las temperaturas exactas pero eran difíciles de comparar. La visualización gráfica de Humboldt era innovadora y sencilla. En lugar de tablas confusas, una mirada al mapa de las isotermas permitía ver un nuevo mundo de pautas que rodeaban la Tierra en líneas ondulantes. Humboldt pensaba que iban a ser la base de lo que llamaba *vergleichende Klimatologie,* climatología comparada[40]. Y tenía razón, porque los científicos actuales siguen utilizándolas para comprender y representar el cambio climático y el calentamiento global. Las isotermas permitieron a Humboldt, y a todos los que vinieron detrás, tener una visión de conjunto. Lyell utilizó el concepto para investigar los cambios geológicos en relación con los cambios climáticos[41].

El argumento central de los *Elementos de geología* de Lyell era que la Tierra se había formado de manera gradual, a base de pequeños cambios, y no por catástrofes repentinas como terremotos o inundaciones, como pensaban otros científicos. Creía que esas lentas fuerzas seguían activas en el mundo, lo cual quería decir que precisaba examinar las circunstancias actuales para saber más cosas del pasado. Para defender su teoría de la influencia de las fuerzas graduales y alejar el pensamiento científico de otras teorías más apocalípticas sobre el origen de la Tierra, Lyell necesitaba explicar cómo la superficie del planeta se había enfriado poco a poco. Y mientras trabajaba en su teoría, explicó más tarde a un amigo, «estudió» a Humboldt[42].

El detallado análisis de este último llegaba a la sorprendente conclusión de que las temperaturas no eran iguales en una misma latitud, como se pensaba hasta entonces. La altitud, la masa continental, la proximidad a los océanos y los vientos también influían en la distribución del calor[43]. Las temperaturas eran superiores en la tierra que en el mar, e inferiores a alturas más elevadas. Eso significaba, deducía Lyell, que, donde las fuerzas geológicas habían elevado la tierra, las temperaturas caían en consecuencia[44]. A largo plazo, decía, este movimiento hacia arriba producía un efecto refrescante en el clima mundial; a medida que la Tierra cambiaba desde el punto de vista geológico, también lo hacía el clima. Años después, cuando un crítico de *Elementos de geología* le presionó para que definiera el momento del «principio» de sus teorías[45], Lyell dijo que había sido la lectura del ensayo de Humboldt sobre las isotermas; «hay que reconocer como es debido el mérito del bello ensayo de Humboldt». En su obra, explicó, no había hecho más que dar a las teorías de Humboldt sobre el clima «una aplicación geológica»[46].

Humboldt ayudaba a los científicos jóvenes siempre que podía, intelectualmente pero también en lo económico, por difícil que fuera su propia situación. Hasta tal punto que a su cuñada Caroline le preocupaba que sus supuestos amigos se aprovecharan de su generosidad: «Come pan seco para que ellos puedan comer carne»[47]. Pero a Humboldt no parecía importarle. Era el eje de una rueda que no paraba de moverse y establecer conexiones[48].

Escribió a Simón Bolívar para recomendar a un joven científico francés que pensaba recorrer Sudamérica, y además equipó al joven con sus propios instrumentos. Hizo lo mismo con Thomas Jefferson para presentarle a un botánico portugués que quería emigrar a Estados Unidos[49]. El químico alemán Justus von Liebig, que más tarde se haría famoso por descubrir la importancia del nitrógeno como nutriente para las plantas, contaba que conocer a Humboldt en París había «sentado las bases de mi futura carrera»[50]. Incluso Albert Gallatin, el antiguo secretario del Tesoro estadounidense, que había conocido a Humboldt en Washington y había vuelto a verle en Londres y París, se sintió tan inspirado por el entusiasmo del alemán hacia los pueblos indígenas que decidió dedicarse a estudiar a los indios norteamericanos. Hoy se le considera el padre de la etnología en Estados Unidos; el motivo de su interés, escribió, fue «la solicitud de un distinguido amigo, el barón Alexander von Humboldt»[51].

Mientras el naturalista ayudaba a amigos y colegas a desarrollar sus carreras y sus expediciones, sus propias posibilidades de que le permitieran ir a la India se habían quedado en nada. Alimentaba su espíritu viajero con excursiones por Europa —Suiza, Francia, Italia y Austria—, pero no era lo mismo. Estaba insatisfecho. Además, cada vez era más difícil justificar su decisión de permanecer en París ante el rey de Prusia. Desde su regreso de Latinoamérica, dos décadas antes, Federico Guillermo III le había insistido repetidas veces en que volviera a Berlín. Durante veinte años, el rey le había pagado un estipendio anual sin pedirle nada a cambio. Humboldt siempre había alegado que necesitaba el ambiente científico de París para escribir sus libros, pero el clima en la ciudad y en Francia había cambiado.

Después de la derrota de Napoleón y su destierro a la remota isla de Santa Elena en 1815, se había restaurado la monarquía borbónica con la coronación de Luis XVIII*, hermano de Luis XVI, que había muerto en la guillotina durante la Revolución francesa. Aunque no era la vuelta del absolutismo, el país que había levantado la antorcha de la libertad y la igualdad se había convertido en una monarquía constitucional. Solo el uno por ciento de la población francesa tenía derecho a elegir la cámara baja del parlamento. Si bien Luis XVIII respetaba ciertas opiniones liberales, había llegado a Francia con un séquito de exiliados ultramonárquicos que deseaban recuperar las viejas costumbres del *Ancien Régime* prerrevolucionario. Humboldt los vio volver ardiendo de odio y deseo de venganza. «Su inclinación hacia la monarquía absoluta es irresistible», escribió Charles Lyell a su padre desde París[52].

Entonces, en 1820, el sobrino del rey, el duque de Berry —tercero en la línea de sucesión al trono— murió asesinado por un bonapartista. A partir de ese momento, no hubo ya forma de contener la marea monárquica. La censura se endureció, estaba permitido mantener a alguien detenido sin juicio y los más ricos tenían derecho a un voto doble. En 1823, los ultramonárquicos obtuvieron la mayoría en la cámara baja. Humboldt estaba destrozado, y le dijo a un visitante de Estados Unidos que bastaba con ver el *Journal des Débats* —un periódico fundado en 1789, durante la revolución— para comprender hasta qué punto se había restringido la libertad de prensa. También empezaba a incomodarle presenciar cómo la religión, con todas sus restricciones al pensamiento científico, estaba volviendo a apoderarse de la sociedad francesa[53]. Con el regreso de los ultramonárquicos, el poder de la Iglesia católica aumentó. A mitad de la década de 1820, nuevas agujas de iglesias se elevaban en todo el cielo de París.

La capital francesa se mostraba «menos dispuesta que nunca» a ser un centro científico[54], escribió Humboldt a un amigo que estaba en Ginebra, porque se iban reduciendo los fondos para laboratorios, investigación y enseñanza. El espíritu inquisitivo estaba ahogado, y los científicos se veían obligados a ganarse el favor del nuevo rey. Los eruditos se habían convertido en «herramientas manejables»[55] en manos de políticos y príncipes,

---

* Durante el reinado de Napoleón, Luis XVIII había vivido exiliado en Prusia, Rusia y Gran Bretaña.

le dijo Humboldt a Charles Lyell en 1823, e incluso el gran Georges Cuvier había sacrificado su talento de naturalista en una nueva búsqueda de «lazos, cruces, títulos y favores de la corte». Había tanta disputa política en París que los puestos en la Administración parecían cambiar tan deprisa como en un juego de sillas musicales. Todos los hombres que conocía últimamente, decía Humboldt, eran ministros o exministros. «Son tan omnipresentes como las hojas en el otoño —le dijo a Lyell—, y, antes de que a uno le haya dado tiempo a pudrirse, ya está cubierto por otro, y luego por otro más»[56].

Los científicos franceses temían que París perdiera su estatus como centro de pensamiento científico innovador. En la Académie des Sciences, decía Humboldt, los eruditos hacían poco, y lo poco que hacían solía terminar en pelea. Peor todavía, habían formado un comité para sanear la biblioteca de la institución y eliminar libros que propugnaban ideas liberales; por ejemplo, los escritos por pensadores de la Ilustración como Jean-Jacques Rousseau y Voltaire. Cuando Luis XVIII murió sin descendencia en septiembre de 1824, subió al trono su hermano Carlos X, el líder de los ultramonárquicos. Todos los que creían en la libertad y los valores de la Revolución sabían que el clima intelectual iba a volverse aún más represivo.

También Humboldt había cambiado[57]. A sus cincuenta y tantos años, el cabello marrón se había vuelto gris plateado, y tenía el brazo derecho casi paralizado por el reuma; efecto aplazado, explicaba a sus amigos, de dormir sobre la tierra húmeda en la selva del Orinoco. Llevaba ropa anticuada, al estilo de los años posteriores a la Revolución francesa: calzones ajustados de rayas, chaleco amarillo, levita azul, corbata blanca, botas altas y sombrero negro raído. Nadie en París, subrayaba un amigo, se vestía ya así. Humboldt lo hacía por motivos políticos, además de por austeridad. Su herencia había desaparecido hacía tiempo y vivía en un apartamento pequeño y discreto sobre el Sena, de solo un dormitorio y un estudio parcamente amueblados. Humboldt no tenía ni dinero ni gusto para permitirse lujos, ropa elegante ni muebles opulentos.

En otoño de 1826, después de más de dos décadas, a Federico Guillermo III se le agotó la paciencia. Escribió a Humboldt : «Ya debes de haber terminado la publicación de tus obras, que pensabas que solo podías hacer de forma satisfactoria en París»[58]. El rey no podía seguir autorizándole a permanecer en Francia, un país que, en cualquier caso, «debería ser objeto de odio para cualquier verdadero prusiano». Cuando Humboldt leyó que el rey aguardaba su «regreso inmediato», no le quedó ninguna duda de que aquello era una orden.

Humboldt necesitaba el dinero del estipendio anual porque reconocía que el coste de sus publicaciones le había dejado «más pobre que las ratas»[59]. Tenía que vivir de lo que ganaba, pero era un desastre en cuestión de finanzas. «Lo único en el cielo o la tierra que el señor Humboldt *no* comprende es la economía»[60], señalaba su traductora al inglés.

París había sido su hogar durante más de veinte años, y sus mejores amigos vivían allí. Fue una decisión dolorosa pero, al final, Humboldt aceptó volver a Berlín, aunque solo con la condición de que le permitieran viajar periódicamente a París para pasar varios meses dedicado a continuar sus investigaciones. No era fácil, escribió al matemático alemán Carl Friedrich Gauß en febrero de 1827, renunciar a su libertad y su vida científica[61]. Después de haber acusado hacía poco tiempo a George Cuvier de traicionar el espíritu revolucionario, Humboldt iba a convertirse en cortesano también, y a entrar en un mundo en el que tendría que encontrar el delicado equilibrio entre sus convicciones políticas liberales y sus obligaciones reales. Sería casi imposible, temía, encontrar «el justo medio entre las distintas opiniones»[62].

El 14 de abril de 1827, Humboldt dejó París para ir a Berlín, pero no sin uno de sus habituales rodeos. Viajó a través de Londres, quizá en un último y desesperado intento de convencer a la Compañía de las Indias Orientales de que le autorizara a explorar la India. Habían pasado nueve años desde su última visita en 1818, cuando se había alojado con su hermano Wilhelm. Desde entonces, Wilhelm había dejado el puesto diplomático y ahora vivía en Berlín[*], pero Humboldt recuperó enseguida el contacto con sus viejos conocidos británicos. Trató de sacar el máximo provecho a su visita de tres semanas.

Fue sin parar de una persona a otra: políticos, científicos y «una fuerza de nobles»[63]. En la Royal Society, se reunió con sus viejos amigos John Herschel y Charles Babbage[64], y asistió a una reunión durante la que uno

---

[*] Wilhelm se fue de Londres en 1818. Ocupó brevemente un puesto ministerial en Berlín, pero estaba cada vez más frustrado con la política reaccionaria de Prusia. A finales de 1819, se retiró de su carrera política y se mudó a la finca familiar en Tegel, que había heredado.

de los miembros presentó diez mapas que formaban parte de un nuevo atlas de la India encargado por la Compañía de las Indias Orientales; un doloroso recordatorio de lo que Humboldt estaba perdiéndose. Cenó con Mary Somerville[65]*, una de las escasas científicas en Europa, y visitó al botánico Robert Brown en los jardines de Kew, al oeste de Londres. Brown había explorado Australia recogiendo plantas en la expedición de Joseph Banks, y Humboldt estaba deseoso de aprender cosas sobre la flora de las antípodas.

También le invitaron a una elegante fiesta en la Royal Academy y cenó con su viejo conocido George Canning, que, desde hacía dos semanas, era el nuevo primer ministro británico[66]. En la cena de Canning, Humboldt tuvo el placer de encontrarse con su viejo amigo de Washington D. C. Albert Gallatin, que era embajador estadounidense en Londres. Lo único que le irritó fue la atención de la aristocracia británica. París era una ciudad tranquila en comparación con «mis tormentos aquí»[67], le escribió a un amigo, porque todo el mundo parecía querer contar con él. «Cada frase empieza —se quejó— con un "no puede irse sin ver antes mi casa de campo: está a solo 40 millas de Londres"».

La jornada más apasionante que pasó Humboldt, en cualquier caso, no fue con científicos ni políticos, sino con un joven ingeniero, Isambard Kingdom Brunel, que le invitó a observar la construcción del primer túnel bajo el Támesis[68]. La idea de construir un túnel por debajo del río era audaz y peligrosa, y nadie lo había conseguido.

Las condiciones en el Támesis no podían ser peores, porque el lecho del río y el subsuelo estaban formados por arena y arcilla blanda. El padre de Brunel, Marc, había inventado un ingenioso método para construir el túnel: un escudo de hierro fundido con la altura y la anchura del tubo. Inspirado en un molusco que perforaba las planchas de madera más duras con la cabeza protegida en una concha, Marc Brunel había diseñado un artilugio enorme que permitía excavar el túnel y al mismo

---

* Mary Somerville, de 46 años, era una famosa matemática y polímata. En 1827 estaba trabajando en la traducción del libro de Laplace *Traité de Mécanique céleste* al inglés. Su estilo era tan claro que el libro fue un éxito de ventas en Gran Bretaña. Era la única mujer, decía Laplace, «que puede entender y corregir mis obras». Otros la llamaban «la reina de la ciencia». Posteriormente publicaría un libro titulado *Physical Geography,* que guardaba muchas semejanzas con la aproximación de Humboldt a la ciencia y el mundo natural.

tiempo sostener el techo y mantener la arcilla blanda en su sitio. A medida que los obreros empujaban el escudo de metal delante de ellos bajo el río, iban construyendo el muro de ladrillo del túnel detrás de ellos. Centímetro a centímetro, el túnel se iba haciendo cada vez más largo. Las obras habían empezado dos años antes, y, cuando Humboldt fue a Londres, los hombres de Brunel habían alcanzado aproximadamente la mitad de los 360 metros de túnel.

El trabajo era peligroso, y el diario de Brunel estaba lleno de muestras de preocupación e inquietud: «la angustia crece a diario»[69], «las cosas van peor cada día», «cada mañana me digo: otro día de peligro superado». Su hijo Isambard, que había sido nombrado «ingeniero residente» a los veinte años, en enero de 1827, aportaba una energía y una confianza sin fin al proyecto. Pero la tarea era muy difícil. A principios de abril, poco antes de que llegara Humboldt, estaba entrando cada vez más agua en el túnel, y el joven Brunel había puesto a cuarenta hombres a bombear para detener la inundación. A Marc le preocupaba que no había más que «un limo arcilloso sobre nuestras cabezas»[70], y temía que el túnel se derrumbase en cualquier momento. Isambard quería inspeccionar la obra desde fuera y pidió a Humboldt que le acompañara. Sería peligroso, pero a Humboldt no le importó; le hacía demasiada ilusión para perdérselo. Además, esperaba poder medir la presión del aire en el fondo del río para compararla con sus observaciones en los Andes.

El 26 de abril, una enorme campana submarina de metal, que pesaba casi dos toneladas, descendió sujeta por una grúa desde un barco[71]. Embarcaciones llenas de curiosos llenaban la superficie del río mientras la campana, con Brunel y Humboldt en su interior, descendía hasta una profundidad de 11 metros. El aire les llegaba a través de una manguera de cuero introducida en la parte superior de la campana, y dos ventanas de cristal grueso les permitían ver las turbias aguas del río. Mientras bajaban, Humboldt notó una presión casi insoportable en los oídos, pero se acostumbró al cabo de unos minutos. Llevaban abrigos gruesos y parecían «esquimales»[72], le escribió Humboldt a François Arago, que estaba en París. En el lecho del río, con el túnel debajo de ellos y nada más que agua encima, había una oscuridad siniestra, rota solo por la débil luz de sus linternas. Pasaron cuarenta minutos bajo el agua, pero, cuando subían, el cambio en la presión del agua hizo que a Humboldt le estallaran unos vasos sanguíneos en la nariz y la garganta. Pasó las veinticuatro horas si-

*Campana submarina en la que Humboldt descendió con Brunel al fondo
del Támesis para ver la construcción del túnel*

guientes escupiendo y estornudando sangre, igual que le había pasado al
subir al Chimborazo. Brunel no sangró, advirtió Humboldt, y comentó
en tono jocoso que debía de ser «un privilegio de los prusianos»[73].

Dos días después se derrumbaron varias partes del túnel[74] y, a mediados
de mayo, se vino abajo el lecho del río y creó un inmenso agujero por el
que entró toda el agua. Asombrosamente, no murió nadie y, después de
hacer las reparaciones necesarias, las obras continuaron. Para entonces,
Humboldt había dejado Londres y estaba ya en Berlín.

Era el científico más famoso de Europa, admirado por colegas, poetas
y pensadores. Pero un hombre no había leído todavía sus obras. Era
Charles Darwin, de dieciocho años, que, en el mismo momento en que
agasajaban a Humboldt en Londres, había abandonado sus estudios de
Medicina en la Universidad de Edimburgo. Robert Darwin, su padre, se
enfureció. «No te importa nada más que cazar, los perros y capturar
ratas —le escribió a su hijo—, serás una vergüenza para ti y para toda
tu familia»[75].

PARTE IV

INFLUENCIA: LA DIFUSIÓN DE LAS IDEAS

15. Regreso a Berlín

Alexander von Humboldt llegó a Berlín el 12 de mayo de 1827. Tenía cincuenta y siete años y la ciudad le gustó tan poco como veinte años antes. Sabía que su vida nunca iba a volver a ser la misma. A partir de ese momento, gran parte de su tiempo tendría que dedicarlo a «la tediosa y agitada vida en la corte»[1]. Federico Guillermo III tenía doscientos cincuenta chambelanes, en la mayor parte de los casos, un título honorario[2]. Pero en el caso de Humboldt, se suponía que debía incorporarse al círculo más íntimo de la corte, aunque sin una función política. Se esperaba de él que fuera el animador intelectual del rey y el que leyera después de cenar. Humboldt consiguió sobrevivir tras una fachada de sonrisas y conversación. El hombre que había escrito, treinta años antes, que «la vida de la corte arrebata incluso a los más intelectuales su talento y su libertad»[3] se veía ahora atado a la rutina real. Empezaba lo que él llamó su «oscilación del péndulo»[4], una vida en la que seguía los pasos del rey de un palacio a la residencia de verano para luego volver a Berlín, siempre de viaje y siempre cargado de manuscritos y cajas llenas de libros y notas. El único tiempo que tenía para sus cosas, para escribir, era entre la medianoche y las tres de la mañana.

Humboldt volvió a un país que se había convertido en un Estado policial en el que la censura formaba parte de la vida diaria. Las reuniones públicas —incluso los encuentros científicos— se miraba con gran desconfianza y los órganos estudiantiles se habían disuelto por la fuerza. Prusia no tenía constitución ni parlamento nacional, solo algunas asambleas provinciales que tenían funciones consultivas pero no podían hacer leyes ni cobrar impuestos. Cada decisión estaba sujeta a la supervisión del rey. Toda la ciudad tenía un aspecto decididamente militar. Había guardias en casi todos los edificios públicos, y los visitantes hacían comentarios sobre los perpetuos redobles de tambores y desfiles de soldados. Parecía como si hubiera más militares que civiles. Un viajero señaló las marchas constantes y «la interminable exhibición de uniformes de todo tipo en todos los lugares públicos»[5].

Stadtschloss en Berlín

Sin ninguna fuerza política en la corte, Humboldt estaba empeñado en impregnar Berlín, por lo menos, de un espíritu de curiosidad intelectual. Hacía mucha falta. Ya de joven, cuando trabajaba de inspector de minas, había fundado y financiado en privado una escuela para mineros. Como su hermano Wilhelm, que había establecido, casi sin ayuda de nadie, un nuevo sistema educativo en Prusia veinte años antes, Alexander creía que la educación era la base de una sociedad libre y feliz. Pero muchos pensaban que esa idea era peligrosa. En Gran Bretaña, por ejemplo, se publicaban panfletos que advertían que el conocimiento elevaba a los pobres «por encima de sus humildes y laboriosas obligaciones»[5].

Humboldt creía en el poder del estudio, y escribía libros como *Cuadros de la naturaleza* pensando más en un público general que en científicos en sus torres de marfil. En cuanto llegó a Berlín, intentó crear una escuela de Química y Matemáticas en la universidad[6]. Se escribió con varios colegas para discutir las posibilidades de tener laboratorios y las ventajas de instaurar un politécnico. Además, convenció al rey de que Berlín necesitaba un nuevo observatorio dotado de los más modernos instrumentos. Aunque algunos pensaban que Humboldt se había convertido en un «cortesano adulador»[7], en realidad utilizó su posición en la corte para apoyar a científicos, exploradores y artistas. Tenía que atrapar al rey «en un momento ocioso»[8], le explicó a un amigo, y no dejarle ir. A las pocas semanas de su llegada estaba llevando a la práctica sus ideas. Poseía, en palabras de un colega, «un talento envidiable para convertirse en el centro de la conversación intelectual y científica»[10].

Durante décadas, Humboldt había criticado a los Gobiernos y había expresado abiertamente sus discrepancias y sus opiniones, pero, para el momento de su vuelta a Berlín, se había desilusionado de la política. De joven se había sentido electrizado por la Revolución francesa, pero en años recientes había visto cómo los ultramonárquicos del *Ancien Régime* estaban haciendo retroceder el reloj en Francia. También en otros lugares de Europa imperaba un ambiente reaccionario. En todas partes, pensaba, la esperanza del cambio había quedado aplastada.

En Inglaterra, durante su última visita, había visto a su viejo conocido George Canning, el nuevo primer ministro[11]. Le había visto luchar para formar un Gobierno porque su propio Partido Conservador estaba dividido a propósito de las reformas sociales y económicas. A finales de mayo de 1827, diez días después de que Humboldt llegara a Berlín, Canning tuvo que recurrir al partido de la oposición, los w*higs,* en busca de apoyo. Por lo que Humboldt podía deducir leyendo los periódicos de Berlín, la situación en Gran Bretaña no hacía más que empeorar. Una semana después, la Cámara de los Lores había aplazado una enmienda a las polémicas Leyes del Maíz, que habían sido un elemento crucial en los debates sobre la reforma. Las Leyes del Maíz eran muy controvertidas porque autorizaban al Gobierno a imponer unos aranceles muy elevados sobre los cereales procedentes del extranjero. El maíz de Estados Unidos, por ejemplo, que era barato, tenía unos impuestos tan fuertes que se volvía prohibitivo, y eso permitía que los terratenientes británicos eliminaran en la práctica cualquier competencia y al mismo tiempo mantuvieran un monopolio para controlar los precios. Quienes salían perdiendo eran los pobres, porque el precio del pan era exorbitante. Los ricos seguían siendo ricos y los pobres seguían siendo pobres. «Estamos al borde de una gran lucha entre la propiedad y la población», predijo Canning[12].

En el continente había una situación similar de reacción. Después de las guerras napoleónicas y el Congreso de Viena de 1815, los estados alemanes habían entrado en una etapa de relativa paz pero pocas reformas. Bajo la dirección del ministro austriaco de Exteriores, el príncipe Klemens von Metternich, los estados alemanes, durante el Congreso, habían creado la *Deutscher Bund*, la Confederación Alemana. Era una federación poco definida de cuarenta estados que debía sustituir a lo que había sido el Sacro Imperio Romano y, durante el mandato de Napoleón, la Confederación del Rin. Metternich había previsto esta forma de federación para recuperar el equilibrio de poder en Europa y contrarrestar la aparición de un Estado único muy poderoso. No había jefe de Estado, y la Asamblea Federal de Frankfurt era, más que un Parlamento de gobierno, un congreso de embajadores que seguían representando los intereses de sus respectivos estados. Con el fin de las guerras napoleónicas, Prusia había recobrado cierto poder económico porque había vuelto a ampliar su territorio, que ahora abarcaba el estado vasallo de Napoleón, el efímero Reino de Westfalia, además de Renania y partes de Sajonia. Prusia se extendía desde su frontera con Holanda en el oeste hasta Rusia en el este.

En los estados alemanes, las reformas se consideraban sospechosas, el primer paso hacia la revolución. La democracia, decía Metternich, era «el volcán que es preciso extinguir»[13]. Humboldt, que había hablado varias veces con Metternich en París y Viena, estaba decepcionado por la evolución de los acontecimientos. Aunque los dos habían mantenido una correspondencia sobre el progreso de las ciencias, se conocían lo suficientemente bien como para evitar las discusiones políticas. En privado, el canciller austriaco decía que Humboldt era «una cabeza que se ha extraviado políticamente»[14], mientras que este afirmaba que Metternich era «un sarcófago de momia»[15], por lo anticuado de sus políticas.

El país al que había vuelto Humboldt era decididamente retrógrado. Con pocos derechos políticos y una represión generalizada de las ideas liberales, las clases medias prusianas se habían encerrado en sí mismas y en la esfera privada. La música, la literatura y el arte estaban dominados por expresiones de sentimientos, más que por el ánimo revolucionario. El espíritu de 1789, como lo llamaba Humboldt, había dejado de existir[16].

Las cosas no estaban mejor en otros países. Simón Bolívar se había dado cuenta de que construir naciones era mucho más difícil que librar guerras. En la época del regreso de Humboldt a Berlín, varias colonias habían conseguido expulsar a los españoles. Se habían proclamado repúblicas en México, Centroamérica (una república federal), Argentina y Chile, además de las que dirigía Bolívar: la Gran Colombia (que comprendía Venezuela, Panamá, Ecuador y Nueva Granada), Bolivia y Perú. Pero la visión de Bolívar de una liga de naciones libres en Latinoamérica estaba desmoronándose, a medida que sus viejos aliados se volvían contra él.

A su congreso panamericano, en el verano de 1826, solo habían asistido cuatro de las repúblicas latinoamericanas[17]. En vez de ser el principio de una Federación de los Andes, que se extendiera desde Panamá hasta Bolivia, había sido un completo fracaso. Las viejas colonias no tenían interés en unirse. Pero lo peor estaba por llegar, cuando Bolívar se enteró, en la primavera de 1827, de que sus tropas en Perú se habían rebelado. Y en lugar de apoyar al Libertador, su antiguo amigo y vicepresidente de Colombia, Francisco de Paula Santander, elogió la revuelta y exigió que se apartara a Bolívar de la presidencia. Como dijo uno de los confidentes de este último, habían entrado en una «era de dislates»[18]. Humboldt también creía que Bolívar se había otorgado a sí mismo demasiados poderes dictatoriales. Era indudable que Sudamérica tenía una gran deuda con él, pero su actitud autoritaria era «ilegal, anticonstitucional y en cierto modo parecida a la de Napoleón»[19], le dijo a un científico y diplomático colombiano.

Tampoco se sentía Humboldt mucho más optimista respecto a Estados Unidos. La vieja guardia de los padres fundadores había desaparecido con la muerte en perfecta sincronía, el mismo día, de Thomas Jefferson y John Adams, el 4 de julio de 1826, coincidiendo con el 50.º aniversario de la Declaración de Independencia. Humboldt siempre había admirado a Jefferson por el país que había ayudado a construir, pero le desesperaba que no hubiera hecho más para promover la abolición de la esclavitud. Cuando el Congreso de Estados Unidos había aprobado el Compromiso de Missouri, en 1820, se les había abierto otra puerta a los dueños de esclavos. A medida que se expandía la república y se fundaban y admitían nuevos estados, surgían encendidas discusiones sobre la cuestión. A Humboldt le decepcionó que el Compromiso de Missouri permitiera a los nuevos estados que se encontraban al sur de los 36° 30´ de latitud (aproximadamente la latitud del límite entre Tennessee y Kentucky) introducir la esclavitud en sus territorios. Hasta el fin de sus días, Humboldt siguió diciendo a los visitantes, corresponsales y periodistas estadounidenses lo mucho que le escandalizaba ver que «la influencia del esclavismo aumentaba»[20].

Harto de la política y las revoluciones, Humboldt se retiró al mundo de la ciencia. Y cuando recibió una carta de un representante del Gobierno mexicano que solicitaba su ayuda en unas negociaciones comerciales entre Europa y su país, su respuesta fue contundente. Su «alejamiento de la política»[21], escribió, no le permitía intervenir. A partir de entonces iba a dedicarse a la naturaleza y la ciencia y a la educación. Quería ayudar a la gente a liberar el poder del intelecto. «Con el conocimiento llega el pensamiento», decía, y con el pensamiento, «el poder»[22].

El 3 de noviembre de 1827, menos de seis meses después de llegar a Berlín, Humboldt comenzó una serie de sesenta y una conferencias en la universidad[23]. Se hicieron tan populares que añadió otras dieciséis en la sala de conciertos de Berlín —la *Singakademie*— a partir del 6 de diciembre. Durante seis meses, pronunció sus charlas varios días a la semana. A cada una de ellas asistían cientos de personas, que le veían hablar sin leer sus notas. Eran unas presentaciones animadas, estimulantes y completamente nuevas. Humboldt no cobraba entrada, y así democratizaba la ciencia: en su numeroso público estaban desde la familia real hasta cocheros, desde estudiantes hasta criados, desde eruditos hasta albañiles; y la mitad de los que asistían eran mujeres.

Berlín nunca había visto nada igual, decía Wilhelm von Humboldt[24]. Cuando los periódicos anunciaban las conferencias, la gente corría a asegurarse un sitio. Los días de las charlas había atascos de tráfico, con policías a caballo que trataban de controlar el caos[25]. Una hora antes de que Humboldt subiera al estrado, el auditorio ya estaba lleno. «Los empujones son terribles»[26], decía Fanny Mendelssohn Bartholdy, la hermana del compositor Felix Mendelssohn Bartholdy. Pero merecía la pena. Las mujeres, que no estaban autorizadas a estudiar en las universidades, ni siquiera a asistir a las reuniones de las sociedades científicas, podían, al fin, «escuchar una palabra inteligente»[27]. «Los caballeros pueden quejarse todo lo que quieran»[28], le dijo Fanny Mendelssohn a una amiga, pero la experiencia era maravillosa. Otros no estaban tan contentos con la presencia de mujeres y se burlaban de su entusiasmo por las ciencias. Por lo visto, una mujer —le escribió el director de la *Singakademie* a Goethe— estaba tan cautivada por las observaciones de Humboldt sobre Sirio, la estrella más brillante del cielo nocturno, que incorporó su nuevo amor a la astronomía a su vestuario. Pidió a su sastre que las mangas de su vestido midieran «el doble de la anchura de Sirio»[29].

Con su voz dulce[30], Humboldt llevaba a su público a un viaje a través de los cielos y la profundidad de los mares, a través de la tierra, a la cima de las más altas montañas y luego hasta una pizca de musgo sobre una roca. Hablaba de poesía y astronomía, pero también de geología y pintura paisajística. En sus lecciones entraban la meteorología, la historia de la Tierra, los volcanes y la distribución de las plantas. Deambulaba de los fósiles a la aurora boreal, del magnetismo a la flora, la fauna y las migraciones de la raza humana. Las charlas eran el retrato de un vívido caleidoscopio de correlaciones que abarcaban todo el universo. O, como decía su cuñada Caroline von Humboldt, todas juntas constituían «todo el gran *Naturgemälde*»[31] de Alexander.

Las notas preparatorias de Humboldt revelan su proceso mental, cómo pasaba de una idea a la siguiente[32]. Empezaba de forma bastante convencional, con un papel en el que escribía sus ideas de forma muy lineal. Luego, a medida que avanzaba, surgían nuevas ideas que metía como podía en el papel, de lado o en los márgenes, con garabatos y rayas para separar sus diversos argumentos. Cuanto más reflexionaba sobre su conferencia, más información añadía.

Cuando la página estaba llena, pasaba a un número incalculable de papelillos que cubría con su letra diminuta y luego pegaba sobre las notas. A Humboldt no le daba reparos romper libros, arrancar páginas de gruesos volúmenes que también pegaba a su papel con unos papelitos rojos y azules, que eran la versión decimonónica de las pegatinas. A medida que seguía iba pegando más papeles uno sobre otro, algunos completamente enterrados bajo las capas más nuevas, mientras que otros podían desplegarse. Las notas estaban llenas de preguntas que se hacía a sí mismo, además de pequeños esbozos, estadísticas, referencias y recordatorios. Al final, el papel original era un bricolaje de ideas, números, citas y notas sin orden aparente para nadie más que para Humboldt.

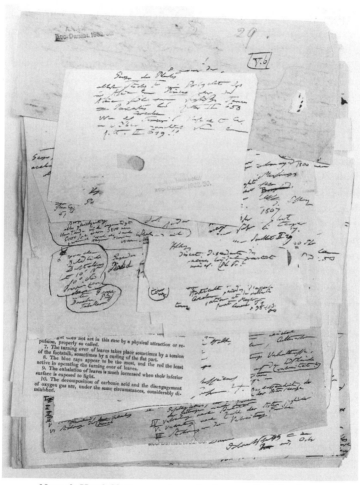

Notas de Humboldt para sus clases sobre la geografía de las plantas

Todo el mundo estaba fascinado. Los periódicos hablaban de que el «nuevo método»[33] de enseñar y pensar de Humboldt sorprendía al público por cómo relacionaba hechos y disciplinas a primera vista independientes. «El oyente —escribió un periódico— se encuentra encadenado por un poder irresistible»[34]. Era la culminación del trabajo de Humboldt durante las tres décadas anteriores. «No he oído jamás a nadie expresar en hora y media tantas ideas nuevas», le escribió un erudito a su mujer[35]. La gente señalaba la extraordinaria claridad con la que Humboldt explicaba la compleja red de la naturaleza[36]. Caroline von Humboldt estaba muy impresionada. Solo Alexander, decía, podía ofrecer tal «maravillosa profundidad» con tal ligereza[37]. Las conferencias anunciaban «una nueva época», proclamó un periódico[38]. Cuando el editor alemán de Humboldt, Johann Georg von Cotta, se enteró del éxito de la primera conferencia, inmediatamente sugirió pagar a alguien para que tomara notas que luego podrían publicarse[39]. Ofreció la magnífica suma de 5.000 táleros, pero Humboldt se negó. Tenía otros planes y no quería que le presionaran.

Humboldt estaba revolucionando las ciencias. En septiembre de 1828 invitó a centenares de científicos de toda Alemania y Europa a una reunión en Berlín*. A diferencia de otros congresos anteriores, en los que los científicos habían presentado ponencias interminables sobre su propio trabajo, Humboldt organizó un programa muy distinto. En lugar de *oír* charlas, quiso que los científicos *hablasen* entre sí. Preparó comidas de convivencia y salidas a actos como conciertos y excursiones al zoo real en el Pfaueninsel de Potsdam[40]. Hubo reuniones en medio de colecciones botánicas, zoológicas y de fósiles, así como en la universidad y el jardín botánico. Animó a los científicos a juntarse en pequeños grupos y entre unas disciplinas y otras. Creó relaciones más personales entre los científicos asistentes, asegurándose de que forjaran amistades que permitieran construir unas redes más sólidas. Su idea era una hermandad interdisciplinaria de científicos que intercambiaran y compartieran conocimientos. «Sin una diversidad de opiniones, el descubrimiento de la verdad es imposible»[41], les recordó en su discurso inaugural.

A la conferencia asistieron alrededor de quinientos científicos. Fue «una erupción de naturalistas nómadas»[42], escribió Humboldt a su ami-

---

* Humboldt organizó la conferencia para la Asociación Alemana de Naturalistas y Médicos.

go Arago. Llegaron visitantes de Cambridge, Zurich, Florencia e incluso Rusia. De Suecia, por ejemplo, fue Jöns Jacob Berzelius, uno de los fundadores de la química moderna, y de Inglaterra, varios científicos, incluido el viejo conocido de Humboldt Charles Babbage. El brillante matemático Carl Friedrich Gauß, que llegó desde Gotinga y permaneció tres semanas en el apartamento de Humboldt, pensó que el congreso era puro «oxígeno»[43].

A pesar de su frenético ritmo de vida, Humboldt encontró el tiempo para renovar su amistad con Goethe. Con casi ochenta años y a 320 kilómetros, en Weimar, Goethe estaba demasiado débil para ir a Berlín, pero Humboldt le visitaba. Goethe envidiaba a sus amigos berlineses que tenían la suerte de ver al naturalista con frecuencia. El anciano poeta había estado siempre al tanto de todo lo que hacía Humboldt e incordiaba a los amigos mutuos para que le contaran cosas[44]. En su cabeza, decía, «siempre había acompañado» a su viejo amigo[45] y conocerlo era una de «las mejores cosas» de su vida. En las dos décadas anteriores se habían escrito con regularidad y, para Goethe, cada carta de Humboldt era estimulante[46]. Cada vez que le enviaba sus últimas publicaciones, Goethe las leía de inmediato, pero echaba de menos sus animadas discusiones.

Goethe se sentía cada vez más al margen de los avances científicos. El problema, decía, era que, a diferencia de París, donde los pensadores franceses estaban todos juntos en una gran ciudad, en Alemania todos vivían demasiado lejos unos de otros[47]. Con un científico en Berlín, otro en Königsberg y otro en Bonn, el intercambio de ideas estaba ahogado por las distancias. Qué distinta sería la vida, pensaba Goethe después de ver a Humboldt, si vivieran más cerca. Un solo día con él le hacía progresar más que años enteros «en mi camino solitario», decía Goethe[48].

A pesar de la alegría de recuperar a su compañero de discusiones, había un tema —un tema muy importante— en el que no estaban de acuerdo: la creación de la Tierra. Cuando Humboldt estudiaba en la academia de minería en Freiberg, había seguido las ideas de su profesor Abraham Gottlieb Werner, que era el principal defensor de la teoría neptunista: creía que las montañas y la corteza terrestre se habían formado a partir de la sedimentación depositada por un océano primordial. Sin embargo, después de sus observaciones en Latinoamérica, Humboldt se había vuelto «vulcanista». Estaba convencido de que la Tierra se había formado mediante sucesos catastróficos como erupciones de volcanes y terremotos[49].

Todo, decía Humboldt, estaba conectado bajo la superficie. Los volcanes que había ascendido en los Andes estaban enlazados por vías subterráneas, era «un solo horno volcánico»[50]. Los grupos y cadenas de volcanes que se extendían durante grandes distancias, decía, daban fe de que no se trataba de hechos concretos y locales sino de parte de una fuerza global. Sus ejemplos eran tan gráficos como aterradores[51]: de un plumazo conectaba la repentina aparición de una isla nueva en las Azores, el 30 de enero de 1811, con una ola posterior de terremotos que sacudieron el planeta durante un periodo de más de un año, desde las Indias Occidentales a las llanuras de Ohio y Mississippi, hasta el devastador terremoto que había destruido Caracas en marzo de 1812. Después se produjo una erupción volcánica en la isla de San Vicente, en las Indias Occidentales, el 30 de abril de 1812, el mismo día en que los habitantes del río Apure (donde Humboldt había iniciado su expedición por el Orinoco) aseguraban haber oído un fuerte estruendo muy por debajo de sus pies. Todos esos hechos, decía Humboldt, habían formado parte de una sola y enorme reacción en cadena.

Aunque las teorías de los movimientos de las placas tectónicas no se confirmarían hasta mediados del siglo XX, Humboldt ya había escrito en *Ensayo sobre la geografía de las plantas,* en 1807, que los continentes de África y Sudamérica habían estado unidos. Más tarde escribió que la razón de esa deriva continental era «una fuerza subterránea»[52]. Goethe, firme neptunista, estaba horrorizado. Todo el mundo estaba haciendo caso a esas teorías disparatadas, se lamentaba, como «los salvajes con los sermones de los misioneros»[53]. Era «absurdo»[54] creer que el Himalaya y los Andes —inmensas cordilleras que se alzaban «rígidas y orgullosas»[55]— podían haber salido de pronto de las entrañas de la Tierra. Tendría que reordenar por completo todo su «sistema cerebral», bromeaba, para llegar a estar de acuerdo alguna vez con Humboldt en esta cuestión. Sin embargo, a pesar de sus discrepancias científicas, los dos siguieron siendo grandes amigos. Quizá estaba haciéndose viejo, escribió Goethe a Wilhelm von Humboldt, porque «me veo cada vez más histórico»[56].

A Humboldt le encantó volver a ver a Goethe, pero se alegró todavía más de pasar tiempo con Wilhelm. Los dos hermanos habían tenido sus diferencias en el pasado, pero Wilhelm era la única familia que tenía. «Sé dónde reside mi felicidad —escribió Alexander—, ¡cerca de ti!»[57] Wilhelm se había retirado de la función pública y se había instalado con su familia en Tegel, a las afueras de Berlín. Por primera vez desde que eran jóvenes, los dos vivían cerca y se veían con frecuencia. Fue en Berlín y en Tegel donde, por fin, pudieron «trabajar juntos en cosas científicas»[58].

La pasión de Wilhelm era el estudio de las lenguas. De niño se había sumergido en la mitología griega y romana. Durante toda su carrera, había aprovechado cada destino diplomático para aprender más idiomas, y Alexander le había proporcionado asimismo notas sobre el vocabulario de los indígenas latinoamericanos, incluidos manuscritos incas y preincaicos. Justo después de que Alexander volviera de su expedición, Wilhelm había hablado de «la misteriosa y maravillosa relación interna de todas las lenguas»[59]. Durante décadas había lamentado la falta de tiempo para dedicarse a investigar el tema, pero ahora disponía de él. Seis meses después de jubilarse, había pronunciado ya una conferencia en la Academia de Ciencias de Berlín sobre estudios de lingüística comparada.

Igual que para Alexander la naturaleza era un todo interconectado, Wilhelm también estudiaba la lengua como un organismo vivo. Creía que era necesario, como en el caso de la naturaleza, situarla en un contexto general de paisaje, cultura y gente. Si Alexander buscaba grupos de plantas en diversos continentes, Wilhelm investigaba grupos lingüísticos y raíces comunes entre unos países y otros. No solo estaba aprendiendo sánscrito, sino que además estudiaba chino y japonés, malayo y lenguas polinesias. Para Wilhelm, esos eran los datos que necesitaba para sus teorías, igual que los ejemplares botánicos y las mediciones meteorológicas de Alexander.

Aunque los hermanos trabajaban en distintas disciplinas, sus principios básicos y sus métodos eran muy similares. A menudo incluso empleaban la misma terminología. Alexander había buscado el impulso formativo en la naturaleza, y Wilhelm ahora escribía que «la lengua es el órgano formativo de los pensamientos»[60]. Igual que la naturaleza era mucho más que la acumulación de plantas, rocas y animales, también la lengua era más que solo palabras, gramática y sonidos. Según la nueva y radical teoría de Wilhelm, distintas lenguas reflejaban distintas concepciones del mundo. La lengua no era una mera herramienta para expresar las ideas, sino que les daba forma, a través de su gramática, vocabulario, tiempos verbales, etcétera. No era una construcción mecánica de elementos individuales sino un organismo, una trama que entretejía la acción, el pensamiento y el habla. Wilhelm quería relacionar todo para formar, decía, «la imagen de una totalidad orgánica»[61], como el *Naturgemälde* de Alexander. Los dos hermanos trabajaban con una perspectiva integral.

Para Alexander, eso quería decir que aún tenía que cumplir sus sueños viajeros. Desde su expedición a Latinoamérica, casi treinta años antes, había fracasado repetidamente en la organización de otros viajes que le habrían permitido culminar sus estudios. Humboldt pensaba que, para presentar una visión del mundo como fuerza global, necesitaba ver más. Las ideas de la naturaleza como un entramado de vida, que habían cristalizado durante su expedición latinoamericana, necesitaban más datos de otras partes del mundo. Él, más que otros, necesitaba examinar todos los continentes posibles. El estudio de las pautas climáticas, las zonas de vegetación y las formaciones geológicas requerían esos datos comparativos.

Las altas montañas de Asia central le habían llamado la atención durante años. Su ambición era ascender el Himalaya para poder encontrar la correlación con sus observaciones de los Andes. Había pedido sin cesar a los británicos que le dieran permiso para entrar en el subcontinente indio. Y casi dos décadas antes incluso había preguntado a un diplomático ruso en París si existía una manera de ir desde el Imperio ruso hasta la India o el Tíbet sin caer en medio de escaramuzas fronterizas[62].

No había pasado nada hasta que Humboldt, de pronto, recibió una carta del ministro de Finanzas ruso, el conde de origen alemán Georg von Cancrin. En el otoño de 1827, cuando Humboldt preparaba su serie de conferencias en Berlín, Cancrin le escribió para pedir información sobre las posibilidades de convertir el platino en la moneda rusa[63]. Cinco años antes se había descubierto platino en los montes Urales, y Cancrin confiaba en que Humboldt pudiera darle informaciones sobre la moneda similar que se utilizaba en Colombia. Sabía que el naturalista mantenía estrecha relación con Sudamérica. Humboldt vio de inmediato una nueva oportunidad. Respondió a Cancrin con gran detalle y a lo largo de muchas páginas, y añadió una breve posdata en la que explicaba que viajar a Rusia era su «deseo más ardiente»[64]. Los montes Urales, el monte Ararat y el lago Baikal eran, explicó, «las imágenes más dulces»[65].

Aunque no era la India, si conseguía que le autorizaran a ver la parte asiática del Imperio ruso, probablemente obtendría datos suficiente para completar su *Naturgemälde*. Humboldt aseguró a Cancrin que, pese a que tenía ya el cabello blanco, podía soportar las penalidades de una larga expedición y caminar nueve o diez horas sin descanso[66]. Menos de un mes después de su respuesta, Cancrin había hablado con el zar Nicolás I, que invitó a Humboldt a Rusia, en un viaje con todos los gastos pagados[67]. Debió de ser útil la estrecha relación entre las cortes de Prusia y de Rusia: la hija de Federico Guillermo III, Alejandra, era la esposa del zar. Humboldt iba a viajar por fin a Asia.

16. RUSIA

El cielo estaba despejado y el aire era cálido. Delante se extendían unas llanuras vacías hacia la lejana línea del horizonte, ardiendo bajo el sol estival. Una caravana de tres coches de caballos avanzaba por la llamada Ruta Siberiana, una carretera que llegaba hasta varios miles de kilómetros al este de Moscú.

Era mediados de junio de 1829, y Alexander von Humboldt había salido de Berlín dos meses antes[1]. A medida que se desplegaba el paisaje siberiano, el naturalista, de cincuenta y nueve años, miraba por la ventana del coche cómo se alternaban las hierbas bajas de las estepas con interminables extensiones de bosques, poblados sobre todo de álamos, abedules, tilos y alerces. Una y otra vez, un enebro verde oscuro se distinguía frente a los troncos descortezados y blancos de los abedules. Las rosas silvestres estaban en flor, igual que las pequeñas orquídeas conocidas como zapatitos de la Virgen, con sus flores como saquitos[2]. Aunque era muy bonito, no era como Humboldt se había imaginado Rusia. El escenario era demasiado parecido a la campiña que rodeaba la finca de su familia en Tegel.

Llevaba varias semanas así: todo vagamente conocido. Las carreteras eran de arcilla y grava, como las que conocía de Inglaterra, y la flora y la fauna eran más o menos «corrientes»[3], pensó. Había pocos animales: a veces un conejo o una ardilla, y nunca más de dos o tres pájaros. Era un paisaje silencioso, con pocos cantos de aves. Se sentía ligeramente decepcionado. Desde luego, la expedición a Siberia era «menos deliciosa»[4] que la de Sudamérica, decía Humboldt, pero al menos estaba al aire libre y no encerrado en la corte de Berlín. Era lo más cerca que podía estar de lo que deseaba, que era, como a él le gustaba decir, «vivir en la naturaleza salvaje»[5].

El campo desfilaba a toda velocidad por las ventanas. Cada 15 o 30 kilómetros cambiaban de caballos, en las estaciones de paso de los escasos pueblos que atravesaba esta ruta hacia el este. La carretera era ancha y estaba bien conservada, tan bien, que los coches iban a una velocidad alarmante[6]. Dado que había pocas tabernas y posadas por el camino, viajaban casi todas las noches, y Humboldt dormía en su coche mientras pasaban los kilómetros[7].

Coche de caballos de Humboldt a toda velocidad por Rusia

A diferencia de Latinoamérica, Humboldt viajaba con un séquito mucho mayor. Le acompañaban Gustav Rose, un profesor de mineralogía de veintinueve años procedente de Berlín, y Christian Gottfried Ehrenberg, de treinta y cuatro, un veterano naturalista que ya había hecho una expedición a Oriente Próximo. Estaba también Johann Seifert, que era el cazador encargado de capturar especímenes zoológicos, que después trabajaría muchos años como criado de Humboldt en Berlín, un funcionario ruso de minas que se les había unido en Moscú, un cocinero, una tropa de cosacos para su protección y el conde Adolphe Polier, un

viejo conocido francés de los tiempos de París, que se había casado con
una rica condesa rusa propietaria de una finca en el lado occidental de
los Urales, no lejos de Ekaterimburgo[8]. Polier se había juntado con
Humboldt en Nizhny Novgorod, a unos 1.100 kilómetros al sureste de
San Petersburgo, de camino hacia la casa de su mujer. En total, tenían
tres coches llenos de gente, instrumentos, baúles y sus colecciones en
constante crecimiento. Humboldt iba preparado para todas las contingencias, y llevaba desde un abrigo grueso y acolchado hasta barómetros,
resmas de papel, frascos, medicinas e incluso una tienda sin nada de
hierro en la que llevar a cabo sus observaciones sobre magnetismo[9].

Humboldt llevaba décadas esperando este momento. Cuando el zar Nicolás I le dio permiso, a finales de 1827, Humboldt se tomó su tiempo
para planear todo meticulosamente. Después de varias discusiones, Cancrin y él acordaron que la expedición debería salir de Berlín a principios
de la primavera de 1829. Humboldt pospuso su partida varias semanas
porque la mujer de Wilhelm, Caroline, tenía cáncer y estaba empeorando
a toda velocidad. A Alexander siempre le había caído bien su cuñada,
pero además quería acompañar a Wilhelm en ese trance tan difícil. Era
«tierno y cariñoso»[10], escribió Caroline en su última carta. Cuando murió,
el 26 de marzo, después de casi cuarenta años de matrimonio, Wilhelm
quedó destrozado. Alexander permaneció a su lado otras dos semanas y
media, pero luego se fue por fin a su aventura rusa. Prometió a su hermano que le escribiría con frecuencia.

Su plan era viajar de San Petersburgo a Moscú y de allí hacia el este,
a Ekaterimburgo y Tobolsk, en Siberia, para luego volver dando un gran
rodeo. Quería evitar la zona del mar Negro, donde Rusia estaba enzarza-
da en una guerra con el Imperio otomano[11]. La guerra entre rusos y
turcos había comenzado en la primavera de 1828, y, si bien a Humboldt
le habría encantado ver el mar Caspio y el volcán nevado e inactivo del
monte Ararat, en la frontera actual entre Turquía e Irán, los rusos le habían dicho que era imposible. Su deseo de «una mirada indiscreta a los
montes del Cáucaso y el monte Ararat» tendría que esperar a «tiempos
más pacíficos».

Nada estaba saliendo exactamente como quería Humboldt. La expedición entera era una concesión. Era un viaje pagado por el zar Nicolás I,
que esperaba descubrir qué oro, platino y otros metales preciosos podían

extraerse con más eficacia en su vasto imperio. Aunque se había califica-
do como una expedición para el «progreso de las ciencias»[12], el zar estaba más interesado en el progreso del comercio. En el siglo XVIII, Rusia
había sido uno de los grandes exportadores europeos de minerales y el
principal productor de hierro, pero la Inglaterra industrial se había adelan-
tado hacía tiempo[13]. La culpa era de los sistemas de trabajo feudales y los
anticuados métodos de producción, además de un agotamiento parcial de
algunas minas. Humboldt, que había sido inspector de minas y tenía unos
inmensos conocimientos geológicos, era una elección perfecta por parte del
zar. No era lo mejor para la ciencia, pero el naturalista no veía otra forma de
lograr su objetivo. Tenía casi sesenta años y estaba acabándosele el tiempo.

Investigó debidamente las minas en ruta hacia Siberia tal como había
acordado con Cancrin, pero consiguió añadir algo más apasionante a la
tarea. Tenía una idea que iba a demostrar lo inteligente que era su visión
comparada del mundo. Con los años, Humboldt había visto que varios
minerales parecían encontrarse siempre juntos. En las minas de Brasil,
por ejemplo, era frecuente encontrar diamantes en depósitos de oro y
platino. Equipado con la detallada información geológica de Sudamérica,
aplicó sus conocimientos a Rusia. Como en los Urales había depósitos de
oro y platino similares a los de Sudamérica, estaba seguro de que tenía
que haber diamantes[14]. Tenía tal certeza que se había dejado llevar al
conocer a la emperatriz Alejandra en San Petersburgo y se había atrevido
a prometerle que iba a encontrarlos.

Cada vez que se detenían en una mina, Humboldt buscaba diamantes.
Hundido hasta los codos en la arena, rebuscaba entre los finos granos. Los
examinaba con la lupa en la mano[15], convencido de que iba a encontrar
sus tesoros relucientes. Era cuestión de tiempo, seguro. Casi todos los que
le veían pensaban que estaba completamente loco, porque nadie había
encontrado jamás diamantes fuera del trópico. Uno de los cosacos que
acompañaba al grupo le llamaba «el loco príncipe prusiano *Humplot*»[16].

Algunos otros de la expedición, sin embargo, sí se dejaron persuadir,
entre ellos el viejo conocido parisino de Humboldt, el conde Polier[17].
Después de haber acompañado a la expedición durante varias semanas y
de haber observado la búsqueda de diamantes, Polier se separó de ellos
el 1 de julio para inspeccionar la finca de su mujer, cerca de Ekaterimburgo, en la que extraían oro y platino. Espoleado por el empeño de
Humboldt, Polier dio órdenes inmediatas a sus hombres sobre dónde

buscar las gemas. Pocas horas después de su llegada, encontraron el primer diamante de los Urales. La noticia se extendió a toda velocidad por el país y por Europa cuando Polier publicó un artículo sobre el hallazgo. Un mes después se habían encontrado en Rusia treinta y siete diamantes[18]. Las predicciones de Humboldt eran acertadas. Aunque él sabía que su conjetura se había basado en sólidos datos científicos, a muchos les pareció tan misterioso que creyeron que había empleado magia[19].

Los Urales, escribió Humboldt ilusionado a Cancrin, eran un «verdadero El Dorado»[20]. Para Humboldt, el éxito de su predicción podía ser una muestra de preciosa analogía científica, pero para los rusos encerraba la promesa de su aprovechamiento comercial. Humboldt prefirió ignorarlo, y no fue el único detalle que dejó de lado durante el viaje. En Latinoamérica había criticado todos los aspectos del poder colonial español, desde la explotación de los recursos naturales y la destrucción de los bosques hasta los malos tratos a los pueblos indígenas y los horrores de la esclavitud. En aquel viaje había insistido en que los viajeros que presenciaban agravios y opresiones debían «llevar los lamentos de los desgraciados al alcance de quienes tienen el poder de aliviarlos»[21]. Pocos meses antes de partir hacia Rusia, le había dicho lleno de entusiasmo a Cancrin que estaba deseando ver a los campesinos en las «provincias pobres»[22] de la parte oriental. Pero no era eso lo que tenían los rusos en mente, desde luego. Cancrin le había respondido en tono severo que los únicos objetivos de la expedición eran científicos y comerciales. Humboldt no debía hacer ningún comentario sobre la sociedad rusa ni sobre la servidumbre.

La Rusia del zar Nicolas I era un país de absolutismo y desigualdades, no que estimulara las ideas liberales y las críticas abiertas. El primer día de su reinado, en diciembre de 1825, Nicolás presenció una revuelta y prometió gobernar Rusia con puño de hierro. Una red de espías e informadores se infiltraban por todos los rincones del país. El Gobierno estaba centralizado y firmemente controlado por el zar. Una estricta censura limitaba todas las palabras escritas, desde poemas hasta artículos de prensa, y una red de vigilancia garantizaba la represión de cualquier idea liberal. Quienes hablaban en contra del zar o el Gobierno eran deportados de inmediato a Siberia. Nicolás I se consideraba a sí mismo el guardián contra las revoluciones.

Era un gobernante que adoraba el orden meticuloso, la formalidad y la disciplina. Pocos años antes del viaje de Humboldt a Rusia, había proclamado que la tríada de «ortodoxia, autocracia y nacionalidad» era la doctrina ideológica de Rusia: el cristianismo ortodoxo, el poder de la casa de Romanov y el énfasis en la tradición rusa frente a la cultura occidental.

Humboldt sabía lo que se esperaba de él y había prometido a Cancrin ocuparse solo de la naturaleza. Iba a evitar todo lo relacionado con el Gobierno y «las condiciones de las clases inferiores»[23], dijo, y tampoco criticaría en público el sistema feudal ruso, por muy mal que se tratara a los campesinos. Con cierta falta de sinceridad, incluso le había dicho al conde que era inevitable que los extranjeros que no hablaban el idioma de un país malinterpretaran las condiciones de vida en él y extendieran rumores incorrectos por el mundo.

Humboldt descubrió muy pronto hasta dónde llegaba el poder de Cancrin, porque a lo largo de la ruta había siempre funcionarios que parecían estar esperándole para llevar noticias de vuelta a San Petersburgo. Aunque estaban lejos de esa ciudad y de Moscú, no se encontraban en ningún lugar salvaje. Ekaterimburgo, por ejemplo, a 1.600 kilómetros al este de Moscú, la puerta a la parte asiática de Rusia, era un gran centro industrial, una ciudad de unos 15.000 habitantes, muchos de los cuales trabajaban en las minas y las fábricas[24]. La región tenía minas de oro, ferrerías, altos hornos, plantas de triturado de piedras, fundiciones y forjas. Entre los numerosos recursos naturales había oro, platino, cobre, gemas y piedras semipreciosas. La Ruta Siberiana era la principal vía comercial entre las ciudades fabriles y mineras de todo el país. En cada sitio que se paraban Humboldt y su equipo, les daban la bienvenida gobernadores, concejales, oficiales y otros funcionarios llenos de medallas. Había largas cenas, discursos y bailes, y nada de tiempo para estar a solas. Humboldt despreciaba esas formalidades, porque le vigilaban a cada paso y le llevaban de la mano «como a un inválido»[25], escribió a Wilhelm.

A finales de julio, más de tres meses después de salir de Berlín, Humboldt llegó a Tobolsk[26] —a 2.900 kilómetros de San Petersburgo y el punto más oriental de la ruta prevista—, pero todavía no era suficientemente salvaje para él. No había llegado hasta allí para tener que darse media vuelta. Tenía otros planes. En lugar de regresar a San Petersburgo según lo acordado, ignoró las instrucciones de Cancrin y añadió un rodeo de otros 3.200 kilómetros. Quería ver el macizo de Altai, en el punto de encuentro entre Rusia, China y Mongolia, como contrapeso a sus observaciones en los Andes.

Dado que no había podido ver el Himalaya, el Altai era lo más parecido, para poder obtener datos de una cordillera en Asia central. Los resultados de la expedición a Rusia, escribió posteriormente, estaban basados en «analogías y contrastes»[27]. El Altai era la razón por la que había soportado tantas noches incómodas en el coche traqueteante. Habían conseguido ganar tanto tiempo que pensaba que podía ampliar el itinerario sin demasiado problema. Ya había escrito a Wilhelm desde Ekaterimburgo para contarle sus intenciones, pero no se lo había dicho a nadie más. No informó a Cancrin sobre la «pequeña extensión»[28] de su ruta hasta la víspera de abandonar Tobolsk, muy consciente de que el conde, a buena distancia, en San Petersburgo, no podía hacer nada al respecto.

Humboldt intentó aplacar a Cancrin con la promesa de visitar más minas, y mencionó que esperaba encontrar plantas y animales poco frecuentes. Era su última oportunidad antes de «su muerte»[29]; añadió en tono melodramático. En lugar de volver, continuó hacia el este por las estepas de Baraba, hacia Barnaul y la vertiente oeste del macizo de Altai. Para cuando Cancrin recibió la carta, casi un mes después, Humboldt había llegado hacía tiempo a su destino[30].

Una vez que dejó atrás Tobolsk y abandonó el itinerario impuesto, Humboldt empezó por fin a disfrutar. La edad no le había calmado. Su equipo estaba asombrado de que un hombre de cincuenta y nueve años pudiera andar durante horas «sin ninguna señal de fatiga»[31], vestido siempre con una levita oscura, corbata blanca y sombrero de ala. Caminaba con cuidado pero con decisión. Cuanto más duro era el recorrido, más lo disfrutaba. A primera vista, la expedición quizá no había sido tan apasionante como sus aventuras en Sudamérica, pero ahora estaba entrando en terreno mucho más salvaje. A miles de kilómetros de los centros científicos de Europa, estaba viajando por un paisaje muy duro. La estepa se extendía unos 1.600 kilómetros hacia el este, entre Tobolsk y Barnaul, al pie del Altai[32]. A medida que avanzaban por la Ruta Siberiana, los pueblos eran cada vez más escasos y dispersos —todavía suficientes para cambiar de vez en cuando los caballos—, pero, entre uno y otro, la tierra solía estar desierta.

El vacío tenía cierta belleza. Las flores de verano habían convertido las llanuras en un mar de rojos y azules. Humboldt vio las esbeltas agujas rojizas, como velas, de la adelfilla *(Epilobium angustifolia)* y los brillantes azules de las espuelas de caballero *(Delphinium elatum)*. A veces el color lo daban los vivos rojos de la cruz de Malta *(Lychnis chalcedonica)*, que parecía incendiar la estepa, pero seguía habiendo pocos animales y aves.

El termómetro pasaba de 6 °C por la noche a 30 °C durante el día. Humboldt y su grupo estaban asediados por los mosquitos, igual que habían estado Bonpland y él durante su expedición al Orinoco treinta años antes. Para protegerse, llevaban pesadas máscaras de cuero[33]. La máscaras tenían pequeñas aberturas para los ojos, cubiertas con una telilla hecha de crin para poder ver a través, y protegían contra los malditos insectos, pero también retenían el aire. Daban un calor insoportable. No importaba. Humboldt estaba de muy buen humor porque se había liberado del control del Gobierno ruso. Viajaban día y noche y dormían en los coches entre sacudidas. Parecía «un viaje marino por tierra»[34], escribió Humboldt, surcando las monótonas llanuras como si estuvieran en el océano. Recorrían un promedio de más de 160 kilómetros diarios, y a veces casi 320 kilómetros en 24 horas. La Ruta Siberiana estaba tan bien mantenida como las mejores carreteras de Europa. Iban más deprisa, anotó con orgullo, que cualquier mensajero exprés de Europa.

Sin embargo, el 29 de julio de 1829, cinco días después de salir de Tobolsk, todo se detuvo de repente. Los lugareños les dijeron que había una epidemia de ántrax que estaba extendiéndose por la estepa de Baraba, la «Sibirische Pest», la llamaban los alemanes[35]. El ántrax suelen contraerlo los animales herbívoros, por ejemplo, vacas y cabras, cuando ingieren las esporas increíblemente resistentes de la bacteria que causa la enfermedad. Después puede contagiarse a los humanos, y es una enfermedad mortal sin cura. Para llegar al macizo de Altai no había otro camino que atravesara la región afectada. Humboldt tomó su decisión rápidamente. Ántrax o no ántrax, iban a continuar. «A mi edad —dijo— no debe aplazarse nada»[36]. Hizo que todos los criados se sentaran dentro de los coches, en vez de fuera, y se aprovisionaron de comida y agua para reducir su contacto con las personas y los alimentos infectados. De todas formas, tendrían que seguir cambiando los caballos, y ahí correrían el riesgo de que les dieran un coche contaminado.

Sentados en silencio en sus pequeños coches, acalorados y apretados, con las ventanas cerradas, atravesaron un paisaje de muerte. Las «huellas de la plaga»[37] estaban en todas partes, anotó en su diario Gustav Rose. Había hogueras encendidas a la entrada y la salida de los pueblos, en un ritual para «limpiar el aire»[38]. Vieron pequeños hospitales provisionales

Humboldt a caballo por la estepa de Baraba

y animales muertos abandonados en el campo. Solo en un pequeño pueblo, habían muerto quinientos caballos.

Después de varios días de incómodo trayecto, llegaron al río Obi, que señalaba el final de la estepa. Como era también el límite de la epidemia de ántrax, no tenían más que cruzar el río y estarían a salvo. Pero, mientras se preparaban, se levantó un viento que enseguida se transformó en una gran tormenta[39]. Las olas eran demasiado altas para que pasara el ferry con la gente y los coches hasta la otra orilla. Por una vez, a Humboldt no le importó el retraso. Los días anteriores habían sido tensos, pero casi habían pasado ya. Asaron pescado fresco y gozaron de la lluvia, que hizo desaparecer los mosquitos. Por fin podían quitarse las máscaras asfixiantes. Al otro lado, aguardaban a Humboldt las montañas. Cuando la tormenta amainó, atravesaron el río, y el 2 de agosto llegaron a la próspera ciudad minera de Barnaul; Humboldt estaba casi en su destino. Habían recorrido los 1.600 kilómetros desde Tobolsk en solo nueve días[40]. Estaban a 5.600 kilómetros de Berlín, tan lejos como Caracas hacia el oeste, calculó el naturalista[41].

Tres días después, el 5 de agosto, Humboldt vio las montañas de Altai por primera vez, elevándose en la distancia[42]. En las colinas había más minas y fundiciones, que se detuvieron a investigar mientras se acercaban a Ust-Kamenogorsk, una fortaleza próxima a la frontera con Mongolia: Öskemen, en el actual Kazajstán. Desde allí, los caminos para subir a las montañas eran tan escarpados que dejaron los coches y la mayor parte del equipaje en la fortaleza[43] y continuaron en unas carretas planas, pequeñas y estrechas que utilizaba la población local. También hicieron muchos tramos a pie, a medida que ascendían y pasaban junto a gigantescas paredes de granito y cuevas en las que Humboldt examinaba los estratos rocosos, tomaba notas y dibujaba bosquejos[44]. A veces, cuando sus compañeros científicos, Gustav Rose y Christian Gottfried Ehrenberg, se paraban a recoger plantas y rocas, Humboldt se impacientaba y corría por delante a subir todavía más o llegar a una cueva. Ehrenberg se distraía tanto con las plantas que los cosacos de la escolta tenían que ir constantemente a buscarle. Una vez lo encontraron empapado, de pie en una ciénaga, con unas hierbas en una mano y una especie de musgo en la otra que, según declaró con aire ensoñador, era igual que el que «cubría el fondo del mar Rojo»[45]. Humboldt estaba otra vez en su elemento. Arrastrándose por galerías profundas, arrancando trozos de rocas con el cincel, secando plantas y trepando montaña arriba, comparaba las vetas de mineral que encontraba con las de Nueva Granada en Sudamérica, las montañas con las de los Andes y las estepas siberianas con los Llanos de Venezuela. Los Urales seguramente eran importantes para la minería comercial, decía, pero el «auténtico placer»[46] de la expedición no había empezado hasta el macizo de Altai.

En los valles, las hierbas y los arbustos eran tan altos que, en cuanto se separaban unos pasos, no podían verse unos a otros; más arriba no había ningún árbol[47]. Las gigantescas montañas se alzaban como «cúpulas imponentes»[48], anotó Rose en su diario. Podían ver la cima del Beluja, que, con 4.500 metros, era unos 1.800 metros más bajo que el Chimborazo pero constituía el punto más alto del Altai, con sus dos cimas gemelas completamente cubiertas de nieve. A mediados de agosto habían penetrado tanto en la cordillera que las cumbres más altas parecían estar al lado. Lo malo era que la estación estaba muy avanzada, y había demasiada nieve para subir más. En mayo se había fundido una parte, pero en julio las montañas estaban cubiertas de nuevo. Humboldt tuvo que admitir la derrota, pese a que ver el Beluja le empujaba a seguir adelante[49]. No había forma de poder ascender en esas condiciones; de hecho, el Beluja no se conquistó hasta la segunda década del siglo xx. Las cimas de Asia central eran inalcanzables. Humboldt pudo verlas pero nunca subió a ellas. Tenía en su contra la estación... y su edad.

A pesar de esa desilusión, pensó que había visto lo suficiente. Tenía los baúles llenos de plantas desecadas y largas tablas de mediciones, además de rocas y muestras de minerales. Cuando encontró unos manantiales de aguas termales, dedujo que estaban relacionados con los suaves terremotos de la región[50]. Por mucho que anduvieran y escalaran durante el día, de noche siempre tenía fuerzas para colocar los instrumentos de sus observaciones astronómicas. Se sentía fuerte y en forma. «Mi salud —le escribió a Wilhelm— es excelente»[51].

En el camino, Humboldt decidió que le gustaría cruzar la frontera entre China y Mongolia. Envió a un cosaco a preparar y anunciar su llegada a los funcionarios que vigilaban la región. El 17 de agosto, Humboldt y su equipo llegaron a Baty, y allí vieron el poste fronterizo mongol en la orilla izquierda del río Irtysh y el chino en la derecha[52]. Había varias yurtas, unos cuantos camellos, rebaños de cabras y unos ochenta soldados vestidos «con harapos»[53], según la descripción de Humboldt.

Empezaron por el puesto chino, con una visita al comandante en su yurta. Allí, sentado sobre cojines y alfombras, Humboldt presentó sus regalos: telas, azúcar, lápices y vino. Se comunicaron expresiones de amistad mediante una cadena de intérpretes, primero del alemán al ruso, luego del ruso al mongol y, por fin, del mongol al chino. A diferencia de los soldados desharrapados, su comandante, que había llegado de Pekín unos días antes, tenía un aspecto impresionante con su casaca de seda azul y un sombrero adornado con magníficas plumas de pavo real.

Después de un par de horas, Humboldt atravesó en barca el río para saludar al oficial mongol en la otra yurta. A todo esto, el público no paraba de aumentar. Los mongoles miraban fascinados a sus invitados extranjeros y tocaban sin cesar a Humboldt y sus acompañantes. Les clavaban los dedos en el estómago, les levantaban el abrigo y los empujaban; por una vez, Humboldt era el espécimen exótico, pero disfrutó cada instante del extraño encuentro. Había estado en China, «el reino celestial»[54], escribió a casa.

Era hora de volver. Dado que Cancrin no le había dado ningún permiso para ir más al este de Tobolsk, Humboldt quería estar seguro, por lo menos, de llegar a San Petersburgo el día que habían acordado. Tenían que recoger sus coches de caballos en la fortaleza de Ust-Kamenogorsk y después emprender camino al oeste a lo largo del límite meridional del

Imperio ruso, a través de Omsk, Miass y Oremburgo: un viaje de unos 4.800 kilómetros siguiendo la frontera que separaba Rusia de China[55]. La frontera era una larga línea de 3.200 kilómetros, salpicada de estaciones, torres de vigilancia y pequeñas fortalezas ocupadas por cosacos y que atravesaba la estepa kazaja, y en ella vivían los nómadas kirguises*.

En Miass, el 14 de septiembre, Humboldt celebró su sexagésimo aniversario con el boticario local, un hombre a quien la historia recordaría como el abuelo de Vladimir Lenin[56]. Al día siguiente envió una carta a Cancrin en la que le decía que había alcanzado un momento trascendental en su vida. Aunque no había conseguido todo lo que quería antes de que la vejez le quitara fuerzas, había visto el Altai y las estepas, que le habían proporcionado la mayor satisfacción y, además, los datos que necesitaba. «Hace treinta años —escribió al conde—, estaba en las selvas del Orinoco y las Cordilleras»[57]. Ahora, por fin, había podido reunir «la mayor parte de ideas» restantes. El año 1829 fue «el más importante de mi inquieta vida».

De Miass continuaron hacia el oeste, a Oremburgo, donde Humboldt decidió de nuevo salirse de la ruta. En lugar de girar hacia el noroeste, hacia Moscú y luego San Petersburgo, se dirigió al sur, al mar Caspio; otro gran rodeo no autorizado[58]. De niño había soñado con viajar al Caspio, escribió a Cancrin la mañana de su partida. Tenía que ver el gran mar interior antes de que fuera demasiado tarde.

Seguramente fue la noticia de la victoria de Rusia contra los otomanos lo que animó a Humboldt a cambiar sus planes. Cancrin le había mantenido informado todo el tiempo mediante correos urgentes[59]. En los meses anteriores, los soldados rusos habían marchado sobre Constantinopla desde los dos lados del mar Negro y habían derrotado varias veces al ejército otomano. A medida que caían los bastiones turcos, el sultán Mahmud II se dio cuenta de que la victoria era de los rusos. El 14 de septiembre se firmó el Tratado de Adrianópolis y terminó la guerra, y a Humboldt se le abrió una inmensa región que había sido inaccesible y demasiado peligrosa[60]. Solo diez días después, informó a su hermano de que iban a viajar a Astracán, a orillas del Volga, donde el gran río desembocaba en el extremo norte del mar Caspio. «La paz a las puertas de Constantinopla»[61], escribió a Cancrin, era una noticia «gloriosa».

---

* La estepa kazaja es la estepa árida más extensa del mundo, desde la cordillera de Altai en el este hasta el mar Caspio en el oeste.

A mediados de octubre llegaron a Astracán y tomaron un barco de vapor para explorar el mar Caspio y el Volga[62]. El Caspio era un mar famoso por sus fluctuaciones de nivel, un hecho que fascinó a Humboldt tanto como le había intrigado, treinta años antes, el lago Valencia en Venezuela. Estaba convencido, dijo más tarde a varios científicos en San Petersburgo, de que había que instalar estaciones de medición alrededor del lago para medir la subida y la bajada de las aguas de manera metódica y para investigar un posible movimiento de tierras; quizá los cambios se debían a volcanes y otras fuerzas subterráneas, sugirió[63]. Más tarde, especuló con la posibilidad de que la depresión del Caspio —la región en torno al extremo norte del mar, que estaba a casi treinta metros bajo el nivel del mar— pudiera haberse hundido al mismo tiempo que se levantaban las mesetas de Asia central y el Himalaya[64].

Hoy sabemos que existen muchos motivos para que cambien los niveles del agua. Un factor es la cantidad de agua que llega del Volga, que está ligada a la pluviosidad de una cuenca inmensa, y eso, a su vez, depende de las condiciones atmosféricas del Atlántico norte. Muchos científicos creen que las fluctuaciones reflejan las alteraciones del clima en el hemisferio norte, por lo que el mar Caspio es un importante terreno de estudio en las investigaciones sobre el cambio climático. Otras teorías afirman que los niveles del agua dependen de las fuerzas tectónicas. Todas estas conexiones globales son precisamente las influencias que interesaban a Humboldt. Ver el mar Caspio, escribió a Wilhelm, era uno de los «grandes hitos de mi vida»[65].

Octubre estaba llegando a su fin y se avecinaba el invierno ruso. Humboldt debía acudir primero a Moscú y luego a San Petersburgo a informar sobre su expedición. Se sentía feliz. Había visto minas profundas y montañas nevadas, además de la mayor estepa árida del mundo y el mar Caspio. Había bebido té con los jefes chinos de la frontera con Mongolia y leche fermentada de yegua con los kirguises. Entre Astracán y Volgogrado, el cultivado *khan* de los kalmikos había organizado un concierto en su honor, durante el que un coro de kalmikos cantó oberturas de Mozart. Humboldt había visto antílopes Saiga corriendo por la estepa kazaja, serpientes tomando el sol en una isla del Volga y a un faquir indio desnudo en Astracán. Había tenido razón en su predicción sobre la presencia de diamantes en Siberia, a pesar de sus instrucciones había hablado con exiliados políticos e incluso había conocido a un polaco que estaba desterrado en Oremburgo y que le enseñó con orgullo su ejemplar del *En-*

sayo político sobre el Reino de la Nueva España. En los meses anteriores, Humboldt había sobrevivido a una epidemia de ántrax y había perdido peso porque la comida siberiana le parecía indigerible. Había introducido su termómetro en pozos profundos, transportado sus instrumentos por todo el Imperio ruso y tomado miles de mediciones. Él y sus acompañantes volvían con rocas, plantas prensadas, peces en frascos y animales disecados, además de manuscritos antiguos y libros para Wilhelm[66].

Como siempre, a Humboldt no le interesaban solo la botánica, la zoología y la geología, sino también la agricultura y la silvicultura. Al ver la rápida desaparición de los bosques alrededor de los centros de minería, había escrito a Cancrin sobre «la falta de madera»[67] y le había aconsejado que no usaran máquinas a vapor para drenar las minas inundadas porque era una técnica que utilizaba demasiados árboles. En la estepa de Baraba, donde se había extendido la epidemia de ántrax, Humboldt había observado las consecuencias medioambientales de la ganadería intensiva. La región era (y sigue siendo) un importante núcleo agrario en Siberia, y los granjeros drenaban lagos y pantanos para convertirlos en campos y pastos. El resultado era una desecación considerable de las llanuras húmedas[68], y Humboldt pensaba que iba a continuar. Su obsesión era buscar «las conexiones que unen todos los fenómenos y todas las fuerzas de la naturaleza»[69]. Rusia fue el último capítulo en su interpretación del mundo natural: allí consolidó, confirmó y relacionó todos los datos que había reunido durante varias décadas. Su interés fundamental no era el descubrimiento, sino la comparación. Más tarde, en los dos libros que publicó con las conclusiones de la expedición a Rusia*, escribió sobre la destrucción de los bosques y los cambios producidos a largo plazo por la humanidad en el medio ambiente[70]. Al enumerar los tres aspectos en los que la especie humana estaba afectando al clima, mencionó la deforestación, la irrigación descontrolada y, quizá lo más profético, «las grandes masas de vapor y gas» producidas en los centros industriales[71]. Nadie antes de él había examinado así la relación entre la humanidad y la naturaleza[72]**.

---

* Los dos libros eran *Fragmens de géologie et de climatologie asiatiques* (1831) y *Asie centrale, recherches sur les chaînes de montagnes et la climatogie comparée* (1843).

** Las opiniones de Humboldt eran tan nuevas y diferentes de las teorías generalizadas en aquel entonces que incluso su traductor puso en duda sus argumentos. En la edición alemana, el traductor añadió una nota que decía que la influencia de la deforestación que alegaba Humboldt era «cuestionable».

Humboldt llegó por fin a San Petersburgo el 13 de noviembre de 1829. Su capacidad de resistencia había sido asombrosa. Desde su salida de la ciudad el 20 de mayo, su grupo había recorrido 16.000 kilómetros en menos de seis meses, había pasado por 658 estaciones de postas y había utilizado 12.244 caballos[73]. Humboldt se sentía mejor que nunca, fortalecido por estar tanto tiempo al aire libre y por la ilusión de sus aventuras[74]. Todos querían oírle hablar de la expedición. Ya había soportado un espectáculo similar en Moscú unos días antes, cuando dio la impresión de que media ciudad acudía a conocerle, todos vestidos con uniformes de gala y llenos de condecoraciones. En ambas ciudades hubo fiestas en su honor[75] y se pronunciaron discursos en los que le llamaban «el Prometeo de nuestros días»[76]. No pareció que a nadie le importara que se hubiera desviado de su ruta original.

Estas recepciones oficiales irritaban a Humboldt. En lugar de hablar de sus observaciones sobre el clima y sus investigaciones geológicas, se veía obligado a admirar una trenza hecha con pelo de Pedro el Grande. Si la familia real quería saber más sobre el espectacular hallazgo de diamantes, los científicos rusos estaban deseando ver sus colecciones. Y así todo el tiempo, mientras se lo pasaban de una persona a otra. A pesar de lo mucho que le desagradaban esos momentos, se mantuvo encantador y paciente. El poeta ruso Alexander Pushkin se quedó embelesado con Humboldt. «Salían palabras cautivadoras de sus labios»[77], dijo, igual que el agua que salía del león de mármol en la fuente de la Gran Cascada del palacio real en San Petersburgo. En privado, Humboldt sí se quejaba de tanta pompa y ceremonia. «Estoy casi aplastado por todas estas obligaciones»[78], le escribió a Wilhelm; pero también intentó aprovechar su fama y su influencia. Aunque se había contenido para no criticar en público las condiciones de vida de los campesinos y los obreros, ahora se atrevió a pedir a zar el indulto para algunos de los exiliados a los que había conocido durante su viaje[79].

Humboldt pronunció también en la Academia Imperial de Ciencias de San Petersburgo un discurso que iba a poner en marcha un enorme esfuerzo de colaboración científica internacional. Hacía muchos años que a Humboldt le interesaba el geomagnetismo, igual que le interesaba el clima, porque era una fuerza global. Decidido a saber más sobre lo que llamaba «la misteriosa marcha de la aguja magnética»[80], en su discurso sugirió la creación de una cadena de puestos de observación en todo el

Academia Imperial de Ciencias de San Petersburgo

Imperio ruso. El objetivo era descubrir si las variaciones magnéticas tenían un origen terrestre —generadas, por ejemplo, por los cambios climáticos— o estaban causadas por el Sol. El geomagnetismo era un fenómeno fundamental para comprender la relación entre el cielo y la Tierra, porque podía «revelarnos —decía Humboldt— lo que ocurre a gran profundidad en el interior de nuestro planeta o en las regiones superiores de nuestra atmósfera»[81]. Humboldt llevaba mucho tiempo investigando el fenómeno. En los Andes había descubierto el ecuador magnético y, durante su estancia forzosa en Berlín en 1806, cuando la presencia del ejército francés en Prusia le había impedido regresar a París, un colega y él habían hecho observaciones magnéticas a cada hora en punto, día y noche, un experimento que repitió al volver en 1827[82]. Después de su expedición a Rusia, además, recomendó que las autoridades alemanas, junto con las británicas, francesas y estadounidenses, trabajasen en colaboración para reunir más datos en todo el mundo. Les hizo un llamamiento como miembros de una «gran confederación»[83].

Pocos años después, una red de estaciones magnéticas cubría el planeta: en San Petersburgo, Pekín y Alaska, Canadá y Jamaica, Australia y Nueva Zelanda, Sri Lanka e incluso la remota isla de Santa Elena, en el Atlántico sur, donde había estado prisionero Napoleón. En el espacio de tres años se registrarían casi dos millones de observaciones[84]. Los que trabajaban en las nuevas estaciones, como los investigadores actuales del cambio climático, se dedicaban a recoger datos globales, dentro de lo que hoy llamaríamos un gran proyecto científico. Fue una colaboración internacional a gran escala, la llamada «Cruzada magnética».

Humboldt también aprovechó su discurso de San Petersburgo para fomentar los estudios sobre el clima en el vasto Imperio ruso. Quería datos relacionados con los efectos de la destrucción de los bosques en el clima, el primer estudio a gran escala sobre el impacto del hombre en las condiciones climáticas. Era deber de los científicos, decía Humboldt, examinar los elementos variables en «la economía de la naturaleza»[85].

Dos semanas después, el 15 de diciembre, Humboldt partió de San Petersburgo. Antes de marcharse, devolvió un tercio del dinero que le habían dado para gastos[86], y pidió a Cancrin que lo utilizaran para financiar a otro explorador; la adquisición de conocimientos era más importante que su beneficio económico personal. Sus coches iban llenos de las colecciones que había reunido para el rey de Prusia, tan cargados de especímenes que eran un «gabinete de historia natural»[87] sobre ruedas, dijo. Entre ellos iban sus instrumentos, sus cuadernos y un opulento jarrón de más de dos metros sobre un pedestal que le había regalado el zar, además de una costosa piel de marta cibelina*.

Hacía un frío helador en el camino a Berlín. Cerca de Riga, el cochero de Humboldt perdió el control en una carretera peligrosamente congelada y el coche se estrelló a toda velocidad contra un puente. El golpe rompió la barandilla, uno de los caballos cayó al río, casi dos metros y medio más abajo, y él tiró de su cargamento. Un costado del coche se hizo añicos. Humboldt y los demás pasajeros salieron catapultados y aterrizaron a solo diez centímetros del borde del puente. Asombrosamente, el único herido fue el caballo, pero el coche había quedado tan dañado que las reparaciones les obligaron a quedarse varios días. Humboldt seguía encantado. Comentó que, colgados tan cerca del precipicio, debían de haber dado una imagen bastante «pintoresca»[88]. También bromeó diciendo que, con tres eruditos en el coche, por supuesto, habían surgido muchas «teorías contradictorias»[89] sobre las causas del accidente. Pasa-

---

* Humboldt donó el jarrón al Altes Museum de Berlín. Hoy se exhibe en la Alte Nationalgalerie.

ron Navidad en Königsberg (hoy Kaliningrado) y el 28 de diciembre de 1829 llegaron a Berlín. Humboldt bullía con tantas ideas que estaba «soltando vapor como un caldero lleno de agua hirviendo»[90], le dijo un amigo a Goethe.

Esta fue la última expedición de Humboldt. Ya no iba a viajar más por el mundo, pero sus opiniones sobre la naturaleza habían empezado a difundirse entre los pensadores de Europa y América con una fuerza aparentemente imparable.

17. Evolución y Naturaleza

Charles Darwin y Humboldt

El buque de la Marina Real británica *Beagle* surcaba los valles y las crestas de las olas con regularidad implacable mientras el viento rizaba la lona hinchada de las velas. El barco había zarpado de Portsmouth, en la costa sur de Inglaterra, cuatro días antes, el 27 de diciembre de 1831, en un viaje alrededor del mundo para inspeccionar las costas y calcular las posiciones geográficas exactas de los puertos. A bordo iba Charles Darwin, de veintidós años, que se encontraba «terriblemente desanimado»[1]. No era así como había previsto su aventura. En lugar de estar de pie en la cubierta, observando el mar salvaje mientras atravesaban la bahía de Vizcaya camino de Madeira, Darwin no se había sentido tan desgraciado en su vida. Estaba tan mareado que la única forma de aguantar era encerrarse en su cabina, comer galletas secas y permanecer en posición horizontal[2].

La pequeña cabina de toldilla que compartía con dos miembros de la tripulación estaba tan abigarrada que su hamaca colgaba sobre la mesa en la que los oficiales trabajaban con las cartas marinas[3]. La habitación medía aproximadamente tres por tres metros, y tenía estanterías, armarios y un mueble de cajones en las paredes y la gran mesa de las mediciones en el centro. Con 1,80 metros de alto, Darwin no tenía sitio para ponerse de pie. El pequeño espacio estaba atravesado por el palo de mesana del buque, como una gran columna al lado de la mesa. Para moverse por la cabina, los hombres tenían que pasar sobre las enormes vigas de madera del mecanismo de gobierno del barco, que cruzaban el suelo. No había ventana, solo una claraboya por la que Darwin observaba la luna y las estrellas tendido en su hamaca.

En el pequeño estante junto a la hamaca estaban las posesiones más preciadas de Darwin: los libros que había escogido con sumo cuidado para que le acompañaran[4]. Tenía varios libros de botánica y zoología, un diccionario español-inglés completamente nuevo, varios relatos de viajes escritos por exploradores y el primer volumen del revolucionario *Elementos de geología* de Charles Lyell, que se había publicado el año anterior[5]. Junto a él estaba *Personal Narrative* de Alexander von Humboldt, la historia en siete volúmenes de su expedición a Latinoamérica y la razón de que estuviera Darwin en el *Beagle*[6*]. «Mi admiración por su famoso relato personal (alguna de cuyas partes me sé de memoria) —decía Darwin— me decidió a viajar a países lejanos y me hizo ofrecerme voluntario para ir como naturalista en el buque *Beagle*»[7].

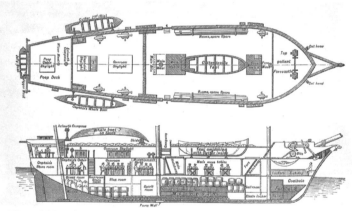

Plano del Beagle *con la cabina de Darwin (cabina de toldilla) junto a la popa*

Debilitado por las náuseas, Darwin empezaba a dudar de su decisión. Cuando pasaron por Madeira, el 4 de enero de 1832, se encontraba tan mal que no fue capaz de salir a cubierta a ver la isla[8]. Se quedó dentro, leyendo las descripciones que hacía Humboldt de los trópicos, porque no había nada mejor «para subir el ánimo a un hombre enfermo»[9], dijo.

---

[*] Preocupado por el poco espacio en la cabina, Darwin había preguntado al capitán antes de salir si tenía permiso para llevarse su ejemplar de *Personal Narrative*. «Por supuesto que puede usted llevarse su Humboldt», le aseguró el capitán.

Dos días después llegaron a Tenerife, la isla con la que Darwin llevaba muchos meses soñando. Quería caminar entre esbeltas palmeras y ver el Teide, el volcán de 3.600 metros que Humboldt había ascendido más de tres décadas antes. Cuando el *Beagle* se aproximaba a la isla, otro barco lo detuvo para anunciarles que no podían bajar a tierra. Las autoridades de Tenerife se habían enterado de los recientes brotes de cólera en Inglaterra y les preocupaba que los marineros pudieran llevar la enfermedad a la isla. Cuando el cónsul impuso una cuarentena de doce días, el capitán del *Beagle* decidió seguir su camino en vez de esperar. Darwin se quedó desolado. «Oh, qué desgracia, qué desgracia»[10], escribió en su diario.

Esa noche, mientras el *Beagle* se alejaba de Tenerife, el mar se calmó. Entre las suaves olas que golpeaban la popa del barco y el aire cálido que sacudía levemente las velas, la náusea de Darwin fue mejorando. El cielo estaba limpio e infinitas estrellas extendían su brillo sobre al agua oscura y reluciente. Fue un momento mágico. «Ya puedo entender el entusiasmo de Humboldt por las noches tropicales»[11], escribió Darwin. A la mañana siguiente, mientras veía la forma cónica del Teide desaparecer a lo lejos, teñida de naranja por la luz del sol y con la cima asomando sobre las nubes, se sintió recompensado por su dolencia. Después de haber leído tanto sobre el volcán en *Personal Narrative*, dijo, era «como despedirse de un amigo»[12].

Solo unos meses antes, la posibilidad de ver los trópicos y trabajar como naturalista en una expedición era «el sueño más disparatado»[13] para Darwin. De acuerdo con los deseos de su padre, estaba destinado a una profesión más convencional y había estudiado en Cambridge para ser pastor en alguna iglesia rural. Esta salida había sido un compromiso para apaciguar a su padre después de haber abandonado los estudios de Medicina en la Universidad de Edimburgo. Convencido de que un día heredaría suficiente dinero para «subsistir con ciertas comodidades»[14], Darwin no había abordado los estudios requeridos con demasiadas ambiciones. En Edimburgo había preferido examinar los invertebrados marinos que dedicarse a la medicina, y en Cambridge había asistido a clases de botánica en lugar de teología[15]. Le fascinaban los escarabajos, y daba largos paseos en los que levantaba piedras y troncos para buscarlos, y llenaba sus bolsas de sus tesoros entomológicos[16]. Para no perder ninguno de sus hallazgos, un día, con las manos ya llenas, se había metido uno en la boca para guardarlo. El escarabajo había protestado ante un trato tan poco corriente emitiendo un líquido ácido para que Darwin lo escupiera.

En su último curso en Cambridge, Darwin leyó por primera vez la *Personal Narrative* de Humboldt, un libro que «despertó en mí un ardiente entusiasmo»[17], escribió. Darwin se quedó tan impresionado con el libro que copió fragmentos para leérselos en voz alta a su profesor de botánica, John Stevens Henslow, y a otros amigos durante las excursiones[18]. En la primavera de 1831, Darwin había estudiado a Humboldt con tal intensidad que dijo a su primo: «Hablo, pienso y sueño con un plan que tengo casi trazado de ir a las islas Canarias»[19].

Ese plan era viajar a Tenerife con Henslow y varios amigos de la universidad. Estaba tan ilusionado, decía, que «no puedo quedarme quieto»[20]. Para prepararse, corría por las mañanas a los invernaderos del jardín botánico de Cambridge para «contemplar las palmeras»[21] y luego volvía a casa a estudiar botánica, geología y español. Soñaba con densos bosques, llanuras deslumbrantes y cimas montañosas, «leía y releía a Humboldt»[22] y hablaba del viaje tanto que sus amigos de Cambridge empezaron a desear que se fuera cuanto antes. «Les hago la vida imposible —bromeaba Darwin con su primo— con tanto hablar de paisajes tropicales»[23].

A mediados de julio de 1831, Darwin recordó a Henslow que leyera más a Humboldt «para alimentar su ardor por las Canarias»[24]. Sus cartas derramaban entusiasmo y estaban salpicadas de expresiones en español recién aprendidas. «A base de escribir me he dado a mí mismo un brillo tropical»[25], le dijo a su hermana. Pero entonces, justo cuando se disponían a irse, Henslow anuló el viaje debido a compromisos laborales y que su mujer estaba embarazada[26]. Además, Darwin se dio cuenta de que había pocos barcos británicos que fueran a las Canarias, y esos solo lo hacían en los primeros meses del verano. La estación estaba demasiado avanzada, de modo que iba a tener que aplazar el viaje hasta el año siguiente.

Pero todo cambió un mes más tarde, el 29 de agosto de 1831, con una carta que Darwin recibió de Henslow. Un capitán llamado Robert FitzRoy, escribía el profesor, estaba buscando a un caballero naturalista que le acompañara en el *Beagle,* un barco que iba a zarpar cuatro semanas después para dar la vuelta al mundo[27]. Era una perspectiva mucho más apasionante que Tenerife. Sin embargo, el entusiasmo de Darwin se apagó de inmediato, cuando su padre le negó el permiso y la muy necesaria ayuda económica para pagar el pasaje. Era «un plan absurdo»[28], dijo Ro-

Charles Darwin

bert Darwin a su hijo, y «una empresa inútil». No parecía que un viaje alrededor del mundo fuera un requisito indispensable para ser pastor en una iglesia de pueblo.

Darwin se quedó hecho polvo. Por supuesto que el viaje no sería barato, pero su familia podía permitírselo. Su padre era un próspero médico que había ganado la mayor parte de su dinero con sagaces inversiones[29], y sus abuelos habían hecho famosa y rica a la familia. Su abuelo materno era el conocido alfarero Josiah Wedgwood, un hombre que había aplicado la ciencia a la fabricación de porcelana y, de esa forma, había industrializado su producción. Wedgwood había muerto rico y respetado. Igual de ilustre era el abuelo paterno, el médico, científico e inventor Erasmus Darwin. En 1794 había publicado las primeras ideas radicales sobre la evolución en su libro *Zoonomia,* en el que aseguraba que los animales y los seres humanos descendían de unos diminutos filamentos vivos en el mar primordial. También había convertido el sistema de clasificación botánica de Carl Linneo en verso, en su poema de inmensa popularidad

«Loves of the Plants», que Humboldt y Goethe habían leído en la década de 1790. Se respiraba en la familia el orgullo por todo lo que habían logrado, incluso cierto sentimiento de grandeza, al que desde luego Charles Darwin también aspiraba.

Al final, fue un tío de Darwin el que ayudó a convencer a su padre de que el viaje valía la pena. «Si viera ahora a Charles enfrascado en unos estudios profesionales», escribió Josiah Wedgwood II a Robert Darwin, no habría sido aconsejable que los interrumpiera, «pero no es el caso, ni creo que lo vaya a ser»[30]. Dado que a Charles solo le interesaba la historia natural, concluía su tío, la expedición sería una gran oportunidad para dejar su huella en el mundo de la ciencia. Al día siguiente, el padre acordó hacerse cargo de los gastos de su hijo. Darwin iba a dar la vuelta al mundo.

Las tres primeras semanas de viaje, mientras el *Beagle* navegaba hacia el sur, fueron bastante tranquilas. Después de pasar Tenerife, Charles se sintió mejor. A medida que los días se volvían más cálidos, se cambió a ropas más ligeras[31]. Cogía medusas y otros pequeños invertebrados marinos y se dedicaba a diseccionarlos. También fue una buena época para conocer al resto de la tripulación[32]. Darwin compartía la cabina con el topógrafo ayudante, de diecinueve años, y uno de los guardiamarinas, que entonces tenía catorce. Había setenta y cuatro hombres a bordo, incluidos marineros, carpinteros y topógrafos, además de un fabricante de instrumentos, un artista y un cirujano*. El capitán FitzRoy tenía veintiséis años, solo cuatro más que Darwin[33]. Procedía de una familia aristocrática y había pasado toda su vida adulta en el mar. Este era su segundo viaje en el *Beagle*. La tripulación pronto descubrió que el capitán podía ser taciturno y malhumorado, sobre todo a primera hora de la mañana. Con un tío que se había suicidado, FitzRoy se preocupaba a menudo por la posibilidad de caer presa de ese tipo de predisposición. A veces, se sumía en profundas depresiones que «rayaban en la locura»[34], pensaba Darwin. FitzRoy alternaba entre una energía aparentemente ilimitada y una melancolía silenciosa. Pero era inteligente, estaba fascinado por la historia natural y era un trabajador incansable.

---

* El *Beagle* transportaba asimismo a un misionero y tres habitantes de Tierra de Fuego a los que FitzRoy había capturado y llevado a Inglaterra en su viaje anterior. Ahora volvían a su casa, donde el capitán confiaba en que convirtieran a sus compatriotas al cristianismo en cuanto hubiera instaurado un puesto misionero allí.

FitzRoy encabezaba una expedición financiada por el Gobierno cuyo objetivo era dar la vuelta al mundo para hacer el círculo completo de mediciones longitudinales, siempre con los mismos instrumentos, en un intento de unificar los mapas y la navegación. También le habían ordenado completar el mapa de la costa sur de Sudamérica, donde Gran Bretaña aspiraba a lograr la hegemonía económica entre los países sudamericanos recién independizados.

El *Beagle*, de 27 metros de eslora, era un barco pequeño, pero equipado hasta arriba: llevaba desde miles de latas de carne en conserva hasta los instrumentos de prospección más modernos. FitzRoy había insistido en llevar 22 cronómetros para medir el tiempo y la longitud, y conductores de rayos para proteger el barco. El *Beagle* llevaba azúcar, ron y guisantes secos, además de los remedios habituales contra el escorbuto, como pepinillos y zumo de limón. «En la bodega no cabía apenas un saco de pan más»[35] escribió Darwin, admirado por el aprovechamiento del espacio.

La primera escala del *Beagle* fue Santiago, la mayor de las islas de Cabo Verde, situadas en el océano Atlántico, a unos 800 kilómetros de la costa de África[36]. Al bajar a tierra en la isla tropical, la cabeza de Darwin se inundó de nuevas impresiones. Era un lugar confuso, exótico y emocionante: palmeras, tamarindos y bananos reclamaban su atención, igual que el bulboso baobab. Oyó las melodías de aves desconocidas y vio extraños insectos que se posaban en unas flores aún más extrañas. Como Humboldt y Bonpland a su llegada a Venezuela en 1799, Darwin sintió que su mente era «un huracán perfecto de placer y asombro»[37] cuando estaba examinando rocas volcánicas y plantas, animales diseccionados y polillas que previamente había asegurado con alfileres. Darwin cortó rocas, rascó cortezas y buscó insectos y lombrices bajo las piedras, recogió todo tipo de cosas, desde conchas y enormes hojas de palma hasta platelmintos y los insectos más diminutos. Por las noches, a su regreso, «pesadamente cargado con mi rica cosecha»[38], se sentía más feliz que nunca. Darwin era como un niño con un juguete nuevo, se reía el capitán FitzRoy[39].

Era «como dar ojos a un ciego»[40], escribió Darwin en su diario. Describir los trópicos era imposible, explicaba en sus cartas a casa, porque todo era tan diferente y desconcertante que no sabía cómo empezar ni terminar una frase. Aconsejó a su primo William Darwin Fox que leyera la *Personal Narrative* de Humboldt para comprender lo que estaba experimentando él, y a su padre le dijo: «Si quieres tener una verdadera noción de los países tropicales, *estudia* a Humboldt»[41]. Darwin estaba viendo este nuevo mundo a través de los textos del naturalista alemán. Su diario estaba lleno de comentarios como «muy impresionado por lo acertado de una de las observaciones de Humboldt»[42], o «como señala Humboldt».

Solo hubo otra obra que tuviera una influencia equiparable sobre Darwin, los *Elementos de geología* de Charles Lyell[43], un libro que, a su vez, estaba imbuido de las ideas de Humboldt, porque Lyell lo citaba docenas de veces, desde su idea del clima global y las zonas de vegetación hasta informaciones sobre los Andes. En *Elementos de geología* se explicaba que la Tierra se había formado por erosión y deposición, en una serie de lentísimos movimientos de elevación y subsidencia durante un periodo de tiempo de una duración inimaginable, interrumpido por erupciones volcánicas y terremotos. Cuando Darwin vio los estratos rocosos en los acantilados de Santiago, todo lo que había escrito Lyell cobró sentido. Darwin podía «leer» la creación de la isla observando las capas de las paredes rocosas: los restos de un viejo volcán, más arriba, una franja blanca de conchas y corales, y encima, una capa de lava. La lava había cubierto las conchas y después la isla había ido subiendo despacio, empujada por una fuerza subterránea. La línea ondulada y las irregularidades de la franja blanca también daban prueba de movimientos más recientes: las fuerzas de Lyell seguían activas. En Santiago, Darwin observó las plantas y los animales a través de los ojos de Humboldt y las rocas a través de los de Lyell[44]. Cuando volvió al *Beagle,* escribió una carta a su padre para anunciarle que, inspirado por lo que había visto en la isla, «voy a poder hacer algo original en Historia Natural»[45].

Unas semanas después, a finales de febrero, el barco llegó a Bahía (la actual San Salvador), en Brasil, y el asombro de Darwin continuó. Todo se parecía tanto a un sueño que podría haber sido una escena mágica de *Las mil y una noches,* explicó[46]. Una y otra vez, escribió que Humboldt era el único que se había acercado a una auténtica descripción del trópico. «Mis sentimientos se convierten en admiración con todo lo suyo que leo»[47], declaraba en una carta; «antes admiraba a Humboldt, pero ahora casi le adoro»[48], en otra. Las descripciones del alemán no tenían parangón, dijo el día que vio Brasil por primera vez, por «la extraordinaria unión de poesía con ciencia»[49].

Estaba entrando en un mundo nuevo, escribió Darwin a su padre[50]. «En estos momentos estoy emocionado con las arañas»[51], se regocijaba, y las flores «harían enloquecer a un florista»[52]. Había tantas cosas que no estaba seguro de qué mirar o qué coger primero: la mariposa de colores llamativos, el insecto que reptaba hacia una flor exótica o una nueva flor. «Por el momento solo puedo leer a Humboldt —escribió Darwin en su diario—, porque ilumina como otro sol todo lo que contemplo»[53]. Era como si el alemán le diera una cuerda a la que agarrarse para no ahogarse en todas esas nuevas impresiones.

El *Beagle* siguió hacia el sur, a Río de Janeiro y Montevideo, y luego a las islas Malvinas, Tierra de Fuego y Chile; durante tres años y medio hizo una y otra vez muchos tramos de la ruta para garantizar la precisión de sus mediciones. Darwin bajaba del barco con frecuencia, a veces durante varias semanas, para emprender largas excursiones hacia el interior (después de haber acordado con FitzRoy dónde reincorporarse al barco). Cabalgó por la selva brasileña y con los gauchos en las pampas. Vio los amplios horizontes de las planicies polvorientas de Patagonia y encontró huesos fósiles gigantes en la costa de Argentina. Se había convertido, escribió a su primo Fox, en «un gran vagabundo»[54].

Cuando estaba a bordo del *Beagle*, Darwin seguía una rutina que no solía cambiar gran cosa[55]. Por las mañanas desayunaba con FitzRoy y luego los dos se dedicaban a sus respectivas tareas, el capitán a medir y ocuparse del papeleo y Darwin a investigar sus especímenes y escribir sus notas. Darwin trabajaba en la cabina de toldilla, en la gran mesa en la que el topógrafo ayudante tenía también sus mapas. En un rincón, Darwin había colocado su microscopio y sus cuadernos. Allí diseccionaba, etiquetaba, preservaba y secaba sus ejemplares. El espacio era muy pequeño, pero a él le parecía el estudio perfecto para un naturalista porque «todo está a mano»[56].

Fuera, sobre la cubierta, había que limpiar los huesos fósiles y pescar medusas. Por las noches, Darwin cenaba con FitzRoy, pero de vez en cuando le invitaban a unirse al resto de la tripulación en la bulliciosa cantina, cosa que siempre le divertía[57]. Como el barco subía y bajaba por la costa haciendo las mediciones, siempre había pescado fresco. Comían atún, tortuga y tiburón, además de empanadillas de avestruz y armadillo, que según escribió Darwin, sin su coraza, parecían y sabían igual que un pato.

A Darwin le encantaba su nueva vida. Se llevaba bien con la tripulación, que le llamaba «Filos» y «Atrapamoscas»[58]. Su pasión por la naturaleza era contagiosa, y pronto muchos de los demás también empezaron a capturar ejemplares, lo que le ayudó a aumentar su colección[59]. Un oficial le tomaba el pelo sobre «la maldita tortura»[60] de los barriles, las cajas y los huesos en cubierta y le decía que «si yo fuera el patrón, os echaría a ti y a todo tu jaleo enseguida». Cuando llegaban a algún puerto comercial desde el que zarpaban barcos hacia Inglaterra, Darwin enviaba sus baúles llenos de fósiles, pieles de pájaros y plantas desecadas a Henslow, en Cambridge, además de cartas a su familia[61].

A medida que navegaban, Darwin sentía cada vez más necesidad de leer todo lo que había escrito Humboldt. Cuando llegaron a Río de Janeiro, en abril de 1832, escribió a su casa y pidió a su hermano que le enviara los *Cuadros de la naturaleza* de Humboldt a Montevideo, en Uruguay, donde podría recogerlo más tarde[62]. Su hermano le envió unos libros: no *Cuadros de la naturaleza,* sino la última obra del alemán, *Fragmens de géologie et de climatologie asiatiques,* que era el resultado de la expedición a Rusia, y el *Ensayo político sobre el Reino de la Nueva España.*

Darwin mantuvo durante todo el viaje en el *Beagle* un diálogo interno con Humboldt, con el lápiz en la mano, subrayando fragmentos de la *Personal Narrative.* Las descripciones del naturalista servían casi de plantilla para las propias experiencias de Darwin. La primera vez que este vio las constelaciones del hemisferio sur, se acordó de las descripciones de Humboldt[63]. Más tarde, al ver las llanuras chilenas después de días de explorar la selva, su reacción fue exactamente como la de Humboldt al entrar en los Llanos de Venezuela tras la expedición al Orinoco. Humboldt hablaba de «nuevas sensaciones»[64] y el placer de poder «ver» otra vez tras las largas semanas en la espesa selva, y ahora Darwin escribió que las vistas eran «muy refrescantes, después de haber estado cercado y enterrado entre las masas de árboles»[65].

También la anotación de Darwin en su diario sobre un terremoto que vivió el 20 de febrero de 1835 en Valdivia, al sur de Chile, era casi un resumen de lo que había escrito Humboldt sobre su primer terremoto en Cumaná, en 1799. Este había subrayado que el seísmo, «en un instante, basta para destruir ilusiones prolongadas»[66]; en el diario de Darwin, la frase se convirtió en «un terremoto como este destruye de golpe las asociaciones más antiguas»[*67].

---

* La descripción entera es muy parecida. La frase de Humboldt «la tierra se sacude en sus viejos cimientos, que habíamos creído tan estables» se convierte, en el diario de Darwin, en «el mundo, el emblema mismo de todo lo que es sólido, se mueve bajo nuestros pies». Humboldt escribió: «Por primera vez desconfiamos de un suelo en el

Hay muchísimos ejemplos de este tipo, e incluso cuando Darwin dice que el kelp de la costa de Tierra de Fuego es la planta más esencial en la cadena alimentaria suena asombrosamente igual que la descripción que hace Humboldt de las palmeras de moriche como especie fundamental que «propagaba la vida»[68] en los Llanos. Los grandes bosques acuáticos de kelp, escribía Darwin, sostenían una gran variedad de formas de vida, desde pequeños pólipos en forma de hidras a moluscos, pececillos y cangrejos, todos los cuales, a su vez, alimentaban a cormoranes, nutrias, focas y, por supuesto, las tribus indígenas[69]. Humboldt le inspiraba a interpretar la naturaleza como un sistema ecológico. Igual que la destrucción de un bosque, decía Darwin, la erradicación del kelp causaría la pérdida de incontables especies, además de eliminar probablemente a la población nativa de Tierra de Fuego.

Darwin construía su estilo literario siguiendo el modelo de Humboldt, mezclando la escritura científica con la descripción poética, de tal forma que su diario del *Beagle* resulta muy similar, en estilo y contenido, a la *Personal Narrative*. Hasta el punto de que su hermana, al recibir la primera parte del diario en octubre de 1832, se quejó de que, «probablemente por haber leído tanto a Humboldt, tienes su fraseología»[70] y «el tipo de expresiones floridas en francés que utiliza él». Otros fueron más elogiosos y le dijeron que les gustaban mucho sus «imágenes tan gráficas, como de Humboldt»[71].

Humboldt enseñó a Darwin a investigar el mundo no desde el punto de vista claustrofóbico de un geólogo o un zoólogo, sino desde dentro y desde fuera. Ambos tenían la rara habilidad de centrarse en el detalle más pequeño —desde una brizna de liquen hasta un escarabajo diminuto— y después retroceder y salir a examinar las pautas comparativas globales. Esa flexibilidad de perspectiva les permitía entender el mundo de forma totalmente nueva, telescópica y microscópica, panorámica y a nivel celular, y que recorría el tiempo desde el lejano pasado geológico hasta la futura economía de las poblaciones indígenas.

En septiembre de 1835, casi cuatro años después de salir de Inglaterra, el *Beagle* zarpó por fin de Sudamérica para seguir circunnavegando el globo. Salieron de Lima hacia las islas Galápagos, a 970 kilómetros al

---

que durante tanto tiempo habíamos puesto tranquilamente los pies», y Darwin dijo: «Un segundo de tiempo transmite a la mente una extraña idea de inseguridad».

oeste de la costa ecuatoriana. Eran unas islas extrañas y desérticas, en las que vivían aves y reptiles tan dóciles y poco acostumbrados a los humanos que era fácil capturarlos. Allí Darwin estudió las rocas y las formaciones geológicas, cogió pinzones y sinsontes y midió el tamaño de las tortugas gigantes que recorrían las islas[72]. Pero no fue hasta que volvió a Inglaterra y examinó sus colecciones cuando comprendió claramente lo importantes que iban a ser las islas Galápagos para su teoría de la evolución. Para Darwin, las islas marcaron un antes y un después, aunque no se dio cuenta en el momento.

Después de cinco semanas en las Galápagos, el *Beagle* zarpó al vacío del Pacífico sur hacia Tahití, y de allí a Nueva Zelanda y Australia. Desde la costa occidental de Australia atravesaron el océano Índico y rodearon la punta de Sudáfrica, antes de volver a cruzar el Atlántico hasta Sudamérica. Los últimos meses de navegación fueron duros para todos. «No ha habido jamás un barco —escribió Darwin— tan lleno de héroes nostálgicos»[73]. Reconoció que, durante esas semanas, cada vez que se encontraban con buques mercantes, sentía «la más peligrosa inclinación a saltar»[74] y cambiar de barco. Llevaban fuera casi cinco años, tanto tiempo que soñaba con las verdes y agradables tierras de Inglaterra. El 1 de agosto de 1836, después de cruzar el océano Índico y el Atlántico, se detuvieron brevemente en Bahía, Brasil, donde habían hecho su primera escala sudamericana a finales de febrero de 1832, y después viraron al norte para emprender la última etapa de su viaje. Ver Bahía le resultó aleccionador. En lugar de admirar las flores tropicales de la selva brasileña, como había hecho durante su primera visita, Darwin descubrió que añoraba los solemnes castaños de los jardines ingleses[75]. Estaba deseando volver a casa. Se había cansado de esta forma de navegar «en zigzag»[76], le escribió a su hermana. «Odio, aborrezco el mar y todos los barcos que navegan en él».

A finales de septiembre pasaron junto a las Azores, en el Atlántico norte, y siguieron hacia Inglaterra. Darwin estaba en su cabina, tan mareado como había estado el primer día. Después de tantos años, seguía sin acostumbrarse al ritmo del mar y se lamentaba: «Odio todas las olas del océano»[77]. Tendido en la hamaca, llenó su abultado diario con las últimas observaciones y resumió sus reflexiones sobre los cinco años anteriores. Las primeras impresiones, decía una de sus últimas anotaciones, dependían a menudo de las ideas preconcebidas. «Todas las mías estaban sacadas de las vívidas descripciones en la *Personal Narrative*»[78].

El 2 de octubre de 1836, casi cinco años después de salir de Inglaterra, el *Beagle* entraba en el puerto de Falmouth, en la costa sur de Cornualles[79]. Para completar su trabajo, el capitán FitzRoy tenía que hacer todavía una medición longitudinal más en Plymouth, exactamente en el mismo lugar en el que había hecho la primera. Darwin, sin embargo, desembarcó en Falmouth. Estaba impaciente por tomar la diligencia a Shrewsbury para ver a su familia.

Mientras el coche traqueteaba hacia el norte, él miraba por la ventana el mosaico ondulante de campos y setos. Los campos parecían mucho más verdes de lo habitual, pensó, pero, cuando pidió a los demás pasajeros que se lo confirmaran, ellos le miraron con cara de no entenderle[80]. Después de más de 48 horas en la diligencia, Darwin llegó a última hora de la noche a Shrewsbury y entró en silencio en su casa, porque no quería despertar a su padre y sus hermanas. Cuando, a la mañana siguiente, entró en el comedor donde estaban desayunando, no dieron crédito a lo que veían. Estaba de vuelta, sano y salvo, aunque «muy delgado»[81], dijo su hermana. Había muchas cosas de las que hablar, pero no podía quedarse más que unos días, porque tenía que ir a Londres a recuperar sus baúles del *Beagle*[82].

Darwin regresó a un país que seguía gobernado por el mismo rey, Guillermo IV, pero en el que el Parlamento había aprobado dos leyes muy importantes durante su larga ausencia. En junio de 1832, después de enormes batallas políticas, el controvertido proyecto de Ley de Reforma se había convertido en ley, un primer paso fundamental hacia la democracia, porque por primera vez daba a las ciudades que habían crecido durante la Revolución Industrial escaños en la Cámara de los Comunes y extendía el voto de los terratenientes ricos a la clase media alta. La familia de Darwin, partidaria de la ley, le había mantenido lo más informado posible sobre los debates en el Parlamento en las cartas que le enviaban durante el viaje. La otra noticia apasionante era la aprobación de la Ley de Abolición de la Esclavitud en agosto de 1834, cuando Darwin estaba en Chile. Aunque el tráfico de esclavos ya se había prohibido en 1807, esta nueva ley prohibía la esclavitud en la mayor parte del Imperio británico. Las familias Darwin y Wedgwood, que formaban parte desde hacía mucho tiempo del movimiento abolicionista, estaban encantadas, igual que Humboldt, por supuesto, que había hablado con vehemencia contra la esclavización de los seres humanos desde su expedición a Latinoamérica.

Ahora bien, lo más importante para Darwin eran las noticias del mundo científico. Tenía suficiente material para publicar varios libros, y la idea de convertirse en pastor anglicano se había evaporado hacía tiempo. Sus baúles estaban llenos de especímenes —aves, animales, insectos, plantas, rocas y enormes huesos fósiles— y sus cuadernos, de observaciones e ideas. Darwin quería hacerse un nombre en la comunidad científica. Para ello ya había escrito a su viejo amigo, el botánico John Stevens Henslow, unos meses antes, desde la remota isla de Santa Elena, en el Atlántico sur, pidiéndole que le facilitase la entrada en la Geographical Society[83]. Estaba deseando exhibir sus tesoros, y los científicos británicos, que habían seguido las aventuras del *Beagle* a través de las cartas y las informaciones publicadas en los periódicos, tenían muchas ganas de conocerle a él. «El viaje del *Beagle* —escribió posteriormente Darwin— fue, sin duda, el hecho más importante de mi vida, y determinó toda mi carrera»[84]. En Londres, corrió por toda la ciudad para asistir a reuniones de la Royal Society, la Geological Society y la Zoological Society, además de trabajar en sus escritos. Invitó a los mejores científicos a examinar sus colecciones: anatomistas y ornitólogos, pero también otros capaces de clasificar fósiles, peces, reptiles y mamíferos[85]*. Un proyecto inmediato era editar su diario para publicarlo[86]. La aparición del *Diario del viaje de un naturalista alrededor del mundo* en 1839 hizo famoso a Darwin[87]. Escribía de plantas, animales y geología, pero también sobre el color del cielo, la sensación de luz, la quietud del aire y la neblina de la atmósfera, igual que un pintor con pinceladas enérgicas. Darwin, como Humboldt, había registrado sus respuestas emocionales a la naturaleza, además de proporcionar datos científicos e información sobre los pueblos indígenas. Cuando salieron los primeros ejemplares de la imprenta a mediados de mayo de 1839, Darwin le envió uno a Humboldt, a Berlín. Como no sabía dónde dirigir su correspondencia, se lo preguntó a un amigo, «porque yo lo desconozco tanto como si tuviera que escribir al rey de Prusia y al emperador de todas las Rusias»[88]. Nervioso por mostrar el libro a su ídolo, recurrió al halago y escribió en la carta de acompañamiento que habían sido las historias de Humboldt sobre Sudamérica las que le habían inspirado el deseo de

---

* Darwin también obtuvo dinero del Gobierno para publicar *Zoology of the Voyage of H.M.S. Beagle*, para que fuera un libro similar, dijo, «a escala más humilde», a las magníficas publicaciones de Humboldt sobre zoología.

viajar. Había copiado largos fragmentos de la *Personal Narrative*, le dijo,
para que «pudiera tenerlos siempre presentes»[89].

Darwin no tenía por qué preocuparse. Cuando Humboldt recibió el
volumen, respondió con una larga carta, elogiándolo como un «libro
excelente y admirable»[90]. Si su propia obra había inspirado un libro como
el *Voyage of the Beagle*, ese era su mayor triunfo. «Tiene un excelente futuro por delante», escribió. Era el científico más famoso de su época y estaba diciéndole amablemente a Darwin, a sus treinta años, que la antorcha
de la ciencia estaba en sus manos. Aunque era cuarenta años mayor que
Darwin, había reconocido inmediatamente en él a un alma gemela.

La carta de Humboldt no contenía cumplidos vacíos: comentaba frase
a frase las observaciones de Darwin, mencionaba los números de páginas,
enumeraba los ejemplos y debatía los argumentos. Humboldt había leído
el relato de Darwin de principio a fin. Aún mejor, escribió también una
carta a la Geographical Society de Londres —que se publicó en la revista
de la institución, al alcance de todos los miembros— en la que decía que
el libro era «uno de los trabajos más extraordinarios que, en el curso de
una larga vida, he tenido el placer de ver publicados»[91]. Darwin estaba
eufórico. «Pocas cosas me han gratificado más en la vida —dijo—, ni siquiera un autor joven puede digerir tal volumen de elogios»[92]. Era un
honor recibir alabanzas tan públicas, le dijo a Humboldt[93]. Cuando este,
más tarde, instó a que se hiciera una traducción del libro al alemán,
Darwin escribió a un amigo: «No tengo más remedio que, con una *vanidad imperdonable*, presumir de ello ante ti»[94].

Darwin estaba frenético, trabajando en muchos temas a la vez, desde
los arrecifes de coral y los volcanes hasta las lombrices. «No puedo soportar dejar mi trabajo ni medio día»[95], le reconoció a su viejo profesor y
amigo, John Stevens Henslow. Trabajaba tanto que tenía palpitaciones,
una circunstancia que parecía producirse, decía, siempre que algo «me
pone nervioso»[96]. Quizá uno de los motivos era un apasionante descubrimiento sobre los ejemplares de aves que había llevado consigo desde las
islas Galápagos. Mientras Darwin terminaba sus análisis, empezó a reflexionar sobre la idea de que las especies podían evolucionar; o sobre la
transmutación de las especies, que era como se llamaba entonces[97].

Los diversos pinzones y sinsontes que habían recogido en distintas islas no
eran, como había pensado al principio, meras variantes de las aves conocidas
en tierra firme. Cuando el ornitólogo británico John Gould —que identificó

1. Geospiza magnirostris.   2. Geospiza fortis.
3. Geospiza parvula.   4. Certhidea olivacea.

Los pinzones de Darwin, dibujados en las islas Galápagos

las aves al regreso del *Beagle*— declaró que eran especies verdaderamente
distintas, Darwin dedujo que cada isla tenía sus propias especies endémicas.
Como las islas eran de origen volcánico y relativamente reciente, solo había
dos explicaciones posibles: o Dios había creado esas especies específicamente para las Galápagos, o, en su aislamiento geográfico, habían evolucionado
a partir de un antepasado común que había emigrado a las islas[98].

Las repercusiones eran revolucionarias. Si Dios había creado las plantas
y los animales originalmente, ¿acaso el concepto de la evolución implicaba
que había cometido errores iniciales? Por otra parte, si las especies se extinguían y Dios creaba constantemente otras nuevas, ¿quería eso decir que
estaba siempre cambiando de opinión? Esta era una idea aterradora para
muchos científicos. La discusión sobre la posible transmutación de las especies sonaba desde hacía tiempo. El abuelo de Darwin, Erasmus, ya había
escrito sobre ella en su libro *Zoonomia*, igual que Jean-Baptiste Lamarck, el
viejo conocido de Humboldt del Muséum national d'Histoire naturelle
en el Jardin des Plantes de París[99]. En la primera década del siglo XIX,
Lamarck había dicho que, influidos por su entorno, los organismos podían
cambiar siguiendo una trayectoria progresiva. En 1830, el año antes de que

Darwin zarpara en el *Beagle*, la batalla entre las ideas de las especies mutables y las especies inmutables se había convertido en una encarnizada disputa pública en la Académie des Sciences de París*. Humboldt había pre-
senciado las feroces discusiones en la Académie durante una visita a París
y no había dejado de susurrar a los científicos sentados a su lado comentarios desdeñosos sobre los argumentos a favor de las especies inmutables[100].
Ya en *Cuadros de la naturaleza*, más de veinte años antes, Humboldt había
escrito sobre «la transformación gradual de las especies»[101].

Darwin también estaba convencido de que la idea de las especies inmutables estaba equivocada. Todo estaba en plena fluctuación, o, como
decía Humboldt, si el planeta cambiaba, si la tierra y el mar se movían, si
las temperaturas subían o bajaban, entonces todos los organismos «debían
haber estado sometidos también a distintas alteraciones»[102]. Si el medio
ambiente influía en el desarrollo de los organismos, los científicos debían
investigar con más detalle los climas y los hábitats. Como consecuencia,
el nuevo foco de atención de Darwin pasó a ser la distribución de los
organismos en todo el mundo, que era la especialidad de Humboldt, al
menos en el mundo vegetal. La geografía de las plantas, decía Darwin,
era «una piedra angular de las leyes de la creación»[103].

Cuando Humboldt había comparado familias de plantas en diferentes
continentes y diferentes climas, el resultado fue el descubrimiento de las
zonas de vegetación. Había visto que entornos similares solían contener
plantas estrechamente emparentadas, aunque estuvieran separadas por
océanos o cordilleras[104]. Pero no estaba claro, porque, a pesar de esas
analogías entre continentes, un clima similar no siempre ni forzosamen-
te producía plantas o animales similares[105].

Cuando Darwin leyó *Personal Narrative* subrayó muchos ejemplos de
ese tipo[106]**. ¿Por qué, preguntaba Humboldt, las aves en la India eran

---

* En el bando de las especies inmutables estaban los que creían que los animales y las
plantas se extinguían y Dios creaba periódicamente otros nuevos. Sus oponentes
alegaban que existía una unidad de fondo, un modelo a partir del que las distintas
especies se desarrollaban y se adaptaban a su entorno concreto, una variante de lo
que Goethe había denominado *Urform*. Decían que las alas de un murciélago o las
aletas de una tortuga, por ejemplo, eran variantes de las extremidades superiores.

** Hay varios cientos de referencias a Humboldt en los manuscritos de Darwin, desde
señales hechas a lápiz en los libros escritos por el alemán hasta notas sobre su obra
en los cuadernos de Darwin, como «en el gran trabajo de Humboldt» o «Humboldt
ha escrito sobre la geografía de las plantas».

menos coloridas que las de Sudamérica, o por qué solo existían tigres en Asia? ¿Por qué los grandes cocodrilos eran tan abundantes en el bajo Orinoco y estaban ausentes en el alto Orinoco?[107] A Darwin le fascinaban estos ejemplos y a menudo añadía comentarios de puño y letra en los márgenes de su ejemplar del libro: «como Patagonia» [108], «en Paraguay», «como Guanaco», o, a veces, simplemente «sí», o «!».

Los científicos como Charles Lyell explicaban que esas plantas relacionadas que se encontraban muy distantes unas de otras habían surgido de varios centros de creación. Dios había hecho esas especies similares al mismo tiempo en distintas regiones, en una serie de «creaciones múltiples». Darwin no estaba de acuerdo, y empezó a respaldar sus ideas con argumentos sobre las migraciones y la distribución, empleando la *Personal Narrative* de Humboldt como una de sus fuentes. Subrayaba, comentaba y creaba sus propios índices para los libros del naturalista, además de escribirse recordatorios a sí mismo en hojas que pegaba a las guardas —«Cuando estudie la geografía de la botánica de Canarias mirar esta parte»[109]— o anotar cosas como «estudiar Humboldt» y «consultar el vol. VI de Pers. Narra.». También comentó «Nada respecto a la teoría de las especies»[110], cuando el sexto volumen no le ofreció los ejemplos necesarios.

Las migraciones de las especies se convirtieron en un pilar fundamental de la teoría de la evolución de Darwin[111]. ¿Cómo se trasladaban esas especies emparentadas a través del mundo? Para hallar la respuesta, Darwin llevó a cabo muchos experimentos, como probar la tasa de supervivencia de las semillas en agua salada para estudiar la posibilidad de que las plantas cruzaran el océano. Al ver que Humboldt advertía que un roble que crecía en la ladera del Teide en Tenerife era similar a otro del Tíbet, Darwin se preguntó «cómo se transporta una bellota... Las palomas llevan cereal a Norfolk, maíz al Ártico»[112]. Cuando Darwin leyó la descripción de Humboldt de los roedores abriendo las duras nueces de Brasil y de los monos, papagayos, ardillas y guacamayos peleándose por las semillas, Darwin escribió al margen: «tan dispersos»[113].

Si Humboldt se inclinaba a creer que el enigma del movimiento de las plantas no podía resolverse, Darwin asumió el reto. La ciencia de la geografía de las plantas y los animales, escribía Humboldt, no consistía en «la investigación del origen de los seres»[114]. No sabemos qué pensaba exactamente Darwin al subrayar esta frase en su ejemplar de *Personal*

Narrative, pero está claro que eso era precisamente lo que se proponía hacer; iba a desentrañar el origen de las especies.

Darwin empezó a pensar en los antepasados comunes, otro tema para el que Humboldt ofrecía multitud de ejemplos. Los cocodrilos del Orinoco eran versiones gigantes de los lagartos europeos, decía el naturalista, y «la forma de nuestro pequeño animal casero se repite a mayor escala»[115] en el tigre y el jaguar. ¿Pero por qué cambiaban las especies? ¿Qué desencadenaba su mutación? El científico francés Lamarck, uno de los principales defensores de la teoría de la transmutación, decía que el entorno había convertido, por ejemplo, un brazo en un ala, pero Darwin pensaba que esa idea era «una auténtica basura»[116].

Darwin halló la respuesta en el concepto de selección natural. En el otoño de 1838 estudió un libro que le ayudó a dar forma a esas ideas: la obra del economista inglés Thomas Malthus *Ensayo sobre el principio de la población*[117]. Darwin leyó la sombría predicción de Malthus de que la población humana crecería más deprisa que sus reservas de comida a no ser que «medidas de control» como las guerras, las hambrunas y las epidemias contuvieran su número. La supervivencia de una especie, había escrito Malthus, dependía de una superproducción de vástagos, algo que Humboldt también había descrito en *Personal Narrative* al hablar de la enorme cantidad de huevos que ponían las tortugas para sobrevivir[118]. Las semillas, los huevos y las crías se producían en grandes cantidades, pero solo maduraba una pequeña parte. No cabe duda de que Malthus proporcionó a Darwin lo que este llamaba «una teoría con la que trabajar»[119], pero la semilla de la idea la había sembrado mucho antes la lectura de la obra de Humboldt.

Este contaba que las plantas y los animales «se limitan mutuamente sus poblaciones»[120] y describía su «larga y continua disputa»[121] del espacio y el alimento. Era una batalla despiadada. Los animales que había visto en la jungla «se temen entre sí —observaba—, pocas veces se encuentran la benevolencia y la fuerza unidas»[122], una idea que sería crucial para el concepto de selección natural de Darwin.

En el Orinoco, Humboldt había descrito la dinámica demográfica de las capibaras, los roedores más grandes del mundo. Cuando remaba por el río, había observado con qué rapidez se reproducían, pero también cómo los perseguían los jaguares y cómo los devoraban los cocodrilos en el agua. Sin esos «dos poderosos enemigos»[123], decía Humboldt, la población de capibaras se habría disparado. También había anotado cómo perseguían los jaguares a los tapires y que los monos chillaban «aterrorizados ante la lucha»[124].

«Qué carnicería constante en la magnífica y tranquila imagen de los bosques tropicales»[125], escribió Darwin al margen. «Mostrar cómo se persiguen unos animales a otros —anotó—, qué control "positivo"». Aquí, escrita a lápiz en los márgenes del quinto volumen de *Personal Narrative*, Darwin había expresado por primera vez su «teoría con la que trabajar».

En septiembre de 1838, Darwin escribió en su cuaderno que todas las plantas y todos los animales «están unidos en una red de relaciones complejas»[126]. Era el entramado de vida de Humboldt, pero Darwin iba a llevarlo un paso más allá y convertirlo en un árbol de la vida del que proceden todos los organismos, con ramas que conducen a las especies extintas y a las nuevas[127]. En 1829, Darwin había formulado ya la mayor parte de las ideas esenciales de su teoría de la evolución, pero siguió desarrollándola veinte años más hasta publicar *El origen de las especies* en noviembre de 1859.

Resulta apropiado que incluso el último párrafo de *El origen de las especies* estuviera inspirado en un fragmento similar de *Personal Narrative*, destacado por Darwin en su propio ejemplar[128]. Darwin tomó la evocadora descripción que hacía Humboldt de los matorrales llenos de aves, insectos y otros animales[129]*y la convirtió en su famosa metáfora de la orilla del río:

Es interesante contemplar un enmarañado ribazo cubierto por muchas plantas de varias clases, con aves que cantan en los matorrales, con diferentes

---

* Humboldt escribió en *Personal Narrative*: «Las bestias de la selva se retiran a los matorrales; las aves se esconden bajo el follaje de los árboles, o en las grietas de las rocas. Pero en medio de este aparente silencio, cuando prestamos atención a los más débiles sonidos transmitidos por el aire, oímos una vibración sorda, un murmullo continuo, un zumbido de insectos, que llenan, si podemos usar la expresión, todos los estratos inferiores del aire. No hay nada más apropiado para hacer sentir al hombre la dimensión y el poder de la vida orgánica. Miríadas de insectos se arrastran por el suelo y revolotean en torno a las plantas resecas por el ardor del sol. Un ruido confuso sale de cada arbusto, de los troncos de árboles en descomposición, de las fisuras de las rocas y de la tierra horadada por los lagartos, ciempiés y cecilias. Hay tantas voces que nos proclaman que toda la naturaleza respira; y que, bajo mil formas diferentes, la vida se difunde por toda la tierra agrietada y polvorienta igual que en el interior de las aguas y en el aire que circula a nuestro alrededor».

insectos que revolotean y con gusanos que se arrastran entre la tierra húmeda, y reflexionar que estas formas, primorosamente construidas, tan diferentes entre sí, y que dependen mutuamente de modos tan complejos, han sido producidas por leyes que obran a nuestro alrededor[130].

Darwin era digno heredero de Humboldt.

18. El *Cosmos* de Humboldt

«Me ha asaltado la locura de representar en una sola obra todo el mundo material»[1], declaró Humboldt en octubre de 1834. Quería escribir un libro que reuniera todo lo que existe en el cielo y en la tierra, desde las lejanas nebulosas hasta la geografía de los musgos, y desde la pintura paisajística hasta la migración de las razas humanas y la poesía. Ese «libro sobre la naturaleza —escribió— debería producir una impresión como la de la Naturaleza en sí»[2].

A los sesenta y cinco años, Humboldt comenzó el que sería su libro más influyente: *Cosmos, o ensayo de una descripción física del mundo*. Estaba vagamente basado en su serie de conferencias en Berlín, pero la expedición a Rusia le había proporcionado los datos comparados definitivos que necesitaba. Empeño gigantesco, *Cosmos* era como «una espada en el pecho que ahora hay que sacar»[3], decía, y «la obra de mi vida»[4]. El título, explicaba, procedía del griego κόσμος —kosmos—, que significa «belleza» y «orden» y que se aplica también al universo como sistema ordenado. Humboldt quería utilizarlo ahora, decía, como lema que expresara y encerrara «el cielo y la tierra»[5].

Y así, en 1834, el mismo año en el que se acuñó por primera vez el término «científico»*, como preludio de la profesionalización de las ciencias y el endurecimiento de los límites entre las diferentes disciplinas, Humboldt comenzó un libro que hacía todo lo contrario. Mientras la

---

* El polímata británico William Whewell empleó la palabra ese año en su reseña del libro de Mary Somerville *On the Connection of the Physical Sciences* en la *Quarterly Review*.

ciencia se alejaba de la naturaleza para encerrarse en laboratorios y universidades y se dividía en disciplinas independientes, Humboldt creó una obra que reunía todo lo que la ciencia profesional estaba intentando mantener separado.

Como *Cosmos* cubría una gran variedad de temas, la investigación de Humboldt se extendió a todos los ámbitos imaginables. Consciente de que no sabía ni podía saber de todo, Humboldt reclutó un ejército de ayudantes[6] —científicos, especialistas en el mundo clásico, historiadores— que eran expertos en sus campos. Botánicos británicos que habían viajado mucho le enviaban, encantados, largas listas de plantas de los países que habían visitado. Los astrónomos le pasaban sus datos, los geólogos le proporcionaban mapas y los expertos en lenguas clásicas consultaban textos antiguos para ayudarle. Sus viejos contactos en Francia también fueron útiles. Un explorador le envió un extenso manuscrito sobre las plantas de la Polinesia, y amigos suyos de París como François Arago se pusieron a su disposición. A veces, Humboldt hacía preguntas concretas o indagaba qué páginas debía consultar en qué libro, y en otras ocasiones enviaba largos cuestionarios. Cuando terminaba los capítulos, repartía las pruebas con huecos que solicitaba a sus conocidos que rellenasen con las cifras y los datos pertinentes, o les pedía que corrigiesen sus borradores.

Humboldt se encargaba de la supervisión general, mientras que sus ayudantes le suministraban las informaciones y los datos específicos que necesitaba. Él tenía la perspectiva cósmica, y ellos eran las herramientas de su gran plan. Humboldt, que era increíblemente meticuloso con la precisión, siempre consultaba a varios expertos sobre cada tema. Su sed de hechos era insaciable, lo mismo preguntaba a un misionero en China sobre la aversión de los chinos a los productos lácteos[7] que a otro corresponsal sobre el número de especies de palmeras en Nepal. Su obsesión, reconocía, era «dedicarse a un mismo objeto hasta poder explicarlo»[8]. Enviaba miles de cartas e interrogaba a los visitantes. Un joven novelista que acababa de volver de Argel, por ejemplo, se quedó aterrado cuando Humboldt le bombardeó con preguntas sobre rocas, plantas y estratos, cosas de las que no sabía absolutamente nada. Humboldt podía ser implacable. «Esta vez no se escapará —le dijo a otro visitante—, tengo que exprimirle»[9].

A medida que sus contactos respondían, olas de datos y conocimientos llegaban hasta Berlín. Cada mes surgía nuevo material que había que leer, comprender, clasificar e incorporar. La obra iba expandiéndose cada vez más. Con un volumen de conocimientos que no cesaba de aumentar, explicaba a su editor, «el material crece en mis manos»[10]. *Cosmos* era «una especie de empeño imposible»[11], reconocía.

La única forma de manejar todos esos datos era tener una organización perfecta a la hora de investigar. Humboldt reunía su material en cajas, que estaban divididas mediante sobres en diferentes temas. Cuando recibía una carta, recortaba la información importante y la colocaba en el sobre correspondiente, junto con cualquier otro fragmento que pudiera ser útil: recortes de prensa, páginas de libros, papeles en los que escribía unos cuantos números, una cita o un pequeño dibujo. En una de las cajas, por ejemplo, que estaba llena de materiales relacionados con la geología, Humboldt guardaba gráficos de alturas de montañas, mapas, notas para conferencias, comentarios de su viejo conocido Charles Lyell, un mapa de Rusia hecho por otro geólogo británico, grabados de fósiles e información de los especialistas en clásicas sobre la geología de la antigua Grecia[12]. La ventaja de este sistema era que podía estar recogiendo materiales durante años y, en el momento de escribir, no tenía más que coger la caja o el sobre en cuestión. Con todo lo desordenado que era en su estudio y sus finanzas, en sus investigaciones, Humboldt era de una exactitud implacable[13].

A veces escribía «muy importante»[14] en una nota concreta o «importante, para seguirlo en *Cosmos*»[15]. Otras veces pegaba papeles con sus propias reflexiones en una carta, o arrancaba una página de un libro relacionado. Una caja podía contener artículos de periódicos, una muestra seca de musgo[16] y una lista de plantas del Himalaya[17]. Otras cajas encerraban un sobre con el evocador nombre de «*Luftmeer*»[18] —«océano aéreo», que era el precioso término con el que Humboldt designaba la atmósfera— y materiales sobre la antigüedad[19], largas tablas de temperaturas[20] y una página con citas sobre cocodrilos y elefantes sacadas de la poesía hebrea[21]. Había cajas sobre esclavitud, meteorología, astronomía y botánica, entre otras muchas. Nadie salvo Humboldt, decía un colega, podía unir con tanta destreza tantos «cabos sueltos» de investigación científica en un bello nudo[22].

Normalmente, Humboldt recibía la ayuda con cortesía, pero de vez en cuando se dejaba llevar por su famosa lengua viperina. A Johann Franz Encke, el director del observatorio de Berlín, por ejemplo, le trató de manera bastante injusta. Encke se esforzó especialmente y pasó muchas semanas reuniendo datos astronómicos para *Cosmos*. A cambio, Humboldt le dijo a un colega que Encke se había quedado «congelado como un glaciar en el útero de su madre»[23]. Tampoco su hermano se libraba de las ocasionales pullas. Cuando Wilhelm, para intentar mejorar la precaria situación económica de Alexander, sugirió que le nombraran director de un museo nuevo en Berlín, Humboldt se indignó. El cargo estaba por debajo de su categoría, le dijo a su hermano, y desde luego no había dejado París para ser director de una mera «galería de pintura»[24].

Humboldt se había acostumbrado a la admiración y las adulaciones. Los numerosos jóvenes que se reunían a su alrededor habían formado una especie de «corte real» propia[25], señaló un profesor de la Universidad de Berlín. Cuando entraba en una habitación, era como si todo se recalibrara y el centro de gravedad cambiase: «todos se volvían hacia él»[26]. En callada reverencia, los jóvenes bebían cada sílaba que pronunciaba Humboldt[27]. Era la mayor atracción que ofrecía Berlín, y él contaba siempre con ser el foco de atención. Cuando él hablaba, nadie podía deslizar ni una palabra, se quejaba un escritor alemán[28]. Su afición a hablar sin parar se había vuelto tan legendaria que el escritor francés Honoré de Balzac le inmortalizó en una caricatura que mostraba un cerebro almacenado en un frasco del que la gente extraía ideas y a «cierto sabio prusiano conocido por la constante fluidez de su lengua»[29].

Un joven pianista que había recibido una invitación para tocar ante Humboldt y la había considerado un gran honor descubrió enseguida que el anciano podía ser muy grosero (y que la música no le interesaba en absoluto). Cuando empezó a tocar, hubo un momento de silencio, pero luego Humboldt siguió hablando a tal volumen que era imposible oír la música. Siguió dando lecciones a su público como siempre y, cuando el pianista tocaba *crescendos* y *fortes,* él elevaba la voz en paralelo, y siempre conseguía superarlos. «Fue un dueto —dijo el pianista— que yo no pude mantener mucho tiempo»[30].

Humboldt seguía siendo un enigma para mucha gente. Por un lado podía ser soberbio, pero al mismo tiempo reconocía con humildad que le quedaba mucho por aprender. Los alumnos de la Universidad de Berlín se asombraban al ver al anciano entrar en el auditorio con su carpeta bajo el brazo, no para pronunciar una conferencia, sino para escuchar a alguno de los profesores jóvenes[31]. Humboldt asistía a clases de Literatura

Griega para recuperar cosas que no había aprendido durante su educación, decía. Cuando estaba escribiendo *Cosmos*, seguía los últimos avances científicos observando los experimentos de un profesor de Química y escuchando las charlas del geólogo Carl Ritter. Callado, sentado siempre en la cuarta o quinta fila del auditorio, cerca de la ventana, Humboldt tomaba apuntes igual que los jóvenes estudiantes a su lado. Aunque hiciera mal tiempo, siempre iba a clase. Solo faltaba cuando el rey requería su presencia, y entonces los alumnos decían en broma que «Alexander falta hoy a clase porque está tomando el té con el rey»[32].

La universidad de Berlín, fundada por Wilhelm von Humboldt en 1810 y en la que Alexander von Humboldt asistía a conferencias

Humboldt nunca cambió de opinión sobre Berlín, siempre pensó que era una «ciudad pequeña, analfabeta y demasiado maliciosa»[33]. Uno de los grandes consuelos de vivir allí era Wilhelm. Durante los últimos años, los dos hermanos se habían unido más y pasaban todo el tiempo posible juntos. Tras la muerte de Caroline, en la primavera de 1829, Wilhelm se había retirado a Tegel, pero Alexander le visitaba siempre que podía. Wilhelm, solo dos años mayor que su hermano, estaba envejeciendo a toda prisa. Parecía tener más de sus sesenta y siete años, y estaba cada vez más débil. No veía por un ojo, las manos le temblaban tanto que ya no podía escribir y tenía el cuerpo muy delgado y encorvado. En marzo de 1835,

Wilhelm atrapó una fiebre cuando visitaba la tumba de Caroline en el parque de Tegel. Alexander pasó los días siguientes junto a la cama de su hermano. Hablaron de la muerte y del deseo de Wilhelm de que le enterraran junto a su esposa. El 3 de abril, Alexander le leyó a su hermano un poema de Friedrich Schiller. Cinco días más tarde, Wilhelm falleció con Alexander a su lado[34].

Humboldt se sintió desolado, solo y abandonado. «Nunca habría creído que a estos viejos ojos les quedaran tantas lágrimas»[35], escribió a un amigo. Con la muerte de Wilhelm, había perdido a su familia y, como él mismo decía, «la mitad de mí mismo»[36]. Una frase de una carta a su editor francés resumía sus sentimientos: «Compadézcase de mí; soy el más desdichado de los hombres»[37].

Humboldt se sentía triste en Berlín. «Todo lo que me rodea es lúgubre, muy lúgubre»[38], escribió un año después de la muerte de Wilhelm. Por suerte, una de las condiciones que había negociado con el rey al empezar a trabajar para él le autorizaba a viajar a París durante varios meses al año con el fin de reunir los datos más recientes para Cosmos[39]. La idea de París era lo único que le animaba, confesaba.

En la capital francesa recuperaba enseguida su ritmo de intenso trabajo, contactos y vida social por las noches. Después de un desayuno tempranero de café negro —«sol concentrado»[40], lo llamaba Humboldt—, trabajaba todo el día y por la noche hacía su ronda habitual de los salones hasta las dos de la mañana[41]. Visitaba a científicos en toda la ciudad y les instaba a que le contaran sus últimos descubrimientos. Con todo lo que le estimulaba París, siempre temía su vuelta a Berlín, esa «necrópolis danzante y carnavalesca»[42]. Cada visita a Francia ampliaba su red internacional y cada regreso a Berlín iba acompañado de baúles llenos de nuevo material que había que incorporar a Cosmos. Pero con cada descubrimiento, cada nueva medición o cada dato, la publicación de Cosmos volvía a retrasarse.

No facilitaba las cosas el hecho de que, en Berlín, Humboldt tenía que conjugar su vida científica con sus deberes en la corte. Su situación económica seguía siendo difícil, y necesitaba su salario de chambelán. Tenía la obligación de seguir todos los pasos del rey, de un palacio a otro. El preferido del monarca era Sanssouci, en Potsdam, a unos 32 kilómetros del apartamento de Humboldt en la ciudad. Eso quería decir viajar con las cajas de material que necesitaba para escribir Cosmos, entre veinte y treinta, sus «referencias móviles»[43], en palabras suyas. Algunos días tenía la impresión de estar más tiempo en la carretera que en cualquier otra cosa: «ayer Pfaueninsel, té en Charlottenburg, comedia y cena en Sanssouci, hoy Berlín, mañana Potsdam»[44] era una jornada habitual. Humboldt se sentía como un planeta recorriendo su órbita, siempre en movimiento, sin detenerse[45].

Sus obligaciones cortesanas ocupaban demasiado tiempo[46]. Tenía que comer con el rey y leerle, y sus noches estaban dedicadas a la correspondencia privada del monarca. Cuando murió Federico Guillermo III en junio de 1840, descubrió que su hijo y sucesor, Federico Guillermo IV, reclamaba todavía más tiempo al chambelán. El nuevo rey le llamaba afectuosamente «mi magnífico Alexandros»[47] y le utilizaba de «diccionario»[48], observó un visitante a la corte, porque Humboldt siempre estaba a mano para responder a preguntas sobre temas tan variados como las diferentes alturas de las montañas, la historia de Egipto o la geografía de África[49]. Pasaba al rey notas sobre el tamaño de los mayores diamantes encontrados jamás, la diferencia horaria entre París y Berlín (44 minutos), fechas de reinados importantes y el salario de los soldados turcos. También asesoraba al rey sobre qué comprar para la biblioteca y las colecciones reales y sugería exploraciones que convenía financiar; a menudo, apelaba al espíritu competitivo de su real señor y le recordaba que no debía dejarse superar por otros países.

Con sutileza, Humboldt trataba también de ejercer cierta influencia —«toda la que puedo, pero más bien como una atmósfera»[50]—, aunque al rey no le interesaban ni las reformas sociales ni la política europea. Prusia estaba retrocediendo, decía el naturalista, igual que William Parry, el explorador británico que había creído avanzar hacia el polo norte cuando, en realidad, estaba alejándose de él en un hielo a la deriva[51].

La mayoría de los días, Humboldt no llegaba hasta la medianoche[52] a su pequeño piso en Oranienburger Straße, que estaba a kilómetro y medio al norte del palacio del rey en la ciudad, el Stadtschloss. Pero ni siquiera allí conseguía la paz que necesitaba. Había constantes visitantes llamando al timbre, se quejaba, casi como si su piso fuera «una tienda de licores»[53]. Para poder escribir, tenía que pasar la mitad de la noche trabajando. «No me acuesto antes de las 2.30»[54], le aseguró a su editor, que había empezado a tener dudas de que alguna vez fuera a terminar *Cosmos*. Humboldt no dejaba de aplazar la publicación porque estaba siempre encontrando material nuevo que quería incluir.

En marzo de 1841, más de seis años después de que declarase su intención de publicar la obra, Humboldt volvió a prometer —y de nuevo no lo hizo— que iba a enviar el manuscrito del primer volumen[55]. Advirtió a su editor en tono de broma sobre los peligros de «relacionarse con personas que están medio fosilizadas»[56], pero se negaba a que le apresuraran. *Cosmos* era demasiado importante, insistió, su «obra más meticulosa»[57].

Algunas veces, cuando se sentía muy frustrado, dejaba sus manuscritos y sus libros sin tocar en la mesa y recorría los más de tres kilómetros y medio hasta el nuevo observatorio que había ayudado a establecer a su vuelta a Berlín[58]. Cuando observaba el cielo nocturno a través del gran telescopio, veía desplegarse el universo: allí estaba el cosmos en toda su gloria. Veía los cráteres oscuros en la Luna, estrellas dobles llenas de colorido que parecían enviarle a él su luz y nebulosas distantes repartidas por la bóveda celeste. El nuevo telescopio permitía ver Saturno más cerca que nunca, con los anillos como si alguien los hubiera pintado. Esos instantes robados de intensa belleza, le decía a su editor, eran lo que le inspiraba para continuar.

Durante esos años, mientras escribía el primer volumen de *Cosmos,* Humboldt fue a París en varias ocasiones, pero en 1842 acompañó también a Federico Guillermo IV a Inglaterra para asistir al bautizo del príncipe de Gales (el futuro rey Eduardo VII) en el castillo de Windsor. La visita fue apresurada, menos de dos semanas, se quejó Humboldt, con poco tiempo para dedicarlo a asuntos científicos[59]. Ni siquiera pudo encontrar un hueco para visitar el observatorio de Greenwich ni el jardín botánico en Kew, pero sí pudo conocer a Charles Darwin.

Humboldt había pedido al geólogo Roderick Murchison, un viejo conocido de París, que organizara una reunión[60]. Murchison lo hizo encantado, pese a que era la temporada de caza y se iba a «perder las mejores cacerías del año»[61]. Se fijó la fecha para el 29 de enero. Nervioso e ilusionado por conocer a Humboldt, Darwin salió de casa esa mañana temprano para ir corriendo a la de Murchison, en Belgrave Square, a unos cientos de metros del palacio de Buckingham en Londres[62]. Darwin tenía mucho que preguntar y que discutir. Estaba elaborando su teoría de la evolución y todavía estaba reflexionando sobre la distribución de las plantas y la migración de las especies.

En el pasado, Humboldt había utilizado sus ideas sobre la distribución de las plantas para abordar la posible conexión entre África y Sudamérica, pero también había hablado de los obstáculos como desiertos o cordilleras que impedían el movimiento de las plantas. Había escrito sobre el bambú tropical que se había encontrado «enterrado en las tierras heladas del norte»[63] para alegar que el planeta había cambiado y, con él, también la distribución vegetal. Cuando Darwin, que entonces tenía treinta y dos años, llegó a casa de Murchison, se encontró con un anciano de cabello plateado, vestido igual que en su expedición a Rusia, con levita oscura y corbata blanca. Era lo que Humboldt llamaba su «atuendo cosmopolita»[64], porque resultaba apropiado para todas las ocasiones, tanto con reyes como con estudiantes. A sus setenta y dos años, Humboldt andaba más despacio y con más cautela, pero todavía sabía imponerse en una sala. Cuando llegaba a una fiesta o una reunión, solía pasearse por la habitación con la cabeza ligeramente inclinada y saludando con la cabeza a derecha e izquierda a los demás[65]. Durante esa escena inicial, Humboldt no paraba de hablar. Desde el momento en el que entraba, todos los demás se callaban. Cualquier comentario que hacía alguien servía solo para que Humboldt hiciera otra larga disquisición filosófica.

Darwin estaba aturdido. Intentó varias veces decir algo pero acabó rindiéndose. Humboldt estaba muy contento y le hizo «unos cumplidos tremendos»[66], pero hablaba demasiado. Habló a borbotones durante tres largas horas, «más allá de toda lógica»[67], dijo Darwin. No había previsto que su primer encuentro fuera así. Después de tantos años de idolatrar a Humboldt y de admirar sus libros, Darwin se sentía algo desmoralizado. «Pero mis expectativas probablemente eran demasiado altas»[68], reconoció más tarde.

El monólogo interminable de Humboldt impidió a Darwin tener una conversación seria con él. Mientras seguía hablando, el joven pensaba en varias cosas. De pronto le oyó hablar de un río en Siberia en el que la vegetación era «*muy* diferente»[69] entre una orilla y otra a pesar de tener el mismo suelo y el mismo clima. La frase despertó el interés de Darwin. Las plantas a un lado del río eran predominantemente asiáticas y al otro europeas, dijo Humboldt. Darwin oyó lo suficiente para sentirse intrigado, pero se había perdido muchos detalles en el aluvión de palabras de Humboldt; sin embargo, no se atrevió a interrumpirle. De vuelta en casa, se apresuró a anotar todo lo que recordaba en su cuaderno. No estaba seguro de si había entendido bien al viejo científico: «¿¿Tenemos dos floras que han llegado desde dos lados diferentes y se han encontrado aquí?? Qué extraño», escribió[70].

Darwin estaba reflexionando y reuniendo material para su «teoría de las especies». Vista desde fuera, su vida funcionaba como un «reloj»[71], decía, con una rutina de trabajo, comidas y familia. Se había casado con su prima Emma Wedgwood en 1839, poco más de dos años después de volver del viaje en el *Beagle*, y vivían con sus dos hijos en Londres[*]. Sin embargo, la cabeza de Darwin estaba ocupada por los pensamientos más revolucionarios. Estaba enfermo con frecuencia, con jaquecas, dolores abdominales, fatiga e inflamación del rostro[72], pero, aun así, producía ensayos y libros y no dejaba de deliberar sobre la evolución.

La mayoría de los argumentos que presentaría años después en *El origen de las especies* habían cristalizado ya, pero el minucioso Darwin no quería darse prisa en publicar nada que no contara con datos y argumentos sólidos. Igual que había escrito una lista de los pros y contras del matrimonio antes de pedirle la mano a Emma[73], ahora quería reunir todo lo relacionado con su teoría de la evolución antes de presentársela al mundo.

Si los dos científicos hubieran hablado de verdad ese día, quizá Humboldt habría discutido sus ideas sobre un mundo regido no por el equilibrio y la estabilidad sino por el cambio dinámico, unas ideas que pronto iba a presentar en el primer volumen de *Cosmos*. Una especie formaba parte del conjunto y estaba unida al pasado y al futuro —escribiría Humboldt—, más mutable que «fija»[74]. En *Cosmos* iba a ocuparse también de los eslabones perdidos y los «pasos intermedios»[75] que podían encontrarse en los registros fósiles. Iba a escribir sobre el «cambio cíclico»[76], las transiciones y la renovación constante. Es decir, sobre una naturaleza en estado de cambio. Todas estas ideas eran precursoras de la teoría de la evolución de Darwin. Humboldt era, como dijeron más tarde los científicos, un «darwinista predarwiniano»[77][**].

Darwin nunca habló de estas ideas con Humboldt, pero siguió dando vueltas a la historia del río de Siberia. En enero de 1845, tres años después

---

[*] Meses después, en septiembre de 1842, Charles y Emma Darwin se mudaron a Down House, en Kent.

[**] Humboldt no tuvo la oportunidad de leer *El origen de las especies,* porque murió antes de su publicación en noviembre de 1859. Pero sí comentó otro libro, *Vestiges of the Natural History of Creation* (1844), publicado anónimamente por Richard Chambers. Sin el respaldo de las pruebas científicas del libro de Darwin, de todas formas incluía afirmaciones sobre la evolución y la transmutación de las especies también muy incendiarias. A finales de 1845 se rumoreaba en los círculos científicos de Gran Bretaña que Humboldt «apoya sus teorías en casi todos sus detalles».

de la visita de Humboldt a Londres, un buen amigo de Darwin, el botánico Joseph Dalton Hooker, fue a París. Como Darwin sabía que Humboldt estaba también allí, en uno de sus viajes de investigación, aprovechó para pedir a Hooker que indagara un poco más sobre el enigma de la flora en el río siberiano. Hizo hincapié en que empezara por recordar a Humboldt que toda la vida de Darwin había estado inspirada por su *Personal Narrative*. Y le dijo que, después de la adulación, le preguntara a Humboldt «sobre el río en el nordeste de Europa con una flora muy diferente en cada una de sus orillas»[78].

Hooker se alojó en el mismo hotel que Humboldt, el Hôtel de Londres, en Saint-Germain[79]. Como siempre, Humboldt se mostró encantado de responder, pero también ayudó que Hooker le proporcionara informaciones sobre la Antártida. Poco más de un año antes, Hooker había vuelto de un viaje de cuatro años que formaba parte de la llamada «Cruzada magnética». Se había unido al capitán James Clark Ross en su búsqueda del polo sur magnético, una expedición que habían organizado los británicos en respuesta al llamamiento de Humboldt para la creación de una red mundial de puntos de observación.

Como Darwin, Hooker, de veintisiete años, se había creado una imagen de Humboldt como héroe de proporciones casi míticas. Cuando conoció al anciano de setenta y cinco años en París, al principio, se sintió decepcionado. «Para mi horror», dijo, vio a un «alemán menudo y aturdido», en vez del elegante explorador de un metro ochenta que había imaginado[80]. Fue una reacción típica. Muchos pensaban que el legendario alemán era una figura más imponente, «jupiterina»[81]. Humboldt nunca había sido especialmente alto ni corpulento, pero, con la edad, estaba más agachado y todavía más delgado. A Hooker le pareció imposible que aquel hombre menudo y débil hubiera podido ascender al Chimborazo, pero se recuperó enseguida y pronto se sintió fascinado por el viejo científico.

Hablaron de amistades mutuas en Gran Bretaña y de Darwin. A Hooker le divirtió la costumbre de Humboldt de citarse a sí mismo y sus libros, pero le impresionó lo aguda que seguía teniendo la mente. Su memoria y su «capacidad de generalizar», dijo, eran «maravillosas»[82]. Hooker lamentó que Darwin no hubiera podido ir con él, porque juntos habrían podido contestar todas las preguntas del anciano. Por supuesto, Humboldt habló sin interrupción como siempre, le dijo Hooker a Darwin, pero «su mente está todavía llena de vigor»[83]. Lo que mejor lo demostró fue su respuesta a la pregunta de Darwin sobre el río de Siberia. Era el Obi, le dijo Hooker, el río que había atravesado Humboldt para llegar a Barnaul después de recorrer a toda prisa la estepa infestada de ántrax en Rusia. Humboldt le contó todo lo que sabía sobre la distribución de las plantas en Siberia, pese a que habían pasado más de quince años desde la expedición a Rusia. «Creo que no tomó aliento en veinte minutos»[84], escribió Hooker a Darwin.

Entonces, para asombro del inglés, Humboldt le enseñó las pruebas del primer volumen de *Cosmos*. Hooker no daba crédito a lo que veía. Como todos los demás miembros del mundo científico, «había dado *Kosmos* por perdido»[85], porque Humboldt llevaba más de una década escribiendo el primer tomo. Consciente de que a Darwin le iba a hacer tanta ilusión como a él la noticia, Hooker se apresuró a informar a su amigo.

Dos meses después, a finales de abril de 1845, se publicó por fin el primer volumen en Alemania[86]. La espera había merecido la pena. *Cosmos* se convirtió al instante en un éxito de ventas, con más de 20.000 ejemplares de la edición alemana vendidos en los dos primeros meses. Al cabo de unas semanas, el editor de Humboldt estaba haciendo una reimpresión, y en años sucesivos salieron traducciones —sus «hijos Cosmos no alemanes»[87], los llamaba él— en inglés, holandés, italiano, francés, danés, polaco, sueco, español, ruso y húngaro.

Cosmos era diferente a cualquier libro anterior sobre la naturaleza. Humboldt llevaba a sus lectores a un viaje desde el espacio exterior hasta la Tierra, y luego desde la superficie del planeta hasta su núcleo interior. Hablaba de cometas, la Vía Láctea y el sistema solar, de magnetismo terrestre, volcanes y la línea de nieve de las montañas. Escribía sobre la migración de la especie humana, sobre plantas y animales y sobre los organismos microscópicos que viven en las aguas estancadas o la superficie erosionada de las rocas. Mientras otros insistían en que la naturaleza perdía su magia a medida que la humanidad penetraba en sus más profundos secretos, Humboldt creía exactamente lo contrario. ¿Cómo iba a ser así —preguntaba—, en un mundo en el que los rayos de colores de una aurora «se unen en una llamarada temblorosa»[88] y crean una imagen tan sobrenatural, «cuyo esplendor es imposible de describir»? El conocimiento, decía, nunca podría «matar la fuerza creativa de la imaginación»[89], sino añadir pasión, asombro y admiración.

La parte más importante de *Cosmos* era la larga introducción, de casi cien páginas. En ella Humboldt explicaba su visión de un mundo que latía lleno de vida. Todo formaba parte de esa «constante actividad de las fuerzas animadas»[90], escribió. La naturaleza era «un conjunto vivo»[91] en el que los organismos estaban entrelazados en «un intrincado tejido similar a una red»[92].

El resto del libro estaba dividido en tres partes: la primera, sobre los fenómenos celestiales; la segunda, sobre la Tierra, incluyendo el geomagnetismo, los océanos, los terremotos, la meteorología y la geografía; y la tercera, sobre la vida orgánica, que abarcaba las plantas, los animales y los seres humanos. *Cosmos* era una exploración del «extenso ámbito de la creación»[93] y reunía una variedad de temas mucho mayor que cualquier libro anterior. Pero no era una mera colección de datos y conocimientos, como la famosa *Encyclopédie* de Diderot, por ejemplo, porque lo que más le interesaba a Humboldt eran las relaciones. Un ejemplo de lo diferente que era su enfoque es su forma de abordar el clima. Mientras otros científicos se ocupaban solo de datos meteorológicos como la temperatura y el tiempo, Humboldt fue el primero en comprender el clima como un sistema de correlaciones complejas entre la atmósfera, los océanos y las masas continentales. En *Cosmos* escribía sobre la «interrelación perpetua»[94] entre el aire, los vientos, las corrientes marinas, la elevación y la densidad de la vegetación en la tierra.

La amplitud de la perspectiva era incomparable a la de cualquier otra obra publicada. Y asombrosamente, era un libro sobre el universo en el que no se mencionaba ni una sola vez la palabra «Dios». La naturaleza de Humboldt estaba «animada por un aliento; de polo a polo, hay una vida que empapa las rocas, las plantas, los animales e incluso el pecho henchido del hombre»[95], pero ese aliento procedía de la propia Tierra, no de ninguna entidad divina. Para quienes le conocían no era ninguna sorpresa, porque Humboldt nunca había sido devoto[96]; más bien lo contrario. Toda su vida había llamado la atención sobre las terribles consecuencias del fanatismo religioso. Había criticado a los misioneros en Sudamérica y a la Iglesia en Prusia. En lugar de Dios, Humboldt hablaba de «una maravillosa red de vida orgánica»[97]*.

---

* Escandalizada por un libro que consideraba blasfemo, tras la publicación de *Cosmos*, una iglesia alemana utilizó su propio periódico para acusar a Humboldt de haber hecho «un pacto con el diablo».

El mundo estaba electrizado. «Si la república de las letras modificara su constitución —escribió un crítico en una reseña de *Cosmos*— y escogiera a un soberano, ofrecería el cetro intelectual a Alexander von Humboldt»[98]. En la historia de la industria editorial, la popularidad del libro «hizo época»[99], anunció el editor alemán de Humboldt. Nunca había visto tantos encargos, ni siquiera cuando Goethe publicó su obra maestra, *Fausto*.

Los estudiantes leían *Cosmos*, igual que los científicos, los artistas y los políticos. El príncipe Von Metternich, el canciller de Estado austriaco, que tanto había discrepado con Humboldt a propósito de reformas y revoluciones, dejó a un lado la política y dijo con entusiasmo que solo él era capaz de una gran obra como esta[100]. Los poetas la admiraban, y los músicos: el compositor romántico francés Hector Berlioz declaró que Humboldt era un escritor «deslumbrante»[101]. El libro se hizo tan popular entre los músicos, contaba Berlioz, que conocía a uno que había «leído, releído, sopesado y comprendido»[102] *Cosmos* durante sus pausas en las representaciones de ópera, mientras sus colegas seguían actuando.

En Inglaterra, el marido de la reina Victoria, el príncipe Alberto, pidió un ejemplar[103], y Darwin proclamó su impaciencia por tener la traducción inglesa. A las pocas semanas de la publicación en Alemania y Francia, había empezado a circular una edición clandestina en inglés, traducida con una prosa tan execrable que a Humboldt le preocupó que pudiera «perjudicar gravemente»[104] su reputación en Gran Bretaña. Su «pobre *Cosmos*»[105] había sido víctima de una carnicería y era ilegible en esa versión.

Cuando Hooker consiguió un ejemplar, se lo ofreció a Darwin. «¿Estás seguro de que puedes prescindir de tu *Cosmos*? —le escribió este a su amigo en septiembre de 1845—. Estoy ansioso por leerlo»[106]. Menos de dos semanas después, ya lo había estudiado, pero era el ejemplar pirateado. Darwin se desesperó con el «terrible inglés»[107], pero, aun así, le impresionó que fuera «una expresión exacta de las propias ideas de uno», y se manifestó deseoso de hablar de *Cosmos* con Hooker. A Charles Lyell le dijo que le maravillaba «el vigor y la información» de la obra[108]. Algunas partes eran un poco decepcionantes, pensó, porque parecían repeticiones de *Personal Narrative,* pero otras eran «admirables»[109]. También le halagaba que Humboldt mencionara su *Voyage of the Beagle*. Un año después, cuando John Murray publicó una traducción autorizada, Darwin se apresuró a comprarla[110].

A pesar del inmenso éxito, Humboldt todavía se sentía inseguro. Nunca olvidaba una mala crítica e, igual que antes, cuando publicó *Personal Narrative*, esa crítica vino de la revista conservadora británica *Quarterly Review*. Hooker le dijo a Darwin que Humboldt estaba «muy furioso con el artículo de *Quarterly Review* sobre *Cosmos*»[111]. Cuando salió el segundo volumen dos años más tarde, en 1847, Humboldt se preocupó tanto por su recepción que pidió a su editor que fuera sincero con él[112]. Pero no había motivo para preocuparse. La gente libraba «auténticas batallas»[113] por obtener ejemplares, escribió el editor, y sus oficinas habían sido «completamente saqueadas». Se ofrecieron sobornos, y varios paquetes de libros destinados a libreros en San Petersburgo y Londres fueron interceptados y desviados por agentes que querían contentar a sus clientes desesperados de Hamburgo y Viena.

En el segundo volumen, Humboldt llevaba a sus lectores a un viaje de la mente a través de la historia de la humanidad, desde las civilizaciones antiguas hasta los tiempos modernos. Ninguna obra científica había intentado nunca algo parecido. Ningún científico había escrito sobre poesía, arte y jardines, sobre agricultura y política, sobre sentimientos y emociones. El segundo volumen de *Cosmos* era una historia de «las descripciones poéticas de la naturaleza»[114] y la pintura paisajística a través del tiempo, desde los griegos y los persas hasta la literatura y el arte modernos. Era también una historia de la ciencia, el descubrimiento y la exploración, que abarcaba desde Alejandro Magno hasta el mundo árabe, desde Cristóbal Colón hasta Isaac Newton.

Si el primer volumen había examinado el mundo exterior, el segundo se fijaba en el mundo interior, en las impresiones que el mundo exterior «produce en los sentimientos»[115], explicaba Humboldt. En homenaje a su viejo amigo Goethe, que había fallecido en 1832, y a sus primeros días de amistad en Jena, cuando el poeta le había dotado de «nuevos órganos»[116] con los que observar el mundo natural, Humboldt, en *Cosmos*, subrayaba la importancia de los sentidos. El ojo, escribía, era el órgano de la *Weltanschauung*, el órgano que nos permite ver el mundo pero también interpretarlo, comprenderlo y definirlo[117]. En una época en la que la imaginación había quedado firmemente excluida de las ciencias, Humboldt insistía en que la naturaleza no podía entenderse de ninguna otra forma. No hacía falta, decía, más que mirar el cielo: las estrellas brillantes «deleitan los sentidos e inspiran la mente»[118], pero al mismo tiempo se mueven con arreglo a un rumbo de precisión matemática.

Los dos primeros volúmenes de *Cosmos* fueron tan populares que en el plazo de cuatro años se habían publicado tres ediciones rivales en inglés. Había «auténtica locura sobre *Cosmos* en Inglaterra»[119], informó Humboldt a su editor alemán, con una «guerra» entre los distintos traductores. En 1849 se habían vendido ya alrededor de 40.000 ejemplares en inglés[120], y eso sin incluir los muchos miles más que se habían distribuido en Estados Unidos[121]*.

Hasta entonces, pocos estadounidenses habían leído las obras anteriores de Humboldt, pero *Cosmos* cambió las cosas y lo convirtió en un nombre conocido en todo el continente norteamericano. Uno de los primeros en obtener un ejemplar fue Ralph Waldo Emerson. «El maravilloso Humboldt —escribió en su diario—, con su centro ampliado y sus alas extendidas, avanza como un ejército recogiendo todas las cosas a su paso»[122]. Nadie, dijo Emerson, sabía más que él sobre la naturaleza. Otro escritor estadounidense a quien le encantó el libro de Humboldt fue Edgar Allan Poe, que dedicó su última gran obra —el poema en prosa de 130 páginas *Eureka*, publicado en 1848— al naturalista alemán como reacción directa a *Cosmos*[123]. *Eureka* era el intento de Poe de escudriñar el universo —incluidas todas las cosas «espirituales y materiales»[124]— reproduciendo el método de Humboldt de incluir el mundo externo y el interno. El universo, escribía Poe, era «el más sublime de los poemas»[125]. También se sintió conmovido Walt Whitman, que llegó a componer un poema llamado «Cosmos»[126] y proclamó que él era «un kosmos» en su famoso poema «Canto a mí mismo»[127].

El *Cosmos* de Humboldt inspiró a dos generaciones de científicos, artistas, escritores y poetas estadounidenses, y, sobre todo, fue responsable de la maduración de uno de los escritores sobre naturaleza más influyentes de Estados Unidos: Henry David Thoreau.

---

* Humboldt no obtuvo ingresos de esas traducciones, porque no existía ninguna legislación sobre derechos de autor. Solo a partir de 1849, con la aprobación de nuevas leyes, ganó algo de dinero de los volúmenes publicados después de esa fecha.

19. Poesía, Ciencia y Naturaleza

Henry David Thoreau y Humboldt

En septiembre de 1847, Henry David Thoreau dejó su cabaña junto al estanque de Walden para volver a su casa en la cercana ciudad de Concord, Massachusetts. Thoreau tenía treinta años y durante dos años, dos meses y dos días había vivido en una casita en medio del bosque. Lo había hecho, decía, porque «quería vivir deliberadamente, afrontar solo los hechos esenciales de la vida»[1].

Thoreau había construido la cabaña de madera con sus propias manos[2]. De 3 por 4,5 metros, el pequeño edificio tenía una ventana a cada lado y una chimenea con una pequeña estufa para calentar la habitación. Tenía una cama, una pequeña mesa de madera y tres sillas. Cuando se sentaba en el escalón de la entrada, podía ver la superficie del estanque cuyas suaves ondas relucían al sol. El estanque era «el ojo de la Tierra», decía Thoreau, y, cuando se congelaba en invierno, «cierra los párpados»[3]. El perímetro era un paseo de poco más de tres kilómetros. La orilla, muy inclinada, estaba coronada por grandes pinos blancos, con el color verde de sus largos penachos de agujas, y también por nogales americanos y robles, como «esbeltas pestañas que lo rodean»[4]. En primavera, flores delicadas alfombraban el suelo del bosque, y en mayo las moras exhibían sus flores colgantes en forma de campanas. Las varas de oro llevaban sus amarillos brillantes al verano y los sumacs añadían sus rojos al otoño[5]. En invierno, cuando la nieve amortiguaba los sonidos, Thoreau seguía las huellas de los conejos y las aves. En otoño agitaba montones de hojas caídas con los pies para hacer todo el ruido posible, mientras cantaba en voz alta en el bosque[6]. Observaba, escuchaba y caminaba. Paseaba por la suave campiña alrededor del estanque de Walden, y se convirtió en un descubridor que empezó a poner nombre a los sitios como lo haría un explorador: Monte Miseria, Pasaje del Zorzal, Roca de la Garza Azul, y así sucesivamente[7].

Thoreau transformaría estos dos años en su cabaña en uno de los textos sobre naturaleza más famosos de Estados Unidos: *Walden*, que publicó en 1854, unos siete años después de volver a Concord. A Thoreau le resultó difícil escribir el libro, y no se convirtió en el *Walden* que hoy conocemos hasta después de que descubriera un nuevo mundo en el *Cosmos* de Humboldt. La visión de la naturaleza del alemán le dio la confianza que necesitaba para entretejer ciencia y poesía. «Los datos recogidos por un poeta se asientan por fin como semillas aladas de la verdad»[8], escribió más tarde. *Walden* era la respuesta de Thoreau a *Cosmos*.

Thoreau nació en julio de 1817. Su padre era comerciante y fabricante de lápices, pero tenía dificultades para ganarse la vida. Su casa estaba

La cabaña de Thoreau en el estanque de Walden

en Concord, una bulliciosa ciudad de unos 2.000 habitantes, a unos 24 kilómetros al oeste de Boston. Thoreau era un niño tímido que prefería estar a solas[9]. Cuando sus compañeros practicaban juegos ruidosos, él se quedaba al margen, mirando la tierra, siempre en busca de una hoja o un insecto. No era popular porque nunca se unía a la diversión, y le llamaban «el magnífico erudito de nariz grande»[10]. Trepaba los árboles como una ardilla y donde más a gusto se sentía era al aire libre[11].

A los dieciséis años, Thoreau se matriculó en la Universidad de Harvard, a poco más de 16 kilómetros al sudeste de Concord. Allí estudió Griego, Latín y Lenguas Modernas, entre ellas alemán, así como Matemáticas, Historia y Filosofía[12]. Usaba constantemente la biblioteca y le gustaban en especial los relatos de viajes, porque soñaba con ir él mismo a países lejanos.

Después de su graduación, en 1837, Thoreau volvió a Concord, donde trabajó un breve periodo como profesor y ayudó de vez en cuando a su padre en el negocio familiar de fabricación de lápices. Fue en Concord donde conoció al escritor y poeta Ralph Waldo Emerson, que había ido a vivir allí tres años antes. Catorce años mayor, Emerson le animó a escribir y le abrió las puertas de su bien dotada biblioteca[13*]. En tierras de Emerson, en el estanque de Walden, fue donde Thoreau construyó su cabaña. Fue en una época en la que estaba llorando la muerte de su único hermano, John, que había fallecido en sus brazos después de una infección de tétanos. Thoreau se había quedado tan traumatizado por la repentina muerte de John que incluso se puso enfermo «por simpatía», con síntomas similares al tétanos, como rigidez de mandíbula y espasmos musculares[14]. Se sentía como «una hoja marchita»[15]: desgraciado, inútil y tan desolado que un amigo le aconsejó: «constrúyete una cabaña y empieza allí el proceso de devorarte vivo. No veo otra alternativa, ninguna otra esperanza para ti»[16].

La naturaleza ayudó a Thoreau. Una flor caduca no era motivo para llorar, dijo a Emerson, ni tampoco las gruesas capas de hojas otoñales podridas en el suelo del bosque, porque al año siguiente todo volvería a la vida. La muerte formaba parte del ciclo de la naturaleza y era, por tanto, señal de su salud y su vigor[17]. «No puede tener una melancolía

---

* Thoreau vivió con los Emerson dos años, y pagó su alojamiento haciendo arreglos en la casa y el jardín mientras Emerson estaba de viaje, en sus frecuentes giras como conferenciante.

verdaderamente negra quien vive en medio de la naturaleza»[18], dijo mientras
trataba de entender el mundo que estaba a su alrededor y en su interior
viviendo en la naturaleza.

Estados Unidos había cambiado mucho desde la época en la que
Humboldt había conocido a Thomas Jefferson en Washington D. C., en
el verano de 1804. En los años transcurridos desde entonces, Meriwether
Lewis y William Clark habían cruzado el continente desde San Luis
hasta la costa del Pacífico, y habían regresado de su expedición con
historias de ricas y vastas tierras que ofrecían unas perspectivas prome-
tedoras para el país en expansión. Cuatro décadas más tarde, en 1846,
Estados Unidos adquirió a los británicos grandes zonas del territorio de
Oregón, incluidos los estados actuales de Washington, Oregón e Idaho,
así como partes de Montana y Wyoming. Para entonces, el país estaba
envuelto en una guerra con México después de la anexión del estado
esclavista de Texas. Cuando la guerra terminó con una abrumadora
victoria estadounidense, justo cuando Thoreau acababa de dejar su cabaña, México cedió un vasto territorio que comprendía los futuros estados de California, Nevada, Nuevo México, Utah y la mayor parte de
Arizona, además de partes de Wyoming, Oklahoma, Kansas y Colorado.
Durante el mandato del presidente James K. Polk, Estados Unidos había
crecido más de dos millones y medio de kilómetros cuadrados entre
1845 y 1848, es decir, había aumentado un tercio más y, por primera
vez, abarcaba todo el continente. En enero de 1848 se encontró por
primera vez oro en California, y al año siguiente 40.000 personas partieron a buscar fortuna en el Oeste.

Mientras tanto, Estados Unidos había avanzado en tecnología. En 1825
se había completado el canal de Erie, y cinco años más tarde, se había
abierto la primera parte del ferrocarril de Baltimore y Ohio. En abril de
1838 llegó a Nueva York procedente de Inglaterra el *Great Western,* el
primer barco de vapor transatlántico, y en el invierno de 1847, al mismo
tiempo que Thoreau volvía a Concord, se iluminó por primera vez con
gas el Capitolio de Washington D. C.

Boston era todavía un puerto importante y la ciudad natal de Thoreau,
Concord, justo al oeste, crecía paralelamente. Concord tenía una fábrica
de algodón, otra de zapatos y otra de tuberías de plomo, además de varios
almacenes y bancos. Cada semana pasaban cuarenta diligencias por la
ciudad, que además era la sede del Gobierno del condado. Por Main

Concord, Massachusetts

Street pasaban carros cargados de mercancías procedentes de Boston hacia las ciudades mercantiles de New Hampshire y Vermont[19].

Desde hacía muchos años, la agricultura había transformado la naturaleza en campos, pastos y praderas. Era imposible caminar por los bosques de Concord, anotó Thoreau en su diario, sin oír ruido de hachas[20]. El paisaje de Nueva Inglaterra había cambiado tan radicalmente en los dos siglos anteriores que quedaban pocos árboles antiguos. El bosque se había limpiado, primero, por la agricultura y para obtener combustible, y luego, con la llegada del ferrocarril, lo habían devorado las locomotoras. El tren había entrado en Concord en 1844[21], con vías que rodeaban el borde occidental del estanque de Walden, junto a las que Thoreau había caminado con frecuencia. La naturaleza salvaje estaba retrocediendo y los seres humanos vivían cada vez más alejados de ella.

La vida en Walden le fue bien a Thoreau, porque allí podía perderse en un libro o contemplar una flor durante horas sin advertir nada de lo que sucedía a su alrededor. Siempre había elogiado los placeres de una vida sencilla. «Simplificar, simplificar»[22], escribiría después en *Walden*. Ser filósofo, decía, es «vivir una vida de sencillez»[23]. Estaba contento a solas y no le interesaban las frivolidades sociales, las mujeres ni el dinero. Su aspecto era reflejo de su actitud[24]. Llevaba ropa que le quedaba mal, los pantalones demasiado cortos y los zapatos, sucios. Tenía la tez rubicunda, nariz grande, barba desaliñada y ojos azules expresivos. Un amigo decía que «imita a los puercoespines»[25], y otros le calificaban de cascarrabias y «pendenciero»[26]. Algunos decían que Thoreau era de «modales educados»[27], aunque un poco «zafio y algo rústico», y muchos le consideraban entretenido y divertido[28]. Pero incluso su amigo y vecino en Concord, Nathaniel Hawthorne, decía que era «un pesado inaguantable»[29] que le hacía avergonzarse de tener dinero o una casa, o de escribir un libro que iba a tener lectores. Desde luego, Thoreau era excéntrico[30], pero otro amigo decía que era tan refrescante «como el agua helada para unos ciudadanos resecos en plena canícula»[31].

Todos estaban de acuerdo en que Thoreau estaba más a gusto con la naturaleza que con la gente. La excepción era cómo disfrutaba en compañía de niños. El hijo de Emerson, Edward, recordaba con cariño que Thoreau siempre tenía tiempo para ellos y les contaba historias de un «duelo» de dos tortugas de pantano en el río[32] o hacía aparecer y desaparecer lápices por arte de magia. Cuando los niños del pueblo le visitaban en su cabaña del estanque de Walden, los llevaba a dar largos paseos por los bosques. Silbaba extraños sonidos y, uno por uno, aparecían animales: la marmota asomaba entre la maleza, las ardillas corrían hacia él, los pájaros se posaban en su hombro.

La naturaleza, decía Hawthorne, «parece adoptarle como hijo especial»[33], porque los animales y las plantas se comunicaban con él. Forjaban un lazo que nadie podía explicar. Los ratones corrían por sus brazos, los cuervos se posaban encima, las serpientes se enroscaban en sus piernas y siempre encontraba las primeras flores de primavera, por escondidas que estuvieran. La naturaleza hablaba con él, y Thoreau con ella. Cuando plantaba un campo de judías, preguntaba: «¿Qué aprenderé de las judías o las judías de mí?». La alegría de su vida diaria era «un poco de polvo de estrellas»[34] o «un trozo de un arcoíris que he atrapado».

Durante su estancia en el estanque de Walden, Thoreau contempló la naturaleza de cerca[35]. Se bañaba por las mañanas, y luego se sentaba al sol. Caminaba por los bosques o se agazapaba en silencio en un claro, esperando a que los animales desfilaran ante él. Observaba el tiempo y se calificaba de «autoproclamado inspector de tormentas de nieve y de lluvia»[36]. En verano sacaba su barca y tocaba la flauta mientras se dejaba ir a la deriva, y en invierno se tumbaba en la superficie helada del estanque y presionaba el rostro contra el hielo para estudiar el fondo, «como un cuadro detrás de un cristal»[37]. De noche oía las ramas de los árboles que rozaban las tablas del tejado, y por la mañana a los pájaros que le

Henry David Thoreau

cantaban. Era «una ninfa del bosque»[38], decía un amigo, «un espíritu silvestre».

A pesar de disfrutar de la soledad, Thoreau no vivía como un ermitaño en la cabaña. Iba a menudo a comer con su familia, en casa de sus padres, o con los Emerson[39]. Daba charlas en el Liceo de Concord y recibía visitas en Walden. En agosto de 1846, la sociedad abolicionista de Concord celebró su reunión anual en los escalones de la entrada de su cabaña, y también hizo una excursión a Maine. Pero también escribía. Durante sus dos años en el estanque, Thoreau llenó dos gruesos cuadernos[40], uno con sus experiencias en los bosques (las notas que se convertirían en la primera versión de *Walden*) y otro con un borrador de *A Week on the Concord and Merrimack Rivers* [Una semana en los ríos Concord y Merrimack], un libro sobre un viaje en barco que había hecho unos años antes con su añorado hermano. Cuando dejó la cabaña y volvió a Concord, intentó repetidamente y sin éxito encontrar un editor para *A Week*. Nadie estaba interesado en un manuscrito que era en parte descripción de la naturaleza y en parte memorias. Al final, uno aceptó imprimirlo y distribuirlo si el propio Thoreau corría con los gastos. Fue un rotundo fracaso comercial. Nadie quiso comprar el libro y muchas reseñas fueron feroces; un crítico, por ejemplo, acusaba a Thoreau de copiar a Emerson. Solo unos cuantos expresaron su admiración y declararon que era un libro «puramente americano»[41].

El empeño le dejó con una deuda de varios cientos de dólares y muchos ejemplares sin vender de *A Week*. Era propietario de una biblioteca con novecientos libros, bromeó, «y más de setecientos de ellos los he escrito yo mismo»[42]. El fracaso de la publicación provocó tensiones entre Thoreau y Emerson. El primero se sintió defraudado por su viejo mentor, que había elogiado *A Week* a pesar de que no le gustaba. «Mientras mi amigo era mi amigo, me adulaba, y nunca oí la verdad de él, pero cuando se convirtió en enemigo me la disparó con una flecha envenenada»[43], escribió Thoreau en su diario. Seguramente tampoco fue bueno para su amistad el hecho de que Thoreau se hubiera enamoriscado de la mujer de Emerson, Lydian[44].

Hoy, Thoreau es uno de los escritores estadounidenses más leídos y apreciados, pero, en vida, sus amigos y familiares estaban preocupados por su falta de ambición. Emerson decía que era «el único hombre ocioso»[45] de Concord y que era «insignificante en la ciudad»[46], y la tía de Thoreau pensaba que su sobrino debería estar haciendo algo mejor «que irse a pasear de vez en cuando»[47]. A Thoreau nunca le importó mucho lo que pensaban los demás. Más bien estaba luchando con su manuscrito de *Walden,* que le estaba costando mucho terminar. «¿Qué sentido tienen estos pinos y estos pájaros? ¿Qué hace este estanque?»[48], escribió en su diario, para concluir que «debo saber algo más».

Thoreau seguía tratando de entender la naturaleza. Seguía andando por el campo, erguido como un pino, como decían sus amigos, con largos pasos. También empezó a trabajar de agrimensor, un puesto que le proporcionaba un pequeño sueldo y le permitía pasar todavía más tiempo al aire libre. Contando sus pasos, decía Emerson, Thoreau podía medir las distancias con más precisión que otros con los instrumentos de topógrafo, la vara y la cadena[49]. Recogía especímenes para los botánicos y zoólogos de la Universidad de Harvard. Medía la profundidad de ríos y lagos, tomaba temperaturas y secaba plantas. En primavera, Thoreau registraba la llegada de las aves, y en invierno contaba las burbujas heladas que se quedaban atrapadas en la helada cubierta del estanque[50]. En lugar de «visitar a algún erudito»[51], a menudo recorría varios kilómetros por los bosques para sus «citas» con las plantas. Estaba avanzando a tientas hacia una comprensión de lo que verdaderamente significaban esos pinos y esos pájaros.

Thoreau, como Emerson, buscaba la unidad de la naturaleza, pero al final escogerían caminos distintos. Thoreau seguiría a Humboldt en su convicción de que la «totalidad» solo podía comprenderse entendiendo las conexiones, las correlaciones, los detalles. Emerson, en cambio, creía que esa unidad no podía descubrirse solo con el pensamiento racional, sino también por intuición o mediante algún tipo de revelación divina. Igual que los románticos ingleses como Samuel Taylor Coleridge y los idealistas alemanes como Friedrich Schelling, Emerson y los demás trascendentalistas estadounidenses[52] estaban reaccionando contra los métodos científicos relacionados con el razonamiento deductivo y la investigación empírica. Examinar así la naturaleza, decía Emerson, tendía a «nublar la vista»[53]. Por el contrario, el hombre debía encontrar la verdad espiritual en la naturaleza. Los científicos no eran más que materialistas «cuyo espíritu es la materia reducida a una delgadez extrema»[54], escribió.

Los trascendentalistas se habían inspirado en el filósofo alemán Immanuel Kant y su explicación de la interpretación humana del mundo. Kant hablaba de una clase de ideas o conocimientos, explicaba Emerson, «que no procedía de la experiencia»[55]. Con esta afirmación, Kant se había vuelto en contra de los empiristas como el filósofo británico John Locke, que a finales del siglo XVII había dicho que todo el conocimiento estaba basado en la experiencia de los sentidos. Ahora, Emerson y los demás trascendentalistas insistían en que el hombre tenía la capacidad «de conocer la verdad de forma intuitiva»[56]. Para ellos, los hechos y la apariencia de la naturaleza eran como una cortina que era necesario retirar para descubrir la ley divina oculta tras ella. A Thoreau, sin embargo, le resultaba cada vez más difícil entrelazar su fascinación por los hechos científicos con esta concepción del mundo, porque, para él, todo lo que estaba en la naturaleza tenía un significado propio. Era un trascendentalista que, para buscar esas grandes ideas de unidad, contaba los pétalos de una flor o los anillos del tronco de un árbol caído.

Thoreau había empezado a observar la naturaleza como un científico. Medía y documentaba, y su interés por ese tipo de detalle era cada vez

más apremiante. En el otoño de 1849, dos años después de dejar la cabaña, y justo cuando había quedado claro el fracaso de *A Week*, Thoreau
tomó una decisión que iba a cambiarle la vida y daría a luz el *Walden* que
conocemos hoy. Reorientó por completo su vida con una nueva rutina
diaria que exigía sesiones serias de estudio cada mañana y cada noche,
separadas por un largo paseo de tarde[57]. Fue el instante en el que dio los
primeros pasos para alejarse de ser solo un poeta fascinado por la naturaleza y convertirse en uno de los escritores sobre naturaleza más importantes de Estados Unidos. Quizá fue la dolorosa experiencia de publicar
A Week, o quizá su ruptura con Emerson. O tal vez había encontrado la
confianza necesaria para dedicarse a lo que adoraba. Fuera por la razón
que fuera, todo cambió.

Este nuevo régimen señaló el comienzo de sus estudios científicos, que
incluían un gran rato dedicado a escribir en el diario. Cada día, Thoreau
anotaba lo que había visto en sus paseos. Sus apuntes, que antes eran fragmentos ocasionales de sus observaciones pero sobre todo esbozos para sus
ensayos y libros, empezaron a ser regulares y cronológicos y a documentar
las estaciones en Concord con todas sus complejidades. En lugar de recor-
tar los diarios para pegarlos en sus manuscritos literarios, como había hecho
hasta entonces, Thoreau dejó los nuevos volúmenes intactos. Lo que habían
sido recopilaciones al azar se convirtieron en «Notas de campo»[58].

Equipado con su sombrero como «caja de botánico»[59] en la que mantenía frescos los ejemplares de plantas durante los largos paseos, un pesado libro de música para prensar las plantas, una lupa y el bastón que le
servía de cinta de medir, Thoreau empezó a explorar la naturaleza con
todo detalle. Durante sus caminatas, escribía notas en pequeños pedazos
de papel que luego desarrollaba, por las noches, para las anotaciones en
el diario. Sus observaciones de botánica eran tan meticulosas que los
científicos las siguen utilizando hoy en día para estudiar el impacto del
cambio climático, comparando las fechas de primera floración de las
flores silvestres o las fechas en las que los árboles se quedaban sin hojas
en los diarios de Thoreau con las que se observan en la actualidad[60].
«Omito lo extraordinario, huracanes y terremotos, y describo lo corriente —escribió en su diario—, este es el auténtico tema de la poesía»[61].
Mientras paseaba, medía y examinaba, Thoreau iba apartándose de las
ideas grandiosas y espirituales de Emerson sobre la naturaleza y en su
lugar contemplaba la detallada variedad que se desplegaba a su paso. Fue

también el momento en el que Thoreau se sumergió en los escritos de Humboldt, al mismo tiempo que se volvía en contra de la influencia de Emerson. «Me siento maduro para algo —escribió en su diario—. Ha llegado el tiempo de que planten en mí semillas; he estado demasiado tiempo en barbecho»[62].

Thoreau leyó los libros más populares de Humboldt: *Cosmos*, *Cuadros de la naturaleza* y *Personal Narrative*[63]. Los libros sobre naturaleza, decía, eran «una especie de elixir»[64]. Mientras leía, estaba siempre anotando y escribiendo. «Leía siempre con una pluma en la mano»[65], destacaba un amigo. Durante esos años, el nombre de Humboldt apareció de forma habitual en sus diarios y cuadernos, así como en los textos publicados[66]. Thoreau anotaba «Humboldt dice»[67] o «Humboldt ha escrito». Un día, por ejemplo, cuando el cielo relucía con un tono de azul especialmente brillante, sintió la necesidad de medirlo exactamente. «¿Dónde está mi cianómetro? —gritó—. Humboldt lo usaba en sus viajes»[68], refiriéndose al instrumento con el que el naturalista alemán había medido el azul del cielo sobre el Chimborazo. Cuando Thoreau leyó en *Personal Narrative* que el rugido de los rápidos del Orinoco era más fuerte de noche que de día, anotó el mismo fenómeno en su diario, salvo que, en lugar del estruendoso Orinoco, hablaba de un arroyo borboteante en Concord[69]. Para él, las colinas por las que caminaba en Peterborough, en el vecino New Hampshire, eran comparables a los Andes[70], y el Atlántico se convirtió en «un gran estanque de Walden»[71]. «De pie sobre los acantilados de Concord»[72], escribió, estaba «con Humboldt».

Lo que el alemán había observado en todo el mundo, Thoreau lo veía en su ciudad. Todo estaba entrelazado. En invierno, cuando llegaban los cortadores de hielo al estanque para preparar y transportar trozos de hielo a destinos lejanos, Thoreau se acordaba de quienes iban a consumirlo en lugares remotos, en el calor abrasador de Charleston o incluso en Bombay y Calcuta. «Beberán en mi pozo»[73], escribió, y el agua pura de Walden acabaría «mezclada con las aguas sagradas del Ganges». No era necesario ir de expedición a países lejanos. ¿Por qué no viajar en casa?[74] No importaba lo lejos que iba uno, anotó Thoreau en su diario, «sino lo vivo que está»[75]. Hay que ser un explorador «de tus propios ríos y océanos»[76], aconsejaba, un Colón de las ideas, no del comercio ni de las ambiciones imperiales.

Thoreau mantenía un diálogo tan constante con los libros que leía como consigo mismo, siempre preguntando, insistiendo, protestando y poniendo en duda. Cuando veía una espesa nube escarlata sobre el horizonte en un frío y limpio día de invierno, reprochaba a una parte de sí mismo: «Me dirás que es una masa de vapor que absorbe todos los rayos»[77], y decía que esa no era explicación suficiente, «porque esta visión roja me excita, remueve mi sangre». Era un científico que quería entender la formación de las nubes, pero también un poeta extasiado ante esas inmensas montañas rojas del cielo.

¿Qué clase de ciencia era esta —se preguntaba—, «que enriquece el pensamiento pero roba a la imaginación»[78]? De eso había escrito Humboldt en *Cosmos*. La naturaleza, explicaba este, debía ser descrita con precisión científica pero sin «privarse del aliento vivificador de la imaginación»[79]. El conocimiento no «enfriaba los sentimientos»[80], porque los sentidos y el intelecto estaban relacionados. Thoreau fue quien más de cerca siguió la fe de Humboldt en «el arraigado vínculo»[81] que unía el conocimiento y la poesía. Humboldt le permitió entretejer ciencia e imaginación, lo particular y lo global, lo objetivo y lo maravilloso.

Thoreau siguió buscando ese equilibrio. Con los años, la lucha se volvió menos intensa, pero continuó preocupándole. Una noche, por ejemplo, después de pasar el día en el río, escribiendo página tras página de notas sobre botánica y sobre fauna, terminó con esta frase: «Todos los poetas han temblado al acercarse a la ciencia»[82]. Sin embargo, al sumergirse en los textos de Humboldt, Thoreau perdió poco a poco su miedo. *Cosmos* le enseñó que la colección de observaciones individuales creaba una imagen de la naturaleza en su conjunto, en la que cada detalle era como un hilo en el tapiz del mundo natural. Thoreau, como Humboldt, encontró armonía en la diversidad. El detalle llevaba a la totalidad unificada; o, como decía él, «una descripción veraz de la realidad es la más extraordinaria poesía»[83].

La prueba más gráfica de este cambio llegó cuando Thoreau dejó de usar un diario para «poesía» y otro para «hechos»[84]. Ya no sabía qué era qué. Se habían convertido en una misma cosa, porque «los hechos más bellos e interesantes son, con mucho, los más poéticos»[85]. El libro que dio expresión a todo eso fue *Walden*.

Al irse de su cabaña en el estanque, en septiembre de 1847, Thoreau llevaba consigo un primer borrador de la obra, y luego había trabajado en varias versiones diferentes. A mediados de 1849 lo dejó de lado y tardó tres años en volver al manuscrito; durante ese tiempo se convirtió en un naturalista serio, anotador meticuloso y admirador de los libros de Humboldt. En enero de 1852, Thoreau volvió a sacar el manuscrito y empezó a reescribir *Walden* desde el principio[86]*.

En los años siguientes multiplicó por dos la extensión original del libro y lo completó con las observaciones científicas que había hecho. Como consecuencia, *Walden* acabó siendo un libro completamente diferente al que se había propuesto escribir[87]. Estaba listo, dijo, «me siento extraordinariamente preparado para algo de trabajo literario»[88]. Al anotar cada detalle de los modelos y los cambios de estación, Thoreau desarrolló una profunda percepción de los ciclos y las relaciones de la naturaleza. Cuando comprendió que las mariposas, las flores y las aves reaparecían cada primavera, todo lo demás cobró sentido. «El año es un ciclo»[89], escribió en abril de 1852. Empezó a recopilar largas listas estacionales con las fechas de aparición de las hojas y floración[90]. Nadie, insistía, había visto esas intrincadas diferencias como él. Su diario iba a ser «un libro de las estaciones»[91], escribió, en una nota en la que también mencionaba a Humboldt.

En los primeros borradores de *Walden,* Thoreau se había centrado en criticar la cultura y la avaricia estadounidenses, lo que le parecía un énfasis cada vez mayor en el dinero y la vida urbana, y había comparado todo eso con su vida en la cabaña. Ahora, en la nueva versión, el paso de la primavera, el verano, el otoño y el invierno se convirtió en su referente. «Gozo de la amistad de las estaciones»[92], escribió en el libro. Había empezado, decía, a «mirar la naturaleza con nuevos ojos»[93], unos ojos que le había dado Humboldt. Exploraba, recolectaba, medía y relacionaba justo como Humboldt[94]. Sus métodos y observaciones, declaró ante la American Association for the Advancement of Science en 1853, se basaban en su admiración por *Cuadros de la naturaleza,* el libro en el que el alemán había combinado una prosa elegante y descripciones muy gráficas con el análisis científico.

Todos los grandes fragmentos de *Walden* tienen su origen en los diarios de Thoreau. En ellos, el autor pasa de un tema a otro, dialoga sin aliento

---

* Thoreau escribió siete borradores de *Walden.* El primero lo terminó durante su estancia en el estanque. El segundo y el tercero, de la primavera de 1848 a mediados de 1849. Volvió al manuscrito en enero de 1852 y escribió los cuatro borradores siguientes hasta la primavera de 1854.

con la naturaleza, con la tierra como «poesía viva»[95], con las ranas que «roncan en el río»[96] y la alegría del canto de las aves en primavera. Su diario es «la prueba de mi amor»[97] y «éxtasis», poesía y ciencia a la vez. El propio Thoreau dudaba de que alguna vez pudiera escribir algo mejor que su diario; comparaba sus palabras con flores y se preguntaba si estarían más bonitas en un jarrón (su metáfora para referirse a un libro) o en la pradera en la que las había encontrado (su diario)[98]. Por aquel entonces estaba tan orgulloso de sus conocimientos precisos sobre la naturaleza del área de Concord que se molestaba si alguien era capaz de identificar una planta que él no reconocía. «Henry Thoreau apenas pudo reprimir su indignación —escribió un día Emerson a su hermano, no sin cierto regocijo— cuando le llevé una baya que él no había visto nunca»[99].

El nuevo enfoque de Thoreau no quería decir que sus inseguridades desaparecieran del todo. Siguió dudando de sí mismo. «Estoy disperso con tantas observaciones»[100], escribió en 1853. Tenía miedo de que sus conocimientos estuvieran volviéndose demasiado «detallados y científicos»[101] y de haber sustituido las grandes perspectivas, tan amplias como el cielo, por la estrecha mirada del microscopio. «Con toda tu ciencia, ¿puedes decir cómo es posible —preguntaba desesperado— que se ilumine el alma?»[102], pero, no obstante, terminaba su anotación en el diario con descripciones detalladas de flores, cantos de pájaros, mariposas y bayas maduras.

En lugar de escribir poemas[103], investigó la naturaleza, y esas observaciones fueron la materia prima para *Walden*. «La naturaleza será mi lenguaje lleno de poesía»[104], decía. En el diario, el agua cristalina que caía por un riachuelo era «la sangre pura de la naturaleza»[105], y luego, unas líneas más abajo, indagaba el diálogo entre la naturaleza y él, pero concluía: «Este íntimo hábito de la observación, en Humboldt, Darwin y otros. Hay que mantenerla mucho tiempo, esta ciencia». Thoreau estaba entretejiendo la ciencia y la poesía en una gruesa trenza.

Para encontrarle sentido a todo, Thoreau buscaba una perspectiva unificadora. Cuando subía una montaña, veía el liquen en las rocas, a sus pies, pero también los árboles a lo lejos y, como Humboldt en el Chimborazo, los percibía en su mutua relación y «por tanto, reducidos a una sola imagen»[106]: repetía la idea del *Naturgemälde*. O, durante una tormenta invernal, una fría mañana de enero, mientras los copos de nieve revoloteaban a su alrededor, Thoreau contempló las delicadas estructuras cristalinas y las comparó con los pétalos perfectamente simétricos de las flores. La misma ley que regía la Tierra, dijo, regía también los copos de nieve. Y pronunció con énfasis: «Orden. Kosmos»[107].

Humboldt había tomado la palabra *kosmos* prestada del griego antiguo, en el que significaba orden y belleza, pero un orden y una belleza creados a través del ojo humano. Quería unir así el mundo físico externo con el mundo interno de la mente. El *Cosmos* de Humboldt trataba de la relación entre la humanidad y la naturaleza, y Thoreau se situaba inequívocamente en ese cosmos. En el estanque de Walden escribió: «Tengo un pequeño mundo para mí solo»[108], su propio sol, sus estrellas y su luna. «¿Por qué me voy a sentir solo? —preguntaba—. ¿Acaso no está nuestro planeta en la Vía Láctea?»[109]. No estaba más solo que una flor o un abejorro en una pradera, porque, como ellos, formaba parte de la naturaleza. «¿No soy en parte hojas y moho también yo?»[110], preguntaba en *Walden*.

Uno de los fragmentos más famosos del libro captura cuánto había cambiado Thoreau desde su lectura de Humboldt. Durante años, cada primavera, Thoreau había observado el deshielo de los terraplenes arenosos de la vía del tren cerca del estanque[111]. A medida que el sol calentaba la tierra congelada y derretía el hielo, empezaban a asomar y a filtrarse franjas moradas de arena que dibujaban formas de hojas en el terraplén: un follaje arenoso que precedía al repoblado de los árboles y los arbustos en primavera.

En su manuscrito original, escrito en la cabaña del estanque, Thoreau había descrito esta «floración» de la arena en un comentario al margen de menos de cien palabras[112]. Ahora se había extendido a más de mil quinientas, y se convirtió en uno de los pasajes más importantes del libro. Las arenas, escribía, mostraban «la anticipación de la hoja vegetal»[113]. Era el «prototipo»[114], igual que la *Urform* de Goethe. Un fenómeno que en el manuscrito original era «inexplicablemente interesante y hermoso»[115] pero que ahora ilustraba nada menos que lo que Thoreau llamaba «el principio de todos los mecanismos de la naturaleza»[116].

Estas páginas muestran cómo había madurado. Cuando describió el fenómeno, el último día de diciembre de 1851, mientras leía a Humboldt, lo convirtió en una metáfora para referirse al cosmos. El sol que caldeaba los terraplenes era como las ideas que le calentaban la sangre, dijo. La Tierra no estaba muerta, sino que «vive y crece»[117]. Y luego, cuando volvió a observarlo en la primavera de 1854, a punto de terminar el último borrador de *Walden,* escribió en su diario que la Tierra era «poesía viva [...] no una Tierra fosilizada, sino un espécimen vivo»[118], unas palabras que incluyó casi exactas en su versión definitiva del libro. «La Tierra está toda viva»[119], escribió, y la naturaleza, «con toda su fuerza»[120]. Esta era la naturaleza de Humboldt, llena de vida. La llegada de la primavera, concluía Thoreau, era «como la creación del Cosmos a partir del Caos»[121]. Era vida, naturaleza y poesía, todo al mismo tiempo.

Walden fue el mini-*Cosmos* de Thoreau[122], centrado en un lugar concreto, una evocación de la naturaleza en la que todo estaba relacionado, lleno de detalles sobre costumbres de los animales, flores y el espesor del hielo en el estanque. La objetividad y la indagación científica pura no existían, escribió al terminar el libro, porque iban siempre unidas a la subjetividad y los sentidos. «Los hechos caen del observador poético como semillas maduras»[123], anotó. El fundamento de todo era la observación.

«Exprimo el cielo y la Tierra», decía Thoreau[124].

Parte V

Nuevos mundos: la evolución de las ideas

20. EL HOMBRE MÁS GRANDE DESDE EL DILUVIO

En Berlín, el año posterior a la publicación del segundo volumen de *Cosmos*, el delicado equilibrio que intentaba mantener Humboldt entre sus opiniones políticas liberales y sus obligaciones en la corte prusiana se volvió cada vez más difícil. Y casi imposible cuando, en la primavera de 1848, Europa estalló en revueltas. Tras décadas de política reaccionaria, una ola de revoluciones recorrió el continente.

Después de que el declive económico y la prohibición de las reuniones políticas desencadenara violentas protestas en París, el 26 de febrero, un aterrorizado rey Luis Felipe abdicó y huyó a Gran Bretaña. Dos días después, los franceses proclamaron la Segunda República y, en cuestión de semanas, más revoluciones se extendieron por Italia, Dinamarca, Hungría y Bélgica, entre otros países. En Viena, el conservador canciller de Estado, el príncipe Von Metternich, intentó sin éxito reprimir la rebelión, en la que los estudiantes y los trabajadores habían unido sus fuerzas. El 13 de marzo, Metternich dimitió y también huyó a Londres. Dos días más tarde, el emperador austriaco, Fernando I, prometió a su pueblo una constitución. Todos los monarcas de Europa sintieron pánico.

Esa primavera, a medida que los periódicos informaban sobre las revueltas en Europa, los prusianos leían los artículos en voz alta en los cafés de Berlín[1]. En Munich, Colonia, Leipzig, Weimar y docenas de ciudades y estados alemanes, la gente se levantó contra sus gobernantes. Exigían una Alemania unida, un parlamento nacional y una constitución. En marzo, el rey de Baviera abdicó y el gran duque de Baden aceptó las demandas de su pueblo y prometió libertad de prensa y un Parlamento. En

Berlín también hubo protestas y la exigencia de reformas, pero el rey de Prusia, Federico Guillermo IV, no estaba dispuesto a ceder con tanta facilidad, y preparó sus tropas. Ante la concentración de 20.000 personas para escuchar discursos agitadores, el rey ordenó a sus soldados que atravesaran las calles de Berlín y protegieran su palacio.

Los liberales prusianos llevaban mucho tiempo decepcionados con su nuevo rey. Humboldt, como tantos otros, había tenido la esperanza de que su llegada al trono supusiera el fin del absolutismo. A principios de 1841, en los primeros meses del nuevo reinado, le había dicho a un amigo que el nuevo rey era un gobernante ilustrado que «solo necesitaba librarse de unas cuantas convicciones medievales»[2], pero se equivocaba. Dos años después, Humboldt confesó a ese mismo amigo que el rey «hace lo que quiere»[3]. A Federico Guillermo IV le encantaba la arquitectura y lo único que parecía interesarle eran los planes de nuevos y magníficos edificios, grandes parques y espléndidas colecciones de arte. En «asuntos terrenales»[4] como la política exterior, el pueblo prusiano o la economía, el rey «no piensa apenas», se lamentó Humboldt.

Cuando el rey inauguró el primer Parlamento prusiano en Berlín, en abril de 1847, la esperanza de reforma se vio aplastada de inmediato. La gente reclamó una constitución, pero Federico Guillermo dejó muy claro que nunca lo consentiría. En su discurso de apertura, dijo a los delegados que el rey gobernaba por derecho divino, nunca por la voluntad popular[5]. Prusia no sería una monarquía constitucional. Dos meses más tarde se disolvió el Parlamento; no se había conseguido nada.

En la primavera de 1848, inspirados por las revoluciones en toda Europa, los prusianos se hartaron. El 18 de marzo, los revolucionarios en Berlín sacaron barriles a las calles y amontonaron cajones, tablas y ladrillos para construir barricadas[6]. Arrancaron adoquines y los llevaron a los tejados, como preparativo para la batalla. Una batalla que empezó al anochecer. Arrojaron piedras y tejas desde lo alto y sonaron los primeros disparos en las calles. Humboldt estaba en casa, en su piso de Oranienburger Straße, y, cuando oyó el sonido de los tambores de los soldados por toda la ciudad, como a tantos otros, le fue imposible dormir. Las mujeres llevaron comida, vino y café a los rebeldes mientras la lucha continuaba toda la noche. Murieron varios centenares, pero las tropas del rey no lograron hacerse con el control de la situación. Esa noche, Federico Guillermo IV se dejó caer en una silla y se lamentó: «Dios mío, Dios mío, ¿me has abandonado por completo?»[7].

Humboldt pensaba que las reformas eran necesarias, pero no le gustaban las masas rebeldes ni la brutalidad de la intervención policial; había previsto un cambio anterior, más lento y, por tanto, más pacífico[8]. Como muchos otros liberales, soñaba con una Alemania unida, pero confiaba en que se gobernara por consenso y con un Parlamento, no mediante la sangre y el miedo. Ahora, con la muerte de cientos de personas en las calles de Berlín, Humboldt, a sus setenta y ocho años, se vio atrapado entre dos fuegos.

Cuando los revolucionarios se hicieron con el control de Berlín, un asustado Federico Guillermo cedió y prometió una constitución y un Parlamento nacional. El 19 de marzo aceptó retirar sus tropas. Esa noche, las calles de Berlín se iluminaron y la gente celebró su victoria. En lugar de disparos, hubo cantos y júbilo[9]. El 21 de marzo, solo tres días después del comienzo de los combates, el rey mostró simbólicamente su derrota recorriendo Berlín a caballo, envuelto en la bandera negra, roja y dorada* de los revolucionarios[10]. Al volver al palacio, ante el cual se había congregado una multitud, el rey salió al balcón. Humboldt apareció junto a él en silencio e inclinó la cabeza en saludo a los de abajo[11]. Al día siguiente, dejó de lado sus obligaciones para con el rey y desfiló en cabeza de la procesión funeraria por los revolucionarios caídos.

A Federico Guillermo IV nunca le habían importado las tendencias revolucionarias de su chambelán. Valoraba sus conocimientos y evitaba sus «diferencias en política»[12]. Otros no se sentían tan cómodos con la postura de Humboldt. Un pensador prusiano le calificó de «ultraliberal»[13], y otro ministro decía que era «un revolucionario que gozaba del favor de la corte», mientras que el hermano del rey, el príncipe Guillermo (que después sería el emperador Guillermo I), pensaba que Humboldt era una amenaza para el orden existente.

---

* El origen de los colores alemanes no está del todo claro, pero un grupo especialmente independiente de soldados prusianos que habían luchado contra el ejército de Napoleón entre 1813 y 1815 llevaban uniformes negros con forro rojo y botones de metal dorado. Cuando en muchos estados alemanes se prohibieron las hermandades de estudiantes radicales, los colores se convirtieron en símbolo de la lucha por la unidad y la libertad. Los revolucionarios de 1848 los usaron mucho, y los colores pasaron más tarde a formar la bandera alemana.

Humboldt estaba acostumbrado a maniobrar entre distintas opiniones políticas. Veinticinco años antes, en París, había sorteado con suavidad los campos reaccionario y revolucionario sin poner en peligro nunca su posición. «Es muy consciente —había escrito Charles Lyell— de que, aunque es demasiado liberal, no corre peligro de perder el prestigio y las ventajas que tiene garantizados por su nacimiento»[14].

En privado, Humboldt criticaba a los gobernantes europeos con su sarcasmo habitual. Cuando la reina Victoria le invitó durante una de sus visitas a Alemania, él se burló después diciendo que la reina le había dado «chuletas de cerdo duras y pollo frío»[15] para desayunar y que había mostrado una total «abstinencia filosófica». Después de conocer al príncipe heredero de Württemberg y a los futuros reyes de Dinamarca, Inglaterra y Baviera en Sanssouci, el palacio de Federico Guillermo IV, Humboldt le dijo a un amigo que eran un grupo de herederos formado por «uno pálido y sin carácter, un islandés borracho, un fanático y ciego en política y un imbécil obstinado»[16]. Ese, ironizó, era «el futuro del mundo monárquico».

Algunos admiraban su capacidad para estar al servicio de un rey y al mismo tiempo conservar «el valor de mantener sus propias opiniones»[17]. En cambio, el rey de Hanover, Ernesto Augusto I, decía que Humboldt era «siempre lo mismo, siempre republicano, y siempre en la antecámara de palacio»[18]. Pero seguramente esa capacidad de vivir en los dos mundos era lo que le daba a Humboldt tanta libertad. De no ser así, como él mismo reconocía, quizá le habrían expulsado del país, por ser «un revolucionario y el autor del impío *Cosmos*»[19].

Mientras Humboldt observaba el desarrollo de las revoluciones en los estados alemanes, hubo un breve instante en el que pareció posible la reforma, pero pasó casi tan rápido como había llegado. Los estados decidieron designar una Asamblea Nacional para debatir el futuro de una Alemania unida, pero, a finales de mayo de 1848, poco más de dos meses después de que se oyera el primer disparo, Humboldt no estaba seguro de si se sentía más frustrado con el rey, los ministros prusianos o los delegados que se habían reunido en Frankfurt[20].

Ni siquiera los que reconocían que eran necesarias las reformas lograban ponerse de acuerdo sobre la composición de la nueva Alemania. Humboldt creía que una Alemania unida debía estar basada en los principios del federalismo. Los diversos estados debían conservar cierto grado de poder, explicaba, sin ignorar «el organismo y la *unidad* del conjunto»[21]; subrayaba su argumento usando la misma terminología que al hablar de la naturaleza.

Había quienes deseaban una unión por motivos puramente económicos —por la perspectiva de una Alemania sin aranceles ni obstáculos comerciales—, pero también nacionalistas que mitificaban un pasado germánico común e idealizado. Aunque se pusieran de acuerdo, había distintas opiniones sobre dónde debían estar las fronteras y qué estados debían incluirse. Unos proponían una gran Alemania *(Grossdeutschland)* que incluyera Austria, mientras que otros preferían una nación más pequeña *(Kleindeutschland)* encabezada por Prusia. Las discrepancias, aparentemente infinitas, complicaban enormemente las negociaciones, porque se planteaban argumentos que luego se revocaban y entonces se estancaba la discusión. Entre tanto, las fuerzas conservadoras tuvieron tiempo de reagruparse[22].

En la primavera de 1849, un año después de las revueltas, los revolucionarios perdieron todo lo que habían ganado. Las perspectivas, pensó Humboldt, eran negras. Cuando la Asamblea Nacional en Frankfurt —después de mucho tira y afloja— decidió ofrecer la corona imperial a Federico Guillermo IV para que pudiera encabezar una monarquía constitucional en una Alemania unida, se encontró con un rechazo total. El rey, que solo un año antes se había envuelto en la bandera tricolor de los revolucionarios por miedo a las masas, se sintió lo suficientemente seguro como para declinar la oferta. Los delegados no tenían ninguna corona que otorgar, declaró, porque Dios era el único que podía hacerlo. Esta corona era «de tierra y arcilla»[23], dijo a un delegado, no «la diadema del derecho divino de los reyes». Era «un collar de perro»[24], se indignó, con el que la gente quería encadenarlo a la revolución. Alemania no era una nación unida, ni mucho menos, y en mayo de 1849 los delegados de la Asamblea volvieron a sus casas con escasa recompensa para sus esfuerzos.

Humboldt se sintió profundamente decepcionado[25]. A lo largo de su vida, los estadounidenses habían declarado la independencia, pero seguían extendiendo lo que llamaba «la plaga de la esclavitud»[26]. En los meses anteriores a las revoluciones de 1848 en Europa, había seguido las noticias de la guerra entre Estados Unidos y México, escandalizado, había dicho, por el comportamiento imperial de los del norte, que le recordaba a «la vieja conquista española»[27]. De joven había sido testigo de la

Revolución francesa, pero también de la coronación de Napoleón como emperador. Después había visto a Simón Bolívar liberar las colonias sudamericanas de la tiranía española, solo para ver al «Libertador» convertirse en dictador él mismo. Y ahora su propio país había fracasado miserablemente. Humboldt estaba desilusionado de las revoluciones y los revolucionarios. A sus ochenta años, escribió en noviembre de 1849, se veía reducido a la «raída esperanza»[28] de que el deseo de reformas de la gente no hubiera desaparecido para siempre. Confiaba en que, aunque el deseo de cambio pareciera «estar dormido» de forma periódica, en realidad fuera «tan eterno como la tormenta electromagnética que centellea en el sol». Quizá la siguiente generación lo conseguiría.

Como muchas veces antes, Humboldt se sumergió en el trabajo para huir de estas «interminables oscilaciones»[29]. Cuando un delegado de la Asamblea Nacional de Frankfurt le preguntó cómo podía trabajar en tiempos tan turbulentos, replicó en tono estoico que había visto tantas revoluciones en su larga vida que la novedad y el entusiasmo se desvanecían[30]. Prefirió concentrarse en terminar Cosmos.

Cuando publicó el segundo volumen de Cosmos en 1847 —su intención inicial era que fuese el último—, comprendió enseguida que tenía más cosas que decir. Pero el tercer volumen, a diferencia de los dos primeros, iba a ser un tomo más especializado sobre «fenómenos cósmicos»[31], desde las estrellas y los planetas hasta la velocidad de la luz y los cometas. A medida que las ciencias avanzaban, a Humboldt le resultaba difícil «dominar el material»[32], pero nunca le había importado reconocer que no entendía una nueva teoría. Empeñado en incluir todos los descubrimientos más recientes, pidió por las buenas a otros que se los explicaran, y con cierta prisa, porque a su edad se le estaba acabando el tiempo: «Los que están medio muertos cabalgan deprisa»[33], dijo. Cosmos era como «un duende sobre el hombro»[34].

Con el éxito de los dos primeros volúmenes, decidió publicar también una edición nueva y ampliada de su libro preferido, Cuadros de la naturaleza; primero en alemán y luego, a toda velocidad, en dos ediciones rivales en inglés. Hubo también una nueva traducción no autorizada al inglés de Personal Narrative. Y, para ganar algo más de dinero, intentó, sin éxito, vender a su editor alemán la idea de un «Microcosmos»[35], una versión barata y abreviada de Cosmos.

En diciembre de 1850, Humboldt publicó la primera mitad del tercer volumen de *Cosmos,* y un año después, la segunda mitad. En la introducción escribió que «toca al tercer y último volumen de mi obra suplir algunas de las deficiencias de los dos anteriores»[36]. Sin embargo, en cuanto lo terminó, empezó a trabajar en el cuarto volumen, esta vez centrado en la Tierra y abarcando el geomagnetismo, los volcanes y los terremotos. Parecía como si no fuera a parar nunca.

La edad no le había frenado. Además de escribir y cumplir con sus obligaciones en la corte, seguía recibiendo a un número inacabable de visitantes. Uno de ellos fue el antiguo ayudante de campo de Simón Bolívar, el general Daniel O'Leary, que apareció en el apartamento de Berlín en abril de 1853[37]. Los dos hombres pasaron la tarde recordando la revolución y a Bolívar, que había muerto de tuberculosis en 1830. Humboldt era tan famoso que hacerle una visita se había convertido en un rito de iniciación para los americanos*. Un escritor de viajes estadounidense dijo que había ido a Berlín no por los museos y galerías, sino «a ver y a hablar con el hombre vivo más grande del mundo»[38].

Además, Humboldt seguía ayudando a jóvenes científicos, artistas y exploradores, a menudo con dinero, a pesar de sus propias deudas. Por ejemplo, el geólogo y paleontólogo suizo Louis Agassiz, que emigró a Estados Unidos, se benefició varias veces de su «habitual benevolencia»[39]. En otra ocasión, Humboldt dio a un joven matemático cien táleros, y también organizó comidas gratis en la universidad para el hijo del que hacía el café de la casa real. Llamaba la atención del rey sobre ciertos artistas y empujaba al director del Neues Museum de Berlín a comprar pinturas y dibujos. Una vez le dijo a un amigo que, como no tenía familia, esos jóvenes eran como sus hijos[40].

Como decía el matemático Friedrich Gauß, el celo con el que Humboldt ayudaba y animaba a otros era «una de las joyas más maravillosas de su corona»[41]. Por otra parte, eso quería decir que manejaba los destinos de científicos en todo el mundo. Ser un protegido de Humboldt podía significar hacer carrera. Se rumoreaba que controlaba el resultado de las elecciones en la Académie des Sciences de París, y que los aspiran-

---

* A Humboldt le gustaban los americanos y siempre los acogía con gusto. «Ser americano era casi tener pasaporte seguro para llegar a su presencia», recordaba un visitante. En Berlín se decía que el liberal Humboldt prefería recibir a un americano que a un príncipe.

tes iban a Berlín a presentarle su candidatura antes de ir a la Académie[42]. Una carta de recomendación suya podía decidir su futuro, y sus adversarios temían su lengua mordaz. Humboldt había estudiado las serpientes venenosas en Sudamérica «y había aprendido mucho de ellas»[43], aseguraba un joven científico.

A pesar de algún desprecio ocasional, Humboldt era normalmente generoso, y los más beneficiados eran los exploradores. Animó a su viejo conocido y amigo de Darwin, el botánico Joseph Dalton Hooker, a ir al Himalaya, y utilizó sus contactos en Londres para convencer al Gobierno británico de que financiara la expedición; y además dio a Hooker abundantes instrucciones sobre qué medir, observar y recolectar[44]. Unos años después, en 1854, Humboldt ayudó a tres hermanos alemanes, Hermann, Rudolph y Adolf Schlagintweit —«el trébol», los llamaba[45]— a viajar a la India y el Himalaya, donde iban a estudiar los campos magnéticos de la Tierra. Estos exploradores se convirtieron en el pequeño ejército de investigadores que daban a Humboldt los datos necesarios para terminar *Cosmos*. Aunque había aceptado que ya era demasiado viejo para ver el Himalaya en persona, no haber podido ascender a esas montañas seguía siendo su mayor desilusión: «No he lamentado nada en mi vida con más intensidad»[46].

También aconsejaba a los artistas que fueran a los rincones más remotos del mundo, les ayudaba a obtener financiación, les sugería rutas y a veces se quejaba cuando no seguían sus recomendaciones. Sus instrucciones eran exactas y detalladas[47]. A un artista alemán le dio una larga lista de plantas para que las pintara[48]. Tenía que reproducir «paisajes reales»[49], le escribió, y no escenas idealizadas como habían hecho los artistas durante siglos. Incluso decía en qué lugar de una montaña tenía que colocarse exactamente el pintor para captar la mejor vista.

Escribía cientos de cartas de recomendación. Cuando una de esas cartas llegaba a su destino, comenzaba «la tarea de descifrarla»[50]. Su letra —«filas de jeroglíficos microscópicos» imposibles, según reconocía él mismo[51]— siempre había sido horrible, pero con la edad se había deteriorado aún más. Varios amigos se pasaban los documentos, de forma que cada uno descifraba una palabra, una expresión o una frase. Incluso cuando leían su escritura diminuta con lentes de aumento, era frecuente tardar días en averiguar lo que había escrito.

A cambio, Humboldt recibía todavía más cartas. En la década de 1850 calculó que recibía entre 2.500 y 3.000 cartas al año[52]. Su piso de Oranienburger Straße, se quejaba, se había convertido en un centro de intercambio de correo. No le importaban las cartas científicas, pero le agobiaban las que conformaban su «correspondencia ridícula»[53]: matronas y maestros que aspiraban a condecoraciones reales, por ejemplo, o cazadores de autógrafos e incluso un grupo de mujeres que deseaba su «conversión» a la religión que profesaban. Recibía preguntas sobre globos de aire caliente, peticiones de ayuda para emigrar y «ofrecimientos de cuidarme».

Algunas cartas, por el contrario, le daban placer, en especial las que llegaban de su viejo compañero de viajes Aimé Bonpland, que nunca había regresado a Europa después de irse a Sudamérica en 1816[54]. Tras estar casi diez años encarcelado en Paraguay, Bonpland recobró de pronto la libertad en 1831, pero decidió quedarse en su país de adopción. Con ochenta y pocos años, Bonpland trabajaba ahora unas tierras en Argentina, cerca de la frontera paraguaya. Vivía allí con sencillez rural, cultivando árboles frutales y saliendo de vez en cuando a buscar plantas.

Aimé Bonpland

Los dos ancianos hablaban en sus cartas de plantas, política y amigos. Humboldt enviaba a Bonpland sus últimos libros y le informaba sobre los acontecimientos políticos en Europa[55]. La vida en la corte prusiana no había roto sus ideales liberales, le aseguraba, seguía creyendo en la libertad y la igualdad. A medida que envejecían los dos, sus cartas se hicieron cada vez más afectuosas, con recuerdos de su larga amistad y sus aventuras comunes. No había una semana, escribió Humboldt, en la que no pensara en Bonpland. Se sentían más próximos con el paso del tiempo y a medida que sus amigos mutuos iban muriendo uno detrás de otro. «Sobrevivimos —escribió Humboldt después de que tres colegas científicos, incluido su buen amigo Arago, hubieran fallecido en el plazo de tres meses—, pero, por desgracia, la inmensidad del océano nos separa»[56]. Bonpland también estaba deseando verle a él. Cuánto se necesitaba a un viejo amigo para compartir «los sentimientos secretos de nuestro corazón»[57], escribió. En 1854, a los ochenta y un años, Bonpland seguía hablando de visitar Europa para abrazar a Humboldt. Sin embargo, en mayo de 1858, Bonpland murió en Argentina con su nombre casi olvidado en su país natal, Francia.

Humboldt, por el contrario, se había convertido en el científico más famoso de su época, no solo en Europa sino en todo el mundo. Su retrato figuró en la Gran Exposición de Londres, y también colgaba en palacios tan remotos como el del rey de Siam en Bangkok[58]. Su cumpleaños se celebraba incluso en Hong Kong, y un periodista estadounidense dijo: «Si se pregunta a cualquier colegial quién es Humboldt, sabrá la respuesta»[59].

El ministro de la Guerra de Estados Unidos, John B. Floyd, envió a Humboldt nueve mapas de Norteamérica que mostraban todos los pueblos, condados, montañas y ríos que llevaban su nombre. Un nombre, escribía Floyd, que era «una palabra conocida»[60] en todo el país. En el pasado alguien había sugerido que cambiaran el nombre de las Montañas Rocosas por el de «Andes de Humboldt»[61], y ya había varios condados y ciudades, un río, bahías, lagos y montañas que se llamaban como él, además de un hotel en San Francisco y el periódico *Humboldt Times* en Eureka, California[62]. Medio halagado y medio avergonzado, Humboldt bromeó cuando le dijeron que habían puesto su nombre a otro río más, que tenía 560 kilómetros y solo un puñado de afluentes: «Pero estoy lleno de peces»[63]. Había tantos barcos con su nombre que decía que eran su «poderío naval»[64].

Los periódicos de todo el mundo vigilaban la salud y las actividades del viejo científico. Cuando corrió el rumor de que estaba enfermo y un anatomista de Dresde pidió su cráneo, Humboldt replicó en broma que «todavía necesito mi cabeza un poco más, pero luego me alegrará mucho cumplir su petición»[65]. Una admiradora le pidió que le enviara a ella un telegrama cuando estuviera a punto de morir para que pudiera ir corriendo a su lecho de muerte a cerrarle los ojos[66]. Con la fama, llegaban los chismes, y a Humboldt no le gustó nada que los periódicos franceses dijeran que había tenido una aventura con «la fea baronesa Berzelius»[67], la viuda del químico sueco Jöns Jacob Berzelius. No quedó claro si le ofendía más la idea de que hubiera tenido una aventura o de que pensaran que podía haber escogido a alguien tan poco atractivo.

A sus ochenta y tantos años, con el sentimiento de ser «una curiosidad medio petrificada»[68], Humboldt mantenía el interés por todo lo nuevo. A pesar de su amor a la naturaleza, le fascinaban las posibilidades de la tecnología. Interrogaba a los visitantes sobre sus viajes en barco de vapor, y le asombraba que solo se tardasen diez días en ir de Europa a Boston o Filadelfia. El ferrocarril, el barco de vapor y el telégrafo «encogían el espacio»[69], decía. Llevaba muchos años tratando de convencer a sus amigos norteamericanos y sudamericanos de que un canal que atravesara el estrecho istmo de Panamá sería una ruta comercial importante y era un proyecto de ingeniería factible. Ya en 1804, durante su visita a Estados Unidos, había enviado sugerencias a James Madison, y más tarde convenció a Bolívar de que ordenara a dos ingenieros que examinaran la zona. Siguió escribiendo sobre el canal toda su vida[70].

Su admiración por el telégrafo, por ejemplo, era tan conocida que un conocido le envió desde Estados Unidos un pequeño trozo de cable, «un fragmento del telégrafo subatlántico»[71]. Durante veinte años, Humboldt se intercambió cartas con el inventor Samuel Morse, después de ver su máquina telegráfica en París en los años treinta. En 1856, Morse, que también creó el código que lleva su nombre, escribió a Humboldt para contarle sus experimentos con una línea subterránea entre Irlanda y Terranova[72]. El interés del alemán era lógico, porque una línea de comunicación entre Europa y América le habría permitido obtener respuestas inmediatas de científicos al otro lado del Atlántico sobre algún dato que faltara para *Cosmos**.

---

* Solo dos años después, en agosto de 1858, se transmitió en primer mensaje telegráfico entre Inglaterra y Estados Unidos a través del primer cable transatlántico, pero, al cabo de un mes, el cable se estropeó. Hasta 1866 no estaría instalada la nueva línea.

A pesar de la atención que despertaba, Humboldt se sentía con frecuencia alejado de sus contemporáneos. La soledad había sido su más fiel compañera durante la mayor parte de su vida. Los vecinos contaban que veían al anciano en la calle, dando de comer a los gorriones por la mañana temprano, y que en la ventana de su estudio parpadeaba una luz solitaria hasta altas horas de la noche, mientras trabajaba en el cuarto volumen de *Cosmos*[73]. Aún le gustaba caminar todos los días, y se le podía ver con la cabeza inclinada, paseando despacio a la sombra de los grandes tilos de la avenida Unter den Linden de Berlín. Cuando estaba con el rey en el palacio de Potsdam, le gustaba subir la pequeña colina —«nuestro Chimborazo en Potsdam»[74], la llamaba— hasta el observatorio que había arriba.

El famoso bulevar Unter den Linden, con la universidad y la Academia de Ciencias a la derecha

Cuando Charles Lyell visitó Berlín en 1856, poco antes de que Humboldt cumpliera ochenta y siete años, el geólogo británico dijo que le había encontrado igual que «cuando lo conocí hace más de treinta años, muy al día de todo lo que ocurre en muchos departamentos»[75]. Humboldt se conservaba despierto y penetrante, tenía pocas arrugas y un frondoso cabello blanco[76]. No tenía «ninguna flacidez en el rostro»[77], señaló otro visitante. Aunque había «menguado con la edad»[78], todo su cuerpo cobraba vida cuando hablaba, y la gente se olvidaba de lo mayor que era. Seguía teniendo «todo el fuego y el espíritu»[79] de un treintañero en él, dijo un estadounidense. Seguía siendo tan inquieto como de joven. Muchos notaban que para él era imposible permanecer sentado. Un momento estaba de pie ante la estantería buscando un libro, y al siguiente inclinado sobre una mesa para desplegar unos dibujos. Presumía de que todavía era capaz de estar de pie ocho horas si hacía falta. Su única concesión a la edad era la confesión de que ya no tenía la agilidad necesaria para subir la escalera y coger un libro del estante superior en su estudio.

Continuaba viviendo en su apartamento alquilado de Oranienburger Straße, y sus finanzas no habían mejorado[80]. Ni siquiera tenía una colección completa de sus propios libros, porque eran demasiado caros[81]. Humboldt vivía por encima de sus posibilidades, pero seguía ayudando a los científicos jóvenes. Normalmente, el 10 de cada mes se había quedado sin dinero, y a veces tenía que pedir prestado a su devoto criado Johann Seifert, que llevaba tres décadas trabajando para él. Le había acompañado a Rusia y ahora se ocupaba de la casa de Oranienburger Straße junto con su esposa.

A la mayoría de los visitantes les sorprendía la sencillez con la que vivía Humboldt: un piso en un edificio normal, no lejos de la universidad que había fundado su hermano Wilhelm[82]. Cuando llegaban visitantes, los recibía Seifert, que los acompañaba al segundo piso, donde atravesaban una sala llena de pájaros disecados, ejemplares de rocas y otros objetos de historia natural, luego la biblioteca y de allí pasaban al estudio, cuyas paredes estaban forradas con más librerías. Era una habitación abarrotada de manuscritos y dibujos, instrumentos científicos y más animales disecados, además de folios llenos de plantas prensadas, mapas enrollados, bustos, retratos e incluso un camaleón domesticado. Había una piel de leopardo «magnífica» sobre el suelo de madera[83]. Un loro interrumpía las conversaciones con un grito que reproducía la orden más frecuente de Humboldt a su criado: «Mucho azúcar, mucho café, señor Seifert»[84]. Había cajas apiladas en el suelo y la mesa estaba rodeada de montones de libros. En una mesita auxiliar estaba un globo terráqueo y, cada vez que Humboldt hablaba de una montaña, un río o una ciudad, se levantaba y lo hacía girar.

Humboldt detestaba el frío, y tenía su estudio con un calor tropical casi insoportable, que sus visitantes sufrían en silencio. Cuando conversaba con extranjeros, hablaba en varios idiomas a la vez, cambiando en plena frase entre alemán, francés, español e inglés. Aunque estaba perdiendo el oído, no había perdido nada de su ingenio. Primero llega la sordera, bromeaba, y luego la «imbecilidad»[85]. La única razón para su «celebridad»[86], le dijo a un conocido, era haber vivido hasta una edad tan avanzada. Muchos visitantes hacían comentarios sobre su humor infantil, por ejemplo, su chiste repetido de que su camaleón se parecía «a muchos clérigos»[87], por su habilidad para mirar con un ojo al cielo y con el otro a la tierra.

Aconsejaba a los viajeros dónde debían ir, les sugería libros que leer y gente a la que conocer. Hablaba de ciencia, naturaleza, arte y política, y nunca se cansaba de preguntar a los que llegaban de Estados Unidos sobre la esclavitud y la opresión de los indios norteamericanos. Era una «mancha» de la nación norteamericana, decía[88*]. Se enfureció especialmente cuando un editor sureño partidario del esclavismo publicó en 1856 una edición en inglés de su *Ensayo político sobre la Isla de Cuba* en la que se habían eliminado todas sus críticas a la esclavitud. Indignado, Humboldt envió un comunicado de prensa que se publicó en periódicos de todo Estados Unidos en el que denunciaba la edición y declaraba que las partes eliminadas eran las más importantes del libro[89].

A los visitantes solía impresionarles lo alerta que seguía estando, y uno recordaba «el torrente ininterrumpido de los más ricos conocimientos»[90] que salía de sus labios. Pero toda esa atención minaba sus fuerzas. Tampoco ayudaba el hecho de recibir hasta cuatro mil cartas al año y escribir hasta dos mil, lo que hacía que se sintiera «implacablemente perseguido por mi propia correspondencia»[91]. Por suerte, había tenido una constitución extraordinariamente fuerte durante décadas[92]. Solo había padecido algún problema estomacal de vez en cuando, resfriados y una incómoda erupción cutánea.

A principios de septiembre de 1856, unos días antes de cumplir ochenta y siete años, le dijo a un amigo que se encontraba más débil[93]. Dos meses después, durante una visita a una exposición en Potsdam, estuvo a punto de sufrir heridas graves cuando se le cayó encima un cuadro[94]; afortunadamente, su sombrero era sólido y amortiguó el impacto. La noche del 25 de febrero de 1857, su criado Johann Seifert oyó un ruido,

---

* No había nada que Humboldt pudiera hacer a propósito de Estados Unidos, pero consiguió que se aprobara una ley que liberaba a los esclavos en el momento en que pusieran el pie en suelo prusiano, uno de sus escasos triunfos políticos. El proyecto de ley se completó en noviembre de 1856, y se aprobó en marzo de 1857.

se levantó y encontró a Humboldt tendido en el suelo. Seifert llamó al médico, que acudió enseguida. Humboldt había tenido un derrame leve, pero el doctor anunció que había pocas esperanzas de recuperación. El paciente se dedicó a anotar todos sus síntomas con su minuciosidad habitual: parálisis temporal, pulso estable, vista sin problemas, etcétera. Durante las siguientes semanas, Humboldt tuvo que permanecer en la cama, algo que no le gustó nada. Estar «muy desocupado en mi cama»[95], escribió en marzo, aumentaba su «tristeza y descontento con el mundo».

Para sorpresa de todos, sí mejoró, aunque nunca volvió a recuperar toda su energía. La «maquinaria»[96], dijo, estaba «oxidada a mi edad». Los amigos comentaban que su paso era más inestable, pero el amor propio y la vanidad le impedían usar bastón[97]. En julio de 1857, Federico Guillermo IV sufrió un derrame que le dejó semiparalizado e incapaz de gobernar —su hermano Guillermo fue nombrado regente—, por lo que Humboldt pudo retirarse oficialmente, por fin, de su cargo oficial en la corte. Siguió visitando al rey, pero ya no tenía que estar presente todo el tiempo.

Humboldt en 1857

En diciembre salió publicado el cuarto volumen de *Cosmos*, dedicado a la Tierra y con el engorroso subtítulo de «Resultados especiales de las observaciones en el ámbito de los fenómenos telúricos»[98]. Era un denso libro de ciencia, sin muchas similitudes con los libros anteriores de Humboldt. Se imprimió una edición de 15.000 ejemplares, pero las ventas no alcanzaron ni de lejos las de los dos primeros volúmenes, que estaban dirigidos a un público más general[99]. No obstante, Humboldt se sentía obligado a añadir un tomo más, una continuación, explicó, con más información sobre la Tierra y la distribución de las plantas[100]. La redacción del quinto volumen era una carrera contra la muerte, reconocía, mientras bombardeaba al responsable de la biblioteca real con peticiones constantes de libros. Todo le resultaba ya un poco excesivo. Su memoria inmediata estaba deteriorándose y empezaba a tener que estar siempre buscando entre sus notas y a no saber dónde dejaba sus libros.

Ese año, dos de los tres hermanos Schlagintweit regresaron de su expedición al Himalaya y se sorprendieron al ver cómo había envejecido Humboldt[101]. Le contaron con entusiasmo que habían verificado sus polémicas hipótesis sobre las diferentes alturas de la línea de nieves perpetuas en las laderas norte y sur del Himalaya, pero, para su extrañeza, él contestó que nunca había dicho algo así. Para demostrarle que sí había propuesto esa teoría, los hermanos fueron a su estudio y sacaron de un estante el ensayo sobre la materia que había escrito en 1820. Con lágrimas de los ojos, comprendieron que el anciano científico era incapaz de acordarse[102].

Por otra parte, Humboldt seguía sintiéndose «cruelmente atormentado»[103] por el volumen de cartas, que ya era de casi 5.000 al año[104], pero rechazaba cualquier ayuda. No le gustaban los secretarios privados, decía, porque las cartas dictadas eran demasiado «formales y serias»[105]. En diciembre de 1858 tuvo que volver a permanecer en cama; en esta ocasión con la gripe, sintiéndose enfermo y desgraciado.

En febrero de 1859, Humboldt estaba suficientemente recuperado para congregarse con setenta estadounidenses en Berlín a celebrar el aniversario de George Washington[106]. Seguía débil, pero decidido a terminar el quinto volumen de *Cosmos*. El 15 de marzo de 1859, seis meses antes de cumplir noventa años, publicó un anuncio en los periódicos: «Trabajando con una depresión extrema del espíritu, como resultado de una correspondencia que aumenta día a día»[107], pedía al mundo «tratar de convencer a la gente de los dos continentes que no se preocupe tanto por mí». Pedía que le dejaran «disfrutar de ratos libres y tener tiempo para trabajar». Un mes más tarde, el 19 de abril, envió el manuscrito del quinto volumen de *Cosmos* a su editor[108]. Dos días después, se desmayó.

Cuando quedó claro que su salud no mejoraba, los periódicos de Berlín empezaron a publicar boletines diarios[109]: el 2 de mayo dijeron que Humboldt estaba «muy débil», al día siguiente, que su condición era «altamente incierta», luego «crítica», con violentos ataques de tos y dificultades para respirar, y el 5 de mayo, que su debilidad iba «en aumento». La mañana del 6 de mayo de 1859 se anunció que las energías del paciente estaban disminuyendo «de hora en hora». Esa tarde, a las dos y media, Humboldt abrió los ojos una vez más mientras el sol acariciaba las paredes de su dormitorio, y pronunció sus últimas palabras: «¡Qué gloriosos son esos rayos de sol! ¡Parecen un reclamo del Cielo a la Tierra!»[110]. Tenía ochenta y nueve años en el momento de fallecer.

La conmoción se sintió en todo el mundo, desde las capitales europeas hasta Estados Unidos, desde Ciudad de Panamá y Lima hasta pueblos en Sudáfrica[111]. «¡El gran, buen y venerado Humboldt ha dejado de existir!»[112], escribió el embajador de Estados Unidos en Prusia en un despacho al Departamento de Estado en Washington, que tardó más de diez días en llegar a su destino. Un telegrama enviado desde Berlín llegó a las redacciones de Londres horas después del fallecimiento; anunciaba que «Berlín está sumida en la tristeza»[113]. Ese mismo día, sin saber lo que había sucedido en Alemania, Charles Darwin escribió desde su casa de Kent a su editor en Londres para informarle de que pronto le iba a enviar los seis primeros capítulos de *El origen de las especies*. En perfecta sincronización a la inversa, a medida que Humboldt vivía su declive, Darwin había cobrado impulso, y estaba terminando el manuscrito que iba a sacudir el mundo científico[114].

Dos días después de la muerte de Humboldt, los periódicos ingleses publicaron obituarios e informaciones sobre él. Un largo artículo en *The Times* comenzaba con una sencilla frase: «Alexander von Humboldt ha muerto»[115]. Ese mismo día, mientras los británicos compraban el periódico y leían la noticia, cientos de personas hacían cola en Nueva York para contemplar un cuadro inspirado por él: *The Heart of the Andes,* del joven pintor estadounidense Frederic Edwin Church[116].

La pintura causó tanta sensación que las filas de ávidos visitantes daban la vuelta a la manzana y suponían horas de espera para pagar los 25 centavos de la entrada y ver el lienzo de 1,5 metros por 3 que mostraba los Andes en toda su gloria. Los rápidos del centro del cuadro eran tan realistas que la gente casi podía sentir que le salpicaba el agua. Árboles, hojas y flores estaban reproducidos con tanta precisión que los botánicos podían identificarlos sin dudar, y en el fondo se alzaban, majestuosas, las montañas cubiertas de nieve. Church era el pintor que mejor había respondido al deseo de Humboldt de unir arte y ciencia. Le admiraba tanto que había seguido la ruta de su héroe por Sudamérica a pie y a lomos de mulas[117].

The Heart of the Andes aunaba belleza con el detalle geológico, botánico y científico más meticuloso; era el concepto de interrelación de Humboldt plasmado en el lienzo. La pintura transportaba al espectador a los espacios naturales de Sudamérica. Church era, declaró *The New York Times,* «el Humboldt artístico del nuevo mundo»[118]. El 9 de mayo, sin saber que Humboldt había fallecido tres días antes, Church escribió a un amigo que tenía pensado enviar el cuadro a Berlín para mostrar al anciano «el paisaje que deleitó sus ojos hace sesenta años»[119].

A la mañana siguiente, en Alemania, decenas de miles de personas siguieron la procesión del funeral de Estado desde el apartamento de Humboldt, por Unter den Linden, hasta la catedral de Berlín[120]. Las banderas negras ondeaban al viento y las calles estaban llenas de gente. Los caballos del rey tiraban de la carroza fúnebre en la que iba el sencillo ataúd de roble adornado con dos coronas, y que escoltaban estudiantes que llevaban hojas de palma. Fue el funeral más solemne de un ciudadano particular que habían visto los habitantes de Berlín. Asistieron profesores de la universidad y miembros de la Academia de Ciencias, así como soldados, diplomáticos y políticos. Había artesanos, comerciantes, tenderos, artistas, poetas, actores y escritores. La carroza avanzaba seguida de los familiares de Humboldt y su criado Johann Seifert. La fila se prolongaba más de kilómetro y medio. Las campanas de las iglesias repicaban y la familia real esperaba en la catedral para los adioses definitivos. Esa noche llevaron el féretro a Tegel y enterraron a Humboldt en el cementerio familiar.

Cuando el barco que llevaba la noticia de la muerte de Humboldt llegó a Estados Unidos a mediados de mayo, el anuncio entristeció por

La tumba de la familia Humboldt en Schloss Tegel

igual a pensadores, artistas y científicos[121]. Era como si hubiera «perdido a un amigo»[122], dijo Frederic Edwin Church. Uno de sus antiguos protegidos, el científico Louis Agassiz, pronunció un panegírico en la Academy of Arts and Sciences de Boston, durante el que aseguró que cada niño presente en los colegios de Estados Unidos había alimentado su mente «gracias al esfuerzo del cerebro de Humboldt»[123]. El 19 de mayo de 1859, los periódicos de todo el país informaron sobre el fallecimiento de un hombre al que muchos consideraban «el más extraordinario»[124] jamás nacido. Habían tenido la suerte de vivir en lo que denominaron «la era de Humboldt»[125].

Durante las siguientes décadas, la reputación de Humboldt siguió creciendo. El 14 de septiembre de 1869, decenas de miles de personas celebraron el centenario de su nacimiento con festividades en todo el planeta: en Nueva York, Berlín, Ciudad de México y Adelaida, entre otras muchas ciudades. Más de veinte años después de su muerte, Darwin to-davía decía que había sido «el mayor viajero científico que ha existido»[126]. Darwin nunca dejó de utilizar sus libros. En 1881, con setenta y dos años, volvió a coger el tercer volumen de *Personal Narrative*. Al terminar, escribió en la contraportada: «3 de abril 1882 terminado»[127]. Dieciséis días más tarde, el 19 de abril, falleció él también.

No era el único admirador de sus obras. Humboldt había sembrado las «semillas» de las que crecieron las nuevas ciencias, afirmó un científi-co alemán[128]. Además, el concepto de naturaleza de Humboldt se exten-dió a otras disciplinas, las artes y la literatura[129]. Sus ideas impregnaron los poemas de Walt Whitman y las novelas de Julio Verne. Aldous Huxley se refería al *Ensayo político sobre el Reino de la Nueva España* en su libro de viajes *Beyond the Mexique Bay,* en 1934, y a mediados del siglo xx su nombre apareció en los poemas de Ezra Pound y Erich Fried. Ciento treinta años después de su fallecimiento, el novelista colombiano Gabriel García Már-quez lo resucitó en *El general en su laberinto,* su relato ficticio de los últimos días de Simón Bolívar.

Para mucha gente, Humboldt fue sencillamente, como había dicho el rey Federico Guillermo IV de Prusia, «el hombre más grande desde el Diluvio»[130].

21. HOMBRE Y NATURALEZA

George Perkins Marsh y Humboldt

Al mismo tiempo que llegaba la noticia de la muerte de Humboldt a Estados Unidos, un hombre de cincuenta y ocho años, George Perkins Marsh, salía de Nueva York para regresar a su hogar en Burlington, Vermont[1]. Marsh se perdió las loas que se pronunciaron en honor de Humboldt dos semanas después, el 2 de junio de 1859, en la American Geographical and Statistical Society de Manhattan, de la que era miembro[2]. Sumergido en su trabajo en Burlington, Marsh se había convertido en «el búho más aburrido de la Cristiandad»[3], según escribió a un amigo. Además, estaba totalmente arruinado[4]. En un intento de ganar algo de dinero, trabajaba en varios proyectos al mismo tiempo. Estaba poniendo por escrito una serie de conferencias sobre la lengua inglesa que había pronunciado en los meses anteriores en el Columbia College de Nueva York, al mismo tiempo que recopilaba un informe sobre compañías de ferrocarriles en Vermont, componía un par de poemas para su publicación en una antología y escribía varios artículos para un periódico[5].

Volvía de Nueva York a Burlington, decía, «como un preso fugado a su celda»[6]. Inclinado sobre montones de papeles, libros y manuscritos, apenas salía de su estudio y casi no hablaba con nadie. Escribía sin parar, le dijo a un amigo, «con todas mis fuerzas»[7], y con sus libros como única compañía. Su biblioteca contenía 5.000 volúmenes de todo el mundo, y una sección entera dedicada a Humboldt[8]. Los alemanes, pensaba Marsh, habían «contribuido más a ampliar los límites del conocimiento moderno que todo el resto del mundo cristiano junto»[9]. Los libros alemanes eran «infinitamente superiores a cualquier otro»[10], decía, y las publicaciones de Humboldt eran la joya de la corona. Tal era el entusiasmo de Marsh por el científico que le encantó que su cuñada se casara con un alemán, un médico y botánico llamado Frederick Wislizenus[11]. El motivo de que lo aprobara fue que Wislizenus aparecía mencionado en la última edición de la obra de Humboldt *Cuadros de la naturaleza;* sus cualidades como marido tenían, al parecer, menos importancia.

George Perkins Marsh

Marsh leía y hablaba veinte idiomas, entre ellos alemán, español e islandés[12]. Aprendía idiomas como quien leía un libro. «El holandés —afirmaba— es una lengua que un estudioso del danés y el alemán puede aprender en un mes»[13]. El alemán era su idioma preferido, y solía salpicar sus cartas de palabras en esa lengua, como *Blätter* en vez de «periódicos», por ejemplo, o *Klapperschlangen* en lugar de «serpientes de cascabel»[14]. Cuando un amigo tuvo dificultades para observar un eclipse de sol en Perú por las nubes que había, Marsh habló de «lo que dice Humboldt del *unastronomischer Himmel Perus»,* el cielo *antiastronómico* de Perú.

Humboldt era «el más grande en el sacerdocio de la naturaleza»[15], decía, ya que había comprendido que el mundo era una relación entre el hombre y la naturaleza, una idea que también constituía la base del trabajo de Marsh, porque estaba reuniendo material para un libro en el que explicaría cómo la humanidad estaba destruyendo el medio ambiente.

Marsh era un autodidacta con una sed insaciable de conocimientos. Nacido en 1801 en Woodstock, Vermont, hijo de un abogado calvinista, fue un niño precoz que a los cinco años estaba aprendiéndose de memoria los diccionarios de su padre. Leía a tal velocidad, y tantos libros a la vez, que sus amigos y familiares siempre se sorprendían de que pudiera captar el contenido de una página de un vistazo. Durante toda su vida, la gente destacó su extraordinaria memoria. Era, según un amigo, una «enciclopedia ambulante»[16]. Pero Marsh no aprendía solo de los libros, sino que también le encantaba el aire libre. Había «nacido en el bosque»[17], decía: «El arroyo borboteante, los árboles, las flores y los animales salvajes eran para mí personas, no cosas». De niño le gustaba dar largos paseos con su padre, que siempre le indicaba los nombres de los distintos árboles. «Pasé los primeros años de vida casi por completo en los bosques»[18], le contó Marsh a un amigo, y esa profunda apreciación de la naturaleza le acompañó toda su vida.

A pesar de su feroz ansia de conocimientos, Mash tenía unas inseguridades profesionales sorprendentes. Estudió Derecho, pero era un desastre como abogado porque sus clientes le parecían zafios y groseros[19]. Era un gran erudito, pero no le gustaba enseñar[20]. Como empresario, tenía un talento impecable para tomar decisiones de negocios desastrosas, y a veces pasaba más tiempo en los tribunales ocupándose de sus propios asuntos que de los de sus clientes. Probó fortuna como criador de ovejas, pero perdió todo cuando cayó el precio de la lana. Fue propietario precisamente de una fábrica de lana que primero se incendió y luego quedó en ruinas por una obstrucción de hielo. Especuló con tierras, vendió madera y extrajo mármol de una cantera: siempre perdiendo dinero[21].

Desde luego, Marsh era más académico que empresario. En la década de 1840 ayudó a establecer la Smithsonian Institution en Washington D. C., el primer museo nacional de Estados Unidos. Publicó un diccionario de lenguas nórdicas y era experto en etimología inglesa. También fue congresista por Vermont, pero hasta su fiel esposa reconocía que su marido no era un político que inspirara pasiones. Según Caroline Marsh, «carecía por completo de encanto oratorio»[22]. Marsh probó tantas profesiones que un amigo le decía: «Si sigues viviendo mucho más tiempo, tendrás que inventarte oficios»[23].

Había una cosa de la que Marsh sí estaba seguro: quería viajar y ver mundo. Lo malo era que nunca tenía dinero. La solución, decidió en la primavera de 1849, era aspirar a un puesto diplomático[24]. Su sueño habría sido la ciudad natal de Humboldt, Berlín, pero sus esperanzas se vieron frustradas cuando un senador por Indiana, que también pretendía el mismo destino, envió varias cajas de champán a Washington para sobornar a los políticos que iban a decidir entre los candidatos. Al cabo de unas horas, los hombres en cuestión se encontraban «en tal estado de terrible intoxicación»[25], oyó decir Marsh a sus amigos, que empezaron a bailar y cantar. Al acabar la velada, los políticos embriagados anunciaron que el senador de Indiana iría a Berlín.

Marsh estaba empeñado en vivir en el extranjero. Después de ser congresista varios años, estaba seguro de que, con sus contactos en Washington podría encontrar un puesto. Si no Berlín, otro sitio. Tuvo suerte, porque unas semanas después, a finales de mayo de 1849, le nombraron embajador de Estados Unidos en Turquía, con residencia en Constantinopla y con instrucciones de ampliar las relaciones comerciales entre los dos países[26]. Aunque no era Berlín, el Imperio otomano, en el cruce entre Europa, África y Asia, era suficientemente atractivo. En teoría, los deberes administrativos eran «muy ligeros»[27], le dijo Marsh a un amigo. «Tendré libertad para faltar de Constantinopla una buena parte del año». Y así fue. Durante los cuatro años siguientes, Marsh y Caroline viajaron mucho por Europa y partes de Oriente Próximo. Eran un matrimonio feliz[28]. Desde el punto de vista intelectual, Caroline estaba a la altura de su marido; leía casi con tanta avidez como él, publicó su propia colección de poemas y editaba todos los artículos, ensayos y libros que escribía su marido. Defendía con ardor los derechos de la mujer, igual que Marsh, que respaldaba el sufragio femenino y la educación de las mujeres[29]. Caroline era sociable, animada y «una conversadora brillante»[30]. Tomaba mucho el pelo a Marsh, que tenía tendencia a la melancolía, por ser «un viejo búho» y «un agorero»[31].

Sin embargo, durante gran parte de su vida adulta, Caroline combatió la mala salud, un dolor insoportable de espalda que a menudo le impedía andar más allá de unos pasos[32]. A lo largo de los años, los médicos le recetaron una gran variedad de remedios, desde baños de mar hasta sedantes, pasando por suplementos de hierro, pero nada daba resultado y, justo antes de salir hacia Turquía, un médico de Nueva York declaró que su enfermedad era «incurable»[33]. Marsh la cuidaba con devoción y muchas veces la llevaba en brazos[34]. Aun así, asombrosamente, Caroline se las arreglaba para acompañar a su marido en la mayoría de sus viajes. A veces la llevaban los guías locales, en otras ocasiones tenía que tumbarse sobre un artilugio que se ataba al lomo de una mula o un camello; pero siempre estaba de buen humor y decidida a ir con Marsh.

Cuando fueron de Estados Unidos a Constantinopla, dieron un rodeo de varios meses por Italia, pero su primera expedición auténtica fue la que hicieron a Egipto. En enero de 1851, un año después de llegar a Turquía, fueron a El Cairo y después recorrieron el Nilo en barco[35]. Des de la cubierta vieron desplegarse un mundo exótico. Las palmeras de dátiles bordeaban el río y los cocodrilos tomaban el sol en las orillas arenosas. Disfrutaron de la compañía de pelícanos y bandadas de cormoranes, y Marsh pudo admirar las garzas que contemplaban su propio reflejo en el agua. Compraron un joven avestruz, «recién salido del desierto»[36], que solía apoyar la cabeza en las rodillas de Caroline. Vieron un mosaico de campos de labranza alrededor del río, con arroz, algodón, judías, trigo y caña de azúcar. Desde el amanecer hasta altas horas de la noche oían crujir las ruedas de los sistemas de irrigación, largas cadenas de tinajas y cubos tirados por bueyes que llevaban el agua del Nilo hasta los campos circundantes. Por el camino, se detuvieron en las ruinas de la antigua ciudad de Tebas, donde Marsh llevó a Caroline por los grandes templos, y más al sur visitaron las pirámides de Nubia.

Era un mundo que desprendía historia. Los monumentos hablaban de pasadas riquezas y reinos desaparecidos, y los paisajes mostraban las huellas de las rejas de arado y las palas. Las terrazas desérticas convertían el paisaje en un mosaico geométrico, y cada terrón removido o árbol caído había dejado una marca indeleble en el suelo. Marsh vio un mundo construido por la humanidad y marcado por miles de años de actividad agrícola. La «misma tierra»[37], dijo, las rocas desnudas y las colinas peladas, daban fe de la presencia del hombre. El legado de antiguas civilizaciones no solo se veía en las pirámides y los templos, sino también en los surcos del suelo.

Campos y terrazas junto al Nilo, en Nubia

Qué vieja y gastada parecía esta parte del mundo, y qué joven su país, comparado con este paisaje. «Me gustaría saber —escribió a un amigo inglés— si la novedad de todo lo americano impresiona a un europeo tanto como la antigüedad del continente oriental nos impresiona a nosotros»[38]. Marsh comprendió que el aspecto de la naturaleza tenía mucho que ver con las acciones de los seres humanos. Mientras navegaban por el Nilo, vio que los vastos sistemas de riego convertían el desierto en campos fértiles, pero también advirtió la falta absoluta de plantas silvestres porque la naturaleza había quedado «sometida por la larga historia de cultivos»[39].

De pronto, todo lo que había leído en los libros de Humboldt cobró sentido. El científico había escrito que «la actividad incesante de grandes comunidades humanas despoja poco a poco la faz de la tierra»[40]; exactamente lo que Marsh estaba viendo. Humboldt decía que el mundo natural estaba vinculado a «la historia política y moral de la humanidad»[41], desde las ambiciones imperiales que explotaban las cosechas coloniales hasta la migración de las plantas siguiendo el rastro de las civilizaciones antiguas. Describía la terrible deforestación causada por las plantaciones de caña de azúcar en Cuba y la fundición de plata en México. La codicia daba forma a las sociedades y la naturaleza. La especie humana, había dicho Humboldt, dejaba una estela de destrucción «donde ponía el pie»[42].

A medida que Marsh viajaba por Egipto, empezó a sentirse cada vez más fascinado por la flora y la fauna. «Cómo envidio tu conocimiento de las numerosas lenguas en las que habla la Naturaleza»[43], le escribió a un amigo. Aunque no tenía formación científica, empezó a medir y documentar. Se convirtió en un «estudioso de la naturaleza»[44], anunció con orgullo, mientras recogía plantas para sus amigos botánicos, insectos para un entomólogo de Pensilvania y cientos de especímenes para la recién creada Smithsonian Institution en Washington. «Todavía no es la temporada de los escorpiones»[45], escribió al conservador allí, su amigo Spencer Fullerton Baird, pero a cambio tenía caracoles y veinte especies diferentes de pececillos preservados en alcohol. Baird le pidió cráneos de camellos, chacales y hienas, así como peces, reptiles, insectos «y todo lo demás»[46], y le envió más de cincuenta litros de alcohol cuando se le acabó el aguardiente en el que conservaba los ejemplares.

Marsh tomaba apuntes minuciosos y escribía en todas partes, con el papel sobre las rodillas, sujetándolo cuando el viento esparcía las hojas y garabateando en medio de tormentas de arena. «No se debe confiar nada a la memoria»[47], decía este hombre, que era famoso por su capacidad de recordar todo lo que leía. Durante ocho meses, los Marsh recorrieron Egipto y luego atravesaron en camello el desierto del Sinaí hasta Jerusalén y de allí a Beirut. En Petra vieron los magníficos edificios tallados en las rocas de mármol rosado, aunque Marsh se vio obligado a cerrar los ojos para no ver cómo el camello que transportaba a Caroline maniobraba por estrechos pasajes y junto a profundos precipicios. Entre Hebrón y Jerusalén, advirtió que las viejas colinas en terrazas, que se habían cultivado durante miles de años, estaban ahora, «en su mayor parte, yermas y desoladas»[48]. A medida que se acercaba el final de la expedición, Marsh se fue convenciendo de que «la agricultura constante de cientos de generaciones»[49] había transformado esta parte del mundo en «un planeta improductivo y gastado». Fue un momento trascendental en su vida.

Cuando ordenaron a Marsh que regresara de Constantinopla, a finales de 1853, había viajado por Turquía, Egipto, Asia Menor y varias zonas de Oriente Próximo, además de Grecia, Italia y Austria. De vuelta en Vermont, vio la campiña que conocía de toda su vida a través del prisma de sus observaciones en el Viejo Mundo y se dio cuenta de que Estados Unidos se encaminaba hacia la misma destrucción medioambiental, de modo que aplicó las lecciones que había aprendido allí a América. Vio, por ejemplo, que el paisaje de Vermont había sufrido un cambio tan radical desde la llegada de los primeros colonos blancos que lo que quedaba era «la naturaleza en el estado roto y deteriorado al que la ha reducido el progreso humano»[50], dijo.

El medio ambiente empezaba a sufrir en Estados Unidos. Los desechos industriales contaminaban los ríos, y bosques enteros desaparecían cuando se usaba la madera para combustible, fábricas y vías del ferrocarril. «El hombre, en todas partes, es un agente perturbador»[51], decía Marsh, que, como antiguo dueño de una fábrica y criador de ovejas, sabía que él había contribuido al daño. Vermont había perdido ya tres cuartas partes de sus árboles, pero, con la emigración constante de colonos a través del continente, el Medio Oeste también estaba cambiando. Chicago era ya uno de los grandes centros madereros y cerealeros de Estados Unidos. Era terrible ver partes de las aguas del lago Michigan cubiertas de troncos y balsas de madera de «todos los bosques del país»[52], decía.

Mientras tanto, la eficiencia de la maquinaria agrícola estadounidense empezaba a superar por primera vez a la europea[53]. En 1855, los visitantes a la Feria Universal de París se asombraron al ver que una segadora estadounidense podía cortar 4.000 metros cuadrados de avena en 21 minutos, la tercera parte del tiempo que tardaban modelos europeos comparables. Los agricultores estadounidenses también fueron los primeros en utilizar máquinas a vapor, y, con la industrialización de los métodos agrícolas, el precio de los cereales descendió. Al mismo tiempo, la producción de las fábricas aumentaba sin parar y, en 1860, Estados Unidos se convirtió en el cuarto mayor país fabricante del mundo. En la primavera de ese mismo año, Marsh sacó sus cuadernos y empezó a escribir *Man and Nature* [Hombre y naturaleza], un libro en que iba a desarrollar hasta el final la vieja advertencia de Humboldt sobre la deforestación[54]. *Man and Nature* contaba una historia de destrucción y avaricia, de extinción y explotación, de suelo agotado e inundaciones torrenciales.

La mayoría de la gente pensaba que la humanidad controlaba la naturaleza. La demostración más clara era la construcción de Chicago a partir del barro. Construida al mismo nivel del lago Michigan, Chicago era una ciudad que tenía que superar los obstáculos de la humedad de la tierra y las epidemias. La audaz solución de los urbanistas fue elevar manzanas enteras y edificios de pisos varios metros sobre el suelo para construir nuevos sistemas de drenaje debajo de ellos. Al mismo tiempo que Marsh escribía *Man and Nature*, los ingenieros de Chicago desafiaban la gravedad levantando casas, tiendas y hoteles con cientos de gatos hidráulicos mientras la gente seguía viviendo y trabajando en esos edificios[55]. La capacidad y avaricia de la humanidad no parecían tener límite. Lagos, estanques y ríos que antes rebosaban de peces tenían ahora una quietud siniestra[56]. Marsh fue el primero que explicó por qué. La pesca excesiva tenía parte de culpa, pero también la contaminación de la industria y las fábricas. Las sustancias químicas envenenaban los peces, advertía, las presas de los molinos les impedían viajar río arriba y el serrín obstruía sus agallas. Obsesionado con los detalles, Marsh basaba todos sus argumentos en datos. No se limitaba a afirmar que los peces estaban desapareciendo o que los ferrocarriles estaban acabando con los bosques, sino que añadía estadísticas detalladas sobre las exportaciones de pescado en todo el mundo y cálculos exactos de cuánta madera hacía falta para cada milla de vía[57].

Como Humboldt, Marsh responsabilizaba de los daños en parte al abuso de cultivos comercializables como el tabaco y el algodón[58]. Pero también exponía otros motivos. A medida que crecían las rentas de los estadounidenses normales, aumentaba, por ejemplo, el consumo de carne, y eso, a su vez, tenía una gran repercusión en la naturaleza. La cantidad de tierra necesaria para alimentar a los animales, según sus cálculos, era mucho mayor que la que hacía falta para obtener el equivalente nutricional en cereales y hortalizas[59]. Marsh llegó a la conclusión de que la dieta vegetariana era más respetuosa con el medio ambiente que la de un carnívoro.

Junto con la riqueza y el consumo, afirmaba, llegaba la destrucción. Sin embargo, por el momento, su preocupación por el medio ambiente quedaba ahogada en la cacofonía del progreso: el crujido de las ruedas de molino, el siseo de las máquinas de vapor, el rítmico sonido de las sierras en los bosques y el silbido de las locomotoras.

La situación económica de Marsh era cada vez más precaria. Su salario en Turquía no había sido suficiente, su fábrica había fracasado, su socio le había engañado y todas sus demás inversiones habían sido un desastre. Al borde de la bancarrota, estaba buscando un empleo «con pocas obligaciones y un gran sueldo»[60]. La solución llegó en marzo de 1861, cuando el nuevo presidente, Abraham Lincoln, le nombró embajador de Estados Unidos en el recién creado reino de Italia.

Italia estaba compuesta, como Alemania, por muchos estados que antes eran independientes. Después de años de lucha, se habían unido por fin todos menos Roma, que todavía dependía del Papa, y Venecia, en el norte, que pertenecía a Austria. Desde su primera visita al país, una década antes, Marsh estaba ilusionado con los progresos hacia la unificación italiana. «Ojalá fuera treinta años más joven y *kugelfest* (a prueba de balas)»[61], escribió a un amigo, porque entonces se habría unido a la lucha. Ser enviado de Estados Unidos en esa nueva nación era una perspectiva apasionante, igual que tener ingresos regulares. «No podría sobrevivir dos años más —decía— como estos últimos»[62]. El plan era instalarse en Turín, la capital provisional en el norte de Italia, donde esa primavera se había constituido el primer Parlamento. No había mucho tiempo para prepararse, y sí mucho que hacer[63]. En el plazo de tres semanas, Marsh alquiló su casa de Burlington y empaquetó muebles, libros y ropas, además de sus notas y los borradores de Man and Nature.

Estados Unidos estaba a punto de sumirse en la guerra civil, por lo que era un buen momento para marcharse. Ya antes de que Lincoln tomara posesión, el 4 de marzo de 1861, siete estados del sur se habían separado para formar una nueva alianza: la Confederación[*]. El 12 de abril, cuando no hacía ni un mes desde que Lincoln nombrara a Marsh, los confederados dispararon los primeros tiros al atacar a las tropas de la Unión estacionadas en Fort Sumter, en el puerto de Charleston. Después de más de treinta horas de fuego constante, la Unión se rindió y entregó el fuerte. Era el principio de una guerra que, al final, costaría la vida de más de 600.000 soldados estadounidenses. Seis días más tarde, Marsh se despedía de un millar de paisanos suyos con un apasionado discurso en el Ayuntamiento de Burlington[64]. Era su deber, dijo, proporcionar dinero y hombres a la Unión en su lucha contra los confederados y la esclavitud. Esta guerra era más importante que la revolución de 1776, dijo, porque lo que se disputaba era la igualdad y la libertad de todos los estadounidenses. Media hora después de sus palabras, Marsh y su mujer subían a un tren con destino a Nueva York, desde donde zarparon hacia Italia. Tenía sesenta años[65].

---

[*] Los siete estados esclavistas que llevaron a cabo la primera secesión fueron Carolina del Sur, Florida, Mississippi, Georgia, Texas, Luisiana y Alabama. En mayo de 1861 siguieron otros cuatro: Virginia, Arkansas, Tennessee y Carolina del Norte.

Marsh se iba de un país que estaba desgarrándose para vivir en otro que estaba en pleno proceso de unificación. Con las profundas divisiones causadas por la guerra en Estados Unidos, deseaba ayudar todo lo posible desde lejos. En Turín trató de convencer al famoso jefe militar italiano Giuseppe Garibaldi para que colaborara con el norte[66]. También escribió despachos diplomáticos y compró armas para las fuerzas de la Unión. Durante todo ese tiempo no dejaba de pensar tampoco en su manuscrito, *Man and Nature*, para el que seguía recogiendo material. Cuando conoció al primer ministro italiano, el barón Bettino Riscasoli, un hombre famoso por las innovaciones que había introducido en su finca familiar, Marsh le hizo preguntas de agricultura, en especial sobre el drenaje de la Maremma, una región de Toscana. Riscasoli prometió darle un informe completo[67].

Con todo, el nuevo puesto diplomático era mucho más exigente de lo que se esperaba Marsh. La vida social en Turín requería una ronda constante de visitas, y también tenía que ocuparse de los turistas estadounidenses, que le trataban casi como si fuera su secretario privado en el extranjero: tenía que encontrar su equipaje perdido, organizarles los pasaportes e incluso aconsejarles sobre las mejores vistas. Había interrupciones todo el tiempo. «No he tenido en absoluto el descanso ni la tranquilidad que quería»[68], escribía a sus amigos de casa. La idea de un trabajo que exigiera poco pero estuviera bien pagado se evaporó enseguida.

De vez en cuando tenía una hora o dos para visitar la biblioteca o el jardín botánico de Turín. Situada en el valle del Po, la ciudad estaba rodeada por los majestuosos Alpes nevados. Cuando encontraban un instante, Marsh y Caroline hacían pequeñas excursiones a la campiña de alrededor[69]. Le encantaban las montañas y los glaciares, y pronto empezó a decir que estaba «loco por el hielo»[70]. Aún tenía muchas energías, y decía que, «teniendo en cuenta mi edad y mis pulgadas de circunferencia —presumía—, no soy un mal escalador»[71]. Si continuaba así, bromeaba, ascendería el Himalaya a los cien años.

Con el final del invierno y la llegada de la primavera, el campo alrededor de Turín era todavía más tentador. El valle del Po se alfombró de flores. «Hemos robado una hora»[72], escribió Caroline en su diario un día de marzo de 1862, para ver miles de violetas que competían con prímulas amarillas. Los almendros estaban en flor y las ramas colgantes de los sauces tenían un verde brillante, llenas de hojas nuevas. A Caroline le encantaba coger flores, pero su marido pensaba que era «un crimen» contra la naturaleza[73].

Marsh robaba ratos para trabajar en sus proyectos durante las primeras horas de la mañana. Volvió brevemente a *Man and Nature* en la primavera de 1862, y otra vez en invierno, cuando estuvieron viviendo varias semanas en la Riviera, cerca de Génova[74]. En la primavera de 1863, el matrimonio se mudó al pequeño pueblo de Piobesi, a 19 kilómetros al suroeste de Turín, con el manuscrito a medias de *Man and Nature* en el baúl. Allí, en una vieja y destartalada mansión con una torre del siglo XII que miraba a los Alpes, encontró por fin el tiempo que necesitaba para terminar el libro.

Su estudio daba a una amplia terraza soleada junto a la torre, desde la que veía miles de golondrinas anidando en los viejos muros. La habitación estaba llena de cajas y tantos manuscritos, cartas y libros que a veces se sentía desbordado. Llevaba años recopilando datos. Había que incluir muchas cosas, muchas relaciones que establecer y muchos ejemplos que examinar. Mientras Marsh escribía, Caroline leía y editaba, y confesaba que se sentía «más bien aturdida»[75] por todo ello. Estaba tan desesperado que su mujer tenía miedo de que cometiera un «libricidio»[76]. Escribía deprisa, incluso con apresuramiento, porque sentía que la humanidad necesitaba cambiar cuanto antes para proteger la tierra de los destrozos del arado y el hacha. «Lo hago —escribió al director de *North American Review*— para expulsar de mi cerebro a los fantasmas que lo acosan desde hace tiempo»[77].

Cuando llegó el verano, el calor se volvió insoportable y aparecieron moscas por todas partes, en los párpados y en la pluma de escribir. A principios de julio de 1863, Marsh terminó sus últimas revisiones y envió el manuscrito a su editor en Estados Unidos. Quería que libro se titulara «El hombre, perturbador de las armonías de la naturaleza»[78], pero el editor le disuadió porque pensó que perjudicaría las ventas. Se pusieron de acuerdo en *Man and Nature,* y el libro se publicó un año después, en julio de 1864.

Man and Nature era la síntesis de lo que Marsh había leído y observado durante décadas. «Robaré, bastante —dijo en tono jocoso a su amigo Baird al empezar a escribir—, pero también yo sé algunas cosas»[79]. Había recorrido las bibliotecas en busca de manuscritos y publicaciones de docenas de países para reunir información y ejemplos. Había leído textos clásicos para encontrar descripciones de los paisajes y la agricultura en la antigua Grecia y la antigua Roma. A eso añadió sus propias observaciones de Turquía, Egipto, Oriente Próximo, Italia y el resto de Europa. Incluyó informaciones de guardabosques alemanes, citas de periódicos contemporáneos, así como datos de ingenieros, fragmentos de ensayos franceses y anécdotas de su propia infancia; y, por supuesto, informaciones sacadas de los libros de Humboldt[80].

Humboldt le había enseñado a Marsh la relación entre la humanidad y el medio ambiente. Y *Man and Nature* mostraba un ejemplo tras otro de la interferencia humana en los ritmos naturales: por ejemplo, cuando un sombrerero parisino inventó los sombreros de seda, los de piel dejaron de estar de moda, y eso repercutió en las diezmadas poblaciones de castores en Canadá, que empezaron a recuperarse. Los agricultores que mataban gran cantidad de aves para proteger sus cosechas luego tenían que pelear con enjambres de insectos que antes servían de alimento a esos pájaros. Durante las guerras napoleónicas, escribía Marsh, habían reaparecido los lobos en algunas partes de Europa porque sus cazadores habituales estaban ocupados en los campos de batalla. Incluso los organismos acuáticos más minúsculos eran esenciales para el equilibrio de la naturaleza: la limpieza excesiva del acueducto de Boston los había eliminado y el agua se volvió turbia[81]. «Toda la naturaleza está unida por lazos invisibles»[82], escribió.

El hombre había olvidado hacía mucho que la tierra no estaba para su «consumo»[83]. El producto de la tierra se despilfarraba, afirmaba Marsh: el ganado salvaje moría por sus pieles, los avestruces por sus plumas, los elefantes por sus colmillos y las ballenas por su aceite. Los seres humanos representaban la extinción de los animales y las plantas[84], escribía en *Man and Nature*, y el uso descontrolado del agua no era más que otro ejemplo de codicia despiadada[85*]. La irrigación disminuía el caudal de los grandes ríos y hacía que los suelos se volvieran salinos y estériles[86].

Marsh veía un futuro sombrío. Si no cambiaba nada, pensaba, el planeta acabaría en un estado de «superficie destrozada, excesos climáticos [...]

---

* Humboldt ya vio estos peligros en Venezuela y advirtió que el plan para irrigar los Llanos con un canal que llevara el agua del lago Valencia era irresponsable. A corto plazo crearía terrenos fértiles en los Llanos, pero a la larga no podía sino acabar produciendo un «desierto árido». Dejaría el valle de Aragua tan yermo como las montañas deforestadas de los alrededores.

quizá incluso la extinción de la especie [humana]»[87]. Su visión del paisaje americano estaba magnificada por lo que había observado en sus viajes, desde las colinas sobreexplotadas del Bósforo, junto a Constantinopla, hasta las áridas laderas de Grecia[88]. Los grandes ríos, los bosques salvajes y las fértiles praderas habían desaparecido. La tierra de Europa estaba tan trabajada que había caído en «una desolación casi tan completa como la de la Luna»[89]. La caída del Imperio romano se había debido, en opinión de Marsh, a que los romanos destruyeron sus bosques y, por tanto, la tierra que los alimentaba[90].

El Viejo Mundo tenía que servir de ejemplo aleccionador al Nuevo. Con la Ley de Propiedad de Tierras de 1862*, que daba a quienes se dirigían al oeste 65 hectáreas de tierra por poco más de la tasa de depósito, estaban poniéndose millones de kilómetros cuadrados de tierra en manos privadas, para que las «mejoraran» con el hacha y el arado. «Seamos prudentes»[91], decía Marsh, que instaba a aprender de los errores de «nuestros hermanos mayores». Las consecuencias de la actuación del hombre eran imprevisibles. «No podemos saber cuánta perturbación producimos en las armonías de la naturaleza cuando arrojamos el guijarro más pequeño en el océano de la vida orgánica»[92]. Lo que sí sabía era que, en el momento en que el *Homo sapiens Europae*[93] llegó a América, el daño emigró del este al oeste.

Otros habían llegado a conclusiones similares. En Estados Unidos, James Madison había sido el primero en adoptar varias ideas de Humboldt[94]. Madison conoció a Humboldt en 1804 en Washington D. C., y después leyó muchos de sus libros, y aprovechó sus observaciones de Sudamérica para Estados Unidos. En un discurso pronunciado ante la Agricultural Society en Albemarle, Virginia, en mayo de 1818, un año después de dejar la presidencia, y ampliamente reproducido después[95], Madison repitió las advertencias de Humboldt sobre la deforestación y destacó las consecuencias catastróficas del cultivo de tabaco a gran escala en las tierras antes fértiles de dicho estado. Aquel discurso contenía el núcleo del que surgió el ecologismo americano. La naturaleza, dijo Madison, no estaba

---

* Podían presentar su solicitud todos los mayores de ventiún años que no hubieran combatido contra Estados Unidos. El requisito era vivir en la tierra en cuestión durante un mínimo de cinco años y «mejorarla».

al servicio del hombre. Madison llamó a sus conciudadanos a proteger el medio ambiente, pero sus advertencias pasaron bastante inadvertidas.

Simón Bolívar dio forma de ley a las ideas de Humboldt cuando, en 1825, emitió un decreto visionario que exigía al Gobierno de Bolivia que plantara un millón de árboles[96]. En medio de batallas y guerras, Bolívar comprendió las devastadoras consecuencias de los suelos áridos para el futuro de la nación. La nueva ley pretendía proteger los ríos y crear bosques en la nueva república. Cuatro años después, ordenó unas «Medidas para la protección y el uso prudente de los bosques nacionales»[97] en Colombia, con especial hincapié en controlar la extracción de quinina de la corteza de la cinchona, un método perjudicial porque quitaba a los árboles la corteza protectora, como ya había avisado Humboldt durante su expedición[*98].

En Norteamérica, Henry David Thoreau reclamó la conservación de los bosques en 1851. «En la naturaleza está la conservación del mundo»[99], dijo, para llegar en octubre de 1859, unos meses después de que muriera Humboldt, a la conclusión de que cada ciudad debería tener un bosque de varios cientos de hectáreas «inalienable para siempre»[100]. Si, para Madison y Bolívar, la protección de los árboles era una necesidad económica, Thoreau insistió en que había que crear «reservas nacionales»[101] para su disfrute. Ahora, Marsh unía todas estas opiniones en *Man and Nature* y dedicaba un libro entero al tema, con pruebas de que la humanidad estaba destruyendo la Tierra.

«Humboldt fue el gran apóstol»[102], declaraba Marsh al comenzar *Man and Nature*. Todo el libro estaba lleno de referencias a él, pero expandía sus ideas[103]. Las advertencias de Humboldt estaban dispersas entre todos sus libros —pequeñas perlas de conocimiento aquí y allí, que muchas veces se perdían en el contexto general—, pero Marsh ahora lo entretejía todo en un poderoso argumento. Hablaba página tras página sobre los males de la deforestación[104]. Explicaba que los bosques protegían el suelo y los manantiales naturales. Cuando el bosque desaparecía, el suelo desnudo quedaba a merced del viento, el sol y la lluvia. La tierra dejaba de ser una esponja para convertirse en un montón de polvo. A medida

---

* Bolívar decretó que quitar cualquier árbol o cualquier cantidad de madera de los bosques de propiedad estatal era un delito sancionable. También le preocupó la posible «extinción» de los rebaños salvajes de vicuñas.

que el suelo estaba más «limpio», todo lo bueno desaparecía y «la tierra deja de ser habitable para el hombre»[105], terminaba. Era una visión pesimista. El daño causado por dos o tres generaciones, decía, era tan catastrófico como la erupción de un volcán o un terremoto. «Estamos —profetizaba— destruyendo el suelo, los revestimientos, las puertas y los marcos de las ventanas de nuestra vivienda»[106].

Marsh estaba diciendo a los estadounidenses que tenían que actuar ya, antes de que fuera demasiado tarde. Era necesario tomar «medidas urgentes»[107] porque «existen los temores más graves». Había que establecer y replantar bosques. Algunos deberían protegerse como lugares de esparcimiento, inspiración y hábitat de fauna y flora, como una «propiedad inalienable»[108] de todos los ciudadanos. Otros tendrían que replantarse y administrarse para hacer un uso sostenible de su madera. «Ya hemos talado suficientes bosques»[109], escribió.

Marsh no hablaba solo de un lugar reseco en el sur de Francia, una región árida en Egipto o un lago con demasiados pescadores en Vermont. Se refería a toda la Tierra. La fuerza de *Man and Nature* surgía de su dimensión global, porque su autor comparaba y comprendía el mundo como una totalidad. En lugar de fijarse en los casos locales, llevaba las preocupaciones medioambientales a una categoría nueva y aterradora. Todo el planeta estaba en peligro. «La tierra está convirtiéndose a toda velocidad en un hogar inhabitable para su habitante más noble»[110], escribió.

Man and Nature fue la primera obra de historia natural que tuvo una influencia fundamental en la política de Estados Unidos. Fue, como dijo años después el escritor y ecologista Wallace Stegner, «la patada más brusca en la boca»[111] del optimismo estadounidense. En un periodo en el que el país estaba lanzándose de cabeza a la industrialización, explotando ferozmente los recursos naturales y arrasando los bosques, Marsh quiso que sus compatriotas se detuvieran a reflexionar. Para su gran desilusión, las ventas iniciales del libro fueron malas. Luego transcurrieron los meses y la cosa empezó a mejorar: vendieron más de mil ejemplares y su editor comenzó una segunda edición[112]*.

---

* Marsh donó los derechos de autor de *Man and Nature* a una organización que ayudaba a los soldados heridos en la guerra de Secesión. Por suerte para él, su hermano y su sobrino volvieron a comprar los derechos antes de que las ventas se dispararan.

La repercusión del libro no se notó por completo hasta varias décadas después, pero sí su influencia en una serie de personas que iban a ser figuras fundamentales en los movimientos de protección y conservación de la naturaleza en Estados Unidos. John Muir, «el padre de los Parques Nacionales», lo leyó, igual que Gifford Pinchot, el primer responsable del Servicio Forestal de Estados Unidos, que lo calificó de «trascendental»[113]. Las observaciones de Marsh sobre la deforestación en *Man and Nature* provocaron la aprobación de la Ley de Plantación de Árboles de 1873, que fomentaba que los colonos asentados en las Grandes Llanuras plantaran árboles[114]. También preparó el terreno para la protección de los bosques en el país; la Ley de Reservas Forestales de 1891 tomó gran parte de su redacción de las páginas de Marsh y las ideas anteriores de Humboldt.

Man and Nature tuvo asimismo resonancia internacional. Fue objeto de intensos debates en Australia y sirvió de modelo a silvicultores franceses y legisladores en Nueva Zelanda. Alentó a los conservacionistas en Sudáfrica y Japón a luchar por la protección de sus árboles. Las leyes forestales italianas citaban a Marsh, y los conservacionistas de la India incluso llevaron el libro «por la ladera del Himalaya septentrional, hacia Cachemira y el Tíbet»[115]. *Man and Nature* inspiró a una nueva generación de activistas, y en la primera mitad del siglo XX lo elogiaron por ser «la fuente del movimiento de conservación»[116].

Marsh pensaba que las lecciones estaban enterradas en las cicatrices que la especie humana había dejado en el paisaje durante miles de años. «El futuro —dijo— es más incierto que el pasado»[117]. Al mirar hacia atrás, Marsh miró hacia delante.

22. ARTE, ECOLOGÍA Y NATURALEZA

Ernst Haeckel y Humboldt

El día que se enteró del fallecimiento de Alexander von Humboldt, el zoólogo alemán Ernst Haeckel sintió una inmensa tristeza. «Dos almas, por desgracia, viven en mi pecho»[1], escribió Haeckel, de veinticinco años, a su prometida Anna Sethe, apelando a una imagen muy conocida del *Fausto* de Goethe para explicar sus sentimientos. Si Fausto está desgarrado entre su amor al mundo terrenal y el anhelo de ascender a esferas superiores, Haeckel estaba dividido entre el arte y la ciencia, entre sentir la naturaleza con el corazón o investigarla como zoólogo. La noticia de que había muerto Humboldt —el hombre cuyos libros habían inspirado su amor a la naturaleza, la ciencia, a las exploraciones y la pintura desde niño— fue lo que desencadenó esa crisis.

En esa época, Haeckel estaba en Nápoles, Italia, donde esperaba hacer unos descubrimientos de zoología que impulsaran su carrera académica en Alemania. Hasta entonces, la parte científica del viaje había resultado un completo fracaso. Había ido a la zona a estudiar la anatomía de los erizos de mar, las holoturias y las estrellas marinas, pero no había conseguido encontrar suficientes ejemplares vivos en el golfo de Nápoles. En lugar de una rica cosecha marina, lo que le ofrecía «tentaciones irresistibles»[2] era el paisaje italiano. ¿Cómo iba a poder ejercer de científico en una disciplina que producía un sentimiento tan claustrofóbico cuando la naturaleza exhibía todos sus atractivos como si estuviera en un bazar oriental? Era tan terrible, escribió Haeckel a Anna, que podía oír «la risa desdeñosa de Mefistófeles»[3].

En esa carta, Haeckel contemplaba sus dudas a través de la lente que le ofrecía la visión de la naturaleza de Humboldt. ¿Cómo conciliar las detalladas observaciones que exigía su labor científica con su impulso de «comprender la naturaleza en su conjunto»[4]? ¿Cómo podía alinear su apreciación artística de la naturaleza con la verdad científica? En *Cosmos*, Humboldt había escrito sobre el vínculo que unía conocimiento, ciencia, poesía y sentimiento artístico, pero Haeckel no estaba seguro de cómo aplicarlo a su trabajo de zoólogo[5]. La flora y la fauna le invitaban a desvelar sus secretos, le tentaban y le atraían, pero no sabía si debía emplear el pincel o el microscopio. ¿Cómo saberlo con certeza?

La muerte de Humboldt puso en marcha una etapa de incertidumbre en la vida de Haeckel durante la cual buscó su auténtica vocación. Fue el comienzo de una carrera inspirada en parte por la ira, la crisis y la pena. La muerte fue un motor catalizador en su vida, pero, en vez de empujarle hacia la inmovilidad o el estancamiento, le hizo trabajar más, con más energía y sin preocuparse por su reputación en el futuro. También hizo de él uno de los investigadores más controvertidos* y extraordinarios de su tiempo, un hombre que influyó por igual en artistas y científicos, y que llevó el concepto de naturaleza de Humboldt hasta el siglo XX[6].

Humboldt siempre proyectó su sombra en la vida de Haeckel. Este, nacido en Potsdam en 1834 —el mismo año en el que Humboldt empezó a escribir *Cosmos*—, leyó sus libros cuando era niño[7]. Su padre trabajaba para el Gobierno prusiano pero también le interesaba la ciencia, y la familia Haeckel pasaba muchas veladas leyendo publicaciones científicas en voz alta. Aunque nunca conoció a Humboldt, vivía inmerso en sus ideas sobre la naturaleza desde la infancia. Tenía tal adoración por sus descripciones de los trópicos que soñaba con ser explorador él también, pero su padre tenía pensada una trayectoria más tradicional.

A los dieciocho años, siguiendo los deseos de su padre, Haeckel se inscribió en la facultad de Medicina de Würzburg, en Baviera. Allí se sentía solo y echaba de menos su casa. Después de largas jornadas de clases,

---

* La reputación de Haeckel sufrió los peores golpes en la segunda mitad del siglo XX, cuando los historiadores le culparon de haber proporcionado a los nazis los fundamentos intelectuales de sus programas raciales. En su biografía *The Tragic Sense of Life*, Robert Richards alegaba que Haeckel, que falleció más de diez años antes de que los nazis llegaran al poder, no era antisemita. De hecho, había situado a los judíos al lado de los caucásicos en sus polémicos «árboles». Aunque hoy no son aceptables, las teorías raciales de Haeckel sobre un camino de progreso desde las razas «salvajes» hasta las «civilizadas» las compartían Darwin y muchos otros científicos del XIX.

se retiraba a su habitación, deseando ponerse a leer *Cosmos*[8]. Cada noche, al abrir las páginas manoseadas, Haeckel desaparecía en el glorioso mundo de Humboldt. Cuando no estaba leyendo, caminaba por los bosques, en busca de la soledad y de una conexión con el mundo natural. Alto, delgado, guapo y con penetrantes ojos azules, Haeckel corría y nadaba a diario y era tan deportista como Humboldt de joven[9].

«No sabéis cuánta alegría me proporciona el placer de la naturaleza —escribió a sus padres desde Würzburg—; todas mis preocupaciones desaparecen de golpe»[10]. Les hablaba del dulce canto de los pájaros y el viento que peinaba las hojas. Admiraba los doble arcoíris y las laderas de las montañas moteadas por las sombras fugaces de las nubes. A veces volvía de sus paseos lleno de ramas de hiedra con las que hacía coronas que colgaba sobre el retrato de Humboldt en su habitación[11]. Cuánto deseaba estar en Berlín, más próximo a su héroe. Quería asistir a la cena anual de la Sociedad Geográfica en la que iba a estar Humboldt, escribió a sus padres en mayo de 1853, pocos meses después de llegar a Würzburg. Ver al científico, aunque fuera desde lejos, era su «más ardiente deseo»[12]. La primavera siguiente le permitieron estudiar un semestre en Berlín y, aunque no logró ver a Humboldt, encontró otra persona a quien admirar. Asistió a clases de anatomía comparada con el zoólogo alemán más famoso de la época, Johannes Müller, que estaba trabajando con peces e invertebrados marinos[13]. Cautivado por sus apasionantes historias de búsquedas de ejemplares en la costa, Haeckel vivió un verano en Heligoland, una pequeña isla frente a la costa alemana, en el mar del Norte. Pasaba los días al aire libre, nadando y capturando criaturas marinas. Le asombraban las medusas: sus cuerpos transparentes con vetas de color y los largos tentáculos que se movían con elegancia a través del agua[14]. Cuando atrapó una especialmente hermosa, Haeckel descubrió que había encontrado su animal preferido y una disciplina científica a la que dedicarse: la zoología.

Aunque obedeció los deseos de su padre y prosiguió con sus estudios de Medicina, nunca tuvo intención de ejercerla. Le gustaban la botánica y la anatomía comparada, los invertebrados marinos y los microscopios, escalar montañas y nadar, pintar y dibujar, pero detestaba la medicina. Su afición a la obra de Humboldt crecía cuanto más leía. Cuando visitó a sus padres se llevó *Cuadros de la naturaleza,* y pidió a su madre que le comprara un ejemplar de *Personal Narrative* porque estaba, dijo, «obsesionado»[15] con el libro. De la biblioteca de la universidad en Würzburg sacó docenas

Ernst Haeckel con su material de pesca

de libros de su ídolo, desde los volúmenes sobre botánica hasta la gran edición en folio de *Vistas de las cordilleras*, con sus espectaculares láminas de paisajes y monumentos latinoamericanos, unas «ediciones de una lujosa belleza»[16], decía. También pidió a sus padres que le enviaran como regalo de Navidad el atlas que se había publicado para acompañar la lectura de *Cosmos*[17]. Le era más fácil, explicó, comprender y memorizar a través de las imágenes que de las palabras[18].

Durante una visita a Berlín, Haeckel hizo una peregrinación a la finca familiar de los Humboldt, Tegel[19]. Era un glorioso día de verano, aunque el anciano científico no estaba allí. Haeckel se bañó en el lago en el que su héroe había nadado y se sentó al borde del agua hasta que la luna arrojó un velo plateado sobre la superficie. Nunca había estado tan cerca de Humboldt.

Quería seguir sus pasos y ver Sudamérica. Esa sería la única forma de compaginar sus dos almas en conflicto: la del «hombre racional»[20] y la del artista gobernado por «el sentimiento y la poesía». La única profesión que combinaba la ciencia con las emociones y la aventura, estaba seguro, era la de explorador y naturalista. Soñaba «día y noche» con un gran viaje[21], y empezó a hacer planes. Primero obtendría su título de médico y luego encontraría trabajo como cirujano en un barco. Cuando llegara al trópico, dejaría el barco y comenzaría su «proyecto robinsoniano»[22]. La ventaja del plan, les contó Haeckel a unos padres cada vez más preocupados, era que le obligaba a terminar sus estudios en Würzburg. Estaba dispuesto a hacer lo que fuera mientras supusiera irse «lejos, muy lejos, a ver mundo»[23].

Sin embargo, sus padres tenían otras ideas, e insistieron en que se quedara a ejercer la medicina en Berlín. Al principio, Haeckel hizo lo que le pedían, pero trató de frustrar sus planes sin llamar la atención. Cuando estableció su consulta, puso unos horarios de apertura de lo más excéntricos. Los pacientes solo podían verle entre las cinco y las seis de la mañana. Como es natural, durante el año que estuvo trabajando no contó más que con media docena de pacientes; aunque, como decía con orgullo, no murió nadie a su cuidado[24].

A la hora de la verdad, fue el amor de Haeckel a su prometida, Anna, lo que le hizo pensar en una carrera más convencional. La llamaba su «auténtica niña selvática alemana»[25]. En vez de las cosas materiales —ropa, muebles, joyas—, a Anna le gustaban los placeres sencillos, como un paseo por el campo o tumbarse en una pradera entre las flores. Era, decía Haeckel, un ser «completamente puro e inmaculado»[26]. Por casualidad, compartía la fecha de cumpleaños con Humboldt —el 14 de septiembre—, y esa fue también la fecha en la que la pareja anunció su compromiso[27]. Haeckel decidió ser profesor de zoología. Era una profesión respetable, y no tendría que lidiar con su «invencible aversión» al «cuerpo enfermo»[28]. Para dejar huella en el mundo científico, solo necesitaba escoger un proyecto de investigación.

A principios de febrero de 1859, Haeckel llegó a Italia con la esperanza de encontrar nuevos invertebrados marinos. Le valía cualquier cosa, desde medusas hasta microorganismos unicelulares, mientras fuera un descubrimiento que impulsara su nueva vocación. Después de varias semanas de ver Florencia y Roma, viajó a Nápoles para empezar a trabajar, pero nada transcurrió conforme a lo previsto. Los pescadores se negaban a ayudarle. La ciudad era sucia y ruidosa. Las calles estaban llenas de ladrones y timadores, y estaba pagando precios desorbitados por todo. Hacía calor y todo estaba lleno de polvo. No había suficientes erizos de mar ni medusas[29].

Fue en Nápoles donde recibió la carta de su padre con la noticia de la muerte de Humboldt, que le hizo reflexionar no solo sobre el arte y la ciencia, sino sobre su propio futuro. En las estrechas y ruidosas calles napolitanas, que se enredaban como un laberinto a la sombra imponente del Vesubio, Haeckel volvió a sentir la batalla entre las dos almas en su interior[30]. El 17 de junio, tres semanas después de enterarse del fallecimiento de su héroe, Haeckel decidió que ya no soportaba más Nápoles. Se fue a Ischia, una pequeña isla a breve distancia en barco, en el golfo de Nápoles.

En Ischia, Haeckel conoció a un poeta y pintor alemán, Hermann Allmers[31]. Durante una semana, los dos recorrieron la isla, dibujando, paseando, nadando y charlando. Disfrutaban tanto en compañía el uno del otro que decidieron seguir el viaje juntos durante un tiempo. Al volver a Nápoles, subieron al Vesubio y después fueron a Capri, otra pequeña isla en el golfo, en la que Haeckel confiaba en ver la naturaleza como «una totalidad interconectada»[32].

Haeckel llevaba en el equipaje un caballete y acuarelas, también sus instrumentos y sus cuadernos, pero a la semana de llegar a Capri había adoptado un nuevo estilo de vida bohemio. Estaba viviendo su sueño, le confesó a Anna, que esperaba pacientemente a su prometido en Berlín. El microscopio no salió de su caja. En cambio, Haeckel estaba pintando. No quería ser «un gusano de laboratorio»[33], le dijo, cómo iba a serlo si la naturaleza, en toda su gloria, le gritaba: «¡Sal fuera! ¡Sal fuera!»[34]. Solo un «erudito anquilosado»[35] podría resistirse. Desde que leyó *Cuadros de la naturaleza* de Humboldt cuando era niño, había soñado con ese tipo de «vida semisalvaje en la naturaleza»[36]. Allí, en Capri, estaba viendo por fin «la deliciosa gloria del macrocosmos»[37], escribió a Anna. Lo único que necesitaba era «un fiel pincel»[38]. Quería dedicar su vida a este mundo poético de luz y colores. La crisis que había desatado la muerte de Humboldt estaba convirtiéndose en una transformación total.

Sus padres recibían cartas similares, aunque con menos énfasis en el aspecto salvaje de su nueva vida. A ellos, Haeckel les hablaba de su posible futuro como artista. Les recordaba que Humboldt había escrito sobre el vínculo entre el arte y la ciencia. Con su talento —del que daban fe, les aseguraba, otros pintores presentes en Capri— y sus conocimientos de botánica, creía estar en una posición inmejorable para aceptar el desafío planteado por el viejo científico. Al fin y al cabo, la pintura paisajística había sido «uno de los intereses favoritos de Humboldt»[39]. Haeckel anunció que quería ser un pintor «que recorriera con el pincel todas las zonas, desde el océano Ártico hasta el ecuador».

Al padre de Haeckel, que estaba en Berlín, no le agradaron demasiado los acontecimientos, y envió una severa carta. Llevaba años viendo los planes cambiantes de su hijo. No era rico, le recordó ahora: «No puedo permitirme que estés años viajando por todo el mundo»[40]. ¿Por qué tenía que llevar siempre todo al extremo, el trabajo, la natación, la escalada, pero también los sueños, las esperanzas y las dudas? «Tienes que cultivar tu verdadero trabajo», continuaba Haeckel padre, sin que hubiera ninguna duda de dónde veía ese futuro.

Una vez más, fue el amor a Anna lo que hizo comprender a Haeckel que su sueño debía seguir siendo un sueño. Para casarse con ella, estaba dispuesto a ser un profesor «domesticado»[41] en lugar de explorar el mundo con un pincel. A mediados de septiembre, algo más de cuatro meses después de la muerte de Humboldt, Haeckel hizo las maletas, cogió los instrumentos y viajó a Messina, en Sicilia, para concentrarse en su trabajo científico; pero las dos semanas en Capri le habían cambiado para siempre. Cuando los pescadores sicilianos empezaron a llevarle cubos llenos de agua marina y miles de organismos vivos minúsculos, Haeckel los vio como zoólogo y como artista. Cuando colocó con sumo cuidado unas gotas de agua bajo el microscopio, salieron a la luz nuevas maravillas. Aquellos diminutos invertebrados marinos eran como «delicadas obras de arte»[42], pensó, hechas de gemas o cristal tallado de colores. En vez de pensar con horror en los días detrás del microscopio, se quedó seducido por las «maravillas marinas».

Todos los días nadaba al amanecer, cuando el sol pintaba la superficie del agua de rojo y la naturaleza mostraba «el brillo más exquisito»[43], escribió a casa. Después de nadar, iba al mercado de pescado a buscar su entrega diaria de agua marina, pero a las ocho de la mañana estaba en su habitación, donde trabajaba hasta las cinco de la tarde. Después de una rápida comida seguida de una vuelta a buen paso por la playa, volvía a su escritorio a las siete y media, y escribía notas hasta la medianoche[44]. El esfuerzo tuvo su recompensa. En diciembre, tres meses después de su llegada a Sicilia, Haeckel estaba seguro de que había encontrado el proyecto científico que le haría famoso: se llamaban radiolarios.

Estos pequeñísimos organismos marinos unicelulares medían aproximadamente 0,02 milímetros y solo eran visibles bajo el microscopio. Una
vez aumentados, los radiolarios mostraban una belleza asombrosa. Sus
exquisitos esqueletos minerales exhibían una compleja pauta simétrica,
muchas veces con unas especies de rayos que les daban aspecto de estar
flotando. Durante varias semanas, Haeckel identificó nuevas especies e
incluso nuevas familias. A principios de febrero, había descubierto más
de 60 especies desconocidas hasta entonces. Y el 10 de febrero de 1860,
la captura de la mañana le proporcionó de golpe 12 más. Cayó de rodillas
delante del microscopio, escribió a Anna y dio las gracias a los benévolos
dioses y ninfas del mar por sus dones generosos[45].

Este trabajo estaba «hecho para mí»[46], proclamó Haeckel. Aunaba su
amor al ejercicio físico, la naturaleza, la ciencia y el arte, desde el placer
de la captura de primera hora de la mañana, de la que ya se encargaba
personalmente, hasta el último trazo de lápiz de sus dibujos. El radiolario
le reveló a Haeckel un mundo nuevo, un mundo de orden pero también
de asombro, «poético y delicioso»[47], le dijo a Anna. A finales de marzo de
1860, había descubierto más de 100 nuevas especies y estaba listo para
volver a casa y convertir su esfuerzo en un libro[48].

Haeckel ilustraba sus trabajos de zoología con sus propios dibujos, de
una precisión científica perfecta y, además, de extraordinaria belleza.
Tenía la capacidad de mirar con un ojo por el microscopio mientras el
otro se fijaba en el tablero de dibujo, un talento tan poco frecuente que
sus antiguos profesores decían que no habían visto a nadie capaz de hacerlo[49]. Para Haeckel, dibujar era el mejor método para comprender la
naturaleza. Con el lápiz y el pincel, decía, «penetraba en el secreto de su
belleza más hasta el fondo» que nunca[50]; eran sus herramientas para ver
y aprender. Las dos almas en su pecho, por fin, estaban unidas.

Los radiolarios eran tan bellos, escribió Haeckel a su viejo compañero
de viaje Allmers al volver a Alemania, que se preguntaba si su amigo no que-
rría usarlos para adornar su estudio ¡o incluso crear «un nuevo estilo»![51]*
Trabajaba con fervor en sus dibujos, y dos años más tarde, en 1862, publicó un magnífico libro en dos volúmenes: *Die Radiolarien (Rhizopoda
Radiaria)*. Gracias a él le nombraron profesor asociado en la Universidad

---

* Allmers respondió que su prima se había apropiado de uno de los dibujos de radiolarios como «patrón de ganchillo».

de Jena[52], la pequeña ciudad en la que Humboldt había conocido a Goethe más de medio siglo antes. En agosto de 1862, Haeckel se casó con Anna. Era completamente feliz. Sin ella, decía, habría muerto como una planta «sin el sol que le da vida»[53].

Mientras Haeckel trabajaba en *Die Radiolarien,* había leído un libro que volvería a cambiarle la vida: *El origen de las especies,* de Darwin. A Haeckel le impresionó la teoría de la evolución del autor: «Era un libro completamente absurdo»[54], dijo después. De un plumazo, *El origen de las especies* dio a Haeckel las respuestas sobre cómo habían evolucionado los organismos. El libro le «abrió un nuevo mundo»[55]. Ofrecía una solución «a todos los problemas, por enrevesados que fueran»[56], escribió Haeckel en una larga carta llena de admiración a Darwin. Con *El origen de las especies,* Darwin sustituía la fe en la creación divina de los animales, las plantas y los seres humanos por el concepto de que eran producto de procesos naturales, una idea revolucionaria que sacudió la doctrina religiosa en sus cimientos.

El libro de Darwin causó conmoción en el mundo científico. Muchos le acusaron de herejía. Si se llevaba hasta sus últimas consecuencias, la teoría que proponía significaba que los humanos formaban parte del mismo árbol de la vida que todos los demás organismos. Unos meses después de su publicación en Inglaterra, hubo un gran enfrentamiento público en Oxford entre el obispo Samuel Wilberforce y el más ardiente defensor de Darwin, el biólogo y posterior presidente de la Royal Society, Thomas Huxley. En una reunión de la British Association for the Advancement of Science, Wilberforce le preguntó en tono provocador a Huxley si estaba emparentado con los monos por el lado de su abuela o de su abuelo. Huxley respondió que prefería descender de un mono que de un obispo. Se multiplicaron los debates, ruidosos, apasionados y radicales[57].

El origen de las especies cayó en terreno fértil cuando lo leyó Haeckel, porque estaba influido desde la infancia por el concepto de naturaleza de Humboldt, y *Cosmos* ya incluía muchos «sentimientos pre-darwinianos»[58]. En las décadas siguientes, Haeckel iba a ser el más feroz defensor de Darwin en Alemania*[59]. Era, en palabras de Anna, «su Darwin ale-

---

* Los libros de Haeckel sobre la teoría de la evolución de Darwin se tradujeron a más de una docena de idiomas y se vendieron mucho más que el propio libro del naturalista inglés. Hubo más gente que conoció la teoría a través de Haeckel que por otros medios.

mán»[60], y Hermann Allmers tomaba el pelo a Haeckel sobre su «vida llena de amor feliz y darwinismo»[61].

Entonces golpeó la tragedia. El 16 de febrero de 1864, el día que Haeckel cumplía treinta años y acababa de recibir un prestigioso premio científico por su libro sobre los radiolarios, Anna falleció después de una breve enfermedad, que quizá fuera apendicitis[62]. Llevaban casados menos de dos años. Haeckel se sumió en una profunda depresión. «Estoy muerto por dentro»[63], le dijo a Allmers, aplastado por «una amarga pena»[64]. La desaparición de Anna había destruido cualquier perspectiva de felicidad, declaró. Para escapar, se encerró en el trabajo. «Tengo intención de dedicar toda mi vida» a la teoría de la evolución, escribió a Darwin[65].

Vivía como un ermitaño[66], le contó, y la evolución era lo único que le interesaba. Estaba dispuesto a enfrentarse a todo el mundo científico, porque la muerte de Anna le había vuelto «inmune al elogio y la crítica»[67]. Para olvidar su dolor, Haeckel trabajó 18 horas al día, todos los días de la semana, durante un año.

El resultado de su desesperación fueron los dos volúmenes de *Generelle Morphologie der Organismen* [Morfología general de los organismos], publicado en 1866: mil páginas sobre evolución y morfología, el estudio de la estructura y la forma de los organismos[68]*. Darwin dijo que el libro era «el más magnífico elogio»[69] que había recibido *El origen de las especies*. Era un libro airado en el que Haeckel criticaba a los que se negaban a aceptar la teoría evolucionista de Darwin. El autor lanzaba una avalancha de insultos: los detractores de Darwin escribían libros gruesos pero «vacíos»[70]; estaban «científicamente medio dormidos» y vivían «una vida de sueños carente de ideas». Hasta Thomas Huxley —que se llamaba sí mismo «el bulldog de Darwin»[71]— pensó que Haeckel debía rebajar un poco el tono si quería que le publicaran una edición en inglés. Pero Haeckel no cedió.

La reforma radical de las ciencias no podía hacerse con suavidad, le dijo a Huxley. Tenían que ensuciarse las manos y sacar «las horcas»[72].

---

* *Generelle Morphologie* ofrecía además un panorama científico general que servía de contrapeso a las divisiones cada vez más estrictas entre unas disciplinas y otras. Los científicos, escribía Haeckel, habían perdido de vista el conjunto, el alto número de especialistas habían creado en las ciencias una «confusión babilónica». Los botánicos y los zoólogos quizá reunían ladrillos concretos, pero se habían olvidado del plano general. Era una gran y «caótica montaña de escombros», y nadie sabía ya qué hacer, salvo Darwin... y Haeckel, por supuesto.

Haeckel había escrito *Generelle Morphologie* en un momento de profunda crisis personal, explicó a Darwin, y su amargura con el mundo estaba imbricada en cada frase. Desde la muerte de Anna, a Haeckel ya no le importaba su reputación, le aseguró: «Que mis enemigos ataquen con fuerza y durante mucho tiempo mi trabajo»[73]. Podían herirle todo lo que quisieran, no le importaba nada.

Generelle Morphologie no fue solo un llamamiento a respaldar la nueva teoría de la evolución, sino también el libro en el que Haeckel dio por primera vez un nombre a la disciplina de Humboldt: *Oecologie*, «ecología», formada a partir de la palabra «hogar» en griego —*oikos*— y aplicada al mundo natural[74]. Todos los organismos del mundo estaban relacionados, como una familia que ocupa una vivienda; y, como una familia, podían ayudarse mutuamente o entrar en conflicto. La naturaleza orgánica e inorgánica formaba «un sistema de fuerzas activas»[75], escribía en *Generelle Morphologie,* con las mismas palabras exactas de Humboldt. Haeckel había recogido la idea de Humboldt de la naturaleza como una totalidad unida, formada por relaciones complejas, y le había dado un nombre. La ecología, decía, era «la ciencia de las relaciones de un organismo con su entorno»[76*].

El mismo año en el que inventó la palabra «ecología», Haeckel siguió por fin los pasos de Humboldt y Darwin y viajó a tierras lejanas. En octubre de 1866, cuando habían pasado ya más de dos años desde el fallecimiento de Anna, fue a Tenerife, la isla que había asumido una dimensión casi espiritual desde la seductora descripción de Humboldt en *Personal Narrative.* Había llegado el momento de cumplir lo que Haeckel llamaba su «más viejo y preferido sueño viajero»[77]. Casi setenta años después de que zarpara Humboldt y más de treinta después de que se embarcara Darwin en el *Beagle,* Haeckel emprendió su propio viaje. A pesar de perte-

---

* Haeckel llevaba mucho tiempo sumergido en el pensamiento ecologista. A principios de 1854, cuando era un joven alumno en Würzburg y estudiaba a Humboldt, ya había reflexionado sobre las consecuencias medioambientales de la deforestación. Diez años antes de que George Perkins Marsh publicara *Man and Nature,* Haeckel escribió que los hombres antiguos habían talado los bosques en Oriente Próximo y, al hacerlo, habían transformado el clima en la región. La civilización y la destrucción de los bosques iban «de la mano», decía. Con el tiempo, predijo, ocurriría lo mismo en Europa. Los suelos estériles, el cambio climático y el hambre acabarían provocando un éxodo masivo de Europa a tierras más fértiles. «Europa y su hipercivilización desaparecerán pronto», aseguraba.

necer a generaciones distintas, los tres compartían la convicción de que la ciencia era algo más que una actividad del cerebro. Para ellos, la ciencia entrañaba un esfuerzo físico agotador, porque observaban la flora y la fauna —ya fueran palmeras, líquenes, percebes, aves o invertebrados marinos— en sus hábitats naturales. Comprender la ecología significaba explorar nuevos mundos rebosantes de vida.

De camino a Tenerife, Haeckel se detuvo en Inglaterra y consiguió ver a Darwin en su casa, Down House, en Kent, a un breve trayecto en tren desde Londres[78]. Haeckel no había conocido a Humboldt, pero ahora tenía la oportunidad de conocer a su otro héroe, que tenía cincuenta y siete años. El domingo 21 de octubre, a las 11.30 de la mañana, el cochero de Darwin le recogió en Bromley, la estación de tren local, y le llevó a una casa de campo cubierta de hiedra, en cuya puerta principal le aguardaba su anfitrión. Haeckel estaba tan nervioso que se le olvidó el poco inglés que sabía. Darwin y él se dieron la mano durante largo tiempo, y el británico no dejó de decirle lo mucho que se alegraba de conocerle. Haeckel se quedó, según recordaba después la hija de Darwin, Henrietta, estupefacto y «callado como un muerto»[79]. Mientras paseaban a través del jardín por el Sandwalk, el sendero en el que Darwin pensaba muchas de sus ideas, Haeckel se recobró poco a poco y empezó a hablar. Tenía un inglés de fuerte acento alemán y vacilaba de vez en cuando, pero con la suficiente claridad como para que los dos científicos disfrutaran de una larga conversación sobre la evolución y los viajes por el mundo. Darwin era exactamente como Haeckel lo había imaginado. Mayor, de voz suave y amable, desprendía un aura de sabiduría, pensó Haeckel, muy similar a la que podía imaginar en Sócrates o Aristóteles. Toda la familia le dio una bienvenida tan cálida que se sintió como en casa, contó a sus amigos de Jena. La visita, diría más tarde, fue uno de los momentos más «inolvidables» de su vida[80]. Cuando se fue, al día siguiente, estaba más convencido que nunca de que la única forma de concebir la naturaleza era como «un conjunto unido»[81], un «reino de vida» completamente interrelacionado.

Llegó el momento de emprender el viaje. Haeckel había acordado encontrarse con los tres ayudantes contratados para asistirle en sus investigaciones (un científico de Bonn y dos alumnos suyos de Jena)[82] en Lisboa, desde donde partieron hacia las islas Canarias. Al llegar a Tenerife, Haeckel corrió a ver los escenarios que había descrito Humboldt. Y, por supuesto, tenía que seguir sus pasos hasta la cima del Teide. Cuando subía a través de la nieve y los vientos helados, perdió el conocimiento por el mal de altura, y el descenso lo hizo medio tropezándose, medio cayéndose. Pero lo había conseguido, escribió orgullosamente a casa. Ver lo que había visto Humboldt le pareció «muy satisfactorio»[83]. Desde Tenerife, él y sus tres ayudantes fueron a la isla volcánica de Lanzarote, en la que pasaron tres meses dedicados a diversos proyectos de zoología. Haeckel se concentró en los radiolarios y las medusas, y sus ayudantes estudiaron peces, esponjas, gusanos y moluscos. La tierra era inhóspita, pero el mar estaba lleno de vida, dijo Haeckel; era «una gran sopa de animales»[84].

Cuando regresó a Jena, en abril de 1867, estaba más tranquilo y en paz[85]. Anna seguiría siendo el amor de su vida, e incluso muchos años más tarde, después de haberse vuelto a casar, el aniversario de su muerte siempre le llenaba de pesadumbre. «En este triste día —escribió treinta y cinco años más tarde—, me siento perdido»[86]. Sin embargo, aprendió a aceptar la muerte de su mujer y a seguir viviendo.

Durante las siguientes décadas, Haeckel viajó mucho, sobre todo por Europa, pero también a Egipto, India, Sri Lanka, Java y Sumatra[87]. Todavía daba clases en Jena, pero lo que más feliz le hacía era viajar. Su pasión por la aventura no desapareció jamás. En 1900, a los sesenta y seis años, emprendió una expedición a Java, y sus amigos comentaron que la mera perspectiva del viaje le «rejuvenecía»[88]. Durante sus exploraciones, reunía especímenes pero también dibujaba. Como Humboldt, Haeckel pensaba que los trópicos eran el mejor lugar para entender los principios fundamentales de la ecología.

Un solo árbol en la selva de Java, escribió Haeckel, ilustraba de manera sorprendente las relaciones de los animales y las plantas entre sí y con su entorno: con orquídeas epífitas que se agarraban con sus raíces a las ramas del árbol, insectos que se habían convertido en polinizadores perfectos y trepadoras que habían triunfado en la carrera hacia la luz en la copa del árbol, el conjunto era prueba de un ecosistema diversificado. En los trópicos, decía Haeckel, la «lucha por la supervivencia»[89] era tan intensa que las armas desarrolladas por la flora y la fauna eran «excepcionalmente ricas» y variadas. Aquel era el lugar para ver cómo convivían las plantas y los animales con «amigos y enemigos, sus simbiontes y parásitos»[90]. Era el entramado de vida de Humboldt.

Durante sus años en Jena, Haeckel cofundó una revista científica en honor de Humboldt y Darwin. Dedicada a la teoría de la evolución y las ideas ecologistas, se llamaba *Kosmos*[91]. También escribió y publicó espléndidas monografías sobre criaturas marinas como las esponjas calcáreas, las medusas y más textos sobre los radiolarios, además de relatos de viajes y varios libros que contribuyeron a popularizar aún más las teorías de Darwin. Muchos de esos libros incluían sus lujosas ilustraciones, presentadas en general como una serie, no como imágenes aisladas. Para Haeckel, las imágenes mostraban el relato de la naturaleza, eran su atractiva forma de hacer «visible» la evolución. El arte era una herramienta con la que transmitir conocimientos científicos[92].

Con el cambio de siglo, Haeckel publicó una serie de folletos llamados *Kunstformen der Natur* [Formas artísticas en la naturaleza]. Juntos, formaban una colección de cien ilustraciones exquisitas que tendrían gran influencia en el lenguaje estilístico del Art Nouveau[93]. Durante más de cincuenta años, le dijo a un amigo, había seguido las ideas de Humboldt[94], pero con esa obra estaba llevándolas más allá, al poner a artistas y diseñadores en contacto con temas científicos. Las ilustraciones de Haeckel, en su mayoría, revelaban la belleza espectacular de organismos minúsculos que no podían verse sino a través del microscopio, «tesoros ocultos»[95], escribía él. En *Kunstformen der Natur,* Haeckel explicaba a los artesanos, artistas y arquitectos cómo utilizar correctamente esos «bellos motivos» nuevos[96], con un epílogo en el que clasificaba los diferentes organismos de acuerdo con su importancia estética, y con comentarios como «extremadamente rico», «muy variado y significativo» o «de diseño ornamental».

Publicada entre 1899 y 1904, la serie tuvo una influencia inmensa. En una época en la que la urbanización, la industrialización y los avances tecnológicos alejaban a la gente de la tierra, los dibujos de Haeckel proporcionaban una paleta de formas y motivos naturales que adquirieron naturaleza de vocabulario para los artistas, arquitectos y artesanos decididos a intentar unir al hombre y la naturaleza a través de su arte.

Al empezar el siglo XX, Europa había entrado en la llamada «Era de la máquina». Las fábricas funcionaban con motores eléctricos y la producción en masa impulsaba las economías en Europa y Estados Unidos. Alemania había ido siempre por detrás de Gran Bretaña, pero, tras la creación del Reich en 1871, con el canciller Otto von Bismarck en el Gobierno y el rey de Prusia, Guillermo I, como emperador de la nueva nación, el país había progresado a velocidad de vértigo. Cuando Haeckel publicó el primer folleto de *Kunstformen der Natur*, en 1899, Alemania encabezaba ya la economía mundial junto a Gran Bretaña y Estados Unidos[97].

Para entonces, circulaban los primeros automóviles en las carreteras alemanas y una red de ferrocarriles unía los centros industriales del Ruhr con las grandes ciudades portuarias como Hamburgo y Bremen. Se producían cada vez más cantidades de carbón y acero, y las ciudades se expandían en torno a los núcleos industriales. La primera central eléctrica se había inaugurado en Berlín en 1887. La industria química alemana era ya la más importante y avanzada del mundo, con la producción de tintes sintéticos, fármacos y fertilizantes. A deferencia de Gran Bretaña, Alemania tenía universidades politécnicas y laboratorios de investigación en las fábricas, que educaban a nuevas generaciones de científicos e ingenieros. Eran instituciones que se centraban más en la aplicación práctica de las ciencias que en los descubrimientos académicos.

Muchos habitantes de las ciudades, cada vez más numerosos, estaban deseando alejarse del «agitado bullicio» y de las «turbias nubes de humo de las fábricas»[98], escribía Haeckel. Escapaban al borde del mar, a los bosques sombríos y a las laderas agrestes de las montañas, con la esperanza de encontrarse a sí mismos en la naturaleza. Los artistas del Art Nouveau de esa época trataron de conciliar la relación entre el hombre y la naturaleza, llena de desequilibrios, obteniendo su inspiración estética del mundo natural. «Ahora aprendían de la naturaleza»[99], y no de sus profesores, dijo un diseñador alemán. La introducción de los motivos naturales en los interiores y las obras arquitectónicas[100] fue un paso redentor que acercó lo orgánico a un mundo cada vez más mecanizado.

El famoso artista francés del vidrio Émile Gallé, por ejemplo, tenía un ejemplar de *Kunstformen der Natur* y aseguraba que «la cosecha marina»[101] de los océanos había convertido los laboratorios científicos en estudios de artes decorativas. La «cristalina medusa», dijo Gallé en mayo de 1900, aportaba «nuevos matices y curvas al vidrio». El nuevo lenguaje estilístico del Art Nouveau llenaba todo de elementos tomados de la naturaleza: desde los rascacielos hasta la joyería, desde los carteles hasta las velas, desde los muebles hasta los tejidos. Sinuosos adornos se retorcían en líneas florales y zarcillos sobre las puertas de cristal esmerilado, y las fábricas de muebles producían patas de mesas y reposabrazos en curvas que recordaban a las ramas de un árbol.

Esos movimientos y líneas orgánicos dieron al Art Nouveau su estilo peculiar. En la primera década del siglo xx, el arquitecto catalán Antoni Gaudí amplió los organismos marinos de Haeckel en barandillas y arcos[102]. Erizos de mar gigantes decoraban sus vidrieras, y las enormes lámparas de techo que diseñaba parecían conchas de nautilos. Enormes manojos de algas entrelazadas con invertebrados marinos formaban sus habitaciones, escaleras y ventanas. Al otro lado del Atlántico, en Estados Unidos, el llamado «padre de los rascacielos», Louis Sullivan, también se inspiró en la naturaleza[103]. Sullivan poseía varios libros de Haeckel, y creía que el arte creaba un vínculo entre el alma del artista y la de la naturaleza. Las fachadas de sus edificios estaban decoradas con motivos estilizados de la flora y la fauna. El diseñador estadounidense Louis Comfort Tiffany también sintió la influencia de Haeckel. Las cualidades diáfanas y casi etéreas de las algas y las medusas las convertían en motivos perfectos para sus objetos de cristal. Los jarrones de Tiffany tenían medusas ornamentales alrededor, y su estudio de diseño llegó a producir un collar de «algas» de oro y platino[104].

A finales de agosto de 1900, Haeckel fue a Java, pero hizo una escala en París para visitar la Feria Universal, en la que pudo caminar por dentro de la reproducción de uno de sus radiolarios[105]. El arquitecto francés René Binet había utilizado las imágenes de las criaturas marinas microscópicas de Haeckel como inspiración para la Puerta Monumental[106], la enorme puerta metálica creada para la feria. El año anterior, Binet había escrito a Haeckel para decirle que «toda la puerta —desde el detalle más pequeño hasta el diseño general— está inspirada en sus estudios»[107]. La feria dio al Art Nouveau fama mundial, y casi 50 millones de visitantes pudieron recorrer a pie el magnífico radiolario de Haeckel.

Binet publicó años después un libro llamado *Esquisses Décoratives* [Esbozos decorativos] que mostraba cómo trasladar las ilustraciones de Haeckel a la decoración de interiores. Medusas tropicales se convertían en lámparas, organismos unicelulares servían de interruptores de la luz e imágenes microscópicas de tejidos celulares se transformaban en dibujos para papeles pintados. Los arquitectos y diseñadores, instaba Binet, debían «recurrir al gran laboratorio de la naturaleza»[108].

Los corales, las medusas y las algas entraron en casa, y la sugerencia medio en broma que le había hecho Haeckel a Allmers cuatro décadas antes de usar sus dibujos de radiolarios de Italia para inventar un estilo

 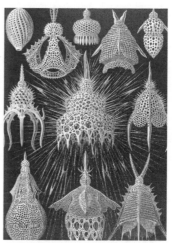

La puerta monumental de Binet para la Feria Universal de París en 1900

Los radiolarios de Haeckel que inspiraron la puerta de Binet, en particular los de en medio

nuevo se hizo realidad. En Jena, Haeckel llamó su casa Villa Medusa*, por su amado animal, y la decoró en consecuencia. El rosetón del techo del comedor, por ejemplo, estaba basado en su propio dibujo de una medusa que había descubierto en Sri Lanka.

Haeckel pensaba que, a medida que la humanidad desmantelaba el mundo natural en partes cada vez más pequeñas —hasta llegar a las células, moléculas, átomos y electrones—, era necesario conciliar ese mundo fragmentado[109]. Humboldt siempre había hablado de la unidad de la naturaleza, pero Haeckel fue más allá. Se volvió ardiente defensor del «monismo», la idea de que no existía ninguna división entre el mundo orgánico y el inorgánico. El monismo iba expresamente en contra del concepto de una dualidad entre la mente y la materia. Esa idea de unidad sustituía a Dios, y, de esa forma, el monismo se convirtió en la más importante seudorreligión a comienzos del siglo XX[110].

---

* Haeckel construyó su villa exactamente en el mismo sitio en el que Goethe dibujó la casa de campo de Friedrich Schiller en 1810. Desde su ventana, podía ver, al otro lado del pequeño río Leutra, aquella vieja casa, en la que los hermanos Humboldt, Goethe y Schiller pasaron muchas veladas a principios del verano de 1797.

Diseños de interruptores eléctricos de
Binet, muy inspirados en los dibujos
de Haeckel

Dibujo hecho por Haeckel de la medusa
pintada en el techo de Villa Medusa

Haeckel explicó los fundamentos filosóficos de esta visión del mundo en su libro *Welträthsel* [El enigma del universo], que se publicó en 1899, el mismo año que el primer folleto de su serie *Kunstformen der Natur*. Tuvo un enorme éxito de ventas en todo el mundo, con 450.000 ejemplares vendidos solo en Alemania[111]. *Welträthsel* se tradujo a 27 lenguas, entre ellas, sánscrito, chino y hebreo, y se convirtió en el libro de divulgación científica más popular de la época. En él, Haeckel hablaba del alma, el cuerpo y la unidad de la naturaleza; del conocimiento y la fe; de ciencia y religión. Se convirtió en la biblia del monismo.

Haeckel decía que la diosa de la verdad vivía en «el templo de la naturaleza»[112]. Las grandiosas columnas de la «iglesia» monística eran esbeltas palmeras y árboles tropicales entretejidos de lianas, decía, y en vez de altares tendría acuarios llenos de delicados corales y peces de colores. Del «vientre de nuestra Madre Naturaleza»[113], proclamaba, fluye un torrente de «bellezas eternas» que no se seca jamás.

También creía que la unidad en la naturaleza podía expresarse a través de la estética[114]. En su opinión, ese arte lleno de naturaleza evocaba un nuevo mundo. Como ya había dicho Humboldt en su «brillante *Kosmos*»[115], escribió Haeckel, el arte era una de las herramientas educativas más importantes, porque fomentaba el amor a la naturaleza. Lo que Humboldt llamaba «la contemplación científica y estética»[116] del mundo natural, insistía ahora Haeckel, era esencial para comprender el universo, y esa apreciación fue lo que se convirtió en «una religión natural».

Haeckel pensaba que, mientras hubiera científicos y artistas, los sacerdotes y las catedrales serían innecesarios.

El volcán Chimborazo, en el actual Ecuador, estaba considerado como la montaña más alta del mundo cuando Humboldt hizo su ascensión en 1802. El Chimborazo inspiró a Simón Bolívar un poema sobre la liberación de las colonias españolas en América Latina

Alexander von Humboldt y Aimé Bonpland recogiendo plantas al pie del Chimborazo

Humboldt hablando con uno de los indígenas en Turbaco (en la actual Colombia), de camino a Bogotá

Humboldt y su pequeño equipo en el volcán Cayambe, cerca de Quito

*Este cuadro de Humboldt y Bonpland en una cabaña en la selva se completó
en 1856, cuando habían pasado más de cincuenta años desde su expedición.
A Humboldt no le gustó porque los instrumentos mostrados
no correspondían a la realidad*

*Thomas Jefferson en 1805, justo
después de conocer a Humboldt
en Washington D. C. A diferencia de los retratos de George
Washington, más majestuosos,
el de Jefferson es deliberadamente
«rústico» para transmitir una
imagen de sencillez*

El espectacular Naturgemälde de Humboldt, de 90 por 60 centímetros, que incluyó en su Ensayo sobre la geografía de las plantas

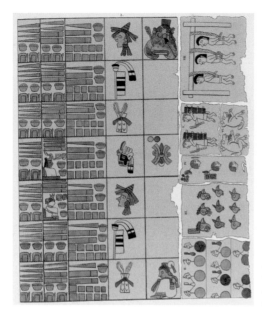

Fragmento de un antiguo manuscrito azteca que Humboldt adquirió en México

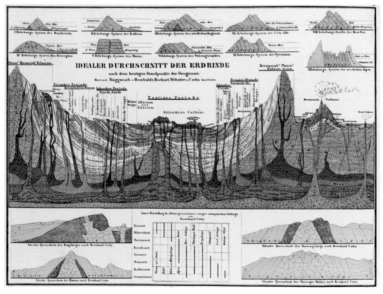

Este mapa, tomado de un atlas no autorizado que ilustraba el Cosmos *de Humboldt, muestra los estratos fósiles a través de las eras terrestres, así como las conexiones subterráneas de los volcanes*

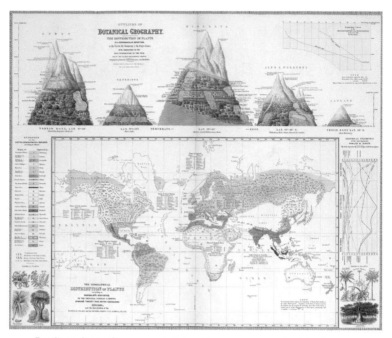

Despliegue de un atlas que acompañaba a Cosmos *y que muestra diferentes zonas de vegetación y familias de plantas en todo el planeta*

El pintor estadounidense Frederic Edwin Church siguió los pasos de Humboldt por Sudamérica y aunó los detalles científicos con las imágenes panorámicas. La exhibición de su magnífico cuadro de 1,5 por 3 metros The Heart of the Andes *[El corazón de los Andes] causó sensación; cuando Church se disponía a enviar la pintura a Berlín, le llegó la noticia de que Humboldt acababa de fallecer*

Humboldt en 1843, dos años antes de publicar el primer volumen de Cosmos

Según Humboldt, esta ilustración era una representación muy fiel de la biblioteca en su piso de Berlín, en Oranienburger Straße. Recibía a sus numerosos visitantes o en la biblioteca o en el estudio, que se ve a través de la puerta

Dibujos de medusas de Ernst Haeckel. Designó la gran medusa del centro, Desmonema Annasethe, *con el nombre de su mujer, Anna Sethe. El pie que acompañaba el dibujo decía que le debía «los años más felices de su vida».*

El valle de Yosemite, en California. John Muir llamaba a Sierra Nevada «La cordillera de la luz»

23. Preservacionismo y Naturaleza

John Muir y Humboldt

Humboldt siempre fue un caminante, desde sus paseos de infancia en los bosques de Tegel hasta su travesía de los Andes. Incluso a los sesenta años, impresionó a sus compañeros de viaje en Rusia con su resistencia, capaz de andar y escalar durante horas. Viajar a pie, decía, le mostraba la poesía de la naturaleza. Sentía la naturaleza moviéndose a través de ella.

A finales de verano de 1867, ocho años después de la muerte de Humboldt, un joven de veintinueve años, John Muir, hizo la maleta y dejó Indianápolis para dirigirse al mismo lugar en el que había estado trabajando los quince meses anteriores, Sudamérica. Muir llevaba poco equipaje: un par de libros, jabón y una toalla, una prensa de plantas, unos cuantos lápices y un cuaderno[1]. No llevaba más vestimenta que la que tenía puesta y alguna muda de ropa interior. Iba vestido con sencillez pero pulcro. Alto y delgado, Muir era un hombre atractivo, con el cabello ondulado de color castaño y unos ojos azules que observaban constantemente su entorno[2]. «Cuánto deseo ser un Humboldt»[3], decía, movido por su desesperado deseo de ver «los Andes nevados y las flores del ecuador»[4].

Una vez dejada atrás la ciudad de Indianápolis, Muir se detuvo bajo un árbol y desplegó su mapa de bolsillo para planear la ruta hasta Florida, desde donde esperaba encontrar un barco a Sudamérica. Sacó el cuaderno vacío y escribió en la primera página: «John Muir, planeta Tierra, Universo»[5]: una reafirmación de su lugar en el cosmos de Humboldt.

Nacido y criado en Dunbar, en la costa este de Escocia, John Muir pasó su niñez en el campo y la costa rocosa. Su padre era un hombre muy religioso que había prohibido cualquier cuadro, adorno o instrumento musical dentro de casa. Para compensar, la madre de Muir había encontrado la belleza en el jardín, mientras los niños corrían por el campo. «Me gustaba todo lo salvaje»[6], explicaba Muir al recordar cómo escapaba de un padre que le obligaba a recitar enteros el Antiguo y el Nuevo Testamento «de memoria y a palos»[7]. Cuando no estaba al aire libre, Muir leía sobre los viajes de Alexander von Humboldt y soñaba que iba a lugares exóticos[8].

Cuando tenía once años, la familia emigró a Estados Unidos. Su devoto padre despreciaba cada vez más a la Iglesia de Escocia y confiaba en encontrar libertad para sus creencias religiosas en América[9]. Daniel Muir quería vivir conforme a la verdad pura de la Biblia, sin interferencias de la religión organizada, y ser su propio sacerdote. De modo que la familia compró unas tierras y se estableció en Wisconsin. Muir caminaba por bosques y praderas cada vez que podía zafarse del trabajo en la granja, y se dedicaba a alimentar unos sueños viajeros que le acompañarían toda la vida[10]. En enero de 1861, con veintidós años, se matriculó en el «programa científico» de la Universidad de Wisconsin, en Madison[11]. Allí conoció a Jeanne Carr, una botánica de talento, casada con uno de sus profesores. Carr animó a Muir en sus estudios de botánica y puso su biblioteca a su disposición. Se hicieron buenos amigos y más tarde mantuvieron una animada correspondencia[12].

Mientras Muir descubría la pasión por la botánica en Madison, la guerra de Secesión desgarraba el país, y en marzo de 1863, dos años casi exactos después de los primeros disparos en Fort Sumter, el presidente Abraham Lincoln firmó la primera ley de alistamiento obligatorio. A Wisconsin le correspondía reclutar a 40.000 hombres, y los estudiantes en Madison hablaban sobre todo de armas, guerra y cañones. Escandalizado por la disposición de sus compañeros a «asesinar»[13], Muir no tenía ninguna intención de participar.

Un año después, en marzo de 1864, Muir salió de Madison y, para evitar ser reclutado, cruzó la frontera con Canadá, su nueva «universidad de la naturaleza»[14]. Durante los dos años siguientes, vagó por el campo, trabajando aquí y allí cuando necesitaba dinero. Tenía talento para inventar cosas[15] y construía máquinas y herramientas para aserraderos, pero su sueño era todavía seguir los pasos de Humboldt[16]. Siempre que podía, emprendía largas excursiones, al lago Ontario y hacia las cataratas de Niágara, entre otros sitios. Vadeaba ríos y ciénagas, recorría densos bosques y buscaba plantas que recolectaba, prensaba y secaba para su herbario, cada vez más abundante. Estaba tan obsesionado con sus especímenes que una familia con la que se alojó y trabajó durante un mes, en una granja al norte de Toronto, le apodaba «el botánico»[17]. Mientras sorteaba raíces enredadas y ramas colgantes, Muir pensaba en las descripciones de Humboldt sobre «las selvas inundadas del Orinoco»[18]. Y sentía «una sencilla relación con el Cosmos»[19] que le acompañaría el resto de su vida.

En la primavera de 1866, cuando un incendio destruyó el aserradero en el que trabajaba, en Meaford, sobre la orilla canadiense del lago Hurón, Muir empezó a pensar en serio en su país. La guerra había terminado el verano anterior después de cinco largos años de lucha, y Muir estaba listo para regresar[20]. Empacó sus escasas pertenencias y estudió un mapa. ¿Dónde ir? Decidió probar suerte en Indianápolis porque era un nudo ferroviario y supuso que habría allí muchas fábricas en las que podría encontrar trabajo. Y, sobre todo, la ciudad estaba «en el corazón de uno de los bosques más ricos en árboles caducifolios del continente»[21]. Allí podría compaginar la necesidad de ganarse la vida con su pasión por la botánica.

Muir encontró trabajo en una planta de Indianápolis que producía ruedas de carro y otras piezas para carruajes. El puesto era temporal, porque su plan era trabajar y ahorrar suficiente dinero para seguir la huella de Humboldt en «un viaje botánico»[22] por Sudamérica. Entonces, en marzo de 1867, cuando Muir estaba intentando acortar la correa de cuero en una sierra circular de la fábrica, sus planes sufrieron una brusca interrupción. Mientras quitaba los puntos que sujetaban la correa con el extremo puntiagudo de una lima de metal, esta se le escapó, le golpeó la cabeza y le penetró en el ojo derecho. Cuando puso la mano bajo el ojo herido, le goteó líquido en la palma, y su visión se desvaneció[23].

Al principio no fue más que el ojo derecho, pero al cabo de unas horas Muir perdió la vista también en el otro. Se vio envuelto en la oscuridad. Aquel instante cambió todo. Durante años, había vivido «en un resplandor, con las gloriosas visiones de la flora tropical»[24], pero de pronto los colores de Sudamérica parecieron quedar fuera de su alcance para siempre. Durante varias semanas estuvo tendido en una habitación a oscuras para descansar, y los chicos del vecindario le visitaban y le leían libros. Para asombro de su médico, sus ojos se recuperaron poco a poco. Al principio, pudo distinguir las siluetas de los muebles de la habitación, y luego empezó a reconocer rostros. Después de cuatro semanas de convalecencia, era capaz de ver las letras y salió a dar su primer paseo. Cuando recobró la vista por completo, decidió que nada le iba a impedir ir a Sudamérica a ver «la vegetación tropical en toda su gloria llena de palmeras»[25]. El 1 de septiembre, seis meses después de su accidente y tras una visita a Wisconsin para despedirse de sus padres y hermanos, Muir colgó su diario del cinturón con un trozo de cuerda, se echó al hombro su pequeña bolsa y su prensa de plantas, y se dispuso a recorrer los 1.600 kilómetros desde Indianápolis hasta Florida[26].

En su camino hacia el sur, Muir atravesó un país devastado. La guerra de Secesión había dejado en ruinas las infraestructuras —carreteras, fábricas, ferrocarriles—, y muchas granjas olvidadas y abandonadas estaban en ruinas. La guerra había destruido la riqueza del sur y la nación seguía profundamente dividida. En abril de 1865, cuando faltaba menos de un mes para el final de la guerra, Lincoln había muerto asesinado, y su sucesor, Andrew Johnson, estaba teniendo dificultades para unir al país. Aunque la esclavitud se había abolido y, un mes antes de que Muir saliera de Indianápolis, habían votado los primeros afroamericanos en las elecciones a gobernador de Tennessee, los esclavos liberados no recibían trato de iguales.

Muir evitó las ciudades y los pueblos[27]. Quería estar en la naturaleza. Algunas noches dormía en el bosque y se despertaba con el coro de las aves al amanecer; otras, encontraba refugio en un establo, en alguna granja. En Tennessee ascendió su primera montaña[28]. Ante él se extendían los valles y las laderas boscosas, en un paisaje ondulado que despertaba su admiración. Durante el viaje, Muir empezó a interpretar las montañas y las zonas de vegetación a través de Humboldt, a notar que las plantas que conocía del norte crecían aquí en las zonas más altas y frías, mientras que las que se encontraban en los valles eran claramente meridionales y desconocidas. Las montañas, comprendió, eran como «carreteras por las que las plantas del norte extienden sus colonias hacia el sur»[29].

Durante sus 45 días de caminata a través de Indiana, Kentucky, Tennessee, Georgia y por fin Florida, las ideas de Muir empezaron a cambiar. Fue como si, con cada kilómetro que se alejaba de su vieja vida, se acercara a Humboldt. Cada vez que recolectaba plantas, observaba insectos y se acostaba en suelos boscosos cubiertos de musgo, Muir experimentaba el mundo natural de una forma nueva. Si antes coleccionaba ejemplares concretos para su herbario, ahora empezó a ver las conexiones entre unos y otros. Todo era importante en el gran enredo de la vida. No existía ningún «fragmento»[30] desconectado, pensó. Los organismos más diminutos pertenecían a esa red tanto como los seres humanos. «¿Por qué debería considerarse el hombre más valioso que una partícula infinitamente pequeña de la gran unidad de la creación?»[31], se preguntaba. «El cosmos», decía, empleando el término de Humboldt, estaría incompleto sin el hombre, pero también sin «la más mínima criatura transmicroscópica»[32].

En Florida, Muir sufrió un ataque de malaria pero, después de recobrarse durante varias semanas, subió a un barco con destino a Cuba. Los pensamientos sobre «las gloriosas montañas y los campos de flores»[33] del trópico le habían sostenido durante sus fiebres, pero todavía estaba débil. En Cuba se encontraba demasiado enfermo para explorar la isla que había sido el hogar de Humboldt durante muchos meses. Exhausto por los brotes recurrentes, Muir no tuvo más remedio que abandonar, muy a su pesar, sus planes de ir a Sudamérica y decidió viajar a California[34], donde confiaba en que el clima, más suave, le restableciera la salud.

En febrero de 1868, apenas un mes después de llegar, Muir dejó Cuba para ir a Nueva York, donde encontró un billete barato para ir a California. La forma más rápida y segura de ir de la costa este a la costa oeste no era por tierra, a través del país, sino en barco. Por 40 dólares, Muir compró un billete de tercera clase que le llevó de nuevo hacia el sur, hasta Colón, en la costa caribeña de Panamá. Desde allí hizo en tren los 80 kilómetros a través del istmo hasta Ciudad de Panamá, en la costa del Pacífico, y vio la selva tropical por primera vez, pero solo desde el vagón del tren*. Los árboles, adornados de flores moradas, rojas y amarillas, pasaban ante sus ojos «a una velocidad cruel»[35], lamentó Muir, y él no podía hacer «más que mirar desde la plataforma del tren y llorar». No tenía tiempo de una exploración botánica, porque tenía que coger su goleta en Ciudad de Panamá.

---

* El sueño de Humboldt de un canal a través del istmo de Panamá no se había hecho aún realidad. En su lugar, un tren cruzaba la estrecha franja de tierra desde Colón hasta Ciudad de Panamá. Terminado trece años antes, en 1855, lo habían utilizado decenas de miles de personas para viajar a California durante la fiebre del oro.

El 27 de marzo de 1868, un mes después de salir de Nueva York, Muir llegó a San Francisco, en la costa oeste de Estados Unidos. Aborreció la ciudad. En las dos décadas anteriores, la fiebre del oro había convertido un pequeño centro de 1.000 habitantes en una bulliciosa metrópolis de 150.000 personas. Junto a los que pretendían probar su suerte habían llegado también banqueros, comerciantes y empresarios. Había ruidosas tabernas y tiendas bien abastecidas, además de almacenes y numerosos hoteles. El primer día, Muir preguntó a un transeúnte por dónde se salía de la ciudad. El hombre le preguntó a dónde quería ir, y él respondió: «A cualquier sitio que sea salvaje»[36].

Y lo encontró. Después de una noche en San Francisco, Muir salió caminando hacia Sierra Nevada, la cordillera que se extiende 650 kilómetros de norte a sur por California (y en algunas de sus partes orientales, por Nevada), aproximadamente a 260 kilómetros del Pacífico y en paralelo a la costa. Su cumbre más alta mide casi 4.500 metros y en medio de las montañas se encuentra el valle de Yosemite, a unos 290 kilómetros al este de San Francisco. El valle está rodeado por inmensas rocas de granito con paredes de vértigo y es famoso por sus árboles y sus cascadas.

Para llegar a Sierra Nevada, Muir tenía que atravesar el vasto Valle Central, que es una gran llanura que llega hasta la cordillera. Mientras caminaba entre la alta hierba y las flores, pensó que era como «un Edén de uno a otro extremo»[37]. El Valle Central parecía un inmenso lecho de flores, una alfombra de color desplegada bajo sus pies. Todo iba a cambiar en décadas posteriores, a medida que la agricultura y el riego lo convirtieran en la mayor zona hortofrutícola del mundo. Muir lamentaría posteriormente que hubieran «arado y pastado hasta la desaparición»[38] aquella gran pradera silvestre.

Mientras caminaba hacia las montañas, evitando las carreteras y los poblados, Muir se sumergió en un colorido y un aire tan deliciosos, dijo, que tenían «dulzor suficiente para el aliento de los ángeles»[39]. A lo lejos, las cumbres blancas de la sierra relucían como si estuvieran hechas de pura luz, «como el muro de una ciudad celestial»[40]. Cuando, por fin, entró en el valle de Yosemite —de unos 11 kilómetros de largo—, se sintió abrumado por su belleza y su carácter salvaje.

Las altas rocas graníticas que envolvían el valle eran espectaculares. Half Dome, de casi 1.500 metros de alto, era la más alta, y parecía un centinela vigilante. La cara que daba al valle era totalmente vertical, y la otra estaba redondeada: una cúpula cortada por la mitad. Igualmente asombroso era El Capitan, con una pared que se elevaba más de 900 metros sobre el valle (que, a su vez, está a 1.200 metros sobre el nivel del mar). El Capitan es tan escarpado que su escalada sigue siendo hoy uno de los mayores retos para los alpinistas. El valle rodeado de paredes perpendiculares de granito daba la impresión de que alguien había recortado las rocas.

Era el momento del año perfecto para llegar a Yosemite, porque las nieves fundidas habían llenado las numerosas cascadas que caían sobre las rocas y que parecían «brotar directamente del cielo»[41], pensó Muir. De vez en cuando se veían arcoíris que parecían danzar en la espuma[42]. La cascada de Yosemite descendía por una estrecha hendidura de más de 750 metros, la más alta de Norteamérica. Había pinos en el valle y pequeños lagos que reflejaban el paisaje en sus superficies de espejo.

Compitiendo con esta espectacular imagen estaban las antiguas secuoyas *(Sequoiadendron giganteum)* de Mariposa Grove, a unos 32 kilómetros al sur del valle. Altos, rectos y solemnes, aquellos gigantes parecían pertenecer a otro mundo. Eran tan específicos del lugar que solo se encontraban en la vertiente oeste de la sierra. Algunas secuoyas de Mariposa Grove llegaban a medir casi 90 metros y tenían más de 2.000 años. Las secuoyas, los mayores árboles de tronco único que existen, están entre los seres vivos más antiguos del planeta. Son unas columnas majestuosas de corteza rojiza con estrías verticales y sin ramas bajas; los árboles de más edad se extienden hacia el cielo y parecen aún más viejos de lo que son. Muir no había visto ningún árbol similar. Gritó ante lo que veía y corrió de una secuoya a otra.

Muir pasaba de estar tumbado boca abajo, separando las hierbas de la pradera para ver lo que llamaba «el inframundo de los musgos»[43], poblado por ajetreadas hormigas y escarabajos, a intentar entender cómo podía haberse creado el valle de Yosemite. Cambiaba su foco de lo diminuto a lo grandioso. Estaba viendo la naturaleza a través de los ojos de Humboldt, imitando su situación cuando se sentía atraído por los majestuosos escenarios de los Andes, pero también era capaz de contar 44.000 flores arracimadas en un árbol de la selva[44]. Ahora Muir contó «165.913»[45] flores en una yarda cuadrada*, al tiempo que gozaba del «brillante arco celestial»[46]. Lo grande y lo pequeño estaban entretejidos.

---

* 0,83 metros cuadrados *[N. de la T.]*.

«Cuando tratamos de destacar algo por sí solo, descubrimos que está enganchado a todo lo demás en el universo»[47], escribió Muir más tarde en su libro *My First Summer in the Sierra* [Mi primer verano en la Sierra]. Esa era una idea sobre la que volvió una y otra vez. Cuando escribía cosas como «mil cuerdas invisibles»[48], «innumerables cuerdas irrompibles» y «las que no pueden romperse», estaba dando vueltas a un concepto de la naturaleza en el que todo estaba relacionado. Cada árbol, flor, insecto, ave, río o lago parecía invitarle a «aprender algo de su historia y sus relaciones»[49], y los mejores logros de su primer verano en Yosemite, dijo, fueron «las lecciones de unidad e interrelación»[50]*.

Muir quedó tan encantado con Yosemite que volvió en muchas ocasiones, todas las que pudo, durante los años siguientes[51]. A veces se quedaba allí meses, otras, solo unas semanas. Cuando no estaba escalando, caminando y observando en la Sierra, hacía trabajos sueltos en el Valle Central, en las estribaciones de la cordillera o en el propio Yosemite. Trabajó como pastor en las montañas, como peón en un rancho y en un aserradero de Yosemite. Una temporada, cuando estaba allí, se construyó una pequeña cabaña por la que pasaba un arroyo que borboteaba suavemente de noche[52]. En el interior crecían helechos y las ranas saltaban por el suelo; no había diferencias entre dentro y fuera. Cada vez que podía, Muir desaparecía en las montañas, para «gritar entre las cumbres»[53].

En la Sierra, el mundo se volvía cada vez más visible, decía, «cuanto más lejos y más alto»[54]. Anotaba y documentaba sus observaciones, dibujaba y recogía ejemplares, pero también subía a las cumbres, lo más arriba posible. Iba de una cima a un cañón, de un cañón a una cima, comparando y midiendo, reuniendo datos para comprender la creación de Yosemite.

A diferencia de los científicos que en esa época estaban llevando a cabo el estudio geológico de California y que creían que el valle había surgido como consecuencia de unas erupciones cataclísmicas, Muir fue el primero en darse cuenta de que los glaciares —los gigantes de hielo que se movían lentamente— lo habían excavado durante miles de años[55]. Muir empezó a interpretar las huellas y cicatrices que los glaciares habían

---

* Muir marcó en su ejemplar de *Cuadros de la naturaleza* las partes en las que Humboldt hablaba de «la armoniosa cooperación de las fuerzas» y «la unidad de todas las fuerzas vitales de la naturaleza», además de la famosa afirmación de que «la naturaleza es sin duda un reflejo de la totalidad».

dejado en las rocas. Cuando encontró un glaciar vivo, colocó unas estacas en el hielo[56] y vio que se habían trasladado varios centímetros en un periodo de 46 días, lo cual le sirvió para demostrar su teoría de la formación de Yosemite. Se había convertido en un «congelador», explicó. «No tengo nada que enviar más que cosas congeladas o que se pueden congelar»[57], le escribió a Jeanne Carr. Aunque todavía deseaba ver los Andes, decidió que no se iría de California mientras Sierra Nevada siguiera «confiando en mí y hablando conmigo»[58].

En Yosemite, Muir reflexionó también sobre el concepto de distribución de las plantas de Humboldt. En la primavera de 1872, exactamente tres años después de su primera visita, esbozó la migración de las plantas árticas a lo largo de miles de años de las llanuras en el Valle Central a los glaciares de la Sierra. Su pequeño dibujo mostraba la posición de las plantas, explicaba, «al principio de la primavera glacial»[59], pero también la situación en la que crecían ahora, cerca de la cima. Era un dibujo que es heredero del *Naturgemälde* de Humboldt y de la nueva convicción de Muir de que la botánica, la geografía, el clima y la geología estaban estrechamente unidos.

Muir disfrutaba de la naturaleza de forma intelectual, emocional y visceral. Su entrega a la naturaleza era, en sus propias palabras, «incon-

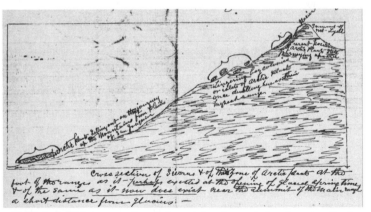

El dibujo de Muir muestra el movimiento de las plantas árticas durante miles de años. Ofrece tres posiciones: en las llanuras, «al comenzar su ascenso de las montañas»; más arriba, donde algunas todavía «permanecen», y cerca de la cumbre, «la posición reciente de las plantas árticas, y siguen subiendo»

dicional»[60], y le hacía despreciar alegremente los riesgos. Una tarde, por ejemplo, subió a un repecho peligrosamente alto detrás de la Cascada Superior para investigar lo que pensó que podía ser una huella dejada por un glaciar[61]. Se resbaló y se cayó, pero consiguió agarrarse a una pequeña roca que sobresalía. Aguantó agazapado detrás de la cascada, a unos 150 metros de altura, mientras el chorro implacable le empujaba contra la pared. Estaba empapado y casi en un trance. Cuando consiguió bajar era noche cerrada, pero salió eufórico, bautizado, dijo, por el agua.

Muir se sentía a gusto en las montañas. Saltaba por laderas heladas «con paso tan seguro como una cabra montés»[62], decía un amigo, y trepaba a los árboles más altos. Recibía las tormentas de invierno con entusiasmo. Cuando, en la primavera de 1872, unos fuertes temblores sacudieron Yosemite y su cabaña, Muir salió corriendo y gritando: «¡Un noble terremoto!»[63]. Al ver las enormes rocas de granito que caían, pensó que sus teorías sobre la montaña cobraban vida. «La destrucción —dijo— es siempre creación»[64]. Eso era hacer un descubrimiento. ¿Cómo podía encontrarse la verdad sobre la naturaleza en un laboratorio?

Durante los primeros años en California, Muir escribía cartas entusiastas a sus amigos y familiares, pero también guiaba a los visitantes por el valle. Cuando Jeanne Carr, su vieja amiga y protectora en la universidad, se mudó de Madison a California con su marido, puso a Muir en contacto con muchos científicos, artistas y escritores. Era un hombre fácil de reconocer, escribió Muir, los visitantes no tenían más que buscar al «más bronceado, encorvado y tímido»[65]. Recibió a científicos de todo Estados Unidos.

Allí fueron los respetados botánicos Asa Gray y John Torrey, así como el geólogo Joseph LeConte[66]. Al mismo tiempo, Yosemite estaba empezando a ser una atracción turística, y pronto hubo centenares de visitantes. En junio de 1864, tres años antes de que llegara Muir, el Gobierno de Estados Unidos había cedido el valle de Yosemite al estado de California como parque «para uso, descanso y recreo público»[67]. A medida que avanzaba la industrialización, cada vez más personas iban a vivir a las ciudades, y algunas empezaban a notar la pérdida de la naturaleza en sus vidas. Llegaban a Yosemite a caballo, con los animales cargados de todas las comodidades de la civilización. Con su ropa llamativa, escribió Muir, eran como «bichos»[68] de colores entre las rocas y los árboles.

Uno de los visitantes fue el viejo mentor de Henry David Thoreau, el famoso poeta y escritor trascendentalista Ralph Waldo Emerson, al que Jeanne Carr había aconsejado que conociera a Muir[69]. Los dos pasaron juntos unos días, durante los que Muir, que acababa de cumplir treinta y tres años, mostró a Emerson, que tenía ya setenta, sus dibujos y su herbario, el valle y sus queridas secuoyas en Mariposa Grove. Pero se sintió decepcionado cuando, en lugar de acampar bajo el cielo raso, Emerson prefirió pasar las noches en una de las cabañas de madera en el valle, en las que los turistas podían alquilar habitaciones. La insistencia de Emerson de dormir en interiores «no decía nada bueno»[70], aseguró el joven, del «glorioso trascendentalismo».

Sin embargo, Emerson se quedó tan impresionado por los conocimientos de Muir y su amor a la naturaleza que quiso que se incorporara al claustro de profesores de la Universidad de Harvard, donde él había estudiado y a veces pronunciaba alguna conferencia. Muir se negó. Era demasiado salvaje para la formalidad de la costa este, «demasiado envuelta en niebla para ser buena leña y arder bien en sus perfectos hornos educativos»[71]. Muir soñaba con los espacios abiertos. «La soledad —le advirtió Emerson— es una amante sublime, pero una esposa intolerable»[72]; sin embargo, Muir no cedió. Le encantaba el aislamiento. ¿Cómo podía sentirse solo cuando estaba en diálogo constante con la naturaleza?[73]

Y era un diálogo que se desarrollaba a muchos niveles. Como Humboldt y Thoreau, Muir estaba convencido de que, para entender la naturaleza, los propios sentimientos eran tan importantes como los datos científicos[74]. Aunque en un principio tenía la intención de comprender el mundo natural a través de la botánica, se había dado cuenta enseguida que ese podía ser un enfoque muy limitado. La descripción de texturas, colores, sonidos y olores se convirtió en un rasgo distintivo de los artículos y libros que escribió posteriormente para un público no científico. Pero ya en las cartas y los diarios de sus primeros años en Yosemite, la relación profundamente sensual de Muir con la naturaleza se desprendía casi de cada página. «Estoy en los bosques, bosques, bosques, y ellos están en mííííí»[75], escribía, o bien «ojalá estuviera tan borracho y secuóyico», con la fuerza de los árboles gigantescos convertida en adjetivo evocador.

Las sombras de las hojas en una roca «danzaban, bailaban un vals en rápidos y alegres remolinos»[76], y los arroyos borboteantes «cantaban». La naturaleza hablaba con Muir. Las montañas le instaban a «subir más arriba»[77], escribía, y las plantas y los animales gritaban por la mañana: «Despierta, despierta, alégrate, alégrate, ven a amarnos y canta con nosotros. ¡Ven! ¡Ven!». Hablaba con las cascadas y las flores. En una carta a Emerson describía cómo había preguntado a dos violetas lo que pensaban del terremoto, y que ellas le habían contestado: «Es todo Amor»[78]. El mundo que descubrió Muir en Yosemite estaba animado y lleno de vida. Era la naturaleza de Humboldt como organismo vivo[79*].

Muir escribió sobre «el aliento de la Naturaleza»[80] y «los latidos del gran corazón de la Naturaleza». Insistía en que formaba «parte de la Naturaleza salvaje»[81]. A veces se sentía tan unido a ella que el lector tiene que adivinar a qué se refiere: «Cuatro días de abril sin nubes, llenos en todos los poros y rendijas de puro sol»[82]: ¿los poros y grietas de Muir, o los del paisaje?

Lo que en Humboldt era una respuesta emocional, para Muir se convirtió también en un diálogo espiritual. Donde el alemán veía una fuerza creadora interna, el estadounidense encontró una mano divina. Muir descubrió a Dios en la naturaleza, pero no a un Dios que resonaba desde los púlpitos de las iglesias. Sierra Nevada era su «templo montañoso»[83], en el que las rocas, las plantas y el cielo eran las palabras de Dios y podían leerse como un manuscrito divino. El mundo natural abría «mil ventanas para mostrarnos a Dios»[84], escribió durante su primer verano en Yosemite, y cada flor era un espejo que reflejaba la mano del Creador. Muir decidió predicar la naturaleza como un «apóstol»[85].

Muir no solo había entablado una conversación con la naturaleza sino también con Humboldt. Tenía ejemplares de varios de sus libros, *Personal Narrative, Cuadros de la naturaleza* y *Cosmos,* con cientos de anotaciones hechas a lápiz. Leía con gran interés sobre las tribus indígenas que había encontrado Humboldt en Sudamérica y para los que la naturaleza era sagrada. Le fascinaban las descripciones de las tribus que castigaban severamente «la violación de estos monumentos de la naturaleza»[86] y las que no tenían «más culto que el de los poderes de la naturaleza»[87]. Su dios estaba en la selva, como el de Muir. Si Humboldt hablaba de los «santuarios sagrados»[88] de la naturaleza, Muir lo transformó en el «sanctasanctórum de las Sierras»[89].

---

[*] Humboldt había explicado que todo estaba lleno de vida: las rocas, las flores, los insectos, todo. En su ejemplar de *Cuadros de la naturaleza,* Muir subrayó los comentarios del autor sobre esa «profusión universal de vida» y las fuerzas orgánicas que estaban «constantemente actuando».

El índice de Muir en la última página de su ejemplar de los Cuadros de la
naturaleza *de Humboldt. Enumera temas como «influencias de los bosques» y
«bosques y civilización», y toma nota de las páginas que hablan del efecto de los
árboles en el clima, el suelo y la evaporación, así como la fuerza destructiva de la
agricultura y la deforestación*

Estaba tan obsesionado que incluso subrayaba las páginas que remitían
a Humboldt en sus ejemplares de los libros de Darwin y Thoreau[90]. Un
tema que le fascinaba en particular —como había fascinado a George
Perkins Marsh— era el de los comentarios de Humboldt sobre la deforestación y la función ecológica de los bosques[91].

Al observar el mundo a su alrededor, Muir comprendió que había que
hacer algo. El país estaba cambiando. Cada año, los estadounidenses dedicaban 60.000 kilómetros cuadrados más de tierras a campos de cultivo[92].
Con la aparición de las segadoras a vapor, las gavilladoras mecánicas y las
cosechadoras que cortaban, trillaban y limpiaban los cereales de forma
mecánica, la agricultura se había industrializado. El mundo parecía girar
cada vez más deprisa. En 1861, la comunicación se volvió casi instantánea
cuando el primer cable telegráfico transcontinental unió Estados Unidos

de un lado a otro, desde la costa del Atlántico hasta la del Pacífico. En 1869, el año del primer verano de Muir en Yosemite y en el que el mundo celebró el centenario del nacimiento de Humboldt, el primer ferrocarril transcontinental de Norteamérica llegó a la costa oeste. El tren llevaba cuarenta años transformando el país, y durante los primeros cinco años de Muir en California se añadieron 53.000 kilómetros más; en 1890, había casi 260.000 kilómetros de vías que recorrían todo Estados Unidos[93]. Las distancias parecían encoger al mismo tiempo que la naturaleza. Pronto no quedó más tierra que conquistar y explorar en el oeste. La última década del XIX fue la primera sin una frontera que descubrir. «La dura conquista de la naturaleza se ha completado»[94], diría el historiador estadounidense Frederick Jackson Turner en 1903.

El ferrocarril no solo proporcionó un rápido acceso a lugares remotos sino que impulsó la unificación de la «hora ferroviaria», que culminaría con la creación de cuatro husos horarios en Estados Unidos. La hora normalizada y los relojes sustituyeron al sol y la luna como método para medir nuestras vidas. Parecía que la humanidad estaba controlando la naturaleza y los estadounidenses estaban a la vanguardia. Tenían tierra que labrar, agua que aprovechar y madera que quemar. Todo el país construía, araba, removía y trabajaba. Con la rápida extensión del tren, se podían transportar las mercancías y los cereales con facilidad a través del inmenso continente. A finales del XIX, Estados Unidos era el principal país fabricante del mundo, y, a medida que los campesinos se trasladaban a las ciudades, la naturaleza desaparecía de la vida diaria.

En la década posterior a su primer verano en Yosemite, Muir se dedicó a escribir para «persuadir a la gente para que contemple la hermosura de la Naturaleza»[95]. Mientras redactaba sus primeros artículos, estudió los libros de Humboldt, *Man and Nature* de Marsh[96], y *Los bosques de Maine* y *Walden,* de Thoreau. En su ejemplar de *Los bosques de Maine* subrayó el llamamiento de Thoreau a crear «reservas nacionales»[97] y empezó a pensar en la protección de los espacios abiertos. Las ideas de Humboldt habían dado fruto. Además de que sus teorías hubieran influido en algunos de los principales pensadores, científicos y artistas, ellos a su vez se habían inspirado mutuamente. Juntos, Humboldt, Marsh y Thoreau proporcionaron el marco intelectual desde el que Muir observó el mundo cambiante que le rodeaba.

Muir consagró el resto de su vida a luchar por la protección de la naturaleza. *Man and Nature* había sido una llamada de atención para algunos,
pero, mientras Marsh había escrito un libro que defendía la protección
del medio ambiente sobre todo por el beneficio económico del país, Muir
publicó una docena de libros y más de trescientos artículos que hicieron
que la gente corriente se enamorara de la naturaleza. Muir quería que
contemplaran con veneración las montañas y los árboles gigantes. Para
lograr su objetivo, podía ser divertido, encantador y seductor. Recogió el
testigo de los escritos sobre la naturaleza de Humboldt, el creador de esa
nueva forma de escribir, que combinaba el pensamiento científico con
las emociones en presencia de la naturaleza. Humboldt había cautivado
a sus lectores, incluido Muir, y él se convirtió en un maestro del género.
«La naturaleza», decía Muir, era «una poeta»[98], y él solo tenía que dejarla
hablar a través de su pluma.

Muir era un gran comunicador. Tenía fama de hablar sin parar, reple-
to de ideas, datos, observaciones y su placer ante todo lo natural. «Nuestras frentes sentían el viento y la lluvia»[99], comentó un amigo después de
escuchar las historias de Muir. Sus cartas, diarios y libros eran apasionados,
llenos de descripciones que transportaban al lector a los bosques y las
montañas. En una ocasión, cuando escalaba una montaña con Charles
Sargent, el director del Arnold Arboretum de Harvard, Muir se sorprendió de que un hombre que sabía tanto de árboles pudiera conmoverse
tan poco por el magnífico escenario otoñal. Mientras él daba saltos y
cantaba, «regocijándose en todo ello»[100], Sargent permaneció «frío como
una roca». Cuando Muir le preguntó por qué, Sargent contestó: «Yo
no voy con el corazón en la mano». Pero Muir no aceptó su respuesta.
«A quién le importa dónde lleves tu corazoncito, hombre —replicó—,
estás delante del Cielo bajado a la tierra como si fueras un crítico del
universo, como si dijeras: "Venga, Naturaleza, muéstrame tu mejor cara:
soy de BOSTON"».

Muir vivía y respiraba la naturaleza. Una de sus primeras cartas —una
carta de amor a las secuoyas— la escribió con tinta hecha de su savia, y su
letra tiene todavía hoy el rojo reluciente del árbol. El membrete decía
«Ardillaburgo, Condado de Secuoya, hora de las nueces»[101], y después
continuaba: «El árbol rey y yo nos hemos jurado amor eterno». Cuando
hablaba de naturaleza, Muir no tenía ninguna inhibición. Quería predicar
al «triste mundo» sobre el bosque, la vida y la naturaleza. A los defrauda-

dos por la civilización, escribía, a los «enfermos o triunfadores, venid a beber la secuoya y seréis salvados».

Los libros y artículos de Muir desprendían una alegría tan jubilosa que inspiró a millones de estadounidenses y cambió su relación con la naturaleza. Escribía sobre «unos gloriosos espacios abiertos que parecían llamar con mil voces cantarinas»[102] y sobre árboles que en una tormenta «latían de música y vida»; su lenguaje era visceral y emocional. Atrapaba a sus lectores y los llevaba a los bosques, a montañas cubiertas de nieve, sobre cascadas asombrosas y detrás de ellas, y a través de praderas llenas de flores[103]*.

A Muir le gustaba presentarse como el hombre salvaje de las montañas. Sin embargo, después de sus primeros cinco años en la California rural y la Sierra, empezó a pasar los meses de invierno en San Francisco y la zona de su bahía para escribir sus artículos[104]. Alquilaba habitaciones a amigos y conocidos y seguían desagradándole las calles «estériles y sin abejas»[105] de la ciudad, pero allí conoció a los responsables de periódicos que le encargaron sus primeros textos. Después de todos esos años de agitación, las cartas que le escribían sus hermanos y hermanas desde Wisconsin, en las que le hablaban de matrimonios e hijos, hicieron que Muir empezara a pensar en su futuro[106].

Fue Jeanne Carr quien le presentó a Louie Strentzel en septiembre de 1874, cuando Muir tenía treinta y seis años[107]. Louie tenía veintisiete y era la única hija viva de un rico inmigrante polaco que poseía una gran propiedad con huerto y viñedo en Martinez, a 48 kilómetros al nordeste de San Francisco. Durante cinco años, Muir le escribió cartas y le hizo frecuentes visitas en su casa familiar, hasta que por fin se decidió. Se comprometieron en 1879 y se casaron en abril de 1880, unos días antes de que él cumpliera cuarenta y dos años. Se instalaron en el rancho de los Strentzel en Martinez, pero Muir continuó con sus escapadas a la naturaleza. Louie comprendió que tenía que dejar que su marido se fuera cuando se sentía «perdido y asfixiado en las necesidades agrícolas»[108]. Muir siempre volvía renovado e inspirado, dispuesto a pasar tiempo con su mujer y, más adelante, con sus dos hijas, a las que adoraba[109]. Solo en una ocasión le

---

* El único a quien desagradaban los escritos sobre naturaleza de Muir era a su estricto padre. Daniel Muir, que había dejado a su mujer en 1873 para unirse a una secta religiosa, escribió a John: «No puedes calentar el corazón del santo con tus frías montañas cubiertas de hielo».

acompañó Louie a Yosemite, y Muir subió con ella las montañas empujándola con un palo en la espalda; un gesto que él creyó considerado, pero un experimento que no volvió a repetirse[110].

Bosquejo de Muir empujando a Louie hacia arriba en Yosemite

Muir aceptó su papel como administrador de la granja, pero nunca le gustó. Cuando el padre de Louie falleció en 1890, dejó a su hija una fortuna de casi 250.000 dólares[111]. Decidieron vender parte de la tierra y contrataron a la hermana de Muir y su marido para que gestionaran la propiedad restante. Muir, que tenía ya más de cincuenta años, se alegró de verse relevado del trabajo diario en el rancho para poder concentrarse en temas más importantes.

Durante sus años al frente del rancho de los Strentzel en Martinez, Muir no había perdido la pasión por Yosemite. Alentado por Robert Underwood Johnson, director de la principal revista literaria mensual del país, *Century,* Muir comenzó su batalla por los espacios naturales[112]. Cada vez que visitaba el valle de Yosemite veía nuevos cambios. Aunque el valle

era un parque estatal, había bastante negligencia a la hora de hacer respetar las normas. California estaba gestionando mal Yosemite. Las ovejas
habían devorado la hierba en el valle hasta dejarlo yermo y había aloja-
mientos para turistas por todas partes. Muir advirtió también cuántas
flores habían desaparecido desde su primera visita a la Sierra, dos décadas antes. En las montañas, fuera de los límites del parque, habían talado muchas de sus amadas secuoyas para utilizar su madera. Tanta destrucción y tanto despilfarro le indignaban, y años después escribiría que
«sin duda, estos árboles producirían buena madera después de pasar por
el aserradero, igual que George Washington, después de pasar por las
manos de un buen cocinero francés, habría sido una buena comida»[113]*.

Impulsado sin descanso por Johnson, Muir convirtió su amor a la
naturaleza en activismo, y empezó a escribir y a hacer campaña para que
en Yosemite se creara un parque nacional como el de Yellowstone, en
Wyoming, el primero y hasta entonces único del país, que se había fundado en 1872. A finales del verano y en el otoño de 1890, Johnson presionó para que se creara el Parque Nacional de Yosemite ante la Cámara
de Representantes, en Washington, mientras los artículos de Muir en
Century garantizaban la popularización de la batalla, gracias a la difusión
nacional de la revista[114]. Lujosamente ilustrados con maravillosos grabados de los cañones, montañas y árboles de Yosemite, los artículos llevaban
a los lectores a los espacios silvestres de la Sierra. Los valles eran «calles
montañosas llenas de vida y luz»[115], las rocas de granito tenían los pies
en praderas de color esmeralda y «sus cejas» en el cielo. Las alas de las
aves, la mariposas y las abejas convertían «el aire en música» y las cascadas «se arremolinaban y danzaban». Las cataratas majestuosas formaban
espumas, se plegaban y se retorcían antes de caer al fondo, y las nubes
«florecían».

La prosa de Muir transportó la mágica belleza de Yosemite a los hogares de todo el país, pero al mismo tiempo advertía que estaba a punto
de quedar destruido por los aserraderos y las ovejas. Había una gran
franja de tierra que necesitaba protección, decía, porque los valles que

---

* Muir subrayó una idea similar en su ejemplar del libro de Thoreau *Los bosques de
Maine:* «Pero el pino no es más madera que el hombre, y convertirse en tableros y casa
no es pera él un uso más noble y genuino de lo que es para el hombre acabar despe-
dazado y convertido en abono... Un pino muerto deja de ser un pino, igual que el
cadáver de un hombre muerto deja de ser un hombre».

se ramificaban y los riachuelos que alimentaban el valle estaban tan relacionados con él como «los dedos con la palma de la mano». El valle no
era un «fragmento» separado, sino que pertenecía a la gran «unidad
armoniosa» de la naturaleza. Si se destruía una parte, las otras desapare-
cerían también.

En octubre de 1890, unas semanas después de que se publicaran los
artículos de Muir en *Century*, se creó el Parque Nacional de Yosemite[116],
con una extensión de 8.000 kilómetros cuadrados y bajo control federal
de Estados Unidos, en lugar del estado de California. Ahora bien, en
el centro del mapa del nuevo parque, como un gran vacío, estaba el
valle de Yosemite propiamente dicho, que quedaba bajo la gestión de
California.

Era un primer paso pero todavía quedaba mucho por hacer. Muir
estaba convencido de que el «Tío Sam»[117] —el Gobierno federal— era el
único con el poder suficiente para proteger la naturaleza de los «necios»
que destruían árboles. No bastaba con designar ciertas áreas como parques
o reservas forestales, sino que era necesario vigilar y hacer respetar esa
protección. Por eso dos años más tarde, en 1892, Muir fundó el Sierra
Club. Concebido como una «asociación de defensa»[118] de la naturaleza,
el Sierra Club es hoy la mayor organización ecologista de base en Estados
Unidos. Muir confiaba en que «beneficiara a la naturaleza y alegrara a las
montañas»[119].

Muir siguió escribiendo y haciendo campaña sin descanso. Sus artículos se publicaron en grandes revistas nacionales como *Atlantic Monthly*,
Harper's New Monthly Magazine y, por supuesto, la de Underwood, *Century*,
y su público continuó creciendo[120]. Al empezar el siglo XX, Muir era tan
famoso que el presidente Theodore Roosevelt solicitó su compañía en un
viaje de acampada a Yosemite. «No quiero conmigo a nadie más que a
usted»[121], escribió en marzo de 1903. Dos meses después, en mayo, el
fornido presidente, que era un ávido naturalista pero también disfrutaba
con la caza mayor, llegó a Sierra Nevada.

Eran una pareja peculiar: Muir, delgado y enjuto a sus sesenta y cinco años, y, con veinte años menos, el robusto y corpulento Roosevelt.
Acamparon cuatro días en tres sitios distintos: entre el «solemne templo
de las secuoyas gigantes»[122], en la nieve de lo alto de una de las grandes
rocas, y en el valle, a la sombra de la pared perpendicular de El Capitán.
Allí, rodeados de majestuosos peñascos de granito y árboles inmensos,

El presidente Theodore Roosevelt con John Muir en Glacier Point, en Yosemite, en 1903

Muir convenció al presidente de que el Gobierno federal debía arrebatar el control del valle de Yosemite al estado de California e incorporarlo al parque nacional*.

Humboldt había comprendido el peligro para la naturaleza, Marsh había reunido las pruebas en un argumento convincente, pero fue Muir quien introdujo las preocupaciones medioambientales en el terreno político general y la opinión pública. Entre Marsh y Muir había diferencias: las que existen entre la conservación y el preservacionismo. Cuando Marsh hablaba en contra de la destrucción de los bosques, estaba defendiendo la conservación, porque en definitiva proponía la protección de los re-

---

* Roosevelt cumplió su promesa: el valle de Yosemite y Mariposa Grove entraron a formar parte del Parque Nacional de Yosemite en 1906.

cursos naturales. Quería que se regulara el uso de los árboles y el agua para encontrar un equilibrio sostenible.

Muir interpretaba las ideas de Humboldt de otra forma. Defendía el ecologismo de preservación, es decir, proteger la naturaleza frente a la acción humana. Muir quería mantener los bosques, ríos y montañas en condiciones prístinas, y persiguió ese objetivo con voluntad de acero. «No tengo plan, sistema ni truco para salvarlos [los bosques] —decía—. Solo tengo intención de seguir trabajando y haciendo todo el ruido posible»[123]. Movilizó a la opinión pública. En la medida en que decenas de miles de estadounidenses leyeron sus artículos y compraron sus libros, su voz resonó con decisión por todo el continente norteamericano. Muir se convirtió en el más ardiente defensor de los espacios naturales del país.

Uno de sus combates más importantes fue el relativo al plan para construir una presa en el valle de Hetch Hetchy, una hondonada menos conocida pero igualmente espectacular dentro del Parque Nacional de Yosemite[124]. En 1906, después de un gran terremoto y un incendio, la ciudad de San Francisco, que llevaba mucho tiempo sufriendo problemas de abastecimiento de agua, solicitó al Gobierno de Estados Unidos que represara el río que corría por Hetch Hetchy para crear un pantano que suministrara agua a la metrópolis en expansión. Muir asumió la batalla contra la presa y escribió al presidente Roosevelt para recordarle el viaje que habían hecho a Yosemite y la urgente necesidad de salvar Hetch Hetchy. Sin embargo, por otra parte, Roosevelt recibió los informes que había encargado a unos ingenieros en los que le decían que la presa era la única solución para el problema crónico de agua de San Francisco. Con los frentes de batalla claros, esta fue la primera disputa entre las necesidades de la naturaleza y las demandas de la civilización, entre el preservacionismo y el progreso, a nivel nacional. Era mucho lo que estaba en juego. Si era posible delimitar partes de un parque nacional para usos comerciales, entonces nada estaba verdaderamente protegido.

Con los apasionados artículos de Muir y la campaña del Sierra Club para que la gente escribiera al presidente y a los políticos, la lucha por Hetch Hetchy se convirtió en una protesta de alcance nacional. Los congresistas y los senadores recibieron miles de cartas de ciudadanos preocupados, los portavoces del Sierra Club dieron testimonio ante comités del Gobierno y *The New York Times* proclamó que la batalla era «una lucha universal»[125]. Pese a todo, después de años de esfuerzo, San Francisco ganó y comenzó a construirse la presa. Aunque Muir se quedó desolado, se dio cuenta de que el país entero había «despertado de su sueño»[126]. Si bien Hetch Hetchy desapareció, Muir y sus compañeros ecologistas habían aprendido a hacer trabajo de presión, a organizar una campaña nacional y a moverse en el ámbito político, y, con ello, sentaron un modelo para el activismo en el futuro. Allí nació la idea de un movimiento nacional de protesta en defensa de la naturaleza. Habían recibido unas lecciones difíciles. «Nada que tenga valor monetario está a salvo, por mucho que se proteja»[127], dijo Muir.

Durante estas décadas y estas batallas, Muir nunca dejó de soñar con Sudamérica[128]. En los primeros años después de llegar a California estaba seguro de que acabaría yendo, pero siempre había algo que lo impedía. «¿Me he olvidado del Amazonas, el río más grande de la Tierra? Nunca, nunca, nunca. Lleva ardiendo en mí medio siglo, y seguirá ardiendo eternamente»[129], escribió a un viejo amigo. Entre las escaladas, la agricultura, la escritura y las campañas, Muir había encontrado tiempo para hacer varios viajes a Alaska y después para dar la vuelta al mundo con el fin de estudiar los árboles. Había visitado Europa, Rusia, India, Japón, Australia y Nueva Zelanda, pero no había ido a Sudamérica. Sin embargo, Humboldt había permanecido en su cabeza todos esos años. Durante su vuelta al mundo, Muir se detuvo en Berlín, paseó por el Parque Humboldt, construido después de las celebraciones del centenario, y fue a presentar sus respetos a la estatua del naturalista que se alzaba delante de la universidad[130]. Sus amigos sabían lo mucho que se identificaba con el científico prusiano, y a sus expediciones las llamaban «tu[s] viaje[s] de Humboldt»[131]. Uno de ellos incluso tenía las obras de Muir en la estantería de su librería en la sección de exploradores «bajo la etiqueta de Humboldt»[132].

Muir se aferraba con obstinación a la idea de seguir los pasos de su héroe. En realidad, a medida que cumplía años, su deseo de siempre de ver Sudamérica se hizo cada vez más intenso. Además, había menos cosas que le retuviesen en casa. Su mujer, Louie, había muerto en 1905, y después sus hijas se habían casado y tenían sus propias familias. Al llegar a los setenta años, una edad a la que otros hombres habrían pensado en retirarse, Muir seguía sin renunciar a sus sueños, y empezó a pensar en serio en su exploración tras las huellas de Humboldt. Quizá fue el hecho de escribir *My First Summer in the Sierra*, en la primavera de 1910, lo que renovó su deseo de cumplir el sueño de juventud: al fin y al cabo, había sido su impulso de ser «un Humboldt»[133] lo que le había hecho dejar Indianápolis y le había llevado a California hacía más de cuarenta años. Muir compró una nueva edición de *Personal Narrative*, y volvió a leerlo de principio a fin, sin dejar de marcar y anotar las páginas. Nada iba a interponerse. A pesar de las protestas de sus hijas y sus amigos, tenía que ir «antes de que sea demasiado tarde»[134]. La gente que le rodeaba sabía lo terco que era. Había hablado tanto de la expedición, contó una vieja amiga, que estaba segura de que no sería feliz hasta que no viera Sudamérica.

En abril de 1911, Muir partió de California y cruzó el país en el tren de la compañía Southern Pacific Railroad hasta la costa este[135], donde pasó varias semanas trabajando de forma frenética en los manuscritos de varios libros[136*]. El 12 de agosto, embarcó en un vapor que zarpaba de Nueva York. Por fin estaba viajando hacia «el gran río caliente que he querido ver»[137]. Una hora antes de que el barco abandonara el puerto, envió una última nota a su hija Helen, cada vez más preocupada. «No te inquietes por mí —la tranquilizó—, estoy perfectamente bien»[138]. Dos semanas después, Muir llegaba a Belém, en Brasil, la entrada al Amazonas. Cuarenta y cuatro años después de salir de Indianápolis para caminar hacia el sur, y más de un siglo después de que Humboldt zarpara con el mismo rumbo, Muir puso el pie en suelo sudamericano. Tenía setenta y tres años.

Todo había comenzado con Humboldt y con un paseo. «Solo fui a dar un paseo, y al final decidí quedarme fuera hasta el anochecer —escribió Muir al volver—, porque descubrí que, al salir, en realidad estaba entrando»[139].

---

* Muir también fue a Washington D. C. para ejercer presión a propósito de Hetch Hetchy. Se reunió con el presidente William H. Taft, el secretario del Interior y el presidente de la Cámara, además de numerosos senadores y congresistas.

EPÍLOGO

Alexander von Humboldt ha estado muy olvidado en el mundo de habla inglesa. Fue uno de los últimos polímatas, y falleció en una época en la que las disciplinas científicas estaban consolidándose en campos estrictamente separados y especializados. Como consecuencia, su punto de vista más integral —un método científico que incluía arte, historia, poesía y política junto a los datos objetivos— cayó en desgracia. A principios del siglo XX había escaso margen para un hombre cuyos conocimientos abarcaban una gran variedad de asuntos. A medida que los científicos se refugiaban en sus especialidades concretas, con divisiones y subdivisiones, perdieron los métodos interdisciplinarios de Humboldt y su concepto de la naturaleza como fuerza global.

Uno de los logros más importantes del científico alemán fue hacer la ciencia accesible y popular. Todos aprendían de él: granjeros y artesanos, estudiantes y profesores, artistas y músicos, científicos y políticos. No había un solo libro de texto o atlas para niños en el mundo occidental que no debiera su forma a las ideas de Humboldt, declaró en 1869 un orador, durante las celebraciones del centenario en Boston[1]. A diferencia de Cristóbal Colón o Isaac Newton, Humboldt no descubrió un continente ni una nueva ley de la física. No fue conocido por un hecho concreto ni por un descubrimiento, sino por su visión del mundo. Su concepto de la naturaleza ha pasado a nuestra conciencia como por ósmosis. Es casi como si sus ideas hubieran adquirido tal relieve que el hombre que las engendró se ha desvanecido.

Otro motivo por el que Humboldt desapareció de nuestra memoria colectiva —al menos en Gran Bretaña y Estados Unidos— fue el sentimiento antialemán derivado de la Primera Guerra Mundial. En un país como Gran Bretaña, en el que incluso la familia real se sintió obligada a cambiar su apellido alemán, «Sajonia-Coburgo y Gotha», por el de «Windsor», y en el que dejaron de interpretarse las obras de Beethoven y Bach, no es extraño que un científico alemán dejara de ser popular. Lo mismo ocurrió en Estados Unidos: cuando el Congreso aprobó la entrada en la guerra en 1917, los ciudadanos de origen alemán empezaron a sufrir acosos y linchamientos. En Cleveland, donde cincuenta años antes miles de personas habían desfilado por las calles para celebrar el centenario de Humboldt, quemaron libros alemanes en una inmensa hoguera[2]. En Cincinnati, quitaron de la biblioteca pública todas las obras en alemán, y «Humboldt Street» pasó a ser «Taft Street»[3]. Las dos guerras mundiales del siglo xx tuvieron una sombra muy alargada, y ni Gran Bretaña ni Estados Unidos eran ya lugares en los que ensalzar a una gran mente alemana.

¿Y por qué debe importarnos? Durante los últimos años, muchos me han preguntado por qué me interesa Alexander von Humboldt. Es una pregunta con varias respuestas, porque existen muchos motivos para que Humboldt siga siendo fascinante e importante: no solo tuvo una vida llena de colorido y aventura, sino que su historia nos permite entender por qué interpretamos la naturaleza tal como lo hacemos hoy en día. En un mundo en el que tendemos a trazar una línea muy definida entre las ciencias y las artes, entre lo subjetivo y lo objetivo, el análisis de Humboldt de que solo podemos comprender la naturaleza de verdad si utilizamos nuestra imaginación hace de él un visionario.

Los discípulos de Humboldt, y después los discípulos de estos, transmitieron su legado con discreción y sutileza y, a veces, sin querer. Los ambientalistas, ecologistas y escritores sobre la naturaleza de hoy en día tienen sus raíces firmemente plantadas en la visión del naturalista del xix, aunque muchos no hayan ni oído hablar de él. Humboldt es el padre fundador.

Ahora que los científicos están tratando de comprender y predecir las consecuencias globales del cambio climático, el enfoque interdisciplinario de Humboldt a la hora de estudiar la ciencia y la naturaleza es más relevante que nunca. Su convicción de que había que fomentar el libre intercambio de información, la unidad de los científicos y la comunicación entre unas disciplinas y otras son los pilares actuales de la ciencia. Su concepto de una naturaleza que responde a pautas globales es la base de nuestro pensamiento.

Un examen del informe del Grupo Intergubernamental de Expertos sobre el Cambio Climático (IPCC en sus siglas en inglés) presentado en 2014 muestra lo mucho que necesitamos una perspectiva humboldtiana. El documento, elaborado por más de ochocientos científicos y expertos, afirma que el calentamiento global tendrá «repercusiones severas, generalizadas e irreversibles para las personas y los ecosistemas»[4]. La idea de Humboldt de que las cuestiones sociales, económicas y políticas están estrechamente relacionadas con los problemas medioambientales mantiene toda su actualidad. Como dijo el agricultor y poeta estadounidense Wendell Berry: «No existe diferencia alguna entre el destino de la tierra y el destino de la gente. Cuando se maltrata a una, la otra sufre también»[5]. O como declara la activista canadiense Naomi Klein en *Esto lo cambia todo* (2014), el sistema económico y el medio ambiente están en guerra. Igual que Humboldt comprendió que las colonias sostenidas por la esclavitud, el monocultivo y la explotación creaban un sistema de injusticias y una catastrófica destrucción del medio ambiente, nosotros también debemos ser conscientes de que las fuerzas económicas y el cambio climático forman parte del mismo sistema.

Humboldt hablaba de «el mal comportamiento de la humanidad [...] que perturba el orden de la naturaleza»[6]. Hubo momentos de su vida en los que se sentía tan pesimista que describía un futuro desolador en el que la humanidad acabaría por expandirse hacia el espacio y sembrar su mezcla letal de vicio, codicia, violencia e ignorancia en otros planetas. La especie humana podría volver «estériles» y dejar «devastadas» incluso esas estrellas lejanas[7] —escribió en 1801—, igual que estaba haciendo ya con la Tierra.

Existe la sensación de que hemos cerrado el círculo. Quizá este sea el momento de que tanto nosotros como el movimiento ecologista reivindiquemos a Alexander von Humboldt como nuestro héroe.

Goethe comparó a Humboldt con «una fuente con muchos chorros que manan de forma refrescante e infinita, y nosotros solo tenemos que colocar recipientes bajo ellos»[8].

En mi opinión, esa fuente no se ha secado jamás.

Agradecimientos

Durante 2013 fui escritora residente en el Eccles Centre de la British Library. Fue el año más productivo que he tenido en mi vida de escritora. Disfruté con cada instante. Gracias a todo el mundo en el Eccles Centre, en particular Philip Davies, Jean Petrovic y Cara Rodway, así como Matt Shaw y Philip Hatfield de la British Library. ¡Gracias!

En los últimos años, he recibido tanta ayuda de tanta gente que me siento abrumada por su generosidad. Gracias por hacer que la preparación y redacción de este libro haya sido la experiencia más maravillosa. Fueron muchos los que compartieron sus conocimientos y sus investigaciones, leyeron capítulos, abrieron agendas, siguieron mi cadena de consultas (muchas veces) y me hicieron sentirme bienvenida en todo el mundo, es decir, convirtieron esta labor en una experiencia auténticamente humboldtiana de redes mundiales.

En Alemania me gustaría dar las gracias a Ingo Schwarz, Eberhard Knobloch, Ulrike Leitner y Regina Mikosch en la Humboldt Forschungstelle de Berlín; Thomas Bach en la Ernst-Haeckel Haus de Jena; Frank Holl en el Münchner Wissenschaftstage de Múnich; Ilona Haak-Macht en la Klassik Stiftung Weimar, Direktion Museen/Abteilung Goethe-Nationalmuseum; Jürgen Hamel; y Karl-Heinz Werner.

En Gran Bretaña quiero mostrar mi agradecimiento a Adam Perkins, del Departamento de Manuscritos y Archivos Universitarios de la University Library, Cambridge; Annie Kemkaran-Smith en Down House, Kent; Neil Chambers en el Sir Joseph Banks Archive Project de la Nottingham Trent University; Richard Holmes; Rosemary Clarkson del Darwin Correspondence Project; Jenny Wattrus por las traducciones del español; Eleni Papavasileiou en la Biblioteca y Archivo del SS Great Britain Trust; John Hemming; Terry Gifford y su «grupo de lectura» de epecialistas en la Bath University; Lynda Brooks en la Linnean Society; Keith Moore y el resto del equipo en la biblioteca y los archivos de la Royal Society, Londres; Crestina Forcina en el Wellcome Trust, y el personal de la British Library y la London Library.

En Estados Unidos, me gustaría dar las gracias a Michael Wurtz de las Holt-Atherton Special Collections, University of the Pacific Library; Bill Swagerty en el John Muir Center, University at the Pacific; Ron Eber; Marie Arana; Keith Thomson de la American Philosophical Society; el personal de la New York Public Library; Leslie Wilson en la Concord Free Public Library; Jeff Cramer en el Thoreau Institute de Walden Woods; Matt Bourne del Walden Woods Project; David Wood, Adrienne Donohue y Margaret Burke del Concord Museum; Kim Burns; Jovanka Ristic y Bob Jaeger de la American Geographical Society Library en las bibliotecas de la University of Wisconsin-Milwaukee; Sandra Rebok; Prudence Doherty de las Special Collections Bailey/Howe Library en la University of Vermont; Eleanor Harvey en el Smithsonian American Art Museum; Adam Goodheart del C.V. Starr Center for the Study of the American Experience, Washington College. Y en Monticello, Anna Berkes, Endrina Tay, Christa Dierksheide y Lisa Francavilla del International Center for Jefferson Studies, los Jefferson Retirement Papers y la Jefferson Library; David Mattern de los Madison Retirement Papers en la Universidad de Virginia; Aaron Sachs, Ernesto Bassi y el «Grupo de los historiadores son escritores» en Cornell University.

En Sudamérica me gustaría dar las gracias a Alberto Gómez Gutiérrez en la Pontificia Universidad Javeriana, Bogotá; nuestro guía Juanfe Durán Cassola en Ecuador y el equipo de los archivos del Ministerio de Cultura y Patrimonio en Quito.

Estoy en deuda con los siguientes archivos y bibliotecas por su autorización para citar sus manuscritos: la Syndics of Cambridge University Library; Royal Society, Londres; Concord Free Public Library, Concord (Massachusetts); Staatsbibliothek zu Berlin, Preußischer Kulturbesitz; Holt-Atherton Special Collections, University of the Pacific, Stockton, California © 1984 Muir-Hanna Trust; New York Public Library; British Library; Special Collections, University of Vermont.

Quiero dar las gracias al maravilloso equipo de John Murray: Georgina Laycock, Caroline Westmore, Nick Davies, Juliet Brightmore y Lyndsey Ng. En Knopf quiero mostrar mi agradecimiento a un equipo también maravilloso: Edward Kastenmeier, Emily Giglierano, Jessica Purcell y Sara Eagle. Unas gracias inmensas y muy especiales a mi fantástico amigo y agente Patrick Walsh, que llevaba más de una década deseando que escribiera un libro sobre Alexander von Humboldt y que me llevó por primera vez a Venezuela hace diez años. Has trabajado de forma increíble en esta obra, frase a frase. Habría sido un libro muy distinto sin ti. Y gracias por creer en mí y cuidarme. Sin ti, mi vida sería mucho menos divertida y no tendría trabajo.

Muchísimas gracias a mis amigos y familiares que han aguantado con paciencia mi fiebre de Humboldt:

Leo Hollis, que —como tantas veces antes— encaminaba mi ideas en la buena dirección y resumía todo en una frase. ¡El título es responsabilidad tuya!

Mi madre, Brigitte Wulf, volvió a ayudarme con las traducciones del francés y llevando y trayendo libros de bibliotecas alemanas, y mi padre, Herbert Wulf, leyó todos los capítulos en varias versiones. Y gracias por acompañarme a Weimar y Jena.

Constanze von Unruh revisó todo el manuscrito y me orientó con sinceridad, inteligencia y ánimo. Gracias por todo y por todas esas veladas.

Muchos amigos y familiares leyeron borradores de capítulos e hicieron correcciones, comentarios y sugerencias; gracias a Robert Rowland Smith, John Jungclaussen, Rebecca Bernstein y Regan Ralph. En especial a Regan, que es el mejor amigo imaginable y me ha proporcionado un segundo hogar, además de acompañarme a Yosemite. Muchas gracias. Me gustaría también expresar mi agradecimiento a Hermann y Sigrid Düringer por acogerme en su precioso piso de Berlín durante mis investigaciones allí, y a mi hermano, Axel Wulf, por las informaciones sobre barómetros, además de Anne Wigger por su ayuda con *Fausto*. Gracias inmensas a Lisa O'Sullivan, que ha sido una gran colaboradora y amiga... y que me cuidó con una determinación implacable cuando me quedé atrapada en su apartamento de Nueva York durante el huracán Sandy. Has pasado a ser miembro oficial de mi equipo apocalíptico.

El mayor agradecimiento es para mi mejor y más vieja amiga, la inteligentísima Julia-Niharika Sen, que repasó todo el manuscrito, palabra a palabra, una y otra vez, lo desmenuzó y luego me ayudó a armarlo de nuevo. Gracias por acompañarme a Ecuador y Venezuela, por pasar tus vacaciones siguiendo los pasos de Humboldt. En vez de playas y cócteles, había tarántulas y mal de altura. Estar contigo a 5.000 metros de altitud en el Chimborazo fue uno de los mejores instantes de mi vida. ¡Lo conseguimos! Gracias por estar ahí. Siempre. No habría podido escribir este libro sin ti.

Este libro está dedicado a mi maravillosa y lista hija Linnéa, que ha tenido que convivir con Humboldt mucho tiempo. Gracias por ser la mejor de las hijas. Tú me haces plena. Y feliz.

CRÉDITOS DE LAS ILUSTRACIONES

Ilustraciones en el texto

© Alamy: páginas 59,195/Interfoto; 235/Heritage Image Partnership Ltd; 275/ Lebrecht Music and Arts Photo Library. René Binet, *Esquisses Décoratives* (*c.*1905): 382 izquierda. © bpk/Staatsbibliothek zu Berlin: 246. *Catalogue souvenir de l'Exposition Universelle 1900 Paris:* 381 izquierda. © Collección del Museo Nacional de Colombia/Registro1204/photo Oscar Monsalve: 123/Alexander von Humboldt, *Geografía de las plantas cerca del Ecuador* (1803). Cortesía del Concord Museum, Massachusetts: 310, 313. Ernst-Haeckel-Haus, Jena: 368. Herman Klencke, *Alexander von Humboldt's Leben und Wirken, Reisen und Wissen* (1870): 36, 72, 92, 93, 96, 101, 105, 120, 254, 261, 345. Library of Congress Prints and Photographs Division, Washington DC: 69, 135, 348, 404. Con permiso de The Linnean Society of London: 67/Martin Hendriksen Vahl, *Symbolae Botanicae* (1790-1794); páginas 381 derecha, 382 derecha/Ernst Haeckel, *Kunstformen der Natur* (1899-1904). Benjamin C. Maxham: 315/daguerreotipo, 1856. Ministerio de Cultura del Ecuador, Quito: 74. John Muir Library/Holt-Atherton Special Collections, University of the Pacific, Stockton, California © 1984 Muir-Hanna Trust y cortesía de The Bancroft Library/University of California, Berkeley: 393, 397, 401. Colecciones privadas: 85, 150,341. © Stiftung Stadtmuseum Berlin: 130. Wellcome Library, Londres: páginas 25, 83, 126, 130, 190/ Alexander von Humboldt, *Vues des Cordillères,* 2 vols, (1810-1813); 27/ Heinrich Berghaus, *The Physical Atlas* (1845); 41; 47/Alexander von Humboldt, *Versuch über die gereizte Muskel-und Nervenfaser* (1797); 51; 53; 80; páginas 112, 114, 144/Alcide D. d'Orbigny, *Voyage pittoresque dans les deux Amériques* (1836); 152; 154; 162; 173; 187; páginas 210, 227, 341/

Traugott Bromme, *Atlas zu Alex. v. Humboldt's Kosmos* (1851); 214; 240; 268; 272/ Charles Darwin, *Journal of Researches* (1902); 286/Charles Darwin, *Journal of Researches* (1845); 297; 335/E.T. Hamy, *Aimé Bonpland, médecin et naturaliste, explorateur de l'Amérique du Sud* (1906); 338.

Láminas en color

© Akademie der Wissenschaften, Berlín: 3 arriba/akg-images. © Alamy: 3 abajo/ Stocktreck Images Inc; 6 abajo/FineArt; 7 abajo/Pictorial Press Ltd; 8 abajo/ World History Archive. © bpk/Stiftung Preussische Schlösser und Gärten Berlin-Brandenburg: 7 arriba/photo Gerhard Murza. © Humboldt-Universität Berlin: 4/Alexander von Humboldt, *Geographie der Pflanzen in den Tropen-Ländern, ein Naturgemälde der Anden* (1807), photo Bridgeman Images. Con permiso de The Linnean Society of London: 8 arriba/Ernst Haeckel, *Kunstformen der Natur* (1899-1904). Wellcome Library, Londres: páginas 1, 2, 5 arriba/Alexander von Humboldt, *Vues des Cordillères* (1810-1813); 5 abajo/Traugott Bromme, *Atlas zu Alex. v. Humboldt's Kosmos* (1851); 6 arriba/Heinrich Berghaus, *The Physical Atlas* (1845).

Nota sobre las publicaciones de Humboldt[1]

La cronología de las publicaciones de Alexander von Humboldt es confusa todavía hoy. Ni siquiera él mismo sabía con exactitud qué se publicaba, cuándo y en qué idioma. A eso hay que añadir que algunos de sus libros aparecieron en diferentes formatos y ediciones, o como parte de una serie, pero luego también como volúmenes independientes. Sus obras relacionadas con América Latina acabaron componiendo *Viaje a las regiones equinocciales del Nuevo Continente*, en 34 volúmenes e ilustrada con 1.500 grabados. Como referencia, he reunido una lista de las publicaciones que se mencionan en *La invención de la naturaleza*, pero no sus obras especializadas en botánica, zoología, astronomía, etcétera.

Publicaciones que formaron parte de los 34 volúmenes de *Viaje a las regiones equinocciales del Nuevo Continente*

Ensayo sobre la geografía de las plantas

Este fue el primer volumen que completó Humboldt a su regreso de Latinoamérica. Se publicó en alemán con el título original de *Ideen zu einer Geographie der Pflanzen* y en francés como *Essai sur la géographie des plantes,* ambas ediciones en 1807. El ensayo introdujo las ideas de Humboldt sobre la distribución de las plantas y la naturaleza como entramado de vida. Estaba ilustrado con el gran dibujo desplegable de 90 por 60 centímetros, el llamado *Naturgemälde:* la montaña con las plantas situadas de acuerdo con su altitud y las columnas a derecha e izquierda con información adicional sobre gravedad, presión atmosférica, temperatura, composición química, etcétera. Humboldt dedicó el ensayo a su viejo amigo Goethe. Se publicó en español en la revista sudamericana *Semanario* en 1809, pero no se tradujo al inglés hasta 2009.

Cuadros de la naturaleza

Este era el libro preferido de Humboldt, una combinación de información científica y descripciones poéticas. Estaba dividido en capítulos como «Estepas y desiertos» o «Las cataratas del Orinoco». Se publicó en Alemania a principios de 1808 y en una traducción al francés ese mismo año. *Cuadros de la naturaleza* tuvo varias ediciones. La tercera edición, ampliada, se publicó coincidiendo con el 80.º cumpleaños de Humboldt, el 14 de septiembre de 1849. Esa misma edición tuvo dos traducciones rivales al inglés, con títulos diferentes: *Aspects of Nature* (1849) y *Views of Nature* (1850).

Vistas de las cordilleras y los monumentos de los pueblos indígenas de América

Estos dos volúmenes fueron los más lujosamente publicados de Humboldt. Contenían 69 grabados del Chimborazo, ruinas incas, manuscritos aztecas y calendarios mexicanos, 23 de ellos en color. *Vues des Cordillères et monumens des peuples indigènes de l'Amérique* se publicó en París en siete entregas, entre 1810 y 1813, en una gran edición en folio. Según la calidad del papel, el precio era 504 francos o 764 francos. Solo se tradujeron al alemán dos entregas, en 1810. Como en el caso de *Personal Narrative,* la traducción al inglés de *Vues des Cordillères* la llevó a cabo Helen Maria Williams bajo la supervisión de Humboldt. Se publicó en Gran Bretaña en 1814 en una edición menos impresionante, de dos volúmenes en octavo, con todo el texto pero solo 20 grabados. El título inglés fue *Researches concerning the Institutions & Monuments of the Ancient Inhabitants of America with Descriptions & Views of some of the most Striking Scenes in the Cordilleras!;* el signo de exclamación formaba parte del título.

Personal Narrative of Travels to the Equinoctial Regions of the New Continent during the years 1799-1804

El relato en siete volúmenes de la expedición de Humboldt a América Latina era en parte libro de viajes, en parte libro de ciencia, y seguía el viaje de Humboldt y Bonpland de forma cronológica. Humboldt nunca lo terminó. El último volumen acababa con su llegada al río Magdalena el 20 de abril de 1801, ni siquiera la mitad de la expedición. Se publicó por primera vez en Francia en una edición en cuarto, titulada *Voyage aux régions équinoxiales du Nouveau Continent fait en 1799, 1800, 1801, 1802, 1803 et 1804* (los volúmenes se publicaron entre 1814 y 1831), y después salió una edición más pequeña y mucho más barata, en octavo (1816-1831). Los precios oscilaban entre 7 francos y 234 francos por volumen. En alguna edición se vendió también como una obra en tres volúmenes. Se tradujo de inmediato al inglés con el título de *Personal Narrative* (1814–1829), traducida por Helen Maria Williams, que vivía en París y trabajaba en estrecha colaboración con Humboldt. En 1852 apareció una nueva edición en inglés (una traducción no autorizada de Thomasina Ross). Tampoco estuvo autorizada la traducción al alemán, que se publicó entre 1818 y 1832. El 20 de enero de 1840, Humboldt le dijo a su editor alemán que nunca había visto la edición en esa lengua[2], y posteriormente, después de leerla, se quejó de que la traducción era terrible.

Como elemento de confusión, el último volumen se publicó además por separado en 1826, con el título de *Ensayo político sobre la isla de Cuba;* se tradujo al inglés como *Political Essay on the Island of Cuba.*

Ensayo político sobre la isla de Cuba

El detallado libro de Humboldt sobre Cuba se publicó por primera vez en francés, en 1826, con el título de *Essai politique sur l'île de Cuba,* dentro de *Voyage aux régions équinoxiales du Nouveau Continent fait en 1799, 1800, 1801, 1802, 1803 et 1804 (Personal Narrative* en inglés). Estaba abarrotado de informaciones sobre el clima, la agricultura, los puertos y la demografía, además de datos económicos como las importaciones y las exportaciones, y las feroces críticas de Humboldt al esclavismo. Se tradujo al español en 1827. La primera traducción al inglés (de J. S. Thrasher) se publicó en Estados Unidos en 1856 y no incluyó el capítulo sobre la esclavitud.

Ensayo político sobre el Reino de la Nueva España

La descripción de las colonias españolas que hizo Humboldt se basó en sus propias observaciones y en sus investigaciones en los archivos de Ciudad de México. Como el *Ensayo político sobre la isla de Cuba*, era un manual de hechos, datos y estadísticas. Humboldt entrelazó informaciones sobre geografía, plantas, agricultura, fabricación y minas, pero también sobre demografía y economía. Se publicó primero en francés con el título de *Essai politique sur le royaume de la Nouvelle-Espagne* entre 1808 y 1811 (en dos volúmenes, en cuarto y cinco en la edición en octavo). Tuvo varias ediciones actualizadas. Entre 1809 y 1814 se publicó una traducción al alemán. La traducción al inglés se completó en 1811, titulada *Political Essay on the Kingdom of New Spain*, en cuatro volúmenes. La traducción al español se publicó en 1822.

OTRAS PUBLICACIONES

Fragmens de géologie et de climatologie asiatiques

Después de su expedición a Rusia, Humboldt publicó *Fragmens de géologie et de climatologie asiatique* en 1831; la base fueron sobre todo las conferencias que pronunció en París entre octubre de 1830 y enero de 1831. Como dice el título, era un libro que presentaba sus observaciones sobre la geología y el clima de Asia, y una publicación preliminar a una obra más larga, *Asie centrale*, que apareció en 1843. El libro se publicó en Alemania con el título de *Fragmente einer Geologie und Klimatologie Asiens* en 1832, pero no se tradujo nunca al inglés.

Asie centrale, recherches sur les chaînes de montagnes et la climatogie comparée

Humboldt publicó los resultados completos de su expedición a Rusia en la primavera de 1843, en tres volúmenes en francés. Hay que destacar la presencia de la palabra *comparée* en el título: todo se basaba en la comparación. *Asie centrale* reunía las últimas informaciones sobre la geología y el clima de Asia, incluidas descripciones detalladas de las cordilleras de Rusia, Tíbet y China. El autor de una reseña en el *Journal of the Royal Geographical Society* dijo que era «la obra de geografía más importante que ha aparecido en el último año»[3]. Humboldt dedicó el libro al zar Nicolás I, pero a regañadientes. «No tenía más remedio»[4], le dijo a un amigo, porque la expedición la había financiado él. La traducción al alemán se publicó en 1844 con el título de *Central-Asien. Untersuchungen über die Gebirgsketten und die vergleichende Klimatologie*, e incluyó más investigaciones y más recientes que la edición francesa. A Humboldt le sorprendió que *Asie centrale* no se tradujera nunca al inglés. Era extraño, dijo, que los británicos estuvieran tan obsesionados con *Cosmos* cuando «los dueños de las Indias Orientales»[5] deberían haber estado más interesados en *Asie centrale* y sus informaciones sobre el Himalaya.

Cosmos

Humboldt dedicó más de dos décadas a escribir *Cosmos*. Se publicó por primera vez en Alemania con el nombre de *Kosmos. Entwurf einer physischen Weltgeschichte*. Pensada en principio como una obra en dos volúmenes, acabó teniendo cinco, publicados entre 1845 y 1862. Fue el «Libro de la Naturaleza»[6] de Humboldt, la culminación del trabajo de su vida, y vagamente basada en sus conferencias de Berlín en 1827-1828. El primer volumen era un viaje a través del mundo exterior, desde las nebulosas y las estrellas hasta los volcanes, las plantas y los seres humanos. El segundo volumen era un viaje de la mente a través de la historia humana, desde la antigua Grecia hasta los tiempos modernos. Los tres últimos volúmenes eran tomos científicos más especializados que atrajeron a los lectores en general tanto como los dos primeros.

Los dos primeros tomos tuvieron un inmenso éxito de ventas, y en 1851 *Cosmos* ya se había traducido a diez idiomas. En Gran Bretaña aparecieron tres ediciones rivales casi al mismo tiempo, pero la única autorizada por Humboldt fue la de Elizabeth J. L. Sabine, publicada por John Murray (y solo se tradujeron los cuatro primeros volúmenes). En 1850, el primer volumen de la traducción de Sabine iba ya por la séptima edición, y el segundo, por la octava. En 1849, se habían vendido alrededor de 40.000 ejemplares en inglés. En Alemania se publicaron varias ediciones más pequeñas y más baratas junto antes y después de que falleciera Humboldt, asequibles para el público en general y comparables a las ediciones de bolsillo de hoy en día.

NOTAS

Abreviaturas: personas y archivos

AH: Alexander von Humboldt.

BL: British Library, Londres.

Caroline Marsh Diario, NYPL: Papeles de la familia Crane. División de Manuscritos y Archivos. The New York Public Library. Astor, Lenox, and Tilden Foundations.

CH: Caroline von Humboldt.

CUL: Colecciones de manuscritos científicos, Departamento de Manuscritos y Archivos Universitarios, Biblioteca de la Universidad de Cambridge.

DLC: Biblioteca del Congreso, Washington D. C.

JM en línea: Colección de documentos de John Muir en la red. Holt-Atherton Special Collections, University of the Pacific, Stockton, California, ©1984 Muir-Hanna Trust.

MHT: Holt-Atherton Special Collections, University of the Pacific, Stockton, California, © 1984 Muir-Hanna Trust.

NYPL: New York Public Library.

RS: Royal Society, Londres.

Stabi Berlin NL AH: Staatsbibliothek zu Berlin - Preußischer Kulturbesitz (Biblioteca Estatal de Berlín, Legado cultural prusiano), Nachl. Alexander von Humboldt (Colección de manuscritos de Humboldt).

TJ: Thomas Jefferson.

UVM: George Perkins Marsh Collection, Colecciones especiales, Biblioteca de la University of Vermont.

WH: Wilhelm von Humboldt.

Abreviaturas: obras de Alexander von Humboldt

AH, Asia Central 1844: *Central-Asien. Untersuchungen über die Gebirgsketten und die vergleichende Klimatologie* (edición alemana de *Asie centrale, recherches sur les chaînes de montagnes et la climatogie comparée*).

AH, Aspects 1849: *Aspects of Nature, in Different Lands and Different Climates, with Scientific Elucidations* (edición inglesa de *Cuadros*).

AH, Cartas 1973: *Die Jugendbriefe Alexander von Humboldts 1787-1799.*

AH, Cartas América 1993: *Briefe aus Amerika 1799-1804.*

AH, Cartas Arago 1907: *Correspondance d'Alexandre de Humboldt avec François Arago (1809-1853).*

AH, Cartas Berghaus 1863: *Briefwechsel Alexander von Humboldt's mit Heinrich Berghaus aus den Jahren 1825 bis 1858.*

AH, Cartas Bessel 1994: *Briefwechsel zwischen Alexander von Humboldt und Friedrich Wilhelm Bessel.*

AH, Cartas Böckh 2011: *Alexander von Humboldt und August Böckh. Briefwechsel.*

AH, Cartas Bonpland 2004: *Alexander von Humboldt and Aimé Bonpland. Correspondance 1805-1858.*

AH, Cartas Bunsen 2006: *Briefe von Alexander von Humboldt and Christian Carl Josias Bunsen.*

AH, Cartas Cotta 2009: *Alexander von Humboldt und Cotta. Briefwechsel.*

AH, Cartas Dirichlet 1982: *Briefwechsel zwischen Alexander von Humboldt und P. G. Lejeune Dirichlet.*

AH, Cartas du Bois-Reymond 1997: *Briefwechsel zwischen Alexander von Humboldt und Emil du Bois-Reymond.*

AH, Cartas Federico Guillermo IV 2013: *Alexander von Humboldt. Friedrich Wilhelm IV. Briefwechsel.*

AH, Cartas Gauß 1977: *Briefwechsel zwischen Alexander von Humboldt und Carl Friedrich Gauß.*

AH, Cartas Mendelssohn 2011: *Alexander von Humboldt. Familie Mendelssohn. Briefwechsel.*

AH, Cartas Rusia 2009: *Briefe aus Russland 1829.*

AH, Cartas Schumacher 1979: *Briefwechsel zwischen Alexander von Humboldt und Heinrich Christian Schumacher.*

AH, Cartas Spiker 2007: *Alexander von Humboldt. Samuel Heinrich Spiker. Briefwechsel.*

AH, Cartas EE. UU. 2004: *Alexander von Humboldt und die Vereinigten Staaten von Amerika. Briefwechsel.*

AH, Cartas Varnhagen 1860: *Letters of Alexander von Humboldt to Varnhagen von Ense*.

AH, Cartas WH 1880: *Briefe Alexander's von Humboldt und seinen Bruder Wilhelm*.

AH, Conferencias Cosmos 2004: *Alexander von Humboldt. Die Kosmos-Vorträge 1827/28*.

AH, Cordilleras 1810: *Pittoreske Ansichten der Cordilleren und Monumente americanischer Völker (Vistas de las cordilleras y los monumentos de los pueblos indígenas de América)*.

AH, Cordilleras 1814: *Researches concerning the Institutions & Monuments of the Ancient Inhabitants of America with Descriptions & Views of some of the most Striking Scenes in the Cordilleras! (Vistas de las cordilleras y los monumentos de los pueblos indígenas de América)*.

AH, Cosmos 1845-1852: *Cosmos: Sketch of a Physical Description of the Universe*.

AH, Cosmos 1878: ejemplar de Muir de *Cosmos: A Sketch of a Physical Description of the Universe*.

AH, Cuadros 1808: *Ansichten der Natur mit wissenschaftlichen Erläuterungen*.

AH, Cuadros 1849: *Ansichten der Natur mit wissenschaftlichen Erläuterungen*, tercera edición aumentada.

AH, Cuba 2011: *Political Essay on the Island of Cuba. A Critical Edition (Ensayo político sobre la isla de Cuba)*.

AH, Diario 1982: *Lateinamerika am Vorabend der Unabhängigkeitsrevolution: eine Anthologie von Impressionen und Urteilen aus seinen Reisetagebüchern*.

AH, Diario 2000: *Reise durch Venezuela. Auswahl aus den Amerikanischen Reisetagebüchern*.

AH, Diario 2003: *Reise auf dem Río Magdalena, durch die Anden und Mexico*.

AH, Fragmentos Asia 1832: *Fragmente einer Geologie und Klimatologie Asiens* (edición alemana de *Fragments de géologie et de climatologie asiatiques*).

AH, Geografía 1807: *Ideen zu einer Geographie der Pflanzen nebst einem Naturgemälde der Tropenländer*.

AH, Geografía 2009: *Essay on the Geography of Plants*.

AH, Kosmos 1845-1850: *Kosmos. Entwurf einer physischen Weltbeschreibung*.

AH, Memorias Althaus 1861: *Briefwechsel und Gespräche Alexander von Humboldt's mit einem jungen Freunde, aus den Jahren 1848 bis 1856* (Correspondencia y conversaciones de AH con un joven amigo).

AH, Nueva España 1811: *Political Essay on the Kingdom of New Spain (Ensayo político sobre el Reino de la Nueva España)*.

AH, Personal Narrative 1814-1829: *Personal Narrative of Travels to the Equinoctial Regions of the New Continent during the years 1799-1804*.

AH, Personal Narrative 1907: ejemplar de Muir de *Personal Narrative of Travels to the Equinoctial Regions of the New Continent during the years 1799-1804.*

AH, Views 1896: ejemplar de Muir de *Views of nature (Cuadros de la naturaleza).*

AH, Views 2014: *Views of Nature.*

Terra 1959: «Alexander von Humboldt's Correspondence with Jefferson, Madison, and Gallatin».

Abreviaturas: general

Darwin, Correspondencia : *The Correspondence of Charles Darwin.*

Darwin, Diario Beagle 2001: *Beagle Diary.*

Goethe Año 1994: *Johann Wolfgang Goethe. Tag- und Jahreshefte,* ed. Irmtraut Schmid.

Goethe Día a día 1982-1996: *Goethes Leben von Tag zu Tag: Eine Dokumentarische Chronik,* ed. Robert Steiger (libro sobre la vida cotidiana de Goethe).

Goethe Eckermann 1999: *Johannn Peter Eckermann, Gespräche mit Goethe in den Letzten Jahren seines Lebens.*

Goethe, Cartas 1980-2000: *Briefe an Goethe, Gesamtausgabe in Regestform*ked. Karl Heinz Hahn.

Goethe, Cartas AH WH 1876: *Goethe's Briefwechsel mit den Gebrüdern von Humboldt* (correspondencia entre Goethe y los hermanos Humboldt).

Goethe, Cartas Humboldt 1909: *Goethes Briefwechsel mit Wilhelm und Alexander v. Humboldt,* ed. Ludwig Geiger.

Goethe, Ciencia natural 1989: *Johann Wolfgang Goethe. Schriften zur Allgemeinen Naturlehre, Geologie und Mineralogie,* ed. Wolf von Engelhardt y Manfred Wenzel.

Goethe, Correspondencia 1968-1976: *Goethes Briefe.*

Goethe, Diario 1998-2007: *Johann Wolfgang Goethe: Tagebücher.*

Goethe, Encuentros 1965-2000: *Goethe Begegnungen und Gespräche,* ed. Ernst Grumach y Renate Grumach.

Goethe, Morfología 1987: *Johann Wolfgang Goethe. Schriften zur Morphologie.*

Haeckel, Cartas Bölsche 2002: *Ernst Haeckel-Wilhelm Bölsche. Briefwechsel 1887-1919,* ed. Rosemarie Nöthlich.

Madison, Papeles SS: *The Papers of James Madison: Secretary of State Series,* ed. David B. Mattern et al.

Muir, Diario 1867-1878, JM en línea: John Muir, diario manuscrito «The "thousand mile walk" from Kentucky to Florida and Cuba, September 1867-February 1868», MHT.

Muir, Diario «Sierra», verano 1869 (1887), MHT: John Muir, manuscrito «Sierra Journal», vol. 1: verano 1869, cuaderno, circa 1887, MHT.

Muir, Diario «Sierra», verano 1869 (1910), MHT: John Muir, «Sierra Journal», vol. 1: verano 1869, mecanoscrito, circa 1910, MHT.

Muir, Diario «World Tour», parte 1, 1903, JM en línea: John Muir, Diario manuscrito, «World Tour», parte 1, junio-julio 1903, MHT.

Schiller y Goethe 1856: *Briefwechsel zwischen Schiller und Goethe in den Jahren 1794-1805.*

Schiller, Cartas 1943-2003: *Schillers Werke: Nationalausgabe. Briefwechsel,* ed. Julius Petersen y Gerhard Fricke.

Thoreau, Cartas 1958: *The Correspondence of Henry David Thoreau,* ed. Walter Harding y Carl Bode.

Thoreau, Diario 1906: *The Writings of Henry David Thoreau: Journal,* ed. Bradford Torrey.

Thoreau, Diario 1981-2002: *The Writings of Henry D. Thoreau: Journal,* ed. Robert Sattelmeyer et al.

Thoreau, Excursión y poemas 1906: *The Writings of Henry David Thoreau: Excursion and Poems.*

Thoreau, Walden 1910: *Walden.*

TJ, Papeles RS: *The Papers of Thomas Jefferson: Retirement Series,* ed. Jeff Looney et al.

WH y CH, Cartas 1910-1916: *Wilhelm und Caroline von Humboldt in ihren Briefen,* ed. Familie von Humboldt.

Prólogo

[1] AH a WH, 25 de noviembre de 1802, AH, Cartas WH 1880, pág. 48; AH, About an Attempt to Climb to the Top of Chimborazo, Kutzinski 2012, págs. 135-155; AH, 23 de junio de 1802, AH, Diario 2003, vol. 2, págs. 100-109.

[2] AH a WH, 25 de noviembre de 1802, AH, Cartas WH 1880, pág. 49.

[3] AH, About an Attempt to Climb to the Top of Chimborazo, Kutzinski 2012, pág. 143.

[4] Ibíd., pág. 142.

[5] AH dio medidas diferentes: por ejemplo, 120 metros de profundidad y 18 metros de anchura en ibíd., pág. 142.

[6] 5917,16 m, AH, 23 de junio de 1802, AH, Diario 2003, vol. 2, pág. 106.

[7] Ralph Waldo Emerson a John F. Heath, 4 de agosto de 1842, Emerson 1939, vol. 3, pág. 77.

[8] Rossiter Raymond, 14 de mayo de 1859, AH, Cartas EE. UU. 2004, pág. 572.

[9] AH a Karl August Varnhagen, 31 de julio de 1854, Humboldt Varnhagen Cartas 1860, pág. 235.

[10] AH, citado en Leitzmann 1936, pág. 210.

[11] Arnold Henry Guyot, 2 de junio de 1859, Conmemoraciones de Humboldt, *Journal of the American Geographical and Statistical Society*, vol. 1, núm. 8, octubre de 1859, pág. 242; Rachel Carson, *The Sense of Wonder*, 1965

[12] AH a Goethe, 3 de enero de 1810, Goethe, Cartas Humboldt 1909, pág. 305.

[13] Matthias Jacob Schleiden, 14 de septiembre de 1869, Jahn 2004.

[14] Ralph Waldo Emerson, notas para el discurso sobre Humboldt el 14 de septiembre de 1869, Emerson 1960-92, vol. 16, pág. 160.

[15] AH, Geografía 2009, pág. 79; AH, Geografía 1807, pág. 39.

[16] AH, Personal Narrative 1814-1829, vol. 4, págs. 140ss.; AH, 4 de marzo de 1800, AH, Diario 2000, pág. 216.

[17] AH, septiembre de 1799, AH, Diario 2000, pág. 140; AH, Aspects 1849, vol. 1, págs. 126-127; AH, Views 2014, pág. 83; AH, Cuadros 1849, vol. 1, pág. 158; AH, Personal Narrative 1814-1829, vol. 4, pág. 477.

[18] AH, Personal Narrative 1814-1829, vol. 4, pág. 143.

[19] Thomas Jefferson a Carlo de Vidua, 6 de agosto de 1825, AH, Cartas EE. UU. 2004, pág. 171.

[20] Darwin a Alfred Russel Wallace, 22 de septiembre de 1865, Darwin, Correspondencia, vol. 13, pág. 238.

[21] Bolívar a Madame Bonpland, 23 de octubre de 1823, Rippy y Brann 1947, pág. 701.

[22] Goethe a Johann Peter Eckermann, 12 de diciembre de 1828, Goethe Eckermann 1999, pág. 183.

[23] *Melbourner Deutsche Zeitung*, 16 de septiembre de 1869; *South Australian Advertiser*, 20 de septiembre de 1869; *South Australian Register*, 22 de septiembre de 1869; *Standard*, Buenos Aires, 19 de septiembre de 1869; *Two Republics*, Ciudad de México, 19 de septiembre de 1869; *New York Herald*, 1 de octubre de 1869; *Daily Evening Bulletin*, 2 de noviembre de 1869.

[24] Herman Trautschold, 1869, Roussanova 2013, pág. 45.

[25] Ibíd.: *Die Gartenlaube*, núm. 43, 1869.

[26] *Desert News*, 22 de septiembre de 1869; *New York Herald*, 15 de septiembre de 1869; *The New York Times*, 15 de septiembre de 1869; *Charleston Daily Courier*, 15 de septiembre de 1869; *Philadelphia Inquirer*, 14 de septiembre de 1869.

[27] *New York Herald*, 15 de septiembre de 1869.

[28] *Desert News*, 22 de septiembre de 1869.

[29] *The New York Times*, 15 de septiembre de 1869; *New York Herald*, 15 de septiembre de 1869.

[30] Franz Lieber, *The New York Times*, 15 de septiembre de 1869.

[31] *Norddeutsches Protestantenblatt*, Bremen, 11 de septiembre de 1869; Glogau, Heinrich, «Akademische Festrede zur Feier des Hundertjährigen Geburtstages Alexander's von Humboldt, 14 de septiembre de 1869», Glogau 1869, pág. 11; Agassiz, Louis, «Address Delivered on the Centennial Anniversary of the Birth of Alexander von Humboldt 1869», Agassiz 1869, págs. 5, 48; Herman Trautschold, 1869, Roussanova 2013, pág. 50; *Philadelphia Inquirer*, 15 de septiembre de 1869; Conmemoraciones de Humboldt, 2 de junio de 1859, *Journal of American Geological and Statistical Society*, 1859, vol. 1, pág. 226.

[32] Ralph Waldo Emerson, 1869, Emerson 1960-92, vol. 16, pág. 160; Agassiz 1869, pág. 71.

[33] *Daily News*, Londres, 14 de septiembre de 1869.

[34] Jahn 2004, págs. 18-28.

[35] *Illustrirte Zeitung Berlin*, 2 de octubre de 1869; *Vossische Zeitung*, 15 de septiembre de 1869; *Allgemeine Zeitung Augsburg*, 17 de septiembre de 1869.

[36] Oppitz 1969, págs. 281-427.

[37] La decisión estaba entre Washoe, Esmeralda, Nevada y Humboldt; Oppitz 1969, pág. 290.

[38] Egerton 2012, pág. 121.

[39] AH, Cosmos 1845-1852, vol. 1, pág. 45; AH, Kosmos 1845-1850, vol. 1, pág. 52.

[40] AH a Karl August Varnhagen, 24 de octubre de 1834, Humboldt Varnhagen Cartas 1860, pág. 18.

[41] Wolfe 1979, pág. 313.

1. Comienzos

[1] AH, Meine Bekenntnisse, 1769-1805, Biermann 1987, págs. 50ss.; Beck 1959-1961, vol. 1, págs. 3ss.; Geier 2010, págs. 16ss.

[2] Era el príncipe Federico Guillermo, que se convirtió en rey Federico Guillermo II en 1786.

[3] AH a Carl Freiesleben, 5 de junio de 1792, AH Cartas 1973, págs. 191ss.; WH a CH, abril de 1790, WH y CH, Cartas 1910-1916, vol. 1, pág. 134.

[4] Frau von Briest, 1785, WH y CH, Cartas 1910-1916, vol. 1, pág. 55.

[5] WH a CH, 2 de abril de 1790, ibíd., págs. 115-116; Geier 2010, págs. 22ss.; Beck 1959-1961, vol. 1, págs. 6ss.

[6] WH a CH, 2 de abril de 1790, WH y CH, Cartas 1910-1916, vol. 1, pág. 115.

[7] AH a Carl Freiesleben, Bruhns 1873, vol. 1, pág. 31; y AH, Aus Meinem Leben (1769-1850), en Biermann 1987, pág. 50.

[8] Geier 2010, pág. 29.

[9] Bruhns 1873, vol. 1, pág. 20; Beck 1959-61, vol. 1, pág. 10.

[10] Walls 2009, pág. 15.

[11] Kunth sobre Marie Elisabeth von Humboldt, Beck 1959-1961, vol. 1, pág. 6.

[12] AH a Carl Freiesleben, 5 de junio de 1792, AH Cartas 1973, pág. 192.

[13] WH a CH, 9 de octubre de 1804, WH y CH, Cartas 1910-1916, vol. 2, pág. 260.

[14] WH 1903-1936, vol. 15, pág. 455.

[15] AH a Carl Freiesleben, 5 de junio de 1792, AH Cartas 1973, pág. 191; Bruhns 1873, vol. 3, págs. 12-13.

[16] AH a WH, 19 de mayo de 1829, AH, Cartas Rusia 2009, pág. 116.

[17] Pasaporte de AH al salir de París en 1798, Bruhns 1873, vol. 1, pág. 394.

[18] Karoline Bauer, 1876, Clark y Lubrich 2012, pág. 199; manos de AH, Louise von Bornstedt, 1856, Beck 1959, pág. 385.

[19] WH a CH, 2 de abril de 1790, pág. 116; ver también WH a CH, 3 de junio de 1791, WH y CH, Cartas 1910-1916, vol. 1, págs. 116, 477; sobre las enfermedades, ver AH a Wilhelm Gabriel Wegener, 24, 25, 27 de febrero de 1789 y 5 de junio de 1790, AH Cartas 1973, págs. 39, 92

[20] Dove 1881, pág. 83; sobre comentarios posteriores, ver Caspar Voght, 14 de febrero de 1808, Voght 1959-1965, vol. 3, pág. 95.

[21] Arago sobre AH, Biermann y Schwarz 2001b, sin núm de pág.

[22] WH sobre AH, 1788, Dove 1881, pág. 83.

[23] WH a CH, 6 de noviembre de 1790, WH y CH, Cartas 1910-16, vol. 1, pág. 270.

[24] Watson 2010, págs. 55ss.

[25] George Cheyne, Worster 1977, pág. 40.

[26] Era un término muy usado; ver por ejemplo Joseph Pitton de Tournefort a Hans Sloane, 14 de enero de 1701/2 y John Locke a Hans Sloane, 14 de septiembre 1694, MacGregor 1994, pág. 19.

[27] Bruhns 1873, vol. 1, pág. 33.

[28] AH, Meine Bekenntnisse, 1769-1805, Biermann 1987, págs. 50, 53; Holl 2009, pág. 30; Beck 1959-1961, vol. 1, págs. 11ss.; WH a CH, 15 de enero de 1790, WH y CH, Cartas 1910-1916, vol. 1, pág. 74.

[29] AH a Ephraim Beer, noviembre de 1787, AH Cartas 1973, pág. 4; Beck 1959-1961, vol. 1, pág. 14.

[30] Holl 2009, págs. 23ss.; Beck 1959-1961, vol. 1, págs. 18-21.

[31] WH, Geier 2009, pág. 63.

[32] AH, Mein Aufbruch nach America, Biermann 1987, pág. 64.

[33] AH, Cosmos 1845-1852, vol. 2, pág. 92; AH, Meine Bekenntnisse, 1769-1805, Biermann 1987, pág. 51.

[34] AH, Ich Über Mich Selbst, 1769-1790, Biermann 1987, págs. 36ss.

[35] White 2012, pág. 168; ver también Carl Philip Moritz, junio de 1782, Moritz 1965, pág. 26.

[36] Richard Rush, 7 de enero de 1818, Rush 1833, pág. 79.

[37] 37 AH a Wilhelm Gabriel Wegener, 20 de junio de 1790; AH a Paul Usteri, 27 de junio de 1790, AH a Friedrich Heinrich Jacobi, 3 de enero de 1791, AH Cartas 1973, págs. 93, 96, 117; AH, Ich Über Mich Selbst, 1769-1790, Biermann 1987, pág. 39.

[38] AH, Ich Über Mich Selbst, 1769-1790, Biermann 1987, pág. 38.

[39] AH a Wilhelm Gabriel Wegener, 23 de septiembre de 1790, AH Cartas 1973, págs. 106-107.

[40] AH, Ich Über Mich Selbst, 1769-90, Biermann 1987, pág. 38.

[41] AH, Meine Bekenntnisse, 1769-1805, Biermann 1987, pág. 51; ver también AH a Joachim Heinrich Campe, 17 de marzo de 1790, AH Cartas 1973, pág. 88.

[42] AH, Ich Über Mich Selbst, 1769-1790, Biermann 1987, pág. 40.

[43] AH a Paul Usteri, 27 de junio de 1790, AH Cartas 1973, pág. 96.

[44] AH a David Friedländer, 11 de abril de 1799, AH Cartas 1973, pág. 658.

[45] Georg Forster a Heyne, Bruhns 1873, vol. 1, pág. 31.

[46] CH a WH, 21 de enero de 1791, WH y CH, Cartas 1910-1916, vol. 1, pág. 372; CH y AH se habían conocido en diciembre de 1789

[47] Alexander Dallas Bache, 2 de junio de 1859, «Tribute to the Memory of Humboldt», *Pulpit and Rostrum*, 15 de junio de 1859, pág. 133; ver también WH a CH, 2 de abril de 1790, WH y CH, Cartas 1910-1916, vol. 1, pág. 116.

[48] AH a William Gabriel Wegener, 23 de septiembre de 1790, AH Cartas 1973, pág. 106.

[49] AH a Samuel Thomas Sömmerring, 28 de enero de 1791, AH Cartas 1973, pág. 122.

[50] AH a William Gabriel Wegener, 23 de septiembre de 1790, AH Cartas 1973, pág. 106.

[51] AH a William Gabriel Wegener, 27 de marzo de 1789, AH Cartas 1973, pág. 47.

[52] AH, Meine Bekenntnisse, 1769-1805, Biermann 1987, pág. 54.

[53] AH a Archibald MacLean, 14 de octubre de 1791, AH Cartas 1973, pág. 153.

[54] AH a Dietrich Ludwig Gustav Karsten, 25 de agosto de 1791; AH a Paul Usteri, 22 de septiembre de 1791; AH a Archibald MacLean, 14 de octubre de 1791, AH Cartas 1973, págs. 144, 151-152, 153-154.

[55] AH a Dietrich Ludwig Gustav Karsten, ibíd, pág. 146.

[56] CH a WH, 14 de enero de 1790 y 21 de enero de 1791, CH Cartas 1910-1916, vol. 1, págs. 65, 372.

[57] AH a Archibald MacLean, 14 de octubre de 1791, AH Cartas 1973, pág. 154.

[58] AH a Carl Freiesleben, 2 de marzo de 1792, ibíd., pág. 173.

[59] AH a Archibald MacLean, 6 de noviembre de 1791, ibíd., pág. 157.

[60] AH a Freiesleben, 7 de marzo de 1792, ibíd., pág. 175.

[61] AH a William Gabriel Wegener, 27 de marzo de 1789, ibíd., pág. 47.

[62] AH a Archibald Maclean, 1 de octubre de 1792, 9 de febrero de 1793, Jahn y Lange 1973, págs. 216, 233; ver también las cartas de AH a Carl Freiesleben en esta época, por ejemplo 14 de enero de 1793, 19 de julio de 1793, 21 de octubre de 1793, 2 de diciembre de 1793, 20 de enero de 1794, AH Cartas 1973, págs. 227-229, 257-258, 279-281, 291-292, 310-315.

[63] AH a Archibald MacLean, 9 de febrero de 1793; ver también 6 de noviembre de 1791, AH Cartas 1973, págs. 157, 233.

[64] AH a Carl Freiesleben, 21 de octubre de 1793, ibíd., pág. 279.

[65] AH a Carl Freiesleben, 10 de abril de 1792, ibíd., pág. 180.

[66] AH a Carl Freiesleben, 6 de julio de 1792, ibíd., pág. 201; ver también 21 de octubre de 1793 y 20 de enero de 1794, ibíd., págs. 279, 313.

[67] AH a Carl Freiesleben, 13 de agosto de 1793, ibíd., pág. 269.

[68] AH, Über die unterirdischen Gasarten und die Mittle, ihren Nachteul zu vermindern. Ein Beytrag zur Physik der praktischen Bergbaukunde, Braunschweig: Vieweg, 1799, Lámina III; AH a Carl Freiesleben, 20 de enero de 1794, 5 de octubre de 1796, AH Cartas 1973, págs. 311ss., 531ss.

[69] AH a Carl Freiesleben, 20 de enero de 1794, AH Cartas 1973, pág. 311.

[70] Ibíd., págs. 310ss.

[71] AH a Carl Freiesleben, 19 de julio de 1793, ibíd., pág. 257.

[72] AH a Carl Freiesleben, 9 de abril de 1793 y 20 de enero de 1794; AH a Federico Guillermo von Reden, 17 de enero de 1794; AH a Dietrich Ludwig Karsten, 15 de julio de 1795, ibíd., págs. 243-244, 308, 311, 446.

[73] AH, *Mineralogische Beobachtungen über einige Basalte am Rhein*, 1790.

[74] AH, *Florae Fribergensis specimen*, 1793; inspirado por el trabajo del químico francés Antoine Laurent Lavoisier y el científico británico Joseph Priestley, Humboldt también empezó a examinar el estímulo de la luz y el hidrógeno en la producción de oxígeno en las plantas; AH, *Aphorismen aus der chemischen Physiologie der Pflanzen*, 1794.

[75] AH a Johann Friedrich Blumenbach, 17 de noviembre de 1793, AH Cartas 1973, pág. 471; AH 1797, vol. 1, pág. 3.

[76] AH a Johann Friedrich Blumenbach, junio de 1795, Bruhns 1873, vol. 1, pág. 150; el original alemán es «*Gassenläufer*», Bruhns 1872, vol. 1, pág. 173.

[77] AH a Johann Friedrich Blumenbach, 17 de noviembre de 1793, AH Cartas 1973, pág. 471.

[78] La primera edición se publicó en 1781, y la segunda en febrero de 1789. Humboldt llegó a Gotinga en abril de 1789; sobre Blumenbach, ver Reill 2003, págs. 33ss.; Richards 2002, págs. 216ss.

[79] AH a Freiesleben, 9 de febrero de 1796, AH Cartas 1973, pág. 495.

2. IMAGINACIÓN Y NATURALEZA

[1] AH fue a Jena en julio de 1792 y se alojó con su hermano Wilhelm en casa de Friedrich Schiller, pero solo conoció a Goethe brevemente en marzo de 1794, y lo vio de nuevo en diciembre de 1794; AH a Carl Freiesleben, 6 de julio de 1792, AH Cartas 1973, pág. 202; Goethe Día a día 1982-1996, vol. 3, pág. 303.

[2] Merseburger 2009, pág. 113; Safranski 2011, pág. 70.

[3] Schiller a Christian Gottlob Voigt, 6 de abril de 1795, Schiller, Cartas 1943-2003, vol. 27, pág. 173.

[4] Merseburger 2009, pág. 72.

[5] De Staël 1815, vol. 1, pág. 116.

[6] Wilhelm vivía en Unterm Markt 4 y Schiller en Unterm Markt 1, AH Cartas 1973, pág. 386.

[7] WH a Goethe, 14 de diciembre de 1794, Goethe, Cartas 1980- 2000, vol. 1, pág. 350.

[8] Maria Körner, 1796, Goethe, Encuentros 1965-2000, vol. 4, pág. 222; sobre las reuniones diarias, ver los diarios de Goethe de esta época.

[9] Goethe, 17-19 de diciembre de 1794, Goethe, Encuentros 1965-2000, vol. 4, pág. 116.

[10] Goethe a Karl August, duque de Sajonia-Weimar, marzo de 1797, ibíd., pág. 288.

[11] Goethe, diciembre de 1794, Goethe Año 1994, págs. 31-32; diciembre de 1794, Goethe, Encuentros 1965-2000, vol. 4, págs. 116-117, 122; Goethe a Max Jacobi, 2 de febrero de 1795, Goethe, Correspondencia 1968-1976, vol. 2, págs. 194, 557; AH a Reinhard von Haeften, 19 de diciembre de 1794, AH Cartas 1973, pág. 388.

[12] Boyle 2000, pág. 256.

[13] Goethe, diciembre de 1794, Goethe Año 1994, pág. 32.

[14] Goethe a Schiller, 27 de febrero de 1797, Goethe, Correspondencia 1968-1976, vol. 2, pág. 257.

[15] Goethe, diciembre de 1794, Goethe, Encuentros 1965-2000, vol. 4, pág. 122.

[16] Merseburger 2009, pág. 67.

[17] Friedenthal 2003, pág. 137.

[18] Merseburger 2009, págs. 68-69; Boyle 1992, págs. 202ss., 243ss.

[19] Goethe se casó por fin con ella en 1806.

[20] Botting 1973, pág. 38.

[21] Karl August Böttiger sobre Goethe, mitad de la década de 1790, Goethe Día a día 1982-1996, vol. 3, pág. 354.

[22] Maria Körner a K.G. Weber, agosto de 1796, Goethe, Encuentros 1965-2000, vol. 4, pág. 223.

[23] Goethe Día a día 1982-1996, vol. 3, pág. 354.

[24] Jean Paul Friedrich Richter a Christian Otto, 1796, citado en Klauss 1991, pág. 14; sobre la arrogancia de Goethe: Friedrich Hölderlin a Christian Ludwig Neuffer, 19 de enero de 1795, Goethe Día a día 1982-1996, vol. 3, pág. 356.

[25] W. von Schak sobre Goethe, 9 de enero de 1806, Goethe, Encuentros 1965-2000, vol. 6, pág. 4.

[26] Henry Crabb Robinson, 1801, Robinson 1869, vol. 1, pág. 86.

[27] Goethe, 1791, citado en Safranski 2011, pág. 103.

[28] Goethe, ibíd., pág. 106.

[29] Klauss 1991; Ehrlich 1983; Goethe Día a día 1982-1996, vol. 3, págs. 295-296.

[30] Goethe a Johann Peter Eckermann, 12 de mayo de 1825, Goethe Eckermann 1999, pág. 158.

[31] Goethe, 1794, Goethe Año 1994, pág. 26.

[32] Goethe, 1790, ibíd., pág. 19.

[33] Goethe, 1793, ibíd., pág. 25.

[34] Ehrlich 1983, pág. 7.

[35] Goethe, *Versuch die Metamorphose der Pflanzen zu erklären*, 1790.

[36] Goethe, *Italienische Reise*, Goethe 1967, vol. 11, pág. 375.

[37] Goethe a Karl Ludwig von Knebel, 28 de marzo de 1797, Goethe, Correspondencia 1968-1976, vol. 2, págs. 260-261.

[38] Richards 2002, págs. 445ss.; Goethe in 1790, Goethe Año 1994, pág. 20.

[39] Goethe, 1795, Goethe, Encuentros 1965-2000, vol. 4, pág. 122.

[40] Goethe a Jacobi, 2 de febrero de 1795, Goethe, Correspondencia 1968-1976, vol. 2, pág. 194; Goethe, Encuentros 1965-2000, vol. 4, pág. 122.

[41] Karl August Böttiger sobre Goethe, enero de 1795, Goethe, Encuentros 1965-2000, vol. 4, pág. 123.

[42] 6-10 de marzo de 1794, 15-16 de abril de 1794, 14-19 de diciembre de 1794, 16-20 de abril de 1795, 13 de enero de 1797, 1 de marzo-30 de mayo de 1797.

[43] Goethe, 9 de marzo de 1797, Goethe, Diario 1998-2007, vol. 2, parte 1, pág. 100.

[44] Goethe a Karl Ludwig von Knebel, 28 de marzo de 1797, Goethe, Correspondencia 1968-76, vol. 2, págs. 260-261.

[45] Goethe permaneció hasta el 31 de marzo de 1797; ver su diario y sus cartas de la época, Goethe, Encuentros 1965-2000, págs. 288ss.; Goethe, marzo-mayo de 1797, Goethe, Diario 1998-2007, vol. 2, parte 1, págs. 99-115; Goethe Año 1994, págs. 58-59.

[46] *Versuch über die gereizte Muskel- und Nervenfaser* (*Experiment on the Stimulated Muscle and Nerve Fibre*) de Humboldt; AH a Carl Freiesleben, 18 de abril de 1797, AH a Friedrich Schuckmann, 14 de mayo de 1797, AH Cartas 1973, págs. 574, 579.

[47] AH a Carl Freiesleben, 18 de abril de 1797, AH a Friedrich Schuckmann, 14 de mayo de 1797, AH Cartas 1973, págs. 574, 579.

[48] Goethe, 3, 5, 6 de marzo de 1797, Goethe, Diario 1998-2007, vol. 2, parte 1, pág. 99.

[49] AH a Friedrich Schuckmann, 14 de mayo de 1797, AH Cartas 1973, pág. 580.

[50] Ibíd., pág. 579.

[51] AH, *Versuch über die gereizte Muskel-und Nervenfaser*, 1797, vol. 1, págs. 76ss.

[52] Ibíd., pág. 79.

[53] Goethe, *Erster Entwurf einer Allgemeinen Einleitung in die Vergleichende Anatomie*, 1795, pág. 18.

[54] Richards 2002, págs. 450ss.; ver también Immanuel Kant, *Kritik der Urteilskraft*, Kant 1957, vol. 5, pág. 488.

[55] Goethe a Karl Ludwig von Knebel, 28 de marzo de 1797, Goethe, Correspondencia 1968-1976, vol. 2, págs. 260-261.

[56] Goethe 1797, Goethe Año 1994, pág. 59; Goethe, marzo-mayo de 1797, Goethe, Diario 1998-2007, vol. 2, parte 1, págs. 99-115.

[57] Goethe a Karl August, 14 de marzo de 1797, Goethe, Encuentros 1965-2000, vol. 4, pág. 291.

[58] 27 de marzo de 1797, Goethe, Diario 1998-2007, vol. 2, parte 1, pág. 103.

[59] Goethe, 19 y 27 de marzo de 1797, ibíd., págs. 102-103.

[60] Goethe, 20 de marzo de 1797, ibíd., pág. 102.

[61] Goethe, 25 de marzo de 1797, ibíd., pág. 102.

[62] Goethe a Karl Ludwig von Knebel, 28 de marzo de 1797, Goethe, Correspondencia 1968-1976, vol. 2, pág. 260

[63] Goethe a Friedrich Schiller, 26 de abril de 1797, Schiller y Goethe 1856, vol. 1, pág. 301.

[64] Biermann 1990b, págs. 36-37.

[65] Friedrich Schiller a Christian Gottfried Körner, 6 de agosto de 1797; Christian Gottfried Körner a Friedrich Schiller, 25 de agosto de 1797, Schiller y Körner 1847, vol. 4, págs. 47, 49.

[66] Goethe a AH, 14 de abril de 1797, AH Cartas 1973, pág. 573; sobre la visita de AH ver Goethe, 19-24 de abril de 1797, Goethe, Diario 1998-2007, vol. 2, parte 1, pág. 106; AH a Johannes Fischer, 27 de abril de 1797, Goethe, Encuentros 1965-2000, vol. 4, pág. 306.

[67] Goethe, 25, 29-30 de abril, 19-30 de mayo de 1797, Goethe, Diario 1998-2007, vol. 2, parte 1, págs. 107, 109, 115.

[68] Goethe, 19, 25, 26, 29, 30 de mayo de 1797, Goethe, Diario 1998-2007, vol. 2, parte 1, págs. 109, 112, 113, 115.

[69] Goethe a Johannn Peter Eckermann, 8 de octubre de 1827, Goethe Eckermann 1999, pág. 672.

[70] Friedrich Schiller a Goethe, 2 de mayo de 1797, Schiller y Goethe 1856, vol. 1, pág. 304.

[71] Goethe, 16 de marzo de 1797, Goethe, Diario 1998-2007, vol. 2, parte 1, pág. 101.

[72] Kant, Prefacio a la segunda edición de la *Crítica de la razón pura*, 1787.

[73] AH a Wilhelm Gabriel Wegener, 27 de febrero de 1789, AH Cartas 1973, pág. 44.

[74] Elden y Mendieta 2011, pág. 23.

[75] Henry Crabb Robinson, 1801, Stelzig 2010, pág. 59; también debatían la *Doctrina de la ciencia* de Johann Gottlieb Fichte. Fichte tomó las ideas de Kant sobre subjetividad, conciencia de sí mismo y mundo externo y las llevó más allá al eliminar el dualismo del maestro. Fichte trabajaba en la universidad de Jena

y se convirtió en uno de los padres fundadores del Idealismo alemán. Según él, no había una «cosa en sí», sino que toda la conciencia estaba basada en el Yo, no en el mundo externo. De esa forma, Fichte proclamaba que la subjetividad era el primer principio para interpretar el mundo. Si Fichte tenía razón, las consecuencias para las ciencias serían trascendentales, porque entonces la objetividad independiente no sería posible. Sobre Goethe y AH hablando de Fichte, ver Goethe, 12, 14, 19 de marzo de 1797, Goethe, Diario 1998-2007, vol. 2, parte 1, págs. 101-102.

[76] AH a Wilhelm Gabriel Wegener, 27 de febrero de 1789, AH Cartas 1973, pág. 44.

[77] Morgan 1990, pág. 26.

[78] AH, Cosmos 1845-1852, vol. 1, pág. 197; ver también Knobloch 2009.

[79] AH, Cosmos 1845-1852, vol. 1, pág. 64; AH, Kosmos 1845-1850, vol. 1, págs. 69-70.

[80] AH, Cosmos 1845-1852, vol. 1, pág. 64; AH, Kosmos 1845-1850, vol. 1, pág. 70.

[81] Goethe, *Maximen und Reflexionen*, núm. 295, Buttimer 2001, pág. 109; ver también Jackson 1994, pág. 687.

[82] AH a Johann Leopold Neumann, 23 de junio de 1791, AH Cartas 1973, pág. 142.

[83] AH a Goethe, 3 de enero de 1810, Goethe, Cartas Humboldt 1909, pág. 305; ver también AH, Cosmos 1845-1852, vol. 1, pág. 73; AH, Kosmos 1845-1850, vol. 1, pág. 85.

[84] Erasmus Darwin (1789) 1791, verso 232.

[85] King-Hele 1986, págs. 67-68.

[86] AH a Charles Darwin, 18 de septiembre de 1839, Darwin, Correspondencia, vol. 2, pág. 426. AH se refería al libro de Erasmus Darwin *Zoonomia,* que se publicó en Alemania en 1795; ver también AH a Samuel Thomas von Sömmerring, 29 de junio de 1795, AH Cartas 1973, pág. 439.

[87] Goethe a Friedrich Schiller, 26-27 de enero de 1798, Schiller, Cartas 1943-2003, vol. 37, parte 1, pág. 234.

[88] Goethe Morphologie 1987, pág. 458.

[89] Finales de diciembre de 1794, Goethe, Encuentros 1965-2000, vol. 4, pág. 117; Goethe, 1796, Goethe Año 1994, pág. 53; WH a Friedrich Schiller, 17 de julio de 1795, Goethe Día a día 1982-1996, vol. 3, pág. 393; Safranski 2011, pág. 191; Friedrich Schiller a Goethe, 26 de junio de 1797, Schiller y Goethe, 1856, vol. 1, pág. 322; concebido inicialmente como el *Urfaust* en los primeros años de la década de 1770, Goethe también publicó un breve *Fragment* del drama en 1790.

[90] *Fausto* I, Escena 1, Noche, pág. 123.

[91] Goethe a Johann Friedrich Unger, 28 de marzo de 1797, Goethe, Correspondencia 1968-1976, vol. 2, pág. 558.

[92] *Fausto* I, Escena 1, Noche, pág. 123.

[93] Ibíd., pág. 122.

[93] La cita en la nota al pie es de Louise Nicolovius, contado por Charlotte von Stein, 20 de enero de 1810, recordando una conversación con Goethe, Goethe Día a día 1982-96, vol. 5, pág. 381.

[95] Goethe compuso y publicó el poema en 1797, Goethe, 1797, Goethe Año 1994, pág. 59.

[96] Pierre-Simon Laplace, *Exposition du système du monde,* 1796, ver Adler 1990, pág. 264.

[97] *Fausto I,* Escena 1, Noche, pág. 129.

[98] AH a Goethe, 3 de enero de 1810, Goethe, Cartas Humboldt 1909, pág. 304.

[99] John Keats, 28 de diciembre de 1817, contado por Benjamin Robert Haydon, Haydon 1960-63, vol. 2, pág. 173.

[100] AH a Caroline von Wolzogen, 14 de mayo de 1806, Goethe, Cartas AH WH 1876, pág. 407.

[101] Ibíd.

3. En busca de un destino

[1] AH a William Gabriel Wegener, 27 de marzo de 1789, AH Cartas 1973, pág. 47.

[2] WH a CH, 9 de octubre de 1818, WH y CH, Cartas 1910-1916, vol. 6, pág. 219.

[3] Geier 2009, pág. 199.

[4] WH a Friedrich Schiller, 16 de julio de 1796, Geier 2009, pág. 201.

[5] AH a Carl Freiesleben, 7 de abril de 1796, AH Cartas 1973, pág. 503.

[6] AH a Carl Freiesleben, 25 de noviembre de 1796; AH a Carl Ludwig Willdenow, 20 de diciembre de 1796, ibíd., págs. 551-554, 560.

[7] AH a Abraham Gottlob Werner, 21 de diciembre de 1796, ibíd., pág. 561.

[8] AH a William Gabriel Wegener, 27 de marzo de 1789, ibíd., pág. 47; AH, Meine Bekenntnisse, 1769-1805, en Biermann 1987, pág. 55.

[9] AH a Carl Freiesleben, 25 de noviembre de 1796, AH Cartas 1973, pág. 553.

[10] AH a Archibald MacLean, 9 de febrero de 1793, ibíd., págs. 233-234.

[11] Carl Freiesleben a AH, 20 de diciembre de 1796, ibíd., pág. 559.

[12] Gersdorff 2013, págs. 65-66.

[13] Eichhorn 1959, pág. 186.

[14] AH a Paul Christian Wattenback, 26 de abril de 1791, AH Cartas 1973, pág. 136.

[15] AH a Carl Ludwig Willdenow, 20 de diciembre de 1796, ibíd., pág. 560; AH, Meine Bekenntnisse, 1769-1805, en Biermann 1987, págs. 55-58.

[16] AH a Carl Freiesleben, 4 de marzo de 1795, AH Cartas 1973, pág. 403.

[17] AH a Schuckmann, 14 de mayo de 1797; AH a Georg Christoph Lichtenberg, 10 de junio de 1797; AH a Joseph Banks, 20 de junio de 1797, ibíd., págs. 578, 583, 584.

[18] AH a Carl Freiesleben, 18 de abril de 1797; AH a Schuckmann, 14 de mayo de 1797, ibíd., págs. 575, 578.

[19] AH a Goethe, 16 de julio de 1795, Goethe, Cartas AH WH 1876, pág. 311.

[20] Personal Narrative 1814-1829, pág. 5; AH a Carl Freiesleben, 14 y 16 de octubre de 1797, AH Cartas 1973, pág. 593.

[21] AH a Joseph van der Schot, 31 de diciembre de 1797; ver también AH a Carl Freiesleben, 14 de octubre de 1797, AH Cartas 1973, págs. 593, 603.

[22] AH a Joseph van der Schot, 31 de diciembre de 1797; AH a Franz Xaver von Zach, 23 de febrero de 1798, ibíd., págs. 601, 608.

[23] AH a Joseph van der Schot, 28 de octubre de 1797, ibíd., pág. 594.

[24] AH a Heinrich Karl Abraham Eichstädt, 19 de abril de 1798, ibíd., pág. 625.

[25] AH al conde Christian Günther von Bernstorff, 25 de febrero de 1798; AH a Carl Freiesleben, 22 de abril de 1798, ibíd., págs. 612, 629.

[26] AH a Carl Ludwig Willdenow, 20 de abril de 1799, ibíd., pág. 661; AH, Aus Meinem Leben (1769-1850), en Biermann 1987, pág. 96.

[27] AH a Heinrich Karl Abraham Eichstädt, 19 de abril de 1798; AH a Carl Freiesleben, 22 de abril de 1798, AH Cartas 1973, págs. 625, 629.

[28] Moheit 1993, pág. 9; AH a Franz Xaver von Zach, 3 de junio de 1798, AH Cartas 1973, págs. 633-634; AH, Meine Bekenntnisse, 1769-1805, en Biermann 1987, págs. 57-58; Gersdorff 2013, págs. 66ss.

[29] AH a Marc-Auguste Pictet, 22 de junio de 1798, Bruhns 1873, vol. 1, pág. 234.

[30] AH a Carl Ludwig Willdenow, 20 de abril de 1799, AH Cartas 1973, pág. 661.

[31] Biermann 1990, págs. 175ss.; Schneppen 2002; Sarton 1943, págs. 387ss.; AH a Carl Ludwig Willdenow, 20 de abril de 1799, AH Cartas 1973, pág. 662.

[32] Friedrich Schiller a Goethe, 17 de septiembre de 1800, Schiller, Cartas 1943-2003, vol. 30, pág. 198; ver también Christian Gottfried Körner a Friedrich Schiller, 10 de septiembre de 1800, Schiller, Cartas 1943-2003, vol. 38, parte 1, pág. 347.

[33] AH a Carl Freiesleben, 19 de marzo de 1792, AH Cartas 1973, pág. 178.

[34] AH a Carl Ludwig Willdenow, 20 de abril de 1799, ibíd., pág. 661; AH, Meine Bekenntnisse, 1769-1805, en Biermann 1987, pág. 58.

[35] AH a Heinrich Karl Abraham Eichstädt, 21 de abril de 1798; AH a Carl Ludwig Willdenow, 20 de abril de 1799, AH Cartas 1973, págs. 627, 661.

[36] AH, Personal Narrative 1814-1829, vol. 1, pág. 2.

[37] Ibíd., pág. 8; AH a Carl Ludwig Willdenow, 20 de abril de 1799, AH Cartas 1973, pág. 662.

[38] AH a Banks, 15 de agosto de 1798, BL Add 8099, ff.71-72.

[39] Bruhns 1873, vol. 1, pág. 394.

[40] Ibíd., pág. 239; AH a Carl Ludwig Willdenow, 20 de abril de 1799, AH Cartas 1973, pág. 662.

[41] AH a Carl Ludwig Willdenow, 20 de abril de 1799, AH Cartas 1973, pág. 661.

[42] AH a Joseph Franz Elder von Jacquin, 22 de abril de 1798, ibíd., pág. 631.

[43] AH a David Friedländer, 11 de abril de 1799; AH a Carl Ludwig Willdenow, 20 de abril de 1799; AH a Carl Freiesleben, 4 de junio de 1799, ibíd., págs. 657, 663, 680; ver también pasaporte de AH, 7 de mayo de 1799, Ministerio de Cultura del Ecuador, Quito; Holl 2009, págs. 59-60.

[44] AH a Carl Freiesleben, 4 de junio de 1799, AH Cartas 1973, pág. 680.

[45] AH, Personal Narrative 1814-1829, vol. 1, págs. 33-39; Verberger 1999, págs. 57-61.

[46] AH, 5 de junio de 1799, AH, Diario 2000, pág. 58.

[47] AH a David Friedländer, 11 de abril de 1799, AH Cartas 1973, pág. 657; en otra carta AH escribió sobre la «interacción de las fuerzas», AH a Karl Maria Erenbert von Moll, 5 de junio de 1799, ibíd., pág. 682.

[48] AH a Carl Freiesleben, 4 de junio de 1799, ibíd., pág. 680.

[49] AH, 6 de junio de 1799, AH, Diario 2000, pág. 424.

[50] AH, Personal Narrative 1814-1829, vol. 1, págs. 110ss.

[51] Ibíd., págs. 153-154.

[52] Ibíd., págs. 168, 189-190.

[53] Ibíd., págs. 182, 188; ver también AH a WH, 20-25 de junio de 1799, AH, Cartas WH 1880, pág. 10.

[54] AH, Mein Aufbruch nach America, en Biermann 1987, pág. 82.

[55] AH, Personal Narrative 1814-1829, vol. 2, pág. 20.

[56] Ibíd., págs. 183ss.

[57] Ibíd., pág. 184.

[58] Arana 2013, págs. 26ss.

[59] AH, Personal Narrative 1814-1829, vol. 2, págs. 188-189.

[60] Ibíd., pág. 184.

4. Sudamérica

[1] AH a WH, 16 de julio de 1799, AH, Cartas WH 1880, pág. 11.

[2] AH, Personal Narrative 1814-1829, vol. 2, págs. 183-184; AH a WH, 16 de julio de 1799, AH, Cartas WH 1880, pág. 13.

[3] AH a WH, 16 de julio de 1799, ibíd., pág. 13.

[4] Ibíd.

[5] AH, Personal Narrative 1814-1829, vol. 2, pág. 239.

[6] Ibíd., vol. 3, pág. 72.

[7] AH a WH, 16 de julio de 1799, AH, Cartas WH 1880, pág. 13.

[8] AH, Personal Narrative 1814-1829, vol. 2, pág. 183.

[9] Ibíd., pág. 194.

[10] Ibíd., vol. 3, págs. 111, 122.

[11] Ibíd., pág. 122.

[12] AH a Reinhard y Christiane von Haeften, 18 de noviembre de 1799, AH Cartas América 1993, pág. 66; AH a WH, 16 de julio de 1799, AH, Cartas WH 1880, pág. 13.

[13] AH, Personal Narrative 1814-1829, vol. 3, págs. 332ss.

[14] AH a Reinhard y Christiane von Haeften, 18 de noviembre de 1799, AH Cartas América 1993, pág. 66.

[15] Ibíd., pág. 65.

[16] AH, Personal Narrative 1814-1829, vol. 2, pág. 246.

[17] Ibíd., vol. 3, págs. 316-317; AH, 4 de noviembre de 1799, AH, Diario 2000, pág. 119.

[18] AH, Personal Narrative 1814-1829, vol. 3, pág. 321.

[19] AH, noviembre de 1799, AH, Diario 2000, pág. 166.

[20] AH escribió en su diario en junio de 1801 que José les acompañaba desde agosto de 1799; AH, 23 de junio-8 de julio de 1801, AH, Diario 2003, vol. 1, pág. 85.

[21] AH, Personal Narrative 1814-1829, vol. 3, págs. 347, 351-352.

[22] AH, 18 de noviembre de 1799, AH, Diario 2000, pág. 165.

[23] AH, Personal Narrative 1814-1829, vol. 3, pág. 435.

[24] Juan Vicente de Bolívar, Martín de Tobar y Marqués de Mixares a Francisco de Miranda, 24 de febrero de 1782, Arana 2013, pág. 21.

[25] AH, Personal Narrative 1814-1829, vol. 3, pág. 379.

[26] AH, 8 de febrero de 1800, AH, Diario 2000, pág. 188.

[27] AH, Personal Narrative 1814-1829, vol. 3, pág. 90.

[28] Ibíd., pág. 160.

[29] AH, 22 de noviembre de 1799-7 de febrero de 1800, AH, Diario 2000, pág. 179.

[30] Holl 2009, pág. 131.

[31] AH, Personal Narrative 1814-1829, vol. 3, pág. 307; la edición inglesa no menciona el dinero pero la francesa sí: AH, *Voyage aux régions équinoxiales du Nouveau Continent*, vol. 4, pág. 5.

[32] AH a Ludwig Bolmann, 15 de octubre de 1799, Biermann 1987, pág. 169.

[33] AH Cartas América 1993, pág. 9.

[34] AH, 7 de febrero de 1800, AH, Diario 2000, pág. 185.

[35] AH, Personal Narrative 1814-1829, vol. 4, pág. 107.

[36] Ibíd., pág. 132.

[37] Ibíd., págs. 131ss.; AH, 4 de marzo de 1800, AH, Diario 2000, págs. 215ss.

[38] AH, Personal Narrative 1814-1829, vol. 4, pág. 141.

[39] Ibíd., pág. 140.

[40] Ibíd., págs. 145ss.

[41] Ibíd., pág. 142.

[42] Ibíd., pág. 148-149.

[43] AH, 4 de marzo de 1800, AH, Diario 2000, pág. 215.

[44] AH, Personal Narrative 1814-1829, vol. 3, págs. 24-25.

[45] Ibíd., vol. 4, pág. 63.

[46] AH, 7 de febrero de 1800, AH, Diario 2000, pág. 186.

[47] AH, Personal Narrative 1814-1829, vol. 4, pág. 144.

[48] Ibíd., pág. 143.

[49] Ver los escritos de AH pero también Holl 2007-2008, págs. 20-25; Osten 2012, págs. 61ss.

[50] AH, Personal Narrative 1814-1829, vol. 4, págs. 143-144.

[51] Weigel 2004, pág. 85.

[52] Evelyn 1670, pág. 178.

[53] Jean-Baptiste Colbert, Schama 1996, pág. 175.

[54] Bartram, John, «An Essay for the Improvements of Estates, by Raising a Durable Timber for Fencing, and Other Uses», Bartram 1992, pág. 294.

[55] Benjamin Franklin a Jared Eliot, 25 de octubre de 1750; Benjamin Franklin, «An Account of the New Invented Pennsylvanian Fire-Places», 1744, Franklin 1956-2008, vol. 2, pág. 422 y vol. 4, pág. 70.

[56] AH, Personal Narrative 1814-1829, vol. 4, pág. 143.

[57] Ibíd., pág. 144.

[58] AH, septiembre de 1799, AH, Diario 2000, pág. 140; AH, Personal Narrative 1814-1829, vol. 4, pág. 477.

[59] AH, Aspects 1849, vol. 1, págs. 126-127; AH, Views 2014, pág. 82; AH, Cuadros 1849, vol. 1, pág. 158.

[60] AH, septiembre de 1799, AH, Diario 2000, pág. 140.

[61] AH, 4 de marzo de 1800, ibíd., pág. 216.

[62] AH, Personal Narrative 1814-1829, vol. 4. pág. 486; AH, 6 de abril de 1800, AH, Diario 2000, pág. 257.

[63] AH, Personal Narrative 1814-1829, vol. 2, pág. 147.

[64] AH, 2-5 de agosto de 1803, AH, Diario 2003, vol. 2, pág. 258.

[65] Aristóteles, *Política*, Bk.1, Ch.8.

[66] Carl Linneo, Worster 1977, pág. 37.

[67] Génesis 1:27-28.

[68] Francis Bacon, Worster 1977, pág. 30.

[69] René Descartes, Thomas 1984, pág. 33.

[70] Rev. Johannes Megapolensis, Myers 1912, pág. 303.

[71] Montesquieu, *El espíritu de las leyes*, Madrid, Tecnos, 1985, pág. 191.

[72] Chinard 1945, pág. 464.

[73] De Tocqueville, 26 de julio de 1833, «A Fortnight in the Wilderness», Tocqueville 1861, vol. 1, pág. 202.

[74] Hugh Williamson, 17 de agosto de 1770, Chinard 1945, pág. 452.

[75] Thomas Wright en 1794, Thomson 2012, pág. 189.

[76] Jeremy Belknap, Chinard 1945, pág. 464.

[77] Judd 2006, pág. 4; Bewell 1989, pág. 242.

[78] Buffon, Bewell 1989, pág. 243; ver también Adam Hodgson, Chinard 1945, pág. 483.

[79] AH, Cosmos 1845-1852, vol. 1, pág. 37; AH, Kosmos 1845-1850, vol. 1, pág. 36.

[80] AH, 4 de marzo de 1800, AH, Diario 2000, pág. 216.

5. Los Llanos y el Orinoco

[1] Salvo referencia en contrario, AH, Personal Narrative 1814-1829, vol. 4, págs. 273ss.; AH, 6 de marzo-27 de marzo de 1800, AH, Diario 2000, págs. 222ss.

[2] AH, Personal Narrative 1814-1829, vol. 4, pág. 263.

[3] Ibíd., pág. 293.

[4] Cuadro de AH pintado por Friedrich Georg Weitsch en 1806, hoy en la Alte Nationalgalerie de Berlín.

[5] AH, Personal Narrative 1814-1829, vol. 4, págs. 319ss.; AH, 6-27 de marzo de 1800, AH, Diario 2000, págs. 223-234.

[6] AH, Views 2014, pág. 29; AH, Aspects 1849, vol. 1, pág. 2; AH, Cuadros 1849, vol. 1, pág. 4; AH, Cuadros 1808, pág. 3.

[7] AH, Aspects 1849, vol. 1, págs. 22-23; AH, Views 2014, págs. 39-40; AH, Cuadros 1849, págs. 32-34; Personal Narrative 1814-1829, vol. 4, págs. 347ss.

[8] AH, Views 2014, pág. 40; AH, Aspects 1849, vol. 1, pág. 23; AH, Cuadros 1849, vol. 1, pág. 34.

[9] AH, Personal Narrative 1814-1829, vol. 4, págs. 390ss. y vol. 5.

[10] AH, 30 de marzo de 1800, AH, Diario 2000, pág. 239.

[11] AH, Personal Narrative 1814-1829, vol. 4, pág. 419.

[12] AH a WH, 17 de octubre de 1800, AH, Cartas WH 1880, pág. 15.

[13] AH, Personal Narrative 1814-1829, vol. 3, pág. 310.

[14] AH, 30 de marzo-23 de mayo de 1800, AH, Diario 2000, págs. 241-242.

[15] Ibíd., pág. 255.

[16] AH, Personal Narrative 1814-1829, vol. 4, págs. 433, 436, 535, vol. 5, pág. 442.

[17] Ibíd., vol. 5, pág. 287.

[18] AH, 30 de marzo-23 de mayo de 1800, AH, Diario 2000, pág. 244.

[19] AH, Personal Narrative 1814-1829, vol. 4, pág. 446; AH, 2 de abril de 1800, AH, Diario 2000, pág. 249.

[20] AH, Personal Narrative 1814-1829, vol. 5, pág. 528.

[21] AH, Aspects 1849, vol. 1, pág. 270; AH, Views 2014, pág. 146; AH, Cuadros 1849, vol. 1, pág. 333.

[22] AH, Personal Narrative 1814-1829, vol. 4, pág. 505.

[23] AH, 31 de marzo de 1800, AH, Diario 2000, pág. 240.

[24] AH, Personal Narrative 1814-1829, vol. 4, págs. 523-554.

[25] Ibíd., pág. 527.

[26] AH, 30 de marzo-23 de mayo de 1800, AH, Diario 2000, pág. 266.

[27] AH, Views 2014, pág. 147; AH, Aspects 1849, vol. 1, pág. 272; AH, Cuadros 1849, vol. 1, pág. 337.

[28] AH al barón von Forell, 3 de febrero de 1800, Bruhns 1873, vol. 1, pág. 274.

[29] AH, Personal Narrative 1814-1829, vol. 5, pág. 290.

[30] AH, Aspects 1849, vol. 1, págs. 270ss.; AH, Views 2014, págs. 146-147; AH, Cuadros 1849, vol. 1, págs. 333-335; AH, Personal Narrative 1814-1829, vol. 4, págs. 436ss.

[31] AH, Views 2014, pág. 146; AH, Aspects 1849, vol. 1, pág. 270; AH, Cuadros 1849, vol. 1, pág. 334.

[32] AH, Personal Narrative 1814-1829, vol. 4, pág. 437.

[33] Ibíd., vol. 2, pág. 15.

[34] AH, Views 2014, pág. 36; AH, Aspects 1849, vol. 1, pág. 15; AH, Cuadros 1849, vol. 1, pág. 23.

[35] Worster 1977, pág. 35.

[36] AH, Personal Narrative 1814-1829, vol. 4, pág. 421.

[37] AH, Aspects 1849, vol. 1, pág. 15; AII, Views 2014, pág. 37; AH, Cuadros 1849, vol. 1, pág. 23.

[38] AH, 30 de marzo-23 de mayo de 1800, AH, Diario 2000, pág. 262.

[39] AH, Personal Narrative 1814-1829, vol. 5, págs. 1ss.; AH, Aspects 1849, vol. 1, págs. 219ss.; AH, Views 2014, págs. 123ss.; AH, Cuadros 1849, vol. 1, págs. 268ss.

[40] AH, Personal Narrative 1814-1829, vol. 5, pág. 139.

[41] Ibíd., vol. 4, pág. 496; AH, 6 de abril de 1800, AH, Diario 2000, pág. 258.

[42] Bonpland a AH, 6 de abril de 1800, AH, Diario 2000, pág. 258.

[43] AH, Personal Narrative 1814-1829, vol. 4, pág. 496.

[44] Ibíd., vol. 5, págs. 87, 112; AH, 15 de abril de 1800, AH, Diario 2000, págs. 260-261.

[45] AH, 15 de abril de 1800, AH, Diario 2000, pág. 261.

[46] AH, Personal Narrative 1814-1829, vol. 5, págs. 103-104.

[47] AH, 15 de abril de 1800, AH, Diario 2000, pág. 262.

[48] AH, Personal Narrative 1814-1829, vol. 4, pág. 510.

[49] Ibíd., vol. 4, págs. 534-236 y vol. 5, pág. 406; AH, 15 de abril de 1800, AH, Diario 2000, pág. 260.

[50] AH, Personal Narrative 1814-1829, vol. 5, pág. 441.

[51] Ibíd., vol. 4, pág. 320; vol. 5, págs. 363, 444; AH, 15 de abril de 1800, AH, Diario 2000, pág. 260; AH a WH, 17 de octubre de 1800, AH, Cartas WH 1880, pág. 17.

[52] AH, Personal Narrative 1814-1829, vol. 5, págs. 365, 541; Humboldt la llamó después *Bertholletia excelsa* en honor del científico francés Claude Louis Berthollet.

[53] Ibíd., pág. 256.

[54] AH, abril de 1800, AH, Diario 2000, pág. 250.

[55] AH, abril-mayo de 1800, AH, Diario 2000, pág. 285; ver también págs. 255, 286.

[56] AH, Personal Narrative 1814-1829, vol. 5, pág. 309; sobre el culto a la naturaleza, ver vol. 3, pág. 213; sobre los mejores observadores de la naturaleza, ver AH, «Indios, Sinneschärfe», Guayaquil, 4 de enero-17 de febrero de 1803, AH, Diario 1982, págs. 182-183.

57 AH, Personal Narrative 1814-1829, vol. 4, págs. 532ss.

58 Ibíd., vol. 5, pág. 234.

59 Ibíd., vol. 4, pág. 549, vol. 5, pág. 256.

60 AH, marzo de 1801, AH, Diario 1982, pág. 176.

61 AH, Personal Narrative 1814-1829, vol. 5, pág. 443.

62 Ibíd., págs. 2, 218; AH, Aspects 1849, vol. 1, págs. 216, 224, 231; AH, Views 2014, págs. 121, 126, 129; AH, Cuadros 1849, vol. 1, págs. 263, 276, 285.

63 AH, Personal Narrative 1814-1829, vol. 4, pág. 134.

64 Ibíd., vol. 5, págs. 399-400, 437, 442.

65 Ibíd., pág. 441.

66 Ibíd., pág. 448.

67 AH, mayo de 1800, AH, Diario 2000, pág. 297.

68 AH, Personal Narrative 1814-1829, vol. 5, págs. 691-692.

69 Ibíd., págs. 694ss.

70 Ibíd., vol. 6, pág. 7.

71 Ibíd., págs. 2-3.

72 Ibíd., pág. 69.

73 AH, Aspects 1849, vol. 1, págs. 19ss.; AH, Views 2014, págs. 38ss.; AH, Cuadros 1849, vol. 1, págs. 29ss.

74 AH, marzo de 1800, AH, Diario 2000, pág. 231. Aunque esta es una anotación de marzo, AH estaba refiriéndose aquí a una experiencia posterior en julio, una anotación que añadió más tarde.

75 AH, Personal Narrative 1814-1829, vol. 6, pág. 7.

76 Ibíd., vol. 4, pág. 334.

77 Ibíd., vol. 6, pág. 8.

78 AH, Views 2014, pág. 36; AH, Aspects 1849, vol. 1, págs. 15, 181; AH, Cuadros 1849, vol. 1, pág. 23.

6. A través de los Andes

1 AH, Personal Narrative 1814-1829, vol. 7, pág. 285; AH a Nicolas Baudin, 12 de abril de 1801, Bruhns 1873, vol. 1, pág. 292; AH a Carl Ludwig Willdenow, 21 de febrero de 1801, Biermann 1987, pág. 173; AH, Recollections during voyage from Lima to Guayaquil, 24 de diciembre de 1802-4 de enero de 1803, AH, Diario 2003, vol. 2, pág. 178; *National Intelligencer and Washington Advertiser*, 12 de noviembre de 1800.

[2] AH, Personal Narrative 1814-1829, vol. 7, pág. 288.

[3] AH a Carl Ludwig Willdenow, 21 de febrero de 1801, Biermann 1987, pág. 171.

[4] AH, Personal Narrative 1814-1829, vol. 7, pág. 286.

[5] Joseph Banks a Jacques Julien Houttou de La Billardière, 9 de junio de 1796, Banks 2000, pág. 171; ver también Wulf 2008, págs. 203-204.

[6] AH a Banks, 15 de noviembre de 1800, Banks a Jean Baptiste Joseph Delambre, 4 de enero de 1805, Banks 2007, vol. 5, págs. 63-64, 406.

[7] AH a Carl Ludwig Willdenow, 21 de febrero de 1801, Biermann 1987, pág. 175.

[8] AH a Christiane Haeften, 18 de octubre de 1800, AH Cartas América 1993, pág. 109.

[9] AH, 24 de diciembre de 1802-4 de enero de 1803, AH, Diario 2003, vol. 2, pág. 178.

[10] AH, Recollections during voyage from Lima to Guayaquil, 24 de diciembre de 1802-4 de enero de 1803, AH, Diario 2003, vol. 2, pág. 178.

[11] Ibíd.; AH, 23 de junio-8 de julio de 1801, AH, Diario 2003, vol. 1, págs. 89ss.; AH a WH, 21 de septiembre de 1801, AH, Cartas WH 1880, pág. 32.

[12] AH, 23 de junio-8 de julio de 1801, AH, Diario 2003, vol. 1, págs. 89-90.

[13] AH, 19 de abril-15 de junio de 1801, ibíd., págs. 65-66.

[14] Ibíd., págs. 67-78.

[15] AH, 18-22 de junio de 1801, ibíd., pág. 78

[16] AH, 23 de junio-8 de julio de 1801, ibíd., págs. 85-89.

[17] AH a WH, 21 de septiembre de 1801, AH, Cartas WH 1880, pág. 35; AH, noviembre-diciembre de 1801, AH, Diario 2003, vol. 1, págs. 90ss. (AH escribió esta anotación en el diario después de dejar Bogotá).

[18] Holl 2009, pág. 161.

[19] AH a WH, 21 de septiembre de 1801, AH, Cartas WH 1880, pág. 35.

[20] AH, noviembre-diciembre de 1801, AH, Diario 2003, vol. 1, pág. 91.

[21] AH, 8 de septiembre de 1801, ibíd., pág. 119.

[22] AH, 5 de octubre de 1801, ibíd., pág. 135.

[23] AH, 23 de junio-8 de julio de 1801, ibíd., pág. 85.

[24] AH, Cordilleras 1814, vol. 1, págs. 63ss.; AH, Cordilleras 1810, vol. 1, págs. 17ss.; Fiedler y Leitner 2000, pág. 170.

[25] AH, 27 de noviembre de 1801, ver también AH, 5 de octubre de 1801, AH, Diario 2003, vol. 1, págs. 131, 155.

[26] AH, 27 de noviembre de 1801, ibíd., pág. 151.

[27] AH, 14 de septiembre de 1801, ibíd., pág. 124; AH, Cordilleras 1814, vol. 1, pág. 64; AH, Cordilleras 1810, vol. 1, pág. 19.

[28] AH, 22 de diciembre de 1801, AH, Diario 2003, vol. 1, pág. 163.

[29] AH, 19 de diciembre de 1801, ibíd., vol. 2, pág. 45.

[30] AH a WH, 21 de septiembre de 1801, AH, Cartas WH 1880, pág. 27.

[31] AH, 27 de noviembre de 1801, AH, Diario 2003, vol. 1, pág. 155.

[32] Ibíd., pág. 152; sobre José y el barómetro, ver AH, 28 de abril de 1802, AH, Diario 2003, vol. 2, pág. 83; sobre el barómetro de viaje de AH, ver el retrato de AH pintado por Friedrich Georg Weitsch en 1806 (hoy en la Alte Nationalgalerie de Berlín); Verberger 1999, págs. 57-61.

[33] Wilson 1995, pág. 296; AH, 19 de abril-15 de junio de 1801, AH, Diario 2003, vol. 1, pág. 66.

[34] AH, Aus Meinem Leben (1769-1850), en Biermann 1987, pág. 101.

[35] Goethe a AH, 1824, Goethe, Encuentros 1965-2000, vol. 14, pág. 322.

[36] Rosa Montúfar, Beck 1959, pág. 24.

[37] AH a Carl Freiesleben, 21 de octubre de 1793, AH Cartas 1973, pág. 280.

[38] AH a Wilhelm Gabriel Wegener, 27 de marzo de 1789 y AH a Carl Freiesleben, 10 de abril de 1792, ibíd., págs. 46, 180.

[39] AH a Reinhard von Haeften, 1 de enero de 1796, ibíd., pág. 477.

[40] AH a Carl Freiesleben, 10 de abril de 1792, ibíd., pág. 180.

[41] AH a Reinhard von Haeften, 1 de enero de 1796, ibíd., págs. 478-479.

[42] AH a Carl Freiesleben, 4 de junio de 1799, ibíd., pág. 680.

[43] Adolph Kohut en 1871 sobre la estancia de AH en Berlín en 1805, Beck 1959, pág. 31.

[44] Quarterly Review, vol. 14, enero de 1816, pág. 369.

[45] CH a WH, 22 de enero de 1791, WH y CH, Cartas 1910-1916, vol. 1, pág. 372.

[46] Theodor Fontane a Georg Friedländer, 5 de diciembre de 1884, Fontane 1980, vol. 3, pág. 365.

[47] José de Caldas a José Celestino Mutis, 21 de junio de 1802, Andress 2011, pág. 11; Caldas preguntó si podía ir con AH, Holl 2009, pág. 166.

[48] AH a Archibald MacLean, 6 de noviembre de 1791; ver también AH a Wilhelm Gabriel Wegener, 27 de marzo de 1789, AH Cartas 1973, págs. 47, 157.

[49] AH, Kosmos 1845-1850, vol. 1, pág. 6: «vom wilden Drange der Leidenschaften bewegt ist». La traducción inglesa lo suavizó y lo convirtió en «passions of men»; ver también AH a Archibald Maclean, 6 de noviembre de 1791, AH Cartas 1973, pág. 157.

[50] AH, 28 de abril de 1802, AH, Diario 2003, vol. 2, pág. 83.

[51] AH ascendió el Pichincha tres veces; AH, 14 de abril, 26 y 28 de mayo de 1802, AH, Diario 2003, vol. 2, págs. 72ss.; 85ss.; 90ss.; AH a WH, 25 de noviembre de 1802, AH, Cartas WH 1880, págs. 45ss.

[52] AH a WH, 25 de noviembre de 1802, AH, Cartas WH 1880, pág. 46.

[53] AH, 28 de abril de 1802, AH, Diario 2003, vol. 2, págs. 83ss.

[54] AH, Cordilleras 1814, vol. 1, págs. 121, 125; AH Cordilleras 1810, vol. 1, págs. 59, 62.

[55] AH, 28 de abril de 1802, AH, Diario 2003, vol. 2, pág. 81.

[56] AH, 14-18 de marzo de 1802, ibíd., págs. 57ss.

[57] Ibíd., págs. 57, 62.

[58] Ibíd., pág. 61.

[59] Ibíd., pág. 62.

[60] Ibíd., pág. 65.

[61] AH, 22 de noviembre de 1799-7 de febrero de 1800, AH, Diario 2000, pág. 179.

7. CHIMBORAZO

[1] AH a WH, 25 de noviembre de 1802, AH, Cartas WH 1880, pág. 54.

[2] Ibíd., pág. 48.

[3] AH, 9-12 de junio y 12-28 de junio de 1802, AH, Diario 2003, vol. 2, págs. 94-104.

[4] AH, About an Attempt a Climb a the Top of Chimborazo, Kutzinski 2012, pág. 136.

[5] AH a WH, 25 de noviembre de 1802, AH, Cartas WH 1880, pág. 48; AH, About an Attempt a Climb a the Top of Chimborazo, en Kutzinski 2012, págs. 135-155; AH, 23 de junio de 1802, AH, Diario 2003, vol. 2, págs. 100-109.

[6] AH, About an Attempt a Climb a the Top of Chimborazo, Kutzinski 2012, pág. 140.

[7] AH, 23 de junio de 1802, AH, Diario 2003, vol. 2, pág. 106.

[8] AH, Geografía 2009, pág. 120; AH, Geografía 1807, págs. 161-163.

[9] AH, 23 de junio de 1802, AH, Diario 2003, vol. 2, pág. 106.

[10] WH a Karl Gustav von Brinkmann, 18 de marzo de 1793, Heinz 2003, pág. 19.

[11] Georg Gerland, 1869, Jahn 2004, pág. 19.

[12] AH, Personal Narrative 1814-1829, vol. 3, pág. 160; ver también pág. 495; AH señaló estas conexiones una y otra vez en su *Ensayo sobre la geografía de las plantas* (1807) y también en AH, Personal Narrative 1814-1829, vol. 3, págs.

490ss.; AH, Aspects 1849, vol. 2, págs. 3ss.; AH, Views 2014, págs. 155ss.; AH, Cuadros 1849, vol. 2, págs. 3ss.

[13] AH, Personal Narrative 1814-1829, vol. 3, pág. 453.

[14] AH, Geografía 2009, págs. 65-66; AH, Geografía 1807, págs. 5ss.

[15] AH, Cosmos 1845-1852, vol. 1, pág. xviii; AH, Kosmos 1845-1850, vol. 1, pág. vi.

[16] AH, Geografía 2009, pág. 77; AH, Geografía 1807, págs. 35ss.; AH, Cosmos 1845-1852, vol. 1, pág. 11; AH, Kosmos 1845-1850, vol. 1, pág. 12.

[17] AH, Cosmos 1845-1852, vol. 1, pág. 40; AH, Kosmos 1845-1850, vol. 1, pág. 39.

[18] AH, Cosmos 1845-1852, vol. 1, pág. 11; sobre la inspiración de AH en las montañas, ver también pág. 347; AH, Kosmos 1845-1850, vol. 1, pág. 12.

[19] AH, Geografía 2009, pág. 61; AH, Geografía 1807, pág. iii; Holl 2009, págs. 181-183 y Fiedler y Leitner 2000, pág. 234.

[20] AH a Marc-Auguste Pictet, 3 de febrero de 1805, Dove 1881, pág. 103.

[21] AH, Kosmos 1845-1850, vol. 1, pág. 39, traducción al inglés de la autora («belebtes Naturganzes [...] Nicht ein todtes Aggregat ist die Natur»). La traducción al inglés se queda corta: «living connections» no transmite exactamente el significado de AH, y falta por completo la frase sobre que la naturaleza no es una acumulación muerta. AH, Cosmos 1845-1852, vol. 1, pág. 40.

[22] AH, Aspects 1849, vol. 2, pág. 3; AH, Views 2014, pág. 155; AH, Cuadros 1849, vol. 2, pág. 3.

[23] AH, Aspects 1849, vol. 2, pág. 10; AH, Views 2014, pág. 158; AH, Cuadros 1849, vol. 2, pág. 11.

[24] AH, Cosmos 1845-1852, vol. 1, pág. 41; AH, Kosmos 1845-1850, vol. 1, pág. 40.

[25] El *Naturgemälde* se incluyó en el *Ensayo sobre la geografía de las plantas* (1807).

[26] AH, Cosmos 1845-1852, vol. 1, pág. 48; AH, Kosmos 1845-1850, vol. 1, pág. 55, traducción de la autora («Einheit in der Vielheit»).

[27] AH, 12 de abril de 1803-20 de enero de 1804, México, AH, Diario 1982, pág. 187; AH a WH, 25 de noviembre de 1802, AH, Cartas WH 1880, págs. 51-52.

[28] Ibíd., pág. 52.

[29] Ibíd., pág. 50.

[30] AH, Aspects 1849, vol. 2, pág. 268; AH, Views 2014, pág. 268; AH, Cuadros 1849, vol. 2, pág. 319; ver también AH, 23-28 de julio de 1802, AH, Diario 2003, vol. 2, págs. 126-130.

[31] AH, resumen de la expedición de Humboldt y Bonpland, finales de junio de 1804, AH, Cartas EE. UU. 2004, pág. 507; Helferich 2005, pág. 242.

[32] Kortum 1999, págs. 98-100; en particular AH a Heinrich Berghaus, 21 de febrero de 1840, pág. 98.

[33] AH, Views 2014, pág. 244; AH, Aspects 1849, vol. 2, pág. 215; AH, Cuadros 1849, vol. 2, pág. 254.

[34] Guía de AH en Ciudad de México sobre AH, 1803, Beck 1959, pág. 26.

[35] Ibíd., pág. 27.

[36] AH, 31 de enero-6 de febrero de 1803, AH, Diario 2003, vol. 2, págs. 182ss.

[37] Ibíd., pág. 184.

[38] AH, Cordilleras 1814, vol. 1, pág. 119; AH Cordilleras 1810, vol. 1, pág. 58.

[39] AH, 27 de febrero de 1803, AH, Diario 2003, vol. 2, pág. 190.

8. Política y Naturaleza

[1] AH, 29 de abril-20 de mayo de 1804, AH, Diario 2003, vol. 2, págs. 301ss.

[2] Ibíd., pág. 302.

[3] AH, Aus Meinem Leben (1769-1850), en Biermann 1987 pág. 103.

[4] AH, resumen de la expedición de Humboldt y Bonpland, finales de junio de 1804, AH, Cartas EE. UU. 2004, pág. 508.

[5] AH a Carl Ludwig Willdenow, 29 de abril de 1803, AH Cartas América 1993, pág. 230.

[6] AH, Diario 1982, pág. 12.

[7] AH a Friedrich Heinrich Jacobi, 3 de enero de 1791, AH Cartas 1973, pág. 118.

[8] AH a Jefferson, 24 de mayo de 1804, Terra 1959, pág. 788.

[9] Ibíd., pág. 787.

[10] AH a James Madison, 24 de mayo de 1804, ibíd., pág. 796.

[11] Edmund Bacon sobre Jefferson, Bear 1967, pág. 71.

[12] En 1804, Jefferson tenía siete nietos: seis de su hija Martha (Anne Cary, Thomas Jefferson, Ellen Wayles, Cornelia Jefferson, Virginia Jefferson, Mary Jefferson) y un nieto superviviente de su difunta hija Maria (Francis Wayles Eppes).

[13] Margaret Bayard Smith sobre Jefferson, Hunt 1906, pág. 405; ver también Edmund Bacon sobre Jefferson, Bear 1967, pág. 85.

[14] Recuerdos de Edmund Bacon y Jefferson sobre él, Bear 1967, págs. 12, 18, 72-78.

[15] Jefferson a Martha Jefferson, 21 de mayo de 1787, TJ, Papeles RS, vol. 11, pág. 370.

[16] Jefferson a Lucy Paradise, 1 de junio de 1789, ibíd., vol. 15, pág. 163.

[17] Wulf 2011, págs. 35-57, 70.

[18] Instrucciones de Jefferson a Lewis, 1803, Jackson 1978, vol. 1, págs. 61-66.

[19] Jefferson a AH, 28 de mayo de 1804, Terra 1959, pág. 788; ver también Vincent Gray a James Madison, 8 de mayo de 1804, Madison, Papeles SS, vol. 7, págs. 191-192.

[20] Charles Willson Peale Diario, 29 de mayo-21 de junio de 1804, anotación de 29 de mayo de 1804, Peale 1983-2000, vol. 2, parte 2, págs. 680ss.

[21] North 1974, págs. 70ss.

[22] Wulf 2011, págs. 83ss.

[23] Ibíd., págs. 129ss.

[24] Friis 1959, pág. 171.

[25] John Quincy Adams, en Young 1966, pág. 44.

[26] La Casa Blanca todavía se llamaba la Residencia del Presidente. El primer uso documentado del nombre Casa Blanca data de 1811. Wulf 2011, pág. 125.

[27] William Muir Whitehill en 1803, Froncek 1977, pág. 85.

[28] Thomas Moore en 1804, Norton 1976, pág. 211.

[29] Wulf 2011, págs. 145ss.

[30] William Plumer, 10 de noviembre de 1804 y 29 de julio de 1805, Plumer 1923, págs. 193, 333.

[31] Sir Augustus John Foster en 1805-7, Foster 1954, pág. 10.

[32] Jefferson a Charles Willson Peale, 20 de agosto de 1811, TJ, Papeles RS, vol. 4, pág. 93.

[33] Jefferson a Pierre-Samuel Dupont de Nemours, 2 de marzo de 1809, Jefferson 1944, pág. 394.

[34] Margaret Bayard Smith sobre Jefferson, Hunt 1906, pág. 393.

[35] Wulf 2011, pág. 149.

[36] Thomson 2012, págs. 51ss.

[37] Para detalles, ver Jefferson 1997 y Jefferson 1944; Jefferson a Ellen Wayles Randolph, 8 de diciembre de 1807, Jefferson 1986, pág. 316; Edmund Bacon sobre Jefferson, Bear 1967, pág. 33.

[38] Jefferson a la American Philosophical Society, 28 de enero de 1797, TJ, Papeles RS, vol. 29, pág. 279.

[39] Alexander Wilson a William Bartram, 4 de marzo de 1805, Wilson 1983, pág. 232.

[40] Charles Willson Peale Diario, 29 de mayo-21 de junio de 1804, anotación, 2 de junio de 1804, Peale 1983-2000, vol. 2, parte 2, pág. 690.

[41] Margaret Bayard Smith sobre Jefferson, Hunt 1906, págs. 385, 396; sobre los inventos, ver Isaac Jefferson sobre Jefferson, Bear 1967, pág. 18; Thomson 2012, págs. 166ss.

[42] Margaret Bayard Smith sobre Jefferson, Hunt 1906, pág. 396.

[43] AH a Jefferson, 27 de junio de 1804, Terra 1959, pág. 789.

[44] Charles Willson Peale Diario, 29 de mayo-21 de junio de 1804, Peale 1983-2000, vol. 2, parte 2, págs. 690-700.

[45] Caspar Wistar Jr a James Madison, 29 de mayo de 1804, Madison, Papeles SS, vol. 7, pág. 265.

[46] Albert Gallatin a Hannah Gallatin, 6 de junio de 1804, Friis 1959, pág. 176.

[47] Dolley Madison a Anna Payne Cutts, 5 de junio de 1804, ibíd., pág. 175.

[48] Albert Gallatin a Hannah Gallatin, 6 de junio de 1804, ibíd., pág. 176.

[49] Charles Willson Peale, Diario, 29 de mayo-21 de junio de 1804, anotación de 30 de mayo de 1804, Peale 1983-2000, vol. 2, parte 2, pág. 684; Louis Agassiz dijo después que las mediciones de AH demostraban que los mapas anteriores eran tan imperfectos que la posición de México tenía unos 480 kilómetros de diferencia, Agassiz 1869, págs. 14-15.

[50] Albert Gallatin a Hannah Gallatin, 6 de junio de 1804, Friis 1959, pág. 176.

[51] Ibíd., pág. 177; cuadro de Jefferson con información, «Louisiana and Texas Description, 1804», DLC; ver también Terra 1959, pág. 786.

[52] Albert Gallatin a Hannah Gallatin, 6 de junio de 1804, Friis 1959, pág. 176.

[53] Charles Willson Peale Diario, 29 de mayo-21 de junio de 1804, anotación de 29 de mayo de 1804, Peale 1983-2000, vol. 2, parte 2, pág. 683.

[54] Charles Willson Peale a John DePeyster, 27 de junio de 1804, ibíd., pág. 725.

[55] Albert Gallatin a Hannah Gallatin, 6 de junio de 1804, Friis 1959, pág. 176.

[56] Jefferson a William Armistead Burwell, 1804, ibíd., pág. 181.

[57] Jefferson a AH, 9 de junio de 1804, Terra 1959, pág. 789; ver también Rebok 2006, pág. 131; Rebok 2014, págs. 48-50.

[58] Jefferson a AH, 9 de junio de 1804, Terra 1959, pág. 789.

[59] Jefferson a John Hollins, 19 de febrero de 1809, Rebok 2006, pág. 126.

[60] AH a Jefferson, sin fecha, AH Cartas América 1993, pág. 307.

[61] Jefferson a Caspar Wistar, 7 de junio de 1804, DLC.

[62] Friis 1959, págs. 178-179; informe de AH a Jefferson, y AH, resumen de la expedición de Humboldt y Bonpland, finales de junio de 1804: AH, Cartas EE. UU. 2004, págs. 484-494, 497-509.

[63] Jefferson a James Madison 4 de julio de 1804 y Jefferson a Albert Gallatin, 3 de julio de 1804, Madison, Papeles SS, vol. 7, pág. 421.

[64] AH a Albert Gallatin, 20 de junio de 1804; ver también AH a Jefferson, 27 de junio de 1804, Terra 1959, págs. 789, 801.

[65] AH a James Madison, 21 de junio de 1804, ibíd., pág. 796.

[66] AH, Personal Narrative 1814-1829, vol. 3, pág. 2.

[67] AH, 7 de agosto-10 de septiembre de 1803, Guanajuato, México, AH, Diario 1982, pág. 211.

[68] AH, 9-12 de septiembre de 1802, Hualgayoc, Perú, ibíd., pág. 208.

[69] AH, febrero de 1802, Quito, ibíd., pág. 106.

[70] AH, 23 de octubre-24 de diciembre de 1802, Lima, Perú, ibíd., pág. 232.

[71] AH, Personal Narrative 1814-1829, vol. 3, pág. 79.

[72] Ibíd., vol. 4, pág. 120.

[73] AH, 22 de febrero de 1800, AH, Diario 2000, págs. 208-209.

[74] AH, Cuba 2011, pág. 115; AH, Personal Narrative 1814-1829, vol. 7, pág. 201.

[75] AH, Nueva España 1811, vol. 3, pág. 105; ver también AH, Personal Narrative 1814-1829, vol. 7, pág. 161; AH, Cuba 2011, pág. 95.

[76] AH, 23 de junio-8 de julio de 1801, AH, Diario 2003, vol. 1, pág. 87.

[77] AH, Personal Narrative 1814-1829, vol. 7, pág. 161; AH, Cuba 2011, pág. 95; AH, Nueva España 1811, vol. 3, pág. 105.

[78] AH, 30 de marzo de 1800, AH, Diario 2000, pág. 238.

[79] AH, 1-2 de agosto de 1803, AH, Diario 2003, vol. 2, págs. 253-257.

[80] AH, 30 de marzo de 1800, AH, Diario 2000, pág. 238.

[81] AH, Nueva España 1811, vol. 3, pág. 454.

[82] AH, Personal Narrative 1814-1829, vol. 7, pág. 236.

[83] Jefferson a James Madison, 20 de diciembre de 1787, TJ, Papeles RS, vol. 12, pág. 442.

[84] Jefferson a representantes del territorio de Indiana, 28 de diciembre de 1805, DLC.

[85] Wulf 2011, págs. 113-120; ver también sobre la rotación de cultivos: Jefferson a George Washington, 12 de septiembre de 1795, TJ, Papeles RS, vol. 28, págs. 464-5; 19 de junio de 1796, TJ, Papeles RS, vol. 29, págs. 128-129; sobre la reja de arado: TJ a John Sinclair, 23 de marzo de 1798, TJ, Papeles RS, vol. 30, pág. 202; Thomson 2012, págs. 171-172.

[86] Jefferson a James Madison, 19 May, 9 de junio, 1 de septiembre de 1793, TJ, Papeles RS, vol. 26, págs. 62, 241, vol. 27, pág. 7.

[87] Jefferson, Summary of Public Service, después del 2 de septiembre 1800, ibíd., vol. 32, pág. 124.

[88] Sobre el arroz de montaña, ver Wulf 2011, pág. 70; Jefferson a Edward Rutledge, 14 de julio de 1787, TJ, Papeles RS, vol. 11, pág. 587; sobre la pena de muerte, ver Jefferson a John Jay, 4 de mayo de 1787, TJ, Papeles RS, vol. 11, pág.

339; sobre los huertos de arces azucareros, ver Wulf 2011, págs. 94ss.; sobre 330 variedades de hortalizas, ver Hatch 2012, pág. 4.

[89] Jefferson a Arthur Campbell, 1 de septiembre de 1797, TJ, Papeles RS, vol. 29, pág. 522.

[90] Jefferson a Horatio Gates Spafford, 17 de marzo de 1814, TJ, Papeles RS, vol. 7, pág. 248; Jefferson sobre la propiedad de la tierra y la moral, ver Jefferson 1982, pág. 165.

[91] Jefferson a Madison, 28 de octubre de 1785, TJ, Papeles RS, vol. 8, pág. 682.

[92] Borrador de la constitución de Virginia redactado por Jefferson, antes del 13 de junio de 1776 (los tres borradores incluían esta cláusula), TJ, Papeles RS, vol. 1, págs. 337ss.

[93] Madison, «Republican Distribution of Citizens», *National Gazette*, 2 de marzo de 1792.

[94] AH, Personal Narrative 1814-1829, vol. 3, pág. 15.

[95] AH, Geografía 2009, pág. 134; AH, Geografía 1807, pág. 171; ver también AH, Cuba 2012, págs. 142ss.; AH, Personal Narrative 1814-1829, vol. 7, págs. 260ss.

[96] AH, 23 de junio-8 de julio de 1801, AH, Diario 2003, vol. 1, pág. 87.

[97] AH, Personal Narrative 1814-1829, vol. 1, pág. 127.

[98] Ibíd., vol. 3, pág. 3.

[99] Wulf 2011, pág. 41.

[100] Jefferson a Edward Bancroft, 26 de enero de 1789, TJ, Papeles RS, vol. 14, pág. 492.

[101] AH, Cuba 2011, pág. 144; AH, Personal Narrative 1814-1829, vol. 7, pág. 263.

[102] AH a William Thornton, 20 de junio de 1804, AH Cartas América 1993, págs. 199-200.

[103] AH, 4 de enero-17 de febrero, «Colonies», AH, Diario 1982, pág. 66.

[104] AH, 9-10 de junio de 1800, ibíd., pág. 25.

[105] AH, Lima 23 de octubre-24 de diciembre de 1802, fragmento titulado «Missions», ibíd., pág. 145.

[106] AH, Personal Narrative 1814-1829, vol. 4, págs. 126-127; ver sobre las granjas entre Honda y Bogotá, AH, 23 de junio-8 de julio de 1801, AH, Diario 2003, vol. 1, pág. 87.

[107] AH, Personal Narrative 1814-1829, vol. 4, pág. 128.

[108] AH, 23 de junio-8 de julio de 1801, AH, Diario 2003, vol. 1, pág. 87.

[109] Jefferson 1982, pág. 143.

[110] AH, Personal Narrative 1814-1829, vol. 4, pág. 474; sobre la unidad de la raza humana, ver también AH, Cosmos 1845-1852, vol. 1, págs. 351, 355; AH, Kosmos 1845-1850, vol. 1, págs. 381-385; AH, Cordilleras 1814, vol. 1, 1814, pág. 15.

[111] AH, Cosmos 1845-1852, vol. 1, pág. 355; AH, Kosmos 1845-1850, vol. 1, pág. 385.

[112] AH, Cosmos 1845-1852, vol. 1, pág. 3; AH, Kosmos 1845-1850, vol. 1, pág. 4.

9. Europa

[1] AH a James Madison, 21 de junio de 1804, Terra 1959, pág. 796.

[2] AH, Geografía 2009, pág. 86; Wulf 2008, pág. 195; AH, Aus Meinem Leben (1769-1850), Biermann 1987, pág. 104.

[3] AH a Jean Baptiste Joseph Delambre, 25 de noviembre de 1802, Bruhns 1873, vol. 1, pág. 324.

[4] AH a Carl Freiesleben, 1 de agosto de 1804, AH Cartas América 1993, pág. 310.

[5] AH, Aus Meinem Leben (1769-1850), en Biermann 1987, pág. 104.

[6] Stott 2012, pág. 189.

[7] Horne 2004, págs. 162ss.; Marrinan 2009, pág. 298; John Scott, 1814, Scott 1816; Thomas Dibdin, 16 de junio de 1818, Dibdin 1821, vol. 2, págs. 76-79.

[8] Robert Southey a Edith Southey, 17 de mayo de 1817, Southey 1965, vol. 2, pág. 162.

[9] John Scott, 1814, Scott 1816, págs. 98-99.

[10] Ibíd., pág. 116.

[11] Thomas Dibdin, 16 de junio de 1818, Dibdin 1821, vol. 2, pág. 76.

[12] John Scott, 1814, Scott 1816, págs. 68, 125.

[13] Ibíd., pág. 84.

[14] AH, Geografía 2009, pág. 136; AH, Geografía 1807, pág. 176.

[15] Casper Voght, 16 de marzo de 1808, Voght 1959-1965, vol. 3, pág. 116; ver también Bruhns 1873, vol. 2, pág. 6.

[16] Goethe a WH, 30 de julio de 1804, Goethe Día a día 1982-1996, vol. 4, pág. 511; AH como presidente de la Academia de Berlín, Christian Gottfried Körner a Friedrich Schiller, 11 de septiembre de 1804, Schiller, Cartas 1943-2003, vol. 40, pág. 246.

[17] Geier 2010, pág. 237; Gersdorff 2013, págs. 108ss.

[18] WH a CH, 29 de agosto de 1804, WH y CH, Cartas 1910-1916, vol. 2, pág. 232.

[19] CH a WH, 28 de agosto de 1804, ibíd., pág. 231.

[20] CH a WH, 22 de agosto de 1804, ibíd., pág. 226.

[21] WH a CH, 29 de agosto de 1804, ibíd., pág. 232.

[22] AH a WH, 28 de marzo de 1804, citado en WH a CH, 6 de junio de 1804, ibíd., pág. 182.

[23] CH a WH, 12 de septiembre de 1804, ibíd., pág. 249.

[24] AH a WH, 14 de octubre de 1804, Biermann 1987, pág. 178.

[25] Beck 1959-1961, vol. 2, pág. 1.

[26] 19, 24 de septiembre y 15, 29 de octubre de 1804, AH Cartas América 1993, pág. 15.

[27] Claude Louis Berthollet sobre AH, en AH a WH, 14 de octubre de 1804, Biermann 1987, pág. 179.

[28] AH a WH, 14 de octubre de 1804, ibíd., pág. 178.

[29] George Ticknor, abril de 1817, AH, Cartas EE. UU. 2004, pág 516.

[30] AH a WH, 14 de octubre de 1804, Biermann 1987, pág. 179.

[31] AH a Dietrich Ludwig Gustav Karsten, 10 de marzo de 1805, Bruhns 1873, vol. 1, pág. 350.

[31] AH a WH, 14 de octubre de 1804, Biermann 1987, pág. 179; Bruhns 1873, vol. 1, pág. 398; AH al Jardin des Plantes, 1804, Schneppen 2002, pág. 10.

[33] AH a Carl Freiesleben, 1 de agosto de 1804, AH Cartas América 1993, pág. 310.

[34] Arana 2013, pág. 57; Heiman 1959, págs. 221-224.

[35] Arana, 2013, pág. 57; AH, enero de 1800, AH, Diario 2000, pág. 177.

[36] Lynch 2006, págs. 22ss.; Arana 2013, págs. 53ss.

[37] O'Leary 1969, pág. 30.

[38] Arana 2013, pág. 58; Heiman 1959, pág. 224.

[39] Bolívar a AH, 10 de noviembre de 1821, Minguet 1986, pág. 743.

[40] AH a Bolívar, 29 de julio de 1822, ibíd., págs. 749-750.

[41] Arana 2013, pág. 59.

[42] AH a Bolívar, 1804, Beck 1959, págs. 30-31.

[43] Bolívar a AH en París, 1804, AH, Diario 1982, pág. 11.

[44] Contado por AH a Daniel F. O'Leary, 1853, Beck 1969, pág. 266; AH vio a O'Leary en abril de 1853 en Berlín, AH a O'Leary, abril de 1853, MSS141, Biblioteca Luis Ángel Arango, Bogotá (gracias a Alberto Gómez Gutiérrez, de la Pontificia Universidad Javeriana de Bogotá, por darme a conocer este manuscrito).

[45] AH, 4 de enero-17 de febrero de 1803, «Colonias», AH, Diario 1982, pág. 65.

[46] AH, Personal Narrative 1814-1829, vol. 3, pág. 196.

[47] AH, 4 de enero-17 de febrero de 1803, «Colonias», AH, Diario 1982, pág. 65.

[48] AH, 25 de febrero de 1800, ibíd., pág. 255.

[49] AH a Daniel F. O'Leary, 1853, Beck 1969, pág. 266.

[50] AH a Bolívar, 29 de julio de 1822, Minguet 1986, pág. 749.

[51] AH a Johann Leopold Neumann, 23 de junio de 1791, AH Cartas 1973, pág. 142.

[52] Carl Voght, 14 de febrero de 1808, Voght 1959-1967, vol. 3, pág. 95.

[53] AH a Varnhagen, 9 de noviembre de 1856, Biermann y Schwarz, 2001b, sin número de página.

[54] AH a Ignaz von Olfers, después de 19 de diciembre de 1850, ibíd.

[55] WH a CH, 18 de septiembre de 1804, WH y CH, Cartas 1910-1916, vol. 2, pág. 252.

[56] WH a CH, 6 de junio de 1804, ibíd., pág. 183.

[57] CH a WH, 4 de noviembre de 1804, ibíd., pág. 274.

[58] CH a WH, 3 de septiembre de 1804, ibíd., pág. 238.

[59] CH a WH, 16 de septiembre de 1804, ver también WH a CH, 18 de septiembre de 1804, ibíd., págs. 250, 252.

[60] CH a WH, 28 de agosto de 1804, ibíd., pág. 231.

[61] AH a John Vaughan, 10 de junio de 1805, Terra 1958, págs. 562ss.

[62] AH a Marc-Auguste Pictet, 3 de febrero de 1805, Bruhns 1873, vol. 1, págs. 345-347; AH a Carl Ludwig Willdenow, 21 de febrero de 1801, Biermann 1987, pág. 171-172.

[63] Terra 1955, pág. 219; Podach 1959, pág. 209.

[64] Bruhns 1873, vol. 1, pág. 351.

[65] Ibíd.; AH a Archibald MacLean, 6 de noviembre de 1791, AH Cartas 1973, pág. 157.

[66] WH y CH, Cartas 1910-1916, vol. 2, pág. 298; AH a Aimé Bonpland, 10 de junio de 1805, Bruhns 1873, vol. 1, pág. 352.

[67] Gersdorff 2013, págs. 93ss.

[68] Werner 2004, págs. 115ss.

[69] O'Leary 1915, pág. 86; Arana 2013, págs. 61ss.

[70] AH a Daniel F. O'Leary, 1853, Beck 1969, pág. 266

[71] Vicente Rocafuerte a AH, 17 de diciembre de 1824, Rippy y Brann 1947, pág. 702.

[72] Rodríguez 2011, pág. 67; ver también Werner 2004, págs. 116-117.

[73] Elisa von der Recke, Diario 13 de agosto de 1805, Recke 1815, vol. 3, págs. 271ss.

[74] Mr Chenevix sobre AH, Charles Bladgen a Joseph Banks, 25 de septiembre de 1805, Banks 2007, vol. 5, pág. 452.

[75] AH a Aimé Bonpland, 1 de agosto de 1805, Heiman 1959, pág. 229.

[76] Arana 2013, págs. 65ss.

[77] Promesa de Bolívar, Rippy y Brann 1947, pág. 703.

10. BERLÍN

[1] AH a Spener o Sander, 28 de octubre de 1805, Bruhns 1873, vol. 1, pág. 354.

[2] AH a Fürst Pückler-Muskau, Biermann und Schwarz 1999a, pág. 183.

[3] AH a Johann Georg von Cotta, 9 de marzo de 1844, AH, Cartas Cotta 2009, pág. 259; ver también AH a Goethe, 6 de febrero de 1806, Goethe, Cartas Humboldt 1909, pág. 298.

[4] AH a De Beer, 22 de abril de 1806, Bruhns 1873, vol. 1, pág. 358.

[5] Ibíd., pág. 355.

[6] Merseburger 2009, pág. 76; WH a CH, 19 de junio de 1810, WH y CH, Cartas 1910-1916, vol. 3, pág. 418

[7] AH a Marc-Auguste Pictet, noviembre o diciembre de 1805, Bruhns 1873, vol. 1, pág. 354.

[8] Terra 1955, pág. 244.

[9] AH a Marc-Auguste Pictet, 1805, Bruhns 1873, vol. 1, pág. 355.

[10] Leopold von Buch, Diario 23 de enero de 1806, Werner 2004, pág. 117.

[11] Bruhns 1873, vol. 1, pág. 356.

[12] Ibíd.; Biermann y Schwarz 1999a, pág. 187.

[13] Werner 2004, pág. 79.

[14] AH a de Beer, 22 de abril de 1806, Bruhn 1873, vol. 1, pág. 358.

[15] AH a Carl Ludwig Willdenow, 17 de mayo de 1810, Fiedler y Leitner 2000, pág. 251.

[16] AH a Bonpland, 21 de diciembre de 1805; sobre las publicaciones de AH y Bonpland, ver AH a Bonpland, 1 de agosto de 1805, 4 de enero de 1806, 8 de marzo de 1806, 27 de junio de 1806, Biermann 1990, págs. 179-180.

[17] AH, Geografía 2009, pág. 61.

[18] AH a Marc-Auguste Pictet, 3 de febrero de 1805, Bruhns 1873, vol. 1, pág. 347.

[19] AH, Geografía 2009, pág. 64.

[20] AH, Personal Narrative 1814-1829, vol. 1, pág. xlv.

[21] AH, Geografía 2009, pág. 66; AH, Geografía 1807, pág. 7.

[22] AH, Geografía 2009, págs. 68, 75, 96; AH, Geografía 1807, págs. 11, 31, 82-83.

[23] AH, Geografía 2009, págs. 71-72; AH, Geografía 1807, págs. 16-21.

[24] AH, Geografía 2009, págs. 72-73; AH, Geografía 1807, págs. 23-24.

[25] AH, Geografía 2009, pág. 67; AH, Geografía 1807, pág. 9.

[26] El geólogo alemán Alfred Wegener formuló la teoría de las placas tectónicas en 1912, pero no se confirmó hasta las décadas de 1950 y 1960.

[27] AH, Geografía 2009, pág. 79; AH, Geografía 1807, pág. 40.

[28] AH, Cosmos 1845-1852, vol. 2, pág. 86; AH, Kosmos 1845-1850, vol. 2, pág. 89 (traducción de «Abglanz des Ganzen» de la autora).

[29] AH, Geografía 2009, pág. 69; AH, Geografía 1807, pág. 13.

[30] AH, Geografía 2009, pág. 79; AH, Geografía 1807, pág. 41.

[31] AH, Geografía 1807, pág. v; Humboldt escribió introducciones diferentes para las ediciones francesa y alemana.

[32] Richards 2002, págs. 114-203.

[33] Henrik Steffens, 1798, en ibíd., pág. 151.

[34] Schelling, en Richards 2002, pág. 134

[35] K. J. H. Windischmann a Schelling, 24 de marzo de 1806, Werner 2000, pág. 8.

[36] AH, Geografía 1807, pág. v.

[37] Richards 2002, págs. 138, 129ss.

[38] AH a F. W. J. Schelling, 1 de febrero de 1805, Werner 2000, pág. 6.

[39] AH a Christian Carl Josias Bunsen, 22 de marzo de 1835, AH, Cartas Bunsen 2006, pág. 29.

[40] AH a Goethe, 3 de enero de 1810, Goethe, Cartas Humboldt 1909, pág. 304; ver también AH a Caroline von Wolzogen, 14 de mayo de 1806, Goethe, Cartas AH WH 1876, pág. 407.

[41] Goethe 2002, pág. 222.

[42] Goethe a Johann Friedrich von Cotta, 8 de abril de 1813, Goethe Natural Science 1989, pág. 524.

[43] Goethe, 17, 18, 19, 20, 28 de marzo de 1807, Goethe, Diario 1998-2007, vol. 3, parte 1, págs. 298-299, 301; Goethe a AH, 3 de abril de 1807, Goethe, Correspondencia 1968-1976, vol. 3, pág. 41.

[44] Goethe a AH, 3 de abril de 1807, Goethe, Correspondencia 1968-1976, vol. 3, pág. 41; Goethe, 5 de mayo y 3 de junio de 1807, Goethe, Diario 1998-2007, vol. 3, parte 1, págs. 308, 322.

[45] Goethe, 1 de abril de 1807, Goethe, Diario 1998-2007, vol. 3, parte 1, pág. 302; Charlotte von Schiller, 1 de abril de 1807, Goethe, Encuentros 1965-2000, vol. 6, pág. 241; Goethe, Geognostische Vorlesungen, 1 de abril de 1807, Goethe Natural Science 1989, pág. 540.

[46] Reseña de Goethe de la obra de Humboldt *Ideen zu einer Physiognomik der Gewächse*, 31 de enero de 1806, *Jenaer Allgemeine Zeitung*, Goethe Morphologie 1987, pág. 379.

[47] Johann Friedrich von Cotta a Goethe, 12 de enero de 1807, Goethe, Cartas 1980-2000, vol. 5, pág. 215.

[48] Geier 2010, pág. 266.

[49] AH a Christian Gottlieb Heyne, 13 de noviembre de 1807, ibíd., pág. 254.

[50] AH a Johann Friedrich von Cotta, 14 de febrero de 1807, AH, Cartas Cotta 2009, pág. 78.

[51] Fiedler y Leitner 2000, págs. 38-69.

[52] Bruhns 1873, vol. 1, pág. 357.

[53] Y las siguientes citas, AH, Views 2014, págs. 30, 38, 108, 121, 126; AH, Aspects 1849, vol. 1, págs. 3, 20, 189, 216, 224; AH, Cuadros 1808, págs. 4, 5, 33-34, 140, 298, 316 (las citas son de las diferentes ediciones).

[54] AH, Aspects 1849, vol. 1, pág. 231; AH, Views 2014, pág. 129; AH, Cuadros 1808, págs. 329-30.

[55] AH a Johann Friedrich von Cotta, 21 de febrero de 1807, AH, Cartas Cotta 2009, pág. 80.

[56] AH, Aspects 1849, vol. 2, págs. 112ss.; AH, Views 2014, págs. 201ss.; AH, Cuadros 1849, vol. 2, pág. 135 (no está en la edición alemana de 1808 de *Cuadros de la naturaleza* pero hay algo similar en la pág. 185).

[57] AH, Aspects 1849, vol. 1, pág. 208; AH, Views 2014, pág. 117; AH, Cuadros 1808, pág. 284.

[58] AH, Aspects 1849, vol. 2, págs. 7-8; AH, Views 2014, págs. 157-158; AH, Cuadros 1808, págs. 163ss.

[59] AH, Cuadros 1808, pág. vii (traducción de la autora, «in den inneren Zusammenhang der Naturkräfte»); AH, Aspects 1849, vol. 1, pág. viii; AH, Views 2014, pág. 25.

[60] AH, Aspects 1849, vol. 1, pág. 207; AH, Views 2014, pág. 117; AH, Cuadros 1808, pág. 282.

[61] Beck 1959-1961, vol. 2, pág. 16.

[62] AH, Views 2014, págs. 25-6; AH, Aspects 1849, vol. 1, pág. ix; AH, Cuadros 1808, pág. viii.

[63] AH, Aspects 1849, vol. 1, pág. ix; AH, Views 2014, pág. 25; AH, Cuadros 1808, pág. viii.

[64] Goethe a AH, 16 de mayo de 1821, Goethe, Correspondencia 1968-1976, vol. 3, pág. 505.

[65] François-René de Chateaubriand, en Clark y Lubrich 2012b, pág. 29.

[66] Sattelmeyer 1988, pág. 207; Thoreau a Spencer Fullerton Baird, 19 de diciembre de 1853, Thoreau Correspondencia 1958, pág. 310; Thoreau se refirió a él en *The Maine Woods* y *Excursions* entre otras obras.

[67] Emerson 1959-1972, vol. 3, pág. 213; sobre Emerson, *Views of Nature* y AH ver también Emerson en 1849, Emerson 1960-1992, vol. 11, págs. 91, 157; Harding 1967, pág. 143; Walls 2009, págs. 251ss.

[68] Darwin a Catherine Darwin, 5 de julio de 1832, Darwin, Correspondencia, vol. 1, pág. 247.

[69] Schifko 2010; Clark y Lubrich 2012, págs. 24-25, 170-175, 191, 204-205, 214-223.

[70] *Los hijos del capitán Grant*, de Julio Verne (1865-1867).

[71] *Veinte mil leguas de viaje submarino* de Julio Verne, 1869-1870, Clark y Lubrich 2012, págs. 174, 191-192.

[72] AH a C. G. J. Jacobi, 21 de noviembre de 1841, Biermann y Schwarz 2001b, sin números de páginas.

[73] WH a CH, WH y CH, Cartas 1910-1916, vol. 4, pág. 188.

[74] AH, Aus Meinem Leben (1769-1850), en Biermann 1987, pág. 113.

11. París

[1] AH a Goethe, 3 de enero de 1810, Goethe, Cartas Humboldt 1909, pág. 305; ver también AH a Franz Xaver von Zach, 14 de mayo de 1806, Bruhns 1873, vol. 1, pág. 360.

[2] AH a Johann Friedrich von Cotta, 6 de junio de 1807, 13 de noviembre de 1808, 11 de diciembre de 1812, AH, Cartas Cotta 2009, págs. 81, 94, 115.

[3] AH a Bonpland, 7 de septiembre de 1810, AH, Cartas Bonpland 2004, pág. 57; ver también Fiedler y Leitner 2000, pág. 251.

[4] *Vistas de las cordilleras* se publicó en siete entregas entre 1810 y 1813.

[5] AH a Goethe, 3 de enero de 1810, Goethe, Cartas Humboldt 1909, pág. 304; ver también Goethe, 18 de enero de 1810, Goethe, Diario 1998-2007, vol. 4, parte 1, pág. 111.

[6] Goethe, 18 de enero de 1810, Goethe, Diario 1998-2007, vol. 4, parte 1, pág. 111.

[7] Goethe, 18, 19, 20 y 21 de enero de 1810, Goethe, Diario 1998-2007, vol. 4, parte 2, págs. 111-112.

[8] Por ejemplo David Warden a AH, 9 de mayo de 1809, AH, Cartas EE. UU. 2004, pág. 111; AH a Alexander von Rennenkampff, 7 de enero de 1812, Biermann 1987, pág. 196.

⁹ Jefferson a AH, 13 de junio de 1817, Terra 1959, pág. 795.

¹⁰ Jefferson a AH, 6 de marzo de 1809, 14 de abril de 1811, 6 de diciembre de 1813; AH a Jefferson, 12 de junio de 1809, 23 de septiembre de 1810, 20 de diciembre de 1811; William Gray a Jefferson, 18 de mayo de 1811, TJ, Papeles RS, vol. 1, págs. 24, 266, vol. 3, págs. 108, 553, 623, vol. 4, págs. 353-354, vol. 7, pág. 29; AH a Jefferson, 30 de mayo de 1808, Terra 1959, pág. 789.

¹¹ AH a Banks, 15 de noviembre de 1800; Bonpland a Banks, 20 de febrero de 1810; Banks a James Edward Smith, 2 de febrero de 1815 (solicitando un ejemplar de palmera de moriche para AH); Banks a Charles Bladgen, 28 de febrero de 1815, Banks 2007, vol. 5, págs. 63ss.; vol. 6, págs. 27-28; 164-165; 171; AH a Banks, 23 de febrero de 1805, BL Add Ms 8099 ff.391-392; AH a Banks, 10 de julio de 1809, BL Add Ms 8100 ff.43-44.

¹² Adelbert von Chamisso a Eduard Hitzig, 16 de febrero de 1810, Beck 1959, pág. 37; AH a Marc-Auguste Pictet, marzo de 1808, Bruhns 1873, vol. 2, pág. 6; Caspar Voght, 16 de marzo de 1808, Voght 1959-1965, vol. 3, pág. 95.

¹³ AH a Johann Georg von Cotta, 14 de abril de 1850, AH, Cartas Cotta 2009, pág. 430; ver también Biermann 1990, pág. 183.

¹⁴ Carl Vogt, enero de 1845, Beck 1959, pág. 206.

¹⁵ «An Autobiography of Francis Arago», Arago 1857, págs. 12ss.

¹⁶ Arago sobre AH, Biermann y Schwarz 2001b, sin número de página.

¹⁷ Adolphe Quetelet, 1822, Bruhns 1873, vol. 2, pág. 58.

¹⁸ AH a Arago, 31 de diciembre de 1841, AH, Cartas Arago 1907, pág. 224.

¹⁹ AH a Arago, 31 de julio de 1848, ibíd., pág. 290.

²⁰ WH a CH, 1 de noviembre de 1817, WH y CH, Cartas 1910-1916, vol. 6, pág. 30.

²¹ WH a CH, 14 de enero de 1809, ibíd., vol. 3, pág. 70.

²² Geier 2010, pág. 272.

²³ WH a CH, 3 de diciembre de 1817, WH y CH, Cartas 1910-1916, vol. 6, pág. 64; ver también WH a CH, 6 de diciembre de 1813 y 8 de noviembre de 1817, ibíd., vol. 4, pág. 188 y vol. 6, págs. 43-44.

²⁴ WH a CH, 10 de julio de 1810, ibíd., vol. 3, pág. 433.

²⁵ Napoleón a AH, contado por Goethe a Friedrich von Müller, Diario de Müller, 28 de mayo de 1825, Goethe, Cartas AH WH 1876, p. 353.

²⁶ Conmemoraciones de Humboldt, 2 de junio de 1859, *Journal of American Geological and Statistical Society,* 1859, vol. 1, pág. 235.

²⁷ Podach 1959, págs. 198, 201-202.

²⁸ AH después de una audiencia con Napoleón, 1804, Beck 1959-1961, vol. 2, pág. 2.

[29] Serres 1995, pág. 431.

[30] Krätz 1999a, pág. 113.

[31] Beck 1959-1961, vol. 2, pág. 16.

[32] Daudet 1912, págs. 295-365; Krätz 1999a, pág. 113.

[33] Informe de George Monge, 4 de marzo de 1808: Podach 1959, pág. 200.

[34] Podach 1959, págs. 200ss.

[35] Carl Vogt, enero de 1845, Beck 1959, pág. 207.

[36] Bruhns 1873, vol. 2, pág. 89.

[37] George Ticknor, abril de 1817, AH, Cartas EE. UU. 2004, pág. 516.

[38] Konrad Engelbert Oelsner a Friedrich August von Stägemann, 28 de agosto de 1819, Päßler 2009, pág. 12.

[39] John Thornton Kirkland, 28 de mayo de 1821, Beck 1959, pág. 69.

[40] Caspar Voght, 16 de marzo de 1808, Voght 1959-1965, vol. 3, pág. 95.

[41] Krätz 1999a, págs. 116-117; Clark y Lubrich 2012, págs. 10-14.

[42] Fräulein von R., octubre-noviembre de 1812, Beck 1959, pág. 42.

[43] Roderick Murchison, mayo de 1859, ibíd., pág. 3.

[44] Karoline Bauer, My Life on Stage, 1876, Clark y Lubrich 2012, pág. 199.

[45] Ibíd.

[46] Carl Vogt, enero de 1845, Beck 1959, pág. 208.

[47] WH a CH, 30 de noviembre de 1815, WH y CH, Cartas 1910-1916, vol. 5, pág. 135.

[48] Heinrich Laube, Laube 1875 pág. 334.

[49] Wilhelm Foerster, Berlín 1855, Beck 1959, pág. 268.

[50] Adolphe Quetelet, 1822, Bruhns 1873, vol. 2, pág. 58.

[51] Karl August Varnhagen von Ense, 1810, Varnhagen 1987, vol. 2, pág. 139.

[52] Karl Gutzkow, Beck 1969, págs. 250-251

[53] Johann Friedrich Benzenberg, 1815, ibíd., pág. 259.

[54] Horne 2004, pág. 195.

[55] Marrinan 2009, pág. 284.

[56] Talleyrand, en Horne 2004, pág. 202.

[57] Horne 2004, pág. 202; John Scott, 1814, Scott 1816, pág. 71.

[58] Benjamin Robert Haydon, mayo de 1814, Haydon 1950, pág. 212.

[59] Ibíd.

[60] AH a Jean Marie Gerando, 2 de diciembre de 1804, Geier 2010, pág. 248; AH a François Guizot, octubre de 1840, Päßler 2009, pág. 25.

[61] AH a James Madison, 26 de agosto de 1813, Terra 1959, pág. 798.

[62] WH a CH, 9 de septiembre de 1814, WH y CH, Cartas, vol. 4, pág. 384.

[63] AH a CH, 24 de agosto de 1813, Bruhns 1873, vol. 2, pág. 52.

[64] AH a Johann Friedrich Benzenberg, 22 de noviembre de 1815, Podach 1959, pág. 206.

[65] Podach 1959, págs. 201-202; Winfield Scott a James Monroe, 18 de noviembre de 1815. Monroe reenvió esta carta a Jefferson, James Monroe a Jefferson, 22 de enero de 1816, TJ, Papeles RS, vol. 9, pág. 392.

[66] John Scott, 1815, Scott 1816, págs. 328ss.

[67] Charles Bladgen Diario, 5 de febrero de 1815, Ewing 2007, pág. 275.

[68] Ayrton 1831, págs. 9-32.

[69] Holmes 1998, pág. 71.

[70] Coleridge en 1802, Holmes 2008, pág. 288.

[71] Humphry Davy en 1807, ibíd., pág. 276.

[72] AH a Goethe, 1 de enero de 1810, Goethe, Cartas Humboldt 1909, pág. 305.

12. Revoluciones y Naturaleza

[1] Bolívar, «Mi delirio sobre el Chimborazo», 1822: Clark y Lubrich 2012, págs. 67-68. Reproducida en http://libertador.bolivarium.usb.ve/

[2] AH a Bolívar, 29 de julio de 1822, Minguet 1986, págs. 749-750; AH a Bolívar, 1804, Beck 1959, págs. 30-31; AH a Daniel F. O'Leary, 1853, Beck 1969, pág. 266; Vicente Rocafuerte a AH, 17 de diciembre de 1824, Rippy y Brann 1947, pág. 702; Bolívar y la Ilustración: Lynch 2006, págs. 28-32.

[3] *Semanario*. AH «Geografía de las plantas, o cuadro físico de los Andes equinocciales y de los países vecinos», Caldas 1942, vol. 2, págs. 21-162.

[4] Bolívar a AH, 10 de noviembre de 1821, Minguet 1986, pág. 749.

[5] Bolívar, Mensaje a la Convención de Ocaña, 29 de febrero de 1828, Bolívar 2003, pág. 87. Reproducida en http://libertador.bolivarium.usb.ve/

[6] Bolívar al general Juan José Flores, 9 de noviembre de 1830, ibíd., pág. 146.

[7] Bolívar, Discurso ante el Congreso de Angostura, 15 de febrero de 1819, ibíd., pág. 53. Reproducido en http://libertador.bolivarium.usb.ve/

[8] O'Leary 1879-1888, vol. 2, pág. 146; sobre el amor a la vida campestre ver también pág. 71; y Arana 2013, pág. 292.

[9] Bolívar a José Joaquín Olmedo, 27 de junio de 1825, Bolívar 2003, pág. 210.

[10] O'Leary 1915, pág. 86; Arana 2013, pág. 61.

[11] Bolívar, Manifiesto a las Naciones del Mundo, 20 de septiembre de 1813, Bolívar 2003, pág. 121; Bolívar regresó brevemente a Europa en 1810 cuando

fue a Londres en misión diplomática para recabar apoyos internacionales a la revolución. Reproducido en http://libertador.bolivarium.usb.ve/

[12] Langley 1996, págs. 166ss.

[13] Langley 1996, págs. 179ss.

[14] Arana 2013, pág. 109; ver también Lynch 2006, págs. 59ss.

[15] José Domingo Díaz, 26 de marzo de 1812, Arana 2013, pág. 108.

[16] *Royal Military Chronicle,* vol. 4, junio de 1812, pág. 181.

[17] Arana 2013, pág. 126.

[18] Jefferson a AH, 14 de abril de 1811, TJ, Papeles RS, vol. 3, pág. 554.

[19] Jefferson a Pierre Samuel du Pont de Nemours, 15 de abril de 1811; Jefferson a Tadeusz Kosciuszko, 16 de abril de 1811; Jefferson a Lafayette, 30 de noviembre de 1813, TJ, Papeles RS, vol. 3, págs. 560, 566; vol. 7, págs. 14-15; Jefferson a Lafayette, 14 de mayo de 1817, DLC.

[20] Jefferson a Luis de Onís, 28 de abril de 1814, TJ, Papeles RS, vol. 7, pág. 327.

[21] Arana 2013, págs. 128ss.

[22] Slatta y De Grummond 2003, pág. 22. Los mapas del río Magdalena de Humboldt fueron copiados por varias personas, entre ellas el botánico José Mutis, el cartógrafo Carlos Francisco de Cabrer y José Ignacio Pombo. AH, marzo de 1804, AH, Diario 2003, vol. 2, págs. 42ss.

[23] Bolívar, Discurso al pueblo de Tenerife, 24 de diciembre de 1812, Arana 2013, pág. 132. Reproducido en http://libertador.bolivarium.usb.ve/

[24] Bolívar a Camilo Torres, 4 de marzo de 1813, ibíd., pág. 138. Reproducido en http://libertador.bolivarium.usb.ve/

[25] Lynch 2006, pág. 67.

[26] Bolívar, Manifiesto de Cartagena, 15 de diciembre de 1812, Bolívar 2003, pág. 10. Reproducido en http://libertador.bolivarium.usb.ve/

[27] Bolívar a Francisco Santander, mayo de 1813, Arana 2013, pág. 139.

[28] Bolívar a Francisco Santander, 22 de diciembre de 1819, Lecuna 1951, vol. 1, pág. 215.

[29] Arana 2013, págs. 184, 222.

[30] Bolívar, Método que se debe seguir en la educación de mi sobrino Fernando Bolívar, *c.*1822, Bolívar 2003, pág. 206.

[31] O'Leary 1969, pág. 30.

[32] Arana 2013, pág. 243.

[33] O'Leary 1969, pág. 30.

[34] Arana 2013, pág. 244.

[35] Ibíd., págs. 140ss.

³⁶ Bolívar, Decreto de guerra a muerte, 15 de junio de 1813, Bolívar 2003, pág. 114; Langley 1996, págs. 187ss.; Lynch 2006, pág. 73. Reproducido en http://libertador.bolivarium.usb.ve/

³⁷ Bolívar, Proclamación como general del ejército de liberación, 8 de agosto de 1813, Lynch 2006, pág. 76.

³⁸ Arana 2013, pág. 151.

³⁹ Ibíd., pág. 165; ver también Lynch 2006, págs. 82ss.; Langley 1996, págs. 188ss.

⁴⁰ Arana 2013, pág. 165.

⁴¹ AH a Jefferson, 20 de diciembre de 1811, TJ, Papeles RS, vol. 4, pág. 354.

⁴² Arana 2013, págs. 170-171; Langley 1996, pág. 191.

⁴³ Bolívar a Lord Wellesley, 27 de mayo de 1815, Bolívar 2003, pág. 154.

⁴⁴ James Madison, Proclamación número 21, 1 de septiembre de 1815, «Warning Against Unauthorized Military Expedition Against the Dominions of Spain».

⁴⁵ John Adams a James Lloyd, 27 de marzo de 1815, Adams 1856, vol. 10, pág. 14.

⁴⁶ Jefferson a AH, 6 de diciembre de 1813, TJ, Papeles RS, vol. 7, pág. 29.

⁴⁷ Jefferson a Tadeusz Kosciuszko, 16 de abril de 1811; ver también Jefferson a Pierre Samuel du Pont de Nemours, 15 de abril de 1811, TJ, Papeles RS, vol. 3, págs. 560, 566; Jefferson a Lafayette, 30 de noviembre de 1813, ibíd., vol. 7, pág. 14.

⁴⁸ Winfield Scott a James Monroe, 18 de noviembre de 1815. Monroe reenvió esta carta a Jefferson. James Monroe a Jefferson, 22 de enero de 1816, ibíd., vol. 9, pág. 392.

⁴⁹ Jefferson a AH, 13 de junio de 1817; ver también 6 de junio de 1809, Terra 1959, págs. 789, 794.

⁵⁰ *Ensayo político sobre el Reino de la Nueva España*, publicado primero en francés (a partir de 1808) e inmediatamente en alemán (a partir de 1809) e inglés (a partir de 1811).

⁵¹ Jefferson a AH, 6 de marzo de 1809, 14 de abril de 1811, 6 de diciembre de 1813; AH a Jefferson, 12 de junio de 1809, 23 de septiembre de 1810, 20 de diciembre de 1811; William Gray a Jefferson, 18 de mayo de 1811, TJ, Papeles RS, vol. 1, págs. 24, 266, vol. 3, págs. 108, 553, 623, vol. 4, págs. 353-354, vol. 7, pág. 29.

⁵² Jefferson a AH, 6 de diciembre de 1813, ibíd., vol. 7, pág. 30; ver también Jefferson a AH, 13 de junio de 1817, Terra 1959, pág. 794.

⁵³ Jefferson a Lafayette, 14 de mayo de 1817, DLC.

⁵⁴ Jefferson a James Monroe, 4 de febrero de 1816, TJ, Papeles RS, vol. 9, pág. 444.

[55] Bolívar, Carta de Jamaica, 6 de septiembre de 1815, Bolívar 2003, pág. 12; sobre la biblioteca de Bolívar, ver Bolívar 1929, vol. 7, pág. 156. Reproducido en http://libertador.bolivarium.usb.ve/

[56] John Black, Prefacio del traductor, AH, Nueva España 1811, vol. 1, pág. v.

[57] AH a Jefferson, 23 de septiembre de 1810, TJ, Papeles RS, vol. 3, pág. 108.

[58] AH, Nueva España 1811, vol. 1, pág. 196.

[59] Ibíd., pág. 178.

[60] Ibíd., vol. 3, pág. 456.

[61] Ibíd., pág. 455.

[62] AH, Personal Narrative 1814-1829, vol. 3, pág. 3.

[63] AH, Nueva España 1811, vol. 3, pág. 390.

[64] AH, 30 de marzo de 1801, AH, Diario 2003, vol. 1, pág. 55.

[65] Bolívar, Carta de Jamaica, 6 de septiembre de 1815, Bolívar 2003, pág. 12. Reproducido en http://libertador.bolivarium.usb.ve/

[66] Ibíd., pág. 20.

[67] Bolívar a lord Wellesley, 27 de mayo de 1815, Bolívar 2003, pág. 154.

[68] AH, Personal Narrative 1814-1829, vol. 3, pág. 79.

[69] Bolívar, Carta de Jamaica, 6 de septiembre de 1815, Bolívar 2003, pág. 20. Reproducido en http://libertador.bolivarium.usb.ve/

[70] AH, Nueva España 1811, vol. 3, pág. 101.

[71] Bolívar, Carta de Jamaica, 6 de septiembre de 1815, Bolívar 2003, pág. 20. Reproducido en http://libertador.bolivarium.usb.ve/

[72] Ibíd., pág. 13.

[73] Langley 1996, págs. 194-197.

[74] Bolívar, Discurso ante el Congreso de Angostura, 15 de febrero de 1819, Bolívar 2003, pág. 34. Reproducido en http://libertador.bolivarium.usb.ve/

[75] Bolívar, Decreto de emancipación de los esclavos, 2 de junio de 1816, Bolívar 2003, pág. 177. Reproducido en http://libertador.bolivarium.usb.ve/

[76] Bolívar, Discurso ante el Congreso de Angostura, 15 de febrero de 1819, Bolívar 2003, pág. 51. Reproducido en http://libertador.bolivarium.usb.ve/

[77] Langley 1996, pág. 195; Lynch 2006, págs. 151-153.

[78] AH a Bolívar, 28 de noviembre de 1825, Minguet 1986, pág. 751. AH se refirió a Bolívar en AH, Personal Narrative 1814-1829, vol. 6, pág. 839; AH, Cuba 2011, pág. 147.

[79] Langley 1996, págs. 196-200; Arana 2013, págs. 194ss.

[80] Arana 2013, págs. 208-210.

[81] Ibíd., págs. 3, 227.

[82] Lynch 2006, págs. 119ss.

[83] Bolívar, Discurso ante el Congreso de Angostura, 15 de febrero de 1819, Bolívar 2003, págs. 38-39, 53. Reproducido en http://libertador.bolivarium.usb.ve/

[84] Ibíd., pág. 53.

[85] Ibíd.

[86] Ibíd., pág. 31.

[87] Arana 2013, págs. 230-232; Lynch 2006, págs. 127-129.

[88] Arana 2013, pág. 220; Lynch 2006, págs. 122-124.

[89] Arana 2013, págs. 230-232; Lynch 2006, págs. 127-128.

[90] Arana 2013, págs. 233-235; Lynch 2006, págs. 129-130.

[91] Arana 2013, págs. 235.

[92] Arana 2013, págs. 284-288; Lynch 2006, págs. 170-171.

[93] O'Leary 1879-88, vol. 2, pág. 146.

[94] Clark y Lubrich 2012, págs. 67-68; la primera copia conocida del poema data del 13 de octubre de 1822 y se publicó por primera vez en 1833, Lynch 2006, pág. 320, nota 14.

[95] Bolívar, «Mi delirio sobre el Chimborazo», Clark y Lubrich 2012, pág. 68. Reproducido en http://libertador.bolivarium.usb.ve/

[96] Ibíd.

[97] Bolívar, Discurso ante el Congreso de Angostura, 15 de febrero de 1819, Bolívar 2003, pág. 53. Reproducido en http://libertador.bolivarium.usb.ve/

[98] Bolívar a Simón Rodríguez, 19 de enero de 1824, Arana 2013, pág. 293.

[99] Ibíd.

[100] Arana 2013, pág. 288.

[101] Bolívar al general O'Higgins, 8 de enero de 1822, Lecuna 1951, vol. 1, pág. 289.

[102] Bolívar a AH, 10 de noviembre de 1821, Minguet 1986, pág. 749.

[103] Bolívar a Madame Bonpland, 23 de octubre de 1823, Rippy y Brann 1947, pág. 701.

[104] Bolívar a José Antonio Páez, 8 de agosto de 1826, Pratt 1992, pág. 141.

[105] Bolívar a Pedro Olañeta, 21 de mayo de 1824.

[106] Bolívar, Una mirada sobre la América española, 1829, Bolívar 2003, pág. 101. Reproducido en http://libertador.bolivarium.usb.ve/

[107] Bolívar, Manifiesto de Bogotá, 20 de enero de 1830, ibíd., pág. 144. Reproducido en http://libertador.bolivarium.usb.ve/

[108] Bolívar a P. Gual, 24 de mayo de 1821, Arana 2013, pág. 268.

[109] Bolívar a General Juan José Flores, 9 de noviembre de 1830, Bolívar 2003, pág. 147.

[110] AH a Daniel F. O'Leary, 1853, Beck 1969, pág. 266.

[111] AH a Bolívar, 29 de julio de 1822, Minguet 1986, pág. 750.

[112] Ibíd.

[113] Jefferson 1982; Cohen 1995, págs. 72-79; Thomson 2008, págs. 54-72; los científicos franceses eran el conde de Buffon, el abad Raynal y Cornélius de Pauw.

[114] Buffon, en Martin 1952, pág. 157.

[115] Buffon, en Thomson 2012, pág. 12.

[116] Jefferson 1982, págs. 50-52, 53.

[117] TJ en conversación con Daniel Webster, diciembre de 1824, Webster 1903, vol. 1, pág. 371.

[118] Thomson 2012, págs. 10-11.

[119] Jefferson a Thomas Walker, 25 de septiembre de 1783, TJ, Papeles RS, vol. 6, pág. 340; ver también Wulf 2011, págs. 67-70.

[120] TJ a Bernard Germain de Lacépède, 14 de julio de 1808, DLC.

[121] Sobre el desafío de Franklin en Francia mencionado en la nota al pie, TJ a Robert Walsh, 4 de diciembre de 1818, con Anécdotas sobre Benjamin Franklin, DLC.

[122] AH, Personal Narrative 1814-1829, vol. 3, págs. 70-71; y AH, Cosmos 1845-1852, vol. 2, pág. 64; AH, Kosmos 1845-1850, vol. 2, pág. 66.

[123] AH a WH, 21 de septiembre de 1801, AH, Cartas WH 1880, pág. 30; ver también AH, 1800, Notes on Caribs, AH, Diario 2000, pág. 341.

[124] AH a WH, 25 de noviembre de 1802, AH, Cartas WH 1880, págs. 50-53.

[125] AH, Nueva España 1811, vol. 3, pág. 48; sobre el ejemplar de Nueva España de Bolívar 1811, ver Bolívar 1929, vol. 7, pág. 156.

[126] *Morning Chronicle*, 4 de septiembre de 1818 y 14 de noviembre de 1817.

[127] Bolívar a Gaspar Rodríguez de Francia, 22 de octubre de 1823, Rippy y Brann 1947, pág. 701.

[128] Bolívar, Mensaje al Congreso Constituyente de la República de Colombia, 20 de enero de 1830, Bolívar, 2003, pág. 103. Reproducido en http://libertador.bolivarium.usb.ve/

13. Londres

[1] AH a Heinrich Berghaus, 24 de noviembre de 1828, AH, Cartas Berghaus 1863, vol. 1, pág. 208.

[2] AH a la Académie des Sciences, 21 de junio de 1803 y AH a Karsten, 1 de febrero de 1805, Bruhns 1873, vol. 1, págs. 327, 350; AH a Johann Friedrich von Cotta, 24 de enero de 1805, AH, Cartas Cotta 2009, pág. 63.

[3] Goethe, *Fausto* I, Escena 5, En la campiña, pág. 138.

[4] AH, Nueva España 1811, vol. 1, pág. 98.

[5] Ibíd., págs. 104, 123.

[6] WH a CH, 5 de junio de 1814; 14 de junio de 1814; 18 de junio de 1814, WH y CH, Cartas 1910-1916, vol. 4, págs. 345, 351ss., 354-355; AH a Helen Maria Williams, 22 de junio de 1814, Koninklijk Huisarchief, La Haya (ejemplar en Alexander-von-Humboldt-Forschungstelle, Berlín).

[7] WH a CH, 22 de octubre de 1817, WH y CH, Cartas 1910-1916, vol. 6, pág. 22.

[8] WH a CH, 14 de junio de 1814 y 18 de octubre de 1817, ibíd., vol. 4, pág. 350; vol. 6, pág. 20.

[9] Richard Rush, 31 de diciembre de 1817, Rush 1833, pág. 55.

[10] WH a CH, 1 de noviembre de 1817, WH y CH, Cartas 1910-1916, vol. 6, pág. 30.

[11] WH a CH, 3 de diciembre de 1817, ibíd., pág. 64.

[12] WH a CH, 30 de noviembre de 1815, ibíd., vol. 5, pág. 135.

[13] WH a CH, 12 de noviembre de 1817, ibíd., vol. 6, pág. 46.

[14] Hughes-Hallet 2001, pág. 136.

[15] WH a CH, 11 de junio de 1814, WH y CH, Cartas 1910-1916, vol. 4, pág. 348.

[16] Richard Rush, 7 de enero de 1818, Rush 1833, pág. 81; Carl Philip Moritz, junio de 1782, Moritz 1965, pág. 33.

[17] Richard Rush, 7 de enero de 1818, Rush 1833, pág. 77.

[18] AH a Robert Brown, noviembre de 1817, BL; AH a Karl Sigismund Kunth, 11 de noviembre de 1817, Universitätsbibliothek Gießen; AH a Madame Arago, noviembre de 1817, Bibliothèque de l'Institut de France, MS 2115, ff.213-214 (ejemplares en la Alexander-von-Humboldt-Forschungstelle, Berlín).

[19] Holmes 2008, pág. 190.

[20] *Catalogue of a Second Thousand Nebulae* (1789), de William Herschel, Holmes 2008, pág. 192.

[21] AH, Cosmos 1845-1852, vol. 2, pág. 74; AH, Kosmos 1845-1850, vol. 2, pág. 87.

[22] AH fue nombrado miembro extranjero de la RS el 6 de abril de 1815; ver también RS Journal Book, vol. xli, 1811-1815, pág. 520; al final de su vida, AH era miembro de 18 sociedades científicas británicas.

[23] Jardine 1999, pág. 83.

[24] AH a Madame Arago, noviembre de 1817, Bibliothèque de l'Institut de France, MS 2115, ff.213-214 (ejemplar en la Alexander-von-Humboldt- Forschungstelle, Berlín).

[25] AH a Karl Sigismund Kunth, 11 de noviembre de 1817, Universitätsbibliothek Gießen (ejemplar en la Alexander-von-Humboldt-Forschungstelle, Berlín).

[26] 6 de noviembre de 1817, List of Attendees, RS Dining Club, vol. 20 (sin número de páginas).

[27] AH a Achilles Valenciennes, 4 de mayo de 1827, Théodoridès 1966, pág. 46.

[28] 6 de noviembre de 1817, List of Attendees, RS Dining Club, vol. 20, sin número de páginas.

[29] AH a madame Arago, noviembre de 1817, Bibliothèque de l'Institut de France, MS 2115, f.213-214 (ejemplar en la Alexander-von-Humboldt-Forschungstelle, Berlín).

[30] Bruhns 1873, vol. 2, pág. 198.

[31] AH a Karl Sigismund Kunth, 11 de noviembre de 1817, Universitätsbibliothek Gießen (ejemplar en la Alexander-von-Humboldt-Forschungstelle, Berlín).

[32] *Edinburgh Review*, vol. 103, enero de 1856, pág. 57.

[33] Darwin a D.T. Gardner, agosto de 1874, publicado en *The The New York Times*, 15 de septiembre de 1874.

[34] AH a Helen Maria Williams, 1810, AH, Diario 2003, vol. 1, pág. 11.

[35] *Edinburgh Review*, vol. 25, junio de 1815, pág. 87.

[36] *Quarterly Review*, vol. 15, julio de 1816, pág. 442; ver también vol. 14, enero de 1816, págs. 368ss.

[37] *Quarterly Review*, vol. 18, octubre de 1817, pág. 136.

[38] Shelley 2009, pág. 153. *Frankenstein* estaba también impregnado de otras ideas que trataba Humboldt en sus libros, como la electricidad animal y el impulso formativo y las fuerzas vitales de Blumenbach.

[39] Lord Byron, *Don Juan,* Canto IV, cxii.

[40] Robert Southey a Edith Southey, 17 de mayo de 1817, Southey 1965, vol. 2, pág. 149.

[41] Robert Southey a Walter Savage Landor, 19 de diciembre de 1821, ibíd., pág. 230.

[42] Robert Southey a Walter Savage Landor, 19 de diciembre de 1821, ibíd., pág. 230.

[43] William Wordsworth a Robert Southey, marzo de 1815, Wordsworth 1967-1993, vol. 2, pág. 216; sobre Wordsworth y la geología, ver Wyatt 1995.

[44] AH, Personal Narrative 1814-1829, vol. 4, pág. 473.

[45] William Wordsworth, «The River Duddon» (1820).

[46] Wiegand 2002, pág. 107; Coleridge hacía referencias en sus cuadernos a *Ensayo sobre la geografía de las plantas* y *Personal Narrative*, ver Coleridge 1958-2002, vol. 4, notas 4857, 4863, 4864, 5247; Cuaderno de S.T. Coleridge núm. 21 ½, BL Add 47519 f57; Egerton MS 2800 f.190.

[47] Coleridge, Table Talk, 28 de agosto de 1833, Coleridge 1990, vol. 2, pág. 259; AH dejó Roma el 18 de septiembre de 1805 y Coleridge llegó en diciembre; Holmes 1998, págs. 52-53.

[48] Bate 1991, pág. 49.

[49] Samuel Taylor Coleridge's Lectures, Coleridge 2000, vol. 2, pág. 536; sobre Coleridge, Schelling y Kant, ver Harman, págs. 312ss.; Kipperman 1998, págs. 409ss.; Robinson 1869, vol. 1, págs. 305, 381, 388.

[50] Richards 2002, pág. 125.

[51] Coleridge nunca terminó la traducción de *Fausto* para John Murray pero publicó una en 1821, aunque anónima. Cartas entre Coleridge y John Murray, 23, 29 y 31 de agosto de 1814, Burwick y McKusick 2007, pág. xvi; Robinson 1869, vol. 1, pág. 395.

[52] *Fausto I*, Escena 1, Noche, pág. 123; sobre Coleridge y la interconexión, ver Levere 1990, pág. 297.

[53] Coleridge, «Science and System of Logic», Coleridge's Lectures 1822, Wiegand 2002, pág. 106; Coleridge 1958-2002, vol. 4, notas 4857, 4863, 4864, 5247; Cuaderno de S. T. Coleridge núm. 21 ½, BL Add 47519 f57; Egerton MS 2800 f.190.

[54] Coleridge, «Essay on the Principle of Method», 1818, Kipperman 1998, pág. 424; ver también Levere 1981, pág. 62.

[55] Coleridge a Wordsworth, Cunningham y Jardine 1990, pág. 4.

[56] William Wordsworth, «A Poet's Epitaph» (1798).

[57] *Fausto I*, Escena 1, Noche, pág. 129.

[58] Coleridge's Lectures 1818-1819, Coleridge 1949, pág. 493.

[59] William Wordsworth, «Preludio», libro XII.

[60] Coleridge en 1801, Levere 1981, pág. 61.

[61] William Wordsworth, «The Excursion» (1814).

[62] *Edinburgh Review*, vol. 36, octubre de 1821, pág. 264.

[63] Ibíd., pág. 265

[64] WH a CH, 6 de octubre de 1818, WH y CH, Cartas 1910-1916, vol. 6, pág. 334.

14. Sin parar de dar vueltas

[1] En junio de 1814, noviembre de 1817 y septiembre de 1818; ver también WH a CH, 22 y 25 de septiembre de 1818, WH y CH, Cartas 1910-1916, vol. 6, págs. 320, 323; «Fashionable Arrivals», *Morning Post,* 25 de septiembre de 1818; Théodoridès 1966, págs. 43-44.

[2] AH a Karl August von Hardenberg, 18 de octubre de 1818, Beck 1959-1961, vol. 2, pág. 47.

[3] Ibíd.

[4] WH a CH, 9 de octubre de 1818, WH y CH, Cartas 1910-1916, vol. 6, pág. 336.

[5] *Morning Chronicle,* 28 de septiembre de 1818.

[6] Daudet 1912, pág. 329.

[7] *The Times,* 20 de octubre de 1818.

[8] Ibíd.; ver también Biermann y Schwarz 2001a, sin números de páginas.

[9] *The Times,* 20 de octubre de 1818.

[10] AH a Karl August von Hardenberg, 18 de octubre de 1818, Beck 1959-1961, vol. 2, pág. 47.

[11] Federico Guillermo III a AH, 19 de octubre de 1818, ibíd., pág. 48; *The Times,* 31 de octubre de 1818.

[12] AH a Karl August von Hardenberg, 30 de julio de 1819; AH a WH, 22 de enero de 1820, Daudet 1912, págs. 346, 355; Gustav Parthey, febrero de 1821, Beck 1959-1961, vol. 2, pág. 51.

[13] Eichhorn 1959, págs. 186, 205ss.

[14] AH a Marc-Auguste Pictet, 11 de julio de 1819, Beck 1959-1961, vol. 2, pág. 50.

[15] Bonpland a Olive Gallacheau, 6 de julio de 1814, Bell 2010, pág. 239.

[16] Ibíd., págs. 22, 239; Schulz 1960, pág. 595.

[17] Francisco Antonio Zea a Bonpland, 4 de marzo de 1815, Bell 2010, pág. 22.

[18] Schneppen 2002, pág. 12.

[19] José Rafael Revenga a Francisco Antonio Zea, «Instrucciones a que de orden del excelentísimo señor presidente habrá de arreglar su conducta el E.S. Francisco Zea en la misión que se le ha conferido por el gobierno de Colombia para ante los del continente de Europa y de los Estados Unidos de América», Bogotá, 24 de diciembre de 1819, Archivo General de la Nación, Colombia, Ministerio de Relaciones Exteriores, Delegaciones - Transferencia 2, 242, 315r-320v. Quiero dar las gracias a Ernesto Bassi por esta referencia.

[20] Manuel Palacio a Bonpland, 31 de agosto de 1815, Bell 2010, pág. 22.

[21] Bolívar a Bonpland, 25 de febrero de 1815, Schulz 1960, págs. 589, 595; Schneppen 2002, pág. 12; Bell 2010, pág. 25.

[22] William Baldwin, marzo de 1818, Bell 2010, pág. 33.

[23] AH a Bonpland, 25 de noviembre de 1821, AH, Cartas Bonpland 2004, pág. 79.

[24] Schneppen 2002, pág. 12.

[25] Bolívar a José Gaspar Rodríguez de Francia, 22 de octubre de 1823, ibíd., pág. 17.

[26] Ibíd., págs. 18-21; AH a Bolívar, 21 de marzo de 1826, O'Leary 1879-1888, vol. 12, pág. 237.

[27] AH a Jean Baptiste Joseph Delambre, 29 de julio de 1803, Bruhns 1873, vol. 1, pág. 333.

[28] AH a WH, 17 de octubre de 1822, Biermann 1987, pág. 198.

[29] Ibíd.

[30] AH a Bolívar, 21 de marzo de 1826, O'Leary 1879-1888, vol. 12, pág. 237; WH a CH, 2 de septiembre de 1824, WH y CH, Cartas 1910-1916, vol. 7, pág. 218.

[31] WH a CH, 2 de septiembre de 1824, ibíd.

[32] Davy cenó con AH el 19 de abril de 1817, AH, Cartas EE. UU. 2004, pag. 146; Charles Babbage y John Herschel en 1819, Babbage 1994, pág. 145.

[33] Charles Babbage, 1819, Babbage 1994, pág. 147.

[34] William Buckland a John Nicholl, 1820, Buckland 1894, pág. 37.

[35] Charles Lyell a Charles Lyell padre, 21 y 28 de junio de 1823, Lyell 1881, vol. 1, págs. 122-124.

[36] Charles Lyell a Charles Lyell padre, 28 de agosto de 1823, ibíd., pág. 146.

[37] Charles Lyell a Charles Lyell padre, 3 de julio de 1823, ibíd., pág. 126.

[38] Charles Lyell a Charles Lyell padre, 28 de junio de 1823, ibíd., pág. 124.

[39] Körber 1959, pág. 301.

[40] AH, Cosmos 1845-1852, vol. 1, pág. 312; AH, Kosmos 1845-1850, vol. 1, pág. 340.

[41] Charles Lyell a Poulett Scrope, 14 de junio de 1830, Lyell 1881, vol. 1, pág. 270; ver también Lyell 1830, vol. 1, pág. 122.

[42] Charles Lyell a Gideon Mantell, 15 de febrero de 1830, Lyell 1881, vol. 1, pág. 262.

[43] Körber 1959, págs. 299ss.

[44] Lyell 1830, vol. 1, pág. 122; ver también Wilson 1972, págs. 284ss.

[45] Charles Lyell a Poulett Scrope, 14 de junio de 1830, Lyell 1881, vol. 1, pág. 269.

[46] Ibíd, pág. 270.

[47] CH a WH, 14 de abril de 1809, WH y CH, Cartas 1910-1916, vol. 3, pág. 131; ver también Carl Vogt, enero de 1845, Beck 1959, pág. 201.

[48] AH a Simón Bolívar, 29 de julio de 1822, Minguet 1986, pág. 749; era Jean-Baptiste Boussingault, Podach 1959, págs. 208-209.

[49] AH a Jefferson, 20 de diciembre de 1811, TJ, Papeles RS, vol. 4, pág. 352; era José Corrêa da Serra; AH también recomendó al italiano Carlo de Vidua a Jefferson en 1825, AH a Jefferson, 22 de febrero de 1825, Terra 1959, pág. 795 y AH, Cartas EE. UU. 2004, págs. 122-123.

[50] Justus von Liebig sobre AH, Terra 1955, pág. 265.

[51] Gallatin 1836, pág. 1.

[52] Charles Lyell a Charles Lyell padre, 28 de agosto de 1823, Lyell 1881 vol. 1, pág. 142.

[53] AH se lo dijo a George Bancroft, 1820, Terra 1955, pág. 266; AH a Charles Lyell en 1823, contado por Lyell a Charles Lyell padre, 8 de julio de 1823, Lyell 1881, vol. 1, pág. 128.

[54] AH a Auguste-Pyrame Decandolle, 1818, Bruhns 1873, vol. 2, pág. 38; sobre la ciencia en París, ver Päßler 2009, pág. 30 y Terra 1955, pág. 251.

[55] AH a Charles Lyell en 1823, contado por Charles Lyell a Charles Lyell padre, 8 de julio de 1823, Lyell 1881, vol. 1, pág. 127.

[56] Ibíd.

[57] Jean Baptiste Boussingault, 1822, Podach 1959, págs. 208-209.

[58] Rey Federico Guillermo III a AH, otoño de 1826, Bruhns 1873, vol. 2, pág. 95.

[59] AH a WH, 17 de diciembre de 1822, AH, Cartas WH 1880, pág. 112; sobre las finanzas de AH, ver Eichorn 1959, pág. 206.

[60] Helen Maria Williams a Henry Crabb Robinson, 25 de marzo de 1818, Leask 2001, pág. 225.

[61] AH a Carl Friedrich Gauß, 16 de febrero de 1827, AH, Cartas Gauß 1977, pág. 30.

[62] AH a Georg von Cotta, 28 de marzo de 1833, AH, Cartas Cotta 2009, pág. 178.

[63] AH a Arago, 30 de abril de 1827, AH, Cartas Arago 1907, pág. 23.

[64] 3 de mayo de 1827, RS Journal Book, vol. XLV, págs. 73ss. y 3 de mayo de 1827, Lista de asistentes, RS Dining Club, vol. 21, sin números de páginas; AH a Arago, 30 de abril de 1827, AH, Cartas Arago 1907, págs. 22-24.

[65] Patterson 1969, pág. 311; Patterson 1974, pág. 272.

[66] AH a Arago, 30 de abril de 1827, AH, Cartas Arago 1907, pág. 28; Canning se convirtió en primer ministro el 10 de abril y la cena se celebró el 23 de abril de 1827.

[67] AH a Achille Valenciennes, 4 de mayo de 1827, Théodoridès 1966, pág. 46.

[68] Buchanan 2002, págs. 22ss.; Pudney 1974, págs. 16ss.; Brunel 1870, págs. 24ss.

[69] Marc Brunel, Diario, 4 de enero, 21 de marzo, 29 de marzo de 1827, Brunel 1870, págs. 25-26.

[70] Marc Brunel, Diario, 29 de marzo de 1827, ibíd., pág. 26.

[71] AH a Arago, 30 de abril de 1827, AH, Cartas Arago 1907, págs. 24ss.; Pudney 1974, págs. 16-17; AH a William Buckland, 26 de abril de 1827, American Philosophical Society (ejemplar en la Alexander-von-Humboldt-Forschungstelle, Berlín); Prince Pückler Muskau, 20 de agosto de 1827, Pückler Muskau 1833, pág. 177.

[72] AH a Arago, 30 de abril de 1827, AH, Cartas Arago 1907, pág. 25.

[73] Ibíd.

[74] Marc Brunel, Diario, 29 de abril y 18 de mayo de 1827, Brunel 1870, pág. 27; Buchanan 2002, pág. 25.

[75] Robert Darwin a Charles Darwin, Darwin 1958, pág. 28.

15. REGRESO A BERLÍN

[1] AH a Varnhagen, 13 de diciembre de 1833, AH, Cartas Varnhagen 1860, pág. 15.

[2] AH, Cartas Federico Guillermo IV 2013, págs. 18-19.

[3] AH, 1795, Bruhns 1873, vol. 1, pág. 212; sobre AH en la corte de Prusia, ver Bruhns, vol. 2, págs. 104-105.

[4] AH a Johann Georg von Cotta, 22 de junio de 1833, AH, Cartas Cotta 2009, pág. 181.

[5] A. B. Granville, octubre de 1827, Granville 1829, vol. 1, pág. 332.

[6] Briggs 2000, pág. 195.

[7] Bruhns 1873, vol. 2, pág. 126; AH a Samuel Heinrich Spiker, 12 de abril de 1829, AH, Cartas Spiker 2007, pág. 63; AH a Federico Guillermo III, 9 de octubre de 1828, Hamel et al. 2003, págs. 49-57.

[8] Lea Mendelssohn Bartholdy a Henriette von Pereira-Arnstein, 12 de septiembre de 1827, AH, Cartas Mendelssohn 2011, pág. 20.

[9] Karl Gutzkow sobre AH, después de 1828, Beck 1969, pág. 252.

[10] Carl Ritter a Samuel Thomas von Sömmerring, invierno de 1827-1828, Bruhns 1873, vol. 2, pág. 107.

[11] AH a Arago, 30 de abril de 1827, AH, Cartas Arago 1907, pág. 28; ver también F. Cathcart a Bagot, 24 de abril de 1827, Canning 1909, vol. 2, págs. 392-394.

[12] George Canning, 3 de junio de 1827, Memorandum de Mr. Stapelton, Canning 1887, vol. 2, pág. 321.

[13] Klemens von Metternich, Davies 1997, pág. 762.

[14] Biermann 2004, pág. 8

[15] Ibíd.

[16] AH a Bonpland, 1843, AH, Cartas Bonpland 2004, pág. 110.

[17] Lynch 2006, págs. 213-215; Arana 2013, págs. 353-355.

[18] Pedro Briceño Méndez a Bolívar, 26 de julio de 1826, Arana 2013, pág. 374.

[19] Joaquín Acosta, 24 de marzo de 1827, Acosta de Samper 1901, pág. 211.

[20] Rossiter Raymond, 14 de mayo de 1859; ver también AH a Benjamin Silliman, 5 de agosto de 1851, AH a George Ticknor, 9 de mayo de 1858, AH, Cartas EE. UU. 2004, págs. 291, 445, 572; y George Bancroft a Elizabeth Davis Bliss Bancroft, 31 de diciembre de 1847, Beck 1959, pág. 235.

[21] AH a Thomas Murphy, 20 de diciembre de 1825, Bruhns 1873, vol. 2, pág. 49.

[22] AH a Friedrich Ludwig Georg von Raumer, 1851, Bruhns 1873, vol. 2, pág. 125; AH escribió también en *Cosmos* que «el conocimiento es poder», AH, Cosmos 1845-1852, vol. 1, pág. 37; AH, Kosmos 1845-1850, vol. 1, pág. 36.

[23] AH a Johann Friedrich von Cotta, 1 de marzo de 1828, AH, Cartas Cotta 2009, págs. 159-160; CH a Alexander von Rennenkampff, diciembre de 1827, Karl von Holtei a Goethe, 17 de diciembre de 1827, Carl Friedrich Zelter a Goethe, 28 de enero de 1828, AH, Conferencias Cosmos 2004, págs. 21-23; ver también pág. 12; Ludwig Börne 22 de febrero de 1828, Clark y Lubrich 2012, pág. 80; WH a August von Hedemann, 10 de enero de 1828, WH y CH, Cartas 1910-1916, vol. 7, pág. 326.

[24] WH a August von Hedemann, 10 de enero de 1828, WH y CH, Cartas 1910-1916, vol. 7, pág. 325.

[25] Ludwig Börne, 22 de febrero de 1828, Clark y Lubrich 2012, pág. 80.

[26] Fanny Mendelssohn Bartholdy a Karl Klingemann, 23 de diciembre de 1827, AH, Cartas Mendelssohn 2011, pág. 20.

[27] Ibíd.

[28] Ibíd.

[29] Carl Friedrich Zelter a Goethe, 7 de febrero de 1828; Felix Mendelssohn Bartholdy a Karl Klingemann, 5 de febrero de 1828, AH, Cartas Mendelssohn 2011, págs. 20-21.

[30] Roderick Murchison, mayo de 1859, Beck 1959, pág. 3.

[31] CH a Rennenkampff, 28 de enero de 1828, AH, Conferencias Cosmos 2004, pág. 23.

[32] Ver por ejemplo Stabi Berlin NL AH, gr. Kasten 12, Nr. 16 y gr. Kasten 13, Nr. 29.

[33] *Spenersche Zeitung*, 8 de diciembre de 1827, Bruhns 1873, vol. 2, pág. 116.

[34] *Vossische Zeitung*, 7 de diciembre de 1827, ibíd., pág. 119.

[35] Christian Carl Josias Bunsen a Fanny Bunsen, ibíd., pág. 120.

[36] Gabriele von Bülow a Heinrich von Bülow, 1 de febrero de 1828, AH, Conferencias Cosmos 2004, pág. 24.

[37] CH a Adelheid Hedemann, 7 de diciembre de 1827, WH y CH, Cartas 1910-1916, vol. 7, pág. 325.

[38] *Spenersche Zeitung*, 8 de diciembre de 1827, AH, Conferencias Cosmos 2004, pág. 16.

[39] AH a Heinrich Berghaus, 20 de diciembre de 1827, AH, Cartas Berghaus 1863, vol. 1, págs. 117-118.

[40] Engelmann 1969, págs. 16-18; AH, Discurso inaugural ante la Asociación Alemana de Naturalistas y Médicos, 18 de septiembre de 1828, Bruhns 1873, vol. 2, pág. 135.

[41] AH, Discurso inaugural ante la Asociación Alemana de Naturalistas y Médicos, 18 de septiembre de 1828, Bruhns 1873, vol. 2, pág. 134.

[42] AH a Arago, 29 de junio de 1828, AH, Cartas Arago 1907, pág. 40.

[43] Carl Friedrich Gauß a Christian Ludwig Gerling, 18 de diciembre de 1828; ver también AH a Carl Friedrich Gauß, 14 de agosto de 1828, AH, Cartas Gauß 1977, págs. 34, 40.

[44] Goethe a Varnhagen, 8 de noviembre de 1827, Goethe, Correspondencia 1968-1976, vol. 4, pág. 257; Carl Friedrich Zelter a Goethe, 7 de febrero de 1828, AH, Cartas Mendelssohn 2011, pág. 21; Karl von Holtei a Goethe, 17 de diciembre de 1827, AH, Conferencias Cosmos 2004, pág. 21.

[45] Goethe a AH, 16 de mayo de 1821, Goethe, Correspondencia 1968-1976, vol. 3, pág. 505.

[46] Goethe a AH, 24 de enero de 1824, Bratranek 1876, pág. 317; AH a Goethe, 6 de febrero de 1806, Goethe, Correspondencia 1968-1976, vol. 2, pág. 559; Goethe, 16 de marzo de 1807, 30 de diciembre de 1809, 18 de enero de 1810, 20 de junio de 1816, Goethe, Diario 1998-2007, vol. 3, parte 1, pág. 298; vol. 4, parte 1, págs. 100, 111; vol. 5, parte 1, pág. 381; AH a Goethe, 16 de abril de 1821, Goethe, Cartas AH WH 1876, pág. 315; Goethe, 16 de marzo de 1823, 3 de mayo de 1823, 20 de agosto de 1825, Goethe Día a día 1982-1996, vol. 7, págs. 235, 250, 526.

[47] Goethe a Johannn Peter Eckermann, 3 de mayo de 1827, Goethe Eckermann 1999, pág. 608.

[48] Ibíd., pág. 609.

[49] Pieper 2006, págs. 76-81; Hölder 1994, págs. 63-73.

[50] AH, Aspects 1849, vol. 2, pág. 222; AH, Views 2014, pág. 247; AH, Cuadros 1849, vol. 2, pág. 263; ver también AH, «Über den Bau und die Wirkungsart der Vulcane in den verschiedenen Erdstrichen», 24 de enero de 1823, y Pieper 2006, págs. 77ss.

[51] AH, Aspects 1849, vol. 2, págs. 222-223; AH, Views 2014, pág. 248; AH, Cuadros 1849, vol. 2, págs. 263-264.

[52] AH, Cosmos 1845-1852, vol. 1, pág. 285; AH, Kosmos 1845-1850, vol. 1, pág. 311; ver también AH, Geografía 2009, pág. 67; AH, Geografía 1807, pág. 9.

[53] Goethe a Carl Friedrich Zelter, 7 de noviembre de 1829, Goethe, Correspondencia 1968-1976, vol. 4, pág. 350.

[54] Goethe, 6 de marzo de 1828, Goethe Día a día 1982-1996, vol. 8, pág. 38.

[55] Goethe a Carl Friedrich Zelter, 5 de octubre de 1831, Goethe, Correspondencia 1968-1976, vol. 4, pág. 454.

[56] Goethe a WH, 1 de diciembre de 1831, Goethe, Correspondencia 1968-1976, vol. 4, pág. 462.

[57] AH a WH, 5 de noviembre de 1829, AH, Cartas Rusia 2009, pág. 207.

[58] AH, Aus Meinem Leben (1769-1850), en Biermann 1987, pág. 116.

[59] WH a Karl Gustav von Brinkmann, Geier 2010, pág. 282.

[60] WH 1903-1936, vol. 7, parte 1, pág. 53; ver también vol. 4, pág. 27.

[61] Ibíd., vol. 7, parte 1, pág. 45.

[62] AH a Alexander von Rennenkampff, 7 de enero de 1812, AH, Cartas Rusia 2009, pág. 62.

[63] Cancrin a AH, 27 de agosto de 1827, ibíd., págs. 67ss.; Beck 1983, págs. 21ss.

[64] AH a Cancrin, 19 de noviembre de 1827, AH, Cartas Rusia 2009, pág. 76.

[65] AH a Cancrin, 19 de noviembre de 1827, ibíd.

[66] AH a Cancrin, 10 de enero de 1829, ibíd., pág. 88. El zar invita a AH a Rusia: Cancrin a AH, 17 de diciembre 827, ibíd., págs. 78-79.

[67] Cancrin a AH, 17 de diciembre de 1827, ibíd., págs. 78-79.

16. Rusia

[1] Beck 1983, pág. 35.

[2] AH a WH, 21 de junio de 1829, AH, Cartas Rusia 2009, pág. 138; Rose 1837-1842, vol. 1, págs. 386ss.

[3] AH a WH, 21 de junio de 1829, AH, Cartas Rusia 2009, pág. 138.

[4] Ibíd.

[5] AH a Cancrin, 10 de enero de 1829, ibíd., pág. 86.

[6] Beck 1983, pág. 76.

[7] AH a WH, 8 de junio y 21 de junio de 1829, AH, Cartas Rusia 2009, págs. 132, 138.

[8] AH a WH, 8 de junio de 1829, AH, Cartas Rusia 2009, pág. 132; Beck 1983, pág. 55.

[9] Cancrin a AH, 30 de enero de 1829; AH a Ehrenberg, marzo de 1829, AH, Cartas Rusia 2009, págs. 91, 100; Beck 1983, pág. 27.

[10] CH a August von Hedemann, 17 de marzo de 1829, WH y CH, Cartas 1910-1916, vol. 7, pág. 342; sobre la muerte de CH, ver Gall 2011, págs. 379-380.

[11] AH a Michail Semënovic Voroncov, 19 de mayo de 1829 y AH a Cancrin, 10 de enero de 1829, AH, Cartas Rusia 2009, págs. 86, 119.

[12] Cancrin a AH, 30 de enero de 1829, ibíd., pág. 93.

[13] Suckow 1999, pág. 162.

[14] AH a Cancrin, 15 de septiembre de 1829 y 5 de noviembre de 1829; AH a WH, 21 de noviembre de 1829, AH, Cartas Rusia 2009, págs. 185, 204-205, 220. La itacolumita de arenisca era lo que indicaba la presencia de diamantes. Más tarde, AH también predijo acertadamente la existencia de oro, platino y diamantes en Carolina del Sur y California.

[15] AH, Fragmentos Asia 1832, pág. 5.

[16] Cosaco en Perm, junio de 1829, Beck 1959, pág. 103.

[17] Polier a Cancrin, Informe sobre los diamantes, Rose 1837-1842, vol. 1, págs. 356ss.; Beck 1983, págs. 81ss.; AH a WH, 21 de noviembre de 1829, AH, Cartas Rusia 2009, pág. 220.

[18] Beck 1959-1961, vol. 2, pág. 117.

[19] Beck 1983, pág. 82.

[20] AH a Cancrin, 15 de septiembre de 1829, AH, Cartas Rusia 2009, pág. 185.

[21] AH, Cuba, 2011, págs. 142-143.

[22] AH a Cancrin, 10 de enero de 1829; sobre la respuesta de Cancrin, ver Cancrin a AH, 10 de julio de 1829, AH, Cartas Rusia 2009, págs. 86, 93.

[23] AH a Cancrin, 17 de julio de 1829, ibíd., pág. 148.

[24] Beck 1983, págs. 7ss.

[25] AH a WH, 21 de junio de 1829, ver también 8 de junio y 14 de julio de 1829, ibíd., págs. 132, 138, 146.

[26] Rose 1837-1842, vol. 1, pág. 487.

[27] AH, Asia Central 1844, vol. 1, pág. 2.

[28] AH a Cancrin, 23 de julio de 1829, AH, Cartas Rusia 2009, pág. 153.

[29] Ibíd., pág. 154.

[30] Cancrin a AH, 18 de agosto de 1829, ibíd., pág. 175.

[31] Gregor von Helmersen, septiembre de 1828, Beck 1959, pág. 108.

[32] Rose 1837-1842, vol. 1, págs. 494-496.

[33] AH a Cancrin, 23 de julio de 1829, AH, Cartas Rusia 2009, pág. 154; Rose 1837-1842, págs. 494-498; Beck 1983, págs. 96ss.

[34] AH a WH, 4 de agosto de 1829, AH, Cartas Rusia 2009, págs. 161, 163, y Suckow 1999, pág. 163.

[35] Rose 1837-1842, vol. 1, pág. 499; AH a WH, 4 de agosto de 1829, AH, Cartas Rusia 2009, pág. 161.

[36] AH a Cancrin, 27 de agosto de 1829, ibíd., pág. 177.

[37] Rose 1837-1842, vol. 1, pág. 500.

[38] Ibíd.

[39] Ibíd., pág. 502; AH a WH, 4 de agosto de 1829, AH, Cartas Rusia 2009, pág. 162.

[40] Rose 1837-1842, vol. 1, pág. 502.

[41] AH a WH, 4 de agosto de 1829, AH, Cartas Rusia 2009, pág. 162.

[42] Rose 1837-1842, vol. 1, pág. 523.

[43] Ibíd., pág. 580.

[44] Ibíd., pág. 589.

[45] Jermoloff sobre Ehrenberg, Beck 1983, pág. 122.

[46] AH a Cancrin, 27 de agosto de 1829, AH, Cartas Rusia 2009, pág. 178.

[47] Rose 1837-1842, vol. 1, págs. 575, 590.

[48] Ibíd., pág. 577; sobre el Beluja, págs. 559, 595.

[49] Ibíd., pág. 594.

[50] Ibíd., pág. 597.

[51] AH a WH, 10 de septiembre de 1829, AH, Cartas Rusia 2009, pág. 181.

[52] Rose 1837-1842, vol. 1, págs. 600-606; AH a Arago, 20 de agosto de 1829, AH, Cartas Rusia 2009, pág. 170.

[53] AH a Arago, 20 de agosto de 1829, AH, Cartas Rusia 2009, pág. 170.

[54] AH a WH, 13 de agosto de 1829, ibíd., pág. 172.

[55] Beck 1983, pág. 120ss; AH a WH, 10 y 25 de septiembre de 1829, págs. 181, 188.

[56] Ibíd., pág. 128.

[57] AH a Cancrin, 15 de septiembre de 1829, AH, Cartas Rusia 2009, pág. 184.

[58] AH a Cancrin, 26 de septiembre de 1829, ibíd., pág. 191; ver también AH, Aspects, vol. 2, pág. 300; AH, Views 2014, pág. 283; AH, Cuadros 1849, vol. 2, pág. 363.

[59] AH: Cancrin a AH, 31 de julio de 1829 y 18 de agosto de 1829, AH, Cartas Rusia 2009, págs. 158, 175.

[60] AH a WH, 25 de septiembre de 1829, ibíd., pág. 188.

[61] AH a Cancrin, 21 de octubre de 1829, ibíd., pág. 200.

[62] Rose 1837-1842, vol. 2, págs. 306ss.; Beck 1983, págs. 147ss.

[63] AH, Discurso en la Academia Imperial de Ciencias, San Petersburgo, 28 de noviembre de 1829, AH, Cartas Rusia 2009, págs. 283-284.

[64] AH, Fragmentos Asia 1832, pág. 50.

[65] AH a WH, 14 de octubre de 1829, AH, Cartas Rusia 2009, pág. 196.

[66] Sobre la leche de yegua, ver AH a WH, 25 de septiembre de 1829, AH, Cartas Rusia 2009, pág. 188; sobre el coro de kalmikos, ver Rose 1837-1842, vol. 2, pág. 344; sobre los antílopes, las serpientes y el faquir, ver AH a WH, 10 de septiembre y 21 de octubre de 1829, AH, Cartas Rusia 2009, págs. 181, 199; Rose 1837-1842, vol. 2, pág. 312; sobre el termómetro y el ejemplar del *Ensayo*, ver Beck 1983, págs. 113, 133; sobre la comida siberiana, ver AH a Friedrich von Schöler, 13 de octubre de 1829, AH, Cartas Rusia 2009, pág. 193.

[67] AH a Cancrin, 21 de junio de 1829, AH, Cartas Rusia 2009, pág. 136.

[68] AH, Fragmentos Asia 1832, pág. 27.

[69] AH, Asia Central 1844, vol. 1, pág. 27.

[70] Ibíd., pág. 26; ver también vol. 1, pág. 337 y vol. 2, pág. 214; AH Fragmentos Asia 1832, pág. 27.

[71] Ibíd., vol. 2, pág. 214.

[72] Sobre el traductor de la edición alemana, en nota al pie: AH, Asia Central 1844, vol. 1, pág. 337.

[73] Bruhns 1873, vol. 1, pág. 380; Suckow 1999, pág. 163.

[74] AH a Cancrin, 5 de noviembre de 1829, AH, Cartas Rusia 2009, pág. 204.

[75] Alexander Herzen, noviembre de 1829, Bruhns 1873, vol. 1, págs. 384-386; AH a WH, 21 de noviembre de 1829, AH, Cartas Rusia 2009, págs. 219-220.

[76] Sergei Glinka, Bruhns 1873, vol. 1, pág. 385.

[77] Pushkin en 1829, contado por Georg Schmid en 1830, AH, Cartas Rusia 2009, pág. 251.

[78] AH a WH, 21 de noviembre de 1829, ibíd., pág. 219.

[79] AH al zar Nicolás I, 7 de diciembre de 1829, ibíd., pág. 233.

[80] AH, Cosmos 1845-1852, vol. 1, pág. 167; AH, Kosmos 1845-1850, vol. 1, pág. 185.

[81] Informe sobre una carta de AH a la Royal Society, 9 de junio de 1836, *Abstracts of the Papers Printed in the Philosophical Transactions of the Royal Society of London*, vol. 3, 1830-1837, pág. 420 (Humboldt había escrito la carta en abril de 1836).

[82] Biermann y Schwarz 1999a, pág. 187.

[83] Informe sobre una carta de AH a la Royal Society, 9 de junio de 1836, *Abstracts of the Papers Printed in the Philosophical Transactions of the Royal Society of London*, vol. 3, 1830-1837, pág. 423; ver también O'Hara 1983, págs. 49-50.

[84] AH, Cosmos 1845-1852, vol. 1, pág. 178; AH, Kosmos 1845-1850, vol. 1, pág. 197.

[85] AH, Discurso en la Academia Imperial de Ciencias de San Petersburgo, 28 de noviembre de 1829, AH, Cartas Rusia 2009, pág. 277; sobre el llamamiento de AH a hacer estudios del clima en todo el mundo, ver pág. 281.

[86] AH a Cancrin, 17 de noviembre de 1829, ibíd., pág. 215; Beck 1983, pág. 159.

[87] AH a Theodor von Schön, 9 de diciembre de 1829; sobre el jarrón y la marta cibelina, ver AH a WH, 9 de diciembre de 1829, AH, Cartas Rusia 2009, pág. 237.

[88] AH a Cancrin, 24 de diciembre de 1829, ibíd., pág. 257.

[89] Ibíd.

[90] Carl Friedrich Zelter a Goethe, 2 de febrero de 1830, Bratranek 1876, pág. 384.

17. Evolución y Naturaleza

[1] Darwin, 30 de diciembre de 1831, Darwin, Diario Beagle 2001, pág. 18.

[2] Darwin, 29 de diciembre de 1831, ibíd., págs. 17-18; Darwin a Robert Darwin, 8 de febrero-1 de marzo de 1832, Darwin, Correspondencia, vol. 1, pág. 201.

[3] Thomson 1995, págs. 124ss.; el dibujo de la cabina de toldilla del HMS *Beagle* es de B.J. Sulivan, CUL DAR.107.

[4] Darwin, Correspondencia, vol. 1, Apéndice IV, págs. 558-566.

[5] Darwin 1958, pág. 77.

[6] Robert FitzRoy a Darwin, 23 de septiembre de 1831, Darwin, Correspondencia, vol. 1, pág. 167.

[7] Darwin a D.T. Gardner, agosto de 1874, publcado en *The New York Times*, 15 de septiembre de 1874.

[8] Darwin, 4 de enero de 1832, Darwin, Diario Beagle 2001, pág. 19; Darwin a Robert Darwin, 8 de febrero-1 de marzo de 1832, Darwin, Correspondencia, vol. 1, pág. 201.

[9] Darwin, 31 de diciembre de 1831, Darwin, Diario Beagle 2001, pág. 18.

[10] Darwin, 6 de enero de 1832, ibíd., pág. 19; ver también Darwin a Robert Darwin, 8 de febrero-1 de marzo de 1832, Darwin, Correspondencia, vol. 1, pág. 201.

[11] Darwin, 6 de enero de 1832, Darwin, Diario Beagle 2001, pág. 20; ver también Darwin a Robert Darwin, 8 de febrero-1 de marzo de 1832, Darwin, Correspondencia, vol. 1, págs. 201-202.

[12] Darwin, 7 de enero de 1832, Darwin, Diario Beagle 2001, pág. 20.

[13] Darwin, 17 de diciembre de 1831, ibíd., pág. 14.

[14] Darwin 1958, pág. 46.

[15] Ibíd., págs. 56ss.

[16] Ibíd., págs. 50, 62.

[17] Darwin escribió que había leído la *Personal Narrative* de AH «durante mi último año en Cambridge», Darwin 1958, pág. 67-68.

[18] Ibíd., págs. 64ss., 68; Browne 2003a, págs. 123, 131; Thomson 2009, págs. 94, 102; Darwin a Fox, 5 de noviembre de 1830, Darwin, Correspondencia, vol. 1, pág. 110.

[19] Darwin a William Darwin Fox, 7 de abril de 1831, Darwin, Correspondencia, vol. 1, pág. 120.

[20] Darwin a Caroline Darwin, 28 de abril de 1831; ver también Darwin a William Darwin Fox, 11 de mayo de 1831 y 9 de julio de 1831, Darwin, Correspondencia, vol. 1, págs. 122, 123, 124; Darwin 1958, págs. 68-70.

[21] Darwin a Caroline Darwin, 28 de abril de 1831, Darwin, Correspondencia, vol. 1, págs. 122.

[22] Darwin a John Stevens Henslow, 11 de julio de 1831, Darwin, Correspondencia, vol. 1, págs. 125-126.

[23] Darwin a William Darwin Fox, 11 de mayo de 1831, ibíd., pág. 123.

[24] Darwin a John Stevens Henslow, 11 de julio de 1831, ibíd., pág. 125.

[25] Darwin a Caroline Darwin, 28 de abril de 1831, ibíd., pág. 122; sobre las expresiones españolas, ver Darwin a William Darwin Fox, 9 de julio de 1831, ibíd., pág. 124.

[26] Darwin a William Darwin Fox, 1 de agosto de 1831, ibíd., pág. 127; ver también Browne 2003a, pág. 135; Thomson 2009, pág. 131.

[27] John Stevens Henslow a Darwin, 24 de agosto de 1831, Darwin, Correspondencia, vol. 1, págs. 128-129.

[28] Darwin a Robert Darwin, 31 de agosto de 1831, ibíd., pág. 133; ver también Darwin a John Stevens Henslow, 30 de agosto de 1831; Robert Darwin a Josiah Wedgwood, 30-31 de agosto de 1831; Josiah Wedgwood II a Robert Darwin, 31 de agosto

de 1831, ibíd., págs. 131-134; Darwin 1958, págs. 71-72; Darwin 31 de agosto-1 de septiembre de 1831, Darwin, Diario Beagle 2001, pág. 3; Browne 2003a, págs. 152ss.

[29] Browne 2003a, pág. 7.

[30] Josiah Wedgwood II a Robert Darwin, 31 de agosto de 1831; el padre de Darwin acepta la expedición, Robert Darwin a Josiah Wedgwood II, 1 de septiembre de 1831, Darwin, Correspondencia, vol. 1, págs. 134-135.

[31] Darwin, 10 de enero de 1832, Darwin, Diario Beagle 2001, pág. 21; ver también Darwin a Robert Darwin, 8 de febrero-1 de marzo de 1832, Darwin, Correspondencia, vol. 1, pág. 202.

[32] Darwin, Correspondencia, vol. 1, Apénice III, pág. 549.

[33] Browne 2003a, págs. 144-149; Thomson 2009, págs. 139ss.

[34] Darwin 1958, págs. 73ss.; Darwin a Robert Darwin, 8 de febrero-1 de marzo de 1832, Darwin, Correspondencia, vol. 1, pág. 203; ver también Thomson 1995, pág. 155.

[35] Darwin, 23 de octubre de 1831, Darwin, Diario Beagle 2001, pág. 8; sobre el *Beagle* y las provisiones, ver también Browne 2003a, pág. 169; Darwin a Susan Darwin, 6 de septiembre de 1831, Darwin, Correspondencia, vol. 1, pág. 144; Thomson 1995, págs. 115, 123, 128.

[36] Darwin, 16 de enero de 1832 y anotaciones sucesivas, Darwin, Diario Beagle 2001, págs. 23ss.

[37] Darwin a William Darwin Fox, mayo de 1832, Darwin, Correspondencia, vol. 1, pág. 232.

[38] Darwin, 17 de enero de 1832, Darwin, Diario Beagle 2001, pág. 24.

[39] Robert FitzRoy a Francis Beaufort, 5 de marzo de 1832, Darwin, Correspondencia, vol. 1, pág. 205, n.1.

[40] Darwin, 16 de enero de 1832, Darwin, Diario Beagle 2001, pág. 23.

[41] Darwin a Robert Darwin, 8 de febrero-1 de marzo de 1832; ver también Darwin a William Darwin Fox, mayo de 1832, ibíd., págs. 204, 233.

[42] Darwin, 26 de mayo de 1832; ver también 6 de febrero, 9 de abril y 2 de junio de 1832, Darwin, Diario Beagle 2001, págs. 34, 55, 67, 70.

[43] Darwin 1958, pág. 77.

[44] Thomson 2009, pág. 148; Browne 2003a, pág. 185; ver también Darwin 1958, págs. 77, 81, 101.

[45] Darwin a Robert Darwin, 10 de febrero de 1832, Darwin, Correspondencia, vol. 1, pág. 206; ver también Darwin 1958, pág. 81.

[46] Darwin a Frederick Watson, 18 de agosto de 1832, Darwin, Correspondencia, vol. 1, pág. 260.

[47] Darwin a Robert Darwin, 8 de febrero-1 de marzo de 1832, ibíd., pág. 204.

[48] Darwin a John Stevens Henslow, 18 de mayo-16 de junio de 1832 ibíd., pág. 237.

[49] Darwin, 28 de febrero de 1832, Darwin, Diario Beagle 2001, pág. 42.

[50] Darwin a Robert Darwin, 8 de febrero-1 de marzo de 1832, Darwin, Correspondencia, vol. 1, págs. 202ss.

[51] Darwin a John Stevens Henslow, 18 de mayo-16 de junio de 1832, ibíd., pág. 238.

[52] Darwin, 1 de marzo de 1832, Darwin, Diario Beagle 2001, pág. 43.

[53] Darwin, 28 de febrero de 1832, ibíd., pág. 42.

[54] Darwin a William Darwin Fox, 25 de octubre de 1833, Darwin, Correspondencia, vol. 1, pág. 344.

[55] Browne 2003a, págs. 191ss.

[56] Darwin a Robert Darwin, 8 de febrero-1 de marzo de 1832, Darwin, Correspondencia, vol. 1, pág. 202.

[57] Browne 2003a, págs. 193, 222.

[58] Thomson 2009, págs. 142-143.

[59] Browne 2003a, pág. 225.

[60] Thomson 1995, pág. 156.

[61] Browne 2003a, pág. 230.

[62] Darwin a Catherine Darwin, 5 de julio de 1832; ver también Erasmus Darwin a Darwin, 18 de agosto de 1832, Darwin, Correspondencia, vol. 1, págs. 247, 258.

[63] Darwin, 24, 25, 26 de marzo de 1832, Darwin, Diario Beagle 2001, pág. 48.

[64] AH, Personal Narrative 1814-1829, vol. 6, pág. 69.

[65] Darwin, 12 de febrero de 1835, Darwin, Diario Beagle 2001, pág. 288.

[66] AH, Personal Narrative 1814-1829, vol. 3, pág. 321.

[67] Darwin, 20 de febrero de 1835, Darwin, Diario Beagle 2001, pág. 292.

[68] AH, Personal Narrative 1814-1829, vol. 6, pág. 8.

[69] Darwin, 1 de junio de 1834, Darwin 1997, págs. 228-229.

[70] Caroline Darwin a Darwin, 28 de octubre de 1833, Darwin, Correspondencia, vol. 1, pág. 345.

[71] Herman Kindt a Darwin, 16 de septiembre de 1864, ibíd., vol. 12, pág. 328.

[72] Darwin, 17 de septiembre de 1835, Darwin, Diario Beagle 2001, pág. 353.

[73] Darwin a William Darwin Fox, 15 de febrero de 1836, Darwin, Correspondencia, vol. 1. pág. 491.

[74] Darwin a Catherine Darwin, 14 de febrero de 1836; sobre el sueño de ver Inglaterra, Darwin a John Stevens Henslow, 9 de julio de 1836 y Darwin a Caroline Darwin, 18 de julio de 1836, ibíd., págs. 490, 501, 503.

[75] Darwin a Susan Darwin, 4 de abril de 1836, 1, pág. 503.

[76] Ibíd.

[77] Darwin a William Darwin Fox, 15 de febrero de 1836, ibíd., pág. 491.

[78] Darwin, después del 25 de septiembre de 1836, Darwin, Diario Beagle 2001, pág. 443.

[79] Darwin, 2 de octubre de 1836, ibíd., pág. 447.

[80] Darwin a Robert FitzRoy, 6 de octubre de 1836, Darwin, Correspondencia, vol. 1, pág. 506.

[81] Caroline Darwin a Sarah Elizabeth Wedgwood, 5 de octubre de 1836, ibíd., pág. 504.

[82] Darwin a John Stevens Henslow, 6 de octubre de 1836, ibíd., pág. 507.

[83] Darwin a John Stevens Henslow, 9 de julio de 1838, ibíd., pág. 499.

[84] Darwin 1958, pág. 76.

[85] Darwin a Leonard Jenyns, 10 de abril de 1837, Darwin, Correspondencia, vol. 2, pág. 16.

[86] Darwin a John Stevens Henslow, 28 de marzo y 18 de mayo de 1837; Darwin a Leonard Jenyns, 10 de abril de 1837, ibíd., págs. 14, 16, 18; Browne 2003a, pág. 417.

[87] El relato de Darwin fue el tercer volumen de *Narrative of the Surveying Voyages of His Majesty's Ships Adventure and Beagle,* una historia en cuatro volúmenes de los viajes del barco escrita por FitzRoy. El tomo de Darwin adquirió tal popularidad que se reeditó en agosto de 1839 como obra aparte, con el título de *Journal of Researches.* Se hizo famoso como *Voyage of the Beagle.*

[88] Darwin a John Washington, 1 de noviembre de 1839, Darwin, Correspondencia, vol. 2, pág. 241.

[89] Darwin a AH, 1 de noviembre de 1839, ibíd., pág. 240.

[90] AH a Darwin, 18 de septiembre de 1839, ibíd., págs. 425-426.

[91] AH, 6 de septiembre de 1839, *Journal Geographical Society,* 1839, vol. 9, pág. 505.

[92] Darwin a John Washington, 14 de octubre de 1839, Darwin, Correspondencia, vol. 2, pág. 230.

[93] Darwin a AH, 1 de noviembre de 1839, ibíd., pág. 239.

[94] Darwin a Joseph Hooker, 3-17 de febrero de 1844, ibíd., vol. 3, pág. 9.

[95] Darwin a John Stevens Henslow, 21 de enero de 1838, ibíd., vol. 2, pág. 69.

[96] Darwin a John Stevens Henslow, 14 de octubre de 1837; sobre las palpitaciones, ver también 20 de septiembre de 1837, ibíd., págs. 47, 51-52; Thomson 2009, pág. 205.

⁹⁷ Darwin empezó a reflexionar seriamente sobre la transmutación a finales de la primavera de 1837. En julio de ese año comenzó un nuevo cuaderno de notas dedicado a la transmutación de las especies (Notebook B), Thomson 2009, págs. 182ss.; ver también Darwin, Notebook B, Transmutation of species 1837-1838, CUL, MS.DAR.121.

⁹⁸ Thomson 2009, pág. 180ss

⁹⁹ *Système des animaux sans vertèbres* (1801) y *Philosophie zoologique* (1809) de Lamarck.

¹⁰⁰ Sobre la disputa entre Georges Cuvier y Étienne Geoffroy Saint-Hilaire, ver Päßler 2009, págs. 139ss.; sobre los comentarios en voz baja de AH, ver Louis Agassiz sobre AH, octubre-diciembre de 1830, Beck 1959, pág. 123.

¹⁰¹ AH, Aspects 1849, vol. 2, pág. 112; AH, Views 2014, pág. 201; AH, Cuadros 1849, vol. 2, pág. 135 (no aparece en la edición alemana de 1808 de *Cuadros de la naturaleza* pero sí algo similar en la pág. 185); ya en su *Ensayo sobre la geografía de las plantas*, Humboldt hablaba de que algunas variedades accidentales de plantas podrían haberse transformado en «permanentes», AH, Geografía 2009, pág. 68.

¹⁰² AH, Aspects 1849, vol. 2, pág. 20; AH, Views 2014, pág. 163; AH, Cuadros 1849, vol. 2, pág. 25; ver también AH, Cuadros 1808, pág. 185.

¹⁰³ Darwin a Joseph Dalton Hooker, 10 de febrero de 1845, Darwin, Correspondencia, vol. 3, pág. 140.

¹⁰⁴ AH, Personal Narrative 1814-1829, vol. 3, págs. 491-495; Darwin lo subrayó en su ejemplar.

¹⁰⁵ AH, Aspects 1849, vol. 2, pág. 112; AH, Views 2014, pág. 201; AH, Cuadros 1849, vol. 2, pág. 136.

¹⁰⁶ Darwin, Notebook B, Transmutation of species 1837-1838, págs. 92, 156, CUL, MS.DAR.121.

¹⁰⁷ Ejemplar de Darwin de AH, Personal Narrative 1814-1829, vol. 5, págs. 180, 183, 221ss. CUL, DAR.LIB:T.301.

¹⁰⁸ Ibíd., vol. 4, págs. 336, 384 y vol. 5, págs. 24, 79, 110.

¹⁰⁹ Ibíd., vol. 1, guardas; Darwin, Notebook A, Geology 1837-1839, pág. 15, CUL, DAR127; Darwin, Santiago Notebook, EH1.18, pág. 123, English Heritage, Darwin Online

¹¹⁰ Ejemplar de Darwin de AH, Personal Narrative 1814-1829, vol. 6, guardas, CUL, DAR.LIB:T.301

¹¹¹ Ibíd., vol. 1, guardas; ver también Werner 2009, págs. 77ss.

¹¹² Ejemplar de Darwin de AH, Personal Narrative 1814-1829, vol. 1, lista al final, CUL, DAR.LIB:T.301.

[113] Ibíd., vol. 5, pág. 543.

[114] Ibíd., pág. 180; ver también vol. 3, pág. 496 (Darwin subrayó las dos).

[115] AH, Views 2014, págs. 162-163; AH, Aspects 1849, vol. 2, pág. 19; AH, Cuadros 1849, vol. 2, pág. 24.

[116] Darwin a Joseph Hooker, 10-11 de noviembre de 1844, Darwin, Correspondencia, vol. 3, pág. 79.

[117] Darwin 1958, pág. 120; Thomson 2009, pág. 214.

[118] Ejemplar de Darwin de AH, Personal Narrative 1814-1829, vol. 4, pág. 489, CUL, DAR.LIB:T.301.

[119] Darwin 1958, pág. 120.

[120] AH, Aspects 1849, vol. 2, pág. 114; AH, Views 2014, pág. 202; AH, Cuadros 1849, pág. 138.

[121] AH, Aspects 1849, vol. 2, pág. 114; AH, Views 2014, pág. 202; AH, Cuadros 1849, pág. 138; ver también AH, Personal Narrative 1814-1829, vol. 4, pág. 437.

[122] AH, Personal Narrative 1814-1829, vol. 4, págs. 421-422.

[123] Ibíd., pág. 426.

[124] Ejemplar de Darwin de AH, Personal Narrative 1814-1829, vol. 4, pág. 437; ver también vol. 5, pág. 590, CUL, DAR.LIB:T.301.

[125] Ibíd., vol. 5, pág. 590.

[126] Darwin, 1838, Harman 2009, pág. 226.

[127] Darwin, Notebook B, pág. 36ss., CUL, MS.DAR.121.

[128] Ejemplar de Darwin de AH, Personal Narrative 1814-1829, vol. 4, págs. 505-506, CUL, DAR.LIB:T.301.

[129] Ibíd.

[130] Darwin 2009, pág. 631.

18. EL *COSMOS* DE HUMBOLDT

[1] AH a Varnhagen, 27 de octubre de 1834, AH, Cartas Varnhagen 1860, pág. 15.

[2] AH a Varnhagen, 24 de octubre de 1834, ibíd., pág. 19.

[3] AH a Johann Georg von Cotta, 28 de febrero de 1838, AH, Cartas Cotta 2009, pág. 204.

[4] AH a Federico Guillermo Bessel, 14 de julio de 1833, AH, Cartas Bessel1994, pág. 82.

[5] AH a Varnhagen, 24 de octubre de 1834, AH, Cartas Varnhagen 1860, pág. 18; griego antiguo: AH, Cosmos 1845-1852, vol. 1, pág. 56; AH, Kosmos 1845-1850, vol. 1, págs. 61-62.

[6] Por ejemplo Hooker a AH, 4 de diciembre de 1847 y Robert Brown a AH, 12 de agosto de 1834, AH, Gr. Kasten 12, Sobre «Geographie der Pflanzen»; lista de plantas de Polinesia de Jules Dumont d'Urville: AH, gr. Kasten 13, núm. 27, Stabi Berlin NL AH; AH a Federico Guillermo Bessel, 20 de diciembre de 1828 y 14 de julio de 1833, AH, Cartas Bessel1994, págs. 50-54, 84; AH a P. G. Lejeune Dirichlet, mayo de 1851, AH, Cartas Dirichlet 1982, pág. 93; AH a August Böckh, 14 de mayo de 1849, AH, Cartas Böckh 2011, pág. 189; Werner 2004, pág. 159.

[7] Kark Gützlaff a AH, n.d., AH, kl.Kasten 3b, núm. 112; sobre las especies de palmeras en Nepal, Robert Brown a AH, 12 de agosto de 1834, AH, gr. Kasten 12, núm. 103, Stabi Berlin NL AH.

[8] AH a Karl Zell, 21 de mayo de 1836, Schwarz 2000, sin números de páginas.

[9] Herman Abich sobre Humboldt, 1853, Beck 1959, pág. 346; sobre el novelista en Argel, ver Laube 1875, pág. 334.

[10] AH a Johann Georg von Cotta, 28 de febrero de 1838; ver también 18 de septiembre de 1843, AH, Cartas Cotta 2009, págs. 204, 249.

[11] AH a Gauß, 23 de marzo de 1847, AH, Cartas Gauß 1977, pág. 98.

[12] AH, Gr. Kasten 11, Stabi Berlin NL AH.

[13] AH a Johann Georg von Cotta, 16 de abril de 1852, AH, Cartas Cotta 2009, pág. 482; AH a Alexander Mendelssohn, 24 de diciembre de 1853, AH, Cartas Mendelssohn 2011, pág. 253.

[14] AH, gr. Kasten 12, núm. 96, Stabi Berlin NL AH.

[15] AH, gr. Kasten 8, sobre con núm. 6-11a, Stabi Berlin NL AH.

[16] AH, gr. Kasten 12, núm. 124, Stabi Berlin NL AH.

[17] AH, gr. Kasten 12, núm. 112, Stabi Berlin NL AH.

[18] AH, gr. Kasten 12, sobre con núm. 32-47 Stabi Berlin NL AH.

[19] AH, gr. Kasten 8, núm. 124-168, Stabi Berlin NL AH.

[20] AH, kl. Kasten 3b, núm. 121, Stabi Berlin NL AH.

[21] AH, kl. Kasten 3b, núm. 125, Stabi Berlin NL AH.

[22] Friedrich Adolf Trendelenburg, Frankfurt, mayo de 1832, Beck 1959, pág. 128.

[23] AH a Heinrich Christian Schumacher, 10 de noviembre de 1846, AH, Cartas Schumacher 1979, pág. 85.

[24] AH a WH, 14 de julio de 1829, AH, Cartas Rusia 2009, pág. 146.

[25] Adolf Bernhard Marx sobre Humboldt, Beck 1969, pág. 253.

[26] Ibíd.

[27] Sir Charles Hallé, 1840s, Hallé 1896, pág. 100.

[28] Ludwig Börne, 12 de octubre de 1830, Clark y Lubrich 2012, pág. 82.

[29] Honoré Balzac, *Administrative Adventures of a Wonderful Idea*, 1834, Clark y Lubrich 2012, pág. 89.

[30] Sir Charles Hallé, 1840s, Hallé 1896, pág. 100.

[31] Robert Avé-Lallemant, 1833; Ernst Kossak sobre AH, diciembre de 1834, Beck 1959, págs. 134, 141; Emil du Bois-Reymond, 3 de agosto de 1883, AH, Cartas du Bois-Reymond 1997, pág. 201; Franz Lieber, 14 de septiembre de 1869, AH, Cartas EE. UU. 2004, pág. 581.

[32] Biermann y Schwarz 1999a, pág. 188.

[33] AH a Varnhagen, 24 de abril de 1837, AH, Cartas Varnhagen 1860, pág. 27.

[34] Geier 2010, págs. 298ss.

[35] AH a Varnhagen, 5 de abril de 1835, AH, Cartas Varnhagen 1860, pág. 21.

[36] AH a Jean Antoine Letronne, 18 de abril de 1835, Bruhns 1873, vol. 2, pág. 183.

[37] AH a Gide, 10 de abril de 1835, ibíd.

[38] AH a Bunsen, 24 de mayo de 1836, AH, Cartas Bunsen 2006, págs. 35-36.

[39] AH a Johann Georg von Cotta, 25 de diciembre de 1844, AH, Cartas Cotta 2009, pág. 269; AH a Bunsen, 3 de octubre de 1847, AH, Cartas Bunsen 2006, pág. 103 y AH a Caroline von Wolzogen, 12 de junio de 1835, Biermann 1987, pág. 206.

[40] AH a Heinrich Christian Schumacher, 2 de marzo de 1836, AH, Cartas Schumacher 1979, pág. 52.

[41] Carl Vogt, enero de 1845, Beck 1959, pág. 206.

[42] AH a Heinrich Christian Schumacher, 2 de marzo de 1836, AH, Cartas Schumacher 1979, pág. 52.

[43] AH a Johann Georg von Cotta, 22 de junio de 1833, AH, Cartas Cotta 2009, pág. 180.

[44] Engelmann 1969, pág. 11.

[45] AH a Johann Georg von Cotta, 11 de enero de 1835, AH, Cartas Cotta 2009, pág. 186.

[46] AH a P. G. Lejeune Dirichlet, 28 de febrero de 1844, AH, Cartas Dirichlet 1982, pág. 67.

[47] Federico Guillermo IV a AH, 1 de diciembre de 1840, AH, Cartas Federico Guillermo IV 2013, pág. 181.

[48] Friedrich Daniel Bassermann sobre AH, 14 de noviembre de 1848, Beck 1969, pág. 265.

[49] AH a Federico Guillermo IV, 9 de noviembre de 1839, 29 de septiembre de 1840, 5 de octubre de 1840, diciembre de 1840, 23 de marzo de 1841, 15 de junio de 1842, mayo de 1844, 1849, también notas 4, 5, 12, AH, Cartas Federico Guillermo IV 2013, págs. 145, 147, 174, 175, 182, 202, 231, 277, 405, 532, 533, 536.

[50] AH a Gauß, 3 de julio de 1842, AH, Cartas Gauß 1977, pág. 85.

[51] AH a Varnhagen, 6 de septiembre de 1844; ver también Varnhagen Diario, 18 de marzo de 1843 y 1 de abril de 1844, AH, Cartas Varnhagen 1860, págs. 97, 106-107, 130.

[52] AH a Johann Georg von Cotta, 9 de marzo de 1844, AH, Cartas Cotta 2009, pág. 256.

[53] AH a Johann Georg von Cotta, 5 de febrero de 1849, ibíd., pág. 349.

[54] AH a Johann Georg von Cotta, 28 de febrero de 1838, ibíd., pág. 204.

[55] AH a Johann Georg von Cotta, 15 de marzo de 1841, ibíd., pág. 238.

[56] AH a Johann Georg von Cotta, 28 de febrero de 1838, ibíd., pág. 204.

[57] Ibíd.

[58] AH a Johann Georg von Cotta, 18 de septiembre de 1843, ibíd., pág. 248; el observatorio lo había construido Karl Friedrich Schinkel en 1835.

[59] AH a John Herschel, 1842, Théodoridès 1966, pág. 50.

[60] Darwin 1958, pág. 107.

[61] Roderick Murchison a Francis Egerton, 25 de enero de 1842, Murchison 1875, vol. 1, pág. 360.

[62] Emma Darwin a Jessie de Sismondi, 8 de febrero de 1842, Litchfield 1915, vol. 2, pág. 67.

[63] AH, Geografía 2009, pág. 69; AH, Geografía 1807, pág. 15; ver también págs. 9, 91.

[64] Relato de los hermanos Schlagintweit sobre AH, mayo de 1849, Beck 1959, pág. 262.

[65] Descripción basada en el relato de Heinrich Laube, Laube 1875, págs. 330-333.

[66] Emma Darwin a Jessie de Sismondi, 8 de febrero de 1842, Litchfield 1915, vol. 2, pág. 67.

[67] Darwin a Joseph Hooker, 10 de febrero de 1845, Darwin, Correspondencia, vol. 3, pág. 140.

[68] Darwin 1958, pág. 107.

[69] Darwin a Joseph Hooker, 10-11 de noviembre de 1844, Darwin, Correspondencia, vol. 3, pág. 79.

[70] Darwin, Nota, 29 de enero de 1842, CUL, DAR 100.167.

[71] Darwin a Robert FitzRoy, 1 de octubre de 1846, Darwin, Correspondencia, vol. 3, pág. 345.

[72] Thomson 2009, págs. 219-220.

[73] Darwin, notas sobre el matrimonio, nota segunda, julio de 1838, Darwin, Correspondencia, vol. 2, págs. 444-445.

[74] AH, Cosmos 1845-1852, vol. 1, pág. 23; AH, Kosmos 1845-1850, vol. 1, pág. 23 (traducción de la autora: el «abgeschlossene Art» de Humboldt se convirtió en «isolated species» [especie aislada] en la edición inglesa, pero debería traducirse como «fixed» [fija], en contraste con «mutable»).

[75] AH, Cosmos 1845-1852, vol. 3, Notas, pág. 14, iii; ver también vol. 1, pág. 34; AH, Kosmos 1845-1850, vol. 3, págs. 14, 28, vol. 1, pág. 33.

[76] AH, Cosmos 1845-1852, vol. 1, pág. 22; AH, Kosmos 1845-1850, vol. 1, pág. 22 (traducción de la autora: las «periodischen Wechsel» de Humboldt se convirtieron en «transformations» [transformaciones] en la edición inglesa, pero «cyclical change» [cambio cíclico] se ajusta más). Sobre las transiciones y la renovación constante, ver AH, Cosmos 1845-1852, vol. 1, págs. 22, 34; AH, Kosmos 1845-1850 vol. 1, págs. 22, 33.

[77] Discurso de Emil Du Bois-Reymond en la Universidad de Berlín, 3 de agosto de 1883, AH, Cartas du Bois-Reymond 1997, pág. 195; ver también Wilhelm Bölsche a Ernst Haeckel, 4 de julio 1913, Haeckel, Cartas Bölsche 2002, pág. 253. Sobre el apoyo de Humboldt a Chambers comentado en la nota al pie, Alfred Russel Wallace a Henry Walter Bates, 28 de diciembre de 1845, Wallace Letters Online.

[78] Darwin a Joseph Hooker, 10 de febrero de 1845, Darwin, Correspondencia, vol. 3, pág. 140.

[79] Hooker 1918, vol. 1, pág. 179.

[80] Joseph Hooker a Maria Sarah Hooker, 2 de febrero de 1845, ibíd., pág. 180.

[81] AH a Friedrich Althaus, 4 de septiembre de 1848, AH, Memorias Althaus 1861, pág. 8; sobre los cambios de AH con la edad, ver también «A Visit to Humboldt by a correspondent of the *Commercial Advertiser*», 30 de diciembre de 1849, AH, Cartas EE. UU. 2004, págs. 539-540.

[82] Joseph Hooker a W. H. Harvey, 27 de febrero de 1845, Hooker 1918, vol. 1, pág. 185.

[83] Joseph Hooker a Darwin, finales de febrero de 1845, Darwin, Correspondencia, vol. 3, pág. 148.

[84] Ibíd.

[85] Joseph Hooker a Darwin, finales de febrero de 1845, ibíd., pág. 149.

⁸⁶ Fiedler y Leitner 2000, pág. 390; Biermann y Schwarz 1999b, pág. 205; Johann Georg von Cotta a AH, 14 de junio de 1845, AH, Cartas Cotta 2009, pág. 283.

⁸⁷ AH a Federico Guillermo IV, 16 de septiembre de 1847, AH, Cartas Federico Guillermo IV 2013, pág. 366; sobre traducciones, Fiedler y Leitner 2000, págs. 382ss.

⁸⁸ AH, Cosmos 1845-1852, vol. 1, pág. 182; AH, Kosmos 1845-1850, vol. 1, pág. 200.

⁸⁹ AH, Cosmos 1845-1852, vol. 1, pág. 21; AH, Kosmos 1845-1850, vol. 1, pág. 21 (traducción de la autora: «das Gefühl erkälten, die schaffende Bildkraft der Phantasie ertödten»; la edición inglesa de 1845 lo traduce como «to chill the feelings, and to diminish the nobler enjoyment attendant on the contemplation of nature» [enfriar los sentimientos y disminuir el más noble placer que acompaña a la contemplación de la naturaleza]).

⁹⁰ AH, Cosmos 1845-1852, vol. 1, pág. 21; AH, Kosmos 1845-1850, vol. 1, pág. 21 (traducción de la autora: «in dem ewigen Treiben und Wirken der lebendigen Kräfte»; la edición inglesa lo traduce como «in the midst of universal fluctuation of forces» [en medio de la fluctuación universal de fuerzas]).

⁹¹ AH, Cosmos 1845-1852, vol. 1, pág. 5; AH, Kosmos 1845-1850, vol. 1, pág. 5 (traducción de la autora: «ein lebendiges Ganzes»; la edición inglesa lo traduce como «one fair harmonious whole» [un conjunto armonioso], pero debería ser «living whole» [conjunto vivo] o «animated whole» [conjunto animado]).

⁹² AH, Cosmos 1845-1852, vol. 1, pág. 34; AH, Kosmos 1845-1850, vol. 1, pág. 33 (traducción de la autora; esta frase crucial, «Eine allgemeine Verkettung nicht in einfacher linearer Richtung, sondern in netzartig verschlungenem Gewebe», no está en la edición inglesa).

⁹³ AH, Cosmos 1845-1852, vol. 1, pág. 34; AH, Kosmos 1845-1850, vol. 1, pág. 32.

⁹⁴ AH, Cosmos 1845-1852, vol. 1, pág. 279; AH, Kosmos 1845-1850, vol. 1, pág. 304 (traducción de la autora: «perpetuierlichen Zusammenwirken»; la edición inglesa lo traduce como «double influence» [doble influencia]).

⁹⁵ AH a Caroline von Wolzogen, 14 de mayo de 1806, Goethe, Cartas AH WH 1876, pág. 407.

⁹⁶ WH a CH, 23 de mayo de 1817, WH y CH, Cartas 1910-1916, vol. 5, pág. 315; sobre las críticas a los misioneros, ver AH, Diario 1982, págs. 329ss.; y a la Iglesia prusiana, ver Werner 2000, pág. 34.

⁹⁷ AH, Cosmos 1845-1852, vol. 1, pág. 21; AH, Kosmos 1845-1850, vol. 1, pág. 21 (traducción de la autora: «in dem wundervollen Gewebe des Organismus»; la edición inglesa lo traduce como «the seemingly inextricable network of

organic life» [la red aparentemente inextricable de vida orgánica]). Sobre la acusación de una iglesia alemana citada en la nota al pie, Werner 2000, pág. 34.

[98] *North British Review,* 1845, AH, Cartas Cotta 2009, pág. 290.

[99] Johann Georg von Cotta a AH, 3 de diciembre de 1847; ver también 5 de febrero de 1846, ibíd., págs. 292, 329.

[100] Klemens von Metternich a AH, 21 de junio de 1845, AH, Cartas Varnhagen 1860, pág. 138.

[101] Berlioz 1878, pág. 126.

[102] Berlioz 1854, pág. 1.

[103] Príncipe Alberto a AH, 7 de febrero de 1847, AH, Cartas Varnhagen 1860, pág. 181; Darwin a Hooker, 11 y 12 de julio de 1845, Darwin, Correspondencia, vol. 3, pág. 217.

[104] AH a Bunsen, 18 de julio de 1845, AH, Cartas Bunsen 2006, págs. 76-77.

[105] Ibíd.

[106] Darwin a Hooker, 3 de septiembre de 1845, Darwin, Correspondencia, vol. 3, pág. 249.

[107] Darwin a Hooker, 18 de septiembre de 1845; Darwin a Hooker, 8 de octubre de 1845, ibíd., págs. 255, 257.

[108] Darwin a Charles Lyell, 8 de octubre de 1845, ibíd., pág. 259.

[109] Darwin a Hooker, 28 de octubre de 1845, ibíd., pág. 261.

[110] Darwin a Hooker, 2 de octubre de 1846, ibíd., pág. 346.

[111] Hooker a Darwin, 25 de marzo de 1854, ibíd., vol. 5, pág. 184; ver también AH a Johann Georg von Cotta, 20 de marzo de 1848, AH, Cartas Cotta 2009, pág. 292.

[112] AH a Johann Georg von Cotta, 28 de noviembre de 1847, AH, Cartas Cotta 2009, pág. 327.

[113] Johann Georg von Cotta a AH, 3 de diciembre de 1847, ibíd., pág. 329.

[114] AH, Cosmos 1845-1852, vol. 2, pág. 3; AH, Kosmos 1845-1850, vol. 2, pág. 3.

[115] AH, Cosmos 1845-1852, vol. 2, pág. 3; AH, Kosmos 1845-1850, vol. 2, pág. 3.

[116] AH a Caroline von Wolzogen, 14 de mayo de 1806, Goethe, Cartas AH WH 1876, pág. 407.

[117] AH, Cosmos 1845-1852, vol. 1, pág. 73; AH, Kosmos 1845-1850, vol. 1, pág. 86.

[118] AH a Varnhagen, 28 de abril de 1841, AH, Cartas Varnhagen 1860, pág. 70.

[119] AH a Johann Georg von Cotta, 16 de marzo de 1849, AH, Cartas Cotta 2009, pág. 359.

[120] AH a Johann Georg von Cotta, 7 de abril de 1849, ibíd., pág. 368.

[121] AH a Johann Georg von Cotta, 13 de abril de 1849, ibíd., pág. 371.

[122] Ralph Waldo Emerson, Diario, 1845, Emerson 1960-1992, vol. 9, pág. 270; ver también Ralph Waldo Emerson a John F. Heath, 4 de agosto de 1842, Emerson 1939, vol. 3, pág. 77; Walls 2009, págs. 251-256.

[123] Walls 2009, págs. 256-260; Sachs 2006, págs. 109-111; Clark y Lubrich 2012, págs. 19-20.

[124] *Eureka* de Edgar Allan Poe, Poe 1848, pág. 8.

[125] Ibíd., pág. 130.

[126] Whitman 2006, págs. 819-820; sobre Whitman y *Cosmos,* ver AH, Cartas EE. UU. 2004, pág. 61; Walls 2009, págs. 279-283; Clark y Lubrich 2012, pág. 20.

[127] La palabra «kosmos» es la única que no cambió en las distintas versiones del famoso poema de identificación de Whitman. Comenzó como «Walt Whitman, an American, one of the roughs, a kosmos» (Walt Whitman, americano, uno de los rufianes, un kosmos) en la primera edición y acabó siendo «Walt Whitman, a kosmos, of Manhattan the son» (Walt Whitman, un kosmos, de Manhattan hijo) en la última.

19. POESÍA, CIENCIA Y NATURALEZA

[1] Thoreau, Walden 1910, pág. 118.

[2] Ibíd., págs. 52ss., 84.

[3] Ibíd., pág. 247, 375.

[4] Ibíd., pág. 247.

[5] Ibíd., págs. 149-150.

[6] Channing 1873, pág. 250.

[7] Ibíd., pág. 17.

[8] Thoreau, 16 de junio de 1852, Thoreau, Diario 1981-2002, vol. 5, pág. 112.

[9] John Weiss, *Christian Examiner,* 1865, Harding 1989, pág. 33.

[10] Alfred Munroe, «Concord Authors Considered», *Richard County Gazette,* 15 de agosto de 1877, Harding 1989, pág. 49.

[11] Horace R. Homer, ibíd., pág. 77.

[12] Richardson 1986, págs. 12-13.

[13] Thoreau Sims 2014, pág. 90.

[14] Thoreau a Isaiah Williams, 14 de marzo de 1842, Thoreau Correspondencia 1958, pág. 66.

[15] Thoreau, 16 de enero de 1843, Thoreau, Diario 1981-2002, vol. 1, pág. 447.

[16] Ellery Channing a Thoreau, 5 de marzo de 1845, Thoreau Correspondencia 1958, pág. 161.

[17] Thoreau a Emerson, 11 de marzo de 1842, ibíd., pág. 65.

[18] Thoreau, 14 de julio de 1845, Thoreau, Diario 1981-2002, vol. 2, pág. 159.

[19] Richardson 1986, págs. 15-16; Sims 2014, págs. 33, 47-50.

[20] Richardson 1986, pág. 16.

[21] Ibíd., pág. 138.

[22] Thoreau, Walden 1910, pág. 119.

[23] Thoreau, primavera de 1846, Thoreau, Diario 1981-2002, vol. 2, pág. 145.

[24] Channing 1873, pág. 25; Celia P. R. Fraser, Harding 1989, pág. 208.

[25] Caroline Sturgis Tappan sobre Thoreau, American National Biography; ver también Channing 1873, pág. 311.

[26] Channing 1873, pág. 312.

[27] Nathaniel Hawthorne, septiembre de 1842, Harding 1989, pág. 154.

[28] E. Harlow Russell, *Reminiscences of Thoreau,* Concord Enterprise, 15 de abril de 1893, Harding 1989, pág. 98.

[29] Nathaniel Hawthorne a Richard Monckton Milnes, 18 de noviembre de 1854, Hawthorne 1987, vol. 17, pág. 279.

[30] Ver Pricilla Rice Edes, Harding 1989, pág. 181.

[31] Amos Bronson Alcott, Diario, 5 de noviembre de 1851, Borst 1992, pág. 199.

[32] Edward Emerson, 1917, Harding 1989, pág. 136.

[33] Nathaniel Hawthorne, septiembre de 1842, Harding 1989, pág. 155; sobre Thoreau y los animales, Mary Hosmer Brown, Memories of Concord, 1926, Harding 1989, págs. 150-151 y Thoreau, Walden 1910, págs. 170, 173.

[34] Thoreau, Walden 1910, pág. 287.

[35] Ibíd., págs. 147, 303.

[36] Ibíd., pág. 21.

[37] Ibíd., pág. 327; tocando la flauta, pág. 232.

[38] Alcott Diario, marzo de 1847, Harbert Petrulionis 2012, págs. 6-7.

[39] John Shephard Keyes, Harding 1989, pág. 174; Channing 1873, pág. 18.

[40] Shanley 1957, pág. 27.

[41] Alcott Diario, marzo de 1847, Harbert Petrulionis 2012, pág. 7; sobre las críticas negativas de *A Week,* Theodore Parker a Emerson, 11 de junio de 1849 y *Athenaeum,* 27 de octubre de 1849, Borst 1992, págs. 151, 159.

[42] Thoreau Correspondencia 1958, octubre de 1853, pág. 305.

[43] Thoreau, después del 11 de septiembre de 1849, Thoreau, Diario 1981-2002, vol. 3. pág. 26; ver también Walls 1995, págs. 116-117.

[44] Walls 1995, pág. 116.

[45] Myerson 1979, pág. 43.

[46] Emerson en 1849, Thoreau, Diario 1981-2002, vol. 3, pág. 485.

[47] Maria Thoreau, 7 de septiembre de 1849, Borst 1992, pág. 138.

[48] Thoreau, Diario, después del 18 de abril de 1846, Thoreau, Diario 1981-2002, vol. 2, pág. 242.

[49] Myerson 1979, pág. 41.

[50] Thoreau, Walden 1910, págs. 328ss.

[51] Ibíd., pág. 268, 352.

[52] Walls 1995, págs. 61ss.

[53] Emerson 1971-2013, vol. 1, 1971, pág. 39.

[54] Ibíd., vol. 3, 1983, pág. 31.

[55] Emerson, 1842, Richardson 1986, pág. 73.

[56] J.A. Saxon, «Prophecy, - Transcendentalism, - Progress», *The Dial*, vol. 2, 1841, pág. 90.

[57] Dean 2007, págs. 82ss.; Walls 1995, págs. 116-17; Thoreau a Harrison Gray Otis Blake, 20 de noviembre de 1849, Thoreau Correspondencia 1958, pág. 250; Thoreau, 8 de octubre de 1851, Thoreau, Diario 1981-2002, vol. 4, pág. 133.

[58] Thoreau, 21 de marzo de 1853, Thoreau, Diario 1981-2002, vol. 6, pág. 20.

[59] Thoreau, 23 de junio de 1852, ibíd., vol. 5, pág. 126; ver también Channing 1873, pág. 247.

[60] Richard Primack, profesor de biología en Boston University, ha colaborado con colegas de Harvard para usar los diarios de Thoreau en estudios sobre el cambio climático. Utilizando las minuciosas anotaciones de Thoreau, han descubierto que el cambio climático ha llegado al estanque de Walden, porque muchas flores de primavera aparecen hoy con más de 10 días de adelanto; ver Andrea Wulf, «A Man for all Seasons», *The New York Times,* 19 de abril 2013.

[61] Thoreau, 28 de agosto de 1851, Thoreau, Diario 1981-2002, vol. 4, pág. 17.

[62] Thoreau, 16 de noviembre de 1850, ibíd., vol. 3, págs. 144-145.

[63] Sattelmeyer 1988, págs. 206-207, 216; Walls 1995, págs. 120-121; Walls 2009, págs. 262-268; sobre Thoreau y los libros de AH, 6 de enero de 1851, reunión del Comité Permanente de la Concord Social Library, en letra de Ralph Waldo Emerson: «The Committee have added a the Library in the last year Humboldts Aspects of Nature»; Caja 1, Carpeta 4, Concord Social Library Records (Cámara A60, Unidad B1), William Munroe Special Collections, Concord Free Public Library.

[64] Thoreau, «Natural History of Massachusetts», Thoreau, Excursión y Poemas 1906, pág. 105.

[65] Channing 1873, pág. 40.

[66] *Thoreau's Fact Book in the Harry Elkins Widener Collection in the Harvard College Library. The Facsimile of Thoreau's Manuscript*, ed. Kenneth Walter Cameron, Hartford: Transcendental Books, 1966, vol. 3, 1987, págs. 193, 589; *Thoreau's Literary Notebook in the Library of Congress*, ed. Kenneth Walter Cameron, Hartford, Transcendental Books, 1964, pág. 362; Sattelmeyer 1988, págs. 206-207, 216; AH mencionado en las obras publicadas de Thoreau: por ejemplo *Cape Cod, A Yankee in Canada,* y *The Maine Woods*.

[67] Thoreau, 1 de abril de 1850, 12 de mayo de 1850, 27 de octubre de 1853, Thoreau, Diario 1981-2002, vol. 3, págs. 52, 67-68 y vol. 7, pág. 119.

[68] Thoreau, 1 de mayo de 1853, ibíd., vol. 6, pág. 90.

[69] Thoreau, 1 de abril de 1850, ibíd., vol. 3, pág. 52.

[70] Thoreau, 13 de noviembre de 1851, ibíd., vol. 4, pág. 182.

[71] Myerson 1979, pág. 52.

[72] Thoreau, «A Walk a Wachusett», Thoreau, Excursión y Poemas 1906, pág. 133.

[73] Thoreau, Walden 1910, págs. 393-394.

[74] Thoreau, 6 de agosto de 1851, Thoreau, Diario 1981-2002, vol. 3, pág. 356.

[75] Thoreau, 6 de mayo de 1853, ibíd., vol. 8, pág. 98.

[76] Thoreau, Walden 1910, pág. 423.

[77] Thoreau, 25 de diciembre de 1851, Thoreau, Diario 1981-2002, vol. 4, pág. 222.

[78] Ibíd.

[79] AH, Cosmos 1845-1852, vol. 2, pág. 72; AH, Kosmos 1845-1850, vol. 2, pág. 74.

[80] AH, Cosmos 1845-1852, vol. 1, pág. 21; AH, Kosmos 1845-1850, vol. 1, pág. 21.

[81] AH, Cosmos 1845-1852, vol. 2, pág. 87; AH, Kosmos 1845-1850, vol. 2, pág. 90.

[82] Thoreau, 18 de julio de 1852; ver también 23 de julio de 1851, Thoreau, Diario 1981-2002, vol. 3, pág. 331 y vol. 5, pág. 233.

[83] Henry David Thoreau, *The Writings of Henry David Thoreau: A Week on the Concord and Merrimack Rivers*, Boston, Houghton Mifflin, 1906, vol. 1, pág. 347.

[84] Sattelmeyer 1988, pág. 63; Walls 2009, pág. 264.

[85] Thoreau, 18 de febrero de 1852, Thoreau, Diario 1981-2002, vol. 4, pág. 356.

[86] Sattelmeyer 1992, págs. 429ss.; Shanley 1957, págs. 24-33.

[87] Sattelmeyer 1992, págs. 429ss.; Shanley 1957, págs. 30ss.

[88] Thoreau, 7 de septiembre de 1851, Thoreau, Diario 1981-2002, vol. 4, pág. 50.

[89] Thoreau, 18 de abril de 1852, ibíd., pág. 468.

[90] Thoreau, Diario 1981-2002, vol. 2, pág. 494; ver también sus gráficos estacionales sacados de sus diarios, Howarth 1974, págs. 308ss.

[91] Thoreau, 6 de noviembre de 1851, Thoreau, Diario 1981-2002, vol. 3, pág. 253, 255.

[92] Thoreau, Walden 1910, pág. 173.

[93] Thoreau, 4 de diciembre de 1856, Thoreau, Diario 1906, vol. 9, pág. 157; ver también Walls 1995, pág. 130; Walls 2009, pág. 264.

[94] Thoreau a Spencer Fullerton Baird, 19 de diciembre de 1853, Thoreau Correspondencia 1958, pág. 310.

[95] Thoreau, 5 de febrero de 1854, Thoreau, Diario 1981-2002, vol. 7, pág. 268.

[96] Thoreau, 14 de mayo de 1852, ibíd., vol. 5, pág. 56.

[97] Thoreau, 16 de noviembre de 1850 y 13 de julio de 1852, ibíd., vol. 3, pág. 143 y vol. 5, pág. 219.

[98] Thoreau, 27 de enero de 1852, ibíd., vol. 4, pág. 296.

[99] Emerson a William Emerson, 28 de septiembre de 1853, Emerson 1939, vol. 4, pág. 389.

[100] Thoreau, 23 de marzo de 1853, Thoreau, Diario 1981-2002, vol. 6, pág. 30.

[101] Thoreau, 19 de agosto de 1851, ibíd., vol. 3, pág. 377.

[102] Thoreau, 16 de julio de 1851, ibíd., págs. 306ss.

[103] Thoreau no escribió casi ningún poema a partir de 1850, Howarth 1974, pág. 23.

[104] Thoreau, 10 de mayo de 1853, Thoreau, Diario 1981-2002, vol. 6, pág. 105.

[105] Thoreau, 23 de julio de 1851, ibíd., vol. 3, págs. 330-331.

[106] Thoreau, 20 de octubre de 1852, ibíd., vol. 5, pág. 378.

[107] Thoreau escribía «Kosmos» en griego, «κόσμος», Thoreau, 6 de enero de 1856, Thoreau, Diario 1906, vol. 8, pág. 88.

[108] Thoreau, Walden 1910, pág. 172.

[109] Ibíd., pág. 175.

[110] Ibíd., pág. 182.

[111] Thoreau, primavera de 1848, 31 de diciembre de 1851, 5 de febrero y 2 de marzo de 1854, Thoreau, Diario 1981-2002, vol. 2, págs. 382ss., vol. 4, pág. 230, vol. 7, pág. 268, vol. 8, págs. 25ss.

[112] Primera versión de *Walden,* Shanley 1957, pág. 204; en el *Walden* publicado, ver Thoreau, Walden 1910, págs. 402-409.

[113] Thoreau, Walden 1910, págs. 404-405.

[114] Thoreau, Walden 1910, págs. 404-405; sobre Thoreau y la *Urform* de Goethe, ver Richardson 1986, pág. 8.

[115] Primera versión de *Walden*, Shanley 1957, pág. 204.

[116] Thoreau, Walden 1910, pág. 407.

[117] Thoreau, 31 de diciembre de 1851, Thoreau, Diario 1981-2002, vol. 4. pág. 230.

[118] Thoreau, 5 de febrero de 1854, ibíd., vol. 7. pág. 266; ver también Thoreau, Walden 1910, pág. 408.

[119] Thoreau, Walden 1910, pág. 399.

[120] Ibíd., pág. 408.

[121] Ibíd., pág. 414.

[122] Walls 2011-2012, págs. 2ss.

[123] Thoreau, 19 de junio de 1852, Thoreau, Diario 1981-2002, vol. 5, pág. 112; sobre la observación objetiva y subjetiva, Thoreau, 6 de mayo de 1854, Thoreau, Diario 1981-2002, vol. 8, pág. 98; Walls 2009, pág. 266.

[124] Thoreau, 3 de noviembre de 1853, Thoreau, Diario 1981-2002, vol. 7, pág. 140.

20. El hombre más grande desde el Diluvo

[1] Varnhagen Diario, 3 de marzo de 1848, Varnhagen 1862, vol. 4, pág. 259.

[2] Varnhagen, 5 de abril de 1841, Beck 1959, pág. 177.

[3] Varnhagen, 18 de marzo de 1843, AH, Cartas Varnhagen 1860, pág. 97.

[4] Varnhagen, 1 de abril de 1844, ibíd., pág. 106; ver también AH a Gauß, 14 de junio de 1844, AH, Cartas Gauß 1977, pág. 87; AH a Bunsen, 16 de diciembre de 1846, AH, Cartas Bunsen 2006, pág. 90.

[5] Rey Federico Guillermo IV, discurso en el Vereinigte Landtag (el parlamento prusiano), 11 de abril de 1847, Mommsen 2000, págs. 82ss.; sobre AH informando del discurso del rey, AH a Bunsen, 26 de abril de 1847, AH, Cartas Bunsen 2006, pág. 96.

[6] Varnhagen Diario, 18 de marzo de 1848, ibíd., págs. 276ss.

[7] Varnhagen Diario, 19 de marzo de 1848, ibíd., pág. 313.

[8] AH a Friedrich Althaus, 4 de septiembre de 1848, AH, Memorias Althaus 1861, pág. 13; AH a Bunsen, 22 de septiembre de 1848, AH, Cartas Bunsen 2006, pág. 113.

[9] Varnhagen Diario, 19 de marzo de 1848, Varnhagen 1862, vol. 4, págs. 315-331.

[10] Varnhagen Diario, 21 de marzo de 1848, ibíd., pág. 334.

[11] Varnhagen Diario, 21 de marzo de 1848, ibíd., pág. 336; sobre AH en la procesión funeraria, ver Bruhns 1873, vol. 2, pág. 341 y AH, Cartas Federico Guillermo IV 2013, pág. 23.

[12] AH a Johann Georg von Cotta, 20 de septiembre de 1847, AH, Cartas Cotta 2009, pág. 318.

[13] Friedrich Schleiermacher, 5 de septiembre de 1832, Beck 1959, pág. 129; Bruhns 1873, vol. 2, pág. 102; Guillermo de Prusia a su hermana Charlotte, 10 de febrero de 1831, Leitner 2008, pág. 227.

[14] Charles Lyell a Charles Lyell padre, 8 de julio de 1823, Lyell 1881, vol. 1, pág. 128.

[15] AH a Hedemann, 17 de agosto de 1857, Biermann y Schwarz 2001b, sin números de páginas.

[16] AH a Varnhagen, 24 de junio de 1842, Assing 1860, pág. 66.

[17] Max Ring, 1841 o 1853, Beck 1959, pág. 183.

[18] Krätz 1999b, pág. 33; ver también AH a Friedrich Althaus, 23 de diciembre de 1849, AH, Memorias Althaus 1861, pág. 29.

[19] AH a Friedrich Althaus, 5 de agosto de 1852, AH, Memorias Althaus 1861, pág. 96; ver también AH a Varnhagen, 26 de diciembre de 1845, Beck 1959, pág. 215.

[20] AH a Varnhagen, 29 de mayo de 1848, Beck 1959, pág. 238.

[21] AH a Maximiliano II, 3 de noviembre de 1848, AH, Cartas Federico Guillermo IV 2013, pág. 403.

[22] AH a Johann Georg von Cotta, 16 de septiembre de 1848, AH, Cartas Cotta 2009, pág. 337.

[23] Rey Federico Guillermo IV a Joseph von Radowitz, 23 de diciembre de 1848, Lautemann y Schlenke 1980, págs. 22ss.

[24] Rey Federico Guillermo IV a rey Ernst August von Hanover, abril de 1849, Jessen 1968, págs. 310ss.

[25] AH a Johann Georg Cotta, 7 de abril de 1849 y 21 de abril de 1849, AH, Cartas Cotta 2009, pág. 367; Leitner 2008, pág. 232; AH a Friedrich Althaus, 23 de diciembre de 1849, AH, Memorias Althaus 1861, pág. 28; AH a Gauß, 22 de febrero de 1851, AH, Cartas Gauß 1977, pág. 100; AH a Bunsen, 27 de marzo de 1852, AH, Cartas Bunsen 2006, pág. 146.

[26] AH a Oscar Lieber, 1849, AH, Cartas EE. UU. 2004, pág. 265.

[27] AH a Johann Flügel, 19 de junio de 1850; sobre AH y la guerra mexicana, ver John Lloyd Stephens, 2 de julio de 1847 y AH a Robert Walsh, 8 de diciembre de 1847, ibíd., págs. 252, 268, 529-530.

[28] AH a Arago, 9 de noviembre de 1849, citado en AH, Geografía 2009, pág. xi.

[29] AH a Heinrich Berghaus, agosto de 1848, AH, Cartas Spiker 2007, pág. 25.

[30] Friedrich Daniel Bassermann sobre AH, 14 de noviembre de 1848, Beck 1969, pág. 264.

[31] AH, Cosmos 1845-1852, vol. 3, pág. i; AH, Kosmos 1845-1850, vol. 3, pág. 3.

[32] AH a Bunsen, 27 de marzo de 1852, AH, Cartas Bunsen 2006, pág. 146.

[33] AH a du Bois-Reymond, 21 de marzo de 1852, AH, Cartas a du Bois-Reymond 1997, pág. 124; ver también AH a Johann Georg von Cotta, 3 de febrero de 1853, AH, Cartas Cotta 2009, pág. 497.

[34] AH a Johann Georg von Cotta, 4 de septiembre de 1852, AH, Cartas Cotta 2009, pág. 484.

[35] AH a Johann Georg von Cotta, 16 de septiembre y 2 de noviembre de 1848; y Johann Georg von Cotta a AH, 21 de febrero de 1849, ibíd., págs. 338, 345, 355.

[36] AH, Cosmos 1845-1852, vol. 3, pág. 8; AH, Kosmos 1845-1850, vol. 3, pág. 9; ver también Fiedler y Leitner 2000, pág. 391.

[37] Daniel O'Leary, 1853, Beck 1969, pág. 265; AH a O'Leary, abril de 1853, MSS141, Biblioteca Luis Ángel Arango, Bogotá.

[38] Bayard Taylor, 1856, Taylor 1860, pág. 455; Rossiter W. Raymond, «A Visit to Humboldt», enero de 1859, AH, Cartas EE. UU. 2004, pág. 572

[39] Carl Vogt, enero de 1845, Beck 1959, pág. 201; ver también AH a Dirichlet, 27 de julio de 1852, AH, Cartas Dirichlet 1982, pág. 104; Biermann y Schwarz 1999a, págs. 189, 196.

[40] AH a Dirichlet, 24 de julio de 1845, AH Cartas a Dirichlet 1982, pág. 67.

[41] Carl Friedrich Gauß, Terra 1955, pág. 336.

[42] Carl Vogt, enero de 1845, Beck 1959, págs. 202ss.

[43] Ibíd., pág. 205.

[44] AH a Joseph Dalton Hooker, 30 de septiembre de 1847, reeditado en *London Journal for Botany*, vol. 6, 1847, págs. 604-607; Hooker 1918, vol. 1, pág. 218.

[45] AH, Cartas Federico Guillermo IV 2013, pág. 72; ver también AH a Bunsen, 20 de febrero de 1854, AH, Cartas Bunsen 2006, pág. 175; Finkelstein 2000, págs. 18ss; AH, Cartas Federico Guillermo IV 2013, págs. 72-73.

[46] AH, Asia Central 1844, vol. 1, pág. 611.

[47] Sobre Johann Moritz Rugendas, Eduard Hildebrandt y Ferdinand Bellermann, Werner 2013, págs. 101ss., 121, 250ss.

[48] Instrucciones de AH a Johann Moritz Rugendas, 1830, en una carta a Karl Schinkel, ibíd., pág. 102.

[49] Ibíd.

[50] Carl Vogt, enero de 1845, Beck 1959, pág. 201.

[51] AH a Heinrich Christian Schumacher, 2 de marzo de 1836, AH, Cartas Schumacher 1979, pág. 52.

[52] AH a Edward Young, 3 de junio de 1855, AH, Cartas EE. UU. 2004, pág. 347; AH a Johann Georg von Cotta, 5 de febrero de 1849 y 2 de mayo de 1855, AH, Cartas Cotta 2009, págs. 349, 558.

[53] AH a du Bois-Reymond, 18 de enero de 1850, AH, Cartas a du Bois-Reymond 1997, pág. 101; Bayard Taylor, 1856, Taylor 1860, pág. 471; Varnhagen Diario, 24 de abril de 1858, AH, Cartas Varnhagen 1860, pág. 311.

[54] Schneppen 2002, págs. 21ss.; Bonpland a AH, 7 de junio de 1857, AH, Cartas Bonpland 2004, pág. 136.

[55] AH a Bonpland, 1843; Bonpland a AH, 25 de diciembre de 1853 y 27 de octubre de 1854, ibíd., págs. 110, 114-115, 120.

[56] AH a Bonpland, 4 de octubre de 1853; ver también AH a Bonpland, 1843, ibíd., págs. 108-110, 113.

[57] Bonpland a AH, 2 de septiembre de 1855; ver también Bonpland a AH, 2 de octubre de 1854, ibíd., págs. 131, 133.

[58] Friedrich Droege a William Henry Fox Talbot, 6 de mayo de 1853, BL Add MS 88942/2/27; Bruhns 1873, vol. 2, pág. 391.

[59] *New Englander*, mayo de 1860, citado en Sachs 2006, pág. 96.

[60] John B. Floyd, 1858, Terra 1955, pág. 355.

[61] Francis Lieber a su familia, 1 de noviembre de 1829, Lieber 1882, pág. 87.

[62] Nombre de AH en Estados Unidos: Oppitz 1969, págs. 277-429; AH a Heinrich Spiker, 27 de junio de 1855, AH, Cartas Spiker 2007, pág. 236; AH a Varnhagen, 13 de enero de 1856, AH, Cartas Varnhagen 1860, pág. 243.

[63] Theodore S. Fay a R.C. Waterston, 26 de agosto de 1869, Beck 1959, pág. 194.

[64] AH a Ludwig von Jacobs, 21 de octubre de 1852, Werner 2004, pág. 219.

[65] AH a Christian Daniel Rauch, Terra 1955, pág. 333.

[66] AH a Hermann, Adolph y Robert Schlagintweit, Berlín, mayo de 1849, Beck 1959, pág. 265.

[67] AH a Dirchlet, 7 de diciembre de 1851, AH, Cartas Dirichlet 1982, pág. 99.

[68] AH a Henriette Mendelssohn, 1850, AH, Cartas Mendelssohn 2011, pág. 193.

[69] AH a Friedrich Althaus, 4 de septiembre de 1848, AH, Memorias Althaus 1861, pág. 12; ver también John Lloyd Stephens, 2 de julio de 1847, AH, Cartas EE. UU. 2004, pág. 528.

[70] AH a James Madison, 27 de junio de 1804, JM SS Papers, vol. 7, pág. 378; AH a Frederick Kelley, 27 de enero de 1856 y «Baron Humboldt's last opinion

on the Passage of the Isthmus of Panama», 2 de septiembre de 1850, AH, Cartas EE. UU. 2004, págs. 544-546; 372-373; AH, Aspects 1849 vol. 2, págs. 320ss.; AH, Views 2014, pág. 292; AH, Cuadros 1849, vol. 2, págs. 390ss.

[71] Francis Lieber, Diario, 7 de abril de 1857, Lieber 1882, pág. 294.

[72] Samuel Morse a AH, 7 de octubre de 1856, AH, Cartas EE. UU. 2004, págs. 406-407.

[73] Engelmann 1969, pág. 8; Bayard Taylor, 1856, Taylor 1860, pág. 470.

[74] Heinrich Berghaus, 1850, Beck 1959, pág. 296.

[75] Charles Lyell a su hermana Caroline, 28 de agosto de 1856, Lyell 1881, vol. 2, págs. 224-225.

[76] Bayard Taylor, 1856, Taylor 1860, pág. 458; AH a Friedrich Althaus, 5 de agosto de 1852, AH, Memorias Althaus 1861, pág. 96; AH a Arago, 11 de febrero de 1850, AH, Cartas Arago 1907, pág. 310.

[77] «A Visit to Humboldt by a correspondent of the *Commercial Advertiser*», 1 de enero de 1850, AH, Cartas EE. UU. 2004, pág. 540.

[78] Ibíd., pág. 539.

[79] Ibíd., pág. 540.

[80] Eichhorn 1959, págs. 186-207; Biermann y Schwarz 2000, págs. 9-12; AH a Johann Georg von Cotta, 10 de agosto de 1848, AH, Cartas Cotta 2009, pág. 334.

[81] AH a Federico Guillermo IV, 22 de marzo de 1841, AH, Cartas Federico Guillermo IV 2013, pág. 200.

[82] Bayard Taylor, 1856, Taylor 1860, págs. 456ss.; «A Visit to Humboldt by journalist of *Commercial Advertiser*», 1 de enero de 1850 y Rossiter W. Raymond, «A Visit to Humboldt», enero de 1859, AH, Cartas EE. UU. 2004, págs. 539ss., 572ss.; Robert Avé-Lallement, 1856, Beck 1959, pág. 377; Varnhagen Diario, 22 de noviembre de 1856, AH, Cartas Varnhagen 1860, pág. 264; ver también acuarelas del estudio y la biblioteca de Humboldt por Eduard Hildebrandt, 1856.

[83] Rossiter W. Raymond, A Visit to Humboldt, enero de 1859, AH, Cartas EE. UU. 2004, pág. 572.

[84] Biermann 1990, pág. 57.

[85] Wilhelm Förster sobre una visita a AH, 1855, Beck 1969, pág. 267.

[86] AH a George Ticknor, 9 de mayo de 1858, AH, Cartas EE. UU. 2004, pág. 444.

[87] Varnhagen Diario, 22 de noviembre de 1856, AH, Cartas Varnhagen 1860, pág. 264; Theodore S. Fay a R.C. Waterston, 26 de agosto de 1869, Beck 1959, pág. 194.

[88] AH a Johann Flügel, 22 de diciembre de 1849; ver también 16 de junio de 1850, 20 de junio de 1854; y AH a Benjamin Silliman, 5 de agosto de 1851; Cor-

nelius Felton, julio de 1853; AH a Johann Flügel, 22 de diciembre de 1849, 16 de junio de 1850, 20 de junio de 1854, AH, Cartas EE. UU. 2004, págs. 262, 268, 291, 333, 552.

[89] *Berlinische Nachrichten von Staats-und gelehrten Sachen,* 25 de julio de 1856; ver también Friedrich von Gerolt a AH, 25 de agosto de 1856, AH, Cartas EE. UU. 2004, pág. 388; Walls 2009, págs. 201-209.

[90] Bayard Taylor, 1856, Taylor 1860, pág. 461.

[91] AH a George Ticknor, 9 de mayo de 1858; sobre el número de cartas ver AH a Agassiz, 1 de septiembre de 1856, AH, Cartas EE. UU. 2004, págs. 393, 444.

[92] AH a Johann Georg von Cotta, 25 de agosto y 25 de septiembre de 1849, AH, Cartas Cotta 2009, págs. 398, 416; AH a Bunsen, 12 de diciembre de 1856, AH, Cartas Bunsen 2006, pág. 199.

[93] AH a Agassiz, 1 de septiembre de 1856, AH, Cartas EE. UU. 2004, pág. 393.

[94] Biermann y Schwarz 1997, pág. 80.

[95] El derrame de AH, AH a Varnhagen, 19 de marzo de 1857, Varnhagen Diario, 27 de febrero de 1857, AH, Cartas Varnhagen 1860, págs. 279, 281.

[96] Bayard Taylor, octubre de 1857, Taylor 1860, pág. 467.

[97] Eduard Buschmann a Johann Georg von Cotta, 29 de diciembre de 1857, AH, Cartas Cotta 2009, pág. 601.

[98] AH, Kosmos 1858, vol. 4; AH escribió el cuarto volumen en dos partes; las primeras 244 páginas se imprimieron en 1854 pero la publicación oficial del volumen completo no se hizo hasta 1857, Fiedler y Leitner 2000, pág. 391.

[99] En 1850, las traducciones autorizadas del primer y el segundo volúmenes de *Cosmos* iban por la séptima y la octava edición, mientras que los volúmenes posteriores nunca fueron más allá de la primera, Fiedler y Leitner 2000, págs. 409-410.

[100] AH, Kosmos 1862, vol. 5; Werner 2004, págs. 182ss.

[101] Hermann y Robert Schlagintweit, Berlín, junio de 1857, Beck 1959, págs. 267-268.

[102] Fue su ensayo de 1820 «Sur la limite inférieure des neiges perpétuelles dans les montagnes de l'Himalaya et les regions équatoriales».

[103] AH a Julius Fröbel, 11 de enero de 1858, AH, Cartas EE. UU. 2004, pág. 435.

[104] Varnhagen, 18 de febrero de 1858, AH, Cartas Varnhagen 1860, pág. 307.

[105] AH a Friedrich Althaus, 30 de julio de 1856, AH, Memorias Althaus 1861, pág. 137; AH a Edward Young, 3 de junio de 1855, AH, Cartas EE. UU. 2004, pág. 347.

[106] Joseph Albert Wright al Departamento de Estado norteamericano, 7 de mayo de 1859, Hamel et al. 2003, pág. 249; Bayard Taylor, 1859, Taylor 1860, pág. 473.

[107] Anuncio de Humboldt, 15 de marzo de 1859, Irving 1864, vol. 4, pág. 256.

[108] AH a Johann Georg von Cotta, 19 de abril de 1859, AH, Cartas Cotta 2009, pág. 41; Fiedler y Leitner 2000, pág. 391.

[109] Bayard Taylor, mayo de 1859, Taylor 1860, págs. 477-478.

[110] AH a Hedemann y Gabriele von Bülow, 6 de mayo de 1859; Anna von Sydow, mayo de 1859, Beck 1959, págs. 424, 426; Bayard Taylor, mayo de 1859, Taylor 1860, pág. 479.

[111] Sobre Europa y Estados Unidos, ver notas posteriores; sobre el resto del mundo, por ejemplo: *Estrella de Panamá*, 15 de junio de 1859; *El Comercio*, Lima, 28 de junio de 1859; *Graham Town Journal*, Sudáfrica, 23 de julio de 1859.

[112] Joseph Albert Wright al Departamento de Estado norteamericano, 7 de mayo de 1859, Hamel et al. 2003, pág. 248.

[113] *Morning Post*, 9 de mayo de 1859.

[114] Darwin a John Murray, 6 de mayo de 1859, Darwin, Correspondencia, vol. 7, pág. 295.

[115] *The Times*, 9 de mayo de 1859; ver también *Morning Post*, 9 de mayo de 1859; *Daily News*, 9 de mayo de 1859; *Standard*, 9 de mayo de 1859.

[116] Kelly 1989, págs. 48ss.; Avery 1993, págs. 12ss., 17, 26, 33-36; Sachs 2006, págs. 99ss.; Baron 2005, págs. 11ss.

[117] Baron 2005, págs. 11ss.; Avery 1993, págs. 17, 26.

[118] *The New York Times*, 17 de marzo de 1863; se refiere al cuadro de Church *Cotopaxi*.

[119] Frederic Edwin Church a Bayard Taylor, 9 de mayo de 1859, Gould 1989, pág. 95.

[120] Bierman y Schwarz 1999a, pág. 196; Bierman y Schwarz 1999b, pág. 471; Bayard Taylor, mayo de 1859, Taylor 1860, pág. 479.

[121] *North American and United States Gazette, Daily Cleveland Herald, Boston Daily Advertiser, Milwaukee Daily Sentinel, The New York Times*, todos el 19 de mayo de 1859.

[122] Church a Bayard Taylor, 13 de junio de 1859, en Avery 1993, pág. 39.

[123] Louis Agassiz, *Boston Daily Advertiser*, 26 de mayo de 1859.

[124] *Daily Cleveland Herald*, 19 de mayo de 1859; ver también *Boston Daily Advertiser*, 19 de mayo de 1859; *Milwaukee Daily Sentinel*, 19 de mayo de 1859; *North American and United States Gazette*, 19 de mayo de 1859.

[125] *Boston Daily Advertiser*, 19 de mayo de 1859.

[126] Darwin a Joseph Hooker, 6 de agosto de 1881, Darwin 1911, vol. 2, pág. 403.

[127] Ejemplar de Darwin de AH, Personal Narrative 1814-1829, vol. 3, guardas, CUL.

[128] Du Bois, 3 de agosto de 1883, AH, Cartas a du Bois-Reymond 1997, pág. 201.

[129] Sobre Walt Whitman y AH, ver Walls 2009, págs. 279-283 y Clark y Lubrich 2012, pág. 20; sobre Verne y AH, ver Schifko 2010; para otros, ver Clark y Lubrich 2012, págs. 4-5, 246, 264-265, 282-283.

[130] Federico Guillermo IV citado en Bayard Taylor 1860, pág. xi.

21. Hombre y Naturaleza

[1] Marsh a Caroline Estcourt, 3 de junio de 1859, Marsh 1888, vol. 1, pág. 410.

[2] *Journal of the American Geographical and Statistical Society*, vol. 1, núm. 8, octubre de 1859, págs. 225-246; sobre la pertenencia de Marsh, ver vol. 1, núm. 1, enero de 1859, pág. iii.

[3] Marsh a Spencer Fullerton Baird, 26 de agosto de 1859, UVM.

[4] Marsh a Spencer Fullerton Baird, 25 de abril de 1859; Marsh a Francis Lieber, mayo de 1860, Marsh 1888, vol. 1, págs. 405-406, 417; Lowenthal 2003, págs. 154ss.

[5] Lowenthal 2003, pág. 199.

[6] Marsh a Caroline Marsh, 26 de julio de 1859, ibíd.

[7] Marsh a Spencer Fullerton Baird, 26 de agosto de 1859, UVM.

[8] Lowenthal 2003, pág. 64; Marsh tenía la edición alemana y ampliada de 1849 de *Cuadros de la naturaleza*, varios volúmenes de *Cosmos* (también en alemán), una biografía y otros libros sobre Humboldt. También había leído *Personal Narrative*, ver Marsh 1892 págs. 333-334; Marsh 1864, págs. 91, 176.

[9] Marsh, «Speech of Mr. Marsh, of Vermont, on the Bill for Establishing The Smithsonian Institution, Delivered in the House of Representatives», 22 de abril de 1846, Marsh 1846.

[10] Ibíd.; sobre los alemanes y los libros en alemán: Marsh 1888, vol. 1, pág. 90-91, 100, 103; Lowenthal 2003, pág. 90

[11] Caroline Marsh a Caroline Estcourt, 15 de febrero de 1850, Marsh 1888, vol. 1, pág. 161.

[12] Lowenthal 2003, pág. 49.

[13] Marsh a Spencer Fullerton Baird, 10 de octubre de 1848, Marsh 1888, vol. 1, pág. 128.

[14] Marsh a Caroline Escourt, 10 de junio de 1848; Marsh a Spencer Fullerton Baird, 15 de septiembre de 1848; Marsh a Caroline Marsh, 4 de octubre de 1858, Marsh 1888, vol. 1, págs. 123, 127, 400.

[15] Marsh, «The Study of Nature», *Christian Examiner,* 1860, Marsh 2001, pág. 83.

[16] George W. Wurts a Caroline Marsh, 1 de octubre de 1884; sobre su infancia y sus hábitos de lectura, Lowenthal 2003, págs. 11ss., 18-19, 374; Marsh 1888, vol. 1, págs. 38, 103.

[17] Marsh a Charles Eliot Norton, 24 de mayo de 1871, Lowenthal 2003, pág. 19.

[18] Marsh a Asa Gray, 9 de mayo de 1849, UVM.

[19] Marsh 1888, vol. 1, pág. 40; Lowenthal 2003, pág. 35.

[20] Marsh a Spencer Fullerton Baird, 25 de abril de 1859, Marsh 1888, vol. 1, pág. 406.

[21] Lowenthal 2003, págs. 35, 41-42.

[22] Caroline Marsh sobre Marsh, Marsh 1888, vol. 1, pág. 64.

[23] James Melville Gilliss a Marsh, 17 de septiembre de 1857, Lowenthal 2003, pág. 167.

[24] Marsh 1888, vol. 1, págs. 133ss.; Lowenthal 2003, pág. 105.

[25] Marsh a C.S. Davies, 23 de marzo de 1849, Lowenthal 2003, pág. 106.

[26] Lowenthal 2003, págs. 106-107, 117; Marsh 1888, vol. 1, pág. 136.

[27] Marsh a James B. Estcourt, 22 de octubre de 1849, Lowenthal 2003, pág. 107.

[28] Lowenthal 2003, págs. 46, 377ss; Caroline Marsh, 1 y 12 de abril de 1862, Caroline Marsh, Diario, NYPL, págs. 151, 153.

[29] Lowenthal 2003, págs. 381ss.

[30] Cornelia Undewood a Levi Underwood, 5 de diciembre de 1873, Lowenthal 2003, pág. 378.

[31] Marsh a Hiram Powers, 31 de marzo de 1863, ibíd.

[32] Lowenthal 2003, págs. 47, 92, 378.

[33] Marsh a Spencer Fullerton Baird, 6 de julio de 1859, UVM.

[34] Marsh a Caroline Estcourt, 19 de abril de 1851, Marsh 1888, vol. 1, pág. 219.

[35] Marsh a Lyndon Marsh, 10 de febrero de 1851; Marsh a Frederick Wislizenus, 10 de febrero de 1851; Marsh a H. A. Holmes, 25 de febrero de 1851; Marsh a Caroline Estcourt, 28 de marzo de 1851, Marsh 1888, vol. 1, págs. 205, 208, 211ss.

[36] Marsh a Caroline Estcourt, 28 de marzo de 1851, ibíd. pág. 213.

[37] Marsh a Caroline Estcourt, 28 de marzo de 1851, ibíd. pág. 215.

[38] Ibíd.

[39] Marsh a Frederick Wislizenus y Lucy Crane Frederick Wislizenus, 10 de febrero de 1851, ibíd., pág. 206.

[40] AH, Aspects 1849, vol. 2, pág. 11; AH, Views 2014, pág. 158; AH, Cuadros 1849, vol. 2, pág. 13.

[41] AH Geografía de las plantas 2009, pág. 73.

[42] AH, 10 de marzo de 1801, AH, Diario 2003, vol. 1, pág. 44; sobre AH a propósito de la deforestación en Cuba y México, ver AH, Cuba 2011, pág. 115; AH, Nueva España 1811, vol. 3, págs. 251-252.

[43] Marsh a Spencer Fullerton Baird, 3 de mayo de 1851, Marsh 1888, vol. 1, pág. 223.

[44] Marsh al cónsul general de Estados Unidos en El Cairo, 2 de junio de 1851, ibíd., pág. 226.

[45] Marsh a Spencer Fullerton Baird, 23 de agosto de 1850, ibíd., pág. 172.

[46] Spencer Fullerton Baird a Marsh, 9 de febrero de 1851; ver también 9 de agosto de 1849 y 10 de marzo de 1851, UVM.

[47] Marsh 1856, pág. 160; Lowenthal 2003, págs. 130-131.

[48] Marsh a Caroline y James B. Estcourt, 18 de junio de 1851; sobre los viajes en 1851, ver Marsh a Susan Perkins Marsh, 16 de junio de 1851, Marsh 1888, vol. 1, págs. 227-232, 238; Lowenthal 2003, págs. 127-129.

[49] Marsh a Caroline Estcourt, 28 de marzo de 1851, Marsh 1888, vol. 1, pág. 215; ver también Marsh, «The Study of Nature», *Christian Examiner,* 1860, Marsh 2001, pág. 86.

[50] Marsh 1857, pág. 11.

[51] Marsh 1864, pág. 36.

[52] Ibíd., pág. 234.

[53] Johnson 1999, págs. 361, 531.

[54] Marsh a Spencer Fullerton Baird, 10, 16 y 21 de mayo de 1860, Marsh 1888, vol. 1, págs. 420-422.

[55] *Chicago Daily Tribune,* 26 de enero de 1858, 7 de febrero de 1866.

[56] Marsh 1857, págs. 12-15; Marsh 1864, págs. 107-108.

[57] Marsh 1864, págs. 106, 251-257.

[58] Ibíd., pág. 278.

[59] Ibíd., págs. 277-278.

[60] Marsh a Francis Lieber, 12 de abril de 1860; sobre las finanzas de Marsh, Marsh 1888, vol. 1, pág. 362; Lowenthal 2003, págs. 155ss., 199.

[61] Marsh a Francis Lieber, 3 de junio de 1859, UVM.

[62] Marsh a Charles D. Drake, 1 de abril de 1861, Marsh 1888, vol. 1, pág. 429.

[63] Lowenthal 2003, pág. 219.

[64] Benedict 1888, vol. 1, págs. 20-21.

[65] Lowenthal 2003, pág. 219; llegaron a Turín el 7 de junio de 1861, ver Caroline Marsh, 7 de junio de 1861, Caroline Marsh, Diario, NYPL, pág. 1.

[66] Lowenthal 2003, págs. 238ss.

[67]   Caroline Marsh, invierno de 1861, Caroline Marsh, Diario, NYPL, pág. 71.

[68]   Marsh a Henry y Maria Buell Hickok, 14 de enero de 1862; Marsh a William H. Seward, 12 de mayo de 1864, Lowenthal 2003, pág. 252; ver también Caroline Marsh, 17 de septiembre de 1861, 5 de enero de 1862, 26 de diciembre de 1862, 17 de enero de 1863, Caroline Marsh, Diario, NYPL, págs. 43, 94, 99, 107.

[69]   Caroline Marsh, 15 de febrero, 25 de marzo de 1862, Caroline Marsh, Diario, NYPL, págs. 128, 148.

[70]   Marsh a Spencer Fullerton Baird, 21 de noviembre de 1864, UVM.

[71]   Ibíd.

[72]   Caroline Marsh, 10 de marzo de 1862; ver también 11 de marzo, 24 de marzo y 1 de abril de 1862, Caroline Marsh, Diario, NYPL, págs. 143-144, 148, 151.

[73]   Caroline Marsh, 7 de abril de 1862, ibíd., pág. 157.

[74]   Caroline Marsh, 14 de abril de 1862 y 2 de abril de 1863, ibíd., págs. 154, 217; Lowenthal 2003, págs. 270-273; ver también Marsh a Charles Eliot Norton, 17 de octubre de 1863, UVM.

[75]   Caroline Marsh, 1 de abril de 1862, Caroline Marsh, Diario, NYPL, pág. 151.

[76]   Caroline sobre Marsh, Lowenthal 2003, pág. 272.

[77]   Marsh a Charles Eliot Norton, 17 de octubre de 1863, UVM.

[78]   Charles Scribner a Marsh, 7 de julio de 1863; Marsh a Charles Scribner, 10 de septiembre de 1863, Marsh 1864, pág. xxviii.

[79]   Marsh a Spencer Fullerton Baird, 21 de mayo de 1860, Marsh 1888, vol. 1, pág. 422.

[80]   Marsh 1864, págs. 13-14, 68, 75, 91, 128, 145, 175ss.

[81]   Sobre sombreros y castores, ver Marsh 1864, págs. 76-77; sobre aves e insectos, págs. 34, 39, 79ss.; sobre lobos, pág. 76; sobre acueducto de Boston, pág. 92.

[82]   Ibíd., pág. 96.

[83]   Ibíd., pág. 36.

[84]   Ibíd., págs. 64ss., 77ss., 96ss.

[85]   Sobre Humboldt y los Llanos, en la nota al pie, ver AH, 4 de marzo de 1800, AH, Diario 2000, pág. 217; AH, Personal Narrative 1814-1829, vol. 4, pág. 154.

[86]   Marsh 1864, págs. 322, 324.

[87]   Marsh 1864, ibíd., pág. 43.

[88]   Marsh a Spencer Fullerton Baird, 23 de agosto de 1850, julio de 1852, Marsh 1888, vol. 1, pág. 174, 280; Marsh 1864, pág. 9, 19.

[89]   Marsh 1864, pág. 42.

[90] Marsh, «Oration before the New Hampshire State Agricultural Society», 10 de octubre de 1856, Marsh 2001, págs. 36-37; Lowenthal 2003, pág. x; Marsh 1864, pág. xxiv.

[91] Marsh 1864, pág. 198.

[92] Ibíd., págs. 91-92; ver también pág. 110.

[93] Ibíd., pág. 46.

[94] AH enviaba sus libros a Madison; ver David Warden a James Madison, 2 de diciembre de 1811, Madison, Papeles PS, vol. 4, pág. 48; Madison a AH, 30 de noviembre de 1830, Terra 1959, pág. 799.

[95] Madison, Address to the Agricultural Society of Albemarle, 12 de mayo de 1818, Madison, Papeles RS, vol. 1, págs. 260-283; Wulf 2011, págs. 204ss.

[96] Bolívar, Decreto, 19 de diciembre de 1825, Bolívar 2009, pág. 258.

[97] Bolívar, Medidas para la protección y el uso prudente de los bosques nacionales, 31 de julio de 1829, Bolívar 2003, págs. 199-200. Reproducido en http://libertador.bolivarium.usb.ve/

[98] AH, Aspects 1849, vol. 2, pág. 268; AH, Views 2014, pág. 268; AH, Cuadros 1849, vol. 2, pág. 319; AH, 23-28 de julio de 1802, AH, Diario 2003, vol. 2, págs. 126-130. Sobre el decreto de Bolívar citado en la nota al pie, ver Bolívar, Decreto, 31 de julio de 1829, Bolívar 2009, pág. 351; O'Leary 1879-8, vol. 2, pág. 363.

[99] Thoreau, «Walking», 1862 (primero en forma de conferencia pronunciada en abril de 1851), Thoreau, Excursión y Poemas 1906, pág. 224.

[100] Thoreau, 15 de octubre de 1859, Thoreau, Diario 1906, vol. 12, pág. 387.

[101] Thoreau Maine Woods 1906, pág. 173.

[102] Marsh, «The Study of Nature», *Christian Examiner,* 1860, Marsh 2001, pág. 82.

[103] Marsh 1864, págs. 13-14, 68, 75, 91, 128, 145, 175ss.

[104] Ibíd., págs. 128, 131, 137, 145, 154, 171, 180, 186-188.

[105] Ibíd., pág. 187.

[106] Ibíd., pág. 52; sobre los daños como de un terremoto, pág. 226.

[107] Ibíd., págs. 201-202.

[108] Ibíd., pág. 203; por repoblar bosques, págs. 259ss., 269-280, 325.

[109] Ibíd., pág. 280.

[110] Ibíd., pág. 43.

[111] Wallace Stegner, en ibíd., pág. xvi.

[112] Lowenthal 2003, pág. 302.

[113] Gifford Pinchot, ibíd., pág. 304; Gifford Pinchot a Mary Pinchot, 21 de marzo de 1886, Miller 2001, pág. 392; sobre John Muir, ver Wolfe 1946, pág. 83.

[114] Lowenthal 2003, pág. xi.

[115] Hugh Cleghorn a Marsh, 6 Marsh 1868; sobre la influencia de *Man and Nature* en todo el mundo, ver Lowenthal 2003, págs. 303-305.

[116] Mumford 1931, pág. 78.

[117] Marsh 1861, pág. 637.

22. ARTE, ECOLOGÍA Y NATURALEZA

[1] Haeckel a Anna Sethe, 29 de mayo de 1859, pág. 63; ver también Haeckel a sus padres, 29 de mayo de 1859, Haeckel 1921b, pág. 66; Carl Gottlob Haeckel a Ernst Haeckel, 19 de mayo de 1859 (Akademieprojekt «Ernst Haeckel (1834-1918): Briefedition»: agradezco a Thomas Bach que me haya proporcionado un resumen de la transcripción).

[2] Haeckel a Anna Sethe, 29 de mayo de 1859, Haeckel 1921b, pág. 64.

[3] Ibíd.

[4] Ibíd.

[5] Cosmos 1845-1852, vol. 2, págs. 74, 85, 87; AH, Kosmos 1845-1850, vol. 2, págs. 76, 87, 90; Haeckel a sus padres, 6 de noviembre de 1852, Haeckel 1921a, pág. 9.

[6] Richards 2008, págs. 244-276, 489-512.

[7] Haeckel a Wilhelm Bölsche, 4 de agosto de 1892, 4 de noviembre de 1899, 14 de mayo de 1900, Haeckel, Cartas Bölsche 2002, págs. 46, 110, 123-124; Haeckel 1924, pág. ix; Richards 2009, págs. 20ss.; Di Gregorio 2004, págs. 31-35; Krauße 1995, págs. 352-353; los libros de Humboldt están aún en las estanterías del estudio de Haeckel en la Ernst-Haeckel-Haus de Jena.

[8] Haeckel a sus padres, 6 de noviembre de 1852, Haeckel 1921a, pág. 9.

[9] Max Fürbringer en 1866, Richards 2009, pág. 83; y el ejercicio, ver Haeckel a sus padres, 11 de junio de 1856, Haeckel 1921a, pág. 194.

[10] Haeckel a sus padres, 27 de noviembre de 1852; ver también 23 de mayo y 8 de julio de 1853, 5 de mayo de 1855, Haeckel 1921a, págs. 19, 54, 63-64, 132.

[11] Haeckel a sus padres, 23 de mayo de 1853, ibíd., pág. 54.

[12] Haeckel a sus padres, 4 de mayo de 1853, ibíd., pág. 49.

[13] Haeckel 1924, pág. xi; Richards 2009, pág. 39; Di Gregorio 2004, pág. 44.

[14] Richards 2009, pág. 40; Haeckel 1924, pág. xii.

[15] Haeckel a sus padres, 1 de junio de 1853, Haeckel 1921a, pág. 59.

[16] Haeckel a sus padres, 17 de febrero de 1854, ibíd., pág. 100.

[17] *Physikalischer Atlas* de Heinrich Berghaus; Haeckel a sus padres, 25 de diciembre de 1852, ibíd., pág. 26.

[18] Haeckel a sus padres, 25 de diciembre de 1852, ibíd., pág. 27.

[19] Haeckel a Anna Sethe, 2 de septiembre de 1858, Haeckel 1927, págs. 62-63.

[20] Haeckel a Anna Sethe, 23 de mayo de 1858, ibíd., pág. 12.

[21] Haeckel a sus padres, 17 de febrero de 1854, Haeckel 1921a, pág. 101.

[22] Ibíd., pág. 102.

[23] Haeckel a sus padres, 11 de junio de 1856, ibíd., pág. 194.

[24] «Bericht über die Feier des sechzigsten Geburtstages von Ernst Haeckel am 17. Februar 1894 in Jena», 1894, pág. 15; Haeckel 1924, pág. xv.

[25] Haeckel a un amigo, 14 de septiembre de 1858; ver también Haeckel a Anna Sethe, 26 de septiembre de 1858, Haeckel 1927, págs. 67, 72-73 y Haeckel 1924, pág. xv.

[26] Haeckel a un amigo, 14 de septiembre de 1858, Haeckel 1927, pág. 67.

[27] 14 de septiembre de 1858, Richards 2009, pág. 51.

[28] Haeckel a sus padres, 1 de noviembre de 1852, Haeckel 1921a, pág. 6.

[29] Haeckel a Anna Sethe, 9 de abril, 24 de abril, 6 de junio de 1859, Haeckel 1921b, págs. 30-31, 37ss., 67.

[30] Ernst Haeckel a Anna Sethe, 29 de mayo de 1859, ibíd., págs. 63ss.

[31] Haeckel a Anna Sethe, 25 de junio y 1 de agosto de 1859, ibíd., págs. 69, 79-80.

[32] Haeckel a amigos, agosto de 1859, Uschmann 1983, pág. 46.

[33] Haeckel a Anna Sethe, 7 de agosto de 1859, Haeckel 1921b, pág. 86.

[34] Haeckel a Anna Sethe, 16 de agosto de 1859, ibíd., pág. 86.

[35] Ibíd.

[36] Ibíd.

[37] Ibíd.

[38] Ibíd.

[39] Haeckel a sus padres, 21 de octubre de 1859, ibíd., págs. 117-118.

[40] Carl Gottlob Haeckel a Ernst Haeckel, finales 1859, di Gregori 2004, pág. 58; ver también Haeckel a Anna Sethe, 26 de noviembre de 1859, Haeckel 1921b, pág. 134.

[41] Haeckel a sus padres, 21 de octubre de 1859, Haeckel 1921b, pág. 118.

[42] Haeckel a sus padres, 29 de octubre de 1859, ibíd., págs. 122-123.

[43] Haeckel a Anna Sethe, 29 de febrero de 1860, ibíd., pág. 160.

[44] Haeckel a sus padres, 29 de octubre de 1859; Haeckel a Anna Sethe, 16 de diciembre de 1859, ibíd., págs. 124, 138.

[45] Haeckel a Anna Sethe, 16 de febrero de 1860, ibíd., pág. 155.

[46] Haeckel a Anna Sethe, 29 de febrero de 1860, ibíd., pág. 160.

[47] Haeckel a Anna Sethe, 16 de febrero de 1860, ibíd.

[48] Haeckel a Anna Sethe, 10 y 24 de marzo de 1860, ibíd., págs. 165-166.

[49] Haeckel a sus padres, 21 de diciembre de 1852, Haeckel 1921a, pág. 26.

[50] Haeckel 1899-1904, prefacio.

[51] Haeckel a Allmers, 14 de mayo de 1860, Koop 1941, pág. 45. Sobre la anécdota de la prima de Allmers, en la nota al pie, Allmers a Haeckel, 7 de enero de 1862, ibíd., pág. 79.

[52] Haeckel fue nombrado *Professor extraordinarius* en 1862 —equivalente a profesor asociado— y en 1865 *Professor ordinarius,* es decir, profesor titular; Richards 2009, págs. 91, 115-116.

[53] Haeckel a Anna Sethe, 15 de junio de 1860, Haeckel 1927, pág. 100.

[54] Haeckel a Wilhelm Bölsche, 4 de noviembre de 1899, Haeckel, Cartas Bölsche 2002, pág. 110; ver también Di Gregorio 2004, págs. 77-80.

[55] Haeckel a Darwin, 9 de julio de 1864, Darwin, Correspondencia, vol. 12, pág. 482.

[56] Ibíd.

[57] Browne 2006, págs. 84-117.

[58] Wilhelm Bölsche a Ernst Haeckel, 4 de julio 1913, Haeckel a Wilhelm Bölsche 18 de octubre 1913, Haeckel, Cartas Bölsche 2002, págs. 253-254.

[59] Breidbach 2006, pág. 113; Richards 2009, pág. 2.

[60] Haeckel a Darwin, 10 de agosto de 1864, Darwin, Correspondencia, vol. 12, pág. 485.

[61] Allmers a Haeckel, 25 de agosto de 1863, Koop 1941, pág. 93.

[62] Haeckel, «Aus einer Autobiographische Skizze vom Jahre 1874», Haeckel 1927, págs. 330-332; Haeckel 1924, pág. xxiv.

[63] Haeckel a Allmers, 27 de marzo de 1864, Richards 2009, pág. 106.

[64] Haeckel a Allmers, 20 de noviembre de 1864, Richards 2009, pág. 115.

[65] Haeckel a Darwin, 9 de julio de 1864, Darwin, Correspondencia, vol. 12, pág. 483.

[66] Haeckel a Darwin, 11 de noviembre de 1865, ibíd., vol. 13, pág. 475.

[67] Ibíd.

[68] Haeckel 1866, vol. 1, págs. xix, xxii, 4.

[69] Darwin a Haeckel, 18 de agosto de 1866, Darwin, Correspondencia, vol. 14, pág. 294.

[70] Haeckel 1866, vol. 1, pág. 7; Richards 2009, pág. 164.

[71] Browne 2003b, pág. 105; sobre Huxley a propósito de Haeckel, ver Richards 2009, pág. 165.

[72] Haeckel a Thomas Huxley, 12 de mayo de 1867, Uschmann 1983, pág. 103.

[73] Haeckel a Darwin, 12 de mayo de 1867, Darwin, Correspondencia, vol. 15, pág. 506.

[74] Haeckel 1866, vol. 1, pág. 8, nota y vol. 2, págs. 235-236, 286ss.; ver también la lección inaugural de Haeckel en Jena, 12 de enero de 1869, Haeckel 1879, pág. 17; Worster 1977, pág. 192.

[75] Haeckel 1866, vol. 1, pág. 11; ver también vol. 2, pág. 286; sobre AH, ver AH, Aspects 1849, vol. 1, pág. 272; AH, Views 2014, pág. 147; AH, Cuadros 1849, vol. 1, pág. 337.

[76] Haeckel 1866, vol. 2, pág. 287; ver también vol. 1, pág. 8, nota y vol. 2, págs. 235-236; lección inaugural de Haeckel en Jena, 12 de enero de 1869, Haeckel 1879, pág. 17. Sobre la asociación de civilización y destrucción de bosques, en la nota al pie, ver Haeckel a sus padres, 7 de febrero de 1854, Haeckel 1921a, pág. 93.

[77] Haeckel a sus padres, 27 de noviembre de 1866, Uschmann 1983, pág. 90.

[78] Haeckel a Darwin, 19 de octubre de 1866; Darwin a Haeckel, 20 de octubre de 1866, Darwin, Correspondencia, vol. 14, págs. 353, 358; Haeckel a amigos, 24 de octubre de 1866, Haeckel 1923, pág. 29; Bölsche 1909, pág. 179.

[79] Henrietta Darwin a George Darwin, 21 de octubre de 1866, Richards 2009, pág. 174.

[80] Haeckel 1924, pág. xix; ver también Haeckel a amigos, 24 de octubre de 1866, Haeckel 1923, pág. 29; Bölsche 1909, pág. 179.

[81] Haeckel 1901, pág. 56.

[82] Richard Greeff, Hermann Fol y Nikolai Miklucho; Richards 2009, pág. 176.

[83] Haeckel a sus padres, 27 de noviembre de 1866, Haeckel 1923, págs. 42ss.

[84] Haeckel 1867, pág. 319.

[85] Haeckel, «Aus einer autobiographische Skizze vom Jahre 1874», Haeckel 1827, pág. 330; Haeckel 1924, pág. xxiv.

[86] Haeckel a Frieda von Uslar-Gleichen, 14 de febrero de 1899, Richards 2009, pág. 107.

[87] Di Gregorio 2004, pág. 438; Richards 2009, pág. 346.

[88] Haeckel a Wilhelm Bölsche, 14 de mayo de 1900, Haeckel, Cartas Bölsche 2002, pág. 124.

[89] Haeckel 1901, pág. 76.

[90] Ibíd., pág. 75.

[91] *Kosmos. Zeitschrift für einheitliche Weltanschauung auf Grund der Entwicklungslehre, in Verbindung mit Charles Darwin / Ernst Haeckel*, Leipzig, 1877-86; Di Gregorio 2004,

págs. 395-398; ver también Haeckel a Darwin, 30 de diciembre de 1876, CUL DAR 166:69.

[92] Breidbach 2006, págs. 20ss., 51, 57, 101ss., 133; Richards 2009, pág. 75.

[93] Breidbach 2006, págs. 25ss., 229; Kockerbeck 1986, pág. 114; Richards 2009, págs. 406ss.; Di Gregorio 2004, pág. 518.

[94] Haeckel a Wilhelm Bölsche, 14 de mayo de 1900, Haeckel, Cartas Bölsche 2002, págs. 123-124.

[95] Haeckel 1899-1904, prefacio y suplemento, pág. 51.

[96] Ibíd.

[97] Watson 2010, págs. 356-381.

[98] *Wanderbilder* de Haeckel, Kockerbeck 1986, pág. 116; ver también Haeckel 1899, pág. 395.

[99] Peter Behrens, 1901, Festschrift zur Künstlerkolonie Darmstadt, Kockerbeck 1986, pág. 115.

[100] Kockerbeck 1986, págs. 59ss.

[101] Émile Gallé, Le Décor Symbolique, 17 de mayo de 1900, *Mémoires de l'Académie de Stanislaus, Nancy, 1899-1900*, vol. 7, pág. 35.

[102] Clifford y Turner 2000, pág. 224.

[103] Weingarden 2000, págs. 325, 331; Bergdoll 2007, pág. 23.

[104] Krauße 1995, pág. 363; Breidbach y Eibl-Eibesfeld 1998, pág. 15; Cooney Frelinghuysen 2000, pág. 410.

[105] Richards 2009, págs. 407ss.

[106] Proctor 2006, págs. 407-408.

[107] René Binet a Haeckel, 21 de marzo de 1899, Breidbach y Eibl-Eibesfeld 1988, pág. 15.

[108] René Binet en *Esquisses Décoratives*, Bergdoll 2007, pág. 25.

[109] Kockerbeck 1986, pág. 59.

[110] Ibíd., pág. 10.

[111] Breidbach 2006, pág. 246; Richards 2009, pág. 2.

[112] Haeckel 1899, pág. 389

[113] Ibíd., pág. 463.

[114] Ibíd., págs. 392ss.

[115] Ibíd., pág. 396.

[116] Ibíd., pág. 396.

23. Preservacionismo y Naturaleza

[1] Worster 2008, pág. 120.

[2] «Recollections of John Muir as a Young Man», de Merrill Moores, ibíd., págs. 109-110.

[3] Muir a Jeanne Carr, 13 de septiembre de 1865, JM en línea.

[4] Muir a Daniel Muir, 7 de enero de 1868, ibíd.

[5] Muir, Diario 1867-1868, ibíd., guardas; sobre la ruta, pág. 2.

[6] Muir 1913, pág. 3.

[7] Ibíd., pág. 27.

[8] Ibíd., pág. 207.

[9] Gisel 2008, pág. 3; Worster 2008, págs. 37ss.

[10] Gifford 1996, pág. 87.

[11] Worster 2008, pág. 73.

[12] Holmes 1999, págs. 129ss.; Worster 2008, págs. 79-80.

[13] Muir a Frances Pelton, 1861, Worster 2008, pág. 87.

[14] Muir 1913, pág. 287.

[15] Worster 2008, págs. 94ss.

[16] Muir a Jeanne Carr, 13 de septiembre de 1865, JM en línea.

[17] Muir 1924, vol. 1, pág. 124.

[18] Ibíd., pág. 120.

[19] Muir a Emily Pelton, 1 de marzo de 1864, Gisel 2008, pág. 44.

[20] Holmes 1999, págs. 135ss.

[21] Muir 1924, vol. 1, pág. 153.

[22] Muir a Merrills y Moores, 1 de marzo de 1867, JM en línea.

[23] Muir 1924, vol. 1, págs. 154ss.; Muir a Sarah y David Galloway, 12 de abril de 1867; Muir a Jeanne Carr, 6 de abril de 1867; Muir a Merrills y Moores, 4 de marzo de 1867, JM en línea.

[24] Muir a Merrills y Moores, 4 de marzo de 1867, JM en línea.

[25] Muir «Memoirs», Gifford 1996, pág. 87.

[26] Muir, Diario 1867-1878, JM en línea, pág. 2.

[27] Ibíd., págs. 22, 24.

[28] Ibíd., pág. 17.

[29] Ibíd., págs. 32-33.

[30] Muir 1916 pág. 164; Muir, Diario 1867-1878, JM en línea, págs. 194-195.

[31] Muir, Diario 1867-1878, JM en línea, pág. 154; ver también el ejemplar de Muir de AH, Personal Narrative 1907, vol. 2, págs. 288, 371, MHT.

[32] Muir, Diario 1867-1878, JM en línea, pág. 154; Muir insertó la palabra «cosmos» en su texto publicado, Muir 1916, pág. 139; también subrayado en el ejemplar de Muir de AH, Personal Narrative 1907, vol. 2, pág. 371, MHT.

[33] Muir a David Gilrye Muir, 13 de diciembre de 1867, JM en línea.

[34] Holmes 1999, pág. 190; Worster 2008, págs. 147-148.

[35] Muir a Jeanne Carr, 26 de julio de 1868, JM en línea.

[36] Muir 1912, pág. 4; ver también Muir «Memoir», Gifford 1996, pág. 96.

[37] Muir a Jeanne Carr, 26 de julio de 1868, JM en línea.

[38] Muir, «The Wild Parks and Forest Reservations of the West», *Atlantic Monthly*, enero de 1898, pág. 17.

[39] Muir a Catherine Merrill et al., 19 de julio de 1868, JM en línea; ver también Muir a David Gilrye Muir, 14 de julio de 1868; JM a Jeanne Carr, 26 de julio de 1868, JM en línea; Muir «Memoir», Gifford 1996, págs. 96ss.

[40] Muir 1912, pág. 5.

[41] Muir, «The Treasures of the Yosemite», *Century*, vol. 40, 1890.

[42] Muir 1912, pág. 11.

[43] Muir 1911, pág. 314.

[44] Ejemplar de Muir de AH, Personal Narrative 1907, vol. 2, pág. 306, MHT.

[45] Muir a Catherine Merrill et al., 19 de julio de 1868, JM en línea.

[46] Muir a Margaret Muir Reid, 13 de enero de 1869, JM en línea.

[47] Esta importante frase aparece en distintas variantes desde el diario hasta el libro publicado: desde «Cuando tratamos de destacar algo por sí solo, descubrimos que está atado por mil cuerdas invisibles e irrompibles a todo en el universo», pasando por «Cuando tratamos de destacar algo por sí solo, descubrimos que está atado por innumerables e incalculables cuerdas a todo lo demás en el universo», hasta la versión definitiva en el libro de Muir: «Cuando tratamos de destacar algo por sí solo, descubrimos que está enganchado a todo lo demás en el universo». Muir 1911, pág. 211; Muir, Diario «Sierra», verano de 1869 (1887), MHT; Muir, Diario «Sierra», verano de 1869 (1910), MHT.

[48] Muir, Diario «Sierra», verano de 1869 (1887), MHT.

[49] Muir 1911, págs. 321-322.

[50] Ejemplar de Muir de AH, Views 1896, págs. xi, 346 y AH, Cosmos 1878, vol. 2, pág. 438, MHT.

[51] Entre 1868 y 1874, Muir pasó 40 meses en Yosemite, Gisel 2008, pág. 93.

[52] Muir «Memoir», Gifford 1996, pág. 112.

[53] Muir a Jeanne Carr, 29 de julio de 1870, JM en línea.

[54] Muir 1911, pág. 212.

[55] Muir, «Yosemite Glaciers», *New York Tribune*, 5 de diciembre de 1871; ver también Muir, «Living Glaciers of California», *Overland Monthly*, diciembre de 1872 y Gifford 1996, págs. 143ss.

[56] Muir a Jeanne Carr, 8 de octubre de 1872; Muir a Catherine Merrill, 12 de julio de 1872, JM en línea.

[57] Muir a Jeanne Carr, 11 de diciembre de 1871, ibíd.

[58] Muir a J.B. McChesney, 8-9 de junio de 1871, ibíd.

[59] Muir a Joseph Le Conte, 27 de abril de 1872, ibíd.; Muir también subrayó las páginas de los libros de Humboldt que trataban de la distribución de las plantas (ejemplar de Muir de AH, Views 1896, págs. 317ss. y AH, Personal Narrative 1907, vol. 1, págs. 116ss., MHT).

[60] Muir a Jeanne Carr, 16 de marzo de 1872, JM en línea.

[61] Muir a Jeanne Carr, 3 de abril de 1871, ibíd.

[62] Robert Underwood Johnson sobre Muir, en Gifford 1996, pág. 874.

[63] Muir a Emerson, 26 de marzo de 1872, JM en línea.

[64] Ibíd.

[65] Muir a Emily Pelton, 16 de febrero de 1872, JM en línea.

[66] Muir a Emily Pelton, 2 de abril de 1872, JM en línea; Gisel 2008, págs. 93, 105-106.

[67] Estados Unidos, Statutes at Large (Leyes aprobadas por el Congreso), 15, en Nash 1982, pág. 106.

[68] Muir a Daniel Muir, 21 de junio de 1870, JM en línea.

[69] Gifford 1996, págs. 131-136; Jeanne Carr a Muir, 1 de mayo de 1871; Muir a Emerson, 8 de mayo de 1871; Muir a Emerson, 6 de julio de 1871; Muir a Emerson, 26 de marzo de 1872, JM en línea.

[70] Muir sobre Emerson, Gifford 1996, pág. 133.

[71] Muir a Jeanne Carr, sin fecha, pero se refería a una carta de Emerson a Muir del 5 de febrero de 1872, JM en línea.

[72] Emerson a Muir, 5 de febrero de 1872, ibíd.

[73] Muir subrayó los comentarios de Thoreau sobre la soledad en su ejemplar de *Walden*. Ejemplar de Muir de *Walden* (1906), págs. 146, 150, 152, MHT.

[74] Muir destacó la afirmación de Humboldt en *Cosmos* de que la conexión entre «lo sensual y lo intelectual» era vital para comprender la naturaleza; ejemplar de Muir de AH, Cosmos 1878, vol. 2, pág. 438, MHT.

[75] Muir a Jeanne Carr, otoño de 1870, JM en línea.

[76] Muir 1911, págs. 79, 135.

[77] Ibíd., págs. 90, 113

[78] Muir a Ralph Waldo Emerson, 26 de marzo de 1872, JM en línea.

[79] Sobre los comentarios de Muir citados en la nota al pie, ver ejemplar de Muir de AH, Views 1896, vol. 1, págs. 210, 215, MHT.

[80] Muir 1911, págs. 48, 98.

[81] Muir 1911, págs. 326.

[82] Muir, Diario «Twenty Hill Hollow» 1869, 5 de abril de 1869; Holmes 1999, pág. 197.

[83] Muir a Jeanne Carr, 20 de mayo de 1869, ibíd.

[84] Muir 1911, págs. 82, 205.

[85] Muir a Daniel Muir, 17 de abril de 1869, JM en línea.

[86] Ejemplar de Muir de AH, Personal Narrative 1907, vol. 1, pág. 502, ver también vol. 2, pág. 214, MHT; ejemplar de Muir de AH, Cosmos 1878, vol. 2, págs. 377, 381, 393, MHT.

[87] Ejemplar de Muir de AH, Personal Narrative 1907, vol. 2, pág. 362, MHT.

[88] Ejemplar de Muir de AH, Views 1896, pág. 21, MHT.

[89] Muir a Jeanne Carr, 26 de julio de 1868, JM en línea.

[90] Ejemplares de Muir de los libros de Darwin y Thoreau, MHT.

[91] Ejemplar de Muir de AH, Personal Narrative 1907, vol. 1, págs. 98, 207, 215, 476-477; vol. 2, págs. 9-10, 153, 207, MHT; ejemplar de Muir de AH, Views 1896, págs. 98, 215, MHT.

[92] Johnson 1999, pág. 515.

[93] Richardson 2007, pág. 131; Johnson 1999, pág. 535.

[94] Frederick Jackson Turner en 1903, Nash 1982, pág. 147.

[95] Muir a Jeanne Carr, 7 de octubre de 1874, JM en línea.

[96] Wolfe 1946, pág. 83.

[97] Ejemplar de Muir de Thoreau, *Maine Woods* (1868), pág. 160 y también págs. 122-123, 155, 158, MHT.

[98] Muir 1911, pág. 211.

[99] Samuel Merrill, «Personal Recollections of John Muir»; ver también Robert Underwood Johnson, C. Hart Merriam, «To the Memory of John Muir», Gifford 1996, págs. 875, 889, 891, 895.

[100] Muir y Sargent, septiembre de 1898, Anderson 1915, pág. 119.

[101] Muir a Jeanne Carr, otoño de 1870, JM en línea.

[102] Muir 1911, págs. 17, 196.

[103] Daniel Muir a Muir, 19 de marzo de 1874, JM en línea.

[104] Worster 2008, págs. 216ss.

[105] Muir a Strentzels, 28 de enero de 1879, JM en línea.

[106] Muir a Sarah Galloway, 12 de enero de 1877, JM en línea; Worster 2008, pág. 238.

[107] Worster 2008, págs. 238ss.

[108] Muir a Millicent Shin, 18 de abril de 1883, JM en línea.

[109] Worster 2008, pág. 262.

[110] Muir a Annie Muir, 16 de julio de 1884, JM en línea.

[111] Worster 2008, págs. 324-325; sobre la administración de Martinez, ver Kennedy 1996, pág. 31.

[112] Worster 2008, págs. 312ss., Nash 1982, págs. 131ss.

[113] Muir 1920. Sobre la cita de Muir en la nota al pie, Ejemplar de Muir de Thoreau *Maine Woods* (1868), pág. 123.

[114] Muir, «The Treasures of the Yosemite» y «Features of the Proposed Yosemite National Park», *Century,* vols. 40 y 41, 1890.

[115] Y citas sucesivas, Muir, «The Treasures of the Yosemite», *Century,* vol. 40, 1890.

[116] Nash 1982, pág. 132.

[117] Muir 1901, pág. 365.

[118] Robert Underwood Johnson, 1891, Nash 1982, pág. 132.

[119] Muir a Henry Senger, 22 de mayo de 1892, JM en línea.

[120] Kimes y Kimes 1986, págs. 1-162.

[121] Theodore Roosevelt a Muir, 14 de marzo 1903, JM en línea.

[122] Theodore Roosevelt a Muir, 19 de mayo de 1903, ibíd.

[123] Muir a Charles Sprague Sargent, 3 de enero de 1898, ibíd.

[124] Nash 1982, págs. 161-181; Muir, «The Hetch Hetchy Valley», *Sierra Club Bulletin,* vol. 6, núm. 4, enero 1908.

[125] *The New York Times,* 4 de septiembre de 1913.

[126] Muir a Robert Underwood Johnson, 1 de enero 1914, Nash 1982, pág. 180.

[127] Muir, Memorandum de John Muir, 19 de mayo de 1908 (para la Conferencia de Gobernadores sobre Conservación en 1908), JM en línea.

[128] Muir a Daniel Muir, 17 de abril y 24 de septiembre de 1869; Muir a Mary Muir, 2 de mayo de 1869; Muir a Jeanne Carr, 2 de octubre de 1870; Muir a J.B. McChesney, 8 de junio de 1871, ibíd.

[129] Muir a Betty Averell, 2 de marzo 1911, Branch 2001, pág. 15.

[130] Muir, 26-29 de junio 1903, Muir, Diario «World Tour», parte 1, 1903, JM en línea.

[131] Helen S. Wright a Muir, 8 de mayo de 1878, ibíd.

[132] Henry F. Osborn a Muir, 18 de noviembre de 1897, ibíd.

[133] Muir a Jeanne Carr, 13 de septiembre de 1865, ibíd.

[134] Muir a Robert Underwood Johnson, 26 de enero 1911, Branch 2001, pág. 10; ver también pág. xxvi ss.; Fay Sellers a Muir, 8 de agosto de 1911, JM en línea.

[135] Branch 2001, págs. 7-9.

[136] Muir a William E. Colby, 8 de mayo de 1911, ibíd., pág. 19.

[137] Muir a Katharine Hooker, 10 de agosto de 1911, ibíd., pág. 31.

[138] Muir a Helen Muir Funk, 12 de agosto de 1911, ibíd., pág. 32.

[139] Muir en 1913, Wolfe 1979, pág. 439.

EPÍLOGO

[1] Louis Agassiz, 14 de septiembre de 1869, *The New York Times*, 15 de septiembre de 1869.

[2] Información publicada en *The New York Times* el 4 de abril 1918, Nichols 2006, pág. 409; centenario en Cleveland, *New York Herald*, 15 de septiembre de 1869.

[3] Nichols 2006, pág. 411.

[4] IPCC, Informe del Grupo Intergubernamental de Expertos sobre el Cambio Climático, 1 de noviembre 2014, pág. 7.

[5] Wendell Berry, «It all Turns on Affection», Lectura Jefferson 2012, http://www.neh.gov/about/awards/jefferson-lecture/wendell-e-berry-lecture.

[6] AH, febrero de 1800, AH, Diario 2000, pág. 216.

[7] AH, 9-27 de noviembre de 1801, Popayán, AH, Diario 1982, pág. 313.

[8] Goethe a Johann Peter Eckermann, 12 de diciembre de 1826, Goethe y Eckermann 1999, pág. 183.

NOTA SOBRE LAS PUBLICACIONES DE HUMBOLDT

[1] Salvo referencia en contra, la información sobre las obras de Humboldt procede de *Alexander von Humboldts Schriften. Bibliographie der selbständig erschienenen Werke* (Fiedler y Leitner 2000).

[2] AH a Cotta, 20 de enero de 1840, AH, Cartas Cotta 2009, págs. 223-224.

[3] *Journal of the Royal Geographical Society*, 1843, vol. 13, Fiedler y Leitner 2000, pág. 359.

[4] AH a Heinrich Christian Schumacher, 22 de mayo de 1843, AH, Cartas Schumacher 1979, pág. 112.

[5] AH a Johann Georg von Cotta, 16 de marzo de 1849, AH, Cartas Cotta 2009, pág. 360.

[6] AH a Varnhagen, 24 de octubre de 1834, AH, Cartas Varnhagen 1860, pág. 19; traducción al inglés de la autora de la edición alemana de AH, Cartas Varnhagen 1860.

FUENTES Y BIBLIOGRAFÍA

OBRAS DE ALEXANDER VON HUMBOLDT

Alexander von Humboldt und August Böckh. Briefwechsel, ed. Romy Werther y Eberhard Knobloch, Berlín, Akademie Verlag, 2011.

Alexander von Humboldt et Aimé Bonpland. Correspondance 1805-1858, ed. Nicolas Hossard, París, L'Harmattan, 2004.

Alexander von Humboldt und Cotta. Briefwechsel, ed. Ulrike Leitner, Berlín, Akademie Verlag, 2009.

Alexander von Humboldt. Johann Franz Encke. Briefwechsel, ed. Ingo Schwarz, Oliver Schwarz y Eberhard Knobloch, Berlín, Akademie Verlag, 2013.

Alexander von Humboldt. Friedrich Wilhelm IV. Briefwechsel, ed. Ulrike Leitner, Berlín, Akademie Verlag, 2013.

Alexander von Humboldt. Familie Mendelssohn. Briefwechsel, ed. Sebastian Panwitz e Ingo Schwarz, Berlín, Akademie Verlag, 2011.

Alexander von Humboldt und Carl Ritter. Briefwechsel, ed. Ulrich Päßler, Berlín, Akademie Verlag, 2010.

Alexander von Humboldt. Samuel Heinrich Spiker. Briefwechsel, ed. Ingo Schwarz, Berlín, Akademie Verlag, 2007.

Alexander von Humboldt und die Vereinigten Staaten von Amerika. Briefwechsel, ed. Ingo Schwarz, Berlín, Akademie Verlag, 2004.

«Alexander von Humboldt's Correspondence with Jefferson, Madison, and Gallatin», ed. Helmut de Terra, *Proceedings of the American Philosophical Society,* vol. 103, 1959.

Ansichten der Natur mit wissenschaftlichen Erläuterungen, Tubinga: J. G. Cotta'schen Buchhandlung, 1808. [Edición en español: *Cuadros de la naturaleza,* Madrid, Los Libros de la Catarata, 2003].

Ansichten der Natur mit wissenschaftlichen Erläuterungen, tercera edición aumentada, Stuttgart y Tubinga, J.G. Cotta'schen Buchhandlung, 1849.

Aphorismen aus der chemischen Physiologie der Pflanzen, Leipzig, Voss und Compagnie, 1794.

Aspects of Nature, in Different Lands and Different Climates, with Scientific Elucidations, trad. Elizabeth J. L. Sabine, Londres, Longman, Brown, Green and Longmans y John Murray, 1849.

Briefe Alexander's von Humboldt an seinen Bruder Wilhelm, ed. Familie von Humboldt, Stuttgart, J. G. Cotta'schen Buchhandlung, 1880.

Briefe aus Amerika 1799-1804, ed. Ulrike Moheit, Berlín, Akademie Verlag, 1993.

Briefe aus Russland 1829, ed. Eberhard Knobloch, Ingo Schwarz y Christian Suckow, Berlín, Akademie Verlag, 2009.

Briefe von Alexander von Humboldt und Christian Carl Josias Bunsen, ed. Ingo Schwarz, Berlín, Rohrwall Verlag, 2006.

Briefwechsel Alexander von Humboldt's mit Heinrich Berghaus aus den Jahren 1825 bis 1858, ed. Heinrich Berghaus, Leipzig, Constenoble, 1863.

Briefwechsel zwischen Alexander von Humboldt und Friedrich Wilhelm Bessel, ed. Hans-Joachim Felber, Berlín, Akademie Verlag 1994.

Briefwechsel zwischen Alexander von Humboldt und Emil du Bois-Reymond, ed. Ingo Schwarz y Klaus Wenig, Berlín, Akademie Verlag, 1997.

Briefwechsel und Gespräche Alexander von Humboldt's mit einem jungen Freunde, aus den Jahren 1848 bis 1856, Berlín, Verlag Franz von Duncker, 1861.

Briefwechsel zwischen Alexander von Humboldt und Carl Friedrich Gauß, ed. Kurt-R. Biermann, Berlín, Akademie Verlag, 1977.

Briefwechsel zwischen Alexander von Humboldt und P. G. Lejeune Dirichlet, ed. Kurt-R. Biermann, Berlín, Akademie Verlag, 1982.

Briefwechsel zwischen Alexander von Humboldt und Heinrich Christian Schumacher, ed. Kurt-R. Biermann, Berlín, Akademie Verlag, 1979.

Central-Asien. Untersuchungen über die Gebirgsketten und die vergleichende Klimatologie, Berlín, Carl J. Klemann, 1844.

Correspondance d'Alexandre de Humboldt avec François Arago (1809-1853), ed. Théodore Jules Ernest Hamy, París, Guilmoto, 1907.

Cosmos: Sketch of a Physical Description of the Universe, trad. Elizabeth J. L. Sabine, Londres, Longman, Brown, Green and Longmans, y John Murray, 1845-1852 (vols. 1-3).

Cosmos: A Sketch of a Physical Description of the Universe, trad. E. C. Otte, Londres, George Bell & Sons, 1878 (vols. 1-3).

Die Jugendbriefe Alexander von Humboldts 1787-1799, ed. Ilse Jahn y Fritz G. Lange, Berlín, Akademie Verlag, 1973.

Die Kosmos-Vorträge 1827/28, ed. Jürgen Hamel y Klaus-Harro Tiemann, Frankfurt, Insel Verlag, 2004.

Essay on the Geography of Plants (AH y Aimé Bonpland), ed. Stephen T. Jackson, Chicago y Londres, Chicago University Press, 2009. [Edición en español: *Ensayo sobre la geografía de las plantas*, México, Siglo Veintiuno Editores, 1997].

Florae Fribergensis specimen, Berlín, Heinrich August Rottmann, 1793.

Fragmente einer Geologie und Klimatologie Asiens, Berlín, J. A. List, 1832.

Ideen zu einer Geographie der Pflanzen nebst einem Naturgemälde der Tropenländer (AH y Aimé Bonpland), Tubinga: G. Cotta y París, F. Schoell, 1807.

Kosmos. Entwurf einer physischen Weltbeschreibung, Stuttgart y Tubinga, J.G. Cotta'schen Buchhandlungen, 1845–50 (vols. 1-3). [Edición en español: *Cosmos: ensayo de una descripción física del mundo*, Madrid, Consejo Superior de Investigaciones Científicas, 2011].

Lateinamerika am Vorabend der Unabhängigkeitsrevolution: eine Anthologie von Impressionen und Urteilen aus seinen Reisetagebüchern, ed. Margot Faak, Berlín, Akademie-Verlag, 1982.

Letters of Alexander von Humboldt to Varnhagen von Ense, ed. Ludmilla Assing, Londres, Trübner & Co., 1860.

Mineralogische Beobachtungen über einige Basalte am Rhein, Braunschweig: Schulbuchhandlung, 1790.

Personal Narrative of Travels to the Equinoctial Regions of the New Continent during the years 1799-1804, trad. Helen Maria Williams, Londres, Longman, Hurst, Rees, Orme, Brown and John Murray, 1814–29.

Personal Narrative of Travels to the Equinoctial Regions of the New Continent during the years 1799-1804, trad. Thomasina Ross, Londres, George Bell & Sons, 1907 (vols. 1-3).

Pittoreske Ansichten der Cordilleren und Monumente americanischer Völker, Tubinga, J. G. Cotta'schen Buchhandlungen, 1810. [Edición en español: *Vistas de las cordilleras y monumentos de los pueblos indígenas de América*, Madrid, Marcial Pons Ediciones de Historia, S. A., 2012].

Political Essay on the Island of Cuba. A Critical Edition, ed. Vera M. Kutzinski y Ottmar Ette, Chicago y Londres, Chicago University Press, 2011 [Edición en español: *Ensayo político sobre la isla de Cuba*, Alicante, Publicacions Universitat d'Alacant, 2004].

Political Essay on the Kingdom of New Spain, trad. John Black, Londres y Edimburgo, Longman, Hurst, Rees, Orme y Brown; y H. Colburn: y W. Blackwood, y Brown y Crombie, Edimburgo, 1811 [Edición en español: *Ensayo político sobre el Reino de la Nueva España*, México, Porrúa, 1978].

Reise auf dem Río Magdalena, durch die Anden und Mexico, ed. Margot Faak, Berlín, Akademie Verlag, 2003.

Reise durch Venezuela. Auswahl aus den Amerikanischen Reisetagebüchern, ed. Margot Faak, Berlín, Akademie Verlag, 2000.

Researches concerning the Institutions & Monuments of the Ancient Inhabitants of America with Descriptions & Views of some of the most Striking Scenes in the Cordilleras!, trad. Helen Maria Williams, Londres, Longman, Hurst, Rees, Orme, Brown, John Murray y H. Colburn, 1814.

Über die unterirdischen Gasarten und die Mittel, ihren Nachteil zu vermindern. Ein Beytrag zur Physik der praktischen Bergbaukunde, Braunschweig, Vieweg, 1799.

Versuch über die gereizte Muskel- und Nervenfaser, Berlín, Heinrich August Rottmann, 1797.

Views of Nature, trad. E. C. Otte y H.G. Bohn, Londres, George Bell & Sons, 1896.

Views of Nature, ed. Stephen T. Jackson y Laura Dassow Walls, trad. Mark W. Person, Chicago y Londres, Chicago University Press, 2014.

Vues des Cordillères et monumens des peuples indigènes de l'Amérique, París, F. Schoell, 1810–1813.

Selección de libros de Humboldt en la red: http://www.avhumboldt.de/?page_id=469.

Ediciones en español de *Viajes equinocciales:*

Viaje a las regiones equinocciales del Nuevo Continente, Caracas, 1991.

Viaje a las regiones equinocciales del Nuevo Mundo: las Islas Canarias, Nivaria, 2005.

Del Orinoco al Amazonas: viaje a las regiones equinocciales del Nuevo Continente, Timún Mas Narrativa, 1997.

BIBLIOGRAFÍA GENERAL

ACOSTA de Samper, Soledad, *Biografía del General Joaquín Acosta*, Bogotá, Librería Colombiana Camacho Roldán & Tamayo, 1901.

ADAMS, John, *The Works of John Adams*, ed. Charles Francis Adams, Boston, Little, Brown and Co., vol. 10, 1856.

ADLER, Jeremy, «Goethe's Use of Chemical Theory in his Elective Affinities», en Andrew Cunningham and Nicholas Jardine (eds.), *Romanticism and the Sciences*, Cambridge, Cambridge University Press, 1990.

AGASSIZ, Louis, *Address Delivered on the Centennial Anniversary of the Birth of Alexander von Humboldt*, Boston, Boston Society of Natural History, 1869.

ANDERSON, Melville B., «The Conversation of John Muir», *American Museum Journal*, vol. XV, 1915.

ANDRESS, Reinhard, «Alexander von Humboldt und Carlos Montúfar als Reisegefährten: ein Vergleich ihrer Tagebücher zum Chimborazo-Aufstieg», *HiN* XII, vol. 22, 2011.

ANDRESS, Reinhard y Silvia Navia, «Das Tagebuch von Carlos Montúfar: Faksimile und neue Transkription», *HiN* XIII, vol. 24, 2012.

ARAGO, François, *Biographies of Distinguished Scientific Men*, Londres, Longman, 1857.

ARANA, Marie, *Bolívar. American Liberator*, Nueva York y Londres, Simon & Schuster, 2013.

ARMSTRONG, Patrick, «Charles Darwin's Image of the World: The Influence of Alexander von Humboldt on the Victorian Naturalist», en Anne Buttimer et al. (ed.), *Text and Image. Social Construction of Regional Knowledges*, Leipzig, Institut für Länderkunde, 1999.

ASSING, Ludmilla, *Briefe von Alexander von Humboldt an Varnhagen von Ense aus den Jahren 1827-1858*, Nueva York, Verlag von L. Hauser, 1860.

AVERY, Kevin, J., *The Heart of the Andes: Church's Great Picture*, Nueva York, Metropolitan Museum of Art, 1993.

AYRTON, John, *The Life of Sir Humphry Davy*, Londres, Henry Colburn y Richard Bentley, 1831.

BABBAGE, Charles, *Passages from the Life of a Philosopher*, ed. Martin Campbell-Kelly, Londres, William Pickering, 1994.

BAILY, Edward, *Charles Lyell*, Londres y Nueva York, Nelson, 1962.

BANKS, Joseph, *The Letters of Sir Joseph Banks. A Selection, 1768-1820*, ed. Neil Chambers, Londres, Imperial College Press, 2000.

—, *Scientific Correspondence of Sir Joseph Banks*, ed. Neil Chambers, Londres, Pickering & Chatto, 2007.

BARON, Frank, «From Alexander von Humboldt to Frederic Edwin Church: Voyages of Scientific Exploration and Artistic Creativity», *HiN* VI, vol. 10, 2005.

BARTRAM, John, *The Correspondence of John Bartram, 1734-1777*, ed. Edmund Berkeley and Dorothy Smith Berkeley, Florida, University of Florida Press, 1992.

BATE, Jonathan, *Romantic Ecology. Wordsworth and the Environmental Tradition*, Londres, Routledge, 1991.

BEAR, James A. (ed.), *Jefferson at Monticello: Recollections of a Monticello Slave and of a Monticello Overseer*, Charlottesville, University of Virginia Press, 1967.

BECK, Hanno, *Gespräche Alexander von Humboldts*, Berlín, Akademie Verlag, 1959.

—, *Alexander von Humboldt*, Wiesbaden, Franz Steiner Verlag, 1959-1961.

—, «Hinweise auf Gespräche Alexander von Humboldts», en Heinrich von Pfeiffer (ed.), *Alexander von Humboldt. Werk und Weltgeltung*, Munich, Pieper, 1969.

—, *Alexander von Humboldts Reise durchs Baltikum nach Russland und Sibirien, 1829*, Stuttgart y Viena, Edition Erdmann, 1983.

Beinecke Rare Books & Manuscripts Library, *Goethe. The Scientist*, exposición en la Beinecke Rare Books & Manuscripts Library, New Haven y Londres, Yale University Press, 1999.

BELL, Stephen, *A Life in the Shadow: Aimé Bonpland's Life in Southern South America, 1817-1858*, Stanford, Stanford University Press, 2010.

BENEDICT, George Grenville, *Vermont in the Civil War*, Burlington, Free Press Association, 1888.

BERGDOLL, Barry, «Of Crystals, Cells, and Strata: Natural History and Debates on the Form of a New Architecture in the Nineteenth Century», *Architectural History*, vol. 50, 2007 en Heinrich, Berghaus, *The Physical Atlas. A Series of Maps Illustrating the Geographical Distribution of Natural Phenomena*, Edimburgo, John Johnstone, 1845.

BERLIOZ, Hector, *Les Soirées de l'orchestre*, París, Michel Lévy, 1854.

—, *Mémoires de H. Berlioz, comprenant ses voyages en Italie, en Allemagne, en Russie et en Angleterre 1803-1865*, París, Calmann Lévy, 1878.

BIERMANN, Kurt-R., *Miscellanea Humboldtiana*, Berlín, Akademie-Verlag, 1990a.

—, *Alexander von Humboldt*, Leipzig, Teubner, 1990b.

—, «Ein "politisch schiefer Kopf" und der "letzte Mumienkasten". Humboldt und Metternich», *HiN* V, vol. 9, 2004.

BIERMANN Kurt-R. (ed.), *Alexander von Humboldt. Aus Meinem Leben. Autobiographische Bekenntnisse*, Munich, C.H. Beck, 1987.

BIERMANN, Kurt-R., Ilse Jahn y Fritz Lange, *Alexander von Humboldt. Chronologische Übersicht über wichtige Daten seines Lebens*, Berlín, Akademie-Verlag, 1983.

BIERMANN, Kurt-R. e Ingo Schwarz, «"Der unheilvollste Tag meines Lebens". Der Forschungsreisende Alexander von Humboldt in Stunden der Gefahr», *Mitteilungen der Humboldt-Gesellschaft für Wissenschaft, Kunst und Bildung*, 1997.

—, «"Moralische Sandwüste und blühende Kartoffelfelder". Humboldt—Ein Weltbürger in Berlin», en Frank Holl (ed.), *Alexander von Humboldt. Netzwerke des Wissens,* Ostfildern, Hatje-Cantz, 1999a.

—, «"Werk meines Lebens". Alexander von Humboldts Kosmos», en Frank Holl (ed.), *Alexander von Humboldt. Netzwerke des Wissens,* Ostfildern, Hatje-Cantz, 1999b.

—, «"Gestört durch den Unfug eldender Strolche". Die Skandalösen Vorkommnisse beim Leichenbegräbnis Alexander von Humboldts im Mai 1859», *Mitteilungen des Vereins für die Geschichte Berlins,* vol. 95, 1999c.

—, «Geboren mit einem silbernem Löffel im Munde—gestorben in Schuldknechtschaft. Die Wirtschaftlichen Verhältnisse Alexander von Humboldts», *Mitteilungen des Vereins für die Geschichte Berlins,* vol. 96, 2000.

—, «Der Aachener Kongreß und das Scheitern der Indischen Reisepläne Alexander von Humboldts», *HiN* II, vol. 2, 2001a.

—, «"Sibirien beginnt in der Hasenheide". Alexander von Humboldt's Neigung zur Moquerie», *HiN* II, vol. 2, 2001b.

—, «Indianische Reisebegleiter. Alexander von Humboldt in Amerika», *HiN* VIII, vol. 14, 2007.

BINET, René, *Esquisses Décoratives,* París, Librairie Centrale des Beaux-Arts, *c.*1905.

BOLÍVAR, Simón, *Cartas del Libertador,* ed. Vicente Lecuna, Caracas, 1929.

—, *Selected Writings of Bolívar,* ed. Vicente Lecuna, Nueva York, Colonial Press, 1951.

—, *El Libertador. Writings of Simón Bolívar,* ed. David Bushnell, trad. Frederick H. Fornhoff, Oxford, Oxford University Press, 2003.

—, *Doctrina del Libertador,* ed. Manuel Pérez Vila, Caracas, Fundación Bibliotheca Ayacucho, 2009.

[Los textos de Simón Bolívar están reunidos en el Archivo del Libertador, de la Academia de Historia de Venezuela, http://libertador.bolivarium.usb.ve/].

BÖLSCHE, Wilhelm, *Ernst Haeckel: Ein Lebensbild,* Berlín, Georg Bondi, 1909.

—, *Alexander von Humboldt's Kosmos,* Berlín, Deutsche Bibliothek, 1913.

BORST, Raymond R. (ed.), *The Thoreau Log: A Documentary Life of Henry David Thoreau, 1817-1862,* Nueva York, G. K. Hall y Oxford, Maxwell Macmillan International, 1992.

BOTTING, Douglas, *Humboldt and the Cosmos,* Londres, Sphere Books, 1973.

BOYLE, Nicholas, *Goethe. The Poet and the Age. The Poetry of Desire. 1749-1790,* I, Oxford, Clarendon Press, 1992.

—, *Goethe. The Poet and the Age. Revolution and Renunciation. 1790-1803,* II, Oxford, Clarendon Press, 2000.

Branch, Michael P. (ed.), *John Muir's Last Journey. South to the Amazon and East to Africa*, Washington y Covelo, Island Press, 2001.

Breidbach, Olaf, *Visions of Nature. The Art and Science of Ernst Haeckel*, Munich y Londres, Prestel, 2006.

Breidbach, Olaf e Irenäus Eibl-Eibesfeld, *Art Forms in Nature. The Prints of Ernst Haeckel*, Munich, Prestel, 1998.

Briggs, Asa, *The Age of Improvement, 1783-1867*, Londres, Longman, 2000.

Browne, Janet, *Charles Darwin. Voyaging*, Londres, Pimlico, 2003a.

—, *Charles Darwin. The Power of Place*, Londres, Pimlico, 2003b.

—, *Darwin's Origin of Species. A Biography*, Londres, Atlantic Books, 2006. [Edición en español: *La historia de* El origen de las especies *de Charles Darwin*, Madrid, Debate, 2007].

Bruhns, Karl (ed.), *Life of Alexander von Humboldt*, Londres, Longmans, Green and Co., 1873.

Brunel, Isambard, *The Life of Isambard Kingdom Brunel. Civil Engineer*, Londres, Longmans, Green and Co., 1870.

Buchanan, R. Angus, *Brunel. The Life and Times of Isambard Kingdom Brunel*, Londres, Hambledon y Londres, 2002.

Buckland, Wilhelm, *Life and Correspondence of William Buckland*, ed. Mrs. Gordon (Elizabeth Oke Buckland), Londres, John Murray, 1894.

Buell, Lawrence, *The Environmental Imagination: Thoreau, Nature Writing, and the Formation of American Culture*, Cambridge, Mass. y Londres, Belknap Press of Harvard University Press, 1995.

Burwick, Frederick y James C. McKusick (eds.), *Faustus. From the German of Goethe*, trad. Samuel Taylor Coleridge, Oxford, Oxford University Press, 2007.

Busey, Samuel Clagett, *Pictures of the City of Washington in the Past*, Washington D.C., W. Ballantyne & Sons, 1898.

Buttimer, Anne, «Beyond Humboldtian Science and Goethe's Way of Science: Challenges of Alexander von Humboldt's Geography», *Erdkunde*, vol. 55, 2001.

Caldas, Francisco José de, *Semanario del Nuevo Reino de Granada*, Bogotá, Ministerio de Educación de Colombia, 1942.

Canning, George, *Some Official Correspondence of George Canning*, ed. Edward J. Stapelton, Londres, Longmans, Green and Co., 1887.

—, *George Canning and his Friends*, ed. Captain Josceline Bagot, Londres, John Murray, 1909.

CANNON, Susan Faye, *Science in Culture: The Early Victorian Period*, Nueva York, Dawson, 1978.

CAWOOD, John, «The Magnetic Crusade: Science and Politics in Early Victorian Britain», *Isis*, vol. 70, 1979.

CHANNING, William Ellery, *Thoreau. The Poet-Naturalist*, Boston, Roberts Bros., 1873.

CHINARD, Gilbert, «The American Philosophical Society and the Early History of Forestry in America», *Proceedings of the American Philosophical Society*, vol. 89, 1945.

CLARK, Christopher, *Iron Kingdom: The Rise and Downfall of Prussia, 1600-1947*, Londres, Penguin, 2007.

CLARK, Rex y Oliver Lubrich (eds.), *Transatlantic Echoes. Alexander von Humboldt in World Literature*, Nueva York y Oxford, Berghahn Books, 2012a.

—, *Cosmos and Colonialism. Alexander von Humboldt in Cultural Criticism*, Nueva York y Oxford, Berghahn Books, 2012b.

CLIFFORD, Helen y Eric Turner, «Modern Metal», en Paul Greenhalgh (ed.), *Art Nouveau, 1890-1914*, Londres, V&A Publications, 2000.

COHEN, I. Bernard, *Science and the Founding Fathers: Science in the Political Thought of Thomas Jefferson, Benjamin Franklin, John Adams, and James Madison*, Nueva York y Londres, W.W. Norton, 1995.

COLERIDGE, Samuel Taylor, *The Philosophical Lectures of Samuel Taylor Coleridge*, ed. Kathleen H. Coburn, Londres, Pilot Press, 1949.

—, *The Notebooks of Samuel Taylor Coleridge*, ed. Kathleen Coburn, Princeton, Princeton University Press, 1958-2002.

—, *Table Talk*, ed. Carl Woodring, Londres, Routledge, 1990.

—, *Lectures 1818-1819 on the History of Philosophy*, ed. J. R. de J. Jackson, Princeton, Princeton University Press, 2000.

COONEY Frelinghuysen, Alice, «Louis Comfort Tiffany and New York», en Paul Greenhalgh (ed.), *Art Nouveau, 1890-1914*, Londres, V&A Publications, 2000.

CUNNINGHAM, Andrew y Nicholas Jardine (eds.), *Romanticism and the Sciences*, Cambridge, Cambridge University Press, 1990.

CUSHMAN, Gregory T., «Humboldtian Science, Creole Meteorology, and the Discovery of Human-Caused Climate Change in South America», *Osiris*, vol. 26, 2011.

DARWIN, Charles, *Life and Letters of Charles Darwin*, ed. Francis Darwin, Nueva York y Londres, Appleton & Co., 1911. [Edición en español: *Autobiografía y cartas escogidas*, Madrid, Alianza Editorial, 2 tomos, 1984].

—, *The Autobiography of Charles Darwin 1809-1882*, ed. Nora Barlow, Londres, Collins, 1958. [Edición en español: *Autobiografía*, Pamplona, Editorial Laetoli, 2009].

—, «Darwin's Notebooks on the Transmutation of Species, Part iv», ed. Gavin de Beer, *Bulletin of the British Museum*, vol. 2, 1960.

—, *Correspondence of Charles Darwin, The*, ed. Frederick Burkhardt y Sydney Schmith, Cambridge, Cambridge University Press, 1985-2014.

—, *Beagle Diary*, ed. Richard Darwin Keynes, Cambridge, Cambridge University Press, 2001.

—, *The Voyage of the Beagle*, Hertfordshire: Wordsworth Editions, 1997. [Edición en español: *Diario del viaje de un naturalista alrededor del mundo*, Madrid, Espasa Calpe, 2008].

—, *El origen de las especies*, Madrid, Austral, 2009

DARWIN, Erasmus, *The Botanic Garden*. «Part II: Containing Loves of the Plants. A Poem. With Philosophical Notes», publicado por primera vez en 1789, Londres, J. Johnson, 1791.

DAUDET, Ernest, *La Police politique. Chronique des temps de la Restauration d'après les rapports des agents secrets et les papiers du Cabinet noir, 1815-1820*, París, Librairie Plon, 1912.

DAVIES, Norman, *Europe. A History*, Londres, Pimlico, 1997.

DEAN, Bradley P., «Natural History, Romanticism, and Thoreau», en Michael Lewis (ed.), *American Wilderness. A New History*, Oxford, Oxford University Press, 2007.

DI GREGORIO, Mario A., *From Here to Eternity: Ernst Haeckel and Scientific Faith*, Gotinga, Vandenhoeck & Ruprecht, 2004.

— (ed.), *Charles Darwin's Marginalia*, Nueva York y Londres, Garland, 1990 Dibdin, Thomas Frognall, *A Bibliographical, Antiquarian, and Picturesque Tour in France and Germany*, Londres, W. Bulmer and W. Nicol, 1821.

DOVE, Alfred, *Die Forsters und die Humboldts*, Leipzig, Dunder & Humplot, 1881.

EBER, Ron, «"Wealth and Beauty". John Muir and Forest Conservation», en Sally M. Miller and Daryl Morrison (eds.), *John Muir. Family, Friends and Adventurers*, Albuquerque, University of New Mexico Press, 2005.

EGERTON, Frank N., *Roots of Ecology. Antiquity to Haeckel*, Berkeley, University of California Press, 2012.

EHRLICH, Willi, *Goethes Wohnhaus am Frauenplan in Weimar*, Weimar, Nationale Forschungs-und Gedenkstätten der Klassik, 1983.

Eichhorn, Johannes, *Die wirtschaftlichen Verhältnisse Alexander von Humboldts, Gedenkschrift zur 100. Wiederkehr seines Todestages*, Berlín, Akademie Verlag, 1959.

Elden, Stuart y Eduardo Mendieta (eds.), *Kant's Physische Geographie: Reading Kant's Geography*, Nueva York, SUNY Press, 2011.

Emerson, Ralph Waldo, *The Letters of Ralph Waldo Emerson*, ed. Ralph L. Rusk, Nueva York, Columbia University Press, 1939.

—, *The Early Lectures of Ralph Waldo Emerson*, ed. Stephen E. Whicher y Robert Spiller, Cambridge, Harvard University Press, 1959-1972.

—, *The Journals and Miscellaneous Notebooks of Ralph Waldo Emerson*, ed. William H. Gilman, Alfred R. Ferguson, George P. Clark y Merrell R. Davis, Cambridge, Harvard University Press, 1960-1992.

—, *The Collected Works of Ralph Waldo Emerson*, ed. Alfred R. Ferguson et al., Cambridge, Harvard University Press, 1971-2013.

Engelmann, Gerhard, «Alexander von Humboldt in Potsdam», *Veröffentlichungen des Bezirksheimatmuseums Potsdam*, núm. 19, 1969.

Ette, Ottmar et al., *Alexander von Humboldt: Aufbruch in die Moderne*, Berlín, Akademie Verlag, 2001.

Evelyn, John, *Sylva, Or a Discourse of Forest-trees, and the Propagation of Timber in His Majesties Dominions*, Londres, Royal Society, 1670.

Fiedler, Horst y Ulrike Leitner, *Alexander von Humboldts Schriften. Bibliographie der selbständig erschienen Werke*, Berlín, Akademie Verlag, 2000.

Finkelstein, Gabriel, «"Conquerors of the Künlün"? The Schagintweit Mission to High Asia, 1854-1857», *History of Science*, vol. 38, 2000.

Fleming, James R., *Historical Perspectives on Climate Change*, Oxford, Oxford University Press, 1998.

Fontane, Theodor, *Theodor Fontanes Briefe*, ed. Walter Keitel, Munich, Hanser Verlag, vol. 3, 1980.

Foster, Augustus, *Jeffersonian America: Notes by Sir Augustus Foster*, San Marino, Huntington Library, 1954.

Fox, Robert, *The Culture of Science in France, 1700-1900*, Surrey: Variorum, 1992.

Franklin, Benjamin, *The Papers of Benjamin Franklin*, ed. Leonard W. Labaree et al., New Haven y Londres, Yale University Press, 1956-2008.

Friedenthal, Richard, *Goethe. Sein Leben und seine Zeit*, Munich y Zurich, Piper, 2003.

Friis, Herman R., «Alexander von Humboldts Besuch in den Vereinigten Staaten von America», en Joachim H. Schulze (ed.), *Alexander von Humboldt. Studien zu seiner universalen Geisteshaltung*, Berlín, Verlag Walter de Gruyter & Co., 1959.

FRONCEK, Thomas (ed.), *An Illustrated History: The City of Washington,* Nueva York, Alfred A. Knopf, 1977.

GALL, Lothar, *Wilhelm von Humboldt: Ein Preuße von Welt,* Berlín, Propyläen, 2011.

GALLATIN, Albert, *A Synopsis of the Indian Tribes,* Cambridge, Cambridge University Press, 1836.

GEIER, Manfred, *Die Brüder Humboldt. Eine Biographie,* Hamburgo, Rowohlt Taschenbuch Verlag, 2010.

GERSDORFF, Dagmar von, *Caroline von Humboldt. Eine Biographie,* Berlín, Insel Verlag, 2013.

GIFFORD, Terry (ed.), *John Muir. His Life and Letters and Other Writings,* Londres, Baton Wicks, 1996.

GISEL, Bonnie J., *Nature's Beloved Son. Rediscovering John Muir's Botanical Legacy,* Berkeley, Heyday Books, 2008.

GLOGAU, Heinrich, *Akademische Festrede zur Feier des Hundertjährigen Geburtstages Alexander's von Humboldt, 14 September 1869,* Frankfurt, Verlag von F.B. Auffarth, 1969.

GOETHE, Johann Wolfgang von, *Goethe's Briefwechsel mit den Gebrüdern von Humboldt,* ed. F. Th. Bratranek, Leipzig, Brockhaus, 1876.

—, *Goethes Briefwechsel mit Wilhelm und Alexander v. Humboldt,* ed. Ludwig Geiger, Berlín, H. Bondy, 1909.

—, *Goethe Begegnungen und Gespräche,* ed. Ernst Grumach y Renate Grumach, Berlín y Nueva York, Walter de Gruyter, 1965-2000.

—, *Italienische Reise,* en Herbert v. Einem y Erich Trunz (eds.), *Goethes Werke,* Hamburger Ausgabe, Hamburgo, Christian Wegener Verlag, 1967.

—, *Goethes Briefe, Hamburger Ausgabe in 4 Bänden,* ed. Karl Robert Mandelkrow, Hamburgo, Christian Wegener Verlag, 1968-1976.

—, *Briefe an Goethe, Gesamtausgabe in Regestform,* ed. Karl Heinz Hahn, Weimar, Böhlau, 1980-2000.

—, *Goethes Leben von Tag zu Tag: Eine Dokumentarische Chronik,* ed. Robert Steiger, Zürich y Munich, Artemis Verlag, 1982-1996.

—, *Schriften zur Morphologie,* ed. Dorothea Kuhn, Frankfurt, Deutsch, 1987.

—, *Schriften zur Allgemeinen Naturlehre, Geologie und Mineralogie,* ed. Wolf von Engelhardt y Manfred Wenzel, Frankfurt, Deutscher Klassiker Verlag, 1989.

—, *Johann Wolfgang Goethe: Tag- und Jahreshefte,* ed. Irmtraut Schmid, Frankfurt, Deutscher Klassiker Verlag, 1994.

—, *Fausto,* Madrid, Cátedra, 1998.

—, *Johann Wolfgang Goethe: Tagebücher,* ed. Jochen Golz, Stuttgart y Weimar, J.B. Metzler, 1998-2007.

—, *Johannn Peter Eckermann, Gespräche mit Goethe in den Letzten Jahren seines Lebens,* ed. Christoph Michel, Frankfurt, Deutscher Klassiker Verlag, 1999.

—, *Die Wahlverwandschaften,* Frankfurt, Insel Verlag, 2002. [Edición en español: *Las afinidades electivas,* Madrid, Cátedra, 2012].

GOULD, Stephen Jay, «Humboldt and Darwin: The Tension and Harmony of Art and Science», en Franklin Kelly (ed.), *Frederic Edwin Church,* Washington, National Gallery of Art: Smithsonian Institution Press, 1989.

GRANVILLE, A. B., *St. Petersburgh: A Journal of Travels to and from that Capital. Through Flanders, the Rhenich provinces, Prussia, Russia, Poland, Silesia, Saxony, the Federated States of Germany, and France,* Londres, H. Colburn, 1829.

GREENHALGH, Paul (ed.), *Art Nouveau, 1890-1914,* Londres, V&A Publications, 2000.

GROVE, Richard, *Green Imperialism: Colonial Expansion, Tropical Island Edens and the Origins of Environmentalism, 1600-1860,* Cambridge, Cambridge University Press, 1995.

HAECKEL, Ernst, *Die Radiolarien (Rhizopoda radiaria). Eine Monographie. Mit einem Atlas,* Berlín, Georg Reimer, 1862.

—, *Generelle Morphologie der Organismen,* Berlín, Georg Reimer, 1866.

—, «Eine zoologische Excursion nach den Canarischen Inseln», *Jenaische Zeitschrift fuer Medicin und Naturwissenschaft,* 1867. [Edición en español: *Una ascensión al pico de Tenerife,* Santa Cruz de Tenerife, Ediciones Idea, 2009].

—, «Über Entwicklungsgang und Aufgabe der Zoologie», en Ernst Haeckel, *Gesammelte Populäre Vorträge aus dem Gebiete der Entwickelungslehre,* Zweites Heft, Bonn, Verlag Emil Strauß, 1879.

—, *Bericht über die Feier des sechzigsten Geburtstages von Ernst Haeckel am 17. Februar 1894 in Jena,* Jena, Hofbuchdruckerei, 1894.

—, *Die Welträthsel. Gemeinverständliche Studien über monistische Philosophie,* Bonn, Verlag Emil Strauß, 1899.

—, *Kunstformen der Natur,* Leipzig y Viena, Verlag des Bibliographischen Instituts, 1899-1904.

—, *Aus Insulinde. Malayische Reisebriefe,* Bonn, Verlag Emil Strauß, 1901.

—, *Entwicklungsgeschichte einer Jugend. Briefe an die Eltern, 1852-1856,* Leipzig, K. F. Koehler, 1921a.

—, *Italienfahrt. Briefe an die Braut, 1859-1860,* ed. Heinrich Schmidt, Leipzig, K. F. Koehler, 1921b.

—, *Berg- und Seefahrten*, Leipzig, K. F. Koehler, 1923.

—, «Eine Autobiographische Skizze», en Ernst Haeckel, *Gemeinverständliche Werke*, ed. Heinrich Schmidt, Leipzig, Alfred Kröner Verlag, 1924, vol. 1.

—, *Himmelhoch jauchzend. Erinnerungen und Briefe der Liebe*, ed. Heinrich Schmidt, Dresde, Reissner, 1927.

—, *Ernst Haeckel-Wilhelm Bölsche. Briefwechsel 1887-1919*, ed. Rosemarie Nöthlich, Berlín, Verlag für Wissenschaft und Bildung, 2002.

Hallé, Charles, *Life and Letters of Sir Charles Hallé; Being an Autobiography (1819-1860) with Correspondence and Diaries*, ed. C. E. Hallé y Marie Hallé, Londres, Smith, Elder & Co., 1896.

Hamel, Jürgen, Eberhard Knobloch y Herbert Pieper (eds.), *Alexander von Humboldt in Berlin. Sein Einfluß auf die Entwicklung der Wissenschaften*, Augsburgo, Erwin Rauner Verlag, 2003.

Harbert Petrulionis, Sandra (ed.), *Thoreau in His Own Time: A Biographical Chronicle of his Life, Drawn from Recollections, Interviews, and Memoirs by Family, Friends, and Associates*, Iowa City, University of Iowa Press, 2012.

Harding, Walter, *Emerson's Library*, Charlottesville, University of Virginia Press, 1967.

— (ed.), *Thoreau as Seen by his Contemporaries*, Nueva York, Dover Publications y Londres, Constable, 1989.

Harman, Peter M., *The Culture of Nature in Britain, 1680-1860*, New Haven y Londres, Yale University Press, 2009.

Hatch, Peter, *A Rich Spot of Earth. Thomas Jefferson's Revolutionary Garden at Monticello*, New Haven y Londres, Yale University Press, 2012.

Hawthorne, Nathaniel, *The Letters, 1853-1856*, ed. Thomas Woodson et al., Columbus, Ohio, Ohio State University Press, vol. 17, 1987.

Haydon, Benjamin Robert, *The Autobiography and Journals of Benjamin Robert Haydon*, ed. Malcolm Elwin, Londres, Macdonald, 1950.

—, *The Diary of Benjamin Robert Haydon*, ed. Willard Bissell Pope, Cambridge, Harvard University Press, 1960-1963.

Heiman, Hanns, «Humboldt and Bolívar», en Joachim Schultze (ed.), *Alexander von Humboldt: Studien zu seiner Universalen Geisteshaltung*, Berlín, Walter de Gruyter, 1959.

Heinz, Ulrich von, «Die Brüder Wilhelm und Alexander von Humboldt», en Jürgen Hamel, Eberhard Knobloch y Herbert Pieper (eds.), *Alexander von Humboldt in Berlin. Sein Einfluß auf die Entwicklung der Wissenschaften*, Augsburgo, Erwin Rauner Verlag, 2003.

Helferich, Gerhard, *Humboldt's Cosmos*, Nueva York, Gotham Books, 2005.

Herbert, Sandra, «Darwin, Malthus, and Selection», *Journal of the History of Biology*, vol. 4, 1971.

Hölder, Helmut, «Ansätze großtektonischer Theorien des 20. Jahrhunderts bei Alexander von Humboldt», en Christian Suckow et al. (ed.), *Studia Fribergensia, Vorträge des Alexander-von-Humboldt Kolloquiums in Freiberg*, Berlín, Akademie Verlag, 1994.

Holl, Frank, «Alexander von Humboldt. Wie der Klimawandel entdeckt wurde», *Die Gazette*, vol. 16, 2007-2008.

—, *Alexander von Humboldt. Mein Vielbewegtes Leben. Der Forscher über sich und seine Werke*, Frankfurt, Eichborn, 2009.

—, (ed.), *Alexander von Humboldt. Netzwerke des Wissens*, Ostfildern: Hatje-Cantz, 1999.

Holmes, Richard, *Coleridge. Darker Reflections*, Londres, HarperCollins, 1998.

—, *The Age of Wonder. How the Romantic Generation Discovered the Beauty and Terror of Science*, Londres, Harper Press, 2008. [Edición en español: *La edad de los prodigios: terror y belleza en la ciencia del romanticismo*, Madrid, Turner, 2012].

Holmes, Steven J., *The Young John Muir. An Environmental Biography*, Madison, University of Wisconsin Press, 1999.

Hooker, Joseph Dalton, *Life and Letters of Sir Joseph Dalton Hooker*, ed. Leonard Huxley, Londres, John Murray, 1918.

Horne, Alistair, *Seven Ages of Paris*, Nueva York, Vintage Books, 2004.

Howarth, William L., *The Literary Manuscripts of Henry David Thoreau*, Columbus, Ohio State University Press, 1974.

—, *The Book of Concord. Thoreau's Life as a Writer*, Londres y Nueva York, Penguin Books, 1983.

Hughes-Hallet, Penelope, *The Immortal Dinner. A Famous Evening of Genius and Laughter in Literary London 1817*, Londres, Penguin Books, 2001.

Humboldt, Wilhelm von, *Wilhelm von Humboldts Gesammelte Schriften*, Berlín, Königlich Preussischen Akademie der Wissenschaften and B. Behr's Verlag, 1903-1936.

Humboldt, Wilhelm von, y Caroline von Humboldt, *Wilhelm und Caroline von Humboldt in ihren Briefen*, ed. Familie von Humboldt, Berlín, Mittler und Sohn, 1910-1916.

Hunt, Gaillard (ed.), *The First Forty Years of Washington Society, Portrayed by the Family Letters of Mrs Samuel Harrison Smith*, Nueva York, C. Scribner's Sons, 1906.

Hunter, Christie, S. y G. B. Airy, «Report upon a Letter Addressed by M. Le Baron de Humboldt to His Royal Highness the President of the Royal Society, and Communicated by His Royal Highness to the Council», *Abstracts of the Papers Printed in the Philosophical Transactions of the Royal Society of London,* vol. 3, 1830-1837.

HUTH, Hans, «The American and Nature», *Journal of the Warburg and Courtauld Institutes,* vol. 13, 1950.

HYMAN, Anthony, *Charles Babbage: Pioneer of the Computer,* Oxford, Oxford University Press, 1982.

IRVING, Pierre M. (ed.), *The Life and Letters of Washington Irving,* Londres, Richard Bentley, 1864.

JACKSON, Donald (ed.), *Letters of the Lewis and Clark Expedition, with Related Documents, 1783-1854,* Urbana y Chicago, University of Illinois Press, 1978.

JAHN, Ilse, *Dem Leben auf der Spur. Die biologischen Forschungen Humboldts,* Leipzig, Urania, 1969.

—, «"Vater einer großen Nachkommenschaft von Forschungsreisenden..." — Ehrungen Alexander von Humboldts im Jahre 1869», *HiNV,* vol. 8, 2004.

JARDINE, Lisa, *Ingenious Pursuit. Building the Scientific Revolution,* Londres, Little, Brown, 1999.

JARDINE, N., J. A. Secord, y E. C. Spary (eds.), *The Cultures of Natural History,* Cambridge, Cambridge University Press, 1995.

JEFFERSON, Thomas, *Thomas Jefferson's Garden Book, 1766-1824,* ed. Edwin M. Betts, Filadelfia, American Philosophical Society, 1944.

—, *The Papers of Thomas Jefferson,* ed. Julian P. Boyd et al., Princeton y Oxford, Princeton University Press, 1950-2009.

—, *Notes on the State of Virginia,* ed. William Peden, Nueva York y Londres, W.W. Norton, 1982.

—, *The Family Letters of Thomas Jefferson,* ed. Edwin M. Betts and James Adam Bear, Charlottesville, University of Virginia Press, 1986.

—, *Jefferson's Memorandum Books: Accounts, with Legal Records and Miscellany, 1767-1826,* ed. James A. Bear y Lucia C. Stanton, Princeton, Princeton University Press, 1997.

—, *The Papers of Thomas Jefferson: Retirement Series,* ed. Jeff Looney et al., Princeton y Oxford, Princeton University Press, 2004-2013.

—, *Escritos políticos: declaración de independencia, autobiografía, epistolario,* Madrid, Tecnos, 2014.

Jeffrey, Lloyd N., «Wordsworth and Science», *South Central Bulletin,* vol. 27, 1967.

Jessen, Hans (ed.), *Die Deutsche Revolution 1848/49 in Augenzeugenberichten,* Düsseldorf, Karl Ruach, 1968.

Johnson, Paul, *A History of the American People,* Nueva York, Harper Perennial, 1999.

Judd, Richard W., «A "Wonderfull Order and Ballance": Natural History and the Beginnings of Conservation in America, 1730-1830», *Environmental History,* vol. 11, 2006.

Kahle, Günter (ed.), *Simón Bolívar in zeitgenössischen deutschen Berichten 1811-1831,* Berlín, Reimer, 1983.

Kant, Immanuel, *Kritik der Urteilskraft,* en Immanuel Kant, *Werke in sechs Bänden,* ed. William Weischedel, Wiesbaden: Insel Verlag, vol. 5, 1957. [Edición en español: *Crítica del juicio,* Madrid, Espasa-Calpe, 1914].

Kaufmann, Walter (trad.), *Goethe's Faust,* Nueva York, Doubleday, 1961.

Kelly, Franklin, «A Passion for Landscape: The Paintings of Frederic Edwin Church», en Franklin Kelly (ed.), *Frederic Edwin Church,* Washington, National Gallery of Art: Smithsonian Institution Press, 1989.

Kennedy, Keith E., «"Affectionately Yours, John Muir". The Correspondence between John Muir and his Parents, Brothers, and Sisters», en Sally M. Miller (ed.), *John Muir. Life and Work,* Albuquerque, University of New Mexico Press, 1996.

Kimes, William y Maymie Kimes, *John Muir: A Reading Bibliography,* Fresno, Panorama West Books, 1986.

King-Hele, Desmond, *Erasmus Darwin and the Romantic Poets,* Londres, Macmillan, 1986.

Kipperman, Mark, «Coleridge, Shelley, Davy, and Science's Millennium», *Criticism,* vol. 40, 1998.

Klauss, Jochen, *Goethes Wohnhaus in Weimar: Ein Rundgang in Geschichten,* Weimar, Klassikerstätten zu Weimar, 1991.

Klencke, Herman, *Alexander von Humboldt's Leben und Wirken, Reisen und Wissen,* Leipzig, Verlag von Otto Spamer, 1870.

Knobloch, Eberhard, «Gedanken zu Humboldts Kosmos», *HiN* V, vol. 9, 2004.

—, «Alexander von Humboldts Weltbild», *HiN* X, vol. 19, 2009.

Köchy, Kristian, «Das Ganze der Natur Alexander von Humboldt und das romantische Forschungsprogramm», *HiN* III, vol. 5, 2005.

Kockerbeck, Christoph, *Ernst Haeckels «Kunstformen der Natur» und ihr Einfluß auf die deutsche bildende Kunst der Jahrhundertwende. Studie zum Verhältnis von Kunst und Naturwissenschaften im Wilhelminischen Zeitalter,* Frankfurt, Lang, 1986.

Koop, Rudolph (ed.), *Haeckel und Allmers. Die Geschichte einer Freundschaft in Briefen der Freunde*, Bremen, Forschungsgemeinschaft für den Raum Weser-Ems, 1941.

Körber, Hans-Günther, «Über Alexander von Humboldts Arbeiten zur *Meteorologie und Klimatologie*», Berlín, Akademie Verlag, 1959.

Kortum, Gerhard, «"Die Strömung war schon 300 Jahre vor mir allen Fischerjungen von Chili bis Payta bekannt". Der Humboldtstrom», en Frank Holl (ed.), *Alexander von Humboldt. Netzwerke des Wissens*, Ostfildern, Hatje-Cantz, 1999.

Krätz, Otto, «"Dieser Mann vereinigt in sich eine ganze Akademie". Humboldt in Paris», en Frank Holl (ed.), *Alexander von Humboldt. Netzwerke des Wissens*, Ostfildern, Hatje-Cantz, 1999a.

—, «Alexander von Humboldt. Mythos, Denkmal oder Klischee?», en Frank Holl (ed.), *Alexander von Humboldt. Netzwerke des Wissens*, Ostfildern, Hatje-Cantz, 1999b.

Krauße, Erika, «Ernst Haeckel: "Promorphologie und evolutionistische ästhetische Theorie" — Konzept und Wirkung», en Eve-Marie Engels (ed.), *Die Rezeption von Evolutionstheorien im 19. Jahrhundert*, Frankfurt, Suhrkamp, 1995.

Krumpel, Heinz, «Identität und Differenz. Goethes Faust und Alexander von Humboldt», *HiN* VIII, vol. 14, 2007.

Kutzinski, Vera M., *Alexander von Humboldt's Transatlantic Personae*, Londres, Routledge, 2012.

Kutzinski, Vera M., Ottmar Ette y Laura Dassow Walls (eds.), *Alexander von Humboldt and the Americas*, Berlín, Verlag Walter Frey, 2012.

Langley, Lester D., *The Americas in the Age of Revolution, 1750-1850*, New Haven y Londres, Yale University Press, 1996.

Laube, Heinrich, *Erinnerungen. 1810-1840*, Viena, Wilhelm Braumüller, 1875 Lautemann, Wolfgang and Manfred Schlenke (ed.), *Geschichte in Quellen. Das bürgerliche Zeitalter 1815-1914*, Munich, Oldenbourg Schulbuchverlag, 1980.

Leitner, Ulrike, «Die englischen Übersetzungen Humboldtscher Werke», en Hanno Beck et al. (ed.), *Natur, Mathematik und Geschichte: Beiträge zur Alexander-von-Humboldt-Forschung und zur Mathematikhistoriographie*, Leipzig, Barth, 1997.

—, «Alexander von Humboldts Schriften — Anregungen und Reflexionen Goethes», *Das Allgemeine und das Einzelne — Johann Wolfgang von Goethe und Alexander von Humboldt im Gespräch*, Acta Historica Leopoldina, vol. 38, 2003.

—, «"Da ich mitten in dem Gewölk sitze, das elektrisch geladen ist..." Alexander von Humboldts Äußerungen zum politischen Geschehen in seinen Briefen an Cotta», en Hartmut Hecht et al., *Kosmos und Zahl. Beiträge zur Mathematik und Astronomiegeschichte, zu Alexander von Humboldt und Leibniz,* Stuttgart, Franz Steiner Verlag, 2008.

LEITZMANN, Albert, *Georg und Therese Forster und die Brüder Humboldt. Urkunden und Umrisse,* Bonn, Röhrscheid, 1936.

LEVERE, Trevor H., *Poetry Realized in Nature. Samuel Taylor Coleridge and Early Nineteenth Century Science,* Cambridge, Cambridge University Press, 1981.

—, «Coleridge and the Sciences», en Andrew Cunningham y Nicholas Jardine (eds.), *Romanticism and the Sciences,* Cambridge, Cambridge University Press, 1990.

LEWIS, Michael (ed.), *American Wilderness. A New History,* Oxford, Oxford University Press, 2007.

LIEBER, Francis, *The Life and Letters of Francis Lieber,* ed. Thomas Sergant Perry, Boston, James R. Osgood & Co., 1882.

LITCHFIELD, Henrietta (ed.), *Emma Darwin. A Century of Family Letters, 1792-1896,* Nueva York, D. Appleton and Company, 1915.

LOWENTHAL, David, *George Perkins Marsh. Prophet of Conservation,* Seattle y Londres, University of Washington Press, 2003.

LYELL, Charles, *Principles of Geology,* Londres, John Murray, 1830 (1832, segunda edición). [Edición en español: *Elementos de geología,* Madrid, Instituto Geológico y Minero de España, 2003].

—, *Life, Letters and Journals of Sir C. Lyell,* ed. Katharine Murray Lyell, Londres, John Murray, 1881.

LYNCH, John, *Simón Bolívar. A Life,* New Haven y Londres, Yale University Press, 2007. [Edición en español: *Simón Bolívar,* Barcelona, Crítica, 2010].

MACGREGOR, Arthur, *Sir Hans Sloane. Collector, Scientist, Antiquary, Founding Father of the British Museum,* Londres, British Museum Press, 1994.

McKUSICK, James C., «Coleridge and the Economy of Nature», *Studies in Romanticism,* vol. 35, 1996.

MADISON, James, *The Papers of James Madison: Presidential Series,* ed. Robert A. Rutland et al., Charlottesville, University of Virginia Press, 1984-2004.

—, *The Papers of James Madison: Secretary of State Series,* ed. Robert J. Brugger et al., Charlottesville, University of Virginia Press, 1986-2007.

—, *The Papers of James Madison: Retirement Series,* ed. David B. Mattern et al., Charlottesville, University of Virginia Press, 2009.

—, *República y libertad: Escritos políticos y constitucionales,* Madrid, Centro de Estudios Políticos y Constitucionales, 2005.

Marrinan, Michael, *Romantic Paris. Histories of a Cultural Landscape, 1800-1850,* Stanford, Stanford University Press, 2009.

Marsh, George Perkins, *The Camel. His Organization Habits and Uses,* Boston, Gould y Lincoln, 1856.

—, *Report on the Artificial Propagation of Fish,* Burlington, Free Press Print, 1857.

—, *Lectures on the English Language,* Nueva York, Charles Scribner, 1861.

—, *Life and Letters of George Perkins Marsh,* ed. Caroline Crane Marsh, Nueva York, Charles Scribner's and Sons, 1888.

—, *Catalogue of the Library of George Perkins Marsh,* Burlington, University of Vermont, 1892.

—, *So Great A Vision: The Conservation Writings of George Perkins Marsh,* ed. Stephen C. Trombulak, Hanover, University Press of New England, 2001.

—, *Man and Nature; or, Physical Geography as Modified by Human Action,* 1864, facsímil de la primera edición, ed. David Lowenthal, Seattle y Londres, University of Washington Press, 2003.

Merseburger, Peter, *Mythos Weimar. Zwischen Geist und Macht,* Munich, Deutscher Taschenbuch Verlag, 2009.

Meyer-Abich, Adolph, *Alexander von Humboldt,* Bonn, Inter Nationes, 1969.

Miller, Char, *Gifford Pinchot and the Making of Modern Environmentalism,* Washington, Island Press, 2001.

Miller, Sally M. (ed.), *John Muir. Life and Work,* Albuquerque, University of New Mexico Press, 1996.

—, *John Muir in Historical Perspective,* Nueva York, Peter Lang, 1999.

Minguet, Charles, «Las relaciones entre Alexander von Humboldt y Simón de Bolívar», en Alberto Filippi (ed.), *Bolívar y Europa en las crónicas, el pensamiento político y la historiografía,* Caracas, Ediciones de la Presidencia de la República, vol. 1, 1986.

Mommsen, Wolfgang J., *1848. Die Ungewollte Revolution,* Frankfurt: Fischer Verlag, 2000.

Moreno Yánez, Segundo E. (ed.), *Humboldt y la Emancipación de Hispanoamérica,* Quito, Edipuce, 2011.

Morgan, S. R., «Schelling and the Origins of his Naturphilosophie», en Andrew Cunningham y Nicholas Jardine (eds.), *Romanticism and the Sciences,* Cambridge, Cambridge University Press, 1990.

Moritz, Carl Philip, *Carl Philip Moritz. Journeys of a German in England in 1782,* ed. Reginald Nettel, Londres, Jonathan Cape, 1965.

Mueller, Conrad, *Alexander von Humboldt und das preussische Königshaus. Briefe aus dem Jahre 1835-1857,* Leipzig, K. F. Koehler, 1928.

MUIR, John, diario manuscrito: «The "thousand mile walk" from Kentucky to Florida and Cuba, September 1867-February 1868», colección en línea de los diarios de John Muir. Holt-Atherton Special Collections, University of the Pacific, Stockton, California. ©1984 Muir-Hanna Trust.

—, Manuscrito «Sierra Journal», vol. 1: verano 1869, cuaderno, circa 1887, John Muir Papers, Series 3, Box 1: Notebooks. Holt-Atherton Special Collections, University of the Pacific, Stockton, California. ©1984 Muir-Hanna Trust.

—, «Sierra Journal», vol. 1: verano 1869, mecanoscrito, circa 1910, John Muir Papers, Series 3, Box 1: Notebooks. Holt-Atherton Special Collections, University of the Pacific, Stockton, California. © 1984 Muir-Hanna Trust.

—, Manuscript Journal, «World Tour», parte 1, junio-julio 1903, colección en línea de los diarios de John Muir. Holt-Atherton Special Collections, University of the Pacific, Stockton, California. © 1984 Muir-Hanna Trust.

—, «The Wild Parks and Forest Reservations of the West», *Atlantic Monthly,* vol. 81, enero 1898.

—, *Our National Parks,* Boston y Nueva York, Houghton Mifflin Company, 1901.

—, *My First Summer in the Sierra,* Boston y Nueva York, Houghton Mifflin Company, 1911.

—, *The Yosemite,* Nueva York, Century Co., 1912.

—, *The Story of my Boyhood and Youth,* Boston y Nueva York, Houghton Mifflin Company, 1913.

—, *A Thousand-Mile Walk to the Gulf,* ed. William Frederic Badè, Boston y Nueva York, Houghton Mifflin Company, 1916.

—, *Life and Letters of John Muir,* ed. William Frederic Badè, Boston y Nueva York, Houghton Mifflin Company, 1924.

MUMFORD, Lewis, *The Brown Decades. A Study of the Arts in America, 1865-1895,* Nueva York, Harcourt, Brace and Company, 1931.

MURCHISON, Roderick Impey, «Address to the Royal Geographical Society of London, 23 May 1859», *Proceedings of the Royal Geographical Society of London,* vol. 3, 1858-1859.

—, *Life of Sir Roderick I. Murchison,* ed. Archibald Geikie, Londres, John Murray, 1875.

MYERS, A. C., *Narratives of Early Pennsylvania, West Jersey, and Delaware, 1630-1707,* Nueva York, Charles Scribner's and Sons, 1912.

MYERSON, Joel, «Emerson's Thoreau: A New Edition from Manuscript», *Studies in American Renaissance,* 1979.

NASH, Roderick, *Wilderness and the American Mind,* New Haven y Londres, Yale University Press, 1982.

Nelken, Halina, *Alexander von Humboldt. Bildnisse und Künstler. Eine dokumentierte Ikonographie,* Berlín, Dietrich Reimer Verlag, 1980.

Nichols, Sandra, «Why Was Humboldt Forgotten in the United States?», *Geographical Review,* vol. 96, 2006.

Nicolai, Friedrich, *Beschreibung der Königlichen Residenzstädte Berlin und Potsdam und aller daselbst befindlicher Merkwürdigkeiten,* Berlín, Buchhändler unter der Stechbahn, 1769.

Nollendorf, Cora Lee, «Alexander von Humboldt Centennial Celebrations in the United States: Controversies Concerning his Work», *Monatshefte,* vol. 80, 1988.

North, Douglass C., *Growth and Welfare in the American Past,* Englewood Cliffs, Prentice-Hall International, 1974.

Norton, Paul F., «Thomas Jefferson and the Planning of the National Capital», en William Howard Adams (ed.), *Jefferson and the Arts: An Extended View,* Washington D. C., National Gallery of Art, 1976.

O'Hara, James Gabriel, «Gauss and the Royal Society: The Reception of his Ideas on Magnetism in Britain (1832-1842)», *Notes and Records of the Royal Society of London,* vol. 38, 1983.

O'Leary, Daniel F., *Memorias del General O'Leary,* Caracas, Imprenta de El Monitor, 1879-88.

—, *Bolívar y la emancipación de Sur-America,* Madrid, Sociedad Española de Librería, 1915.

—, *The «Detached Recollections» of General D.F. O'Leary,* ed. R.A. Humphreys, Londres, Published for the Institute of Latin American Studies, Athlone Press, 1969.

Oppitz, Ulrich-Dieter, «Der Name der Brüder Humboldt in aller Welt», en Heinrich von Pfeiffer (ed.), *Alexander von Humboldt. Werk und Weltgeltung,* Munich, Pieper, 1969.

Osten, Manfred, «Der See von Valencia oder Alexander von Humboldt als Pionier der Umweltbewegung», en Irina Podterga (ed.), *Schnittpunkt Slavistik. Ost und West im Wissenschaftlichem Dialog,* Bonn, University Press, vol. 1, 2012.

Päßler, Ulrich, *Ein «Diplomat aus den Wäldern des Orinoko». Alexander von Humboldt als Mittler zwischen Preußen und Frankreich,* Stuttgart, Steiner Verlag, 2009.

Patterson, Elizabeth C., «Mary Somerville», *The British Journal for the History of Science,* 1969, vol. 4.

—, «The Case of Mary Somerville: An Aspect of Nineteenth-Century Science», *Proceedings of the American Philosophical Society,* 1975, vol. 118.

PEALE, Charles Willson, *The Selected Papers of Charles Willson Peale and His Family,* ed. Lillian B. Miller, New Haven y Londres, Yale University Press, 1983-2000.

PFEIFFER, Heinrich von (ed.), *Alexander von Humboldt. Werk und Weltgeltung,* Munich, Pieper, 1969.

PHILLIPS, Denise, «Building Humboldt's Legacy: The Humboldt Memorials of 1869 in Germany», *Northeastern Naturalist,* vol. 8, 2001.

PIEPER, Herbert, «Alexander von Humboldt: Die Geognosie der Vulkane», *HiN* VII, vol. 13, 2006.

PLUMER, William, *William Plumer's Memorandum of Proceedings in the United States Senate 1803-07,* ed. Everett Somerville Brown, Nueva York, Macmillan Company, 1923.

PODACH, Erich Friedrich, «Alexander von Humboldt in Paris, Urkunden und Begebnisse», en Joachim Schultze (ed.), *Alexander von Humboldt: Studien zu seiner universalen Geisteshaltung,* Berlín, Walter de Gruyter, 1959.

POE, Edgar Allan, *Eureka. A Prose Poem,* Nueva York, Putnam, 1848. [Edición en español: *Eureka,* Madrid, Edaf, 2007].

PORTER, Roy (ed.), *Cambridge History of Science. Eighteenth-Century Science,* Cambridge, Cambridge University Press, vol. 4, 2003.

PRATT, Marie Louise, *Imperial Eyes. Travel Writing and Transculturation,* Londres, Routledge, 1992.

PROCTOR, Robert, «Architecture from the Cell-Soul: Rene Binet and Ernst Haeckel», Journal of Architecture, vol. 11, 2006.

PÜCKLER MUSKAU, Hermann, príncipe de, *Tour in England, Ireland and France, in the Years 1826, 1827, 1828 and 1829,* Filadelfia, Carey, Lea and Blanchard, 1833.

PUDNEY, John, *Brunel and his World,* Londres, Thames and Hudson, 1974.

PUIG-SAMPER, Miguel Ángel y Sandra Rebok, «Charles Darwin and Alexander von Humboldt: An Exchange of Looks between Famous Naturalists», *HiN* XI, vol. 21, 2010.

REBOK, Sandra, «Two Exponents of the Enlightenment: Transatlantic Communication by Thomas Jefferson and Alexander von Humboldt», *Southern Quarterly,* vol. 43, núm. 4, 2006.

—, *Humboldt and Jefferson: A Transatlantic Friendship of the Enlightenment,* Charlottesville, University of Virginia Press, 2014.

RECKE, Elisa von der, *Tagebuch einer Reise durch einen Theil Deutschlands und durch Italien in den Jahren 1804 bis 1806,* ed. Carl August Böttiger, Berlín, In der Nicolaischen Buchhandlung, 1815.

Reill, Peter Hanns, «The Legacy of the "Scientific Revolution". Science and the Enlightenment», en Roy Porter (ed.), *Cambridge History of Science. Eighteenth-Century Science,* Cambridge, Cambridge University Press, vol. 4, 2003.

Richards, Robert J., *The Romantic Conception of Life: Science and Philosophy in the Age of Goethe,* Chicago y Londres, Chicago University Press, 2002.

—, *The Tragic Sense of Life: Ernst Haeckel and the Struggle over Evolutionary Thought,* Chicago y Londres, University of Chicago Press, 2009.

Richardson, Heather Cox, *West from Appomattox. The Reconstruction of America after the Civil War,* New Haven y Londres, Yale University Press, 2007.

Richardson, Robert D., *Henry Thoreau. A Life of the Mind,* Berkeley, University of California Press, 1986.

Rippy, Fred J. y E. R. Brann, «Alexander von Humboldt and Simón Bolívar», *American Historical Review,* vol. 52, 1947.

Robinson, Henry Crabb, *Diary, Reminiscences, and Correspondence of Henry Crabb Robinson,* ed. Thomas Sadler, Londres, Macmillan and Co., 1869.

Rodríguez, José Ángel, «Alexander von Humboldt y la Independencia de Venezuela», en Segundo E. Moreno Yánez (ed.), *Humboldt y la emancipación de Hispanoamérica,* Quito, Edipuce, 2011.

Roe, Shirley A., «The Life Sciences», en Roy Porter (ed.), *Cambridge History of Science. Eighteenth-Century Science,* Cambridge, Cambridge University Press, vol. 4, 2003.

Rose, Gustav, *Mineralogisch-Geognostische Reise nach dem Ural, dem Altai und dem Kaspischen Meere,* Berlín, Verlag der Sanderschen Buchhandlung, 1837-1842.

Rossi, William (ed.), *Walden; and, Resistance to Civil Government: Authoritative Texts, Thoreau's Journal, Reviews and Essays in Criticism,* Nueva York y Londres, Norton, 1992.

Roussanova, Elena, «Hermann Trautschold und die Ehrung, Alexander von Humboldts in Russland», *HiN* XIV, vol. 27, 2013.

Rudwick, Martin J. S., *The New Science of Geology: Studies in the Earth Sciences in the Age of Revolution,* Aldershot, Ashgate Variorum, 2004.

Rupke, Nicolaas A., *Alexander von Humboldt. A Metabiography,* Chicago, Chicago University Press, 2005.

Rush, Richard, *Memoranda of a Residence at the Court of London,* Filadelfia, Key and Biddle, 1833.

Sachs, Aaron, «The Ultimate "Other": Post-Colonialism and Alexander von Humboldt's Ecological Relationship with Nature», *History and Theory,* vol. 42, 2003.

FUENTES Y BIBLIOGRAFÍA

—, The Humboldt Current. Nineteenth-Century Exploration and the Roots of American Environmentalism, Nueva York, Viking, 2006.

SAFRANSKI, Rüdiger, *Goethe und Schiller. Geschichte einer Freundschaft,* Frankfurt, Fischer Verlag, 2011.

SARTON, George, «Aimé Bonpland», *Isis,* vol. 34, 1943.

SATTELMEYER, Robert, *Thoreau's Reading: A Study in Intellectual History with Bibliographical Catalogue,* Princeton, Princeton University Press, 1988.

—, «The Remaking of Walden», en William Rossi (ed.), *Walden; and, Resistance to Civil Government: Authoritative Texts, Thoreau's Journal, Reviews and Essays in Criticism,* Nueva York y Londres, Norton, 1992.

SCHAMA, Simon, *Landscape and Memory,* Londres, Fontana Press, 1996.

SCHIFKO, Georg, «Jules Vernes literarische Thematisierung der Kanarischen Inseln als Hommage an Alexander von Humboldt», *HiN* XI, vol. 21, 2010.

SCHILLER, Friedrich, *Schillers Leben. Verfasst aus Erinnerungen der Familie, seinen eignen Briefen und den Nachrichten seines Freundes Körner,* ed. Christian Gottfried Körner y Caroline von Wohlzogen, Stuttgart y Tubinga, J. G. Cotta'schen Buchhandlung, 1830.

—, *Schillers Werke: Nationalausgabe. Briefwechsel,* ed. Julius Petersen y Gerhard Fricke, Weimar: Böhlaus, 1943-2003.

SCHILLER, Friedrich, y Johann Wolfgang VON GOETHE, *Briefwechsel zwischen Schiller und Goethe in den Jahren 1794-1805,* Stuttgart y Augsburgo, J.G. Cotta'scher Verlag, 1856. [Edición en español: *J. W. Goethe y F. Schiller: la más indisoluble unión: epistolario completo, 1794-1805,* Madrid, Miño y Dávila Editores, 2014].

SCHILLER, Friedrich y Christian Gottfried KÖRNER, *Schillers Briefwechsel mit Körner,* Berlín, Veit und Comp, 1847.

SCHNEPPEN, Heinz, «Aimé Bonpland: Humboldts Vergessener Gefährte?», *Berliner Manuskripte zur Alexander-von-Humboldt-Forschung,* núm. 14, 2002.

SCHULZ, Wilhelm, «Aimé Bonpland: Alexander von Humboldt's Begleiter auf der Amerikareise, 1799-1804: Sein Leben und Wirken, besonders nach 1817 in Argentinien», *Abhandlungen der Mathematisch-Naturwissenschaftlichen Klasse der Akademie der Wissenschaften und der Literatur,* núm. 9, 1960.

SCHWARZ, Ingo, «"Es ist meine Art, einen und denselben Gegenstand zu verfolgen, bis ich ihn aufgeklärt habe". Äußerungen Alexander von Humboldts über sich selbst», *HiN* I, vol. 1, 2000.

SCOTT, John, *A Visit to Paris in 1814,* Londres, Longman, Hurst, Rees, Orme and Brown, 1816.

SEEBERGER, Max, «"Geographische Längen und Breiten bestimmen, Berge messen". Humboldts Wissenschaftliche Instrumente und Seine Messungen in den

Tropen Amerikas», en Frank Holl (ed.), *Alexander von Humboldt. Netzwerke des Wissens,* Ostfildern, Hatje-Cantz, 1999.

SERRES, Michael (ed.), *A History of Scientific Thought: Elements of a History of Science,* Oxford, Blackwell, 1995.

SHANLEY, J. Lyndon, *The Making of Walden, with the Text of the First Version,* Chicago, University of Chicago Press, 1957.

SHELLEY, Mary, *Frankenstein o el moderno Prometeo,* Madrid, Espasa Calpe, 2009.

SIMS, Michael, *The Adventures of Henry Thoreau. A Young Man's Unlikely Path to Walden Pond,* Nueva York y Londres, Bloomsbury, 2014.

SLATTA, Richard W. y Jane Lucas De Grummond, *Simón Bolívar's Quest for Glory,* College Station, Texas A&M University Press, 2003.

SOUTHEY, Robert, *New Letters of Robert Southey,* ed. Kenneth Curry, Nueva York y Londres, Columbia University Press, 1965.

STAËL, Anne-Louise-Germaine de, *Deutschland,* Reutlingen, Mäcekn'schen Buchhandlung, 1815. [Edición en español: *Alemania,* Barcelona, Planeta, 2003].

STEPHENSON, R. H., *Goethe's Conception of Knowledge and Science,* Edimburgo, Edinburgh University Press, 1995.

STOTT, Rebecca, *Darwin's Ghosts. In Search of the First Evolutionists,* Londres, Bloomsbury, 2012.

SUCKOW, Christian, «"Dieses Jahr ist mir das wichtigste meines unruhigen Lebens geworden". Alexander von Humboldts Russisch-Sibirische Reise im Jahre 1829», en Frank Holl (ed.), *Alexander von Humboldt. Netzwerke des Wissens,* Ostfildern, Hatje-Cantz, 1999.

—, «Alexander von Humboldt und Russland», en Ottmar Ette et al., *Alexander von Humboldt: Aufbruch in die Moderne,* Berlín, Akademie Verlag, 2001.

SUCKOW, Christian et al. (ed.), *Studia Fribergensia, Vorträge des Alexander-von-Humboldt Kolloquiums in Freiberg,* Berlín, Akademie Verlag, 1994.

TAYLOR, Bayard, *The Life, Travels and Books of Alexander von Humboldt,* Nueva York, Rudd & Carleton, 1860.

TERRA, Helmut de, *Humboldt. The Life and Times of Alexander von Humboldt,* Nueva York, Knopf, 1955.

THÉODORIDÈS, Jean, «Humboldt and England», *British Journal for the History of Science,* vol. 3, 1966.

THIEMER-SACHSE, Ursula, «"Wir verbrachten mehr als 24 Stunden, ohne etwas anderes als Schokolade und Limonande zu uns zu nehmen". Hinweise in Alexander von Humboldts Tagebuchaufzeichnungen zu Fragen der Verpflegung auf der Forschungsreise durch Spanisch-Amerika», *HiN* XIV, vol. 27, 2013.

THOMAS, Keith, *Man and the Natural World. Changing Attitudes in England 1500-1800*, Londres, Penguin Books, 1984.

THOMSON, Keith, *HMS Beagle. The Story of Darwin's Ship*, Nueva York y Londres, W.W. Norton, 1995.

—, *A Passion for Nature: Thomas Jefferson and Natural History*, Monticello, Thomas Jefferson Foundation, 2008.

—, *The Young Charles Darwin*, New Haven y Londres, Yale University Press, 2009.

—, *Jefferson's Shadow. The Story of his Science*, New Haven y Londres, Yale University Press, 2012.

THOREAU, Henry David, *The Writings of Henry David Thoreau: Journal*, ed. Bradford Torrey, Boston, Houghton Mifflin, 1906. [Edición de una antología en español: *Diarios: breve antología*, Palma de Mallorca, José J. Olañeta Editor, 2002].

—, *The Writings of Henry David Thoreau: The Maine Woods*, Boston, Houghton Mifflin, 1906, vol. 3. [Edición en español: *Los bosques de Maine*, Santa Cruz de Tenerife, Baile del Sol, 2013]

—, *The Writings of Henry David Thoreau: Excursion and Poems*, Boston, Houghton Mifflin, 1906, vol. 5.

—, *The Writings of Henry David Thoreau: Familiar Letters*, ed. F.B. Sanborn, Boston, Houghton Mifflin, 1906, vol. 6.

—, *Walden*, Nueva York, Thomas Y. Crowell & Co., 1910. [Edición en español: *Walden*, Madrid, Errata naturae, 2013].

—, *The Correspondence of Henry David Thoreau*, ed. Walter Harding and Carl Bode, Washington Square, New York University Press, 1958.

—, *The Writings of Henry D. Thoreau: Journal*, ed. Robert Sattelmeyer et al., Princeton, N.J.: Princeton University Press, 1981-2002.

TOCQUEVILLE, Alexis de, *Memoir, Letters, and Remains of Alexis de Tocqueville*, Cambridge y Londres, Macmillan and Co., 1861.

TURNER, John, «Wordsworth and Science», *Critical Survey*, vol. 2, 1990.

USCHMANN, Georg (ed.), *Ernst Haeckel. Biographie in Briefen*, Leipzig, Urania, 1983.

VARNHAGEN, K. A. von Ense, *Die Tagebücher von K.A. Varnhagen von Ense*, Leipzig, Brockhaus, vol. 4, 1862.

—, *Denkwürdigkeiten des Eigenen Lebens*, ed. Konrad Feilchenfeldt, Frankfurt, Deutscher Klassiker Verlag, 1987.

Voght, Casper, *Caspar Voght und sein Hamburger Freundeskreis. Briefe aus einem tätigen Leben,* ed. Kurt Detlev Möller and Annelise Marie Tecke, Hamburgo, Veröffentlichungen des Vereins für Hamburgische Geschichte, 1959-1967.

Walls, Laura Dassow, *Seeing New Worlds. Henry David Thoreau and Nineteenth-Century Natural Science,* Madison, University of Wisconsin Press, 1995.

—, «Rediscovering Humboldt's Environmental Revolution», *Environmental History,* vol. 10, 2005.

—, *The Passage to Cosmos. Alexander von Humboldt and the Shaping of America,* Chicago y Londres, University of Chicago Press, 2009.

—, «Henry David Thoreau: Writing the Cosmos», *Concord Saunterer. A Journal of Thoreau Studies,* vol. 19/20, 2011-2012.

Watson, Peter, *The German Genius. Europe's Third Renaissance, the Second Scientific Revolution, and the Twentieth Century,* Londres y Nueva York, Simon & Schuster, 2010.

Webster, Daniel, *The Writings and Speeches of Daniel Webster,* Boston, Little, Brown, 1903.

Weigel, Engelhard, «Wald und Klima: Ein Mythos aus dem 19. Jahrhundert», *HiN* V, vol. 9, 2004.

Weingarden, Laura S., «Louis Sullivan and the Spirit of Nature», en Paul Greenhalgh (ed.), *Art Nouveau, 1890-1914,* Londres, V&A Publications, 2000.

Werner, Petra, «Übereinstimmung oder Gegensatz? Zum Widersprüchlichen Verhältnis zwischen A.v. Humboldt und F.W.J. Schelling», *Berliner Manuskripte zur Alexander- von-Humboldt Forschung,* vol. 15, 2000.

—, *Himmel und Erde. Alexander von Humboldt und sein Kosmos,* Berlín, Akademie Verlag, 2004.

—, «Zum Verhältnis Charles Darwins zu Alexander v. Humboldt und Christian Gottfried Ehrenberg», *HiN* X, vol. 18, 2009.

—, *Naturwahrheit und ästhetische Umsetzung: Alexander von Humboldt im Briefwechsel mit bildenden Künstlern,* Berlín, Akademie Verlag, 2013.

White, Jerry, *London in the Eighteenth Century. A Great and Monstrous Thing,* Londres, The Bodley Head, 2012.

Whitman, Walt, *Hojas de hierba,* Madrid, Visor, 2006.

Wiegand, Dometa, «Alexander von Humboldt and Samuel Taylor Coleridge: The Intersection of Science and Poetry», *Coleridge Bulletin,* 2002.

Wiley, Michael, *Romantic Geography. Wordsworth and Anglo-European Spaces,* Londres, Palgrave Macmillan, 1998.

WILSON, Alexander, *Life and Letters of Alexander Wilson,* ed. Clark Hunter, Filadelfia, American Philosophical Society, 1983.

WILSON, Jason (ed.), *Alexander von Humboldt. Personal Narrative. Abridged and Translated,* Londres, Penguin Books, 1995.

WILSON, Leonard G., *Charles Lyell: The Years to 1841. The Revolution in Geology,* New Haven y Londres, Yale University Press, 1972.

WOLFE, Linnie Marsh, *Son of Wilderness. The Life of John Muir,* Nueva York, Alfred A. Knopf, 1946.

—, *John of the Mountains: The Unpublished Journals of John Muir,* Madison, University of Wisconsin Press, 1979.

WOOD, David F., *An Observant Eye. The Thoreau Collection at the Concord Museum,* Concord, Concord Museum, 2006.

WORDSWORTH, William y Dorothy Wordsworth, *The Letters of William and Dorothy: The Middle Years,* ed. Ernest de Selincourt, Oxford, Clarendon Press, 1967-1993.

WORSTER, Donald, *Nature's Economy. The Roots of Ecology,* San Francisco, Sierra Club Books, 1977.

—, *A Passion for Nature. The Life of John Muir,* Oxford, Oxford University Press, 2008.

WU, Duncan, *Wordsworth's Reading, 1800-1815,* Cambridge, Cambridge University Press, 1995.

WULF, Andrea, *Brother Gardeners. Botany, Empire and the Birth of an Obsession,* Londres, William Heinemann, 2008.

—, *Founding Gardeners. How the Revolutionary Generation Created an American Eden,* Londres, William Heinemann, 2011.

WYATT, John, *Wordsworth and the Geologists,* Cambridge, Cambridge University Press, 1995.

YOUNG, Sterling James, *The Washington Community 1800-1828,* Nueva York y Londres, A Harvest/HBJ Book, 1966.

ZEUSKE, Michael, *Simon Bolívar, Befreier Südamerikas: Geschichte und Mythos,* Berlín, Rotbuch Verlag, 2011.

ÍNDICE ANALÍTICO

NOTA: Las obras de Alexander von Humboldt (AH) aparecen directamente por su título; las de otros, por el nombre del autor

megustaleer

Descubre tu próxima lectura

Apúntate y recibirás recomendaciones de lecturas personalizadas.

www.megustaleer.club

 megustaleerES

 @megustaleer

 @megustaleer